"十二五"普通高等教育本科国家级规划教材

北京高等教育精品教材
BEIJING GAODENG JIAOYU JINGPIN JIAOCAI

北京市会计类专业群（改革试点）建设教材

全国会计领军人才丛书
Accounting Scholar Leader
审计系列

Audit

审计学
实务与案例

（第5版）

◎ 主编　李晓慧

中国人民大学出版社
·北京·

图书在版编目（CIP）数据

审计学：实务与案例/李晓慧主编. --5版. --
北京：中国人民大学出版社，2021.4
（全国会计领军人才丛书. 审计系列）
ISBN 978-7-300-29145-1

Ⅰ.①审… Ⅱ.①李… Ⅲ.①审计学 Ⅳ.
①F239.0

中国版本图书馆CIP数据核字（2021）第048786号

“十二五”普通高等教育本科国家级规划教材
北京高等教育精品教材
北京市会计类专业群（改革试点）建设教材
全国会计领军人才丛书·审计系列
审计学：实务与案例（第5版）
主编　李晓慧
Shenjixue：Shiwu yu Anli

出版发行	中国人民大学出版社		
社　　址	北京中关村大街31号	**邮政编码**	100080
电　　话	010－62511242（总编室）		010－62511770（质管部）
	010－82501766（邮购部）		010－62514148（门市部）
	010－62515195（发行公司）		010－62515275（盗版举报）
网　　址	http://www.crup.com.cn		
经　　销	新华书店		
印　　刷	北京七色印务有限公司	**版　　次**	2008年6月第1版
开　　本	787 mm×1092 mm　1/16		2021年4月第5版
印　　张	31.75 插页1	**印　　次**	2023年12月第4次印刷
字　　数	710 000	**定　　价**	67.00元

前　言

《审计学：实务与案例》自 2008 年正式出版以来，经过 12 年的检验，其教学目标和特征得到普遍认同。

《审计学：实务与案例（第 5 版）》的教学目标是：通过本课程的教学，使学生系统掌握现代审计的基本知识、理论和技能，熟悉审计执业工作环境及其要求，具备针对复杂、重大、隐蔽性强的财务舞弊行为做出适当的审计判断、侦查、确认以及具体处理等实战能力。

2022 年 10 月 16 日习近平总书记在党的二十大报告中强调要“完善党的自我革命制度规范体系”①。2023 年 5 月 23 日习近平总书记在主持召开二十届中央审计委员会第一次会议时强调“在强国建设、民族复兴新征程上，审计担负重要使命，要立足经济监督定位，聚焦主责主业，更好发挥审计在推进党的自我革命中的独特作用”，为此，我们在《审计学：实务与案例》教材建设中，把审计在推进党的自我革命中的独特作用的相关理论贯穿在审计理论和实践中，用慕课、微课、翻转课堂、行动学习项目、实践课等改革的元素，让学生由被动学习转变为主动学习，让学生真正理解审计的使命和价值。为了让学生真正掌握审计要义和技巧，也为了使审计课堂教学更加活跃，第 5 版凸显了以下特征：

1. 再现年报审计的逻辑体系

审计并非仅由程序和证据堆积起来，而是具有内在的逻辑关系。本书让学生从组织一个年报审计业务的全过程中学习如何组织审计工作、如何执行审计程序并形成审计工作底稿、如何进行审计判断以及如何编制审计报告，在环环相扣的行为和思维逻辑判断中教会学生如何做年报审计。

2. 剖析实例，培养学生的风险导向审计能力

本书结合了风险导向审计理论和理念，每章均配套设计相关实例。这些实例既可供老师在精讲审计理论和知识点时展开，也可供学生测验学习效果，理解和掌握审计理论和实务，有利于培养学生执行风险导向审计的能力和高尚的职业道德观念，全面提升学生分析问题、解决问题的能力。

3. 引入行动学习讨论教学模式，拓展学生的思维与知识面

学习审计的关键不仅在于掌握审计流程和审计工作底稿的编制，更重要的是思考

---

① 习近平．高举中国特色社会主义伟大旗帜 为全面建设社会主义现代化国家而团结奋斗——在中国共产党第二十次全国代表大会上的报告．北京：人民出版社，2022：65.

审计流程及编制审计底稿背后的知识与问题，本书把之前版本中大量的底稿放到配套的网络资料中，取而代之的是设计行动学习讨论环节，让学生利用头脑风暴的方法在短时间内吸取和利用他人智慧，形成自己的知识体系和专业判断，丰富学生的思维，扩大其知识面，同时教会学生终身学习和工作的方法。

4. 体现审计理论和实务的前瞻性与国际化

根据审计准则以及审计理论和实务的最新变化，以及新财务报表科目的运用，本书及时调整了教材内容与体例，与时俱进，把审计在推进党的自我革命中的独特作用的相关理论贯穿在审计实务与案例的教学中，力求使学生获得正确的价值观和最前沿的知识与技能。

第5版根据新的收入准则、金融准则、租赁准则、财务报告准则，以及最近中国注册会计师协会颁布的审计准则问题解答、最新的审计理论和实务修改了以下内容：(1) 增加计算机信息技术与审计，揭示在现代计算机技术和互联网时代审计的基本理念；(2) 增加集团财务报表审计，让学生在分章学习审计流程和技术后有整体体验，并熟悉最常见的集团财务报表审计的整个过程；(3) 每章都按照新的收入准则、金融准则、租赁准则、财务报告准则以及财务报表科目的变动编写，针对新增的科目如"持有待售资产""持有待售负债""衍生金融资产""衍生金融负债""其他权益工具""其他权益工具投资""净敞口套期损益""资产处置收益""其他收益"等，列示其审计目标和审计程序；(4) 把审计理论和实务的前沿内容补充到相关章节，如修改"收入确认存在舞弊风险的假定""函证""监盘""货币资金的审计""对会计估计的关注""对重大非常规交易的关注"等内容；(5) 在每章重点、难点领域设计实例，运用实例分析、拓展理论，把知识与实务结合起来，启发学生思考，为教师形象生动教学提供资料。

为全面落实《国家中长期人才发展规划纲要（2010—2020年）》（中发〔2010〕6号）的战略部署，推动"财经应用型创新人才培养模式改革"，很多高校的大学课程体系改革以及教学内容和方法的改革如火如荼地展开。在这个变革过程中，作为"十二五"普通高等教育本科国家级规划教材，第5版创新的教学内容和方法为我国高等院校创新人才培养模式改革做出探索。

在第5版的研究和开发过程中，我们借鉴了审计学研究领域最前沿的理论和实务，把修订后的中国审计准则及其应用指南，企业内部控制基本规范及其配套指引、问题解答的相关要求和解读贯穿其中。为此，我们要感谢所有在审计学领域不断求索的学者；感谢中国审计准则，内部控制基本规范及其配套指引、问题解答的制定者；感谢以一丝不苟的态度审阅本书的李爽教授，扶持和资助本教材研究开发项目的中央财经大学及其会计学院，"十二五"普通高等教育本科国家级规划教材管理委员会，北京市会计类专业群（改革试点）建设项目，北京市精品教材管理委员会；感谢12年来一直使用并提出许多宝贵建议的读者和为本书修订付出热情和精力的中国人民大学出版社的编辑。

李晓慧

目录

第1章 计算机信息技术与审计

Chapter 1

素养提升

- “坚持科技强审，加强审计信息化建设”①。加强审计技术方法创新，运用现代信息技术提高审计质量和效率。

学习目标

- 了解计算机信息技术与财务报表的关系
- 了解计算机信息技术对审计的影响
- 熟悉计算机信息技术环境下财务报表审计目标
- 掌握计算机信息技术环境下财务报表审计范围
- 熟悉人工控制和自动控制的各自运用领域和优势
- 掌握信息技术一般控制测试
- 掌握信息技术应用控制测试
- 掌握信息系统对控制风险和实质性程序的影响
- 掌握利用计算机辅助审计技术和电子表格进行审计

第一节 计算机信息环境下审计概述

一、计算机信息技术与财务报表

从广义上讲，凡是能拓展人类信息功能的技术都是信息技术。具体而言，信息技术是指利用电子计算机和现代通信手段实现获取信息、传递信息、存储信息、处理信

① 习近平．加强党对审计工作的领导 更好发挥审计在党和国家监督体系中的重要作用．(2018-05-24)．http://jhsjk.people.cn/article/30009640.

息、显示信息、分配信息等的相关技术。20世纪70年代以来，围绕信息产生、收集、存储、处理、检索的现代信息技术不断发展，改变着人类社会传统的工作方式、管理方式、生产方式、消费结构，甚至整个社会的经济结构。

企业可以运用信息系统来创建、记录、处理和报告各项交易，以衡量和审查自身的财务业绩，并持续记录资产、负债及所有者权益。具体来讲，创建是指企业可以采取手工或自动的方式来创建各项交易信息；记录是指信息系统识别并保留交易及事项的相关信息；处理是指企业可以采取手工或自动的方式对信息系统的数据信息进行编辑、确认、计算、衡量、估价、分析、汇总和调整；报告是指企业以电子或打印的方式编制财务报表和其他信息，并运用上述信息来衡量和审查企业的财务业绩及其他方面的职能。

信息系统的使用给企业编制和运用财务报表带来如下变化：

（1）计算机输入和输出设备代替了手工记录；

（2）计算机显示屏和电子影像代替了纸质凭证；

（3）计算机文档代替了纸质日记账和分类账；

（4）灵活多样的报告代替了固定的定期报告；

（5）以企业资源计划（ERP）、制造资源计划（MRP-Ⅱ）为代表的企业信息系统的高度集成化，使得单独的财务系统不复存在，财务报表数据更加充分，信息实现实时共享；

（6）任何一个错报都可能被放大，且传递速度快。

目前我国企业信息化程度主要可分为两种类型：一是全面实现了企业信息化（如已实施ERP)。这类企业财务会计核算系统的原始数据一部分源于业务系统，这些来源于业务系统的原始数据（以记账凭证为主）可以通过系统的查询功能直接查询其对应的具体业务；另一部分来源于企业自制记账凭证的人工输入或系统内部的机制转账凭证。二是仅在财务会计部门实现了计算机处理。这类企业的系统原始数据（以记账凭证为主）来源于各类凭证的人工输入和系统内部的机制转账凭证。

二、计算机信息技术对审计的影响

如果注册会计师审计的主要会计信息由计算机处理生成，就可以称之为“计算机信息环境下的审计”。国际审计准则认为，“当一个单位对审计有影响的会计信息由任何类型或大小的计算机生成时，就存在计算机信息系统环境，无论该计算机由本单位操作还是由第三方操作”。

注册会计师在进行财务报表审计时，如果依赖相关信息系统所形成的财务信息和报告作为审计工作的依据，则必须考虑相关信息和报告的质量，而财务报告相关信息的质量是通过交易录入到输出整个过程中适当的控制来实现的，所以，注册会计师需要在整个过程中考虑信息的完整性、准确性、授权及访问限制等四个方面。

信息技术在企业中的应用并不改变注册会计师制定审计目标、进行风险评估和了解内部控制的原则性要求，基本审计准则和财务报告审计目标在所有情况下都适用。但是，由于信息技术系统的设计和运行对评价审计风险、了解业务流程和控制、执行审计工作以及需要收集的审计证据的性质都有直接的影响，注册会计师应当更深入地了解企业信息技术的应用范围和性质。归纳起来，信息技术对审计的影响主要体现在以下几个方面。

1. 对审计线索的影响

审计线索对审计来说极其重要。在传统的手工会计系统中，审计线索包括凭证、日记账、分类账和报表。注册会计师通过顺查和逆查的方法来审查记录，检查和确定其是否正确地反映了被审计单位的经济业务，检查企业的会计核算是否合理合规。而在信息技术环境下，从业务数据的具体处理过程到报表的输出都由计算机按照程序指令完成，数据均保存在磁性介质上，缺乏可视性审计轨迹，审计线索具有隐蔽性，如数据存储介质、存取方式以及处理程序等。

2. 对审计技术手段的影响

过去，注册会计师的审计都是手工进行的，随着信息技术的广泛应用，桌面审计系统从绕过计算机审计发展到穿过计算机审计再到利用计算机审计，几乎已经将所有的审计技术、审计内容、审计方法纳入计算机审计之中，因此，注册会计师需要掌握相关信息技术，把信息技术作为一种有力的审计工具。当面临不太复杂的 IT 环境时，比如在信息技术不会对传统的审计线索产生重大影响的情况下，注册会计师可采取传统方式进行审计，即“绕过计算机进行审计”。当面临较为复杂的 IT 环境时，则需要“穿过计算机进行审计”。

3. 对内部控制的影响

随着信息技术的发展，内部控制在形式及内涵方面发生了变化，如计算机控制代替人工控制，减少了手工处理过程中经常出现的人工错误；在高度电算化的信息环境中，业务活动和业务流程引发新的风险，从而使具体控制活动的性质有所改变；信息技术系统通常可以比手工系统为管理当局提供更快捷且高质量的信息。但内部控制的概念、完善的内部控制的目标并没有发生改变。

4. 对审计内容的影响

在信息化条件下，由于信息化的特点，审计内容发生了相应的变化，在信息化的会计系统中，各个会计事项都是由计算机按照程序自动处理的，信息系统的特点及固有风险决定了信息化环境下审计的内容包括对信息化系统的处理和对相关控制功能的测试。比如，在审计计划阶段对企业内部控制进行风险评估时，注册会计师必须单独考虑信息技术对企业风险评估的影响。

5. 对审计效率的影响

信息技术带来的最明显变化是计算机辅助审计技术（computer assisted audit techniques，CAATs）的广泛应用，利用计算机抽样取证、计算比较、综合分析不仅大大提高了审计效率，通过嵌入实时审计软件还可以实施实时审计管理和风险控制。随着信息技术的发展，完善的 ERP 系统或财务系统都能提供灵活全面的数据输出功能，为注册会计师的数据分析提供了便利。在年报审计中，有些原来采用分析性复核、人工验算等方法的审计步骤可以逐步采用计算机辅助审计技术，如固定资产折旧的结算、应收账款账龄/存货账龄的计算。在某些特殊行业，计算机辅助审计技术能够测算更复杂的内容，如银行存贷款利息。此外，在针对反舞弊的审计程序中，计算机辅助审计技术也能发挥巨大作用。比如，利用计算机审计软件，注册会计师可以根据一些设定的条件，查询异常交易和数据，如非正常交易时间以及异常金额的交易和数据。当然，计算机辅助审计技术也有局限性，它往往只能验证某一重要会计科目同完整性、准确性和存在有关的会计认定，因此，计算机辅助审计技术还需要结合其他的传统审计方法，共同实现某一审计目标。比如，注册会计师在审计程序中必须要考虑何时及在何种程度上使用计算机辅助审计技术，同时需要考虑用何种方式确保所获取的原始数据的完整性。

6. 对审计风险的影响

信息技术广泛运用在企业财务系统和注册会计师审计领域后，由于硬件和数据风险以及审计轨迹减少，软件的实用性和安全性可能存在隐患，数据的输入、输出、对接容易被操纵等，信息技术运用不当会增大审计风险，为此，注册会计师在执行业务时应当关注：

（1）如何实施对计算机财务会计软件本身的审计。实现计算机信息数据处理的财务会计软件自身的合法性、具体处理规则的准确性以及对非法处理的控制等，是决定会计信息系统提供的财务会计信息是否准确的关键要素之一。

（2）如何实施对系统数据的审计。尽管计算机信息系统可以按照会计制度的要求，仿照传统会计的凭证、账簿及报表等格式处理、输出各类会计信息，但是，计算机信息系统中数据的组织和管理模式发生了实质性变化，如何按照审计方案的要求获取基础数据并进一步进行审计处理，是对系统数据实施审计的关键。

7. 对注册会计师的影响

信息技术在被审计单位的广泛应用要求注册会计师具备信息技术方面的知识。因此，注册会计师要想成为知识全面的复合型人才，不仅要有丰富的会计、审计、经济、法律、管理等方面的知识和技能，还需要熟悉信息系统的应用技术、结构和运行原理，对信息化环境下的内部控制做出适当的评价。

第二节　计算机信息技术环境下财务报表审计

一、计算机信息技术环境下财务报表审计目标

信息技术在企业中的应用并不改变注册会计师制定的财务报表审计目标。执行财务报表审计工作的总体目标是：对财务报表整体是否不存在由于舞弊或错误导致的重大错报获取合理保证，对财务报表是否在所有重大方面按照适用的财务报告编制基础编制发表审计意见；按照审计准则的规定，根据审计结果对财务报表出具审计报告，并与管理层和治理层沟通。

实务中，财务报表审计一般目标分解为如下具体审计目标。

（一）与交易和事项相关的具体审计目标

（1）发生。所记录的交易和事项是真实发生的。

（2）完整性。在财务报表中应该列示的所有交易和事项都列示了。

（3）准确性。所记录的与交易和事项相关的总数和其他数据都被恰当列示了。

（4）截止。交易和事项记录在正确的会计期间。

（5）分类。交易和事项被记录于恰当的账户。

（二）与账户余额相关的具体审计目标

（1）存在。所记录的资产、负债和所有者权益存在。

（2）权利与义务。公司拥有对资产的持有和控制权，负债属于公司。

（3）完整性。所有应列示的资产、负债和所有者权益都已经列示了。

（4）计价和分摊。资产、负债和所有者权益都按照适当的金额列入财务报表中，所有最终调整的计价和分摊均已恰当地记录。

（三）与列报和披露相关的具体审计目标

（1）发生、权利与义务。披露的交易、事项和其他项目都已经发生且与企业相关。

（2）完整性。所有应该在财务报表中披露的事项均已包括在其中。

（3）分类和可理解性。财务信息被恰当地表示和描述，披露的事项被清晰地表达。

（4）准确性和计价。财务信息和其他信息被公允地披露并以适当的金额列示。

二、计算机信息技术环境下财务报表审计范围

信息技术环境下，出现了新的信息载体，如网络、磁带、磁盘等。注册会计师还要对会计电算化信息系统本身进行审计，包括对会计信息系统的开发与设计、会计软件的程序、会计信息系统的控制等进行审计。不同的被审计单位，其流程和信息系统各具特点，注册会计师制定审计计划时应据此包含不同的信息技术审计内容。在计划依赖自动控制或自动信息系统生成的信息时，注册会计师应当适当扩大信息技术审计的范围。

信息技术审计的范围与被审计单位在业务流程及信息系统方面的复杂度成正比，注册会计师在制定审计策略时，需要结合被审计单位业务流程复杂度，信息系统复杂度，系统生成的交易数量、信息和复杂计算的数量以及信息技术环境的规模和复杂度等四个方面，对信息技术审计范围进行适当的考虑。

（一）评估业务流程的复杂度（比如销售流程、薪酬流程、采购流程等）

注册会计师通过考虑以下因素，对业务流程复杂度做出职业判断：

（1）某流程涉及过多人员及部门，相关人员及部门之间的关系复杂且界限不清；

（2）某流程涉及大量操作及决策活动；

（3）某流程的数据处理过程涉及复杂的公式和大量的数据录入操作；

（4）某流程需要对信息进行手工处理；

（5）对系统生成的报告的依赖程度。

（二）评估信息系统的复杂度

对于信息系统，有的企业购买商业软件，有的企业自行研发。注册会计师评估商业软件的复杂程度时应当考虑系统复杂度、系统市场份额、系统运行所需的参数设置范围，以及企业化程度（出厂标准配置的变更及变更类型，例如，是仅为报告形式的变更还是数据处理方式的变更）。注册会计师评估自行研发系统的复杂度时应当考虑系统复杂度、距离上一次系统架构重大变更的时间、系统变更对财务系统的影响，以及系统变更之后的运行情况和运行期间。

（三）系统生成的交易数量、信息和复杂计算的数量

具体内容包括：

（1）被审计单位是否存在大量交易数据，以至于用户无法识别并更正数据处理错误；

（2）数据是否通过网络传输，如电子数据交换（EDI）；

（3）是否使用特殊系统，如电子商务系统。

（四）信息技术环境的规模和复杂度

评估信息技术环境的规模和复杂度，应当考虑产生财务数据的信息系统数量、信息部门的结构与规模、网络规模、用户数量、外包及访问方式（例如本地登录或远程登录）。信息技术环境复杂并不一定意味着信息系统是复杂的，反之亦然。

在具体审计过程中，注册会计师除了考虑以上所提及的复杂度外，还需要充分考虑系统在实际应用中存在的问题，评价这些问题对审计范围的影响。

（1）管理层如何获取与信息技术相关的问题？

（2）系统是否能够发现严重问题或不准确成分？如果是，是否存在可以绕过的程序（如自行修复程序等）？

（3）是否发生过信息系统运行出错、安全事件或对固定数据的修改等严重问题？如果是，管理层如何应对这些问题，如何确保这些问题得到可靠解决？

（4）内部审计或其他报告中是否提出过与信息系统、数据环境或应用系统相关的问题？

（5）报告中提及的最普遍的系统问题是什么？

在充分了解被审计单位的业务流程、信息系统和相关风险之后，注册会计师应当判断被审计单位是否有信息技术关键风险、实质性程序是否无法完全控制该风险。如果是，注册会计师应当将信息技术审计纳入财务审计计划之中。

三、信息技术内部控制测试

（一）与信息技术相关的控制

在信息技术环境下，传统的人工控制日益被自动控制所替代，但是，对自动控制的依赖可能给企业带来特有的重大错报风险。表1-1对比了人工控制和自动控制常运用的领域以及容易产生的特定风险。

表1-1 人工控制与自动控制的对比

项目	人工控制	自动控制
适用范围	（1）存在大额、异常或偶发的交易 （2）存在难以界定、预计或预测的错误的情况 （3）应对情况的变化，需要对现有的自动控制进行调整 （4）监督自动化控制的有效性	（1）需要处理大量的交易或数据时 （2）需要提高信息的及时性、可获得性及准确性时 （3）需要深入分析信息时 （4）需要加强对被审计单位政策和程序执行情况的监督时 （5）需要降低控制被规避的风险时 （6）需要通过对操作系统、应用程序系统和数据库系统实施安全控制，提高不相容职务分离的有效性时
风险	（1）人工控制可能更容易被规避、忽视或凌驾 （2）人工控制可能不具有一贯性 （3）人工控制可能更容易产生简单错误或失误	（1）系统或程序未能正确处理数据，或处理了不正确的数据，或两种情况并存 （2）在未得到授权的情况下访问数据，可能导致数据的毁损或对数据不恰当的修改，包括记录未经授权或不存在的交易，或不正确地记录了交易 （3）多个用户同时访问同一数据库可能会造成特定风险 （4）技术人员可能获得超越其职责的数据访问权限，破坏系统应有的职责分工 （5）未经授权改变主文档的数据 （6）未经授权改变系统或程序 （7）未能对系统或程序做出必要的修改 （8）不恰当的人为干预，或人为绕过自动控制 （9）数据丢失的风险或不能访问所需要的数据，如系统瘫痪

因此，被审计单位采用信息系统处理业务，并不意味着人工控制被完全取代，与财务报告相关的控制活动一般由一系列人工控制和自动控制组成。由于被审计单位信息技术的特点及复杂程度不同，被审计单位的人工及自动控制的组合方式往往会有所区别。信息系统对控制的影响取决于被审计单位对信息系统的依赖程度。例如，在基于信息技术的自动化信息系统中，系统通过自动操作来实现对交易信息的创建、记录、处理和报告，并将相关信息保存为电子形式（如电子的采购订单、采购发票、发运凭证和相关会计记录）。但相关控制活动可能同时包括人工的部分，比如，订单的审批和事后审阅以及会计记录调整等。

实例1-1（多选题）

在信息技术环境下，传统的人工控制日益被自动控制所替代的原因有（　　）。

A. 自动控制可以处理大额、异常或偶发交易

B. 自动控制能够有效处理大流量交易及数据

C. 自动控制能够提高信息的及时性、准确性

D. 自动控制能够提高管理层对企业业务活动及相关政策的监督水平

分析：BCD。人工控制更适合大额、异常或偶发交易。

（二）信息技术内部控制测试

在信息技术环境下，虽然内部控制在存在形式及内涵方面发生了变化，但内部控制的目标并没有发生变化。人工控制的基本原理与方式在信息技术环境下不会发生实质性的改变，注册会计师仍需要按照审计准则执行相关的审计程序。对于自动控制，需要从公司层面信息技术控制测试、信息技术一般控制测试、信息技术应用控制测试三方面进行考虑。

1. 公司层面信息技术控制测试

公司层面信息技术控制情况代表了该公司信息技术控制的整体环境，包括该公司对信息技术的重视和依赖程度、信息技术复杂性、对外部信息技术资源的使用和管理情况、信息技术风险偏好等，这些要素会影响该公司的信息技术一般控制和信息技术应用控制的部署和落实。

公司层面信息技术控制是公司信息技术整体控制环境，决定了信息技术一般控制和信息技术应用控制的风险基调。

2. 信息技术一般控制测试

信息技术一般控制是指为了保证信息系统的安全，对整个信息系统以及外部各种环境要素实施的对所有的应用或控制模块具有普遍影响的控制措施。信息技术一般控制通常会对实现部分或全部财务报表认定做出间接贡献；在有些情况下，信息技术一般控制可以对实现信息处理目标和财务报表认定做出直接贡献。这是因为有效的信息技术一般控制确保了应用系统控制和依赖计算机处理的自动会计程序能够持续有效运行。当人工控制依赖系统生成的信息时，信息技术一般控制同样重要。如果注册会计师计划依赖自动应用控制、自动会计程序或系统生成信息的控制，就需要对相关的信息技术一般控制进行验证。

信息技术一般控制测试包括对程序开发、程序变更、程序和数据访问以及计算机运行等四个方面控制的测试。

(1) 程序开发。程序开发的目标是确保系统的开发、配置和实施能够实现管理层的应用控制目标。程序开发控制的一般要素包括：对开发和实施活动的管理；项目启动、分析和设计；对程序开发实施过程的控制软件包的选择；测试和质量确保；数据迁移；程序实施；记录和培训；职责分离。

(2) 程序变更。程序变更的目标是确保对程序和相关基础组件的变更是经过请求、授权、测试和实施的，以实现管理层的应用控制目标。程序变更一般包括以下要素：对维护活动的管理；对变更请求的规范、授权与跟踪；测试和质量确保；程序实施；记录和培训；职责分离。

(3) 程序和数据访问。程序和数据访问的目标是确保分配的访问程序和数据的权限是经过用户身份认证并授权的。程序和数据访问的子组件一般包括安全活动管理、安全管理、数据安全、操作系统安全、网络安全和物理安全。

(4) 计算机运行。计算机运行的目标是确保生产系统根据管理层的控制目标完整准确地运行，确保运行问题被完整准确地识别并解决，以维护财务数据的完整性。计算机运行的子组件一般包括计算机运行活动的总体管理、批调度和批处理、实时处理、备份和问题管理以及灾难恢复。

注册会计师在完成信息技术一般控制测试后应清楚记录信息技术一般控制与关键的自动应用控制及接口、关键的自动会计程序、关键的人工控制使用的系统生成的数据和报告，或生成手工日记账时使用系统生成的数据和报告的关系。

信息技术一般控制是基础，信息技术一般控制有效与否直接关系到信息技术应用控制的有效性是否能够信任。

3. 信息技术应用控制测试

应用控制是在计算机应用系统中设计的有助于达到信息处理目标的控制。信息技术一般控制对应用控制的有效性具有普遍影响，无效的一般控制增加了应用控制不能防止或发现并纠正认定层次重大错报的可能性，即使这些应用控制本身得到有效设计。信息技术应用控制一般要经过输入、处理及输出等环节，和人工控制一样，自动控制同样关注信息处理目标的四个要素：完整性、准确性、授权和访问限制，信息技术应用控制测试的目标及其程序如表1-2所示。

表1-2 信息技术应用控制测试目标及其程序举例

项目	测试目标	测试程序举例
1	完整性	(1) 检查顺序标号，以保证系统中每笔日记账都是唯一的，并且系统不会接受相同编号或者编号范围外的凭证。此时，需要系统提供一个有编号凭证的报告，如果存在例外，需要相关人员调查跟进。 (2) 编辑检查，以确保无重复交易录入，比如在发票付款时检查发票编号。
2	准确性	(1) 编辑检查，包括限制检查、合理性检查、存在性检查和格式检查等。 (2) 将客户、供应商、发票和采购订单等信息与现有数据进行比较。
3	授权	(1) 测试交易流程是否包含恰当的授权。 (2) 将客户、供应商、发票和采购订单等信息与现有数据进行比较。
4	访问限制	(1) 测试某些特殊的会计记录的访问是否经过数据所有者的正式授权。管理层必须定期检查系统的访问权限来确保只有经过授权的用户才能够拥有访问权限，并且符合职责分离原则。如果存在例外，应当进一步调查。 (2) 测试访问控制是否满足适当的职责分离的要求。 (3) 检查访问密码是否定期更换，并且在规定次数内不能重复；定期生成多次登录失败导致用户账号锁定的报告，管理层必须跟踪这些登录失败的具体原因。

(三) 信息系统影响控制风险和实质性程序

信息系统对控制的影响取决于被审计单位对信息系统的依赖程度。与财务报告相关的控制活动一般由一系列人工控制和自动控制所组成。自动控制程度越高，信息系统对控制的影响越大。无论被审计单位运用信息技术的程度如何，注册会计师均需了解与审计相关的信息技术一般控制和应用控制。在理论上，测试每个自动控制时都要同时测试与其对应的人工控制，才能得到控制是否可信赖的结论。

在信息技术环境下，审计工作与对信息系统的依赖程度直接关联，注册会计师需要考虑其关联关系，从而准确定义相关的信息系统测试范围，具体内容见表1-3。

表1-3 信息系统测试范围

对信息系统的依赖程度	了解与评估系统环境（是/否）	验证人工控制（是/否）	验证信息系统应用控制（是/否）	了解、验证信息系统一般控制（是/否）
不依赖	是	否	否	否
仅依赖人工控制，此类人工控制不依赖信息系统所生成的信息或报告	是	是	否	否
仅依赖人工控制，此类人工控制依赖信息系统所生成的信息或报告，审计需要通过实质性程序来验证控制有效性	是	是	否	否
同时依赖人工及自动控制	是	是	是	是

在评估信息系统对控制风险和实质性程序的影响时，注册会计师需要将控制与具体的审计目标相联系。

注册会计师首先针对每个具体的审计目标，了解和识别相关的控制与缺陷。在此基础上，对每个相关审计目标评估初步控制风险。

由于一般控制的影响广泛，注册会计师通常不将控制与具体的审计目标相联系。

如果一般控制有效，注册会计师可以更多地信赖应用控制，测试这些控制的运行有效性，并将控制风险评估为低于“最高”水平。

如果一般控制无效，增加应用控制不能防止或发现并纠正认定层次重大错报，即使这些应用控制本身得到有效设计，注册会计师也不应当信赖应用控制。

如果针对某一具体审计目标，注册会计师能够识别出有效的应用控制，通过测试确定其运行有效后，注册会计师可以减少实质性程序。

实例1-2（单选题）

下列有关信息技术对审计过程的影响的提法中，不正确的是（　　）。

A. 信息技术在企业中的应用会改变注册会计师制定的审计目标

B. 系统的设计和运行会对了解业务流程和控制产生直接影响

C. 系统的设计和运行会对评价审计风险产生直接影响

D. 在高度电算化的信息环境中，业务活动和业务流程引发了新的风险，从而使具体控制活动的性质有所改变

分析：A。信息技术在企业中的应用并不改变注册会计师制定的审计目标；系统的设计和运行对评价审计风险、了解业务流程和控制、执行审计工作以及需要收集的审计证据的性质都有直接的影响。

四、计算机辅助审计技术及其运用

（一）计算机辅助审计技术

计算机辅助审计技术是指利用计算机和相关软件，使审计测试工作实现自动化的技术。计算机辅助审计技术可以在以下方面使审计工作更富效率：

（1）将现有手工执行的审计测试自动化。比如，对报告数据的准确性进行测试。

（2）在手工方式不可行的情况下执行测试或分析。比如，审阅大量的和非正常的销售交易，尽管这项工作有可能通过手工方式来实现，但从时间角度出发，对于多数大型公司而言，是无法通过手工方式完成的。

计算机辅助审计技术能够提高审阅大量交易的效率，而且计算机不会受到过度工作的影响。

1. 面向系统的计算机辅助审计技术

面向系统的计算机辅助审计技术主要有：

（1）平行模拟法。平行模拟法是指，注册会计师使用自身的应用软件，运用与被审计单位同样的数据文件，执行被审计单位应用软件同样的操作，以确定被审计单位自动控制的有效性（相当于运用于控制测试）或账户余额的准确性（相当于运用于实质性程序）。

（2）测试数据法。测试数据法是指，注册会计师使用被审计单位的计算机系统和应用软件处理注册会计师自己准备的测试数据，以确定被审计单位的自动控制是否能够正确地处理测试数据。

（3）嵌入审计模块法。嵌入审计模块法是指，注册会计师在被审计单位的应用软件系统中嵌入审计模块，以识别特定类型的交易。

（4）程序编码审查。程序编码审查是指，注册会计师使用专业的编码审查工具，进行开发编码的独立审查，以发现冗余代码、错误代码、恶意代码等。

（5）程序代码比较和跟踪。程序代码比较和跟踪是指，注册会计师使用专业的代码比较工具，进行开发代码的比对，包括客制化开发版本和标准版之间的代码比对、不同版本程序之间的代码比对等。

（6）快照。快照是指，注册会计师使用专业的工具，对系统运行过程中的某一状态进行快照记录，以进行系统性能、功能、状态等的横向比较。

2. 面向数据的计算机辅助审计技术

面向数据的计算机辅助审计技术包括数据查询、账表分析、审计抽样、统计分析、数据分析等方法。

其中数据分析的作用有：

（1）通过数据结构中的字段来提取数据。数据分析通过基础数据中的字段而不是数据记录的格式来提取数据。

（2）为判断提供支撑和见解。数据分析工具可用于风险分析、交易和控制测试、分析性程序，为判断提供支撑和见解。更高级的常规分析工具可用于风险分析以便发现问题，更详细的分析可用来明确重点，提供审计证据和洞察力。

（3）常规分析工具可以提供审计证据。一些常规分析工具可以为会计估计的计算方法是否适当的判断提供支持。例如，一家企业有冲销超过一定账龄的应收款项的政策，如果常规分析工具显示，大量的贷项通知单与开具账单的错误有关，那么当冲销贷项通知单时，分析结果可能导致该方法看起来不是那么恰当。

（4）数据分析工具可以提高审计质量。审计质量不在于工具本身，而在于分析和判断的质量。其价值不在于数据转换，而在于从交谈和询问中提取的审计证据。

实例1-3（单选题）

下列各项中，有关数据分析的说法正确的是（　　）。

A. 数据分析仅应用于审计业务

B. 数据分析可以使非专业人员以图形化的方式方便快速查看结果

C. 数据分析工具不能提高审计质量

D. 数据分析工具可以用于分析性程序，但不能用于控制测试

分析：B。数据分析可以应用到审计以及其他鉴证业务中，选项A错误；数据分析工具可以提高审计质量，选项C错误；数据分析工具可用于风险分析、交易和控制测试、分析性程序，选项D错误。

（二）计算机辅助审计技术的应用

计算机辅助审计技术是一种审计方式，需要使用一定的工具来加以实现。常见的工具包括：通用类、数据库类和专业工具类。

（1）通用类：Excel，Acccss等。Excel自带了大量核算或分析的库函数或工作，但是它处理的数据量非常有限；Access可以灵活导入数据，并可使用简洁的SQL语言进行分析，处理数据的范围和数量大于Excel。

（2）数据库类：SQL server、Oracle等。专用的数据库等工具可以快速高效地分析大量数据，但是对分析人员的技术水平要求较高，必须非常精通SQL语言。

（3）专业工具类：ACL、IDEA等。专业的分析工具一般只有审计和内部控制专业人士以及财务管理人员才会使用。

1. 网上实时报告审计

基于网络技术和远程通信技术的计算机辅助审计技术为注册会计师提供了一种有效的、方便网上实时报告审计的工具。在实时审计模型中，通过建立注册会计师与被审单位之间的实时连接，实时监督企业交易、内部控制、企业业务，随时检测企业异常情况，获得实时审计证据；随时更新审计报告，提供实时的审计报告。审计项目负责人可以在网上制定审计计划，给各审计人员分配审计任务；在网上复核助理人员的工作底稿，随时了解审计项目的进展情况，协调各审计人员的工作；草拟和签发审计报告。注册会计师可以通过网络审查远距离的计算机信息系统功能；调用系统的审计功能或使用审计软件，对系统的经济业务与会计信息进行抽样、审查、核对和分析；使用电子邮件向被审计单位的银行、客户、供应商等进行函证；在网上复制文件或数

据等审计证据，编写工作底稿等。若在系统开发时嵌入了审计程序，计算机还可以自动对经济业务进行实时监控，完成部分审计任务。

2. 利用信息系统进行审计管理

会计师事务所可以利用信息系统完善审计行政管理和内部控制，编制年度审计计划，记录审计计划的执行情况，安排审计任务和资金分配。

3. 建立审计数据库

会计师事务所利用信息系统建立审计数据库，可以更有效地利用审计资料完成审计任务。注册会计师可以利用审计数据库随时检索、查询、调阅有关审计管理的历史资料，历年的审计报告和审计工作底稿，国家有关法规、规章和制度、审计准则和审计规范，企业的内部控制制度等。建立审计数据库能极大地提高审计效率。

4. 利用审计软件进行审计

最广泛地应用计算机辅助审计技术的领域是实质性程序，特别是在与分析性程序相关的方面。除此以外，计算机辅助审计技术还能用于细节测试（包括目标测试）以及辅助审计抽样。计算机辅助审计技术使得对系统中的每一笔交易进行测试成为可能，用于在交易样本量很大的情况下替代手工测试。

与其他控制测试相同，计算机辅助审计技术也可用于测试控制的有效性，选择少量的交易，在系统中进行穿行测试，或是开发一套集成的测试工具，测试系统中的某些交易。在控制测试中使用计算机辅助审计技术的优势是，可以对每一笔交易（包括主文件和交易文件）进行测试，从而确定是否存在控制失效的情况。

计算机辅助审计技术有助于详审海量数据，辅助对舞弊的检查工作（如审阅非正常的日记账）。

（三）利用电子表格进行审计

由于系统限制等原因，即使在信息化程度极高的环境下，财务信息和报告的生成往往需要借助电子表格来完成。电子表格是指利用计算机作为表格处理的工具，以实现制表工具、计算工具以及表格结果保存一体化的综合电子化的软件。目前普遍使用的电子表格包括 Excel 等软件，通过电子表格可以进行数据记录、计算与分析，对输入的数据进行各种复杂统计运算，并生成可视性极佳的表格。注册会计师在财务报表审计中，应当谨慎地考虑对电子表格的控制，以及信息技术一般控制等的设计与执行（相关时）的有效性，从而持续确保这些内嵌控制的完整性。

1. 关注电子表格的特性风险

电子表格的特性（即开放的访问、手工输入数据和容易产生错误）以及编制并使用电子表格的环境的特性（比如，用户开发不正式、保存在局域网或本地磁盘而不是其他受控的信息系统环境中），增加了电子表格所生成的数据存在错误的风险，从而影响审计工作的进行。

2. 确定重要的财务电子表格和其他最终用户计算工具的范围

重要的财务电子表格和其他最终用户计算工具（比如，按需报告工具或在数据仓库中运行查询）用来在重要的流程（自动控制步骤）中生成财务数据，或生成用于关键人工控制的财务或其他数据。注册会计师应该了解评估范围内重要的流程和账户，并识别用来支持这些流程或账户的电子表格或工具。

3. 针对电子表格控制风险实施程序

因为电子表格非常容易修改，并可能缺少控制活动，所以电子表格往往面临重大固有风险，比如：

（1）输入错误。由数据录入、引用或其他简单的剪贴功能造成的错误。

（2）逻辑错误。创建错误的公式，生成了错误的结果。

（3）接口错误。与其他系统传输数据时产生的错误。

（4）其他错误。单元格范围定义不当、单元格参考错误或电子表格链接不当。

注册会计师应该了解相关的电子表格/数据库如何支持关键控制达到相关业务流程的信息处理目标，并有针对性地实施以下一项或多项控制测试：

（1）测试电子表格的控制以及信息技术一般控制等；

（2）测试内嵌在电子表格中的控制（类似于自动应用控制）；

（3）测试针对电子表格数据输入和输出的人工控制。

实例1-4（分析题）

今明会计师事务所①为了提高审计效率和审计规范性，购买了一套年度财务报表的审计软件。项目经理李明带队运用审计软件进行年报审计一年后，提出了如下需要思考的问题：

（1）注册会计师原来在审计现场忙于抽取凭证和检查会计账簿，现在到审计现场，首先协商解决的是采集哪些数据以及采集数据的接口问题，然后就是“倒数据”。由于企业会计软件系统不同，会计数据格式五花八门，会计数据的采集及转化成为利用审计软件进行审计的关键，但如何控制会计数据的采集及转化的风险呢？

（2）审计华兴公司年度财务报表时，华兴公司的会计人员告诉李明他们安装了一种对顾客应收账款和账龄进行分析的程序，用以分析应收账款账龄及其可收回性，建议李明直接采集该计算机生成的应收账款账龄资料。李明决定用该公司应收账款数据文件的电子副本采集数据，利用事务所的审计软件重新计算应收账款账龄，结果发现测试结果与公司计算的账龄存在重大差异，追查原因发现华兴公司程序员的错误导致了公司在计算账龄软件的设计上存在错误。此后，李明对计算机生成的数据不敢信赖，每次都坚持从被审计单位最原始的数据库采集会计数据。在年报审计中，被审计单位计算机生成的数据如何才能让人信赖呢？

分析：

（1）计算机辅助审计的关键是控制会计数据采集及其转化的风险，不仅要对被

---

① 本文的实例均源自实践，但为了保密，公司名称统一用华兴公司、晋美公司、甲公司、A公司等代替，事务所名称统一用今明会计师事务所、金华会计师事务所等代替。人名统一用李明、张伟等代替。尽管使用统一的代名词，但每个实例都是独立的。

审计单位信息技术一般控制和应用控制进行测试，而且要评估审计软件以及运用审计软件进行会计数据采集和转换的风险，也就是要全面评估和应对审计软件运用的风险。表面上是从抽取凭证和检查会计账簿转变为“倒数据”，实质上是更加重视对被审计单位和会计师事务所两方面的信息系统的风险评估和应对。

（2）如果计算机生成的数据让人不信赖，事务所利用审计软件获得的资料就可能无法让人信赖，因此在计算机信息环境下，要记住计算机只执行程序设计的内容，注册会计师在信赖计算机生成的信息之前，必须了解、评价和测试计算机信息系统，无论是被审计单位还是会计师事务所的系统，都要从信息技术一般控制与应用控制两方面进行测试，在系统有效的情况下，计算机生成的数据才可以信赖。

思考题

1. 讨论现代信息技术给财务报表的编制和运用带来的变化。
2. 讨论现代信息技术对审计的影响。
3. 描述什么情况被称为“计算机信息环境下审计”。
4. 计算机信息技术环境下财务报表的审计目标是什么？
5. 讨论计算机信息技术环境下财务报表的审计范围。
6. 在信息技术环境下，注册会计师的审计工作与对信息系统的依赖程度直接关联，请根据以下四种注册会计师对信息系统的依赖程度完成下表。

（1）不依赖信息系统；

（2）仅依赖人工控制，此类人工控制不依赖信息系统所生成的信息或报告；

（3）仅依赖人工控制，此类人工控制依赖信息系统所生成的信息或报告，审计需要通过实质性程序来验证控制有效性；

（4）同时依赖人工及自动控制。

对信息系统的依赖程度	了解与评估系统环境（是/否）	验证人工控制（是/否）	验证信息系统应用控制（是/否）	了解、验证信息系统一般控制（是/否）
（1）				
（2）				
（3）				
（4）				

7. 对比人工和自动控制常运用的领域以及容易产生的特定风险。
8. 分析信息技术公司层面控制、一般控制与应用控制三者之间的关系。
9. 信息系统如何影响控制风险和实质性程序？
10. 举例说明计算机辅助审计技术的应用。
11. 讨论年报审计中利用电子表格进行审计应当注意的事项。

案例分析

光大证券乌龙指事件

问题：

1. 对照信息技术一般控制和应用控制分析光大证券乌龙指事件中存在的控制缺陷。

2. 结合光大证券乌龙指事件讨论计算机信息系统对证券公司以及资本市场的影响。

3. 结合光大证券内部控制评价及审计报告，讨论在证券公司年报审计中注册会计师为什么要重视信息系统控制测试？如何对证券公司信息系统控制进行测试？

行动学习讨论项目

把学生分成若干组（每组最好10人以内），要求他们利用头脑风暴的方法，对以下问题提出不同的看法，尽量多地列示在行动学习讨论的白板上。

讨论问题：习近平总书记强调，“加强信息基础设施建设，强化信息资源深度整合，打通经济社会发展的信息‘大动脉’”①。在此背景下，分析计算机信息环境在哪些方面改变了财务报表审计？如何应对？

讨论与板书要求：(1) 每个人都要发言，但每次只能一人发言；(2) 追求数量、追求创意；(3) 有人发言时不许质疑、不许批评、不许打断；(4) 板书要按发言人的原话列示。

① 习近平．在网络安全和信息化工作座谈会上的讲话．人民日报，2016-4-26 (2).

第 2 章 Chapter 2 承接审计业务

素养提升

● 熟悉注册会计师职业道德规范体系，理解执业准则，培养服务意识，成为德才兼备的审计人才。

学习目标

● 了解业务承接的两大目标及其基本程序
● 熟悉如何初步了解和评价客户
● 掌握前后任注册会计师沟通的程序与内容
● 掌握如何利用专家的工作
● 掌握如何利用其他注册会计师的工作
● 掌握初步评估舞弊的相关内容
● 熟悉审计业务约定书的基本内容、重签与变更

第一节　业务承接的实务流程

一、业务承接的目标

业务承接有两大目标：一是审查目标客户，确定是否承接业务；二是说服客户聘用注册会计师。虽然对于会计师事务所来讲，为了生存与发展，它们必须拥有一定数量的客户群，注册会计师通常不会轻易拒绝目标客户，但如果与不诚实的客户合作，对于事务所来说后果将不堪设想。因此，并非凡有委托，事务所一定承接业务。在确定是否承接业务时，注册会计师必须保持谨慎，对与缺乏诚信客户打交道而导致的严重后果和昂贵代价保持清醒的认识，拒绝接受高风险客户。但对于一些尚未认识到注册会计师能够为其提供什么服务的潜在客户，注册会计师应当以自身专业价值能够满足并超越客户期

望的方案和实例，说服客户聘用注册会计师，把潜在的客户转变为现实的客户。

从会计师事务所与客户接触起，审计活动就开始了，我们称之为初步业务活动。注册会计师执行初步业务活动的目的是确保已对所有可能会影响其审计计划制定和执行的事项和情况予以考虑，将审计风险降至可接受低水平。

二、初步业务活动

注册会计师执行初步业务活动是为了保证注册会计师执行审计工作时：具备执行业务所需要的独立性和专业胜任能力；不存在因管理层诚信问题而影响注册会计师保持该项业务意愿的情况；与被审计单位不存在对业务约定条款的误解。其主要内容包括以下几个方面。

1. 针对保持客户关系和具体审计业务实施相应的质量控制程序

无论是连续审计还是首次接受审计委托，注册会计师均应当考虑下列主要事项，以确定保持客户关系和具体审计业务的结论是恰当的。

（1）被审计单位的主要股东、关键管理人员和治理层是否诚信；

（2）项目组是否具备执行审计业务的专业胜任能力以及必要的时间和资源；

（3）会计师事务所和项目组能否遵守职业道德规范。

2. 评价遵守职业道德规范的情况

虽然保持客户关系及具体审计业务和评价注册会计师职业道德的工作须贯穿审计业务的全过程，但这两项活动需要安排在其他审计工作之前，以确保注册会计师已具备执行业务所需的独立性和专业胜任能力，且不存在因管理层诚信问题而影响注册会计师保持该项业务意愿的情况。在连续审计的业务中，这些初步业务活动通常在上期审计工作结束后不久或将要结束时就开始了。

3. 及时签订或修改审计业务约定书

在做出接受或保持客户关系及具体审计业务的决策后，注册会计师与被审计单位就审计业务约定条款达成一致，签订或修改审计业务约定书，以避免双方对审计业务的理解产生分歧。

实例 2-1（单选题）

下列各项中，不属于初步业务活动内容的是（　　）。

A. 运用分析程序评估重大错报风险

B. 在承接业务前与前任注册会计师沟通

C. 评价遵守相关职业道德要求的情况

D. 及时签订或修改审计业务约定书

分析：A。初步业务活动的内容包括：（1）针对保持客户关系和具体审计业务实施相应的质量控制程序；（2）评价遵守职业道德规范的情况；（3）及时签订或修改审计业务约定书。另外，在首次接受委托的情况下，获得被审计单位同意后与前任注册会计师沟通也是初步业务活动的内容。

审计业务承接的实务流程具体见图 2－1。

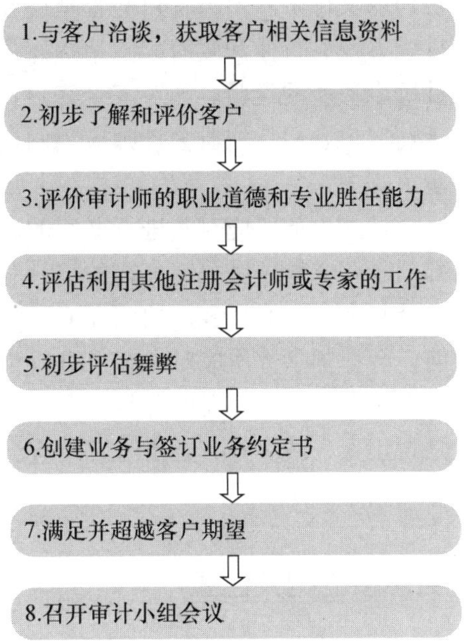

图 2－1 审计业务承接的实务流程

第二节 初步评价业务承接

一、初步了解和评价客户

会计师事务所在同意承接审计业务之前，需要对客户进行充分的了解，其主要目的是避免因接受该客户的委托而使事务所遭受损失。这种因与客户合作而使事务所发生损失的可能性通常称为履约风险（区别于审计风险）。履约风险是指即使事务所遵循相关执业准则并签发了恰当的审计报告，依然存在因与客户合作而遭受损失的可能性。履约风险可能由以下事项所导致。

（1）被起诉。如果事务所因为客户破产、存在舞弊或违法行为而被起诉，那么即便它打赢了这场官司，也极有可能会遭受损失。因为很多情况下，事务所虽然胜诉了，但它因诉讼而花费的成本会超过承接该审计业务所取得的收入。

（2）职业名誉的损失。如果与一家声名狼藉的客户合作，事务所很可能失去一些潜在的名誉较好的客户，因为这些客户通常会认为与声名败坏的公司有联系的事务所有不诚信的嫌疑。

（3）缺乏盈利性。在审计业务完成的时候，事务所可能会发现它所获得的收入尚不足以弥补服务成本，而客户也不愿意再多掏钱。事实上，除非存在一个很好的继续业务合作的理由，否则事务所不会承接没有盈利的业务。

注册会计师初步了解和评价目标客户的资料来源主要有三部分：一是通过巡视客户的经营场所、检查客户的文件资料、与客户的管理层和员工进行讨论等获取来自客户的信息。二是利用搜索客户、行业和政府的网站等媒体，以及政府数据库等获取公共信息。三是利用会计师事务所的经验，如对于老客户，注册会计师应当复核其以前年度的工作底稿；对于新客户，后任注册会计师应当向前任注册会计师咨询，对新客户的基本情况进行初步审查。

在接受新客户前，会计师事务所应对其进行彻底的调查，必要时可能会聘请专业调查人员或通过司法部门来获取管理层关键人物的声誉和背景方面的信息。如果不存在前任注册会计师，会计师事务所对新客户的调查范围应更加广泛。

在与老客户续约前，会计师事务所应对老客户进行重新评价，主要涉及以前年度审计范围、意见类型和审计费用方面存在的分歧，会计师事务所和客户之间的未决诉讼，以及管理层品行是否正直、诚实等，必要时，还应当执行一些程序以确定上次审计以来发生的重大变化。

二、获取与评价业务承接的相关信息

在业务承接中，注册会计师应当正视来自客户和事务所两方面的风险，一般会客观地评价以下影响注册会计师承接业务的相关因素（见表2-1），以决定是否接受客户委托。

表2-1 影响注册会计师承接业务的相关因素

项目	因素
注册会计师可控因素	1. 专业知识和人员配备：事务所的员工是否具备或能够获取必要的专业知识，可以按照执业准则及时完成审计业务。
	2. 独立性：事务所是否独立于客户，能够提供无偏见的结论。
注册会计师必须加以评估的因素	3. 诚信：公司管理层的诚信是否足以让事务所有理由相信管理层不会有意进行重大欺诈或做出违法行为。
	4. 声誉和形象：公司的声誉是否良好，事务所接受其作为客户是否会招致损失或麻烦。
	5. 会计实务：公司是否积极遵守会计准则，其财务报表能否全面、公允地反映公司的财务状况以及经营业绩。
	6. 财务状况：公司是否存在极糟的业绩或其他负面因素导致其近期面临停业的危险。
	7. 盈利情况：接受并完成这项审计业务能否给事务所带来合理的利润。

在评价可控因素时注册会计师应当注意：注册会计师及其会计师事务所不能承接与从事不具有胜任能力的业务；会计师事务所每年要对注册会计师职业道德声明与执行情况予以检查；注册会计师在被委派执行某项审计业务前应从经济利益、自我评价、关联关系和外部压力四个方面对自身独立性进行评价，并提交关于独立性的声明。

在评价需评估因素时应考虑到：如果管理层缺乏诚信，审计结果就不能合理保证财务报表的公允性。如果客户不能积极坦率地配合注册会计师，注册会计师对财务报表准确性得出错误结论的风险就相当大。如果客户濒临破产，一方面会导致注册会计师面临法律诉讼的风险加大，另一方面会导致审计业务成本无法得到弥补，因为会计师事务所的收入多数来自老客户持续的业务约定，公司的初次审计需要耗费注册会计师大量的起始成本，以便熟悉客户情况，由于这些起始成本的存在，事务所在第一年的审计业务中几乎不能获取任何利润，因此，考虑到收入和起始成本，一次性审计通常并不可取。

注册会计师如何获取表 2－1 中所列七项因素的相关信息呢？首先，注册会计师通过大众传媒或企业媒体对公司的形象及管理层的声誉进行初步了解。其次，注册会计师与未来客户的管理层面谈，通过面谈，注册会计师可能会发现线索，从而获取更多的其他信息来源。再次，注册会计师需要与客户的开户银行和律师面谈，获取客户业务的详细信息。最后，注册会计师也可能向证券经纪人、其他业务伙伴、事务所的雇员或共同的朋友了解情况。有时注册会计师可能会采用一些更正式的调查，如从数据库中查找出与公司相关的媒体报道，获取具有权威的杜邦分析表和其他形式的信用报告，甚至偶尔也会雇用专业调查人员来深入了解公司关键负责人或股东的个人背景。随着互联网信息搜索技术的发展，注册会计师通常可以浏览公司网站、公司上报证券交易委员会的文件、有关公司的媒体报道、市场表现数据和分析人士的评级，了解其产品和竞争特性、产品质量、负责人的外事活动（通过与其他组织的链接情况）以及目前影响公司所处行业的问题。这种收集数据的方法被大型事务所认可，并作为标准程序普遍采用。

如果客户存在前任注册会计师，注册会计师还需要与前任注册会计师联系。当然，在联系前任注册会计师之前，新任注册会计师应该首先取得未来客户的同意。一旦获得客户许可，前任注册会计师必须对后任注册会计师提出的合理询问给予答复。如果未来客户全部或部分予以拒绝，那么注册会计师应当考虑客户拒绝对审计产生的影响，尤其是管理层的诚信。以下问题可以与前任注册会计师讨论。

（1）更换注册会计师的原因；

（2）前任注册会计师与管理层发生冲突的性质；

（3）重要风险领域的确定；

（4）在欺诈、违法行为和内部控制等方面与客户交流的情况；

（5）沟通获取前一年度审计的工作底稿。

经过以上程序，注册会计师能很快得出是否可以接受未来客户的结论。如果不能明确做出决策，注册会计师就应根据表 2－1 中所列的七个方面去考虑是否接受未来客户。如果未来客户信息从表面看不是很糟糕，注册会计师通常会接受该项业务。不过，如果上述七个方面中有一个方面存在重大问题，并且不能得到很好的解决，注册会计师就应拒绝接受委托。

实例 2－2（分析题）

李明原来是华兴保险公司风控部门的员工，20×3 年加盟今明会计师事务所作为合伙人，同时给今明会计师事务所带来为华兴保险公司建立健全内部控制体系的业务。华兴保险公司和今明会计师事务所合作两年来很愉快，20×6年适逢华兴保险公司要更换注册会计师，在李明的沟通和协调下，华兴保险公司拟聘请今明会计师事务所审计华兴保险公司20×6年度财务报表。由于内部控制的管理咨询业务是审计一部注册会计师贾玲作为审计项目组负责人组织审计小组承办的，考虑到独立性的要求，事务所指派审计二部负责华兴保险公司20×6年的年报审计工作。

审计二部的注册会计师张伟作为年报审计项目负责人从审计二部抽调人员组织审计小组，评价注册会计师胜任能力和独立性时发现：

（1）整个审计组成员除了项目合伙人李明曾在保险公司工作过，其他成员均没有审计保险公司的经验（审计二部原来是以审计商品流通业务为主的业务部门），需要利用精算师的工作。

（2）两年前项目合伙人李明曾在华兴保险公司工作过，也参与过事务所为华兴保险公司提供的内部控制咨询服务。

评价华兴保险公司的情况时发现：

（1）华兴保险公司20×6年濒临破产，由中国保险保障基金有限责任公司注资重组了新一届董事会及其管理层，提出了“二次创业”的发展战略。尚没有发现新一届董事会及其管理层在诚信上存在问题。

（2）20×6年扭亏为盈，实现净利润8.53亿元，偿付能力充足率为－125%，尽管华兴保险公司偿付能力大幅改善，但是仍然远远不能满足监管要求。

（3）20×6年在改聘注册会计师的同时也改聘了提供精算咨询服务的中介机构。

要求：

请分析今明会计师事务所是否应当承接该业务？如果承接该业务，会计师事务所应当注意什么？

分析：（请扫描二维码）

第三节　评估利用专家或其他注册会计师的工作

在决定是否承接业务或如何承接时，注册会计师可能会发现客户的部分财务报表由另一注册会计师审计或存在一些不熟悉的领域需要利用其他专家（如信息技术、环境或税务等方面的专业人士）的工作，这时，注册会计师需要对利用专家或其他注册会计师的工作进行评价，以决定是否利用以及如何利用。

一、评估利用专家的工作

专家是指在会计或审计以外的某一领域具有专长，并且其工作被注册会计师利用，以协助注册会计师获取充分、适当的审计证据的个人或组织。专家既可能是会计师事务所内部的专家（如会计师事务所或其网络事务所的合伙人或员工，包括临时员工），也可能是会计师事务所外部的专家。管理层的专家，是指在会计、审计以外的某一领域具有专长的个人或组织，其工作被管理层利用以协助编制财务报表。

专家在会计或审计以外的领域具有的专长包括：（1）对下列方面进行估价：复杂的金融工具、土地及建筑物、厂房和机器设备、珠宝、艺术品、古董、无形资产、企业合并中收购的资产和承担的负债，以及可能发生减值的资产；（2）对与保险合同或员工福利计划相关的负债进行精算；（3）对石油和天然气储量进行估算；（4）对环境负债和场地清理费用进行估价；（5）对合同、法律和法规进行解释；（6）对复杂或异常的纳税问题进行分析等。

事务所应当评价专家的工作，考虑对专家的利用程度及使用方式，其一般决策过程如图 2-2 所示。

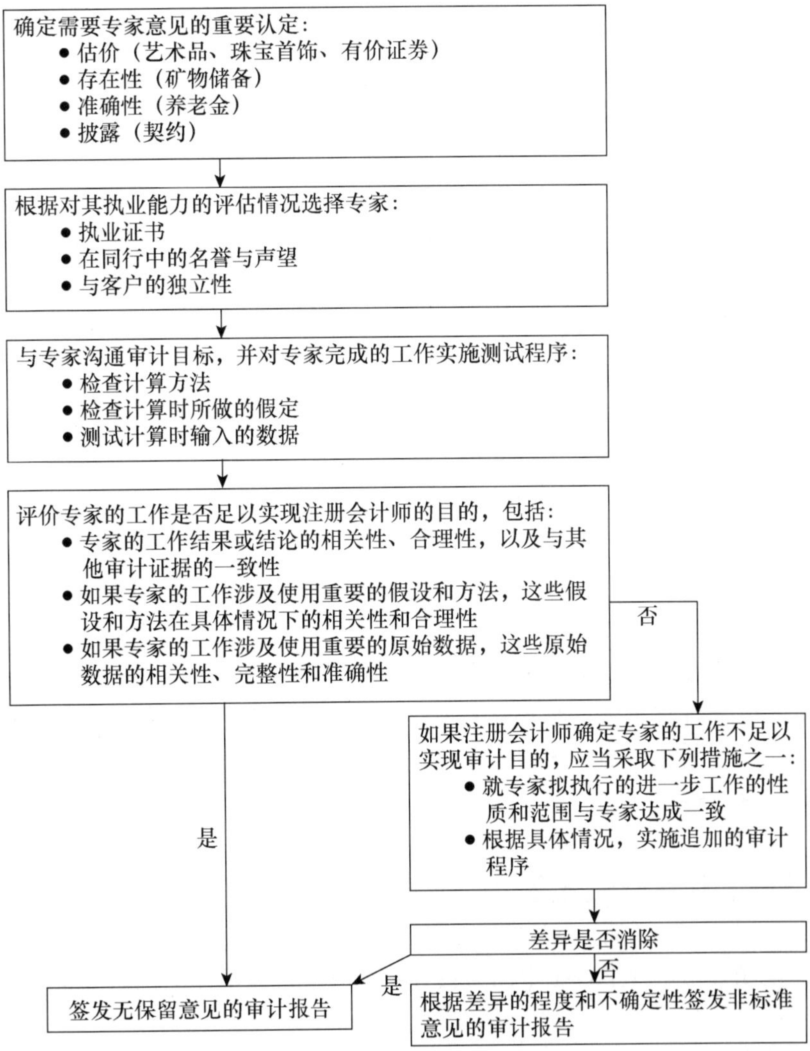

图 2-2　考虑对专家的利用程序及其影响

在考虑专家是否需要遵守会计师事务所的质量管理政策和程序时，应当区分外部专家和内部专家。

（1）外部专家不是项目组成员，不受会计师事务所制定的质量控制政策和程序的约束。

（2）内部专家可能是会计师事务所的合伙人或员工（包括临时员工），也可能是与会计师事务所共享统一的质量控制政策和程序的网络事务所的合伙人或员工（包括临时员工），因此需要遵守所在会计师事务所制定的质量控制政策和程序。

（3）当专家是项目组的成员时，专家的工作底稿是审计工作底稿的一部分。除非协议另作安排，否则外部专家的工作底稿属于外部专家，不是审计工作底稿的一部分。

（4）无论内部专家或是外部专家，均适用于注册会计师的相关职业道德要求中的保密条款。法律法规可能对保密做出额外规定，被审计单位可能要求外部专家同意遵守特定的保密条款。

实例 2-3（单选题）

下列有关注册会计师的外部专家的说法中，错误的是（　　）。

A. 外部专家无须遵守注册会计师职业道德守则的要求

B. 外部专家不是审计项目组成员

C. 外部专家不受会计师事务所质量控制政策和程序的约束

D. 外部专家的工作底稿通常不构成审计工作底稿

分析：A。外部专家需要遵守注册会计师相关职业道德要求中的保密条款，选项 A 错误；外部专家不是项目组成员，不受会计师事务所质量控制政策和程序的约束，选项 B，C 正确；除非协议另作安排，否则外部专家的工作底稿属于外部专家，不是审计工作底稿的一部分，选项 D 正确。

注册会计师对发表的审计意见独立承担责任，这种责任不因利用专家的工作而减轻。如果注册会计师按照规定利用了专家的工作，并得出结论认为专家的工作足以实现注册会计师的目的，注册会计师可以接受专家在其专业领域的工作结果或结论，并将其作为适当的审计证据。

注册会计师不应在无保留意见的审计报告中提及专家的工作，除非法律法规另有规定。如果法律法规要求提及专家的工作，注册会计师应当在审计报告中指明，这种提及不会减轻注册会计师对审计意见承担的责任。

如果在审计报告中提及专家的工作，并且这种提及与理解审计报告中的非无保留意见相关，注册会计师应当在审计报告中指明，这种提及不会减轻注册会计师对审计意见承担的责任。

二、评估利用其他注册会计师的工作

在集团公司审计中，主审注册会计师①是指当被审计单位财务报表包含由其他注

① 为了衔接理论与实务，本书一些基本概念与术语均参考《中国注册会计师执业准则》的表述，一方面是由于这些概念、术语已经达成共识，成为准则层面的表述，另一方面是为了推广准则的学习和运用。

册会计师审计的一个或多个组成部分的财务信息时，负责对该财务报表出具审计报告的注册会计师。其他注册会计师是指除主审注册会计师以外的，负责对组成部分（被审计单位的分部、分支机构、子公司、合资公司和联营公司等）财务信息出具审计报告的其他会计师事务所的注册会计师。

主审注册会计师应当从以下几个方面考虑对审计工作的参与程度是否使其足以担当此任。

（1）主审注册会计师审计的财务报表部分的重要性。如果主审注册会计师认为其审计的财务报表部分不够重要，不足以获取充分、适当的审计证据将审计风险降至可接受的低水平，就不应当接受委托担任主审注册会计师。

（2）主审注册会计师对组成部分业务的了解程度。

（3）其他注册会计师审计的组成部分财务信息的重大错报风险。

（4）主审注册会计师在何种程度上参与对组成部分的审计。如果注册会计师认为自身对审计工作的参与程度有限，不足以作为主审注册会计师对被审计单位的整体财务报表进行审计，可以考虑通过实施追加程序，适当参与对组成部分的审计来解决这一问题。

主审注册会计师在利用其他注册会计师的工作时，应当确定其他注册会计师的工作将如何影响审计。

主审注册会计师首先应当对被审计单位、被审计单位的组成部分及其环境进行了解，以识别重要的组成部分，及可能导致被审计单位财务报表出现重大错报的风险。在此基础上，主审注册会计师应当考虑区别对待不同的组成部分，确定是否参与其他注册会计师的工作以及需要实施的审计程序。

主审注册会计师应当根据其对其他注册会计师的了解程度，确定是否参与以及在多大程度上参与其他注册会计师对组成部分财务信息重大错报风险的评估。在审计过程中，主审注册会计师应当与其他注册会计师进行充分的沟通，确定其他注册会计师对组成部分实施审计程序的性质、时间和范围，考虑参与对组成部分的审计，复核其他注册会计师的工作，必要时，对组成部分的财务信息实施追加程序。

如果拟利用其他注册会计师的工作和报告，主审注册会计师应当在审计的初始计划阶段对双方的配合做出充分安排，并将有关重要事项告知其他注册会计师，包括需要特别考虑的审计领域、识别被审计单位与组成部分之间交易的审计程序以及完成审计工作的时间安排等。

此外，在其他注册会计师对组成部分财务信息实施重要的审计程序之前，主审注册会计师还需要在确定被审计单位整体财务报表重要性水平的基础上，与其他注册会计师共同确定一个低于这一水平且适用于组成部分的重要性水平。

主审注册会计师通常以商请配合函的形式将有关双方配合的安排告知其他注册会计师，商请配合函需要得到其他注册会计师书面形式的确认。其他注册会计师的确认函中除了说明是否配合主审注册会计师的工作，通常还包括其他方面的声明。例如，遵守与被审计单位和组成部分保持独立性的要求，遵守会计、审计等有关规定和编制报告的要求等。另外，主审注册会计师就关联方事项会专门致函其他注册会计师。如果此函是在中期发送，应额外说明主审注册会计师在年末有可能向其他注册会计师提供更新的资料。完成审计工作以前，主审注册会计师需要与其他注册会计师确定以下事项：交易的描述，包括每个审计期间中没有金额的交易或只有名义金额的交易；每个审计期间关联方交易的金额，以及与前期相比合同条款变化的影响；按照合同规定的结算方式，截至每个资产负债表日关联方的应收或应付款项。

值得注意的是，尽管其他注册会计师要对组成部分的财务信息进行审计，并对其结论或意见负责，但主审注册会计师仍然要对包括组成部分财务信息在内的整体财务报表发表审计意见，并独自对就被审计单位财务报表所发表的审计意见承担责任。为此，主审注册会计师一般不应当在审计报告中提及其他注册会计师的工作。如果主审注册会计师认为无法利用其他注册会计师的工作，且无法对由其他注册会计师审计的组成部分财务信息实施充分的追加程序，应当将其视为审计范围受到限制，出具保留意见或无法表示意见的审计报告。如果其他注册会计师出具或拟出具非标准审计报告，主审注册会计师应当考虑导致其他注册会计师出具非标准审计报告的事项的性质和重要程度，决定是否需要对财务报表出具非标准审计报告。

第四节　初步评价舞弊

舞弊往往会导致企业经营失败，这是公众、监管者、企业所有者、董事会和管理层最关心的问题。舞弊也是公司和注册会计师面临诉讼的主要原因，尤其是负责对外财务报告的高级管理人员（如首席执行官、首席运营官、首席财务官/财务总监）所做的欺诈财务报告，即使不存在诉讼问题，注册会计师如果没有发现重大舞弊也会受到严厉处罚。基于以上原因，确认舞弊风险因素（即表明潜在舞弊的条件和事项）应当在审计过程的早期完成（即在承接业务阶段就开始评价舞弊），并且将评价舞弊以及应对舞弊贯穿整个审计过程。

一、舞弊风险因素

舞弊是指被审计单位的管理层、治理层、员工或第三方一人或多人使用欺骗手段获取不当或非法利益的故意行为。舞弊行为主体的范围很广，可能是被审计单位的管理层、治理层、员工或第三方。涉及管理层或治理层一个或多个成员的舞弊通常称为管理层舞弊，只涉及被审计单位员工的舞弊通常称为员工舞弊。无论是何种舞弊，都有可能涉及被审计单位内部或与外部第三方的串谋，舞弊行为的目的是为特定个人或利益集团获取不当或非法利益。

舞弊风险因素是指实施舞弊的动机或压力，或者为实施舞弊提供机会的事项或情况。关于舞弊动因的理论很多，比较典型的有 GONE 理论、冰山理论和舞弊三角理论。

（一）GONE 理论

G. 杰克·博洛尼亚（G. Jack Bologna）、罗伯特·J. 林德奎斯特（Robert J. Lindquist）和约瑟夫·T. 韦尔斯（Joseph T. Wells）在 1993 年提出了 GONE 理论，认为影响舞弊发生的因素包括贪婪（greed）、机会（opportunity）、需要（need）和暴露（exposure）。贪婪和需要更大程度上与个体有关，机会和暴露则属于环境因素。四个因素共同作用，决定了舞弊风险的水平。在此基础上，毕马威公司基金会研究发现，舞弊是由环境的压力、舞弊的机会、个人（潜在舞弊者）的品性三个因素共同作用造成的。

（二）冰山理论

冰山理论形象地把舞弊比作海面上的冰山，海面上是舞弊结构部分，海面以下属于舞弊行为部分。舞弊结构部分具有客观性，易被看到；舞弊行为部分更主观、个性化，如果可以掩饰，很难被觉察，因此，已识别的舞弊风险远远小于未识别的舞弊导致的重大错报风险。

（三）舞弊三角理论

舞弊三角理论是由美国舞弊会计学家 W. 史蒂夫·阿尔布雷克特（W. Steve Albrecht）于 1995 年提出的，他认为舞弊三角形的三个顶点是压力、机会和自我合理化，舞弊是压力、机会和自我合理化的综合结果。压力因素是舞弊者的行为动机，可分为财务压力、恶习、与工作有关的压力、其余压力四种；机会是能够进行舞弊而不被发现或者不被惩罚的时机，包括控制措施的缺乏、无法评价工作质量绩效、缺乏惩罚措施、信息不对称、无能力察觉舞弊行为、无审计轨迹等；自我合理化是指舞弊者能够为自己的行为找到合理的理由，是个人的道德价值判断。美国注册会计师协会（AICPA）的审计准则第 99 号（SAS NO. 99）根据舞弊三角理论提出了舞弊的三个风险因素，即动机/压力（incentive/pressure）、机会（opportunity）、对舞弊态度行为合理化解释（自我合理化）（attitude/rationalization）。

二、识别与评价舞弊风险的审计程序

识别和评价舞弊风险关系到审计的成败，为了获取用于识别舞弊导致的财务报表重大错报风险所需的信息，注册会计师应当实施以下审计程序。

（1）项目组内部的讨论。项目组内部讨论舞弊风险的目的在于：具有较多经验的项目组成员有机会与其他成员分享财务报表易发生舞弊风险的方式和领域的见解；针对财务报表易发生由于舞弊导致的重大错报的方式和领域考虑适当的应对措施，并确定分派哪些项目组成员实施特定的审计程序；确定如何在项目组成员中共享实施审计程序的结果，以及如何处理可能引起注册会计师注意的舞弊指控。项目组内部讨论的重点内容应当包括财务报表与已发生的由于舞弊导致的重大错报的方式和领域。在讨论过程中，项目组成员不应假定管理层和治理层是正直和诚信的。

（2）询问被审计单位的管理层、治理层以及内部的其他相关人员，以了解管理层针对舞弊风险设计的内部控制，以及治理层对管理层对舞弊风险的识别和应对过程的监督。

询问被审计单位的管理层、治理层以外的其他相关人员可能包括：不直接参与财务报告过程的业务人员；拥有不同级别权限的人员；参与生成、处理或记录复杂或异常交易的人员及对其进行监督的人员；内部法律顾问；负责道德事务的主管人员或承担类似职责的人员；负责处理舞弊指控的人员；内部审计人员。

注册会计师在询问被审计单位的管理层、治理层以及内部的其他相关人员时，虽应注意询问的技巧，但应清醒地认识到：1）直接提出舞弊风险问题是注册会计师专业责任的组成部分。2）询问舞弊事项不是为了得到精确答案。3）被询问者推诿或不明确的答复可能使注册会计师产生疑问。4）管理层往往期待与注册会计师分享他们所关注的事项并提出建议。5）由于管理层最有条件实施舞弊，因此在保持职业怀疑评价管理层对询问做出的答复时，注册会计师有必要通过其他信息印证管理层的答复。

（3）考虑是否存在舞弊风险因素。注册会计师应当运用职业判断，考虑被审计单位的规模、复杂程度、所有权结构及所处行业等，以确定舞弊风险因素的相关性和重要程度。

（4）考虑在实施分析程序时发现的异常关系或偏离预期的关系。注册会计师实施分析程序有助于识别异常的交易或事项，以及对财务报表和审计产生影响的金额、比率和趋势。这些异常情况的出现，可能表明存在舞弊导致的重大错报风险，注册会计师应当加以考虑。在实施分析程序时，注册会计师应当预期可能存在的合理关系，并与被审计单位记录的金额、依据记录金额计算的比率或趋势相比较。如果发现异常关系或偏离预期的关系（如出现明显高于同期同行业平均利润率，或者缺乏合理基础的大幅扭亏或过快的利润增长等现象），注册会计师应当在识别舞弊导致的重大错报风险时考虑这些比较结果。

（5）考虑有助于识别舞弊导致的重大错报风险的其他信息。注册会计师应当考虑在了解被审计单位及其环境时所获取的其他信息，分析这些信息是否表明被审计单位存在舞弊导致的重大错报风险。

其他信息可能来源于项目组内部的讨论、客户承接或续约过程以及基于向被审计单位提供其他服务所获得的经验。从这些渠道获取的某些信息可能表明被审计单位存在舞弊导致的重大错报风险，注册会计师应当对其加以考虑。

实例2-4（分析题）

注册会计师负责审计甲公司20×6年度财务报表。在初步评价舞弊风险时，注册会计师注意到下列事项：

1. 甲公司拥有3家子公司，分别生产不同的饮料产品。甲公司所处行业整体竞争激烈，市场处于饱和状态，同行业公司的主营业务收入年增长率低于5%，但甲公司董事会仍要求管理层将20×6年主营业务收入增长率确定为8%。管理层编制的甲公司20×6年度财务报表显示，已按计划实现收入。

2. 甲公司管理层除领取固定工资外，其奖金金额与当年完成主营业务收入计划的情况挂钩。

3. 20×6年12月14日，甲公司总经理调阅了财务部门提供的全年销售收入资料，获悉至当日为止当年已累计取得9 075万元的营业收入。从12月15日开始，总经理亲自参与销售部门的工作，并以诱人的优惠赊销条款吸引新、老客户于20×6年底之前签订赊销合同。部分客户受优惠条件的吸引，提前签订了销售合同。

对于12月中旬以后发生的赊销业务，信用管理部门根据总经理的要求，一律不进行信用审查；开具销售发票及记录销售的财务人员根据总经理的批示，直接根据销售单开出销售发票并登记入账。

4. 20×6年底，A公司对于20×4年3月公司预付四川宏山建设工程有限公司（以下简称四川宏山）的工程款1.1亿元做了坏账损失处理。原因是根据国家企业信用信息公示系统查询到的情况，四川宏山自20×4年起连续3年均未按规定参与企业年度检验，且在当地工商局发布限期年检公告、催检公告，并向其送达了催检信函后，仍未按规定要求参与企业年度检验，由此导致四川宏山被吊销了营业执照。追问20×4年预付款项事情，财务人员支支吾吾不方便说。

要求：

针对事项1～4，分析甲公司是否存在舞弊风险因素，并简要说明理由。

分析：（请扫描二维码）

第五节　创建业务与签订业务约定书

一、创建业务

（一）创建业务的实践活动

在实务中，创建业务不是为了签一单业务，而是为了给会计师事务所拓展众多业务而规范建立客户资料库的基础工作，注册会计师执行初步审计业务形成的审计工作底稿有：

（1）初步业务活动程序表（见表2-2）。该表是注册会计师执行承接业务的初步业务活动中所执行的程序及其实现目标的汇总。

（2）业务承接评价表。该表记录了针对新客户承接的风险评价和判断的情况。在新业务承接中所获取的客户的基本资料都成为业务承接评价表的支持性工作底稿。

（3）业务保持评价表。该表记录了针对连续客户，重新考虑是否承接业务的风险评价和判断的情况。业务保持评价表主要是针对连续客户的变动情况、新出现情况的补充评价，所有这些新获取的关于被审计单位基本情况的资料也成为业务保持评价表的支持性工作底稿。

表 2-2 初步业务活动程序表①

初步业务活动目标： 确定是否接受业务委托；如接受业务委托，确保在计划审计工作时达到下列要求：（1）注册会计师已具备执行业务所需要的独立性和专业胜任能力；（2）不存在因管理层诚信问题而影响注册会计师承接或保持该项业务意愿的情况；（3）与被审计单位不存在对业务约定条款的误解。		
初步业务活动程序	索引号	执行人
1. 如果首次接受审计委托，实施下列程序： （1）与被审计单位面谈，讨论下列事项： 1）审计的目标； 2）审计报告的用途； 3）管理层对财务报表的责任； 4）审计范围； 5）执行审计工作的安排，包括出具审计报告的时间要求； 6）审计报告格式和对审计结果的其他沟通形式； 7）管理层提供必要的工作条件和协助； 8）注册会计师不受限制地接触任何与审计有关的记录、文件和所需要的其他信息； 9）利用被审计单位专家或内部注册会计师的程度（必要时）； 10）审计收费。 （2）初步了解被审计单位及其环境，并予以记录。 （3）征得被审计单位书面同意后，与前任注册会计师沟通。		
2. 如果是连续审计，实施下列程序： （1）了解审计的目标、审计报告的用途、审计范围和时间安排等； （2）查阅以前年度审计工作底稿，重点关注非标准审计报告涉及的说明事项、管理建议书的具体内容、重大事项概要等； （3）初步了解被审计单位及其环境发生的重大变化，并予以记录； （4）考虑是否需要修改业务约定条款，以及是否需要提醒被审计单位注意现有的业务约定条款。		
3. 评价是否具备执行该项审计业务所需的独立性和专业胜任能力。		
4. 完成业务承接评价表或业务保持评价表。		
5. 签订审计业务约定书（适用于首次接受业务委托，以及连续审计中修改长期审计业务约定书条款的情况）。		

（二）签订业务约定书前的工作

只有在通过实施下列工作就执行审计工作的基础达成一致意见后，会计师事务所才能承接和保持审计业务：确定审计的前提条件存在；确认注册会计师与管理层和治理层（如适用）已就审计业务约定条款达成一致意见。

为了确定审计的前提条件是否存在，注册会计师应当：

（1）确定管理层在编制财务报表时采用的财务报告编制基础是不是可接受的。注册会计师在确定财务报表所采用的财务报告编制基础的可接受性时，应当考虑的因素包括：

① 所有的审计程序表都省去了表头，仅仅包括目标和程序。

1）被审计单位的性质（商业企业、公共部门实体还是非营利组织）。

2）财务报表的目的（通用目的、特殊目的）。按照某一财务报告编制基础编制，旨在满足广大财务报表使用者共同的财务信息需求的财务报表，称为通用目的财务报表。按照特殊目的编制基础编制的财务报表，称为特殊目的财务报表，旨在满足财务报表特定使用者的财务信息需求。

3）财务报表的性质（整套财务报表还是单一财务报表）。

4）法律法规是否规定了适用的财务报告编制基础。

如果财务报告准则由经授权或获得认可的准则制定机构遵循一套既定和透明的程序制定和发布，供某类实体使用，则认为财务报告准则对于这类实体编制通用目的财务报表是可接受的。这些财务报表准则包括国际会计准则理事会发布的国际财务报告准则、国际公共部门会计准则理事会发布的国际公共部门会计准则、某一国家或地区经授权或获得认可的准则制定机构遵循一套既定和透明的程序制定和发布的会计准则（如中国《企业会计准则》）等。

（2）就管理层认可并理解其责任与管理层达成一致意见。管理层的责任包括：

1）按照适用的财务报告编制基础编制财务报表，并使其实现公允反映（如适用）；

2）设计、执行和维护必要的内部控制，以使财务报表不存在由于舞弊或错误导致的重大错报；

3）向注册会计师提供必要的工作条件，包括允许注册会计师接触与编制财务报表相关的所有信息（如记录、文件和其他事项），向注册会计师提供审计所需要的其他信息，允许注册会计师在获取审计证据时不受限制地接触其认为必要的内部人员和其他相关人员。

注册会计师应当要求管理层就其已履行的某些责任提供书面声明。因此，注册会计师需要获取针对管理层责任的书面声明、其他审计准则要求的书面声明，以及在必要时获取用于支持其他审计证据（财务报表或者一项或多项具体认定）的书面声明。

如果管理层不认可其责任，或不同意提供书面声明，注册会计师将不能获取充分、适当的审计证据。在这种情况下，注册会计师承接此类审计业务是不恰当的，除非法律法规另有规定。如果法律法规要求承接此类审计业务，注册会计师可能需要向管理层解释这种情况的重要性及其对审计报告的影响。

（3）充分沟通审计约定事项。签约前注册会计师应当与委托人、被审计单位就审计业务约定相关条款进行充分沟通，并达成一致意见。沟通的主要约定事项包括：

1）财务报表审计目标与范围；

2）注册会计师责任；

3）管理当局责任；

4）编制财务报表所适用的财务报告编制基础；

5）注册会计师拟出具审计报告的预期形式和内容；

6）审计收费；

7）审计进度及审计报告提交时间等。

实例2－5（多选题）

为确定审计的前提条件是否存在，下列各项中，注册会计师应当执行的工作有（　　）。

A. 确定管理层在编制财务报表时采用的财务报告编制基础是不是可接受的

B. 确定被审计单位是否存在违反法律法规的行为

C. 确定被审计单位的内部控制是否有效

D. 确定管理层是否认可并理解其与财务报表相关的责任

分析：AD。审计的前提条件是指管理层在编制财务报表时采用可接受的财务报告编制基础，以及管理层对注册会计师执行审计工作的前提的认同，因此选项A和D正确。

二、签署审计业务约定书

（一）审计业务约定书的内容

在审计工作开始前，注册会计师向被审计单位致送审计业务约定书，有助于避免管理层对审计产生误解，这符合被审计单位和注册会计师双方的利益。

审计业务约定书是指会计师事务所与被审计单位签订的，用以记录和确认审计业务的委托与受托关系、审计目标和范围、双方的责任以及报告的格式等事项的书面协议。其参考格式（合同式）见格式2－1。

格式2－1

审计业务约定书

甲方：ABC股份有限公司

乙方：××会计师事务所

兹由甲方委托乙方对20××年度财务报表进行审计，经双方协商，达成以下约定：

一、业务范围与审计目标

1. 乙方接受甲方委托，对甲方按照企业会计准则编制的20××年12月31日的资产负债表，20××年度的利润表、股东权益变动表、现金流量表，以及财务报表附注（以下统称财务报表）进行审计。

2. 乙方通过执行审计工作，对财务报表的下列方面发表审计意见：(1) 财务报表是否按照企业会计准则的规定编制；(2) 财务报表是否在所有重大方面公允反映甲方的财务状况、经营成果和现金流量。

二、甲方的责任与义务

（一）甲方的责任

1. 根据《中华人民共和国会计法》及《企业财务会计报告条例》，甲方及甲方负责人有责任保证会计资料的真实性和完整性。因此，甲方管理层有责任妥善保存和提供会计记录（包括但不限于会计凭证、会计账簿及其他会计资料），这些记录必须真实、完整地反映甲方的财务状况、经营成果和现金流量。

2. 按照企业会计准则的规定编制财务报表是甲方管理层的责任，这种责任包括：(1) 设计、实施和维护与财务报表编制相关的内部控制，以使财务报表不存在由于舞弊或错误而导致的重大错报；(2) 选择和运用恰当的会计政策；(3) 做出合理的会计估计。

（二）甲方的义务

1. 及时为乙方的审计工作提供其所要求的全部会计资料和其他有关资料（在20××年×月×日之前提供审计所需的全部资料），并保证所提供资料的真实性和完整性。

2. 确保乙方不受限制地接触任何与审计有关的记录、文件和所需的其他信息。

[下段适用于集团财务报表审计业务，使用时需按每位客户/约定项目的特定情况而修改，如果加入此段，应相应修改下面其他条款编号。]

【3. 为满足乙方对甲方合并财务报表发表审计意见的需要，甲方须确保：

乙方和为组成部分执行审计的其他会计师事务所的注册会计师（以下简称其他注册会计师）之间的沟通不受任何限制。

组成部分是指甲方的子公司、分部、分公司、合营企业、联营企业等。

如果甲方管理层、负责编制组成部分财务信息的管理层（以下简称组成部分管理层）对其他注册会计师的审计范围施加了限制，或客观环境使其他注册会计师的审计范围受到限制，甲方管理层和组成部分管理层应当及时告知乙方。

乙方及时获悉其他注册会计师与组成部分治理层和管理层之间的重要沟通（包括就内部控制重大缺陷进行的沟通）。

乙方及时获悉组成部分治理层和管理层与监管机构就财务信息事项进行的重要沟通。

在乙方认为必要时，允许乙方接触组成部分的信息、组成部分管理层或其他注册会计师（包括其他注册会计师的审计工作底稿），并允许乙方对组成部分的财务信息实施审计程序。】

3. 甲方管理层对其做出的与审计有关的声明予以书面确认。

4. 为乙方派出的有关工作人员提供必要的工作条件和协助，主要事项将由乙方于外勤工作开始前提供清单。

5. 按本约定书的约定及时足额支付审计费用以及乙方人员在审计期间的交通、食宿和其他相关费用。

三、乙方的责任和义务

（一）乙方的责任

1. 乙方的责任是在实施审计工作的基础上对甲方财务报表发表审计意见。乙方按照中国注册会计师审计准则（以下简称审计准则）的规定进行审计。审计准则要求注册会计师遵守职业道德规范，计划和实施审计工作，以对财务报表是否不存在重大错报获取合理保证。

［下段适用于集团财务报表审计业务，使用时需按每位客户/约定项目的特定情况而修改，如果加入此段，应相应修改下面其他条款编号。］

【2. 乙方不对非由乙方审计的组成部分的财务信息单独出具审计报告；有关的责任由对该组成部分执行审计的其他注册会计师及其所在的会计师事务所承担。】

2. 审计工作涉及实施审计程序，以获取有关财务报表金额和披露的审计证据。选择的审计程序取决于乙方的判断，包括对由于舞弊或错误导致的财务报表重大错报风险的评估。在进行风险评估时，乙方考虑与财务报表编制相关的内部控制，以设计恰当的审计程序，但目的并非对内部控制的有效性发表意见。审计工作还包括评价管理层选用会计政策的恰当性和做出会计估计的合理性，以及评价财务报表的总体列报。

3. 乙方需要合理计划和实施审计工作，以使乙方能够获取充分、适当的审计证据，为甲方财务报表是否不存在重大错报获取合理保证。

4. 乙方有责任在审计报告中指明所发现的甲方在某重大方面没有遵循企业会计准则编制财务报表且未按乙方的建议进行调整的事项。

5. 由于测试的性质和审计的其他固有限制，以及内部控制的固有局限性，不可避免地存在着某些重大错报在审计后可能仍然未被乙方发现的风险。

6. 在审计过程中，乙方若发现甲方内部控制存在乙方认为的重要缺陷，应向甲方治理层或管理层沟通。但乙方沟通的各种事项，并不代表已全面说明所有可能存在的缺陷或已提出所有可行的改善建议。甲方在实施乙方提出的改善建议前应全面评估其影响。未经乙方书面许可，甲方不得向任何第三方提供乙方出具的沟通文件。

7. 乙方的审计不能减轻甲方及甲方管理层的责任。

（二）乙方的义务

1. 按照约定时间完成审计工作，出具审计报告。乙方应于20××年×月×日前出具审计报告。

2. 除下列情况外，乙方应当对执行业务过程中知悉的甲方信息予以保密：（1）取得甲方的授权；（2）根据法律法规的规定，为法律诉讼准备文件或提供证据，以及向监管机构报告发现的违反法规行为；（3）接受行业协会和监管机构依法进行的质量检查；（4）监管机构对乙方进行行政处罚（包括监管机构处罚前的调查、听证）以及乙方对此提起行政复议。

四、审计收费

1. 本次审计服务的收费是以乙方各级别工作人员在本次工作中所耗费的时间为基础计算的。乙方预计本次审计服务的费用总额为人民币××万元。

2. 甲方应于本约定书签署之日起××日内支付×%的审计费用，其余款项于［审计报告草稿完成日］结清。

3. 如果由于无法预见的原因，致使乙方从事本约定书所涉及的审计服务实际时间较本约定书签订时预计的时间有明显增加或减少，甲乙双方应通过协商相应调整本约定书第四条第1项下所述的审计费用。

4. 如果由于无法预见的原因，致使乙方人员抵达甲方的工作现场后，本约定书所涉及的审计服务不再进行，甲方不得要求退还预付的审计费用；如上述情况发生于乙方人员完成现场审计工作，并离开甲方的工作现场之后，甲方应另行向乙方支付人民币××元的补偿费，该补偿费应于甲方收到乙方的收款通知之日起××日内支付。

5. 与本次审计有关的其他费用（包括交通费、食宿费等）由甲方承担。

五、审计报告和审计报告的使用

1. 乙方按照《中国注册会计师审计准则第1501号——对财务报表形成审计意见和出具审计报告》和《中国注册会计师审计准则第1502号——在审计报告中发表非无保留意见》规定的格式和类型出具审计报告。

2. 乙方向甲方致送审计报告一式××份。

3. 甲方在提交或对外公布审计报告时，不得修改乙方出具的审计报告及其后附的已审计财务报表。当甲方认为有必要修改会计数据、报表附注和所作的说明时，应当事先通知乙方，乙方将考虑有关的修改对审计报告的影响，必要时，将重新出具审计报告。

六、本约定书的有效期间

本约定书自签署之日起生效，并在双方履行完毕本约定书约定的所有义务后终止。但其中第三（二）2、四、五、六、八、九、十项并不因本约定书终止而失效。

七、约定事项的变更

如果出现不可预见的情况，影响审计工作如期完成，或需要提前出具审计报告，甲、乙双方均可要求变更约定事项，但应及时通知对方，并由双方协商解决。

八、终止条款

1. 如果根据乙方的职业道德及其他有关专业职责、适用的法律法规或其他任何法定的要求，乙方认为已不适宜继续为甲方提供本约定书约定的审计服务，乙方可以采取向甲方提出合理通知的方式终止履行本约定书。

2. 在终止业务约定的情况下，乙方有权就其于本约定书终止之日前对约定的审计服务项目所做的工作收取合理的审计费用。

九、违约责任

甲、乙双方按照《中华人民共和国合同法》的规定承担违约责任。

十、适用法律和争议解决

本约定书的所有方面均应适用中华人民共和国法律进行解释并受其约束。本约定书履行地为乙方出具审计报告所在地，因本约定书所引起的或与本约定书有关的任何纠纷或争议（包括关于本约定书条款的存在、效力、终止，或无效之后果），双方选择以下第________种解决方式：

（1）向有管辖权的人民法院提起诉讼；

（2）提交××仲裁委员会仲裁。

十一、双方对其他有关事项的约定

本约定书一式两份，甲、乙方各执一份，具有同等法律效力。

甲方：ABC股份有限公司（盖章）
授权代表：（签名并盖章）
20××年×月×日

乙方：××会计师事务所（盖章）
授权代表：（签名并盖章）
20××年×月×日

在实务中，审计业务约定书可以采用合同式或信函式两种形式，尽管形式不同，但其实质内容是相同的，具体内容可能因被审计单位的不同而存在差异，但应当包括下列主要方面。

（1）财务报表审计的目标。财务报表审计的目标是注册会计师通过执行审计工作，对财务报表是否按照适用的会计准则和相关会计制度的规定编制，是否在所有重大方面公允反映被审计单位的财务状况、经营成果和现金流量发表审计意见。

（2）管理层对财务报表的责任。在被审计单位治理层的监督下，按照适用的会计准则和相关会计制度的规定编制财务报表是被审计单位管理层的责任。

（3）详细说明审计工作的范围，包括提及适用的法律法规、审计准则，以及注册会计师协会发布的职业道德守则和其他公告。

（4）对审计业务结果的其他沟通形式。

（5）注册会计师按照《中国注册会计师审计准则第1504号——在审计报告中沟通关键审计事项》的规定，在审计报告中确定沟通关键审计事项的要求。

（6）说明由于审计和内部控制的固有限制，即使审计工作按照审计准则的规定得到恰当的计划和执行，仍不可避免地存在某些重大错报未被发现的风险。

（7）计划和执行审计工作的安排，包括审计项目组的构成。

（8）管理层确认将提供书面声明。

（9）管理层同意向注册会计师及时提供财务报表草稿和其他所有附带信息，以使注册会计师能够按照预定的时间表完成审计工作。

（10）管理层同意告知注册会计师在审计报告日至财务报表报出日之间注意到的可能影响财务报表的事实。

（11）收费的计算基础和收费安排。

（12）管理层确认收到审计业务约定书并同意其中的条款。

上述条款都是审计业务约定书的必备条款，在审计业务约定书中明确上述条款，有助于避免委托人对审计业务的目标和作用等产生误解。

如有需要，注册会计师应当考虑在审计业务约定书中列明下列内容。

（1）在某些方面对利用其他注册会计师和专家工作的安排。

（2）对审计涉及的内部审计人员和被审计单位其他员工工作的安排。

（3）在首次审计的情况下，与前任注册会计师（如存在）沟通的安排。

（4）提及或描述在法律法规或相关职业道德要求下注册会计师向被审计单位之外

的适当机构报告识别出的或怀疑存在的违反法律法规行为的责任。

（5）说明对注册会计师履行责任可能存在的限制。

（6）注册会计师与被审计单位之间需要达成进一步协议的事项。

（7）向其他机构或人员提供审计工作底稿的义务。

（二）审计业务约定书的重签与变更

注册会计师可以与被审计单位签订长期审计业务约定书。但注册会计师可以决定不在每期都致送新的审计业务约定书或其他书面协议。下列因素可能导致注册会计师修改审计业务约定条款或提醒被审计单位注意现有的业务约定条款。

（1）有迹象表明被审计单位误解审计目标和范围。

（2）需要修改约定条款或增加特别条款。

（3）高级管理人员、董事会或所有权结构近期发生变动。

（4）被审计单位业务的性质或规模发生重大变化。

（5）法律法规的规定。

（6）管理层编制财务报表采用的会计准则和相关会计制度发生变化。

（7）编制财务报表采用的财务报告编制基础发生变更。

（8）其他报告要求发生变化。

出现上述第（2）种情况时，注册会计师也可以与被审计单位签订补充协议，原审计业务约定书继续有效。

在完成审计业务前，如果被审计单位要求注册会计师将审计业务变更为保证程度较低的鉴证业务或相关服务，注册会计师应当考虑变更业务的适当性。

在实务中，可能导致被审计单位要求变更业务的原因如下。

（1）情况变化对审计服务的需求产生影响。

（2）对原来要求的审计业务的性质存在误解。

（3）管理层施加的或是其他情况引起的审计范围受到限制。

上述第（1）项和第（2）项通常被认为是变更业务的合理理由，但如果有迹象表明该变更要求与错误的、不完整的或者不能令人满意的信息有关，注册会计师不应认为该变更是合理的。

在同意将审计业务变更为其他服务前，注册会计师还应当考虑变更业务对法律责任或业务约定条款的影响。

如果变更业务引起业务约定条款的变更，注册会计师应当与被审计单位就新条款达成一致。如果认为变更业务具有合理的理由，并且按照审计准则的规定，已实施的审计工作也适用于变更后的业务，注册会计师可以根据修改后的业务约定条款出具报告。为避免引起报告使用者的误解，报告不应提及原审计业务和在原审计业务中已执行的程序。只有将审计业务变更为执行商定程序业务，注册会计师才可在报告中提及已执行的程序。

如果没有合理的理由，注册会计师不应当同意变更业务。如果不同意变更业务，被审计单位又不允许继续执行原审计业务，注册会计师应当：

（1）在适用的法律法规允许的情况下解除业务约定。

（2）确定是否有约定义务或其他义务向治理层、所有者或监管机构等报告该事项。

实例2-6（多选题）

对于以下被审计单位要求变更业务，你认为适当的有（　　）。

A. 企业为了公开发行股票需要进行审计，由于情况变化，该企业决定不再上市，因此要求将审计业务变更为保证程度较低的审阅业务

B. 某广告公司在与其客户就广告项目签约时，约定广告公司发生的与该项目有关的支出均由该客户承担。根据这一约定，广告公司聘请注册会计师对其财务报表进行审计。但在审计过程中，广告公司了解到注册会计师审计的目标是对财务报表整体的合法性和公允性发表意见，而不是对客户关心的事项进行特别报告。广告公司在与其客户沟通之后，提出将审计业务变更为对特定支出明细表执行商定程序业务

C. 在审计实施过程中，注册会计师无法通过函证等程序对应收账款期末余额获取充分、适当的审计证据。为避免注册会计师出具保留意见或无法表示意见的审计报告，被审计单位要求注册会计师将约定的审计业务变更为审阅业务

D. 在签订年报审计业务约定书后，注册会计师发现被审计单位缺乏会计规范，尚不存在会计账簿与报表，建议企业将约定的年报审计业务变更为提供代编财务报表的服务业务

分析：ABD。如果有迹象表明业务变更与错误的、不完整的或者不能令人满意的信息有关，则注册会计师不应认为该变更合理，故C情况下变更是不适当的。

（三）签署业务约定书的其他注意事项

（1）如果相关部门对涉及财务会计的事项做出补充规定，注册会计师在承接审计业务时应当确定该补充规定是否与企业会计准则存在冲突。如果存在冲突，注册会计师应当与管理层沟通补充规定的性质，并就下列事项之一达成一致：1）在财务报表中做出额外披露能否满足补充规定的要求；2）对财务报表中关于适用的财务报告框架的描述是否可以做出相应修改。如果无法采取上述任何措施，注册会计师应当考虑是否有必要发表非无保留意见。

（2）如果相关部门要求采用的财务报告框架不适用于被审计单位的具体情况，只有同时满足下列所有条件，注册会计师才能承接审计业务：1）管理层同意在财务报表中做出额外披露，以避免财务报表产生误导。2）在审计业务约定条款中明确，注册会计师按照《中国注册会计师审计准则第1503号——在审计报告中增加强调事项段和其他事项段》的规定，在审计报告中增加强调事项段，以提醒使用者关注额外披露；注册会计师在对财务报表发表的审计意见中不使用“财务报表在所有重大方面按照［适用的财务报告框架］编制，公允反映了……”等措辞，除非法律法规另有规定。如果不具备以上两个条件，但相关部门要求注册会计师承接审计业务，注册会计师应当：1）评价财务报表误导的性质对审计报告的影响；2）在审计业务约定条款中适当提及该事项。

（3）如果相关部门规定的审计报告的结构或措辞与审计准则要求的明显不一致，

注册会计师应当评价：1）使用者是否可能误解从财务报表审计中获取的保证。2）如果可能存在误解，审计报告中做出的补充解释能否减轻这种误解。如果认为审计报告中做出的补充解释不能减轻可能的误解，除非法律法规另有规定，注册会计师不应承接该项审计业务。由于按照相关部门的规定执行的审计工作并不符合审计准则的要求，所以，注册会计师不应在审计报告中提及已按照审计准则的规定执行了审计工作。

（四）签署业务约定书的质量控制

实施签署业务约定书的质量控制，以确保：

（1）业务约定书是根据公司政策/当地事务所的要求起草的。

（2）业务约定书的日期早于外勤工作的日期。

（3）业务约定书在业务承接质量控制已完成并且相关各方都签名后才发出。

（4）让业务合伙人签署业务约定书（两份副本）并将其发给客户以取得签名。

（5）将原始业务约定书归入工作底稿（在取得客户的签名后）。

思考题

1. 在进行业务承接的决策中，接受客户和为客户所接受有何不同？

2. 初步了解和评价客户的信息来源主要有哪些？就新业务来讲，哪个来源是最好的？为什么？

3. 影响接受客户委托的主要因素有哪些？哪些是注册会计师可控的因素，哪些是注册会计师不可控的因素？

4. 前后任注册会计师的沟通主要包括哪些内容？

5. 如何考虑对专家工作利用的程度及其影响？

6. 什么是主审注册会计师？什么是其他注册会计师？

7. 主审注册会计师如何与其他注册会计师协调？

8. 在利用专家的工作时，注册会计师应当从哪些方面获取充分、适当的审计证据？

9. 请简单论述GONE理论、冰山理论和舞弊三角理论。

10. 如何识别和评估舞弊风险？

11. 华兴公司系中天会计师事务所的常年审计客户，由于20×6年其业务性质和经营规模发生重大变化，中天会计师事务所考虑是否继续接受委托审计其20×6年度财务报表以及审计收费等问题。

（1）在连续审计的情况下，注册会计师考虑重新签订审计业务约定书的情况有哪些？

（2）在重新签订业务约定书前，中天会计师事务所需要开展初步业务活动，该活动的内容包括哪些？目的是什么？

（3）如果华兴公司未支付审计20×5年度财务报表应当支付的审计费用，而且该费用在中天会计师事务所审计 20×6 年度财务报表并出具审计报告之前仍未支付，是否会对事务所的独立性产生不利影响？请阐述应当采取何种措施。

(4) 假如在 20×6 年度审计报告出具后华兴公司仍未支付上期财务报表的审计费用，会计师事务所应当采取何种防范措施？

12. 审计的初步业务活动的目的及步骤是什么？

13. 审计业务约定书的主要内容是什么？

14. 简述变更审计业务约定书时应注意的事项。

案例分析

接受业务委托前的工作

问题：

1. 在接受 ABC 公司业务委托前，如何进行初步了解和评估？

2. 在接受客户业务委托时，应当关注哪些履约风险？为什么？

3. 如果 ABC 公司委托你所在的会计师事务所承接其 20×6 年度的审计业务，在确定是否承接业务时需要综合考虑哪些因素？

4. 在征得 ABC 公司的同意后，注册会计师与前任注册会计师联系时应当如何沟通？

行动学习讨论项目

把学生分成若干组（每组最好 10 人以内），要求他们利用头脑风暴的方法，对以下问题提出不同的看法，尽量多地列示在行动学习讨论的白板上。

讨论问题：注册会计师创建业务应当注意什么？

讨论与板书要求：(1) 每个人都要发言，但每次只能一人发言；(2) 追求数量、追求创意；(3) 有人发言时不许质疑、不许批评、不许打断；(4) 板书要按发言人的原话列示。

第3章 Chapter 3 风险评估与计划审计工作

素养提升

- 树立凡事预则立、防患于未然的风险意识，学会透过现象看本质，培养社会责任感。

学习目标

- 了解风险评估总流程
- 掌握如何了解被审计单位及其环境
- 掌握如何评价企业整体内部控制
- 熟悉如何从业务流程层面了解企业内部控制
- 掌握经营风险、审计风险及其要素
- 掌握如何确定以及运用计划的重要性水平
- 熟悉如何制定总体审计策略
- 掌握具体审计计划与总体审计策略的关系

第一节 风险评估概述

一、风险评估总流程

风险评估程序是指注册会计师为了解被审计单位及其环境（包括内部控制），以识别和评估财务报表层次和认定层次的重大错报风险（无论该风险是由舞弊还是错误导致的）而实施的审计程序。注册会计师实施风险评估程序，目的是识别和评估财务报表层次和认定层次的重大错报风险，从而为设计和实施针对评估的重大错报风险采取的应对措施提供基础。但是，风险评估程序本身并不能为形成审计意见提供充分、适当的审计证据。风险评估程序虽然最早被执行，但却贯穿于整个审计过程。风险评估总流程如图3-1所示。

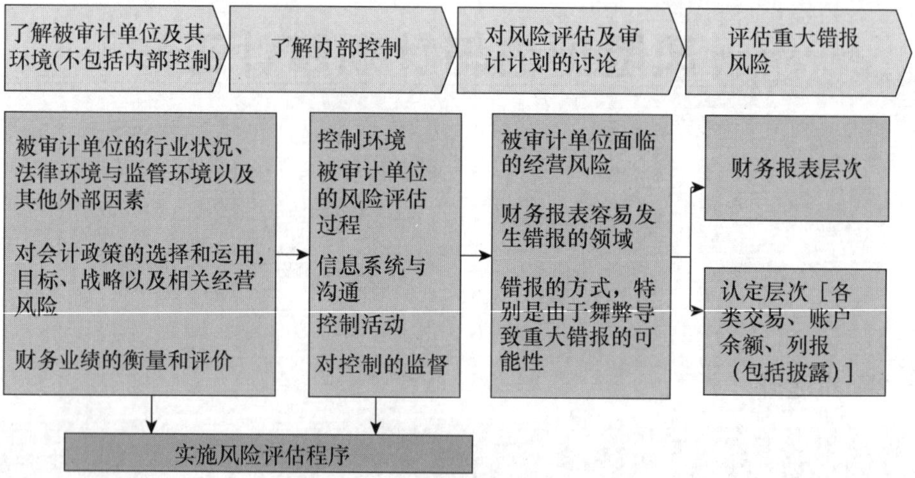

图3-1 风险评估总流程

二、风险评估程序

注册会计师应当实施下列风险评估程序，以了解被审计单位及其环境。

（一）询问被审计单位管理层和内部其他相关人员

询问被审计单位管理层、内部审计人员和内部其他相关人员是注册会计师了解被审计单位及其环境的一个重要信息来源。由于了解被审计单位及其环境是一个连续和动态的过程，注册会计师的询问可能贯穿整个审计业务的始终。

1. 向管理层和财务负责人询问

实务中，直接询问管理层有助于注册会计师了解编制财务报表的环境。注册会计师可向管理层和财务负责人询问以下事项。

（1）管理层关注的主要问题。如新的竞争对手、主要客户和供应商的流失、新的税收法规的实施，以及经营目标或战略的变化等。

（2）被审计单位的财务状况和最近的经营成果、现金流量。

（3）可能影响财务报告的交易和事项，或者目前发生的重大会计处理问题，如重大的并购事宜等。

（4）被审计单位发生的其他重要变化。如所有权结构、组织结构的变化，以及内部控制的变化等。

2. 向内部审计人员询问

如果被审计单位设有内部审计，询问适当的内部审计人员有助于注册会计师了解被审计单位及其环境、识别和评估财务报表层次和认定层次的重大错报风险。在履行职能时，内部审计人员对被审计单位的运营和业务风险有深入了解，基于其工作有所发现（如识别出内部控制缺陷或风险），可以给注册会计师了解被审计单位、进行风险评估或执行其他审计工作提供有价值的信息。因此，无论是否期望利用内部审计的工作以修改拟实施审计程序的性质、时间安排或缩小其范围，注册会计师均需进行询问。特别相关的询问可能是内部审计向治理层提出的事项，以及内部审计风险评估过程的结果。所询问的适当的内部审计人员，是注册会计师基于判断认为具有适当的知识、经验和权限的人员，例如内部审计负责人或该职能的其他人员（取决于具体情况）。注册会计师可能认为与这些人员进行定期会谈是适当的。

如果内部审计发现的问题与被审计单位的财务报告和审计相关，注册会计师可能认为阅读内部审计的相关报告是适当的。

执行公共部门实体审计的注册会计师通常承担与内部控制以及遵守适用的法律法规相关的额外责任。询问适当的内部审计人员能够帮助注册会计师识别严重违反适用的法律法规的重大风险，以及财务报告内部控制缺陷的风险。

3. 向其他人员询问

注册会计师也可以通过询问被审计单位内部的其他不同层级的人员获取信息，为识别重大错报风险提供不同的视角。例如：

（1）询问参与生成、处理或记录复杂或异常交易的员工，有助于注册会计师评价被审计单位选择和运用某项会计政策的恰当性；

（2）直接询问内部法律顾问，有助于注册会计师了解有关信息，如诉讼，遵守法律法规的情况，影响被审计单位的舞弊或舞弊嫌疑，产品保证，售后责任，与业务合作伙伴（如合营企业）的安排和合同条款的含义等；

（3）直接询问营销或销售人员，有助于注册会计师了解被审计单位营销策略的变化、销售趋势或与客户的合同安排；

（4）直接询问风险管理职能部门（或履行该职能的人员），有助于注册会计师了解可能影响财务报告的运营和监管风险；

（5）直接询问信息系统人员，有助于注册会计师了解系统变更、系统或控制失效情况，或与系统相关的其他风险。

（二）分析程序

分析程序是指注册会计师通过研究不同财务数据之间以及财务数据与非财务数据之间的内在关系，对财务信息做出评价。分析程序还包括调查识别与其他相关信息不一致或严重偏离预期数据的波动和关系。

注册会计师实施分析程序有助于识别异常的交易或事项，以及对财务报表和审计产生影响的金额、比率和趋势。

在实施分析程序时，注册会计师应当预期可能存在的合理关系，并与被审计单位记录的金额、依据记录金额计算的比率或趋势相比较；如果发现异常或未预期到的关系，注册会计师应当在识别重大错报风险时考虑这些比较结果。

如果使用了高度汇总的数据，实施分析程序可能仅初步显示财务报表存在重大错报风险，注册会计师应当将分析结果与识别重大错报风险时获取的其他信息一并考虑。

（三）观察和检查程序

观察和检查程序可以印证对管理层和其他相关人员的询问结果，并提供有关被审计单位及其环境的信息，注册会计师应当实施下列观察和检查程序。

（1）观察被审计单位的生产经营活动。如观察被审计单位人员正在从事的生产活动和内部控制活动等。

（2）检查文件、记录和内部控制手册。如检查被审计单位的章程，与其他单位签订的合同、协议，股东大会、董事会会议、高级管理层会议的记录或纪要，各业务流程操作指引和内部控制手册，各种会计资料、内部凭证和单据等。

（3）阅读由管理层和治理层编制的报告。如阅读被审计单位年度和中期财务报告、管理层的讨论和分析资料、经营计划和战略、管理层对重要经营环节和外部因素的评价、被审计单位内部管理报告，以及其他特殊目的报告（如新投资项目的可行性分析报告）。

（4）实地查看被审计单位的生产经营场所和设备。

（5）追踪交易在财务报告信息系统中的处理过程（穿行测试）。这是注册会计师了解被审计单位业务流程及其内部控制时经常使用的审计程序。通过追踪某笔或某几笔交易在业务流程中如何生成、记录、处理和报告，以及相关内部控制如何执行，注册会计师可以确定被审计单位的交易流程和内部控制是否与之前通过其他程序所了解的一致，并确定内部控制是否得到执行。

（四）利用以前期间获取的信息

如果拟利用与被审计单位交往的经验和以前审计中实施审计程序获取的信息，注册会计师应当确定被审计单位及其环境自以前审计后是否已发生变化，进而影响这些信息与本期审计的相关性。注册会计师与被审计单位交往的经验以及以前审计中实施的审计程序可以提供有关下列事项的信息。

（1）以往的错报情况以及错报是否及时得到更正。

（2）被审计单位及其环境的性质，被审计单位的内部控制（包括内部控制缺陷）。

（3）自上期以来被审计单位或其经营活动可能发生的重大变化，这些变化可以帮助注册会计师充分了解被审计单位，以识别和评估重大错报风险。

（4）特定类型的交易、其他事项或账户余额（包括相关披露），注册会计师在对其实施必要的审计程序时遇到的困难（如由于其复杂性而遇到的困难）。

如果拟将以前期间获取的信息用于本期审计，注册会计师需要确定这些信息是否仍然相关。这是因为信息的变化（如控制环境的变化）可能影响上期所获取信息的相关性。为了确定影响这些信息相关性的变化是否已经发生，注册会计师可以询问并实施其他恰当的审计程序，如对相关系统进行穿行测试。

（五）项目组内部的讨论

1. 项目组内部的讨论的目的

项目组内部关于财务报表发生重大错报可能性的讨论可以：

（1）使经验较丰富的项目组成员（包括项目合伙人）有机会分享其根据对被审计

单位的了解形成的见解；

（2）使项目组成员讨论被审计单位面临的经营风险、财务报表容易发生错报的领域以及发生错报的方式，特别是由于舞弊或错误导致重大错报的可能性；

（3）帮助项目组成员更好地了解在各自负责的领域中潜在的财务报表重大错报，并了解各自实施的审计程序的结果如何影响审计的其他方面，包括对确定进一步审计程序的性质、时间安排和范围的影响；

（4）为项目组成员交流和分享在审计过程中获取的可能影响重大错报风险评估结果或应对这些风险的审计程序的新信息提供基础。

2. 项目组内部的讨论的主要事项

项目合伙人和项目组其他关键成员应当讨论被审计单位财务报表存在重大错报的可能性，以及如何根据被审计单位的具体情况运用适用的财务报告编制基础。项目合伙人应当确定向未参与讨论的项目组成员通报哪些事项。

项目组可能讨论的事项包括以下几个方面。

（1）财务报告要求的变化，该变化可能导致做出重大的新披露或对现有披露做出重大修改；

（2）被审计单位所处的环境、财务状况或经营活动的变化，该变化可能导致做出重大的新披露或对现有披露做出重大修改，例如，审计期间发生的重大企业合并；

（3）以前审计中难以获取充分、适当的审计证据的披露；

（4）关于复杂事项的披露，包括管理层对披露信息内容的重大判断。

3. 参与项目组内部的讨论的人员

所有成员都参与一项讨论并非总是必要和可行的（如在跨地区审计中不可行），将讨论中做出的全部决定告知项目组所有成员也不总是必要的。项目合伙人可以与项目组关键成员（包括专家和负责组成部分审计的人员，如认为适当）进行讨论，而在考虑整个项目组中必要的沟通范围后，可以委派代表与其他人员进行讨论。在这种情况下，经项目合伙人同意的沟通计划是有用的。

三、风险种类与审计风险模型

（一）经营风险及其对审计的影响

随着国际化、信息化以及金融化发展，企业面临着各种各样的风险。在现代市场经济中，任何企业都可能存在对实现企业目标或执行企业战略产生不利影响的不确定因素，即出现经营风险。经营风险是指可能对企业实现目标和实施战略的能力产生不利影响的重要状况、事项、情况、行为等各种不确定因素，或由于制定不适当的目标和战略而导致的风险。不同的企业可能面临不同的经营风险，这取决于企业经营的性质、所处行业、外部监管环境、企业的规模和复杂程度，企业管理层有责任识别和应对这些风险。如果企业管理层不能通过有效的内部控制来消除固有风险，这种风险就成为管理层的剩余风险，也可称为管理层的风险偏好或风险容忍度。

在审计实务中，注册会计师之所以关注经营风险，是因为经营风险与财务报表发生重大错报的风险密切相关。许多经营风险最终都会有财务后果，影响到财务报表，进而对审计产生影响，如表3-1所示。

表3-1 经营风险及其对审计的影响举例

经营风险	风险来源	对审计可能的影响
竞争者开始延长产品保证时间	竞争者	延长保证时间要求增加预提保证费用
竞争者提高关键财务和管理人员的薪酬	竞争者	决策和信息处理的可靠性下降 人工成本的分配需要调整 应计职工福利增加
原材料产地的气候恶劣导致上等原材料发生短缺	供应商	在标准成本计算公式中废料率和损耗率上升 产生与购买承诺有关的计价问题
顾客所处行业正处于衰退期	购买者	应收账款不能以原账面净值收回，需要增加坏账准备
顾客的需求发生变化，需要改进产品的功能和质量	购买者	库存存货陈旧和过时，导致可变现净值下降
销售渠道发生改变，从零售店销售到网上销售	购买者	现有的销售渠道需要关闭，带来重组成本（资产处置、员工解雇成本）
产品的关键专利即将过期，没有重大的可申请新专利的技术进步	进入市场的新竞争者	生产产品的资产投资无法收回 企业无法持续经营
进入市场的新竞争者在技术上领先	进入市场的新竞争者	投资需要计提减值准备

资料来源：W. R. Knechel. Auditing：Text and Cases. South Western College Publishing，1998.

（二）审计风险模型

基于企业风险导向的审计风险模型是：

审计风险＝报表重大错报风险×检查风险

审计风险（audit risk，AR）是指财务报表存在重大错报而注册会计师发表不适当审计意见的可能性。审计风险不包括财务报表不存在重大错报，而注册会计师发表的审计意见认为财务报表存在重大错报的风险。审计风险是一个与审计过程相关的技术术语，并不是指注册会计师的业务风险。审计风险取决于重大错报风险和检查风险。

错报是指财务报表项目的金额、分类、列报或披露与按照适用的财务报告编制基础应当列示的金额、分类、列报或披露之间存在的差异。错报可能由于错误或舞弊导致。重大错报风险是指财务报表在审计前存在重大错报的可能性，注册会计师应当从财务报表以及各类交易、账户余额和列报认定两个层次考虑财务报表重大错报。财务报表层次重大错报风险与财务报表整体存在广泛联系，它可能影响多项认定。此类风险通常与控制环境有关，如管理层缺乏诚信、治理层形同虚设而不能对管理层进行有效监督等，但也可能与其他因素有关，如经济萧条、企业所处行业处于衰退期。此类风险难以被界定为某类交易、账户余额、列报的具体认定，相反，此类风险增大了一个或多个不同认定发生重大错报的可能性，与由舞弊引起的风险特别相关。

评估认定层次的重大错报风险的目的，是确定所需实施的进一步审计程序的性质、时间安排和范围，以获取充分、适当的审计证据。这种证据使注册会计师能够在审计风险处于可接受的低水平时对财务报表发表意见。注册会计师使用多种方法评估重大错报风险。例如，注册会计师可以利用风险模型（即用数学术语表达审计风险各要素之间一般关系的模型），得出可接受的检查风险。这种模型有助于计划审计程序。认定层次的重大错报风险又可以进一步细分为固有风险和控制风险。

固有风险（inherent risk，IR）是指假设不存在相关的内部控制，某一认定发生重大错报（无论该错报单独考虑，还是连同其他错报一起构成重大错报）的可能性。报表中某些类别的交易、账户余额、披露及其认定固有风险较高。如复杂的计算比简单计算更可能出错；受重大计量不确定性影响的会计估计发生错报的可能性较大。产生经营风险的外部因素也可能影响固有风险，如技术进步可能导致某种产品陈旧，进而导致存货易于发生高估错报（计价认定）。除上述与具体认定相关的风险外，被审计单位及其环境中的某些因素还可能与多个甚至所有类别的交易、账户余额、披露有关，进而影响多个认定的固有风险。这些因素包括维持经营的流动资金匮乏、被审计单位处于夕阳行业等。

控制风险（control risk，CR）是指某项认定发生了重大错报（无论该错报单独考虑，还是连同其他错报一起构成重大错报），且该错报没有被企业的内部控制及时防止、发现和纠正的可能性。控制风险取决于与财务报表编制有关的内部控制的设计和运行的有效性。由于控制的固有局限性，某种程度的控制风险始终存在。

值得注意的是，固有风险和控制风险的综合水平决定了重大错报风险，是企业客观存在的，注册会计师既可以对两者进行单独评估，也可以对两者进行合并评估。具体采用的评估方法取决于会计师事务所偏好的审计技术和方法及实务上的考虑。此外，重大错报的评估结果可以用定量的方式表述，如百分比，也可以用定性的方式表述，如“高”“中”“低”。在任何情况下，重要的是注册会计师得出适当的评估结果，而不是所采用的具体方法。

检查风险（detection risk，DR）是指某一账户或交易类别单独或连同其他账户、交易类别产生重大错报或漏报，而未能被实质性测试发现的可能性。检查风险与注册会计师为将审计风险降至可接受的低水平而确定的审计程序的性质、时间安排和范围相关。因此，它取决于审计程序设计的合理性和其执行的有效性。

在审计实务中，制定恰当的计划、为项目组分派合适的人员、保持职业怀疑、监督和复核已执行的审计工作等措施有助于提高审计程序设计的合理性和其执行的有效性，降低注册会计师选取不适当的审计程序、错误执行适当的审计程序或错误解释审计结果的可能性。在既定的审计风险水平下，可接受的检查风险与认定层次重大错报风险的评估结果成反比例关系。注册会计师认为重大错报风险越高，可接受的检查风险越低，相应地，注册会计师需要获取更具有说服力的审计证据。

审计风险要素的属性及其确定如表3-2所示。

表3-2　审计风险要素的属性及其确定

项目		被审计单位	注册会计师	注册会计师如何确定或控制
审计风险		—	可接受水平	一般3%～5%
重大错报风险	固有风险	具体情况	评估水平	风险评估（了解被审计单位基本情况）
	控制风险	内部控制缺陷	评估水平	风险评估（了解企业内部控制或执行穿行测试）
检查风险		—	具体情况	由进一步审计测试程序及其执行的有效性决定

实例3-1（单选题）

下列关于审计风险模型各个要素的说法中，不正确的是（　　）。

A.（可接受的）审计风险是预先设定的

B. 检查风险取决于审计程序设计的合理性和其执行的有效性

C. 审计风险取决于与财务报表编制有关的内部控制的设计和运行的有效性

D. 重大错报风险是财务报表在审计前存在重大错报的可能性

分析：C。在审计风险模型中，审计风险是一个可接受的低水平，是预先设定的，检查风险取决于审计程序设计的合理性和其执行的有效性，重大错报风险是财务报表在审计前存在重大错报的可能性，选项A，B，D正确；选项C描述的是控制风险而不是审计风险，C不正确。

（三）特别风险

特别风险是指注册会计师识别和评估的、根据判断认为需要特别考虑的重大错报风险。注册会计师应当运用职业判断，确定识别的风险中哪些是特别风险。日常的、不复杂的、经正规处理的交易不太可能产生特别风险。特别风险通常与重大的非常规交易和判断事项有关。

非常规交易是指由于金额或性质异常而不经常发生的交易。例如，企业购并、债务重组、重大或有事项等。由于非常规交易具有下列特征，与重大非常规交易相关的特别风险可能导致更高的重大错报风险：(1) 管理层更多地介入会计处理；(2) 数据收集和处理涉及更多的人工成分；(3) 复杂的计算或会计处理方法；(4) 非常规交易的性质可能使被审计单位难以对由此产生的特别风险实施有效控制。

判断事项通常包括做出的会计估计，如资产减值准备金额的估计、需要运用复杂估值技术的公允价值计量等。由于下列原因，与重大判断事项相关的特别风险可能导致更高的重大错报风险：(1) 对涉及会计估计、收入确认等方面的会计原则存在不同的理解；(2) 所要求的判断可能是主观和复杂的，或需要对未来事项做出假设。

确定哪些风险是特别风险时，注册会计师应当在考虑识别出的控制对相关风险的抵消效果前，根据风险的性质、潜在错报的重要程度（包括该风险是否可能导致多项错报）和发生的可能性，判断风险是否属于特别风险。

在确定风险的性质时，注册会计师应当考虑下列事项：(1) 风险是否属于舞弊风险；(2) 风险是否与近期经济环境、会计处理方法和其他方面的重大变化有关；(3) 交易的复杂程度；(4) 风险是否涉及重大的关联方交易；(5) 财务信息计量的主观程度，特别是对不确定事项的计量存在较大区间；(6) 风险是否涉及异常或超出正常经营过程的重大交易。

了解与特别风险相关的控制，有助于注册会计师制定有效的审计方案予以应对。对特别风险，注册会计师应当评价相关控制的设计情况，并确定其是否得到执行。由于与重大非常规交易或判断事项相关的风险很少受到日常控制的约束，注册会计师应当了解被审计单位是否针对该特别风险设计和实施了控制，管理层采取的应对措施可能包括：（1）控制活动，如高级管理人员或专家对假设进行检查；（2）对估计流程做出记录；（3）治理层做出批准。

如果管理层未能实施控制以恰当应对特别风险，注册会计师应当认为内部控制存在重大缺陷，并考虑其对风险评估的影响。在此情况下，注册会计师应当就此类事项与治理层沟通。

此外，如果计划测试旨在减少特别风险的控制的运行有效性，注册会计师不应依赖以前审计获取的关于内部控制运行有效性的审计证据。注册会计师应当专门针对识别的风险实施实质性程序，但由于实质性分析程序并不能单独应对特别风险，注册会计师应当实施细节测试，或将实质性程序与细节测试相结合。

实例3-2（多选题）

下列有关与特别风险相关的控制的说法中，正确的有（　　）。

A. 注册会计师应当了解和评价与特别风险相关的控制的设计情况，并确定其是否得到执行

B. 如果被审计单位未能实施控制以恰当应对特别风险，注册会计师应当针对特别风险实施细节测试

C. 如果注册会计师实施控制测试后认为与特别风险相关的控制运行有效，对特别风险实施的实质性程序可以仅为实质性分析程序

D. 对于与特别风险相关的控制，注册会计师不能利用以前审计获取的有关内部控制运行有效性的审计证据

分析：ACD。选项B错误，如果针对特别风险实施的程序仅为实质性程序，这些程序应当包括细节测试，或将细节测试和实质性分析程序结合使用，以获取充分、适当的审计证据。

（四）经营风险与审计风险的关系

尽管企业经营风险最终可能会对财务报表产生影响，但不是每种经营风险都会直接转化为财务报表中的重大错报风险。经营风险是如何转化为审计风险的呢？我们通过图3-2可以得知：企业经营风险大，财务报告中易出现的错误（固有风险）就大，如果企业缺乏内部控制或内部控制不能有效识别、发现和防范这些风险（第一道拦护网代表企业内部控制），这些风险就成为财务报表中的重大错报风险。如果注册会计师执行的审计程序不能把这些进入报表的所有重大错报风险检查出来（第二道拦护网代表注册会计师执行的审计程序），经营风险就转化成了审计风险。

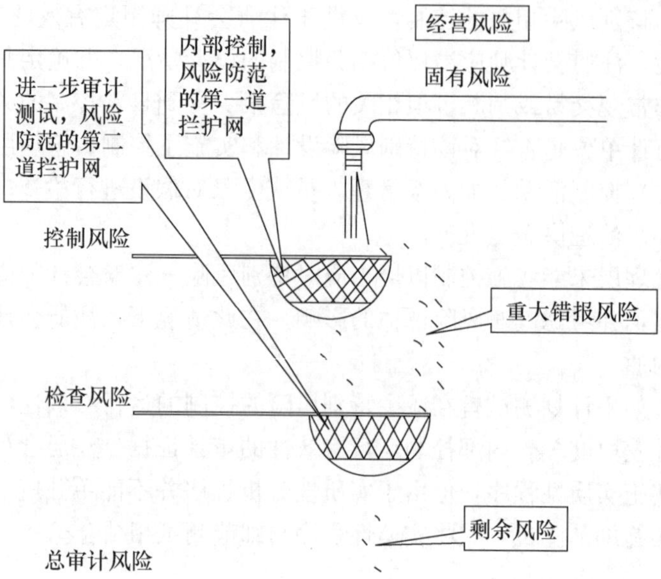

图 3-2 审计风险要素

第二节 执行风险评估

为了识别和评估财务报表层次重大错报风险，注册会计师应当把风险评估过程及判断记录下来，形成相应的审计工作底稿，在这个过程中，注册会计师应当就下列内容形成审计工作记录。

（1）项目组对由于舞弊或错误导致财务报表发生重大错报的可能性进行的讨论，以及得出的重要结论；

（2）注册会计师对被审计单位及其环境各个方面的了解要点（包括对内部控制各项要素的了解要点）、信息来源以及实施的风险评估程序；

（3）注册会计师在财务报表层次和认定层次识别、评估出的重大错报风险；

（4）注册会计师识别出的特别风险和仅通过实质性程序无法应对的重大错报风险，以及对相关控制的评估。

一、了解被审计单位及其环境

在年报审计实务中，了解被审计单位及其环境是必要程序，注册会计师应当从下列几方面了解被审计单位及其环境。

（一）行业状况、法律环境与监管环境，以及其他外部因素

一般，注册会计师从以下方面了解被审计单位的行业状况、法律环境与监管环境，以及其他外部因素。

1. 行业因素

了解行业状况有助于注册会计师识别与被审计单位所处行业有关的重大错报风险。被审计单位所处的行业可能产生经营性质或监管程度导致的特定重大错报风险。例如，长期合同可能涉及对收入和费用做出重大估计，进而导致重大错报风险。在这种情况下，项目组包含具有足够相关知识和经验的成员是很重要的。

注册会计师应当了解被审计单位的行业状况，主要包括：市场与竞争，如市场需求、生产能力和价格竞争；生产经营的季节性和周期性；与被审计单位产品相关的生产技术；能源供应与成本；行业的关键指标和统计数据。具体而言，注册会计师可能需要了解以下情况：

（1）被审计单位所处行业的总体发展趋势是什么？

（2）处于哪一发展阶段（如起步、快速成长、成熟/产生现金流入、衰退阶段）？

（3）所处市场的需求、市场容量和价格竞争如何？

（4）该行业是否受经济周期波动的影响，采取了什么行动使波动产生的影响最小化？

（5）该行业受技术发展影响的程度如何？

（6）是否开发了新的技术？

（7）能源消耗在成本中所占比重是多少？能源价格的变化对成本的影响有多大？

（8）谁是被审计单位最重要的竞争者？它们各自所占的市场份额是多少？

（9）被审计单位与其竞争者相比主要的竞争优势是什么？

（10）被审计单位业务的增长率和财务业绩与行业的平均水平及主要竞争者相比如何？存在重大差异的原因是什么？

（11）竞争者是否采取了某些行动，如并购活动、降低销售价格、开发新技术等，从而对被审计单位的经营活动产生影响？

2. 法律和监管因素

了解法律环境及监管环境的主要原因在于：某些法律法规或监管要求可能对被审计单位经营活动有重大影响，如不遵守将导致停业等严重后果；某些法律法规或监管要求（如环保法规等）规定了被审计单位某些方面的责任和义务；某些法律法规或监管要求决定了被审计单位需要遵循的行业惯例和核算要求。

注册会计师应当了解被审计单位所处的法律环境及监管环境，主要包括：会计准则和行业惯例；受管制行业的法律框架；对经营活动产生重大影响的法律法规及监管活动；对开展业务产生重大影响的政府政策，包括货币、财政、税收和贸易等政策；与被审计单位所处行业和所从事经营活动相关的环保要求。具体而言，注册会计师可能需要了解以下情况：

（1）国家对某一行业的企业是否有特殊的监管要求（如对银行、保险等行业企业的特殊监管要求）？

（2）是否存在新出台的法律法规（如新出台的有关产品责任、劳动安全或环境保护的法律法规等），对被审计单位有何影响？

（3）国家货币、财政、税收和贸易等方面政策的变化是否会对被审计单位的经营活动产生影响？

（4）与被审计单位相关的税务法规是否发生变化？

3. 其他外部因素

注册会计师应当了解影响被审计单位经营的其他外部因素，主要包括：宏观经济的景气度；利率和资金供求状况；通货膨胀水平及币值变动；国际经济环境和汇率变动。具体而言，注册会计师可能需要了解以下情况：

（1）当前的宏观经济状况以及未来的发展趋势如何？

（2）目前国内或本地区的经济状况（如增长率、通货膨胀、失业率、利率等）怎样影响被审计单位的经营活动？

（3）被审计单位的经营活动是否受到汇率波动或全球市场力量的影响？

注册会计师对行业状况、法律环境与监管环境以及其他外部因素了解的范围和程度会因被审计单位所处行业、规模以及其他因素（如市场地位）的不同而不同。例如，对从事计算机硬件制造的被审计单位，注册会计师可能更关心市场和竞争以及技术进步的情况；对金融机构，注册会计师可能更关心宏观经济走势以及货币、财政等方面的宏观经济政策；对化工等产生污染的行业，注册会计师可能更关心相关环保法规。注册会计师应当考虑将了解的重点放在对被审计单位的经营活动可能产生重要影响的关键外部因素以及与前期相比发生的重大变化上。

注册会计师应当考虑被审计单位所在行业的业务性质或监管程度是否可能导致特定的重大错报风险，考虑项目组是否配备了具有相关知识和经验的成员。例如，建筑行业长期合同涉及收入和成本的重大估计，可能导致重大错报风险；银行监管机构对商业银行的资本充足率有专门规定，不能满足这一监管要求的商业银行可能有操纵财务报表的动机和压力。

（二）被审计单位的性质

被审计单位的性质，包括所有权结构、治理结构、组织结构、经营活动、正在实施和计划实施的投资（包括对特殊目的实体的投资）活动、筹资活动和财务报告实务。了解被审计单位的性质，可以使注册会计师识别预期在财务报表中反映的各类交易、账户余额和披露。注册会计师尤其应当关注特殊目的实体的性质，特殊目的实体（有时也称特殊目的工具）是指为实现界定清楚的某个具体目标（如进行租赁、金融资产证券化或开展研究与开发活动）而设立的实体。特殊目的实体可能以公司、信托、合伙企业或非公司实体的形式存在。在以某实体的名义建立特殊目的实体的情况下，该实体通常可能将资产转移至特殊目的实体（如作为终止确认涉及金融资产的交易的一部分），获得使用特殊目的实体资产的权利或向其提供服务，而其他方可能为特殊目的实体提供资金。《〈中国注册会计师审计准则第1323号——关联方〉应用指南》指出，在某些情况下，特殊目的实体可能是被审计单位的关联方。另外，需要详细了解涉及特殊目的实体的相关协议，以判断是否符合控制条件而在编制合并报表时考虑特殊目的实体的情况。

1. 所有权结构

对被审计单位所有权结构的了解有助于注册会计师识别关联方关系并了解被审计单位的决策过程。注册会计师应当了解所有权结构以及所有者与其他人员或单位之间的关系，考虑关联方关系是否得到识别，以及关联方交易是否得到恰当核算。例如，注册会计师应当了解被审计单位是属于国有企业、外商投资企业、民营企业，还是属于其他类型的企业，还应当了解其直接控股母公司、间接控股母公司、最终控股母公司和其他股东的构成，以及所有者与其他人员或单位（如控股母公司控制的其他企业）之间的关系。注册会计师应当按照《中国注册会计师审计准则第1323号——关联方》的规定，了解被审计单位识别关联方的程序，获取被审计单位提供的所有关联方信息，并考虑关联方关系是否得到识别，关联方交易是否得到恰当记录和充分披露。

同时，注册会计师可能需要对其控股母公司（股东）的情况做进一步的了解，包括控股母公司的所有权性质、管理风格及其对被审计单位经营活动及财务报表可能产生的影响；控股母公司与被审计单位在资产、业务、人员、机构、财务等方面是否分开，是否存在占用资金等情况；控股母公司是否施加压力，要求被审计单位达到其设定的财务业绩目标。

2. 治理结构

良好的治理结构可以对被审计单位的经营和财务运作实施有效的监督，从而降低财务报表发生重大错报的风险。注册会计师应当了解被审计单位的治理结构。例如，董事会的构成情况，董事会内部是否有独立董事，治理结构中是否设有审计委员会或监事会及其运作情况。注册会计师应当考虑治理层是否能够在独立于管理层的情况下对被审计单位事务（包括财务报告）做出客观判断。

3. 组织结构

复杂的组织结构可能导致某些特定的重大错报风险。注册会计师应当了解被审计单位的组织结构，考虑复杂组织结构可能导致的重大错报风险，包括财务报表合并、商誉减值以及长期股权投资核算等问题。例如，对于在多个地区拥有子公司、合营企业、联营企业或其他成员机构，或者存在多个业务分部和地区分部的被审计单位，不仅编制合并财务报表的难度增加，还存在其他可能导致重大错报风险的复杂事项，包括：对子公司、合营企业、联营企业和其他股权投资类别的判断及会计处理；商誉在不同业务分部间的减值等。

4. 经营活动

了解被审计单位经营活动有助于注册会计师识别预期在财务报表中反映的主要交易类别、重要账户余额和列报。注册会计师应当了解的被审计单位的经营活动主要包括以下内容。

（1）主营业务的性质。例如，主营业务是制造还是商品批发与零售；是银行、保险还是其他金融服务；是公用事业、交通运输还是提供技术产品和服务，等等。

（2）与生产产品或提供劳务相关的市场信息。例如，主要客户和合同、付款条件、利润率、市场份额、竞争者、出口、定价政策、产品声誉、质量保证、营销策略和目标等。

（3）业务的开展情况。例如，业务分部的设立情况、产品和服务的交付情况、衰退或扩展的经营活动的详情等。

（4）联盟、合营与外包情况。

（5）从事电子商务的情况。例如，是否通过互联网销售产品和提供服务以及从事营销活动。

（6）地区与行业分布。例如，是否涉及跨地区经营和多种类经营，各个地区和各行业分布的相对规模以及相互之间是否存在依赖关系。

（7）生产设施、仓库的地理位置及办公地点。

（8）关键客户。例如，销售对象是少量的大客户还是众多的小客户；是否有被审计单位高度依赖的特定客户（如销售额占销售总额的比例超过10%的顾客）；是否有造成高回收性风险的若干客户或客户类别（如处在一个衰退市场中的客户）；是否与某些客户订立了不寻常的销售条款或条件。

（9）重要供应商。例如，是否签订长期供应合同；原材料供应的可靠性和稳定性；付款条件；原材料是否受重大价格变动的影响。

（10）劳动用工情况。例如，分地区用工情况、劳动力供应情况、工资水平、退休金和其他福利、股权激励或其他奖金安排以及与劳动用工事项相关的政策法规。

（11）研究与开发活动及其支出。

（12）关联方交易。例如，有些客户或供应商是否为关联方，对关联方和非关联方是否采用不同的销售和采购条款。此外，还存在哪些关联方交易，对这些交易采用怎样的定价政策。

5. *投资活动*

了解被审计单位投资活动有助于注册会计师关注被审计单位在经营策略和方向上的重大变化。注册会计师应当了解的被审计单位的投资活动主要包括以下内容。

（1）近期拟实施或已实施的并购活动与资产处置情况，包括业务重组或某些业务的中止。注册会计师应当了解并购活动如何与被审计单位目前的经营业务相协调，并考虑它们是否会引发进一步的经营风险。例如，被审计单位并购了一个新的业务部门，注册会计师需要了解管理层如何管理这一新业务，新业务如何与现有业务相结合、发挥协同优势，如何解决原有业务与新业务在信息系统、企业文化等各方面的不一致问题。

（2）证券投资、委托贷款的发生与处置。

（3）资本性投资活动，包括固定资产和无形资产投资，近期或计划发生的变动，以及重大的资本承诺等。

（4）不纳入合并范围的投资。例如，联营、合营或其他投资，包括近期计划的投资项目。

6. *筹资活动*

了解被审计单位筹资活动有助于注册会计师评估被审计单位在融资方面的压力，

进一步考虑被审计单位在可预见未来的持续经营能力。注册会计师应当了解的被审计单位的筹资活动主要包括以下内容。

（1）债务结构和相关条款，包括担保情况及表外融资。例如，获得的信贷额度是否可以满足营运需要；得到的融资条件及利率是否与竞争对手相似，如不相似，原因何在；是否存在违反借款合同中限制性条款的情况；是否有重大的汇率与利率风险。

（2）固定资产的租赁。例如，通过融资租赁方式进行的筹资活动。

（3）关联方融资。例如，关联方融资的特殊条款。

（4）实际受益股东。例如，实际受益股东是国内的还是国外的，其商业声誉和经验可能对被审计单位产生的影响。

（5）衍生金融工具的运用。例如，衍生金融工具是用于交易目的还是套期目的，以及运用的种类、范围和交易对手等。

（6）集团组织结构。例如，主要的附属企业和联营企业，无论是否处在合并范围内。

7. 财务报告实务

了解被审计单位财务报告实务有助于注册会计师关注被审计单位经营策略和方向上的重大变化在报表上的反映。注册会计师应当了解被审计单位的财务报告实务，主要包括以下内容。

（1）会计政策和行业特定惯例，包括特定行业各类重要的交易、账户余额及财务报表相关披露（如银行业的贷款和投资、医药行业的研究与开发活动）。

（2）收入确认。

（3）公允价值会计核算。

（4）外币资产、负债与交易。

（5）异常或复杂交易（包括在有争议或新兴领域的交易）的会计处理。（如对以股票为基准的薪酬的会计处理。）

实例3-3（多选题）

注册会计师应当了解被审计单位的性质，包括对被审计单位经营活动的了解，了解的内容有（　　）。

A. 劳动用工情况以及与生产产品或提供劳务相关的市场信息

B. 主营业务的性质，生产设施、仓库的地理位置及办公地点

C. 从事电子商务的情况，研究与开发活动及其支出

D. 联合经营与业务外包，地区与行业分布，固定资产计划发生的变动

分析：ABC。由于D项中“固定资产计划发生的变动”属于被审计单位的投资活动而不属于经营活动，因而不选择D。

（三）被审计单位对会计政策的选择和运用

被审计单位对会计政策的选择和运用，包括变更会计政策的原因。注册会计师应当根据被审计单位的经营活动，评价会计政策是否适当，并与适用的财务报告编制基

础、相关行业使用的会计政策保持一致。注册会计师在了解被审计单位对会计政策的选择和运用时，应当关注以下内容。

（1）重要项目的会计政策和行业惯例。重要项目的会计政策包括收入确认方法，存货的计价方法，投资的核算，固定资产的折旧方法，坏账准备、存货跌价准备和其他资产减值准备的确定，借款费用资本化方法，合并财务报表的编制方法等。除会计政策以外，某些行业可能还存在一些惯例，注册会计师应当熟悉这些行业惯例。当被审计单位采用与行业惯例不同的会计处理方法时，注册会计师应当了解其原因，并考虑采用与行业惯例不同的会计处理方法是否适当。

（2）重大和异常交易的会计处理方法。例如，本期发生的企业合并的会计处理方法。某些被审计单位可能存在与其所处行业相关的重大交易。例如，银行向客户发放贷款、证券公司对外投资、医药企业的研究与开发活动等，注册会计师应当考虑对重大的和不经常发生的交易的会计处理方法是否适当。

（3）在新领域和缺乏权威性标准或共识的领域，采用重要会计政策产生的影响。在新领域和缺乏权威性标准或共识的领域，注册会计师应当关注被审计单位选用了哪些会计政策，为什么选用这些会计政策以及选用这些会计政策产生的影响。

（4）会计政策的变更。如果被审计单位变更了重要的会计政策，注册会计师应当考虑变更的原因及其适当性，即考虑：1）会计政策变更是否是法律、行政法规或者适用的会计准则和相关会计制度要求的变更。2）会计政策变更是否能够提供更可靠、更相关的会计信息。除此之外，注册会计师还应当关注会计政策的变更是否得到充分披露。

（5）被审计单位何时采用以及如何采用新颁布的会计准则和相关会计制度等。

除上述与会计政策的选择和运用相关的事项外，注册会计师还应对被审计单位下列与会计政策运用相关的情况予以关注。

（1）是否采用激进的会计政策、方法、估计和判断。

（2）财会人员是否拥有足够的运用会计准则的知识、经验和能力。

（3）是否拥有足够的资源支持会计政策的运用，如人力资源及培训、采用的信息技术、采集的数据和信息等。

注册会计师应当考虑，被审计单位是否按照适用的会计准则和相关会计制度的规定恰当地进行了列报，并披露了重要事项。列报和披露的主要内容包括：财务报表及其附注的格式、结构安排、内容，财务报表项目使用的术语，披露信息的明细程度，项目在财务报表中的分类以及列报信息的来源等。注册会计师应当考虑被审计单位是否对特定事项做了适当的列报和披露。

（四）被审计单位的目标、战略以及相关经营风险

注册会计师应当了解被审计单位是否存在与下列方面有关的目标和战略，并考虑相应的经营风险。

（1）行业发展，及其可能导致的被审计单位不具备足以应对行业变化的人力资源和业务专长等风险。

（2）开发新产品或提供新服务，及其可能导致的被审计单位产品责任增加等风险。

（3）业务扩张，及其可能导致的被审计单位对市场需求的估计不准确等风险。

（4）新颁布的会计法规，及其可能导致的被审计单位执行法规不当或不完整，或会计处理成本增加等风险。

（5）监管要求，及其可能导致的被审计单位法律责任增加等风险。

（6）本期及未来的融资条件，及其可能导致的被审计单位由于无法满足融资条件而失去融资机会等风险。

（7）信息技术的运用，及其可能导致的被审计单位信息系统与业务流程难以融合等风险。

（8）实施战略的影响，特别是由此产生的需要执行新的会计要求的影响。（例如，潜在的相关经营风险可能是被审计单位执行新要求不当或不完整。）

管理层通常制定识别和应对经营风险的策略，注册会计师应当了解被审计单位的风险评估过程。此类风险评估过程是被审计单位内部控制的组成部分。

小型被审计单位通常没有正式的计划和程序来确定其目标、战略并管理经营风险。注册会计师应当询问管理层或观察小型被审计单位如何应对这些事项，以获取了解并评估重大错报风险。

实例3－4（多选题）

注册会计师应当了解被审计单位是否存在与下列方面有关的目标和战略，并考虑相应的经营风险，包括（　　）。

A. 行业发展，及其可能导致的被审计单位不具备足以应对行业变化的人力资源和业务专长等风险

B. 开发新产品或提供新服务，及其可能导致的被审计单位产品责任增加等风险

C. 新颁布的会计法规，及其可能导致的被审计单位执行法规不当或不完整，或会计处理成本增加等风险

D. 本期及未来的融资条件，及其可能导致的被审计单位由于无法满足融资条件而失去融资机会等风险

分析：ABCD。这四项均属于与企业目标和战略相关的经营风险。

（五）对被审计单位财务业绩的衡量和评价

1. 了解的主要方面

被审计单位管理层经常会衡量和评价关键业绩指标（包括财务和非财务的），预算及差异分析，分部信息和分支机构、部门或其他层次的业绩报告，以及与竞争对手的业绩比较。此外，外部机构也会衡量和评价被审计单位的财务业绩，如分析师的报告和信用评级机构的报告。

管理层及其他人员经常衡量和评价其认为重要的事项。无论是内部的还是外部的业绩衡量，都会使被审计单位产生压力。这些压力反过来可能促使管理层采取措施改善经营业绩或歪曲财务报表。因此，了解被审计单位的业绩衡量，有助于注册会计师考虑实现业绩目标的压力是否可能导致管理层采取行动，以致增加财务报表发生重大

错报的风险（包括舞弊导致的风险）。

对财务业绩的衡量和评价和对控制的监督两者的目标可能有重叠，在某些情况下，业绩指标也可以为管理层识别内部控制缺陷提供信息，但两者是有区别的：对财务业绩的衡量和评价，针对的是被审计单位的业绩是否达到管理层（或第三方）设定的目标；对控制的监督重点关注内部控制的有效运行。

在了解被审计单位财务业绩衡量和评价情况时，注册会计师应当关注下列信息：关键业绩指标；业绩趋势；预测、预算和差异分析；管理层和员工业绩考核与激励性报酬政策；分部信息与不同层次部门的业绩报告；与竞争对手的业绩比较；外部机构提出的报告。

2. 关注内部财务业绩衡量

内部财务业绩衡量可能显示未预期到的结果或趋势。在这种情况下，管理层通常会进行调查并采取纠正措施。与内部财务业绩衡量相关的信息可能显示财务报表存在的错报风险，例如，内部财务业绩衡量可能显示被审计单位与同行业其他单位相比具有异常高的增长率或盈利水平，此类信息如果与业绩奖金或激励性报酬等因素结合起来考虑，可能显示出管理层在编制财务报表时存在某种倾向的错报风险。因此，注册会计师应当关注被审计单位内部财务业绩衡量所显示的未预期到的结果或趋势、管理层的调查结果和纠正措施，以及相关信息是否显示财务报表可能存在重大错报。

需要强调的是，注册会计师了解被审计单位财务业绩的衡量与评价，是为了考虑管理层是否面临实现某些关键财务业绩指标的压力。此外，了解管理层认为重要的关键业绩指标，有助于注册会计师深入了解被审计单位的目标和战略。这些压力既可能源于需要达到市场分析师或股东的预期，也可能产生于获得股票期权或管理层和员工奖金的目标。受压力影响的可能是高级管理人员（包括董事会），也可能是可以操纵财务报表的其他经理人员，如子公司或分支机构管理人员。

在评价管理层是否存在歪曲财务报表的动机和压力时，注册会计师还应当考虑可能存在的其他情形。例如，企业或企业的一个主要组成部分是否有可能被出售；管理层是否希望维持或增加企业的股价或盈利而热衷于采用过度激进的会计方法；基于纳税的考虑，股东或管理层是否有意采取不适当的方法使盈利最小化；企业是否持续增长并接近财务资源的最大限度；企业的业绩是否急剧下降，存在终止上市的风险；企业是否具备足够的可分配利润或现金流量以维持目前的利润分配水平；如果公布欠佳的财务业绩，对重大未决交易（如企业合并或新业务合同的签订）是否可能产生不利影响；企业是否过度依赖银行借款，而财务业绩又可能达不到借款合同对财务指标的要求。这些情况都可能造成管理层在面临重大压力时粉饰财务业绩，发生舞弊风险。

3. 考虑财务业绩衡量指标的可靠性

如果拟利用被审计单位内部信息系统生成的财务业绩衡量指标，注册会计师应当考虑相关信息是否可靠，以及利用这些信息是否足以实现审计目标。许多财务业绩衡量中使用的信息可能由被审计单位的信息系统生成。如果被审计单位管理层在没有合理基础的情况下，认为内部生成的衡量财务业绩的信息是准确的，而实际上信息有误，那么根据有误的信息得出的结论可能是错误的。如果注册会计师计划在审计中（如在实施分析程序时）利用财务业绩指标，应当考虑相关信息是否可靠，以及在实施审计程序时利用这些信息是否足以发现重大错报。

4. 对小型被审计单位的考虑

小型被审计单位通常没有正式的财务业绩衡量和评价程序，管理层往往将某些关键指标作为评价财务业绩和采取适当行动的基础。注册会计师应当了解管理层使用的关键指标。

注册会计师了解以上情况的目的在于识别和评估财务报表重大错报风险，设计和实施进一步审计程序，形成“了解被审计单位及其环境（不包括内部控制）”工作底稿，支持注册会计师的专业判断。

实例3-5（分析题）

甲公司主要从事医疗器械设备的生产和销售。A类产品为大中型医疗器械设备，主要销往医院；B类产品为小型医疗器械设备，主要通过经销商销往药店。

注册会计师李浩在审计中了解到的甲公司情况如下：

(1) 20×6年年初，甲公司在5个城市增设了销售服务处，使销售服务处的数量增加到11个，销售服务人员数量比上年末增加50%。

(2) 对于A类产品，甲公司负责将设备运送到医院并安装调试。医院验收合格后签署设备验收单，甲公司根据设备验收单确认销售收入。甲公司自20×6年起向医院提供1个月的免费试用期，医院在试用期结束后签署设备验收单。

(3) 由于市场上B类产品竞争激烈，甲公司在20×6年年初将B类产品的价格平均下调10%。

(4) 甲公司从20×5年起推出针对经销商的返利计划，根据经销商已付款的采购额的3%～6%，在年度终了后12个月内向经销商支付返利。甲公司未与经销商就返利计划签订书面协议，而是由销售人员口头传达。

(5) 20×6年12月，一名离职员工向甲公司董事会举报，称销售总监有虚报销售费用的行为。甲公司已对此事展开调查，目前尚无结论。

(6) 甲公司生产设备使用的备件的购买和领用不频繁，但各类备件的种类繁多。为减轻年末存货盘点的工作量，甲公司管理层决定于20×6年11月30日对备件进行盘点，其余存货在20×6年12月31日进行盘点。

20×5年度财务报表的整体重要性为利润总额的5%，即60万元。考虑到本项目属于连续审计业务，以往年度审计调整少，风险较低，因此注册会计师将20×6年度财务报表的整体重要性确定为利润总额的10%，即200万元。

甲公司部分财务数据如表3-3所示。

表 3-3　甲公司部分财务数据　　单位：万元

项目	未审数		已审数	
	20×6 年		20×5 年	
	A类产品	B类产品	A类产品	B类产品
主营业务收入	6 800	6 300	4 500	6 000
减：销售返利	0	300	0	280
营业收入	6 800	6 000	4 500	5 720
营业成本	3 500	4 300	2 700	3 700
销售费用				
——员工薪酬	1 300		800	
——办公室租金	390		350	
利润总额	2 000		1 200	
应收账款	4 900		3 500	
坏账准备	−100			
存货				
——发出商品	410		400	
——备件	290		330	
其他应付款				
——返利	420		230	
——租金	120		90	

要求：

1. 了解甲公司情况，并识别出重大错报风险及其涉及的认定。
2. 你是否认同注册会计师将重要性水平从5%提升到10%，为什么？

分析：（请扫描二维码）

二、从整体层面了解内部控制

（一）内部控制框架

由于内部控制可以合理保证企业内生出识别、发现和防治错误与舞弊的机制，因此人们都很重视内部控制的建设。1992年9月，发起组织委员会（COSO）[①] 公布的《内部控制——整合框架》（Internal Control—Integrated Framework，也称《COSO框架》），《内部控制——整合框架》认为，“内部控制是由企业董事会、经理阶层以及

① 1985年，为应对财务报表舞弊的频繁发生，美国注册会计师协会（AICPA）、美国会计学会（AAA）、财务经理人协会（FEI）、国际内部审计师协会（IIA）和美国管理会计师协会（IMA）五个职业协会提供资助成立了全美反舞弊性财务报告委员会（National Commission on Fraudulent Reporting），但人们普遍称之为“特雷德威委员会”（Treadway），后来该委员会转变为发起组织委员会（Committee of Sponsoring Organizations of the Treadway Commission，COSO）。

其他员工实施的，为财务报告的可靠性、经营活动的效率和效果、相关法律法规的遵循性等目标的实现而提供合理保证的过程”。内部控制有 5 个要素，如图 3－3 所示。

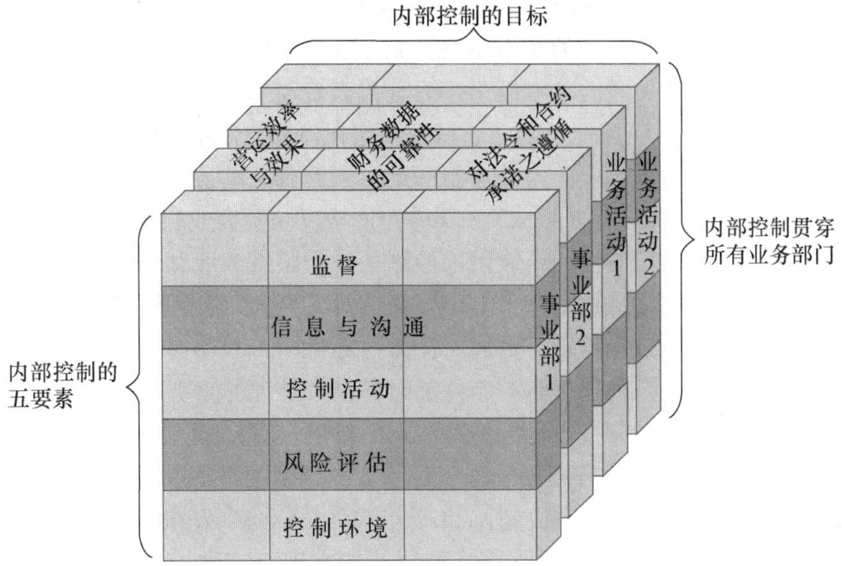

图 3－3　内部控制的五要素立体图

21 世纪初，安然、世通公司会计舞弊案的发生暴露了公司内部控制存在缺陷，2002 年美国国会通过《萨班斯-奥克斯利法案》，该法案强调上市公司不但要有内部控制，CEO（首席执行官）和 CFO（首席财务官）要对与财务相关的内控有效性做出声明，而且还要向投资者证明这个控制是有效的（要求注册会计师对公司的内部控制做出鉴证），一旦出现问题，CEO 和 CFO 将为此承担最高 500 万美元的罚款和上限为 20 年的监禁刑事责任。为应对政策界的要求和实务界的变动，2004 年 9 月美国 COSO 正式公布了《企业风险管理——整合框架》（Enterprise Risk Management，也称《COSO-ERM 框架》），指出风险管理是由企业董事会、经理层以及其他员工实施，应用于企业战略制定并贯穿整个企业，识别可能影响公司的潜在事项，将风险控制在一定范围内，为实现企业战略目标提供合理保证的一个过程。《COSO-ERM 框架》比《COSO 框架》增加了一个风险组合观、一个战略目标、两个概念（风险偏好和风险容忍度）、三个要素（目标制定、事项识别和风险反应）。虽然 ERM 的理论和实务要比内部控制宽泛得多，但内部控制是风险管理的主要构成部分，也是实现风险管理的手段；无论风险管理增加了什么创新的观念和术语，都保留和发展了内部控制的核心理念。现实中，1992 年制定的《COSO 框架》并没有完全被《COSO-ERM 框架》（2004）所取代，《COSO 框架》仍然是目前许多法律和文件的基础。但企业追求内生增值的愿望必然要求内部控制拓展到战略层面、凸显关注企业风险的全面风险管理，两者具有协调性。

2006 年，为了帮助较小型公众公司管理层建立和维持财务报告内部控制的有效性，COSO 发布了《较小型公众公司财务报告内部控制指南》，就较小型公众公司如何按照成本效率原则使用《内部控制——整合框架》设计和执行财务报告内部控制提供指导。

2013年COSO组织更新了企业内部控制框架的部分内容，2013年《内部控制——整合框架》与1992年对比，重要变化如下：(1) 2016年内控框架更倾向于原则导向，将支撑5个要素的基本概念提炼成17条原则，每一项原则不仅代表着与内部控制五大要素相关联的基本概念，而且代表着与每个内部控制要素相关的基本评价维度。(2) 2013年内控框架明确了目标设定在内部控制中的作用，并深入地讨论了有关公司治理的作用。企业的内部控制一定要上升到战略层次和公司治理层次，才能构建真正有效的控制体系。(3) 2013年内控框架反映了商业和经营环境的变化，尤其关注科技日益深入的相关性。企业内部控制是一个跟进商业和经营环境变化而动态完善的过程，尤其是在信息技术背景下更要强调对风险的动态评估和应对。(4) 2013年内控框架扩大了报告目标类别，更加关注非财务目标。2013年内控框架扩充了经营和报告目标，内部财务、内部非财务、外部财务以及外部非财务报告都纳入考虑范围，对于运营、合规和非财务报告目标的关注点的扩展，直接带来了有关这些领域的更全面的指引。(5) 2013年内控框架加强了对反舞弊预期的考虑。任何企业都要通过完善的内部控制体系构建起反舞弊机制。2017年9月，COSO发布了新版企业风险管理框架《企业风险管理——服务于企业战略和绩效的实现》(Enterprise Risk Management—Aligning Risk with Strategy and Performance) 征求意见稿，这是继2004年COSO正式公布企业风险管理框架以来第一次对该框架进行大刀阔斧的重新构思和设计。

在我国，2008年5月，财政部、证监会、审计署、银监会、保监会五部委联合发布了国内第一部《企业内部控制基本规范》。该基本规范自2009年7月1日起先在上市公司范围内施行，鼓励非上市的其他大中型企业执行。2010年4月，五部委又联合发布了《企业内部控制评价指引》(1个)、《企业内部控制应用指引》(18个) 和《企业内部控制审计指引》(1个)。自2011年1月1日起首先在境内外同时上市的公司施行，自2012年1月1日起扩大到在上海证券交易所、深圳证券交易所主板上市的公司施行；在此基础上，择机在中小板和创业板上市的公司施行；同时，鼓励非上市大中型企业提前执行。至此，中国企业内部控制规范体系基本建成。

（二）内部控制分类

1. 与注册会计师风险评估相关的内部控制的人工和自动化成分

被审计单位的内部控制系统包含人工成分，通常也包含自动化成分。人工或自动化成分的特征，与注册会计师的风险评估以及在此基础上实施的进一步审计程序相关。

内部控制中采用的人工成分和自动化成分，将影响交易生成、记录、处理和报告的方式。

(1) 人工系统的控制可能包括对交易的批准和复核，编制调节表并对调节项目进行跟进。被审计单位也可能采用自动化程序生成、记录、处理和报告交易，在这种情况下以电子文档取代纸质文件。

(2) 信息技术系统中的控制是自动化控制（如嵌入计算机程序的控制）和人工控制的组合。人工控制可能独立于信息技术，利用信息技术生成的信息，或只限用于监督信息技术和自动化控制的有效运行，或者处理例外事项。如果采用信息技术生成、记录、处理和报告交易和财务报表中包含的其他财务数据，系统和程序可能包括与财务报表重大账户认定相关的控制，或对依赖于信息技术的人工控制的有效运行非常关键。内部控制中人工成分和自动化成分的组合，因被审计单位使用信息技术的性质和复杂程度而异。

内部控制中的人工成分可能比自动化成分的可靠性低，原因是人工成分更容易被规避、忽视或凌驾，更容易产生简单错误和失误。因此，不能假定人工控制能够一贯运用。

内部控制风险的程度和性质取决于被审计单位信息系统的性质和特征。考虑到信息系统的特征，被审计单位可以通过建立有效的控制，应对由于采用信息技术或人工成分而产生的风险。

2. 财务报告内部控制与非财务报告内部控制

被审计单位的目标与为实现目标提供合理保证的控制之间存在直接关系。被审计单位的目标和控制，与财务报告、经营及合规有关。但这些目标和控制并非都与注册会计师的风险评估相关。

如果在设计和实施进一步审计程序时拟利用被审计单位内部生成的信息，针对该信息完整性和准确性的控制可能与审计相关。如果与经营和合规目标相关的控制与注册会计师实施审计程序时评价或使用的数据相关，这些控制也可能与审计相关。

被审计单位通常有一些与目标相关但与审计无关的控制，注册会计师无须加以考虑。注册会计师只需要了解和评价能够合理保证财务报告可靠性的内部控制，即财务报告的内部控制，而非被审计单位所有的内部控制。

财务报告内部控制是指企业为了合理保证财务报告及相关信息真实完整而设计和运行的内部控制，以及用于保护资产安全的内部控制中与财务报告可靠性目标相关的控制，主要包括下列政策和程序。

（1）保存充分、适当的记录，准确、公允地反映企业的交易和事项。

（2）合理保证按照企业会计准则的规定编制财务报表。

（3）合理保证收入和支出的发生以及资产的取得、使用或处置经过适当授权。

（4）合理保证及时防止或发现并纠正未经授权的、对财务报表有重大影响的交易和事项。

需要特别指出的是，财务报告内部控制同样包括控制环境（内部环境）、风险评估过程、信息系统与沟通、控制活动、控制监督等五个要素，而不是仅包括会计控制。

非财务报告内部控制是指除财务报告内部控制之外的其他控制，通常是指为了合理保证除财务报告及相关信息可靠、资产安全完整外的其他控制目标的实现而设计和运行的内部控制。

实例3-6（单选题）

下列有关与审计相关的内部控制的说法中，正确的是（ ）。

A. 与财务报告相关的内部控制均与审计相关

B. 与审计相关的内部控制并非均与财务报告相关

C. 与经营目标相关的内部控制与审计无关

D. 与合规目标相关的内部控制与审计无关

分析：B。选项A错误，与财务报告相关的内部控制并非均与审计相关；选项B正确，注册会计师在财务报表审计中只需要了解与审计相关的内部控制，与审计相关的内部控制并非均与财务报告相关；选项C，D均错误，如果与经营和合规目标相关的控制与注册会计师实施审计程序时评价或使用的数据相关，则这些控制也可能与审计相关。

3. 预防性控制与检查性控制

预防性控制通常用于正常业务流程的每一项交易中，以防止错报的发生。如对于一个简单的业务流程，发运货物的计价控制包括人工对销货发票的复核，以确定发票采用了正确的价格和折扣。但在一个较复杂的业务流程中，被审计单位可能依赖数据录入控制来判别那些不符合要求的价格和折扣，以及通过访问控制来控制对价格信息记录的访问。对于处理大量业务的复杂业务流程，被审计单位通常使用对程序修改的控制和访问控制，来确保自动控制的持续有效。

检查性控制的目的是发现流程中可能发生的错报（尽管有预防性控制还是会发生的错报）。被审计单位通过检查性控制，监督其流程和相应的预防性控制能否有效地发挥作用。检查性控制通常是管理层用来监督实现流程目标的控制。检查性控制可以由人工执行，也可以由信息系统自动执行。

检查性控制通常不适用于业务流程中的所有交易，而适用于一般业务流程以外的已经处理或部分处理的某类交易，可能一年只运行几次，如每月将应收账款明细账与总账比较；也可能每周运行，甚至一天运行几次。

与预防性控制相比，不同被审计单位之间检查性控制差别很大。许多检查性控制取决于被审计单位的性质，执行人员的能力、习惯和偏好。检查性控制可能是正式建立的程序，如编制银行存款余额调节表，并追查调节项目或异常项目，也可能是非正式的程序。

有些检查性控制虽然并没有正式设定，但员工会有规律地执行并做记录，这些控制也是被审计单位内部控制的有机组成部分。例如，财务总监复核月度毛利率的合理性；信用管理部经理可能有一本记录每月到期应收款的备查簿，以确定这些应收款是否收到，并追查挂账的项目；财务总监实施特定的分析程序来确定某些费用与销售的关系是否与经验数据相符，如果不符，调查不符的原因并纠正其中的错报等。从根本上看，控制被归为哪类并不重要，重要的是它是否有效，以及注册会计师能否测试其有效性。业务流程中重要交易类别的有效控制应同时包括预防性控制和检查性控制，因为没有相应的预防性控制，检查性控制就不能充分发挥作用。

实例3-7（单选题）

以下各项中，不属于检查性控制的是（　　）。

A. 购货发票上的价格根据价格清单上的信息确定

B. 定期编制银行存款余额调节表

C. 每季度复核应收账款贷方余额并找出原因

D. 财务总监复核月度毛利率的合理性

分析： A。除选项 A 属于预防性控制外，其余各项均属于检查性控制。

（三）内部控制的固有限制

无论如何设计和执行内部控制，都只能对财务报告的可靠性提供合理的保证。内部控制的固有限制体现在以下方面。

（1）在决策时人为判断可能出现的错误和由于人为失误而导致的内部控制失效。例如，被审计单位可能设计了自动控制，以报告超过特定金额的交易，供管理层复核，负责复核这一控制的人员可能由于不理解报告的目的，未执行复核程序或没有对异常的项目展开调查。

（2）两个或更多的人员进行串通或管理层凌驾于内部控制之上而导致的内部控制失效。例如，管理层可能与客户签订背后协议，对标准的销售合同做出变动，从而导致收入确认发生错误。

此外，如果被审计单位内部行使控制职能的人员不适应岗位要求，会影响内部控制功能的正常发挥。被审计单位实施内部控制的成本效益也会影响其效能，当某项控制成本大于控制效果而发生损失时，就没有必要设置控制环节或控制措施。内部控制一般都是针对经常重复发生的业务而设置的，如果出现不经常发生或未预计到的业务，原有控制就可能不适用。

（四）从整体上了解内部控制

了解被审计单位的内部控制是识别和评估重大错报风险、设计和实施进一步审计程序的基础，注册会计师应当了解与审计相关的内部控制以识别潜在错报的类型，考虑导致重大错报风险的因素，以及设计和实施进一步审计程序的性质、时间和范围。由于注册会计师审计的目标是对财务报表是否不存在重大错报发表审计意见，尽管要求注册会计师在财务报表审计中考虑与财务报表编制相关的内部控制，但目的并非对被审计单位内部控制的有效性发表意见，因此，注册会计师只需要了解和评价与财务报表审计相关的内部控制，而非被审计单位所有的内部控制。在被审计单位整体层面了解和评价内部控制的工作包括以下几个方面。

（1）了解被审计单位整体层面内部控制的设计，并记录所获得的了解。

（2）针对被审计单位整体层面内部控制的目标，记录相关的控制活动。

（3）执行询问、观察和检查程序，评价控制的执行情况。

（4）记录在了解和评价整体层面内部控制的设计和执行过程中存在的缺陷以及拟采取的应对措施。

实施以上程序形成“了解和评价整体层面内部控制汇总表”“了解和评价控制环境”“了解和评价被审计单位风险评估过程表”“了解和评价控制信息系统与沟通”“了解和评价被审计单位对控制的监督”等相关底稿。在编制了解和评价整体层面内部控制的相关工作底稿中，应当注意以下几个方面。

（1）在了解和评价控制的设计并确定其是否得到执行时，应当使用询问、检查、观察程序，并记录所获取的信息和审计证据来源。

（2）如果使用以前审计获取的信息，应当考虑被审计单位的相关控制自上次测试后是否发生了重大变动。

（3）注册会计师对控制的评价结论可能是：1）控制设计合理，并得到执行；2）控制设计合理，未得到执行；3）控制设计无效或缺乏必要的控制。

（4）内部控制存在重大缺陷的情形包括：注册会计师在审计工作中发现了重大错报，而被审计单位的内部控制没有发现；控制环节薄弱，存在高层管理人员舞弊迹象（无论涉及金额大小）等。

三、从业务流程层面了解内部控制

在实务中，将被审计单位的整个经营活动划分为几个重要的业务循环，有助于注册会计师更有效地了解和评估重要业务流程及相关控制。通常，对制造业企业，可以将业务划分为销售与收款循环、采购与付款循环、固定资产循环、生产与仓储循环、工薪与人事循环、筹资与投资循环等（如表3-4所示）。被审计单位经营活动的性质不同，所划分的业务循环也不同。

表3-4 企业业务循环及其主要业务活动涉及的报表科目

<table>
<tr><th rowspan="2">业务循环</th><th rowspan="2">主要业务活动</th><th colspan="2">报表科目</th></tr>
<tr><th>资产负债表科目</th><th>利润表科目</th></tr>
<tr><td>销售与收款循环</td><td>1. 销售
2. 记录应收账款
3. 记录税金
4. 收款
5. 维护顾客档案</td><td>应收票据、应收账款、长期应收款、预收账款、应交税费</td><td>营业收入、税金及附加、销售费用</td></tr>
<tr><td>采购与付款循环</td><td>1. 采购
2. 记录应付账款
3. 付款
4. 维护供应商档案</td><td rowspan="2">预付账款、固定资产、工程物资、在建工程、固定资产清理、无形资产、开发支出、生产性生物资产、生产性生物资产累计折旧、油气资产、累计折耗、商誉、长期待摊费用、应付票据、应付账款、长期应付款</td><td rowspan="2">管理费用</td></tr>
<tr><td>固定资产循环</td><td>1. 固定资产投资预算管理与审批
2. 购置
3. 记录固定资产
4. 固定资产折旧及减值
5. 固定资产日常保管、处置及转移</td></tr>
</table>

续表

<table>
<tr><th rowspan="2">业务循环</th><th rowspan="2">主要业务活动</th><th colspan="2">报表科目</th></tr>
<tr><th>资产负债表科目</th><th>利润表科目</th></tr>
<tr><td>生产与仓储循环</td><td>1. 材料验收和仓储
2. 计划和安排生产
3. 生产与发运
4. 存货管理</td><td rowspan="2">存货（包括材料采购或在途物资、原材料、材料成本差异、库存商品、发出商品、商品进销差价、委托加工物资、委托代销商品、周转材料、生产成本、制造费用、劳务成本、存货跌价准备、受托代销商品等）、应付职工薪酬</td><td rowspan="2">营业成本</td></tr>
<tr><td>工薪与人事循环</td><td>1. 员工聘用与离职
2. 工作时间记录
3. 工资计算和记录
4. 工资支付
5. 常备数据维护</td></tr>
<tr><td>筹资与投资循环</td><td>1. 筹资
2. 投资
3. 衍生金融工具管理</td><td>交易性金融资产、应收股利、应收利息、其他应收款、其他流动资产、可供出售金融资产、持有至到期投资、长期股权投资、投资性房地产、递延所得税资产、其他非流动资产、短期借款、交易性金融负债、应付股利、应付利息、其他应付款、其他流动负债、预计负债、长期借款、应付债券、专项应付款、递延所得税负债、其他非流动负债、股本、资本公积、盈余公积、未分配利润</td><td>财务费用、资产减值损失、公允价值变动损益、投资收益、营业外收入、营业外支出、所得税费用</td></tr>
</table>

在实务中，注册会计师通常采取下列步骤从业务流程层面了解内部控制。

（1）确定被审计单位的重要业务流程和重要交易类别；

（2）了解重要交易流程，并记录获得的了解；

（3）确定可能发生错报的环节；

（4）识别和了解相关控制；

（5）执行穿行测试，证实对交易流程和相关控制的了解；

（6）进行初步评价和风险评估。

执行以上程序形成“了解内部控制汇总表”“了解内部控制设计——控制流程”“评价内部控制设计——控制目标及控制活动”等审计工作底稿。

四、风险评估的项目组讨论及汇总

基于对企业风险管理的考虑，风险评估应当贯穿企业财务报表审计的整个过程，并运用大量专业判断。为了避免注册会计师专业判断的主观性和片面性，在风险评估整个过程中都要重视并讨论对风险的识别、计量和应对，形成项目组讨论纪要以及对风险评估结果的汇总。下面以实例说明风险评估的项目组讨论及汇总工作底稿的形成。

实例3-8（分析题）

20×6年7月，华兴公司解聘了为其提供年度财务报表审计服务的金华会计师事务所，确定今明会计师事务所为其提供20×6年度财务报表审计服务。

资料一：

华兴公司于200×年上市，主要从事环保机械设备的生产和销售以及新能源技术的研究开发。其股权结构如表3-5所示。

随着中国经济的持续快速发展，城市化进程和工业化进程的不断加速，环境污染日益严重，国家对环保的重视程度越来越高。空气净化、污水处理、新能源开发利用等是当前亟待解决的全球性问题，也是环保行业势在必行的重要工作。华兴公司在环保行业有较高的知名度，在国内外都有比较稳定的客户群。

表3-5 华兴公司股权结构

股东名称	持有股份数量（万股）	持股比例（%）
新能集团	17 600	80
富润投资有限公司	3 300	15
富达投资有限公司	1 100	5
合计	22 000	100

从国际市场来看，美国、日本和欧盟的环保市场仍是全球环保市场的主要力量。

"十二五"期间，国家加大了环保基础设施的建设投资，有力拉动了相关产业的市场需求，民营企业纷纷进入环保行业，环保产业总体规模迅速扩大，导致华兴公司的市场占有率呈逐年下降趋势。环保设备的市场竞争非常激烈。

华兴公司为了应对行业发展，决定投入大量人力、物力开发新型环保设备，对新能源的研究和开发更是重视。华兴公司认为，新能源将是国际发展的大方向。

环保行业的发展由成长阶段向成熟阶段过渡。华兴公司为了扩大市场占有率，近年来进行了一系列的扩张行动。华兴公司出资1 000万元于20×6年6月30日成功兼并西部某省的两家公司，此举增加了华兴公司在西部市场的份额，降低了西部市场的竞争强度。20×6年11月，为开拓国际市场，华兴公司董事会决定在中东地区设立分公司。由于该地区除伊拉克以外的各国均商家云集，难以获得市场准入，公司董事会决定投入500万美元在伊拉克设立分公司。到20×6年年底，该分公司正式开始营业，虽然该地区时常发生绑架等刑事案件，但分公司的经营基本未受影响。

华兴公司在20×5年1月1日向M银行借入的期限为两年的1 000万元长期借款即将到期，由于20×6年准备用于还款的资金用于企业兼并，公司决定向M银行申请贷款延期半年。

在20×5年度实现销售收入增加20%的基础上，华兴公司董事会确定的20×6年销售收入增长目标为28%。华兴公司管理层实行年薪制，总体薪酬水平根据上述目标的完成情况上下浮动。华兴公司所处行业20×6年的平均销售增长率为18%。

根据业务过程中的不断接触，注册会计师认为华兴公司管理层完全不重视内部控制制度的设计和维护，任人唯亲，不注意以身作则，遵守制度的意识有待加强，许多制度都过于老旧，不适合目前的状况。

研发部门主管在华兴公司工作超过5年，20×6年6月劳动合同到期后被华兴公司的竞争对手高薪聘请。由于工作压力大，薪资待遇相对其他企业而言较低，华兴公司研发部门高端人员流动频繁，环保新品以及新能源的研究进展缓慢。

华兴公司主要产品的销售模式在20×6年发生了变化。20×6年之前采用代销模式，在代理商对外销售相关产品后，华兴公司根据代销清单以低于建议零售价7%的出厂价向代理商开具代销产品的销售发票，代理商有权退回未对外销售的产品。20×6年年初改为经销模式，即由经销商（大部分是原先的代理商）以较优惠的出厂价（平均低于建议零售价13%）买断相关产品，华兴公司向经销商发货即开具销售发票，经销商不再享有退回未销售产品的权利（产品质量原因除外）。20×6年，华兴公司主要原材料价格平均上涨约5%，但主要产品建议零售价与上年基本相同。

20×6年5月，华兴公司主要竞争对手推出新型环保设备，销量可观，业内人士分析新型环保设备将逐步取代传统环保设备。此时华兴公司主要竞争对手纷纷推出降价活动。为了巩固市场份额，华兴公司于20×6年下半年全面下调了主要产品的建议零售价，不同规格的主要产品降价幅度从5%到20%不等。

20×6年年初，华兴公司启用存货信息系统，计划同时使用原人工控制流程6个月。由于同时运行两个流程对公司相关部门人员的工作量影响很大，2个月后，华兴公司决定停用原人工控制流程。

20×6年12月1日，华兴公司收到法院通知，甲公司状告华兴公司侵犯其专利权。甲公司认为，华兴公司未经其同意，在其试销的新产品中采用了甲公司的专利技术，甲公司要求华兴公司停止该项新产品的生产和销售，并赔偿损失200万元。20×6年12月31日，根据分析、测试情况，法律顾问的意见表明，新产品很可能侵犯了甲公司的专利权，华兴公司估计败诉的可能性为60%，胜诉的可能性为40%；如败诉，赔偿金额估计为150万～225万元，并需要支付诉讼费用3万元。

华兴公司生产的部分产品属于免税（增值税）产品，财务部提议，综合考虑，放弃免税权对企业更有利，华兴公司决定放弃免税。

资料二：

1. 20×6年12月31日，华兴公司拥有中天公司80%的股权，中天公司资产总额4 000万元，负债总额4 500万元，因资不抵债生产经营处于困境，为此，华兴公司决定不将中天公司纳入合并范围。

为帮助中天公司摆脱困境，华兴公司董事会决定在20×6年再投入5 000万元对中天公司进行技术改造，以提高中天公司产品的竞争力。

2. 20×5年1月1日，华兴公司以现金300万元购入西山国际20%的股份，能对西山国际的生产经营决策施加重大影响。取得投资时西山国际可辨认净资产的公允价值为1 500万元。20×6年4月1日，华兴公司又支付1 500万元取得西山国际40%的股份，能够对西山国际实施控制。购买日西山国际可辨认净资产公允价值为2 500万元，购买日之前持有的西山国际20%股权的账面价值为400万元（成本300万元，损益调整40万元，其他权益变动60万元）。购买日之前持有的西山国际20%股权的公允价值为480万元。西山国际自20×5年1月1日华兴公司投资至20×6年4月1日华兴公司购买股份实现的留存收益为200万元，未进行利润分配。

3. 华兴公司为了筹集业务发展所需资金，于20×6年3月10日出售其20×5年10月1日购入的广通公司股票200万股，取得款项5 200万元。华兴公司将该股票投资作为交易性金融资产核算，其初始入账金额为4 000万元，20×5年12月31日的公允价值为3 000万元。

4. 华兴公司持有香山集团40%的股权，20×6年12月20日，华兴公司决定出售其持有的香山集团股权的1/4，出售时华兴公司账面上对香山集团长期股权投资的账面价值构成为：投资成本1 200万元，损益调整320万元，其他权益变动200万元，出售取得价款470万元。

资料三：

华兴公司20×6年未经审计的合并资产负债表和合并利润表如表3-6和表3-7所示。

表3-6 合并资产负债表

编制单位：华兴股份有限公司

20×6年12月31日

金额单位：万元

项目	年末数	年初数	项目	年末数	年初数
流动资产：			流动负债：		
货币资金	5 320	4 993	应付账款	12 487	9 250
交易性金融资产	—	3 000	预收款项	3 005	2 650
应收票据	—	—	应交税费	1 153	480
应收账款	13 010	8 200	流动负债合计	16 645	12 380
预付款项	2 094	727	非流动负债：		
存货	15 882	10 947	长期借款	2 600	1 000
流动资产合计	36 306	27 867	长期应付款	450	550
			预计负债	—	—
			非流动负债合计	3 050	1 550
			负债合计	19 695	13 930
非流动资产：			股东权益：		
可供出售金融资产	—	—	股本	22 000	22 000
长期股权投资	4 106	4 906	资本公积	650	2 500
固定资产	12 681	11 934	盈余公积	5 069	4 869
无形资产	3 000	1 962	未分配利润	6 820	3 545
开发支出	2 157	1 193	归属于母公司股东权益合计	34 539	32 914
商誉	480	—	少数股东权益	4 496	1 018
非流动资产合计	22 424	19 995	股东权益合计	39 035	33 932
资产总计	58 730	47 862	负债和股东权益总计	58 730	47 862

表 3-7　合并利润表

编制单位：华兴股份有限公司

20×6 年度　　金额单位：万元

项目	本年累计数	上年累计数
一、营业收入	64 750	58 480
减：营业成本	55 440	46 730
税金及附加	298	248
销售费用	4 477	4 290
管理费用	3 489	3 395
财务费用	241	161
资产减值损失	370	480
加：投资收益	4 570	260
二、营业利润	5 005	3 436
加：营业外收入	—	—
减：营业外支出	—	—
三、利润总额	5 005	3 436
减：所得税费用	1 151	790
四、净利润	3 854	2 646
五、每股收益	—	—
（一）基本每股收益	—	—
（二）稀释每股收益	—	—
六、其他综合收益	320	520
七、综合收益总额	4 174	3 166

注：上述的资产减值损失是因为存货减值而计提的金额。

纳入华兴公司 20×6 年度合并财务报表合并范围的子公司情况如表 3-8 所示。

表 3-8　纳入华兴公司 20×6 年度合并财务报表合并范围的子公司

被投资单位名称	初始投资成本（万元）	年末持股比例（%）
华源公司	1 000	100
西山国际	1 980	60
国毅能源	1 800	70
中原能源	1 200	51

要求：

1. 在接受华兴公司 20×6 年度财务报表审计业务委托前后，分别指出注册会计师应当沟通的事项。

2. 利用头脑风暴方法讨论形成讨论纪要——风险评估底稿。

3. 编制风险评估结果汇总表。

分析：（请扫描二维码）

第三节　重要性水平的确定与运用

一、审计重要性

审计重要性是审计学的一个重要概念。国际会计准则委员会（IASC）对重要性的定义是："如果合理预期错报（包括漏报）单独或汇总起来可能影响财务报表使用者依据财务报表做出的经济决策，则通常认为错报是重大的。重要性提供的是一个开端或截止点，对重要性的判断是根据具体环境做出的，并受错报的金额或性质的影响，或受两者共同作用的影响。"美国财务会计准则委员会（FASB）对重要性的定义是："一项会计信息的错报或漏报是重要的，指在特定环境下，一个理性的人依赖该信息所做的决策可能因为这一错报或漏报得以变化或修正。"《中国注册会计师执业准则》中规定：所谓重要性，是指鉴证对象信息中存在错报的严重程度，重要性取决于在具体环境下对错报金额和性质的判断。如果一项错报单独或连同其他错报可能影响财务报表使用者依据财务报表作出的经济决策，则该项错报是重大的。

我们可从以下方面对重要性做出进一步理解。

（1）重要性概念中的错报包含漏报。财务报表错报包括财务报表金额的错报和财务报表披露的错报。

（2）重要性受错报的数量和性质的影响，或受两者共同作用的影响。

（3）判断某事项对财务报表使用者是否重大，是在考虑财务报表使用者整体共同的财务信息需求的基础上做出的。不同财务报表使用者对财务信息的需求可能差异很大，因此不考虑错报对个别财务报表使用者可能产生的影响。注册会计师的责任就是将财务报表中未更正和未识别的错报的汇总数超过财务报表整体重要性的可能性降至低水平，为此注册会计师往往从严制定重要性水平，以便收集更多的审计证据，降低审计风险。

（4）重要性的确定离不开具体环境。不同被审计单位面临不同的环境，不同报表使用者有着不同的信息需求，因此注册会计师确定的重要性也不相同。

（5）对重要性的评估需要运用注册会计师的职业判断。注册会计师运用职业判断来合理评估重要性时，对财务报表使用者做出下列假定是合理的：1）拥有经营、经济活动和会计方面的适当知识，并有意愿认真研究财务报表中的信息；2）理解财务报表是在运用重要性水平基础上编制、列报和审计的；3）认可建立在对估计和判断的应用以及对未来事项的考虑的基础上的会计计量具有固有的不确定性。

（6）在制定总体审计策略时，注册会计师应当确定财务报表的整体重要性，同时，根据被审计单位的特定情况，如果存在一个或多个特定类别的交易、账户余额或披露，其发生的错报金额虽然低于财务报表的整体重要性，但合理预期可能影响财务报表使用者依据财务报表做出的经济决策，注册会计师还应当确定适用于这些交易、账户余额或披露的一个或多个重要性水平。另外，在具体执行审计工作中，注册会计师应当确定实际执行的重要性，以评估重大错报风险并确定进一步审计程序的性质、时间和范围。

在计划审计工作时确定的重要性（即确定的某一金额）并不必然表明单独或汇总起来低于该金额的未更正错报一定被评价为不重大。即使某些错报低于重要性，与这些错报相关的具体情形也可能使注册会计师将其评价为重大。

设计审计程序以发现所有仅因其性质而可能被评价为重大的错报并不可行。然而，考虑披露中潜在错报的性质与设计应对重大错报风险的审计程序相关。此外，注册会计师在评价未更正错报对财务报表的影响时，不仅要考虑未更正错报金额的大小，还要考虑未更正错报的性质以及该错报发生的特定环境。

在审计公共部门实体的财务报表时，确定财务报表的整体重要性和特定类别的交易、账户余额或披露的重要性水平，可能受到法律法规或其他监管要求的影响，并受到立法机构和与公共部门项目相关的公众对信息需求的影响。

（7）在计划和执行审计工作时，评价识别出错报对审计的影响，以及未更正错报对财务报表和审计意见的影响时，注册会计师需要运用重要性概念。

（8）重要性与注册会计师出具审计报告的财务报表相关。如果财务报表涵盖期间超过或少于十二个月（如被审计单位是新成立的或变更财务报告期间），则重要性与涵盖该期间的财务报表相关。

近年来，重要性概念常被滥用，例如，注册会计师依赖任意的重要性水平，根据被审计单位特意变小的错报低于重要性水平而将被审计单位行为评价为合理，不把财务报表中存在重大错报披露出来。一些监管机构已采取措施，禁止注册会计师将重要性作为注册会计师为取悦管理层而采取某些行动的借口，如美国证券交易委员会（SEC）禁止将重要性作为不执行公认会计准则的依据，要求被审计单位更正财务报表所有已知的错报。

实例 3-9（多选题）

下列对重要性的表述中，恰当的有（　　）。

A. 如果合理预期错报可能影响财务报表使用者依据财务报表做出的经济决策，则通常认为错报是重大的

B. 判断某事项对财务报表使用者是否重大时，应考虑错报对个别财务报表使用者的影响

C. 较小金额错报的累计结果，可能对财务报表产生重大影响

D. 对重要性的判断受具体环境下错报的金额或性质的影响，或受两者共同作用的影响

分析： ACD。由于不同财务报表使用者对财务信息的需求可能差异很大，判断某事项对财务报表使用者是否重大，是在考虑财务报表使用者整体共同的财务信息需求的基础上做出的，因此不考虑错报对个别财务报表使用者可能产生的影响，故 B 不恰当。

二、重要性、审计风险与审计证据

注册会计师需要在整个审计过程中考虑重要性和审计风险，尤其是在下列重要审计环节中：识别和评估重大错报风险；确定进一步审计程序的性质、时间安排和范围；评价未更正错报对财务报表和形成审计意见的影响。

从本质上讲，重要性和审计风险是一个事物的两个方面，如图 3-4 所示，两者之间存在反向关系。也就是说，重要性水平越高，审计风险越低；反之，重要性水平越低，审计风险越高。这里，重要性水平的高低指的是金额的大小，一般来说，4 000 元的重要性水平比 2 000 元的重要性水平高。在理解两者之间的关系时，必须注意，重要性水平是注册会计师从财务报表使用者的角度进行判断的结果。如果重要性水平是 4 000 元，则意味着低于 4 000 元的错报不会影响到财务报表使用者的决策，注册会计师仅仅需要通过执行有关审计程序合理保证查出高于 4 000 元的错报；如果重要性水平是 2 000 元，则金额在 2 000～4 000 元之间的错报也会影响财务报表使用者的决策，注册会计师还需要通过执行有关审计程序合理保证查出金额在 2 000～4 000 元之间的错报。显然，重要性水平为 2 000 元时查不出这样的重大错报的可能性，即审计风险，要比重要性水平为 4 000 元时的审计风险高。审计风险越高，越要求注册会计师收集更多更有效的审计证据，以将审计风险降至可接受的低水平。由此可见，重要性和审计证据之间也是反向变动关系。

图 3-4　重要性与审计风险的关系

注册会计师应当保持应有的职业关注，合理确定重要性水平。由于重要性与审计风险之间是反向关系，如果原本 4 000 元的错报才会影响财务报表使用者的决策，但注册会计师将重要性水平确定为 2 000 元，这时注册会计师就会扩大审计程序的范围或追加审计程序，出现审计过度，浪费审计资源，而实际上没有必要。如果原本 2 000 元的错报就会影响财务报表使用者的判断或决策，但注册会计师将重要性水平确定为 4 000 元，这时注册会计师所执行的审计程序要比原本应当执行的审计程序少、审计范围小，这必然会导致审计不足，进而得出错误的审计结论。所以，重要性水平偏高或偏低均对注册会计师不利，注册会计师应当保持应有的职业关注，合理确定重要性水平。

审计风险和重要性都对注册会计师在执行审计业务时可能需要收集的证据的数量

产生影响，具体表现为以下两个方面。

（1）对重要性做出初步判断的目的是帮助注册会计师计划所要收集的适当的审计证据。如果注册会计师确定的重要性低，就需要收集比这一金额更多的证据，以便降低审计风险。

（2）高风险的重大错报暗示着需要收集更多的审计证据；较低的审计风险和检查风险往往是通过高强度的审计工作，即收集更多的审计证据来实现的。

实例 3-10（单选题）

下面关于重要性、审计风险和审计证据之间的关系，说法不正确的是（　　）。

A. 重要性和审计风险之间成反向变动关系

B. 重要性和审计证据之间成反向变动关系

C. 重要性与审计风险之间成正向变动关系

D. 审计风险与审计证据之间成反向变动关系

分析：C。重要性水平确定得越低，越需要更多的审计证据，把现实的高风险降到可接受的低水平（剩余风险即可接受的最低审计风险水平），其间“落差”越大，就意味着审计师职业更加谨慎，付出的努力更多，为此，选项A，B，D正确，C不正确。

三、计划审计工作时确定重要性

在计划审计工作时，注册会计师应当确定财务报表的整体重要性，为判断以下方面提供基础：确定风险评估程序的性质、时间安排和范围；识别和评估重大错报风险；确定进一步审计程序的性质、时间安排和范围。

（一）从数量方面考虑重要性

判断某事项对财务报表使用者是否重大，是在考虑财务报表使用者整体共同的财务信息需求的基础上做出的。不同财务报表使用者的需求可能差异很大，因此不考虑错报对个别财务报表使用者可能产生的影响。注册会计师确定的财务报表整体重要性与财务报表编制者使用的金额相同。运用职业判断，注册会计师可能将不影响财务报表使用者决策的错报的最高金额设定为重要性。

$$\begin{matrix}\text{财务报表层面的}\\\text{计划重要性水平}\end{matrix}=\begin{matrix}\text{判断基础}\\\text{（关于被审计单位的函数）}\end{matrix}\times\begin{matrix}\text{百分比}\\\text{（关于审计风险的经验数据）}\end{matrix}$$

在选择适当的判断基础时，注册会计师应当考虑以下几个方面。

（1）财务报表的要素（如资产、负债、所有者权益、收入和费用等）、适用的会计准则和相关会计制度所定义的财务报表指标（如财务状况、经营成果和现金流量），以及适用的会计准则和相关会计制度提出的其他具体要求；

（2）对某被审计单位而言，是否存在财务报表使用者特别关注的报表项目，如为了评价财务业绩，使用者可能更关注利润、收入或净资产；

（3）被审计单位的性质、所处的生命周期阶段以及所处行业和经济环境；

（4）被审计单位的规模、所有权结构以及融资方式，如果被审计单位仅通过债务而不是权益进行融资，财务报表使用者可能更关注资产及资产的索偿权，而不是被审计单位的收益；

（5）基准的相对波动性。

不同的审计目的、不同的审计对象、不同的报表使用者，其判断基础不同，表3-9列示了常见的确定财务报表重要性的判断标准。

表3-9 常见的确定财务报表重要性的判断标准

项目	被审计单位情况	可能选择的基准
1	企业的盈利水平保持稳定	经常性业务的税前利润
2	企业经营状况大幅波动，盈利或亏损交替发生；或者由正常盈利变为微利或亏损；或者税前利润出现意外的增加或减少	过去3～5年经常性业务平均税前利润或亏损（取绝对值）或其他形式（如营业收入）
3	新设立企业，处于开业期，尚未开业经营，正在建造厂房或购买机器设备	总资产
4	新兴行业，目前侧重于抢占市场份额，扩大企业知名度和影响力	营业收入
5	开放式基金，致力于优化投资组合，提高基金净值，为基金持有者提高价值	净资产
6	国际企业集团的研发中心，主要为集团下属企业提供研发服务，并以成本加成方式收取相关费用	成本与费用总额
7	公益性的基金会	捐赠收入或支出总额

就选定的基准而言，相关的财务数据通常包括前期财务成果和财务状况、本期最新的财务成果和财务状况、本期的预算和预测结果。当然，本期最新的财务成果和财务状况、本期的预算和预测结果需要根据被审计单位情况的重大变化（如重大的企业并购）及被审计单位所处行业和经济环境情况的相关变化等做出调整。例如，当按照经常性业务的税前利润的一定百分比确定被审计单位财务报表的整体重要性时，如果被审计单位本年度税前利润因情况变化出现意外增加或减少，注册会计师可能认为按照近几年经常性业务的平均税前利润确定财务报表的整体重要性更加合适。如果编制审计计划时，被审计单位财务报表尚未编制完成，注册会计师可根据中期报表或对上年财务报表做出适当调整后推算年报重要性水平。

为选定的基准确定百分比需要运用职业判断。百分比和选定的基准之间存在一定的联系，如经常性业务的税前利润对应的百分比通常比营业收入对应的百分比要高。例如，对以盈利为目的的制造业实体，注册会计师可能认为经常性业务的税前利润的5%是适当的；而对非营利组织，注册会计师可能认为总收入或费用总额的1%是适当的。百分比无论是高一些还是低一些，只要符合具体情况，都是适当的。在确定百分比时，除了考虑被审计单位是否为上市公司或公众利益实体外，其他因素也会影响注册会计师对百分比的选择，这些因素包括但不限于：财务报表是否分发给广大范围的使用者；被审计单位是否由集团内部关联方提供融资或是否有大额对外融资（如债券或银行贷款）；财务报表使用者是否对基准数据特别敏感（如特殊目的的财务报表的使用者）。

注册会计师应当在审计工作底稿中充分记录在选定基准和百分比时所考虑的因

素，作为支持其做出的职业判断的依据。

在确定恰当的判断基础后，注册会计师通常会运用职业判断合理选择比率（有固定比率和变动比率两种），比率和选定的基准之间存在一定联系，表 3-10 列示了在审计实务中可供选择的重要性的固定比率（经验数值）。

表 3-10　可供选择的重要性的固定比率（经验数值）

被审计单位	经验比率
以盈利为目的的实体	通常不超过税前利润的 5%
非营利组织	通常不超过费用总额或营业收入的 1%或不超过资产总额的 0.5%
基金	通常不超过净资产的 0.5%
以资产总额为基准的实体	通常不超过资产总额的 1%

各个会计师事务所根据经验确定不同的变动比率（规模越大的企业，允许的错报金额比率越小），但一般是根据资产总额或营业收入总额来确定企业规模，以两者中较大一项确定一个变动比率，以体现谨慎原则。表 3-11 是一家会计师事务所确立的重要性水平的变动比率。

表 3-11　重要性水平的变动比率

资产总额或营业收入总额中较大一项（元）	比率（%）
<2 500 000	4.0
<25 000 000	2.0
<75 000 000	1.5
<125 000 000	1.0
>125 000 000	0.7

在实务中，注册会计师选择经验比率时会考虑到：对于大型企业或集团，经验比率可适当降低；如以亏损额作为基准，通常适用的经验比率可能不适合，应考虑报表使用者所关注的内容以及相关的风险，如持续经营风险、与银行或其他债权人签署的贷款条款的影响等，在此情况下适宜使用更小的经验比率。

如果同一期间各财务报表的重要性水平不同，注册会计师应当取其最低者作为财务报表层次的重要性水平。注册会计师首先应当对每张财务报表确定一个重要性水平。例如，将利润表的重要性水平确定为 100 万元，将资产负债表的重要性水平确定为 200 万元。但由于财务报表相互关联，并且许多审计程序经常涉及两张以上的报表，比如对年底赊销是否在适当期间正确记录实施的审计程序，不仅为资产负债表中的应收账款提供审计证据，还为利润表中的销售收入提供审计证据，因此，在制定总体审计策略时，应使用财务报表中最小的可容忍错报总体水平，也就是说，注册会计师应当选择最低的重要性水平作为财务报表层次的重要性水平。这样做符合谨慎性原则，因为注册会计师确定的重要性水平越低，注册会计师就会获取更多的有效证据来降低检查风险，以将较高的实际审计风险降至可接受低水平（估计的审计风险）。

（二）从性质方面考虑重要性

金额不重要的错报从性质上看有可能是重要的。在实务中，金额较小但性质重要的错报可能包括（不限于）以下方面。

（1）来自一个能够精确度量的项目，或者来自一项估计中不精确的错报；

（2）试图掩盖收益或其他趋势变化的错报；

（3）为了迎合大多数分析师对企业的期望而隐瞒经营失败的错报；

（4）使被审计单位扭亏为盈或者由盈利变为亏损的错报；

（5）涉及被审计单位在经营能力和盈利能力上玩弄指标的错报；

（6）影响被审计单位达到规章要求或申请资格要求的错报；

（7）影响被审计单位达到贷款合同或其他合同要求的错报；

（8）影响管理层报酬，如为了满足奖金或其他激励性奖励要求的错报；

（9）涉及隐瞒非法交易的错报。

（三）确定特定类别的交易、账户余额或披露的重要性水平

在注册会计师对财务报表层次重要性水平的初步评估基础上，需要确定各类交易、账户余额、列报认定层次的重要性水平，以确定审计实施过程中应收集证据的数量。各类交易、账户余额、列报认定层次的重要性水平称为“可容忍错报”。可容忍错报是在不导致财务报表存在重大错报的情况下，注册会计师对各类交易、账户余额、列报确定的可接受的最大错报。

下列因素可能表明存在一个或多个特定类别的交易、账户余额或披露，其发生的错报金额虽然低于财务报表的整体重要性，但合理预期将影响财务报表使用者依据财务报表做出的经济决策。

（1）法律法规或适用的财务报告编制基础影响财务报表使用者对特定项目（如关联方交易、管理层和治理层的薪酬及对具有较高估计不确定性的公允价值会计估计的敏感性分析）计量或披露的预期；

（2）与被审计单位所处行业相关的关键性披露（如制药企业的研究与开发成本）；

（3）财务报表使用者特别关注财务报表中单独披露的业务的特定方面（如关于分部或重大企业合并的披露）；

（4）治理层和管理层的看法和预期。

实例3-11（单选题）

关于特定类别交易、账户余额或披露的重要性水平，下列说法中错误的是（　　）。

A. 只有在适用的情况下才需确定特定类别交易、账户余额或披露的重要性水平

B. 确定特定类别交易、账户余额或披露的重要性水平时，可将与被审计单位所处行业相关的关键性披露作为一个考虑因素

C. 特定类别交易、账户余额或披露的重要性水平应低于财务报表的整体重要性

D. 不需要确定特定类别交易、账户余额或披露的实际执行的重要性

分析：D。注册会计师应当在每个审计项目中确定财务报表的整体重要性、实际执行的重要性和明显微小错报的临界值，只有在适用的情况下，才需确定特定类别交易、账户余额或披露的重要性水平，故D说法错误。

在实务中，注册会计师可以依据资产负债表账户对财务报表重要性进行分配，分

配时要考虑每个账户的会计属性及其风险。无论如何分配，当审计完成时，注册会计师都必须确信所有账户的错报汇总金额小于或等于财务报表的重要性。

以下举例说明各类交易、账户余额、列报认定层次重要性水平的确定方法。

1. 分配的方法

采用分配方法时，分配的对象一般是资产负债表账户。

实例3-12（分析题）

华兴公司的总资产构成见表3-12，注册会计师初步判断财务报表层次的重要性水平是资产总额的1%，为140万元，即资产账户可容忍的错报为140万元。注册会计师把这一重要性水平分配给各资产账户，结果见表3-12。

表3-12　重要性水平的分配　　单位：万元

项目	金额	甲方案	乙方案
货币资金	700	7	2.8
应收账款	2 100	21	25.2
存货	4 200	42	70
固定资产	7 000	70	42
总计	14 000	140	140

分析：

表3-12中，甲方案按1%进行同比例分配。一般来说，这并不可行，注册会计师必须对其进行修正，根据每个会计科目的属性及其现实风险，调高或调低某一个资产的重要性水平。货币资金涉及面广，其重要性水平要调低；应收账款和存货错报的可能性较大，故分配较高的重要性水平，以节省审计成本；固定资产占资产比重大，任何细小的错报都可能导致报表的重大错报，其重要性水平应当调低，如乙方案。但如果审计存货后仅发现错报40万元，且注册会计师认为所实施的审计程序已经足够，则可将剩下的30万元再分配给应收账款。

2. 不分配的方法

这里介绍某些大型事务所使用的两种不分配的方法。

一种方法是假设财务报表层次的重要性水平为100万元，则可根据各类交易、账户余额、列报的性质及错报的可能性等因素，将各类交易、账户余额、列报认定层次的重要性水平确定为财务报表层次重要性水平的20%～50%。审计时，只要发现某认定的错报超过这一水平，就建议被审计单位调整。最后，编制未调整事项汇总表，若未调整的错报超过100万元，再要求被审计单位进一步调整。

另一种方法是确定各类交易、账户余额、列报认定层次的重要性水平为财务报表层次重要性水平的1/6～1/3。假设财务报表层次的重要性水平为90万元，应收账款的重要性水平为这一金额的1/4，存货为1/5，应付账款为1/5，则其重要性水平的金额分别为22.5万元、18万元和18万元。

必须指出，在实际工作中，往往很难预测哪些账户可能发生错报，也无法事先确定审计成本的大小，所以，重要性水平的确定是一个非常困难的职业判断过程。

四、实际执行的重要性

（一）实际执行的重要性的含义

实际执行的重要性是指注册会计师确定的低于财务报表整体重要性的一个或多个金额，旨在将未更正和未发现错报的汇总数超过财务报表整体重要性的可能性降至适当的低水平。如果适用，实际执行的重要性还指注册会计师确定的低于特定类别的交易、账户余额或披露的重要性水平的一个或多个金额。实际执行的重要性有助于审计师确定能够反映财务报表各部分风险评估结果的重要性金额（该金额依据整体重要性确定，但是更低），这样较低的金额可以为拟实施审计程序的性质和范围的重要性（即实际执行的重要性）与整体重要性之间提供一个安全缓冲。

（二）实务中如何确定实际执行的重要性

确定实际执行的重要性并非简单机械的计算，需要注册会计师运用职业判断，并考虑下列因素的影响：

（1）对被审计单位的了解（这些了解在实施风险评估程序的过程中得到更新）；

（2）前期审计工作中识别出的错报的性质和范围；

（3）根据前期识别出的错报对本期错报做出的预期。

在实务中，实际执行的重要性直接影响注册会计师的审计工作量及需要获取的审计证据，对于审计风险较高的审计项目，需要确定较低的实际执行的重要性，反之亦然。实际执行的重要性应当低于财务报表整体重要性，如何确定实际执行的重要性需要注册会计师做出职业判断。实际执行的重要性通常为财务报表整体/具体重要性水平的50%～75%。详细情况总结见表3-13。

表3-13 不同情况下实际执行的重要性

接近财务报表整体重要性50%的情况	接近财务报表整体重要性75%的情况
（1）首次接受委托的审计项目； （2）常年审计项目，以前年度审计调整较多； （3）项目总体风险较高，例如处于高风险行业，面临较大市场竞争压力或管理能力欠缺； （4）存在或预期存在内部控制缺陷。	（1）常年审计项目，以前年度审计调整较少； （2）项目总体风险较低，例如处于低风险行业，市场竞争压力或业绩压力较小等； （3）以前期间的经验表明内部控制运行有效。

审计师无须通过将财务报表整体重要性水平平均分配或按比例分配至各个报表项目来确定实际执行的重要性水平，应当根据对财务报表项目风险评估的结果，确定一个或多个实际执行的重要性水平，并把确定实际执行的重要性水平的依据记录在审计工作底稿中。

（三）在审计中修改重要性

实际执行的重要性与计划重要性之所以不同，是由于在审计过程中注册会计师会修改重要性。在审计执行阶段，随着审计过程的推进，基于以下原因，注册会计师应当及时评价计划阶段确定的重要性是否仍然合理，并根据具体环境的变化或在审计执行过程中进一步获取的信息，修正计划的重要性，进而修改进一步审计程序的性质、时间和范围。

(1) 审计过程中情况发生重大变化，如决定处置被审计单位的一个重要组成部分，或被审计单位业务发生预期外的重大衰退；

(2) 获取新信息，如发现重大审计调整影响被审计单位的利润；

(3) 通过实施进一步审计程序，注册会计师对被审计单位及其经营的了解发生变化。

在确定审计程序后，如果注册会计师决定接受更低的重要性，审计风险将增加。注册会计师应当选用下列方法将审计风险降至可接受的低水平：

(1) 如有可能，通过扩大控制测试范围或实施追加的控制测试，降低重大错报风险，并支持降低后的重大错报风险水平；

(2) 通过修改计划实施的实质性程序的性质、时间和范围，降低检查风险。

实际执行的重要性有助于注册会计师根据整体重要性确定重要性金额，但其应当设定为较低的金额，以反映无法发现错报的风险以及风险评估的结果。这些较低的一个或多个金额，旨在为测试的性质和范围的重要性（即实际执行的重要性）与整体重要性之间提供一个安全缓冲。给实际执行的重要性设定一个恰当的金额，有助于确保实施更多的工作，以提升识别出错报（如存在）的可能性。假设整体重要性为200万元并且设计了旨在发现所有超过200万元错误的审计程序，80万元的错误很可能不会被发现，如果存在三个这样的错误，合计240万元，则财务报表存在重大错报。但是，如果实际执行的重要性确定为120万元，极有可能发现一个或全部的80万元的错误，即使三个错误中仅有一个被识别和更正，剩余的160万元错误也低于整体重要性，这样财务报表整体不存在重大错报。实际执行的重要性，无论是整体的还是具体账户余额、交易和披露的，都可能在审计过程中随时修改（不影响整体重要性），以反映修正的风险评估结果、审计发现以及获取的新信息。

实例3-13（多选题）

下面有关实际执行的重要性的理解不正确的有（　　）。

A. 运用实际执行的重要性的目的是将未更正和未发现错报的汇总数超过财务报表整体重要性或特定类别的交易、账户余额或披露的重要性（如适用）的可能性降至适当的水平

B. 针对财务报表的整体重要性只需确定一个实际执行的重要性，而针对交易、账户余额或披露的重要性应确定一个或多个实际执行的重要性

C. 以前年度审计调整越多，评估的项目总体风险越高，实际执行的重要性越接近财务报表的整体重要性

D. 如果会计师事务所要求实际执行的重要性定义在财务报表整体重要性的50%～75%之间，当注册会计师首次承接审计项目时，应按财务报表整体重要性的75%确定实际执行的重要性

分析：BCD。实际执行的重要性是指低于财务报表整体重要性的一个或多个金额，实际执行的重要性既包括财务报表层次的，也包括认定层次的，所以无论是什么

层次的实际执行的重要性都是一个或多个金额，故选项B不正确；由于对审计风险较高的项目，需要确定较低的实际执行的重要性水平，以前年度审计调整越多，注册会计师首次承接审计项目时越应当制定较低的实际执行的重要性水平，通常按财务报表整体重要性的50%确定实际执行的重要性，故选项C，D都不正确。

五、审计重要性的运用

在整个审计过程中，注册会计师的责任是将财务报表中未更正和未识别错报的汇总数超过财务报表整体重要性的可能性降至适当的低水平。运用审计重要性评价审计过程中识别出的错报的主要目标有两个：一是评价识别出的错报对审计的影响；二是评价未更正错报对财务报表的影响。在审计工作结束时，财务报表整体重要性将被用于评价识别出的错报对财务报表的影响以及审计意见的恰当性。例如，假设财务报表整体重要性被设定为200万元。在执行审计程序后，可能出现下列情形：一是没有识别出错报，出具无保留意见的审计报告；二是识别出一些显著微小且未更正的错报，出具无保留意见的审计报告；三是发现超过重要性（200万元）的未更正错报而且管理层不愿做出必要的调整，出具保留或否定意见的审计报告；四是财务报表存在超过重要性（200万元）的未更正错报但未被审计师发现，审计师可能会出具不适当的无保留意见的审计报告。

（一）在审计过程中对识别错报的考虑

1. 错报及其来源

错报是指某一财务报表项目的金额、分类、列报或披露，与按照适用的财务报告编制基础应当列示的金额、分类、列报或披露之间存在的差异；或根据注册会计师的判断，为使财务报表在所有重大方面实现公允反映，需要对金额、分类、列报或披露做出的必要调整。错报可能是错误或舞弊导致的。

错报可能由下列事项导致：收集或处理用以编制财务报表的数据时出现错误；遗漏某些金额或披露，包括不充分或不完整的披露，以及为满足特定财务报告编制基础的披露目标而被要求做出的披露（如适用）；疏忽或明显误解有关事实导致做出不正确的会计估计；注册会计师认为管理层对会计估计做出不合理的判断或对会计政策做出不恰当的选择和运用；信息的分类、汇总或分解不恰当。

2. 累积错报

为了帮助注册会计师评价审计过程中累积的错报的影响以及与管理层和治理层沟通错报事项，将累积错报区分为以下几种情形：

（1）事实错报，是注册会计师经过测试已经查出的毋庸置疑的错报。例如，注册会计师在审计测试中发现最近购入存货的实际价值为15 000元，但账面记录的金额却为10 000元。因此，存货和应付账款分别被低估了5 000元，这里被低估的5 000元就是已识别的对事实的具体错报。

（2）判断错报，是注册会计师认为管理层对会计估计做出不合理的判断或对会计政策做出不恰当的选择和运用而导致的差异。

（3）推断错报，也称推断误差、可能误差，是注册会计师对总体存在的错报做出的最佳估计数，涉及根据在审计中识别出的错报来推断总体的错报。推断误差通常包括以下两点。

1）通过测试样本估计出的总体的错报减去在测试中发现的已经识别的具体错报。例如，应收账款年末余额为 2 000 万元，注册会计师抽查 10%样本发现金额有 100 万元的高估，高估部分为账面金额的 20%，据此注册会计师推断总体的错报金额为 400 万元（即 2 000×20%），那么上述 100 万元就是已识别的具体错报，其余 300 万元即推断误差。

2）通过实质性分析程序推断出的估计错报。例如，注册会计师根据客户的预算资料及行业趋势等要素，对客户年度销售费用独立做出估计，并与客户账面金额比较，发现两者间有 50%的差异；考虑到估计的精确性有限，注册会计师根据经验认为 10%的差异通常是可接受的，而剩余 40%的差异需要有合理解释并取得佐证性证据；假定注册会计师对其中 10%的差异无法得到合理解释或不能取得佐证，该部分差异金额即为推断误差。

（4）以前年度识别出对财务报表有影响但未更正的错报。

从性质或其发生环境来判断的累积错报不能像与金额相关的错报那样进行加总。

3. 错报的沟通与更正

除非法律法规禁止，注册会计师应当及时将审计过程中累积的所有错报（即不低于明显微小错报临界值的错报）与适当层级的管理层进行沟通，但并不需要沟通其发现的所有错报。注册会计师还应当要求管理层更正这些错报。

（1）沟通错报。及时与适当层级的管理层沟通错报事项是重要的，因为这能使管理层评价各类交易、账户余额和披露是否存在错报，如有异议则告知注册会计师，并采取必要行动。适当层级的管理层通常是指有责任和权限对错报进行评价并采取必要行动的人员。

无论错报是否超过重要性水平，注册会计师均应当及时与适当层级的管理层沟通错报事项，除非法律法规限制注册会计师向管理层或被审计单位内部的其他人员通报某些错报。在某些国家或地区，法律法规可能限制注册会计师就某些错报与管理层或被审计单位的其他人员沟通。如依据反洗钱法令，注册会计师被要求向适当机构报告识别出的或怀疑存在的违反法律法规行为。在某些情形下，注册会计师的保密义务与通报义务之间存在的潜在冲突可能很复杂。此时，征询法律意见是适当的。

（2）更正错报。管理层更正所有错报（包括向注册会计师通报的错报），能够保持会计账簿和记录的准确性，降低与本期相关的、非重大的且尚未更正的错报的累积影响导致未来期间财务报表出现重大错报的风险。

注册会计师对管理层不更正错报的理由的理解，可能影响其对被审计单位会计实务质量的考虑。注册会计师在考虑根据相关情况判断出的错报金额、性质及可能对未来期间财务报表产生的影响后，可能需要与治理层讨论错报未得到更正的原因及影响。

如果管理层拒绝更正沟通的部分或全部错报，注册会计师应当了解管理层不更正错报的理由，并在评价财务报表整体是否不存在重大错报时考虑该理由。

如果注册会计师已与负有管理责任的人员就未更正错报进行沟通，且这些人员同时负有治理责任，注册会计师无须再次与负有治理责任的相同人员就这些事项进行沟通。然而，注册会计师需要确信与负有管理责任人员的沟通能够向所有负有治理责任的人员充分传递应予沟通的内容。

如果存在大量单项不重大的未更正错报，注册会计师可能就未更正错报的笔数和总金额的影响进行沟通，而不是逐笔沟通单项未更正错报的细节。

实例 3-14（多选题）

下列有关注册会计师对错报进行沟通的说法中，正确的是（　　）。

A. 注册会计师应当要求管理层更正审计过程中发现的超过明显微小错报临界值的错报

B. 除非法律法规禁止，注册会计师应当与治理层沟通未更正错报

C. 注册会计师应当与治理层沟通与以前期间相关的未更正错报对相关类别的交易、账户余额或披露以及财务报表整体的影响

D. 除非法律法规禁止，注册会计师应当及时将审计过程中发现的所有错报与适当层级的管理层进行沟通

分析：ABC。选项A正确，低于明显微小错报临界值的错报可以不累积，超过明显微小错报临界值的错报需要管理层更正；选项B正确，除非法律法规禁止，注册会计师应当与治理层沟通未更正错报；选项C正确，与以前期间相关的未更正错报可能对本期财务报表产生重大影响，注册会计师应当考虑评价其影响并与治理层沟通；选项D错误，注册会计师应当及时与适当层级的管理层沟通审计过程中累积的所有错报（即不低于明显微小错报临界值的错报），注册会计师并不需要沟通其发现的所有错报。

4. 随着审计的推进考虑识别出的错报

（1）错报可能不是孤立发生的，一项错报的发生表明还可能存在其他错报，尤其是当注册会计师识别出被审计单位内部控制失效而导致的错报，或者被审计单位广泛运用不恰当的假设或评估方法而导致的错报，均表明还可能存在其他错报。

（2）如果在审计过程中获知了某项信息，而该信息可能导致注册会计师确定与原来不同的财务报表整体重要性或者特定类别交易、账户余额或披露的一个或多个重要性水平（如适用），注册会计师应当修改重要性水平。如果出现下列情况之一，注册会计师应当确定是否需要修改总体审计策略和具体审计计划：1）识别出的错报的性质以及错报发生的环境表明可能存在其他错报，并且可能存在的其他错报与审计过程中累积的错报合计起来可能是重大的；2）审计过程中累积错报合计数接近重要性水平。

如果注册会计师对重要性水平进行的重新评价导致需要确定较低的金额，则应重新考虑实际执行的重要性和进一步审计程序的性质、时间安排和范围的适当性，以获

取充分、适当的审计证据，作为发表审计意见的基础。

（3）注册会计师应当考虑每一项与金额相关的错报，以评价其对相关类别的交易、账户余额或披露的影响，包括评价该项错报是否超过特定类别的交易、账户余额或披露的重要性水平（如适用）。如果注册会计师认为某一项错报是重大的，则该项错报不太可能被其他错报抵销。也就是说，累积错报时注意：将资产类科目与负债类科目或收入类科目与费用类科目的未更正错报相互抵销通常是不恰当的，但同一账户余额或同一类别交易内部的错报抵销是适当的。然而，在得出抵销错报（即使是非重大错报）是适当的这一结论之前，需要考虑可能存在其他未被发现的错报的风险。

抽样风险和非抽样风险可能导致某些错报未被发现。审计过程中累积错报的汇总数接近已确定的重要性，则表明存在比可接受的低风险水平更大的风险，即未被发现的错报与审计过程中累积错报的汇总数可能超过重要性。

（二）确定明显微小错报的临界值

审计师可能将低于某一金额的错报界定为明显微小错报，对这类错报不需要累积，因为这些明显微小错报，无论单独或是汇总，无论从规模、性质或其发生环境来考虑，都不会对财务报表产生重大影响，是微不足道的。明显微小错报不等同于非重大错报。

非重大错报有两种情形：如果针对某一交易、账户余额、列报认定层次，非重大错报是指低于对应的实际执行的重要性的错报；如果针对判断审计意见类型，非重大错报是指低于财务报表整体重要性的错报。审计师需要在制定审计计划时预先设定明显微小错报的临界值，这需要运用职业判断。审计师需要考虑的因素有以下几个。

（1）以前年度审计中识别的错报（包括更正和未更正的错报）的数量和金额。

（2）重大错报风险的评估结果。

（3）被审计单位治理层和管理层对注册会计师与其沟通错报的期望。

（4）被审计单位财务指标是否勉强达到监管机构的要求或投资者的期望。

注册会计师考虑以上因素，实际上就是确定审计过程对错报的过滤程度。注册会计师的目标是要确定不累积的错报（即低于临界值的错报）连同累积的未更正错报不会汇总成重大错报。如果注册会计师预期被审计单位存在数量较多、金额较小的错报，可能考虑采用较低的临界值，以避免大量低于临界值的错报积少成多构成重大错报。如果注册会计师预期被审计单位错报数量较少，可能采用较高的临界值。注册会计师可以将明显微小错报的临界值确定为报表整体重要性的3%～5%，也可以低一些或高一些，通常不超过财务报表整体重要性的10%，除非注册会计师认为有必要单独为重分类错报确定一个更高的临界值。

实例3－15（多选题）

下列关于明显微小错报的说法中，恰当的是（　　）。

A. 如果预期被审计单位存在数量较多、金额较小的错报，可能采用较低的临界值

B. 如果一项错报性质上不重要且错报金额低于重要性水平，就可认定该项错报

不属于重大错报

C. 明显微小错报的临界值可以确定为财务报表整体重要性的4%

D. 明显微小错报即不重大、不需要累积的错报

分析：AC。由于注册会计师的目标是要确定不累积的错报（即低于临界值的错报）连同累积的未更正错报不会汇总成重大错报，所以当预期被审计单位存在数量较多、金额较小的错报，注册会计师应当更加谨慎，可采用较低的临界值，选项A适当；一项性质上不重要且金额低于重要性水平的错报，可能是非重大错报，只有当这项错报连同其他错报汇总起来没有超过重要性水平时，该项错报才不是重大错报，当该项错报单独或汇总起来超过重要性水平时，该项错报依然是重大错报，选项B不恰当；明显微小错报的临界值一般为财务报表整体重要性的3%～5%，选项C适当；明显微小不等同于不重大且可以不累积，选项D不恰当。

（三）评价尚未更正错报汇总数的影响

1. 未更正错报的内涵

未更正错报，是指注册会计师在审计过程中累积的且被审计单位未予更正的错报。当注册会计师在审计过程中识别出错报时，第一步是要求管理层更正所有未更正错报，如果管理层决定不更正某些错报，注册会计师必须与治理层沟通以下事项。

（1）未更正错报的细节以及这些错报单独或汇总起来可能对审计意见产生的影响（法律法规禁止的除外）。

（2）个别的重大未更正错报。

（3）与前期相关的未更正错报对相关类别的交易、账户余额或披露以及财务报表整体的影响。

2. 定性评价未更正错报

根据适用的财务报告编制基础和被审计单位的具体情况，确定定性披露是否存在重大错报需要运用职业判断。定性披露存在重大错报的情况包括以下方面。

（1）涉及保险和银行业务的被审计单位对与其资本管理的目标、政策和流程相关的信息做出不正确、不完整的描述；

（2）涉及矿业经营的被审计单位遗漏与导致减值损失的事项或情况相关的信息，例如，对金属或大宗商品的需求出现重大、长期的减少；

（3）对与资产负债表、利润表、所有者权益变动表或现金流量表中的重大项目相关的会计政策做出不正确的描述；

（4）涉及国际贸易活动的被审计单位对其对汇率变化的敏感性做出不充分的描述。

3. 评价结果的应对

尚未更正错报与财务报表层次重要性水平相比，可能出现以下几种情况。

（1）尚未更正错报汇总数低于重要性水平，对财务报表的影响不重大，注册会计师可以发表无保留意见的审计报告。

（2）尚未更正错报汇总数超过了重要性水平，对财务报表的影响可能是重大的，注册会计师应当考虑通过扩大审计程序的范围或要求管理层调整财务报表降低审计风险。除非错报金额非常小且性质不严重，否则注册会计师应当要求管理层就已识别的错报调整财务报表。如果管理层拒绝调整财务报表，并且扩大审计程序范围的结果不能使注册会计师认为尚未更正错报的汇总数不重大，注册会计师应当考虑出具非无保留意见的审计报告。

（3）已识别但尚未更正错报的汇总数接近重要性水平，注册会计师应当考虑该汇总数连同尚未发现的错报是否可能超过重要性水平，并考虑通过实施追加的审计程序，或要求管理层调整财务报表降低审计风险。

（4）即使某些错报低于财务报表的整体重要性，但因与这些错报相关的某些情况，在将其单独或连同在审计过程中累积的其他错报一并考虑时，注册会计师也可能将这些错报评价为重大错报。这些错报可能包括：1）掩盖未能达到市场分析人士预期的事实；2）与财务报表主表、关键财务指标或财务报表其他方面（如披露）相关；3）与特定账户的错误分类有关（如影响营业收入和营业外收入）；4）涉及隐瞒不合法的交易（如向管理层提供非法贷款）；5）隐瞒偿付能力或持续经营能力方面的问题或可能影响分红能力；6）属于有系统化倾向的错报；7）显示管理层的相关动机（如管理层一直不愿纠正财务报告过程的缺陷而造成的错报）。

可能影响评价的情况包括以下几个方面。

1）错报对遵守监管要求的影响程度。

2）错报对遵守债务合同或其他合同条款的影响程度。

3）错报与会计政策的不正确选择或运用相关，这些会计政策的不正确选择或运用对当期财务报表不产生重大影响，但可能对未来期间财务报表产生重大影响。

4）错报掩盖收益的变化或其他趋势的程度（尤其是在结合宏观经济背景和行业状况进行考虑时）。

5）错报对用于评价被审计单位财务状况、经营成果或现金流量的有关比率的影响程度。

6）错报对财务报表中列报的分部信息的影响程度。例如，错报事项对某一分部或对被审计单位的经营或盈利能力有重大影响的其他组成部分的重要程度。

7）错报对增加管理层薪酬的影响程度。例如，管理层通过达到有关奖金或其他激励政策规定的要求以增加薪酬。

8）相对于注册会计师所了解的以前向财务报表使用者传达的信息（如盈利预测），错报是重大的。

9）错报与涉及特定机构或人员的项目的相关程度。例如，与被审计单位发生交易的外部机构或人员是否与管理层成员有关联关系。

10）错报涉及对某些信息的遗漏，尽管适用的财务报告编制基础未对这些信息做出明确规定，但是注册会计师根据职业判断认为这些信息对财务报表使用者了解被审计单位的财务状况、经营成果或现金流量是重要的。

11）错报对将在被审计单位年度报告中包含的其他信息的影响程度，这些其他信息被合理预期可能影响财务报表使用者做出的经济决策。

12）错报涉及管理层的判断出现偏向导致的误导性披露，或涉及意图阻碍正确理解财务报表的大量重复披露或缺乏信息含量的披露等舞弊行为。

在评价审计程序结果时，注册会计师确定的重要性和审计风险，可能与计划审计工作时评估的重要性和审计风险存在差异。在这种情况下，注册会计师应当考虑实施的审计程序是否充分。

实例3－16（多选题）

在评价未更正错报的影响时，下列说法中注册会计师认为恰当的有（　　）。

A. 每一项未更正错报的金额不得超过明显微小错报的临界值

B. 判断错报是否重大，应当从金额和性质两个方面来考虑

C. 被审计单位应当更正所有错报

D. 即使某些错报明显低于财务报表的整体重要性，但因与这些错报相关的某些情况，在将其单独或连同在审计过程中累积的其他错报一并考虑时，注册会计师也可能将这些错报评价为重大错报

分析：BD。未更正错报是指注册会计师在审计过程中累积的且被审计单位未予更正的错报，可能是重大的，也可能是不重大的，因此，未更正错报的金额不一定超过明显微小错报的临界值，选项A不恰当；如果某一错报属于明显微小错报，即使被审计单位不更正，也不会对财务报表整体产生重大影响，选项C不恰当。

（四）运用实际执行的重要性

对实际执行的重要性的运用体现在计划和执行审计工作阶段，实际执行的重要性直接影响注册会计师的审计工作量及需要获取的审计证据。对于审计风险较高的审计项目，需要确定较低的实际执行的重要性。

审计准则要求注册会计师确定低于财务报表整体重要性的一个或多个金额作为实际执行的重要性，注册会计师无须通过将财务报表的整体重要性平均分配或按比例分配至各个报表项目来确定实际执行的重要性，而是根据对报表项目的风险评估结果，确定一个或多个实际执行的重要性。例如，根据以前期间的审计经验和本期审计计划阶段的风险评估结果，注册会计师认为可以以财务报表整体重要性的75％作为大多数报表项目实际执行的重要性；与营业收入项目相关的内部控制存在控制缺陷，而且以前年度审计中存在审计调整，因此考虑以财务报表整体重要性的50％作为营业收入项目实际执行的重要性，从而有针对性地对高风险领域执行更多的审计工作。

（1）审计师在计划审计工作时可能根据实际执行的重要性确定需要对哪些类型的交易、账户和披露实施进一步的审计程序，通常选取金额超过实际执行的重要性的被审计单位财务报表项目。但这并不代表审计师对所有金额低于实际执行的重要性的项目都不实施进一步审计程序。这是由于：

1）单个金额低于实际执行的重要性的被审计单位财务报表项目汇总起来可能金额重大，审计师应当考虑汇总后潜在的错报风险。

2）对于存在低估风险的财务报表项目，不能仅仅因其金额低于实际执行的重要

性而不实施进一步审计程序。

3）对于识别出存在舞弊风险的财务报表项目，不能仅仅因其金额低于实际执行的重要性而不实施进一步审计程序。

（2）运用实际执行的重要性确定进一步审计程序的性质、时间和范围。如在实施实质性分析程序时，审计师确定已记录的金额和预期值之间的可接受差异通常不超过实际执行的重要性。在运用审计抽样进行细节测试时，审计师可将可容忍误差的金额设为等于或低于实际执行的重要性水平。

六、重要性的总结

表3-14总结了重要性水平与实际执行的重要性。整体重要性不会经常变化，但随着审计师获得新的信息或对被审计单位及其经营的了解发生变化，可能需要对整体重要性进行修改。如果需要某些修改，应当确保告知项目组并评估对审计计划的影响。

表3-14　重要性水平与实际执行的重要性的对比

项目	整体重要性	具体重要性	实际执行的重要性
目的	确定一个据以确认财务报表是否存在重大错报（无论是错误还是舞弊）的界限	当可以合理预期金额小于财务报表整体重要性的错报会影响报表使用者的经济决策时，确定一个（或多个）小于整体重要性的界限，将其运用于特定类别的交易、账户余额或披露	确定一个（或多个）小于整体或具体重要性的界限以确保识别出非重大错报（小于整体或具体重要性的错报），并为注册会计师提供安全缓冲
计算基础	报表使用者能够容忍财务报表中错报达到的水平	在特定类别的交易、账户余额或披露的特殊环境下，可以合理预期何种错报水平会影响报表使用者的经济决策	实现下列目标需要多少审计工作： （1）识别低于整体或具体重要性的错报； （2）为未发现的错报留出充分的缓冲
实用方法	财务报表整体重要性＝判断基础（关于被审计单位的函数）×百分比（关于审计风险的经验数据）	为特殊或敏感的财务报表领域确定一个较低的具体重要性金额	通常为财务报表整体/具体重要性水平的50%～75%
在审计中的运用	确定未更正错报单独或汇总起来是否超过整体重要性	确定未更正错报单独或汇总起来是否超过具体重要性	（1）评估重大错报风险； （2）针对评估的风险设计进一步的审计程序
在审计过程中的修改	（1）在审计过程中情况发生变化，如出售部分业务等； （2）获得新信息； （3）通过实施进一步审计程序，注册会计师对被审计单位及其经营的了解发生变化	具体情况发生变化	（1）评估风险发生变化； （2）实施进一步的审计程序发现错报的性质和内容发生变化； （3）对被审计单位的了解发生变化

新的风险因素或审计发现可能对整体重要性没有影响，但会使实际执行的重要性发生变化。实际执行的重要性的变化会导致对审计程序的性质、时间安排和范围进行修正。当然，如果整体重要性发生变化，实际执行的重要性很可能需要进行相应的修改。

1. 财务报表整体重要性

整体重要性与财务报表整体有关，它是基于合理预期什么样的错报可能影响财务报表使用者依据财务报表做出的经济决策而确定的。如果在审计过程中获知某信息，而该信息可能导致注册会计师确定与原来不同的一个或多个金额，则需要修改整体重要性。

2. 整体实际执行的重要性

整体实际执行的重要性的金额比整体重要性的金额设定得更低。实际执行的重要性有助于注册会计师应对特定的风险评估（而不改变整体重要性），并且将未更正和未发现错报的汇总数超过财务报表整体重要性的可能性降至适当的水平。实际执行的重要性可能根据审计发现（如修改风险评估结果）而修改。

3. 具体重要性（计划数）

具体重要性是针对各类交易、账户余额或披露确定的，这些项目存在金额低于整体重要性的错报，但合理预期可能影响财务报表使用者依据财务报表做出的经济决策。

4. 具体实际执行的重要性

具体实际执行的重要性的金额比具体重要性的金额设定得更低。它有助于注册会计师应对特定项目的风险评估，并且为可能存在的未发现错报以及汇总起来达到重大金额的非重大错报留有缓冲。

实例 3-17（分析题）

华兴公司主要生产销售脱水蔬菜、冷冻猪肉、火腿肠、有机食品，但20×6年开始大力进军金融投资行业，并以此为战略转移的盈利增长点。华兴公司的20×6年度资产负债表和利润表（简表）如表3-15和表3-16所示。

表 3-15 华兴公司资产负债表

20×6年12月31日 单位：万元

货币资金	870	应付账款	7 257.85
应收账款	16 300	长期借款	8 000
存货	8 100	负债总额	31 807
长期股权投资	4 000	股本	21 000
固定资产	36 820	未分配利润	12 078.40
资产总额	69 305	权益总额	37 498

表 3-16　华兴公司利润表

20×6 年度　　　　单位：万元

营业收入	125 289
营业成本	98 700
利润总额	6 929
净利润	5 118

要求：

1. 如以资产总额、净资产（股东权益）、营业收入和净利润作为判断基础，采用固定比率法，资产总额、净资产、营业收入和净利润的固定百分比数值分别 0.5%，1%，0.5%和 5%，请确定华兴公司 20×6 年财务报表计划重要性水平，为什么？

2. 采用分配的方法确定每个科目的重要性水平时，如何确定所有的资产类账户、负债类账户、损益类账户重要性水平？

3. 如何确定实际执行的重要性水平？

4. 如果制定计划时分配到存货的重要性水平为 70 万元，利用存货计价测试发现存货 A 少计 20 万元，存货 B 多计 30 万元，推断存货总体误差为少计 180 万元，期初已查出多计 80 万元但没有调整，注册会计师应当如何处理该事项？

5. 如果制定计划时分配到应收款项款的重要性水平为 90 万元，注册会计师审计时发现华兴公司与其出资者晋美公司之间存在没有实质经济内容支持的其他应收款 48 万元，注册会计师对该事项实施更具针对性的实质性程序，查实后建议华兴公司调整，如果华兴公司拒绝调整，就单独这一项错报，注册会计师应当考虑发表什么类型的审计报告？

分析：（请扫描二维码）

第四节　计划审计工作

计划审计工作对于注册会计师顺利完成审计工作和控制审计风险具有非常重要的意义。合理的审计计划有助于注册会计师关注重点审计领域、及时发现和解决潜在问题及恰当地组织和管理审计工作，以使审计工作更加有效。同时充分的审计计划还可以帮助注册会计师对项目组成员进行恰当分工和指导监督，并复核其工作，还有助于协调其他注册会计师和专家的工作。

计划审计工作包括针对审计业务制定总体审计策略和具体审计计划，以将审计风险降至可接受的水平。计划审计工作是一个持续的过程，通常注册会计师在前一期审计工作结束后即开始本期的审计计划工作，直到本期审计工作结束为止。项目负责人和项目组其他关键成员应当参与计划审计工作，利用其经验和见解，提高计划过程的效率和效果。

一、制定总体审计策略

（一）制定总体审计策略时应考虑的事项

注册会计师应当为审计工作制定总体审计策略，用以确定审计范围、时间和方向，并指导制定具体审计计划。在制定总体审计策略时，注册会计师应当考虑以下主要事项。

1. 审计范围

注册会计师应当确定审计业务的特征，包括采用的会计准则和相关会计制度、特定行业的报告要求以及被审计单位组成部分的分布等，以确定审计范围。

具体来说，在确定审计范围时，注册会计师需要考虑下列事项。

（1）编制财务报表适用的会计准则和相关会计制度；

（2）特定行业的报告要求，如某些行业的监管部门要求提交的报告；

（3）预期的审计工作涵盖范围，包括需审计的集团内组成部分的数量及所在地点；

（4）母公司和集团内其他组成部分之间存在的控制关系的性质，以确定如何编制合并财务报表；

（5）其他注册会计师参与组成部分审计的范围；

（6）需审计的业务分部性质，包括是否需要具备专门知识；

（7）外币业务的核算方法及外币财务报表折算和合并方法；

（8）除对合并财务报表审计之外，是否需要对组成部分的财务报表单独进行审计；

（9）内部审计工作的可利用性及对内部审计工作的拟信赖程度；

（10）被审计单位使用服务机构的情况，及注册会计师如何取得有关服务机构内部控制设计、执行和运行有效性的证据；

（11）拟利用在以前期间审计工作中获取的审计证据的程度，如获取的与风险评估程序和控制测试相关的审计证据；

（12）信息技术对审计程序的影响，包括数据的可获得性和预期使用计算机辅助审计技术的情况；

（13）根据中期财务信息审阅及在审阅中所获信息对审计的影响，相应调整审计涵盖范围和时间安排；

（14）与为被审计单位提供其他服务的会计师事务所人员讨论可能影响审计的事项；

（15）被审计单位的人员和相关数据的可利用性。

2. 报告目标、时间安排及所需沟通

总体审计策略的制定应当包括明确审计业务的报告目标，以计划审计的时间安排和所需沟通的性质，包括提交审计报告（包括中期和最终审计报告）的时间要求，预期与管理层和治理层沟通的重要日期等。

为计划报告目标、时间安排和所需沟通，注册会计师需要考虑下列事项。

（1）被审计单位的财务报告时间表；

（2）与管理层和治理层就审计工作的性质、范围和时间所举行的会议的组织工作；

（3）与管理层和治理层讨论预期签发报告和其他沟通文件的类型及提交时间，如审计报告、管理建议书和与治理层沟通函等；

（4）就组成部分的报告和其他沟通文件的类型及提交时间与负责组成部分审计的注册会计师沟通；

（5）项目组成员之间预期沟通的性质和时间安排，包括项目组会议的性质和时间安排及复核工作的时间安排；

（6）是否需要与第三方沟通（内容包括与审计相关的法律法规规定和业务约定书约定的报告责任）；

（7）与管理层讨论预期在整个审计过程中通报审计工作进展及审计结果的方式。

3. 审计方向

总体审计策略的制定应当考虑影响审计业务的重要因素，以确定项目组工作方向，包括确定适当的重要性水平，初步识别可能存在较大的重大错报风险的领域，初步识别重要的组成部分和账户余额，评价是否需要针对内部控制的有效性获取审计证据，识别被审计单位、所处行业、财务报告要求及其他相关方面最近发生的重大变化等。在确定审计方向时，注册会计师需要考虑下列事项。

（1）重要性。具体包括：1）在制定审计计划时确定的重要性水平；2）为组成部分确定重要性并与组成部分的注册会计师沟通；3）在审计过程中重新考虑重要性水平；4）识别重要的组成部分和账户余额。

（2）重大错报风险较大的审计领域。

（3）评估的财务报表层次的重大错报风险对指导、监督及复核的影响。

（4）项目组成员的选择（在必要时包括项目质量控制复核人员）和工作分工，包括向重大错报风险较大的审计领域分派具备适当经验的人员。

（5）项目预算，包括考虑为重大错报风险可能较大的审计领域安排适当的工作时间。

（6）向项目组成员强调在收集和评价审计证据过程中保持职业怀疑的方式。

（7）以往审计中对内部控制运行有效性评价的结果，包括所识别的控制缺陷的性质及应对措施。

（8）管理层重视设计和实施健全的内部控制的相关证据，包括这些内部控制得以适当记录的证据。

（9）业务交易量规模，以基于审计效率的考虑确定是否信赖内部控制。

（10）管理层对内部控制重要性的重视程度。

（11）影响被审计单位经营的重大发展变化，包括信息技术和业务流程的变化，关键管理人员变化，以及收购、兼并和分立。

（12）重大的行业发展情况，如行业法规变化和新的报告规定。

（13）会计准则及会计制度的变化。

（14）其他重大变化，如影响被审计单位的法律环境的变化。

（二）总体审计策略的具体内容

制定总体审计策略可以帮助注册会计师确定所执行审计业务的性质、时间、范围和所需资源，为此，注册会计师应当在总体审计策略中清楚地说明下列内容。

（1）向具体审计领域调配的资源，包括向高风险领域分派有适当经验的项目组成员，就复杂的问题利用专家工作，等等。

（2）向具体审计领域分配资源的数量，包括安排到重要存货存放地观察存货盘点的项目组成员的数量，对其他注册会计师工作的复核范围，对高风险领域安排的审计时间，等等。

（3）何时调配这些资源，包括是在期中审计阶段还是在关键的截止日期前调配资源，等等。

（4）如何管理、指导、监督这些资源的利用，包括预期何时召开项目组预备会和总结会，项目负责人和经理如何进行复核，是否需要实施项目质量控制复核，等等。

总体审计策略是对注册会计师做出的关键决策的记录，这些关键决策是为恰当计划审计工作和与项目组沟通重大事项而做出的。例如，注册会计师可能采用备忘录的形式记录总体审计策略，包括对审计工作的总体范围、时间安排及执行做出的关键决策。

实例 3-18（单选题）

下列关于计划审计工作的说法正确的是（　　）。

A. 计划审计工作前需要充分了解被审计单位及其环境，一旦确定，无须进行修改

B. 计划审计工作通常由项目组中经验较多的人完成，项目负责人审核批准

C. 小型被审计单位无须制定总体审计策略

D. 项目负责人和项目组其他关键成员应当参与计划审计工作

分析：D。了解被审计单位及其环境并非一经确定就不能改变，故选项 A 不正确；计划审计工作通常由项目负责人完成，事务所负责人审核批准，故选项 B 不正确；小型被审计单位的业务简单，可以考虑总体审计策略和具体审计计划一起制定，而不是不制定总体审计策略，故选项 C 不正确；项目负责人和项目组其他关键成员应当参与计划审计工作，利用其经验和见解，提高计划过程的效率和效果，故选项 D 正确。

无论是首次审计业务还是连续审计业务，计划审计工作的目的和目标都是相同的。但是，对于首次审计业务，注册会计师通常缺乏在计划连续业务工作时可借鉴的前期经验，因而可能需要扩展计划活动。对于首次审计业务，在制定总体审计策略和具体审计计划时，注册会计师可能考虑的补充事项包括以下方面。

（1）法律法规另有规定，对与前任注册会计师沟通做出安排，如查阅前任注册会计师的工作底稿。

（2）与管理层讨论有关首次接受审计委托的重大问题（包括对适用的会计准则或审计准则的应用），注册会计师对具体审计计划的记录可以使用标准的审计程序表或审计工作完成核对表，但应当根据具体审计业务的情况做出适当修改。

二、形成具体审计计划

（一）总体审计策略与具体审计计划的关系

总体审计策略一经制定，注册会计师应当针对总体审计策略中所识别的不同事项，制定具体审计计划，并考虑通过有效利用审计资源实现审计目标。值得注意的是，虽然编制总体审计策略的过程通常在具体审计计划之前，但是两项计划活动并不是孤立的、不连续的过程，而是紧密联系的，对其中一项的决定可能会影响甚至改变对另外一项的决定。例如，注册会计师在了解被审计单位及其环境的过程中，注意到被审计单位对主要业务的处理依赖复杂的自动化信息系统，因此计算机信息系统的可靠性及有效性对其经营、管理、决策以及编制可靠的财务报告具有重大影响。对此，注册会计师可能会在具体审计计划中制定相应的审计程序，并相应调整总体审计策略的内容，做出利用信息风险管理专家的工作的决定。

在实务中，注册会计师将制定总体审计策略和具体审计计划结合，会使计划审计工作更有效率及效果。注册会计师也可以采用将总体审计策略和具体审计计划合并为一份审计计划文件的方式，提高编制及复核工作的效率，增强其效果。

实例 3－19（多选题）

计划审计工作包括总体审计策略和具体审计计划，以下关于总体审计策略和具体审计计划的说法中不正确的是（　　）。

A. 总体审计策略在具体审计计划之前，执行完前一项才可以更好地执行后一项工作

B. 注册会计师应当针对总体审计策略中所识别的不同事项，制定具体审计计划，并考虑通过有效利用审计资源实现审计目标

C. 具体审计计划的核心是确定审计的范围和审计方案

D. 注册会计师在审计过程中对总体审计策略或具体审计计划做出的重大修改，无须在审计工作底稿中记录

分析：ACD。通常制定总体审计策略在具体审计计划之前，但是两项计划活动并不是孤立、不连续的过程，而是紧密联系的，对其中一项的决定可能会影响甚至改变对另外一项的决定。在实务中，注册会计师将总体审计策略和具体审计计划结合，会使计划审计工作更有效率及效果，故选项 A 不正确；具体审计计划的核心是确定审计程序的性质、时间安排和范围，故选项 C 不正确；如果注册会计师在审计过程中对总体审计策略或具体审计计划做出重大修改，应当在审计报告中记录做出的重大修改及

其理由，故选项D不正确。

（二）具体审计计划的内容

注册会计师应当为审计工作制定具体审计计划，以将审计风险降至可以接受的水平。具体审计计划比总体审计策略更加详细，其内容包括获取充分、适当的审计证据以将审计风险降至可接受的水平，项目组成员拟实施的审计程序的性质、时间和范围。具体审计计划应当包括风险评估程序、计划实施的进一步审计程序和其他审计程序。

具体审计计划是对计划实施的风险评估程序的性质、时间安排和范围，以及为应对评估的风险计划在认定层次实施的进一步审计程序的性质、时间安排和范围的记录。该记录还可用于证明已经恰当计划了审计程序。该计划在执行前需要得到复核和批准。注册会计师可以使用标准的审计程序表或审计工作完成核对表，并根据需要进行调整以反映业务的特定情况。

在审计小型被审计单位时，恰当、简要的备忘录可以作为对总体审计策略的记录。对于具体审计计划，注册会计师可以使用在假定只有少量相关控制活动（小型被审计单位可能确实如此）的基础上编制的标准审计程序表或者核对表，但需要根据审计业务的具体情况（包括注册会计师对风险的评估）进行调整。

（三）审计过程中审计计划的变更

计划审计工作并非审计业务的一个孤立阶段，而是一个持续的、不断修正的过程，贯穿整个审计业务的始终。在计划审计工作时，注册会计师需要考虑某些计划审计活动的时间以及在下一步审计程序开始之前必须完成的审计程序，但由于未预期事项、条件的变化或在实施审计程序中获取的审计证据等，注册会计师获取的信息可能会与其在制定审计计划时所获知的信息存在很大不同，在这种情况下，注册会计师会基于对所有或某类交易、账户余额和列报认定层次的风险的重新考虑，重新评估原计划的审计程序，在审计过程中对总体审计策略和具体审计计划做出必要的更新和修改。

审计过程可以分为不同阶段，通常前一阶段的工作结果会对后一阶段的工作计划产生影响，而在后一阶段的工作过程中又可能发现需要对已制定的相关计划进行相应的更新和修改。通常，这些更新和修改涉及比较重要的事项。例如，对重要性水平的修改，对某类交易、账户余额和列报的重大错报风险的评估以及进一步审计程序（包括总体方案和拟实施的具体审计程序）的更新和修改等。一旦计划被更新和修改，审计工作也应当相应修正。

在编制审计工作底稿时，注册会计师应当记录对总体审计策略和具体审计计划做出的重大修改及对原计划审计程序的性质、时间安排和范围的修改，做出这些重大修改的理由，审计工作最终采用的总体审计策略和具体审计计划，以及注册会计师对审计过程中遇到的重大变化做出的恰当回应。

实例3-20（分析题）

注册会计师李明负责对常年审计客户华兴公司20×6年度财务报表进行审计，撰写了总体审计策略和具体审计计划，部分内容摘录如下：

（1）初步了解到 20×6 年度华兴公司及其环境未发生重大变化，拟依赖以往审计中对管理层、治理层诚信形成的判断。

（2）因对华兴公司内部审计人员的客观性和专业胜任能力存有疑虑，拟不利用内部审计的工作。

（3）如对计划的重要性水平做出修正，拟通过修改计划实施的实质性程序的性质、时间和范围降低重大错报风险。

（4）假定华兴公司在收入确认方面存在舞弊风险，拟将销售交易及认定的重大错报风险评估为高水平，不再了解和评估相关控制设计的合理性并确定其是否得到执行，直接实施细节测试。

（5）因华兴公司于 20×6 年 9 月关闭某地办事处并注销其银行账户，拟不再函证该银行账户。

（6）因审计工作时间安排紧张，拟不函证应收账款，直接实施替代审计程序。

（7）20×6 年度华兴公司购入股票作为可供出售金融资产核算。除实施询问程序外，预期无法获取有关管理层持有意图的其他充分、适当的审计证据，拟就询问结果获取管理层书面声明。

要求：事项（1）～（7）是否存在不妥之处？如果存在，请提出完善建议。

分析：（请扫描二维码）

思考题

1. 结合审计实践，谈谈在年度财务报表审计中如何通过风险评估程序从多个方面了解被审计单位及其环境并评估重大错报风险。
2. 为了获取有关控制设计和执行的审计证据，注册会计师应当实施哪些风险评估程序？
3. 经营风险一定会转变为审计风险吗？为什么？
4. 理解审计风险要素并解释审计风险模型。
5. 为什么检查风险不能降低为零？
6. 举例说明财务报表审计中哪些会被认为是特别风险。
7. 初步了解内部控制的目的是什么？如何从整体上了解内部控制？
8. 理解重要性概念。
9. 分析重要性与审计风险的关系。
10. 如何确定财务报表整体重要性？

11. 理解实际执行的重要性。

12. 理解尚未更正的错报。

13. 理解明显微小错报。

14. 如何运用重要性水平做出审计判断?

15. 理解总体审计策略的内容和作用。

16. 华兴公司是一家处理废弃物的环保公司，它与市政府签订了清除环境废弃物的合约，请问以下各种情况是否会增加、减少或不影响检查风险？为什么？

（1）由于收到政府财政补贴，20×7 年华兴企业首次出现收益。

（2）华兴公司董事会由大股东李明主导，李明也是华兴公司的总经理。

（3）华兴公司会计人员流动大。

（4）银行信贷部门经理定期与华兴公司总经理、财务总监会面，以评价华兴公司的财务绩效。

（5）20×7 年华兴公司开始执行新的会计政策。

（6）20×7 年华兴公司出售了晋美公司一半的股权，但仍对其具有重大影响。

（7）20×7 年华兴公司与李明父母所拥有的一家公司签订一项租赁设备合约，此项关联方交易未在华兴公司 20×7 年度财务报表上披露。

（8）华兴公司计划在 20×7 年年底首次公开发行股票。

17. 分析总体审计策略与具体审计计划的关系。

案例分析

确定重要性水平及其应用的案例

问题：

1. 如果判断重要性水平的参考数值为净利润的 5%，资产总额的 0.5%，净资产的 1%，营业收入的 0.5%，则应该将华兴公司 20×6 年财务报表层次重要性水平设定为多少？请说明原因。

2. 如果华兴公司处于一个高度管制的行业，例如银行业或保险业，你的答案将怎样变化？

3. 如果审计人员执行审计程序后，抽样测试资产出现误差 500 万元，推断总体误差为 1 500 万元，审计人员应当如何处理？

4. 对于财务报表各个科目，具有哪些属性的科目应当严格确定重要性水平？具有哪些属性的科目可以考虑把重要性水平定得高一些？

5. 有人认为审计人员应当谨慎执业，应当低估重要性水平而不能高估重要性水平，你赞同吗？为什么？

6. 如果注册会计师把报表层次的重要性分配到各个会计科目，其中预付货款20万元，其他应收账款30万元，存货100万元，请讨论：

(1) 针对本案例，注册会计师对于华兴公司与其出资者晋美公司之间的往来事项，能否按照计划确定的重要性水平判断其可否忽略不计？

(2) 注册会计师建议被审计单位调整时，是对查出的样本误差进行调整，还是对推断的总体误差予以调整？注册会计师如何推断总体误差？

(3) 当注册会计师明显感到公司利用计提准备调节盈亏时，是否能够出具无保留意见的审计报告？

7. 审计人员确认和运用重要性水平存在什么误区？

行动学习讨论项目

把学生分成若干组（每组最好10人以内），要求他们利用头脑风暴的方法，对以下问题提出不同的看法，尽量多地列示在行动学习讨论的白板上。

讨论问题：注册会计师了解被审计单位的情况及初步了解内部控制获得的信息如何影响审计计划的制定？

讨论与板书要求：(1) 每个人都要发言，但每次只能一人发言；(2) 追求数量、追求创意；(3) 有人发言时不许质疑、不许批评、不许打断；(4) 板书要按发言人的原话列示。

第 4 章

Chapter 4

销售与收款循环审计

素养提升

- 本着实事求是的思想，遵守会计和审计准则，用专业技巧分析和解决专业问题。

学习目标

- 了解销售与收款循环主要业务活动及其涉及的主要凭证和记录
- 掌握销售与收款循环内部控制的关键环节及其控制措施
- 掌握销售与收款循环的控制测试
- 熟悉销售与收款循环涉及科目的实质性审计程序，熟练运用各种审计技术方法
- 熟练运用函证
- 熟练掌握销售截止测试
- 了解销售与收款循环中常见的会计错弊及其审计风险
- 熟悉销售与收款循环中相关科目的实质性测试实务

第一节　销售与收款循环主要活动及其关键控制

一、销售与收款循环的主要活动

销售与收款循环是企业向客户提供商品或劳务，直到收回货款的有关活动所组成的业务循环，如图 4－1 所示。

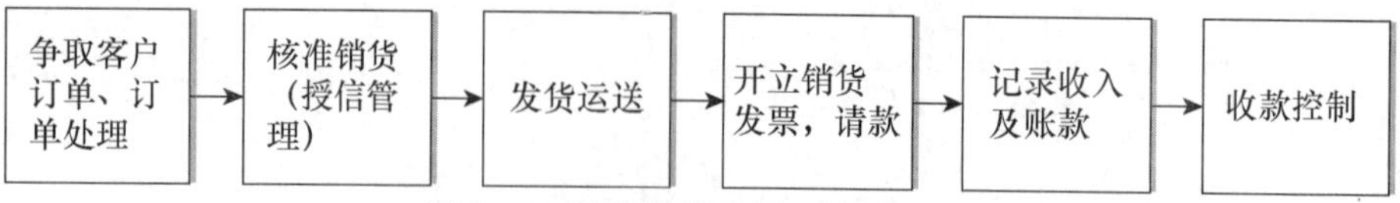

图 4－1　销售与收款循环简图

一般企业的销售与收款循环的主要活动及其相应内容如表 4－1 所示。

注册会计师只有了解销售与收款循环涉及的主要活动及其相关凭证和记录，才能站在整个循环的角度对销售与收款循环涉及的相关账户的审计风险予以把握，进而提高审计的效率。

表 4－1 销售与收款循环的主要活动及其相应内容

主要业务活动	涉及的凭证及记录	相关的主要部门	相关的认定	重要控制
1. 接受顾客订单	顾客订货单、销售单	销售单管理部门	销售交易的发生	顾客名单已被授权审批
2. 批准赊销信用	销售单	信用管理部门	应收账款净额的准确性	信用部门签署意见，以降低坏账风险
3. 按销售单供货	销售单	仓库	发生	防止未授权发货
4. 按销售单装运货物	销售单、发运凭证	装运部门	销售交易的发生、完整性	防止未授权装运产品
5. 向顾客开具账单	销售单、装运凭证、商品价目表、销售发票	开具账单部门	销售交易的发生、完整性、准确性	确保销售发票的正确性
6. 记录销售	销售发票及副本、转账凭证、现金、银行存款收款凭证、应收账款明细账、销售明细账、现金及银行存款明细账、顾客月末对账单	会计部门	发生、完整性、准确性	主要关心销售发票是否记录正确，并归属适当的会计期间
7. 办理和记录现金及银行存款收入	汇款通知书、收款凭证、现金日记账、银行存款日记账	会计部门	发生、完整性、准确性	最应关心的是货币资金失窃的可能性
8. 办理和记录销货退回及折扣折让	贷项通知单	会计部门、仓库	发生、准确性、完整性	必须授权批准，控制实物流和会计处理
9. 注销坏账	坏账审批表	赊销部门、会计部门	准确性	获取货款无法收回的确凿证据，适当审批
10. 提取坏账准备	逾期应收账款余额表	会计部门	准确性	

二、销售与收款循环的关键控制[①]

在实务中，为识别、防止企业销售与收款循环的控制风险，企业应当针对风险为

① 以下关于内部控制关键环节的风险及其应对措施的内容直接借鉴于我国《企业内部控制应用指引》，这是审计的基础，我们希望通过将该内容与审计融合，推广《企业内部控制基本规范》及其运用指引。

销售与收款循环设计相应的控制措施。

（一）销售计划管理

在实务中，该关键环节的风险主要表现在：销售计划缺乏或不合理，或未经授权审批，导致产品结构和生产安排不合理，难以实现企业生产经营的良性循环。

企业建立的应对其风险的控制措施包括以下内容。

（1）根据发展战略和年度生产经营计划，结合企业实际情况，制定年度销售计划，在此基础上，结合客户订单情况，制定月度销售计划，并按规定的权限和程序审批后下达执行。

（2）定期对各产品（商品）的区域销售额、进销差价、销售计划与实际销售情况等进行分析，结合生产现状，及时调整销售计划，调整后的销售计划需履行相应的审批程序。

（二）客户开发与信用管理

在实务中，该关键环节的风险主要表现在：现有客户管理不足、潜在市场需求开发不够，可能导致客户丢失或市场拓展不力；客户档案不健全，缺乏合理的资信评估，可能导致客户选择不当，销售款项不能收回或遭遇欺诈，影响企业的资金流转和正常经营。

企业建立的应对其风险的控制措施包括以下内容。

（1）在进行充分市场调查的基础上，合理细分市场并确定目标市场，根据不同目标群体的具体需求，确定定价机制和信用方式，灵活运用销售折扣、销售折让、信用销售、代销和广告宣传等多种策略和营销方式，促进销售目标实现，不断提高市场占有率。

（2）建立和不断更新、维护客户信用动态档案，由与销售部门相对独立的信用管理部门对客户付款情况进行持续跟踪和监控，提出划分、调整客户信用等级的方案。根据客户信用等级和企业信用政策，拟定客户赊销限额和时限，由销售、财会等部门具有相关权限的人员审批。对于境外客户和新开发客户，应当建立严格的信用保证制度。

（三）销售定价

在实务中，该关键环节的风险主要表现在：定价或调价不符合价格政策，未能结合市场供需状况、盈利测算等进行适时调整，造成价格过高或过低、销售受损；商品销售价格未经恰当审批，或存在舞弊，可能损害企业经济利益或者企业形象。

企业建立的应对其风险的控制措施包括以下内容。

（1）根据有关价格政策，综合考虑企业财务目标、营销目标、产品成本、市场状况及竞争对手情况等多方面因素，确定产品基准定价。定期评价产品基准价格的合理性，定价或调价需经具有相应权限的人员审核批准。

（2）在执行基准定价的基础上，针对某些商品可以授予销售部门一定的价格浮动权，销售部门可结合产品的市场特点，将价格浮动权向下实行逐级递减分配，同时明确权限执行人。价格浮动权限执行人必须严格遵守规定的价格浮动范围，不得擅自突破。

（3）销售折扣、销售折让等政策由具有相应权限的人员审核批准。对销售折扣、销售折让授予的实际金额、数量、原因及对象予以记录，并归档备查。

（四）订立销售合同

在实务中，该关键环节的风险主要表现在：合同内容存在重大疏漏和欺诈，未经授权对外订立销售合同，可能导致企业合法权益受到侵害；销售价格、收款期限等违背企业销售政策，可能导致企业经济利益受损。

企业建立的应对其风险的控制措施包括以下内容。

（1）订立销售合同前，指定专门人员与客户进行业务洽谈、磋商或谈判，关注客户信用状况，明确销售定价、结算方式、权利与义务条款等相关内容。重大的销售业务谈判吸收财会、法律等专业人员参加，并形成完整的书面记录。

（2）建立健全销售合同订立及审批管理制度，明确必须签订合同的范围，规范合同订立程序，确定具体的审核、审批程序和所涉及的部门人员及相应权责。审核、审批重点关注销售合同草案中提出的销售价格、信用政策、发货及收款方式等。重要的销售合同征询法律专业人员的意见。

（3）销售合同草案经审批同意后，授权有关人员与客户签订正式销售合同。

（五）发货

在实务中，该关键环节的风险主要表现在：未经授权发货或发货不符合合同约定，可能导致货物损失或客户与企业的销售争议，销售款项不能收回。

企业建立的应对其风险的控制措施包括以下内容。

（1）销售部门按照经审核后的销售合同开具相关的销售通知，交仓储部门和财会部门。

（2）仓储部门落实出库、计量、运输等环节的岗位责任，对销售通知进行审核，严格按照销售通知所列的发货品种和规格、发货数量、发货时间、发货方式、接货地点等，按规定时间组织发货，形成相应的发货单据，并连续编号。

（3）以运输合同或条款等形式明确运输方式，商品短缺、毁损或变质的责任，到货验收方式，运输费用承担，保险等内容，货物交接环节做好装卸和检验工作，确保货物的安全发运，由客户验收确认。

（4）做好发货各环节的记录，填制相应的凭证，设置销售台账，实现全过程的销售登记制度。

（六）收款

在实务中，该关键环节的风险主要表现在：企业信用管理不到位，结算方式选择不当，票据管理不善，账款回收不力，导致销售款项不能收回或遭遇欺诈；收款过程中存在舞弊，使企业经济利益受损。

企业建立的应对其风险的控制措施包括以下内容。

（1）结合公司销售政策，选择恰当的结算方式，加快款项回收，提高资金的使用效率。对于商业票据，结合销售政策和信用政策，明确应收票据的受理范围和管理措施。

（2）建立票据管理制度，特别是加强商业汇票的管理：1）对票据的取得、贴现、背书、保管等活动予以明确规定；2）严格审查票据的真实性和合法性，防止票据欺诈；3）由专人保管应收票据，对即将到期的应收票据，及时办理托收，定期核对盘点；4）票据贴现、背书经恰当审批。

（3）加强赊销管理。1）需要赊销的商品，由信用管理部门按照客户信用等级审核，并经具有相应权限的人员审批；2）赊销商品取得客户的书面确认，必要时，要求客户办理资产抵押、担保等收款保证手续；3）完善应收款项管理制度，落实责任、严格考核、实行奖惩，销售部门负责应收款项的催收，并妥善保存催收记录（包括往来函电）；4）加强代销业务款项的管理，及时与代销商结算款项；5）收取的现金、银行本票、汇票等及时缴存银行并登记入账，防止由销售人员直接收取款项，如必须由销售人员收取，则由财会部门加强监控。

（七）客户服务

在实务中，该关键环节的风险主要表现在：客户服务水平低，消费者满意度不高，影响公司品牌形象，造成客户流失。

企业建立的应对其风险的控制措施包括以下内容。

（1）结合竞争对手客户服务水平，建立和完善客户服务制度，包括客户服务的内容、标准、方式等。

（2）设专人或部门进行客户服务和跟踪。有条件的企业按产品线或地理区域建立客户服务中心。加强售前、售中和售后技术服务，实行客户服务人员的薪酬与客户满意度挂钩的制度。

（3）建立产品质量管理制度，加强销售、生产、研发、质检等相关部门之间的沟通与协调。

（4）做好客户回访工作，定期或不定期开展客户满意度调查；建立客户投诉制度，记录所有的客户投诉，并分析原因，提出解决措施。

（5）加强销售退回控制。销售退回需经具有相应权限的人员审批后方可执行，销售退回的商品参照物资采购入库管理。

（八）会计系统控制

在实务中，该关键环节的风险主要表现在：缺乏有效的销售业务会计系统控制，可能导致企业账实不符、账证不符、账账不符或者账表不符，影响销售收入、销售成本、应收款项等会计核算的真实性和可靠性。

企业建立的应对其风险的控制措施包括以下内容。

（1）加强对销售、发货、收款业务的会计系统控制，详细记录销售客户、销售合同、销售通知、发运凭证、商业票据、款项收回等情况，确保会计记录、销售记录与仓储记录核对一致。具体为：财会部门开具发票时，依据相关单据（计量单、出库单、货款结算单、销售通知单等）并经相关岗位审核。在开具销售发票时遵循有关发票管理规定，杜绝虚假发票。财会部门审核销售报表等原始凭证上的销售价格、数量等，并根据国家统一的会计准则确认销售收入，登记入账。财会部门与相关部门在月末核对当月销售数量，保证各部门销售数量的一致性。

（2）建立应收账款清收核查制度，销售部门定期与客户对账，并取得书面对账凭证，财会部门负责办理资金结算并监督款项回收。

（3）及时收集应收账款相关凭证资料并妥善保管；及时要求客户提供担保；对未按时还款的客户，采取申请支付令、申请诉前保全和起诉等方式及时清收欠款。收回的非货币性资产应经评估和恰当审批。

（4）对于可能成为坏账的应收账款，按照国家统一的会计准则规定计提坏账准备，并按照权限范围和审批程序进行审批。对确定发生的各项坏账，查明原因，明确责任，并在履行规定的审批程序后做出会计处理。对核销的坏账进行备查登记，做到账销案存。已核销的坏账又收回时及时入账，防止形成账外资金。

在实务中，注册会计师重点关注的往往是财务报告的内部控制，表 4－2 列示了在销售与收款循环中与财务报表可靠性和资产安全性相关的一系列具体的控制措施。

表 4－2　针对销售与收款循环的财务报告控制

交易	典型的财务报告控制
销售	维护经批准的顾客名单
	将信用批准与销售业务分开
	及时更新现有顾客的信用限额
	按顺序使用预先编号的销售、装运以及账单凭证
	运用自动化系统（如销售终端系统）跟踪所有人员的销售活动，包括折扣等
	在凭证资料中提供信用批准的标记
	根据装运凭证以及销售单验证已装运的数量
	在凭证资料中提供装运标记
	验证已装运项目的价格
	验证发票的小计和合计
	及时将交易转账
	运用控制和混列总数来验证过账的准确性
	在顾客账户和产品编号中使用校验码
	将所有凭证进行匹配和验证
	保持一份最新的账户一览表
	将总分类账的合计数和业务与明细分类账及支持性日记账进行核对
	运用自动化系统将所有日常交易过账
	适当授权进行调账
	在登账前复核所有的日记账分录
	调查账户中异常的分录
现金收入	通过有资质的第三方控制使用电子资金转账自动化收款（如银行等）
	将最初的收入处理工作与其他会计职责及销售相关业务分开
	对新收到的款项进行项目清点
	立即对所有现金收入编制清单
	在现金交易中使用预先编号的收据
	将收到的所有支票限制性背书为“仅用于存款”
	将收到的款项与每一笔收款通知单核对
	将支票与汇款通知单分开并及时存入银行
	验证所付款项是否与公司规定的付款条件一致（如折扣、时间、期间和利息）
	及时将交易过账
	运用控制总数和混列总数来验证过账的准确性
	编制银行存款余额调节表，并注意该职责是否独立于收入处理和过账工作
	将总分类账的合计数和业务与明细分类账及支持性日记账和记录（如银行存款、现金清单）进行核对
	每月向顾客寄送对账单

续表

交易	典型的财务报告控制
销售退回处理	运用预先编号的贷项通知单
	及时记录贷项通知单
	要求批准退货的人员不直接与客户接触
	将贷项通知单的编制与现金收入的处理分开
	及时对退货编制（预先编号的）收货报告
	将每张贷项通知单的金额与原始凭证核对
	注销原始凭证，以防重复退货
注销处理	定期编制应收账款账龄分析表
	定期检查逾期的账户
	保留与目前逾期账户有关的顾客通信文档
	由独立于销售和现金收入职能的人批准坏账的核销
	使用预先编号的文件作为坏账核销的证据
坏账估计	保留坏账历史资料
	审查估计程序所依据的假设是否适当
	审查形成估计的计算程序

第二节　销售与收款循环的控制测试

一、销售与收款循环的控制测试目标与程序

销售与收款循环的控制测试是在评价销售和收款循环的内部控制设计合理并被执行的基础上，考虑成本效益原则和风险水平，从下列四个方面获取销售与收款循环的控制是否有效运行的审计证据。

（1）销售与收款循环的控制在审计期间的不同时点是如何运行的。

（2）控制是否得到一贯执行。

（3）控制由谁执行。

（4）控制以何种方式运行（如人工控制或自动控制）。

销售与收款循环的控制测试程序一般包括以下内容。

（1）询问被审计单位的人员，了解被审计单位销售和收款的主要控制制度是否被执行。

（2）观察销售和收款的关键控制点及特定控制点的控制实践。

（3）检查关键控制点生成的有关文件和记录。

（4）必要时通过重新执行来证实控制执行的有效性。

（5）通过追踪交易在财务报告信息系统中的处理过程（穿行测试），以提取支持关键控制点控制有效的审计证据。

（6）根据上述程序的实施，评估控制是否可信赖。

二、销售与收款循环的控制测试实务

注册会计师在执行销售与收款循环控制测试时形成的相关工作底稿如下所示。

（1）销售与收款循环控制测试程序。该表记录了注册会计师针对销售、记录应收账款、收款、保管顾客档案等内部控制设计控制测试程序的情况，内容包括拟执行的控制测试具体程序、有关控制的执行频率、拟测试的样本数量以及执行相关程序的工作底稿的索引。

在执行财务报表审计业务时，注册会计师应运用职业判断，结合被审计单位的实际情况设计和执行控制测试。控制测试的程序包括询问、观察、检查以及穿行测试或重新执行。

（2）销售与收款循环控制测试汇总表。该表是记录注册会计师测试的销售与收款循环控制活动及结论的汇总类底稿，既汇总了注册会计师在风险评估中得出的“了解内部控制的初步结论”，也汇总了注册会计师对销售与收款循环执行控制测试得出的结论。另外，由于销售与收款循环控制测试是为了确定销售与收款循环对实质性程序的性质、时间和范围的影响，因此，底稿中也列示了注册会计师专业判断销售与收款循环中相关交易和账户余额的总体审计方案，以及审计时需要与治理层/管理层沟通的安排。

值得注意的是，如果注册会计师不拟对与某些控制目标相关的控制活动实施控制测试，则应直接执行实质性程序，对相关交易和账户余额的认定进行测试，以获取足够的保证程度。

（3）销售与收款循环控制测试过程。该表是注册会计师按销售与收款循环中关键的控制环节分别抽取相关凭证进行测试而形成的底稿，直接支持“销售与收款循环控制测试汇总表”中的控制测试结论。销售与收款循环的关键控制环节及其关键测试内容如表 4－3 所示。

表 4－3　销售与收款循环的关键控制环节及其关键测试内容

序号	关键控制环节	关键测试内容
1	与销售有关的业务活动的控制	是否复核顾客信用额度；销售发票是否经过复核；销售订单、销售发票、出运通知单、送货单内容是否一致；发票上是否盖有“相符”印戳；收款凭证是否得到会计主管的适当审批；有关支持性文件上是否盖有“核销”章；付款人名称是否与顾客名称一致；销售订单、销售发票、出运通知单、送货单、报关单、银行进账单、信用证、记录应收账款的凭证是否连续编号等。
2	与新顾客承接有关的业务活动的控制	是否编制顾客申请表；是否编制新顾客基本情况表；是否取得新顾客信用等级的评定报告；是否经信用管理经理审批；是否根据经适当审批的文件建立新顾客档案等。
3	比较销售信息报告与相关文件（销售订单）是否相符	应收账款记账员是否已复核销售信息报告；销售订单是否连续编号等。

续表

序号	关键控制环节	关键测试内容
4	与调整应收账款有关的业务活动的控制	是否编制应收账款账龄报告；是否与支持文件相符；是否经过恰当审批；应收账款调节表的编号与日期；是否已调节应收账款等。
5	与核销坏账或计提特别坏账准备有关的业务活动的控制	坏账申请表的编号与日期；是否与支持文件相符；是否经过恰当审批；是否已调节应收账款等。
6	与计提坏账准备有关的业务活动的控制	董事会是否制定与计提坏账准备有关的会计估计方法；年末销售经理是否编写应收账款可回收性分析；如较原先估计数发生较大变化，会计主管是否编写会计估计变更建议；财务经理是否复核会计估计变更建议或减值调整建议；董事会是否审核会计估计变更建议；会计估计变更是否已进行恰当处理和列报；相关记账凭证是否连续编号等。
7	与退货及索赔有关的业务活动的控制	顾客投诉处理表的编号与日期；财务部是否注明货款结算情况；生产经理是否确定质量责任；技术经理是否确定质量责任；是否经过恰当审批；是否已调节应收账款等。
8	与顾客档案更改记录有关的业务活动的控制	更改申请表是否经过恰当审批；是否包含在月度供应商信息更改报告中；月度供应商信息更改报告是否经恰当复核；更改申请表号码是否包含在编号记录表中；编号记录表是否经复核等。
9	与顾客档案及时维护有关的业务活动的控制	顾客名称和档案编号；最近一次与公司发生交易的时间；是否已按照规定对顾客档案进行维护等。

实例 4-1（分析题）

今明会计师事务所承接了华兴公司 20×6 年度财务报表审计业务，20×6 年 10 月委派注册会计师李明等进行年报预审。李明在对华兴公司与 1—9 月报表相关的内部控制进行测试时，了解到华兴公司在销售与收款循环中的控制活动包括以下内容。

（1）销售部门收取顾客寄来的订单后，由销售经理 A 对品种、规格、数量、价格、付款条件、结算方式等详细审核后签章，由销售部门为每张顾客订单打印一式两联的销售单，一份送到信用部门批准，一份与顾客订单一起存档，销售单未连续编号。

（2）信用审核部门检查经授权的相关客户剩余赊销信用额度，并在销售部门编制的销售单上签字。在剩余赊销信用额度内的销售，由信用审核部门职员 B 审批；超过剩余赊销信用额度的销售，在职员 B 审批后，还需获得经授权的信用审核部门经理 C 的批准。

（3）储运部门收到经批准的销售单，编制一式多联预先编号的装运单。仓库部门根据装运单发货，偶尔会出现顾客订单上的商品数量和类型与销售单或装运单上的记录不一致的情况。

（4）会计部门收到销售单后，在开具销售发票之前，先核对装运凭证和相应的经批准的销售单，并根据已授权批准的商品价目表填写销售发票上的价格，根据装运凭证上的数量填写销售发票上的数量。将顾客联寄送顾客，将销售发票记账联交应收账款专管员 F，作为记账和收款的凭证。

(5) 应收账款专管员F收到发票后，将发票与销货单核对，如无错误，据以登记应收账款明细账和总账，并将发票和销货单按顾客顺序归档保存。同时，每月向各经销商寄送应收账款对账单，并负责跟踪处理对账不符的金额。

(6) 为了提高办事效率，华兴公司的露西分公司允许销货人员直接收款，销售人员收款后，部分销售人员直接将款项存入个人账户，延迟交款到公司财务部门。

(7) 华兴公司对销售人员采用按销售额实施奖励的激励政策，出现了很多年末销售下年初退货的现象，销售退回货物由销售人员验收，每季度统一把相关凭证提交会计部门进行会计处理。

(8) 华兴公司3年以上的应收账款金额大，经询问，有许多都是很早以前遗留的应收账款，当事人已经不在，债务方也很难找到，由于无人负责，只好挂账。

预审后，注册会计师与华兴公司的管理层交换意见，建议华兴公司加强销售与收款循环的内部控制的监督，完善其运行机制。

要求：

1. 请指出华兴公司销售与收款循环内部控制各项活动是否存在缺陷，如果存在，请提出改进建议。

2. 根据对华兴公司销售与收款循环内部控制的了解和测试，请分别指出上述内部控制缺陷与哪些财务报表项目或科目的何种认定相关，编制表格。

3. 如果注册会计师了解到华兴公司部分与销售相关的控制内容，摘录如下：

(1) 每笔销售业务均需与客户签订销售合同。

(2) 赊销业务需由专人进行信用审批。

(3) 仓库只有在收到经批准的发货通知单时才能供货。

(4) 负责开具发票的人员无权修改开票系统中已设置好的商品价目表。

(5) 财务人员根据核对一致的销售合同、客户签收单和销售发票编制记账凭证并确认销售收入。

(6) 每月末，由独立人员对应收账款明细账和总账进行调节。

注册会计师应当选择哪一种内部控制进行测试，以验证华兴公司是以“客户验货签收”作为销售收入的确认时点?

4. 如果注册会计师在20×7年1月审计华兴公司20×6年财务报表时，发现华兴公司除弥补了销售与收款循环控制存在的以上缺陷外，其他控制在剩余期间没有发生变化，且华兴公司的控制环境良好。请讨论注册会计师如何对剩余期间(10—12月)的控制获取补充审计证据。

5. 如果注册会计师在20×7年1月审计华兴公司20×6年财务报表时，发现华兴公司销售与收款循环控制并未改善，且华兴公司在信息系统、控制程序或人员等方面发生了重大变化。请讨论分析怎样对剩余期间(10—12月)的控制获取补充审计证据。

6. 如果注册会计师在20×7年1月审计华兴公司20×6年财务报表时，发现华兴公司除弥补了销售与收款循环控制存在的以上缺陷外，其他控制在剩余期间没有发生变化，但注册会计师感到华兴公司管理层存在年末粉饰财务报表的风险，请讨论怎样对剩余期间（10—12月）的控制获取补充审计证据。

7. 注册会计师从销售与收款循环控制测试中获取证据并得出对华兴公司内部控制的依赖程度，讨论不同依赖程度如何影响实质性程序。

8. 如果注册会计师在预审中实施了实质性程序，但未对剩余期间的控制进行测试，那么对期中至年末这一期间所要实施的实质性程序的数量与依赖剩余期间控制所要实施的实质性程序的数量相比孰多孰少？为什么？

分析：（请扫描二维码）

第三节　营业收入的审计

一、应对收入重大错报风险

（一）收入确认存在舞弊风险的假定

收入是利润的来源，直接关系到企业的财务状况和经营成果。有些企业为了达到粉饰财务报表的目的往往采用虚增或隐瞒收入等方式实施舞弊。在财务报表舞弊案件中，涉及收入确认的舞弊占有很大比例，收入确认已成为注册会计师审计的高风险领域。中国注册会计师审计准则要求注册会计师基于收入确认存在舞弊风险的假定，评价哪些类型的收入、收入交易或认定导致舞弊风险。为此，注册会计师基于收入确认存在舞弊风险的假定，设计并实施恰当的审计程序，以将与收入确认相关的审计风险降至可接受的低水平。

《中国注册会计师审计准则第1141号——财务报表审计中与舞弊相关的责任》要求注册会计师在识别和评估由于舞弊导致的重大错报风险时，应当首先假定收入确认存在舞弊风险，在此基础上评价哪些收入类型、收入交易或认定导致舞弊风险。假定收入确认存在舞弊风险，并不意味着审计准则要求注册会计师无端地将与收入确认相关的所有认定都假定为存在舞弊风险。注册会计师需要结合对被审计单位及其环境的具体了解，考虑收入确认舞弊可能如何发生。被审计单位不同，管理层实施舞弊的动机或压力不同，其舞弊风险所涉及的具体认定也不同，注册会计师需要做出具体分析。如果管理层难以实现预期的利润目标，则可能有高估收入的动机或压力，因此，收入的发生认定存在舞弊风险的可能性较大，而完整性认定则通常不存在舞弊风险；相反，如果管理层有隐瞒收入进而降低税负的动机，则注册会计师需要更加关注与收入完整性认定相关的舞弊风险。例如，如果被审计单位预期难以达到下一年度的销售目标，并达到了本年度的销售目标，就可能倾向于将本期的收入推迟至下一年度确认。如果注册会计师根据业务的具体情况，认为收入确认存在舞弊风险的假定并不适用，从而决定不将收入确认作为由于舞弊导致的重大错报风险领域，注册会计师应当在工作底稿中记录得出该项结论的理由。例如，当被审计单位仅存在一种简单的收入交易（如单一租赁资产的租赁收入）时，注册会计师可能认为在收入确认方面不存在由于舞弊导致的重大错报风险。

实例 4－2（分析题）

针对以下公司的情况，指出是否存在舞弊风险因素，并简要说明理由和注册会计师的应对。

（1）A 公司属于水产养殖行业，主要产品销售到各水产品批发市场，68%的销售业务以现金方式结算；同时 A 公司董事会要求每年销售业绩增长 25%以上。

（2）B 公司拥有 3 家子公司，分别生产不同的饮料产品。B 公司所处行业整体竞争激烈，市场处于饱和状态，同行业公司的主营业务收入年增长率低于 5%，但 B 公司董事会仍要求管理层将 20×6 年度主营业务收入增长率确定为 8%。管理层编制的 B 公司 20×6 年度财务报表显示，已按计划实现收入。另外，B 公司管理层除领取固定工资外，其奖金金额与当年完成主营业务收入的情况挂钩。

分析：

事项（1）存在舞弊“动机或压力”风险因素。原因是 A 公司董事会要求每年销售业绩增长 25%以上，依据收入的逐年增长来衡量业绩；同时 68%的销售业务以现金方式结算，财务报表存在舞弊风险的可能性高，根据收入确认舞弊假定，注册会计师可以直接假定收入确认存在舞弊风险。

事项（2）存在舞弊“动机或压力”风险因素。原因是 B 公司所在行业整体竞争激烈，市场处于饱和状态；董事会对管理层制定了过高的盈利能力指标；另外，管理层个人报酬中有相当一部分（如奖金）取决于公司能否实现激进的目标（经营成果），根据收入确认舞弊假定，注册会计师可以直接假定收入确认存在舞弊风险。

注册会计师在识别和评估由于舞弊导致的重大错报风险时，应当基于收入确认舞弊假定，评价哪些类型的收入、收入交易或认定会导致舞弊风险。如果未将收入确认作为由于舞弊导致的重大错报风险领域，则应当在审计工作底稿中记录得出该结论的理由。

（二）营业收入实质性测试程序

尽管不同行业的销售方式或模式不同，企业收入确认特征不同，但对于一般的企业来讲，营业收入实质性测试的程序如表 4－4 所示。

表 4－4　营业收入实质性程序

一、审计目标与认定对应关系

审计目标	财务报表认定					
	发生	完整性	准确性	截止	分类	列报
A. 利润表中记录的营业收入已发生，且与被审计单位有关。	√					
B. 所有应当记录的营业收入均已记录。		√				

续表

审计目标	财务报表认定					
	发生	完整性	准确性	截止	分类	列报
C. 与营业收入有关的金额及其他数据已恰当记录。			√			
D. 营业收入已记录于正确的会计期间。				√		
E. 营业收入已记录于恰当的账户。					√	
F. 营业收入已按照企业会计准则的规定在财务报表中做出恰当的列报。						√

二、重大错报风险由实质性程序获取的保证程度确定

根据风险评估和内控测试结果按顺序依次做出判断	索引号	财务报表认定					
		发生	完整性	准确性	截止	分类	列报
1. 评估重大错报风险水平（结果取自风险评估工作底稿——考虑内控效果前）							
2. 控制测试结果是否支持风险评估结论（结果取自该项目所属业务循环控制测试工作底稿——控制测试汇总表）							
3. 需从实质性程序获取的保证程度							

三、审计目标与审计程序对应关系

审计目标	可供选择的审计程序	索引号
（一）主营业务收入		
C	1. 获取或编制主营业务收入明细表。 （1）复核加计是否正确，并与总账数和明细账合计数核对是否相符，结合其他业务收入科目与报表数核对是否相符； （2）检查以非记账本位币结算的主营业务收入的折算汇率及折算是否正确。	
ABC	2. 实质性分析程序（必要时）。 （1）针对已识别需要运用分析程序的有关项目，注册会计师基于对被审计单位及其环境的了解，通过进行以下比较，同时考虑有关数据间关系的影响，建立有关数据的期望值。 1）将本期的主营业务收入与上期的主营业务收入进行比较，分析产品销售的结构和价格变动是否异常，并分析异常变动的原因； 2）计算本期重要产品的毛利率，与上期比较，检查是否存在异常，各期之间是否存在重大波动，查明原因； 3）比较本期各月各类主营业务收入的波动情况，分析其变动趋势是否正常，是否符合被审计单位季节性、周期性的经营规律，查明异常现象和重大波动的原因； 4）将本期重要产品的毛利率与同行业企业进行对比分析，检查是否存在异常； 5）根据增值税发票申报表或普通发票，估算全年收入，与实际收入金额比较。 （2）确定可接受的差异额。 （3）将实际的情况与期望值相比较，识别需要进一步调查的差异。	

续表

审计目标	可供选择的审计程序	索引号
	(4) 如果其差额超过可接受的差异额，调查并获取充分的解释和恰当的佐证审计证据（如通过检查相关的凭证等）。 (5) 评估分析程序的测试结果。	
ABCD	3. 检查主营业务收入的确认条件、方法是否符合企业会计准则，前后期是否一致；关注周期性、偶然性的收入是否符合既定的收入确认原则、方法。	
C	4. 获取产品价格目录，抽查售价是否符合价格政策，并注意销售给关联方或关系密切的重要客户的产品价格是否合理，有无以低价或高价结算的现象，相互之间有无转移利润的现象。	
ABCD	5. 抽取________张发货单，审查出库日期、品名、数量等是否与发票、销售合同、记账凭证等一致。	
ACD	6. 抽取________张记账凭证，审查入账日期、品名、数量、单价、金额等是否与发票、发货单、销售合同等一致。	
AC	7. 结合对应收账款的审计，选择主要客户函证本期销售额。	
A	8. 对于出口销售，应当将销售记录与出口报关单、货运提单、销售发票等出口销售单据进行核对，必要时向海关函证。	
D	9. 销售的截止测试。 (1) 通过测试资产负债表日前后________天且金额大于________的发货单据，将应收账款和收入明细账进行核对；同时，从应收账款和收入明细账中选取在资产负债表日前后________天且金额大于________的凭证，与发货单据核对，以确定销售是否存在跨期现象。 (2) 复核资产负债表日前后的销售和发货水平，确定业务活动水平是否异常(如与正常水平相比)，并考虑是否有必要追加截止程序。 (3) 取得资产负债表日后所有的销售退回记录，检查是否存在提前确认收入的情况。 (4) 结合对资产负债表日应收账款的函证程序，检查有无未取得对方认可的大额销售。 (5) 调整重大跨期销售。	
A	10. 存在销货退回的，检查手续是否符合规定，结合原始销售凭证检查其会计处理是否正确。结合存货项目审计关注其真实性。 (1) 了解销售退回管理控制制度是否健全、执行是否有效。 1) 查询被审计单位销售管理制度中有关销货退回管理的相关规定。 2) 对被审计单位适当人员进行访谈：对销售退回执行部门进行访谈，了解退货处理及审批流程；对仓库以及质检部门进行访谈，了解其清点退货货物和质量检验的情况以及毁损货物的存货管理。 3) 了解管理层是否定期复核销售退回的货物，是否分析退回原因。 (2) 查验追踪相关支持档案，比照被审计单位退货政策判断其接受退货的合理性及真实性：查验退货项目与退货验收单、退货运输单是否匹配；查看入库单或其他档案上是否有退货的客户或承运人的签字确认；查看入库单或其他档案上是否有退货的客户或承运人的签字确认；查看入库单上仓库的签收数量是否与退货申请相一致。 (3) 检查被审计单位账面大额退货记录，并收集检查销售部门的退货资料，查验是否有未入账退货情况；结合存货盘点程序，查验被审计单位的一处或多处发货现场，实地观察待处理的退货情况；追踪到相应的发票或者红字发票，检查退货账实是否相符，不符之处应进一步查明原因，获取证据，进而确定销售退回的会计处理是否正确。	

续表

审计目标	可供选择的审计程序	索引号
	（4）关注被审计单位退货产品质量，是否只有经过质量检验的销售退回货物才能办理退库，并关注退换货损失的处理是否适当、存货是否计提减值准备等。 （5）实施销售及存货截止测试，对期后大宗或异常的销售退货进行检查以确定相关收入被恰当记录。 （6）向被审计单位销售客户函证退货情况，包括退货名称、规格、数量、金额、退货原因。	
C	11. 检查销售折扣与折让： （1）获取或编制折扣与折让明细表，复核加计是否正确，并与明细账合计数核对是否相符。 （2）取得被审计单位有关折扣与折让的具体规定和其他文件资料，并抽查较大的折扣与折让发生额的授权批准情况，与实际执行情况进行核对，检查其是否经授权批准，是否合法、真实。 （3）销售折让与折扣是否及时足额提交对方，有无虚设中介、转移收入、私设账外“小金库”等情况。 （4）检查折扣与折让的会计处理是否正确。	
ABCDE	12. 检查有无特殊的销售行为，如委托代销、分期收款销售、商品需要安装和检验的销售、附有退回条件的销售、售后租回、售后回购、以旧换新、出口销售等，选择恰当的审计程序进行审核。	
AC	13. 调查向关联方销售的情况，记录其交易品种、价格、数量、金额和比例，并记录占总销售收入的比例。对于合并范围内的销售活动，记录应予合并抵销的金额。	
AC	14. 调查集团内部销售的情况，记录其交易价格、数量和金额，并追查在编制合并财务报表时是否已予以抵销。	
	15. 根据评估的舞弊风险等因素增加的审计程序。	
（二）其他业务收入		
C	16. 获取或编制其他业务收入明细表，复核加计是否正确，并与总账数和明细账合计数核对是否相符，结合主营业务收入科目与营业收入报表数核对是否相符。	
ABCDE	17. 检查原始凭证等相关资料，分析交易的实质，确定其是否符合收入确认的条件，并检查其会计处理是否正确。	
AC	18. 用材料进行非货币性资产交换的，应确定其是否具有商业实质且公允价值能够可靠计量。	
	19. 根据评估的舞弊风险等因素增加的审计程序。	
（三）列报		
F	20. 检查营业收入是否已按照企业会计准则的规定在财务报表中做出恰当列报。	

二、对收入执行分析程序

在收入确认领域实施风险评估程序时，分析程序是一种较为有效的方法，注册会计师需要重视分析程序在识别收入确认舞弊中的作用。

（一）收入确认领域的分析程序

在设计分析程序时，注册会计师需要在充分了解被审计单位及其环境的基础上，识别与收入相关的财务数据和其他财务数据、非财务数据之间的关系，以提升实施分析程序的效果。基于被审计单位的业务性质，可以采用不同的数据指标。例如，餐饮业可以考虑翻台率，游戏直播行业可以考虑单客充值金额、实际在线时间等。在收入确认领域，注册会计师可以实施的分析程序包括以下内容。

（1）将账面销售收入、销售清单和销售增值税销项清单进行核对。

（2）将本期销售收入金额与以前可比期间的对应数据或预算数进行比较。

（3）分析月度或季度销售量、销售单价、销售收入金额、毛利率变动趋势。

（4）将销售收入变动幅度与销售商品及提供劳务收到的现金、应收账款/合同资产、存货、税金等项目的变动幅度进行比较。

（5）将销售毛利率、应收账款/合同资产周转率、存货周转率等关键财务指标与可比期间数据、预算数或同行业其他企业数据进行比较。

（6）分析销售收入等财务信息与投入产出率、劳动生产率、产能、水电能耗、运输数量等非财务信息之间的关系。

（7）分析销售收入与销售费用之间的关系，包括销售人员的人均业绩指标、销售人员薪酬、广告费、差旅费，以及销售机构的设置、规模、数量、分布等。

注册会计师通过实施分析程序，可能识别出未注意到的异常关系，或通过其他审计程序难以发现的变动趋势，从而有目的、有针对性地关注可能发生重大错报风险的领域，评估重大错报风险，为设计和实施应对措施奠定基础。例如，如果注册会计师发现被审计单位不断地为完成销售目标而增加销售量，或者大量的销售不能收现导致应收账款/合同资产大量增加，需要对销售收入的真实性予以额外关注；如果注册会计师发现被审计单位临近期末销售量大幅增加，需要警惕被审计单位将下期收入提前确认或虚假销售的可能性；如果注册会计师发现单笔大额收入能够减轻被审计单位盈利方面的压力，或使被审计单位完成销售目标，需要警惕被审计单位虚构收入的可能性。

如果发现异常或偏离预期的趋势或关系，注册会计师需要认真调查其原因，评价是否可能存在由于舞弊导致的重大错报风险。临近期末收入和利润的异常关系尤其值得关注，例如在报告期的最后几周内记录了不寻常的大额收入或异常交易。注册会计师可能采取的调查方法举例如下。

（1）如果注册会计师发现被审计单位的毛利率变动较大或者与所在行业的平均毛利率差异较大，注册会计师可以采用定性分析与定量分析相结合的方法，从行业及市场变化趋势、产品销售价格和产品成本要素等方面对毛利率变动的合理性进行调查。

（2）如果注册会计师发现应收账款余额较大，或其增长幅度高于销售收入的增长幅度，注册会计师需要分析具体原因（如赊销政策和信用期限是否发生变化等），并采取恰当的措施，如扩大函证比例、增加截止测试和期后收款测试的比例、使用与前期不同的抽样方法、实地走访客户等。

（3）如果注册会计师发现被审计单位的收入增长幅度明显高于管理层的预期，可以询问管理层的适当人员，并考虑管理层的答复是否与其他审计证据一致，例如，如果管理层表示收入增长是由于产量增加，注册会计师可以调查与市场需求相关的情况。

在收入确认领域，注册会计师可以借助数据分析技术。

（二）识别重大错报的分析程序

注册会计师常采用以下分析程序来识别主营业务收入是否存在重大错报。

（1）将收入、成本及毛利率与同行业数据进行对比分析，分析差异的合理性。

（2）比较当年度及以前年度不同品种的主要产品的收入和毛利率，并查明出现异常情况的原因。

（3）比较当年度及以前年度不同销售区域的主要产品的主营业务收入和毛利率，并查明出现异常情况的原因。

（4）比较当年度及以前年度销售退回、销售折扣与折让的总额及其与主营业务收入的比率，并查明出现异常情况的原因。

（5）比较当年度及以前年度截止日前后两个月的主营业务收入、毛利率，销售退回、销售折扣与折让的总额及其与主营业务收入的比率，并查明出现异常情况的原因。

（6）比较当年度及以前年度各月主营业务收入，并查明异常波动的原因。

（7）比较当年度及以前年度现销与赊销的比例，并查明出现异常情况的原因。

（8）比较当年度及以前年度销售佣金率、销售折扣率、销售运费率和其他销售费用率，并查明出现异常情况的原因。

（9）根据产品生产能力、仓储能力和运输能力，原材料采购数量及单位产品材料耗用定额，生产工人数量、生产工时及劳动生产率分析产品生产量和销售量的合理性，并查明出现异常情况的原因。

（10）核对相互独立部门的数据，如：1）发票上记载的销售数量与发货单记载的数量、订单数量和产品销售成本中的销货数量；2）账面销售数量与商品采购和生产数量；3）出纳记录的销售收款与应收账款贷方发生额；4）应收账款借方发生额与销售订单金额总计；5）运货部门记录的运货数与仓库记录的发货量；6）主营业务收入贷方发生额与发运部门记录的运货价值；7）账面销售额与增值税纳税申报的收入。

（11）了解下游企业产品同期销售情况，分析被审计单位产品销售量的合理性，并查明出现异常情况的原因。

（12）将营业收入、主营业务利润与经营活动产生的现金流量、净利润进行对比分析，判断营业收入、主营业务利润的合理性。

（13）将营业收入与和收入相关的税金如增值税等进行对比分析，判断其比例关系是否合理。

（14）将营业收入与成本、销售佣金、广告费用、运输费用、保险费用等进行对比分析，判断营业收入的合理性。

（三）利用分析程序捕捉收入舞弊的信号

在实务中，注册会计师应当综合运用分析程序、询问、检查等谨慎地捕捉以下收入舞弊信号。

(1) 分析程序表明对外报告的收入太高、销售退回和销售折扣过低、坏账准备的计提明显不足;

(2) 在对外报告的收入中,已收回现金的比例明显偏低;

(3) 应收账款的增幅明显高于收入的增幅;

(4) 在根据收入测算的经营规模不断扩大的情况下,存货呈急剧下降趋势;

(5) 当期确认的应收账款坏账准备占过去几年销售收入的比重明显偏高;

(6) 本期发生的退货占前期销售收入的比重明显偏高;

(7) 销售收入与经营活动产生的现金流入呈背离趋势;

(8) 与收入相关的交易没有完整和及时地加以记录,或者在交易金额、会计期间和分类方面记录明显不当;

(9) 记录的收入缺乏凭证支持或销售交易未获恰当授权;

(10) 最后时刻的收入调整极大地改善了当期的经营业绩;

(11) 销售交易循环中的关键凭证"丢失";

(12) 未能提供用以证明收入的原始凭证,或以复印件代替原件的现象屡见不鲜;

(13) 未能对银行存款往来调节表或其他调节表上的重大差异项目做出合理解释;

(14) 销售收入和现金日记账存在明显的不平衡;

(15) 与收入相关的记录(如应收款记录)和询证证据(如函证回函)存在异常差异;

(16) 高管层逾越销售交易循环的内部控制;

(17) 新客户、异常客户或大客户未遵循惯常的客户审批程序;

(18) 高管层或相关雇员对收入或收入异常现象的解释前后矛盾、含糊不清或难以置信;

(19) 存在禁止注册会计师接触相关设施、雇员、记录、客户、供应商等有助于获取收入证据的行为;

(20) 高管层在收入确认上对注册会计师施加了过分的时间压力;

(21) 对注册会计师要求提供的收入相关信息拖延搪塞;

(22) 高管层对注册会计师就收入提出的质询做出行为失常的举动(如勃然大怒、威胁利诱等);

(23) 接到客户、雇员、竞争对手关于收入失实的暗示或投诉。

实例4-3(分析题)

华兴公司主要从事A产品的生产和销售,无明显产销淡旺季。产品销售采用赊销方式,正常信用期为20天。在A产品生产成本中,a原材料成本占极大比重。a原材料在20×8年年初、年末库存均为零。A产品的发出计价采用移动加权平均法。20×8年度,华兴公司所处行业的统计资料显示,生产A产品所需a原材料主要依赖进口,汇率因素导致a原材料采购成本大幅上涨;替代产品面市使A产品的市场需求减少,市场竞争激烈,导致销售价格明显下跌。

20×8年度未经审计财务报表及相关账户记录反映:

（1）A产品20×7年度和20×8年度的销售记录如表4-5所示。

表4-5 销售记录

产品名称	20×8年度（未审数）			20×7年度（已审数）		
	数量（吨）	营业收入（万元）	营业成本（万元）	数量（吨）	营业收入（万元）	营业成本（万元）
A产品	900	50 000	40 000	800	40 000	34 000

（2）A产品20×8年度收发存记录如表4-6所示。

表4-6 收发存记录

日期及摘要	入库库存			出库					
	数量（吨）	单价（万元）	金额（万元）	数量（吨）	单价（万元）	金额（万元）	数量（吨）	单价（万元）	金额（万元）
年初余额							0	0	0
1月3日入库	80	60	4 800				80	60	4 800
1月4日出库				70	60	4 200	10	60	600
2月9日入库	80	55	4 400				90	55.56	5 000
（略）									
11月30日出库				75	52	3 900	75	52	3 900
12月2日入库	75	48	3 600				150	50	7 500
12月9日出库				150	50	7 500	0	0	0
年末余额							0	0	0

（3）与销售A产品相关的应收账款变动记录如表4-7所示。

表4-7 应收账款变动记录

日期及摘要	借方（万元）	贷方（万元）	余额（万元）
20×8年年初余额			3 000
20×8年1月2日收款		2 700	300
20×8年1月4日赊销	5 000		5 300
（略）			
20×8年11月30日收款		2 500	600
20×8年12月9日赊销	9 000		9 600
20×8年年末余额			9 600
20×9年年初余额			9 600
20×9年1月25日赊销	3 000		12 600
20×9年1月31日余额			12 600

要求：

请分析认定层面的重大错报及其涉及的认定，针对该认定，注册会计师执行检查程序有什么特征？

分析：（请扫描二维码）

三、销售截止测试

在财务报表审计中，注册会计师常对货币资金、往来款项、存货、长期股权投资、营业收入、期间费用等科目执行截止测试，以确认所有的交易都记录在正确的会计期间。对销售实施截止测试的主要目的在于：确定被审计单位销售收入的会计记录归属期是否正确；应计入本期或下期的销售收入有无被推迟至下期或提前至本期的情况。

在审计实务中，与确定业务收入有密切关系的日期有：发票开具日期或收款日期、记账日期、发货日期（或劳务提供日）。因此，业务收入截止测试的关键在于检查三个日期是否属于同一适当的会计期间。

一般情况下，可选择表 4－8 所示的三条审计路线实施销售截止测试。

表 4－8　销售截止测试的三条审计路线对比

起点	路线	缺点	优点	目的
账簿记录	从报表日前后若干天的账簿记录查至记账凭证，检查发票存根与发运凭证	缺乏全面性和连贯性，只能查多计，无法查漏计	比较直观，容易追查至相关凭证记录	以证实已入账收入是否在同一期间开具发票并发货，有无多计收入
销售发票	从报表日前后若干天的发票存根查至发运凭证与账簿记录	较费时费力，尤其是难以查找相应的发货及账簿记录，不易发现多计收入	较全面、连贯，容易发现漏计收入	确定已开具发票的货物是否已发货并于同一会计期间确认收入，有无少计收入
发运凭证	从报表日前后若干天的发运凭证查至发票开具情况与账簿记录			确定营业收入是否已计入恰当的会计期间，有无少计收入

实例 4－4（单选题）

下列关于营业收入的截止测试的说法中正确的是（　　）。

A. 注册会计师针对可能存在本期漏记收入延至下期，而审计时被审计单位尚未及时登账的情况，拟以账簿记录为起点进行截止测试

B. 如果注册会计师认为营业收入完整性存在问题，以销售发票为起点进行截止测试

C. 注册会计师得知销售经理本期必须达到营业收入提高 10%的指标，拟以销售发票为起点进行截止测试

D. 注册会计师采用顺查的方法检查营业收入的完整性，拟以发运凭证为起点进

行截止测试

分析：D。选项A，注册会计师估计可能存在本期漏记收入延至下期，而审计时被审计单位尚未及时登账的情况，采用账簿记录为起点不易发现应记入而未记入报告期收入的情况。选项B，以发运凭证为起点可以进行完整性的检查。选项C，注册会计师得知销售经理本期必须达到营业收入提高10%的指标，管理层可能会高估营业收入，应采用以账簿记录为起点的截止测试，以防止多计收入。

四、收入舞弊审计实务

（一）收入确认舞弊的举例

了解被审计单位通常采用的收入确认舞弊手段，有助于注册会计师更加有针对性地实施审计程序。被审计单位通常采用的收入确认舞弊手段举例如下。

1. 为了达到粉饰财务报表的目的而虚增收入或提前确认收入

（1）虚构销售交易，包括但不限于以下内容。

1）在无存货实物流转的情况下，通过与其他方（包括已披露或未披露的关联方、非关联方等）签订虚假购销合同，虚构存货进出库，并通过伪造出库单、发运单、验收单等单据，以及虚开商品销售发票虚构收入。

2）在多方串通的情况下，通过与其他方（包括已披露或未披露的关联方、非关联方等）签订虚假购销合同，并通过存货实物流转、真实的交易单证票据和资金流转配合，虚构收入。

3）被审计单位根据其所处行业特点虚构销售交易。例如，从事网络游戏运营业务的被审计单位，以游戏玩家的名义，利用体外资金购买虚拟物品或服务，并予以消费，以虚增收入。

从是否涉及安排货款回笼的角度看，被审计单位可能通过两种方式掩盖虚构的收入。一种是虚构收入后无货款回笼，虚增的应收账款/合同资产通过日后不当计提减值准备或核销等方式加以消化。另一种方法相对复杂和隐蔽，被审计单位会使用货币资金配合货款回笼，并需要解决因虚构收入而带来的虚增资产或虚减负债问题。在这种情况下，虚构收入可能对许多财务报表项目均会产生影响，包括但不限于货币资金、应收账款/合同资产、预付款项、存货、长期股权投资、其他权益工具投资、固定资产、在建工程、无形资产、开发支出、短期借款、应付票据、应付账款、其他应付款、营业收入、营业成本、税金及附加、销售费用等。

被审计单位采用上述第二种方法虚构收入时，相应确认应收账款/合同资产，同时通过虚假存货采购套取自有资金用于货款回笼，形成资金闭环。但通过虚假存货采购套取的资金金额可能小于虚构收入金额，或者对真实商品进行虚假销售而无须虚构存货，导致虚构收入无法通过上述方法套取的资金实现货款全部回笼，此时，被审计单位可能采用如下手段。

1）通过虚假预付款项（预付商品采购款、预付工程设备款等）套取资金用于虚构收入的货款回笼。

2）虚增长期资产采购金额。被审计单位通过虚增对外投资、固定资产、在建工程、无形资产、开发支出等套取资金，用于虚增收入的货款回笼。形成的虚增长期资产账面价值，通过折旧、摊销或计提资产减值准备等方式在日后予以消化。

3）通过被投资单位套取投资资金。被审计单位将资金投入被投资单位，再从被投资单位套取资金用于虚构收入的货款回笼，形成的虚增投资账面价值通过日后计提减值准备予以消化。

4）通过将负债不入账或虚减负债套取资金。例如，被审计单位开具商业汇票给子公司，子公司将票据贴现后用于货款回笼。

5）伪造回款单据进行虚假货款回笼。采用这种方法通常会形成虚假货币资金。

6）对应收账款/合同资产不当计提减值准备。

7）被审计单位实际控制人或其他关联方将资金提供给被审计单位客户或第三方，客户或第三方以该笔资金向被审计单位支付货款。

资金可能来源于被审计单位实际控制人或其他关联方的自有资金，也可能来源于对被审计单位的资金占用或通过被审计单位担保取得的银行借款。例如，被审计单位及其控股股东与银行签订现金管理账户协议，将被审计单位的银行账户作为子账户向控股股东集团账户自动归集，实现控股股东对被审计单位的资金占用，控股股东将该资金用于被审计单位的货款回笼。又如，被审计单位以定期存款质押的方式为关联方提供担保，关联方取得借款后用于货款回笼。

需要注意的是，被审计单位在虚构收入时并不一定采用上述某一种方式，可能采用上述某几种方式的组合。例如，被审计单位生产非标准化产品，毛利率不具有可比性，可能无须虚构大量与虚增收入相匹配的存货采购交易，可以通过实际控制人或其他关联方的体外资金，或虚增长期资产采购金额套取的资金实现货款回笼。

（2）进行显失公允的交易，包括但不限于以下内容。

1）与未披露的关联方或真实非关联方进行显失公允的交易。例如，以明显高于其他客户的价格向未披露的关联方销售商品。与真实非关联方客户进行显失公允的交易，通常会由实际控制人或其他关联方以其他方式弥补客户损失。

2）出售关联方的股权，使之从形式上不再构成关联方，但仍与之进行显失公允的交易，或与未来或潜在的关联方进行显失公允的交易。

3）与同一客户或受同一方控制的多个客户在各期发生多次交易，通过调节各次交易的商品销售价格，调节各期销售收入金额。

（3）在客户取得相关商品控制权前确认销售收入。例如，在委托代销安排下，在被审计单位向受托方转移商品时确认收入，而受托方并未获得对该商品的控制权。又如，在客户取得相关商品控制权前，通过伪造出库单、发运单、验收单等单据，提前确认销售收入。

（4）隐瞒退货条款，在发货时全额确认销售收入。

（5）隐瞒不符合收入确认条件的售后回购或售后租回协议，将以售后回购或售后租回方式发出的商品作为销售商品确认收入。

（6）在被审计单位属于代理人的情况下，被审计单位按主要责任人确认收入。例如，被审计单位为代理商，在仅向购销双方提供帮助接洽、磋商等中介代理服务的情况下，按照相关购销交易的总额而非净额（佣金和代理费等）确认收入。又如，被审计单位将虽然签订购销合同但实质为代理的受托加工业务作为正常购销业务处理，按照相关购销交易的总额而非净额（加工费）确认收入。

（7）对于属于在某一时段内履约的销售交易，通过高估履约进度的方法实现当期多确认收入。

（8）当存在多种可供选择的收入确认会计政策或会计估计方法时，随意变更所选择的会计政策或会计估计方法。

（9）选择与销售模式不匹配的收入确认会计政策。

（10）调整与单独售价或可变对价等相关的会计估计，达到多计或提前确认收入的目的。

（11）对于存在多项履约义务的销售交易，未对各项履约义务单独进行核算，而是将整体作为单项履约义务一次性确认收入。

（12）对于应整体作为单项履约义务的销售交易，通过将其拆分为多项履约义务，达到提前确认收入的目的。

2. 为了达到报告期内降低税负或转移利润等目的而少计收入或推迟确认收入

（1）被审计单位在满足收入确认条件后，不确认收入，而将收到的货款作为负债挂账，或转入本单位以外的其他账户。

（2）被审计单位采用以旧换新的方式销售商品时，以新旧商品的差价确认收入。

（3）对于应采用总额法确认收入的销售交易，被审计单位采用净额法确认收入。

（4）对于属于在某一时段内履约的销售交易，被审计单位未按实际履约进度确认收入，或采用时点法确认收入。

（5）对于属于在某一时点履约的销售交易，被审计单位未在客户取得相关商品或服务控制权时确认收入，推迟收入确认时点。

（6）通过调整与单独售价或可变对价等相关的会计估计，达到少计或推迟确认收入的目的。

（二）针对收入确认舞弊的不可预见性程序

根据《中国注册会计师审计准则第1141号——财务报表审计中与舞弊相关的责任》和《中国注册会计师审计准则第1231号——针对评估的重大错报风险采取的应对措施》的规定，注册会计师应当将评估的由于舞弊导致的重大错报风险作为特别风险，并专门针对该风险实施实质性程序。如果针对特别风险实施的程序仅为实质性程序，这些程序应当包括细节测试。

在应对该特别风险时，如果注册会计师拟信赖管理层针对该风险实施的控制，应当在本期审计中测试这些控制运行的有效性。在实施实质性程序时，注册会计师需要根据交易的经济实质判断被审计单位的收入确认政策是否恰当，特别是那些与复杂交易相关的政策。注册会计师应当设计和实施恰当的应对措施，获取充分、适当的审计证据，并在选择和实施审计程序时注意融入更多的不可预见因素。注册会计师可以采取的应对措施举例如下：

（1）针对收入项目，使用分解的数据实施实质性分析程序。例如，按照月份、产品线或业务分部将本期收入与可比期间收入进行比较。利用计算机辅助审计技术发现异常的或未预期到的收入关系或交易。

（2）复核销售合同，了解主要合同条款或条件，评价被审计单位与收入确认相关的会计政策是否适当，与相关行业使用的会计政策是否一致。同时，对于合同条款的约定，注册会计师需要充分考虑适用的法律法规、补充或者凌驾于合同条款之上的以往司法实践以及类似案例的结果等。注册会计师还需要关注履约义务的识别、交易价格的确定（包括可变对价的估计及其限制）、交易价格的分摊（包括单独售价的确定）、收入确认的期间及合同资产的确认等。对于与收入相关的会计估计（例如可变对价、价格分摊等），注册会计师应当按照《中国注册会计师审计准则第 1321 号——审计会计估计（包括公允价值会计估计）和相关披露》的要求实施审计程序。

（3）向被审计单位的客户函证相关的特定合同条款以及是否存在背后协议。相关的会计处理是否适当，往往会受到这些合同条款或协议的影响。例如，商品接受标准、交货与付款条件、不承担期后或持续性的卖方义务、退货权、保证转售金额以及撤销或退款等条款在此种情形下通常是相关的。

（4）向被审计单位负责销售和市场开发的人员询问临近期末的销售或发货情况，向被审计单位内部法律顾问询问临近期末签订的销售合同是否存在异常的条款或条件。

（5）期末在被审计单位的一处或多处发货现场实地观察发货情况或准备发出的商品情况（或待处理的退货），并结合所了解的情况实施适当的销售及存货截止测试。

（6）对于通过电子方式自动生成、处理、记录的销售交易，实施控制测试以确定相关控制是否能够为所记录的销售交易真实发生并得到适当记录提供保证。必要时，考虑利用信息系统审计专家的工作。

（7）对比历年主要客户名单，查明与原有主要客户交易额大幅减少或合作关系取消，以及新增主要客户的原因。

（8）调查重要交易对方的背景信息，就交易对方是否与被审计单位存在关联方关系询问直接参与交易的员工。

（9）如果被审计单位在某一时段内确认收入，注册会计师需要检查相关合同或其他文件，以评价在某一时段内确认收入及确定履约进度的方法是否合理，与获取的相关资料中的信息是否一致，以及完成的工作能否取得被审计单位客户的确认，能否得到监理报告、被审计单位与客户的结算单据等外部证据的验证，必要时可以利用专家的工作。

（10）如果被审计单位采用经销商的销售模式，注册会计师需要关注主要的经销商与被审计单位之间是否存在关联方关系，并通过检查被审计单位与经销商之间的协议或销售合同、出库单、货运单、商品验收单等相关支持性凭证，确定是否满足收入确认的条件。此外，注册会计师还可以关注经销商布局的合理性、被审计单位频繁发生经销商加入和退出的情况，以及被审计单位对不稳定经销商的收入确认是否适当、退换货损失的处理是否适当等。

（11）如果被审计单位采用代理商的销售模式，注册会计师需要检查被审计单位与代理商之间的协议或合同，确定是否确实存在委托与代理关系，并检查被审计单位收入确认是否有代理商的销售清单、货物最终销售证明等支持性凭据。

（12）如果存在被审计单位关联方注销及非关联化的情况，注册会计师需要关注被审计单位将原关联方非关联化行为的动机及后续交易的真实性、公允性。

（13）如果被审计单位存在特殊交易模式或创新交易模式，分析其对交易经济实质和收入确认的影响。

（14）如果被审计单位以收取现金方式实现销售，核对付款方和付款金额与合同、订单、出库单是否一致，以确定款项是否确实由客户支付；必要时，向现金交易客户函证收入金额，以评估现金收入的发生和完整性认定是否恰当。

（15）对重要客户的货款回收进行测试，关注是否存在通过第三方账户，包括员工账户和其他个人账户回款的情况。

（16）结合货币资金项目审计，关注是否存在异常的资金流动，包括不具有真实商业背景的大额现金收入、一收一付金额相同、收款人和付款人为同一方等异常资金流水。

（17）结合存货、预付款项等项目的审计，检查存货采购是否真实、价格是否公允、预付款项是否具有合理的商业理由。

（18）结合长期股权投资，其他权益工具投资，固定资产、在建工程、无形资产、开发支出等长期资产项目的审计，检查是否存在虚增采购金额套取被审计单位资金的情况。

（19）结合短期借款、应付账款等负债类项目的审计，检查是否存在通过将负债不入账或虚减负债等方式套取被审计单位资金的情况。

（20）结合或有事项的审计，检查是否存在通过未披露的担保套取资金的情况。

（21）结合出库单及销售费用中的运输费等明细，检查货物运输单和提单，必要时向运输单位进行函证或走访，关注货物的流动是否真实发生，从而确定交易的真实性。

（22）结合销售合同中与收款、验收相关的主要条款，对于大额应收账款/合同资产长期未收回的客户，分析被审计单位仍向其进行销售的合理性和真实性。

（23）浏览被审计单位的总账、应收账款/合同资产明细账、收入明细账，以发现可能的异常活动。

（24）检查收入明细账或类似记录的计算准确性，追查将收入过入总账的过程。

（25）分析和检查合同负债等账户的期末余额，确定不存在应在本期确认收入而未确认的情况。

（26）分析和检查资产负债表日以后的贷项通知单及对应收账款/合同资产的其他调整事项。

（27）将临近期末发生的大额交易或异常交易与原始凭证相核对。

（28）详细复核被审计单位在临近期末以及期后编制的调整分录，调查性质或金额异常的项目。

（29）检查临近期末执行的重要销售合同，以发现是否存在异常的定价、结算、发货、退货、换货或验收条款。对期后实施特定的检查，以发现是否存在改变或撤销合同条款的情况，以及是否存在退款的情况。

（30）浏览期后一定时间的总账和明细账，以发现是否存在销售收入冲回或大额销售退回的情况。

（31）如果被审计单位在本期存在与收入确认相关的重大会计政策、会计估计变更或会计差错更正事项，分析这些事项是否合理，检查是否已在财务报表附注中作恰当披露。

（32）如果识别出被审计单位收入真实性存在重大异常情况，且通过常规审计程序无法获取充分、适当的审计证据，注册会计师需要考虑实施“延伸检查”程序，即对检查范围进行合理延伸，以应对识别出的舞弊风险。例如，对所销售产品或服务及其所涉及资金的来源和去向进行追踪，对交易参与方（含代为收付款方）的最终控制人或其真实身份进行查询。

注册会计师在判断是否需要实施延伸检查程序及如何实施时，应当根据审计准则的规定，并考虑有经验的专业人士在该场景下通常会做出的合理职业判断。《中国注册会计师审计准则第 1131 号——审计工作底稿》对有经验的专业人士进行了定义。此外，实施延伸检查程序的可行性和效果受诸多因素影响，注册会计师设计的具体延伸检查程序的性质、时间安排和范围，应当针对被审计单位的具体情况，与评估的舞弊风险相称，并体现重要性原则。例如，被审计单位所处行业的下游产业链较长，如果对下游产业链的某个或某几个环节实施延伸检查程序获取的审计证据可以应对与收入确认相关的舞弊风险，则延伸检查程序无须覆盖所有环节。再者，相对于常规年度财务报表审计而言，在首次公开发行股票并上市审计（IPO 审计）中，由于存在监管要求和相关方的配合，注册会计师实施延伸检查程序通常相对可行。

实务中，注册会计师可以实施的延伸检查程序举例如下：

1）在获取被审计单位配合的前提下，对相关供应商、客户进行实地走访，针对相关采购、销售交易的真实性获取进一步的审计证据。在实施实地走访程序时，注册会计师通常需要关注以下事项：被访谈对象身份的真实性和适当性；相关供应商、客户是否与被审计单位存在关联方关系或“隐性”关联方关系；观察相关供应商、客户的生产经营场地，判断其与被审计单位之间的交易规模是否和其生产经营规模匹配；相关客户向被审计单位进行采购的商业理由；相关客户采购被审计单位商品的用途和去向，是否存在销售给被审计单位指定单位的情况；相关客户从被审计单位采购的商品的库存情况，必要时进行实地察看；是否存在“抽屉协议”，如退货条款、价格保护机制等；相关供应商向被审计单位销售的产品是否来自被审计单位的指定单位；相关供应商、客户与被审计单位是否存在除购销交易以外的资金往来，如有，了解资金往来的性质。

注册会计师应当充分考虑被审计单位与被访谈对象串通舞弊的可能性，根据实际情况仔细设计访谈计划和访谈提纲，并对在访谈过程中注意到的可疑迹象保持警觉。注册会计师在访谈前应注意对访谈提纲保密，必要时，选择两名或不同层级的被访谈人员访谈相同或类似问题，进行相互印证。

2）利用企业信息查询工具，查询主要供应商和客户的股东至其最终控制人，以识别相关供应商和客户与被审计单位是否存在关联方关系。

3）在采用经销模式的情况下，检查经销商的最终销售实现情况。

4）当注意到存在关联方（例如被审计单位控股股东、实际控制人、关键管理人员）配合被审计单位虚构收入的迹象时，获取并检查相关关联方的银行账户资金流水，关注是否存在与被审计单位相关供应商或客户的异常资金往来。

如果识别出收入舞弊或获取的信息表明可能存在舞弊，注册会计师可与被审计单位治理层沟通，并要求治理层就舞弊事项进行调查。

审计程序的性质、时间安排和范围应当能够应对评估的由于舞弊导致的认定层次重大错报风险。如果注册会计师认为延伸检查程序是必要的，但受条件限制无法实施，或实施延伸检查程序后仍不足以获取充分、适当的审计证据，注册会计师应当考虑审计范围是否受限，并考虑对审计报告意见类型的影响或解除业务约定。

实例4－5（分析题）

新大地收入舞弊与注册会计师的查证

广东新大地生物科技股份有限公司（以下简称新大地）位于广东省平远县长田镇油茶工业园，公司前身为广东新大地生物科技有限公司，始建于2004年，于2008年变更为广东新大地生物科技股份有限公司，是国家级高新技术企业。公司主营业务是油茶及其深加工产品的研发、生产和销售，公司的主导产品是精炼山茶油、茶皂素天然洗涤用品。

2012年5月18日，证监会创业板发审委审核通过新大地的首发申请。但由于被媒体质疑公司涉嫌虚增利润、关联交易、财报造假等问题，2012年7月3日，新大地和保荐机构南京证券向证监会提交终止发行上市申请。同月，证监会宣布终止对新大地发行上市申请的审查，并要求中介机构对媒体报道涉及的问题进行核查。2012年10月9日，中国证监会通报了对新大地进行立案稽查的有关情况。2013年10月15日中国证监会对新大地发出了行政处罚决定书（〔2013〕53号）。经查明，新大地在2012年4月12日预披露的招股说明书申报稿以及上会稿中存在重大遗漏，且在2009—2011年年度报告中虚假记载。其收入造假手段包括以下方面。

（1）“兑水掺假”，新大地选择在真实客户销售的基础上虚增部分或少量销售收入。如新大地2009年财务账册多记向梅林市喜多多超市连锁有限公司（以下简称喜多多超市）、梅州市林业局、平远县金利贸易有限公司（以下简称平远金利）和平远县财政局4家客户的销售业务，虚增2009年营业收入405 310.92元，虚增营业成本194 131.97元，虚增利润总额211 178.95元。新大地2010年财务账册多记向平远县健记土特产、平远县通汇自选商场2家客户的商品销售，多记部分的销售回款资金来源于新大地的关联方梅州市绿康农副产品经营部（以下简称梅州绿康）账户和凌某平账户，共计虚增2010年营业收入55 574.18元，虚增营业成本29 180.21元，虚增利润总额 26 393.97 元。新大地 2011 年财务账册多记向喜多多超市、平远县农业局、梅州市林业局、深圳市铁汉生态环境股份有限公司、深圳致君药业有限公司、平远县飞龙实业有限公司飞龙超市、平远县林业局、平远金利、平远县财政局 9 家客户的商品销售，共计虚增 2011 年营业收入 2 246 928.38 元，虚增营业成本 1 169 434.58 元，虚增利润总额 1 077 493.8 元。

(2) 将造假数据“化整为零”，即将虚增收入分散到数量众多的客户。如 2011 年 2 月、6—8 月，新大地将获取的财政补贴款等多项资金转入新大地控制使用的账户后，以采购货物、支付差旅费、备用金名义取现，并先后于取现当日以 52 个客户销售回款的名义直接存入新大地。共有 6 天存在上述存取款业务在同一天、同一银行网点由新大地同一经办人办理，存取金额全部或基本相同的情形，合计确认销售回款 2 557 495 元，虚增 2011 年营业收入 2 260 328.3 元，虚增营业成本 1 425 691.55 元，虚增利润总额 834 636.75 元。

(3) 使用现金虚增收入。新大地控制了一些银行卡和银行账户，这些银行卡和银行账户名义上是他人的，实际上被新大地控制使用。新大地把钱分别存到这些银行卡上，然后短时间内取出，作为销售收入。

1) 自有资金循环，即通过虚构原材料采购或在建工程业务，将自有资金“转出”体外，然后以销售名义“回流”到新大地虚增收入。如 2011 年 11 月、12 月，新大地以采购货物、支付劳务费名义向其控制使用的个人账户转入资金，之后全额或部分取出，同时从平远县源源农副产品销售部（以下简称源源农副）等其他账户（资金最终来源为新大地获取的财政补贴款，黄某江、凌某兰及其子黄某斌的借款或新大地股权转让款）取现，并先后于取现当日以 178 个客户销售回款的名义存入新大地银行账户。共有 14 天存在上述存取款业务在同一天、同一银行网点由新大地同一经办人办理，存取金额全部或基本相同的情形，合计确认销售回款 9 112 794 元，虚增 2011 年营业收入 7 996 270.6 元，虚增营业成本 4 979 457.29 元，虚增利润总额 3 016 813.31 元。

2) 改变资金用途，新大地将个人银行贷款、政府补贴款等资金转入新大地关联公司或其控制的银行账户，然后以销售的名义虚增收入。如 2010 年 6—11 月，新大地自有资金、新大地获取的专项资金或梅州市鸿达装饰有限公司账户的资金，通过往来款等名义转出至平远县二轻建筑工程公司、梅州市三鑫有限公司（以下简称梅州三鑫）账户，再经平远县绿丰农业科技发展有限公司银行账户、梅州绿康账户多次转账并取现后，以客户名义存入新大地。共有 15 天存在上述存取款业务在同一天、同一银行网点由新大地同一经办人办理，存取金额全部或基本相同的情形，合计确认销售回款 2 919 000 元，虚增 2010 年营业收入 2 573 223.65 元，虚增营业成本 1 509 565.34 元，虚增利润总额 1 063 658.31 元。

3) 控制政府补贴。如 2011 年 1—6 月、9 月、11 月、12 月，新大地获取的财政补贴款等多项资金转入梅州三鑫、梅州志联实业有限公司银行账户后，再转入源源农副账户或新大地关联方凌某平、黄某燕等个人账户后取现，并先后于取现当日以 129 个客户销售回款的名义直接存入新大地。共有 19 天存在上述存取款业务在同一天、同一银行网点由新大地同一经办人办理，存取金额全部或基本相同的情形，合计确认销售回款 10 150 723 元，虚增 2011 年营业收入 8 909 015.58 元，虚增营业成本 5 268 758.14 元，虚增利润总额 3 640 257.45 元。

表 4－9 列示了新大地主要财务指标。

表 4－9　2008—2010 年新大地主要财务指标

财务指标	时间		
	2010 年	2009 年	2008 年
总资产（元）	208 533 181.47	158 389 291.08	116 403 486.71
营业收入（元）	123 560 505.11	87 737 998.35	47 970 122.29
利润总额（元）	42 096 620.56	26 554 693.56	16 945 747.63
净利润（元）	35 834 026.42	22 585 260.03	14 353 477.17
基本每股收益（元）	0.94	0.59	0.38
应收账款周转率（次/年）	11.20	13.03	9.90
每股净现金流量（元）	0.65	0.05	−0.22
净资产收益率	28.51%	23.90%	19.80%
资产负债率（母公司）	36.26%	38.70%	35.99%

中国证监会对新大地给予警告，并处以 60 万元罚款，对相关当事人分别予以警告，并处于 15 万～30 万元不等的罚款。

大华会计师事务所有限公司（以下简称大华所）是新大地首次公开发行股票并在创业板上市（以下简称 IPO）的审计机构。经中国证监会查明，大华所及其注册会计师在为新大地 IPO 提供审计鉴证服务过程中，未能勤勉尽责，出具的审计报告、核查意见等文件存在虚假记载。具体违法事实如下：

（1）在审计新大地 2009 年主营业务收入项目的过程中，大华所对新大地 2009 年主营业务毛利率进行了统计，并将统计结果记录于工作底稿，但未对毛利率巨幅波动（3 月为－104.24%，11 月为 90.44%）做出审计结论，也未对异常波动的原因进行分析。

在审计新大地 2011 年主营业务收入项目的过程中，在 12 月毛利率与全年平均毛利率偏离度超过 33%的情况下，未保持适当的职业审慎，得出全年毛利率无异常波动的结论；在审计当年应收账款的过程中，也未保持适当的职业审慎，未发现 2011 年 12 月新大地现金销售回款占当月销售回款 43%的异常情形，也未对上述两项异常进一步查验。

（2）大华所工作底稿显示，2011 年 10 月 21 日，大华所在深圳对梅州绿康农副产品经营部经营者陈某进行了实地访谈，访谈笔录中记载新大地对梅州绿康 2010 年度销售金额与新大地账面数相同。经查明，大华所等中介机构及其人员当日并未对梅州绿康进行实地访谈，且 2010 年新大地向梅州绿康虚假销售 34.48 万元。而大华所在关于新大地有关举报问题的核查意见中称，大华所与保荐机构、律师事务所等三家中介机构对梅州绿康进行了实地访谈，其向新大地采购茶油情况与发行人 2010 年度茶油销售情况一致。

大华所以及签字注册会计师王海滨、刘春奎在听证中辩称：其一，新大地 2009 年、2011 年月综合毛利率出现较大波动系由于其生产和销售季节性特点较明显，年度之间并未出现重大异常，会计师在报告期内对于现金销售、毛利率波动等风险一直充分关注并实施了审计程序，新大地的会计责任不能扩大为会计师的审计责任；其二，对梅州绿康虚假访谈事项不构成大华所正常履行的复核流程的瑕疵，2010 年新大地向梅州绿康虚假销售 34.48 万元，仅占当年主营业务收入的 0.39%，并不构成重大影响；其三，中国证监会拟做出的处罚过重，显失公平。中国证监会认为，当事人大华所、王海滨、刘春奎的申辩理由不能成立，没收大华所业务收入 90 万元，并处以 90 万元的罚款；对王海滨给予警告，并处以 10 万元的罚款；对刘春奎给予警告，并处以 5 万元的罚款。

要求：

如果你作为新大地的注册会计师，如何运用分析程序识别新大地的收入舞弊？你是否认可注册会计师的辩称？为什么？

分析：（请扫描二维码）

第四节　应收账款的审计

一、应收账款审计程序及其形成的底稿

（一）应收账款审计程序

尽管不同企业应收账款审计的具体程序不同，但一般的程序如表 4-10 所示。

表 4-10　应收账款实质性程序

一、审计目标与认定对应关系

审计目标	财务报表认定				
	存在	完整性	权利和义务	计价和分摊	列报
A. 资产负债表中记录的应收账款是存在的。	√				
B. 所有应当记录的应收账款均已记录。		√			
C. 记录的应收账款由被审计单位拥有或控制。			√		
D. 应收账款以恰当的金额包括在财务报表中，与之相关的计价调整已恰当记录。				√	
E. 应收账款已按照企业会计准则的规定在财务报表中做出恰当列报。					√

二、重大错报风险由实质性程序获取的保证程度确定

根据风险评估和内控测试结果按顺序依次做出判断	索引号	财务报表认定				
		存在	完整性	权利和义务	计价和分摊	列报
1. 评估重大错报风险水平（结果取自风险评估工作底稿——考虑内控效果前）						
2. 控制测试结果是否支持风险评估结论（结果取自该项目所属业务循环控制测试工作底稿——控制测试汇总表）						
3. 需从实质性程序获取的保证程度						

三、审计目标与审计程序对应关系

审计目标	可供选择的审计程序	索引号
D	1. 获取或编制应收账款明细表。 （1）复核加计是否正确，并与总账数和明细账合计数核对是否相符；结合坏账准备科目与报表数核对是否相符。 （2）检查非记账本位币应收账款的折算汇率及折算是否正确。 （3）分析有贷方余额的项目，查明原因，必要时，作重分类调整。 （4）结合其他应收款、预收账款等往来项目的明细余额，调查有无同一客户多处挂账、异常余额或与销售无关的其他款项（如代销账户、关联方账户或雇员账户）。如有，应做出记录，必要时作调整。 （5）标识重要的欠款单位，计算其欠款合计数占应收账款余额的比例。	
ABD	2. 检查涉及应收账款的相关财务指标。 （1）复核应收账款借方累计发生额与主营业务收入是否配比，并将当期应收账款借方发生额占销售收入净额的百分比与管理层考核指标相比较，如存在差异，应查明原因。 （2）计算应收账款周转率、应收账款周转天数等指标，并与被审计单位以前年度指标、同行业同期相关指标进行对比分析，检查是否存在重大异常。	
D	3. 获取或编制应收账款账龄分析表。 （1）测试计算的准确性。 （2）将加总数与应收账款总分类账余额相比较，并调查重大调节项目。 （3）检查原始凭证，如销售发票、运输记录等，测试账龄核算的准确性。 （4）请被审计单位协助，在应收账款明细表上标出至审计时已收回的应收账款金额，对已收回金额较大的款项进行常规检查，如核对收款凭证、银行对账单、销货发票等，并注意凭证发生日期的合理性，分析收款时间是否与合同相关要素一致。	
ACD	4. 对应收账款进行函证。 （除非有充分证据表明应收账款对财务报表不重要或函证很可能无效，否则，应对应收账款进行函证。如果不对应收账款进行函证，应在工作底稿中说明理由。如果认为函证很可能无效，应当实施替代审计程序以获取充分、适当的审计证据。） （1）选取函证项目。 （2）对函证实施过程进行控制：核对询证函是否由注册会计师直接收发；被询证者以传真、电子邮件等方式回函的，应要求被询证者寄回询证函原件；如果未能收到积极式函证回函，应当考虑与被询证者联系，要求对方做出回应或再次寄发询证函。	

续表

审计目标	可供选择的审计程序	索引号
	(3) 编制应收账款函证结果汇总表，对函证结果进行评价。核对回函内容与被审计单位账面记录是否一致，如不一致，分析不符事项的原因，检查销售合同、发运单等相关原始单据，分析被审计单位对于回函与账面记录之间差异的解释是否合理，编制应收账款函证结果调节表，并检查支持性凭证；如果不符事项构成错报，应重新考虑所实施审计程序的性质、时间和范围。 (4) 针对最终未回函的账户实施替代审计程序（如实施期后收款测试，检查运输记录、销售合同等相关原始资料及询问被审计单位有关部门等）。	
A	5. 对未函证应收账款实施替代审计程序。抽查有关原始凭据，如销售合同、销售订单、销售发票副本、发运凭证及回款单据等，以验证与其相关的应收账款的真实性。	
A	6. 抽查有无不属于结算业务的债权：抽查应收账款明细账，并追查至有关原始凭证，查证被审计单位有无不属于结算业务的债权。如有，应建议被审计单位作适当调整。	
A	7. 通过检查自资产负债表日至________日止被审计单位授予欠款单位的、金额大于________的减免应收账款凭证以测试其准确性。检查资产负债表日前后销售退回和赊销水平，确定是否存在异常迹象（如与正常水平相比），并考虑是否有必要追加审计程序。	
D	8. 评价坏账准备计提的适当性。 (1) 取得或编制坏账准备计算表，复核加计是否正确，与坏账准备总账数、明细账合计数核对是否相符。将应收账款坏账准备本期计提数与资产减值损失相应明细项目的发生额核对，检查是否相符。 (2) 检查应收账款坏账准备计提和核销的批准程序，取得书面报告等证明文件。评价计提坏账准备所依据的资料、假设及方法；复核应收账款坏账准备是否按经股东（大）会或董事会批准的既定方法和比例提取，其计算和会计处理是否正确。 (3) 根据账龄分析表，选取金额大于________的账户，逾期超过________天的账户，以及认为必要的其他账户（如有收款问题记录的账户，收款问题行业集中的账户）。复核并测试所选取账户期后收款情况。针对所选取的账户，与授信部门经理或其他负责人员讨论其可收回性，并复核往来函件或其他相关信息，以支持被审计单位就此做出的声明。针对坏账准备计提不足情况进行调整。 (4) 实际发生坏账损失的，检查转销依据是否符合有关规定，会计处理是否正确。 (5) 已经确认并转销的坏账重新收回的，检查其会计处理是否正确。 (6) 通过比较前期坏账准备计提数和实际发生数，以及检查期后事项，评价应收账款坏账准备计提的合理性。	
A	9. 复核应收账款和相关总分类账、明细分类账和现金日记账，调查异常项目。对大额、异常及关联方应收账款，即使回函相符，仍应抽查其原始凭证。	
A	10. 检查应收账款减少有无异常。	
D	11. 检查应收账款中是否存在债务人破产或者死亡，以其破产财产或者遗产清偿后仍无法收回，或者债务人长期未履行偿债义务的情况，如果是，应提请被审计单位处理。	

续表

审计目标	可供选择的审计程序	索引号
ABCD	12. 标明应收关联方［包括持股5%以上（含5%）股东］的款项，执行关联方及其交易审计程序，并注明合并报表时应予抵销的金额；对关联企业、有密切关系的主要客户的交易事项作专门核查。 （1）了解交易事项目的、价格和条件，作比较分析； （2）检查销售合同、销售发票、货运单证等相关文件资料； （3）检查收款凭证等货款结算单据； （4）向关联方、有密切关系的主要客户或其他注册会计师函证，以确认交易的真实性、合理性。	
C	13. 检查银行存款和银行贷款等询证函的回函、会议纪要、借款协议和其他文件，确定应收账款是否已被质押或出售。	
	14. 根据评估的舞弊风险等因素增加的审计程序。	
E	15. 检查应收账款是否已按照企业会计准则的规定在财务报表中做出恰当列报。	

（二）应收账款审计的工作底稿

在财务报表审计中，“应收账款”属于牵涉性广泛的会计科目，审计应收账款形成的工作底稿包括以下内容。

（1）应收账款实质性程序表。该表列出了应收账款的认定——审计目标——可供选择的审计程序之间的内在关系，供注册会计师根据被审计单位的具体情况选择。

（2）应收账款审定表。该表属于应收账款审计的汇总类底稿，汇总了账面余额、坏账准备和账面价值审计的情况，并直接得出报表中的应收账款是否可以确认的审计结论。

（3）应收账款明细表。该表是从关联方和非关联方两个方面对应收账款明细情况予以审计形成的底稿，底稿中按账龄长短分段查证。

（4）应收账款细节测试表。该表的相关支持性细节测试的底稿包括以下内容。

1）应收账款余额分析表。分析公司赊销政策，应收账款贷方余额、借方余额等。

2）应收账款函证相关底稿。包括应收账款核实被函证单位信息表、审计人员亲自前往询证工作记录、回函核对记录、应收账款函证回函差异调节表、未回函替代测试表以及应收账款函证结果汇总表。

3）应收账款坏账准备相关底稿。主要包括：应收账款坏账准备计算表和坏账准备转出（核销）检查表。应收账款坏账准备计算表是记录了注册会计师根据“本期全部应计提坏账准备金额＝本期全部应计提金额（期末单项金额重大且有客观证据表明发生了减值的应收款项对应坏账准备应有余额＋期末单项金额非重大以及经单独测试后未减值的单项金额重大的应收款项对应坏账准备应有余额）－坏账准备上期审定数＋坏账准备本期转出（核销）金额”这一勾稽关系设计的应收账款坏账准备计提情况细节测试的底稿。

4）应收账款账龄检查表。

5）主要客户细节检查表。

6）应收账款日后收款测试表。

应收账款相关底稿之间的关系是：应收账款实质性程序表为整个应收账款审计如何执行做出规划；应收账款审定表统领和汇总所有应收账款明细检查以及细节测试的情况；应收账款明细表用来支持应收账款审定表，应收账款细节测试表用来支持应收账款明细表，它们一环扣一环形成支持应收账款审计结论的有力证据。

二、应收账款函证

（一）函证的属性

函证（即外部函证）是指注册会计师直接从第三方（被询证者）获取书面答复以作为审计证据的过程，书面答复可以采用纸质、电子或其他介质等形式。

在审计实务中，无论评估的重大错报风险结果如何，注册会计师都应当针对所有重大类别的交易、账户余额和披露，设计和实施实质性程序，注册会计师应当考虑是否将函证程序用作实质性程序；注册会计师更加重视直接从第三方获取审计证据，或从不同的独立来源获取相互印证的审计证据，实施函证程序可以帮助注册会计师获取可靠性高的审计证据，以应对由于舞弊或错误导致的特别风险；针对由于舞弊导致的认定层次重大错报风险，注册会计师应当考虑实施函证程序以获取更多的相互印证的信息；通过函证等方式从独立来源获取的相互印证的信息，可以提高注册会计师从会计记录或管理层书面声明中获取的审计证据的保证水平。函证的内容通常涉及下列账户余额或其他信息：（1）应收账款；（2）银行存款；（3）短期投资；（4）应收票据；（5）其他应收款；（6）预付账款；（7）由其他单位代为保管、加工或者销售的存货；（8）长期投资；（9）委托贷款；（10）应付账款；（11）预收账款；（12）保证、抵押或质押；（13）或有事项；（14）重大或异常的交易。

函证可以为不同的认定提供证据，如应收账款函证可以为在具体某日的账户余额存在性认定提供相关可靠的审计证据，也可以为截止测试提供审计证据。但是，通常不能为计价认定提供所有必要证据，因为要求债务人确认偿债能力信息是不可行的。

（二）函证的设计

1. 影响选择函证程序的因素

注册会计师在做出是否有必要实施函证程序的决策时，应当考虑评估的认定层次重大错报风险，以及通过实施其他审计程序获取的审计证据如何将检查风险降至可接受的水平。同时，注册会计师可以考虑下列因素，以确定是否选择函证程序作为实质性程序。

（1）被询证者对函证事项的了解。如果被询证者对所函证的信息有必要的了解，其提供的回复可靠性更高。

（2）预期被询证者回复询证函的能力或意愿。例如，在下列情况下，被询证者可能不会回复，也可能只是随意回复或试图限制对其回复的依赖程度：

1）被询证者可能不愿承担回复询证函的责任；

2）被询证者可能认为回复询证函成本太高或消耗太多时间；

3）被询证者可能对因回复询证函而可能承担的法律责任有所担心；

4）被询证者可能以不同币种核算交易；

5）回复询证函不是被询证者日常经营的重要部分。

（3）预期被询证者的客观性。注册会计师应当向独立于被审计单位管理层的第三方函证，在应对舞弊风险的情况下尤其如此。如果被询证者是被审计单位的关联方，则其回复的可靠性会降低。

2. 设计询证函的技巧

询证函的设计服从审计目标的需要。通常，在针对账户余额的存在性认定获取审计证据时，注册会计师应当在询证函中列明相关信息，要求对方核对确认。但在针对账户余额的完整性认定获取审计证据时，注册会计师需要改变询证函的内容或者采用其他审计程序。如在函证应收账款时，询证函中不列出账户余额，而是要求被询证者提供余额信息，这样才能发现应收账款低估错报。在对应付账款的完整性获取审计证据时，根据被审计单位的供应商明细表向被审计单位的主要供应商发出询证函，就比从应付账款明细表中选择询证对象更容易发现未入账的负债。

在设计询证函时，注册会计师应当考虑所审计的认定以及可能影响函证可靠性的因素。可能影响函证可靠性的因素主要包括：（1）函证的方式；（2）以往审计或类似业务的经验；（3）拟函证信息的性质；（4）选择被询证者的适当性；（5）被询证者易于回函的信息类型。

注册会计师选择函证样本可采用审计抽样或其他选择测试项目的方法，但样本应当足以代表整体，并且包括：（1）金额较大的项目；（2）账龄较长的项目；（3）交易频繁但期末余额较小的项目；（4）重大关联方交易；（5）重大或异常的交易；（6）可能存在争议以及产生重大舞弊或错误的交易。

注册会计师可采用积极式（参考格式4－1）或消极式函证方式实施函证，也可将两种方式结合使用。

如果采用积极的函证方式，注册会计师应当要求被询证者在任何情况下必须回函，确认询证函所列示信息是否正确，或填列询证函要求的信息；如果采用消极的函证方式，注册会计师要求被询证者仅在不同意询证函列示信息的情况下才予以回函。

积极的函证方式提供的审计证据通常比消极的函证方式可靠。当同时存在下列情况时，注册会计师可考虑采用消极的函证方式：（1）重大错报风险评估为低水平并已就与认定相关的控制的运行有效性获取了充分、适当的审计证据；（2）由大量小额、同质的账户余额、交易或事项构成的总体；（3）预期不符事项的发生率很低；（4）没有迹象表明被询证者不认真对待函证。

格式 4-1

应收账款询证函（积极式）

编号：

××（公司）：

本公司聘请的××会计师事务所正在对本公司××年度财务报表进行审计，按照中国注册会计师审计准则的要求，应当询证本公司与贵公司的往来账项等事项。下列信息出自本公司账簿记录，如与贵公司记录相符，请在本函下端“信息证明无误”处签章证明；如有不符，请在“信息不符”处列明不符项目。回函请直接寄至××会计师事务所。

回函地址：

邮编：　　　　电话：　　　　传真：　　　　联系人：

1. 本公司与贵公司的往来账项列示如下：

单位：元

截止日期	贵公司欠	欠贵公司	备注

2. 其他事项。

本函仅为复核账目之用，并非催款结算。若款项在上述日期之后已经付清，仍请及时函复为盼。

（被审计公司盖章）

年　月　日

结论：

1. 信息证明无误。 （公司盖章） 年　月　日 经办人：	2. 信息不符，请列明不符项目及具体内容。 （公司盖章） 年　月　日 经办人：

（三）函证全过程的控制

当实施函证时，注册会计师应当对函证时间、选择被询证者、设计询证函，以及发出和收回询证函的全过程保持控制。

1. 保持对函证全过程的密切控制

当实施函证程序时，为了最大限度地降低函证被拦截或篡改等舞弊风险，注册会计师需要在整个函证过程中保持对询证函的控制。同时，对被审计单位和被询证单位之间可能存在串通舞弊的风险保持警觉。注册会计师对函证过程的控制通常包括以下核心要素。

（1）确定适当的被询证单位，包括考虑其独立性、客观性、对被函证信息是否知情、是否拥有回函的授权等。

（2）确定函证需要确认或填列的信息，需要与被审计单位账簿记录核对一致，以确保询证函中内容的准确性。

（3）恰当设计询证函，正确填列被询证单位的名称、地址，将被询证单位信息与被审计单位有关记录进行核对。其中，对于银行函证，需要参考《财政部 银监会关于进一步规范银行函证及回函工作的通知》（财会〔2016〕13号）[①] 中的函证要求及银行询证函模板。

（4）注册会计师独立发出函证，直接邮寄到被询证单位的函证地址，并跟进追踪，必要时再次发出询证函。

（5）提供给被询证单位直接向注册会计师回函的地址，以便被询证单位将回函信息直接返还给注册会计师。

2. 函证时间的控制

注册会计师通常以资产负债表日为截止日，在资产负债表日前后适当时间内实施函证。如果重大错报风险评估为低水平，注册会计师可选择资产负债表日前适当日期为截止日实施函证，并对所函证项目自该截止日起至资产负债表日止发生的变动实施实质性程序。

3. 选择被询证者的控制

被审计单位管理层要求对拟函证的某些账户余额或其他信息不实施函证时，注册会计师应当考虑该项要求是否合理。

如果认为管理层的要求合理，注册会计师应当实施替代审计程序，以获取与这些账户余额或其他信息相关的充分、适当的审计证据。

如果认为管理层的要求不合理，且被其阻挠而无法实施函证，注册会计师应当视为审计范围受到限制，并考虑其对审计报告可能产生的影响。

---

① 财政部、银保监会于2020年8月10日发布《关于进一步规范银行函证及回函工作的通知》（财会〔2020〕12号），该通知自2021年1月1日起施行，《财政部 银监会关于进一步规范银行函证及回函工作的通知》（财会〔2016〕13号）同时废止。

实例 4－6（单选题）

下列有关对函证全过程的控制的说法中，错误的是（　　）。

A. 注册会计师应当在发出询证函后予以跟进，必要时再次向被询证者寄发询证函

B. 如果管理层不允许寄发询证函，注册会计师可以发表非无保留意见

C. 如果注册会计师认为取得积极式函证回函是获取充分、适当的审计证据的必要程序，则替代程序不能提供注册会计师所需要的审计证据

D. 为保证回函率，注册会计师应当要求被审计单位安排专人催收函证

分析： D。选项 D 错误，为了确保对函证过程的控制，防止被审计单位与被询证者串通舞弊，不应由被审计单位催收询证函；选项 A 正确，当实施函证程序时，注册会计师应当对询证函保持控制，比如发出询证函并予以跟进，必要时再次向被询证者寄发询证函；选项 B 正确，如果认为管理层不允许寄发询证函的原因不合理，或实施替代程序无法获取充分、适当的审计证据，注册会计师应当按照非无保留意见审计准则的规定，确定其对审计工作和审计意见的影响；选项 C 正确，如果注册会计师认为取得积极式函证回函是获取充分、适当的审计证据的必要程序，则替代程序不能提供注册会计师所需要的审计证据。

4. 函证发出前的控制

为使函证程序能高效执行，在函证发出前，项目组应当确保总体的完整性，并选择恰当的方法以确定样本规模和选取样本项目。在询证函发出前，注册会计师需要恰当地设计询证函，并对询证函上的各项资料进行充分核对，注意事项包括但不限于以下方面。

（1）询证函中填列的需要被询证者确认的信息是否与被审计单位账簿中的有关记录保持一致。对于银行存款的函证，需要银行确认的信息是否与银行对账单等保持一致。

（2）考虑选择的被询证者是否适当，包括被询证者对被函证信息是否知情、是否具有客观性、是否拥有回函的授权等。

（3）是否已将被询证者的单位名称、地址与被审计单位有关记录进行核对，以确保询证函中的名称、地址等内容的准确性。可以执行的程序包括但不限于以下方面：1）通过企查查、天眼查等查询工具或系统，或者拨打公共查询电话核实被询证者的名称和地址；2）通过被询证者的网站或其他公开网站核对被询证者的名称和地址；3）将被询证者的名称和地址信息与被审计单位持有的相关合同等文件核对；4）对于供应商或客户，可以将被询证者的名称、地址与被审计单位收到或开具的增值税发票中的对方单位名称、地址进行核对。

（4）考虑具体收件人的客观性以及回复函证的能力。可以执行的程序包括但不限于：获取具体收件人的名片或联系方式；致电具体收件人，询问并了解其工作职责。

（5）是否已在询证函中正确填列被询证者直接向注册会计师回函的方式（如邮寄地址等）。

实例4-7（单选题）

注册会计师考虑是否实施函证程序时，下列说法中错误的是（　　）。

A. 向被审计单位的律师函证固定资产的投保情况，函证可能无效

B. 实施函证程序应考虑被询证者回复询证函的能力

C. 函证被审计单位的子公司，回函的可靠性会降低

D. 无须考虑被询证者的客观性

分析：D。选项A正确，律师对固定资产的投保情况可能不了解，实施函证程序应考虑被询证者对函证事项的了解程度；选项C正确，被询证者的关联方回复的可靠性会降低；选项D错误，选择函证程序应考虑被询证者的客观性。

5. 对以不同方式发出询证函的控制

（1）通过邮寄方式发出的询证函。为避免询证函被拦截、篡改等舞弊风险，在邮寄询证函时，注册会计师可以在核实由被审计单位提供的被询证者的联系方式后，不使用被审计单位本身的邮寄设施，而是独立寄发询证函（例如，直接在邮局投递）。如果注册会计师使用邮局以外的快递公司寄送询证函，快递人员必须可靠且独立于被审计单位管理层。

（2）通过跟函方式发出的询证函。如果注册会计师认为跟函的方式（即注册会计师独自或在被审计单位员工的陪同下亲自将询证函送至被询证者，在被询证者核对并确认回函后，亲自将回函带回）能够获取可靠信息，可以采取该方式发送并收回询证函。如果被询证者同意注册会计师独自前往被询证者所在地执行函证程序，注册会计师可以独自前往。如果注册会计师跟函时需要有被审计单位员工陪同，注册会计师需要确保在整个过程中保持对询证函的控制，对函证的实地场所谨慎观察，对被审计单位和被询证者之间串通舞弊的风险保持警觉。

（3）通过电子询证函平台实施函证程序。随着信息技术的进步和发展，采用信息技术手段实施函证程序在安全性和可靠性方面逐步成熟，注册会计师可以通过电子询证函平台实施函证程序。通过电子询证函平台实施函证程序时，电子签名取代了传统纸质询证函方式中的实体签字和盖章。根据《中华人民共和国电子签名法》（以下简称《电子签名法》）的规定，含有可靠电子签名的询证函属于《电子签名法》规定的一种数据电文。因此，可靠的电子签名与手写签名或者盖章具有同等的法律效力，各函证相关方使用符合《电子签名法》规定的数据电文和电子签名具有法律效力。如果电子询证函平台安全可靠，注册会计师可以采取该方式发送并收回询证函。

通过电子询证函平台收到的电子询证函回函通常会保存与函证相关的以下信息：1）回函结论；2）发函信息；3）回函信息；4）函证过程信息。由于通过电子询证函平台实施函证的过程中广泛运用了电子签名，电子询证函回函不必像纸质询证函一样再额外要求加盖函证各方的实体章、相关经办人手写签名或者加盖骑缝章等。

通过电子询证函平台实施电子函证存在以下可能导致电子询证函回函不可靠的风险。

1）电子询证函平台独立性风险。是指电子询证函平台在形式上或实质上不具备审计所需要的独立性的风险。

2）电子询证函平台信息安全性风险。主要包括：①函证相关方的身份真实性风险；②电子询证函平台的操作风险，如操作电子函证核心业务（如回函）的人员未经适当的授权；③电子询证函平台信息传输安全性风险，如发函和回函信息可能被拦截、修改、删除和泄露等风险；④电子询证函平台记录函证控制过程的完整性风险。

电子询证函平台运营商通常会聘请信息安全等级保护测评机构颁发信息安全等级证书，并聘请具有胜任能力的专业人员（如信息系统方面的专业人员）对电子询证函平台的内部控制有效性出具鉴证报告。注册会计师需要实施的评估程序包括但不限于以下方面。

1）评价电子询证函平台聘请的信息安全等级保护测评机构和专业人员的胜任能力、专业素质和客观性，并记录相关评估过程、取得的证据和得出的结论。

2）取得电子询证函平台聘请的信息安全等级保护测评机构颁发的信息安全等级证书和专业人员出具的鉴证报告等由电子询证函平台定期公开发布的信息，了解电子询证函平台及其所有者和运营商的组织架构、是否存在被监管机构处罚、是否存在涉诉信息等与电子询证函平台的独立性、技术胜任能力等方面相关的信息，评价通过电子询证函平台收发电子询证函是否可靠。同时，记录依据信息安全等级保护测评机构的测评报告和专业人员出具的鉴证报告来合理评估电子询证函平台相关可靠性的过程、获取的证据及得出的结论。

3）了解电子询证函平台聘请的信息安全等级保护测评机构和专业人员测试的范围、实施的程序以及程序涵盖期间和自实施程序以来的时间间隔，评价信息安全等级保护测评机构和专业人员的工作，提高通过电子询证函平台实施函证程序的可靠性。

评价电子询证函平台可靠性的程序通常在会计师事务所层面实施，而无须由单个审计项目组来实施。

注册会计师通过电子询证函平台完成函证程序后，应当就下列事项形成工作底稿。

1）回函结论。

2）发函信息：包括被审计单位授权注册会计师发函的信息，例如被审计单位的电子签名信息和授权函证的 IP 地址或其他能够证明电子地址或身份的信息，注册会计师发函的 IP 地址或其他能够证明电子地址或身份的信息，实务中，该信息也可以由会计师事务所的函证中心获取并记录。

3）回函信息：被询证者和授权经办人（如适用）的电子签名信息、回函的 IP 地址或其他能够证明电子地址或身份的信息。

4）函证过程信息：被审计单位、注册会计师和被询证者在电子询证函平台操作的具体时间、回函经办人（如适用）、意见反馈（如适用）等信息。

（4）通过直接访问被询证者网站获取的审计证据。实务中，被询证者（包括银行、证券公司、其他非银行金融机构以及其他机构等）通过公开渠道（如官方网站、特定服务器等）公布电子询证方式，为其相关方（如注册会计师、供应商、客户）提供相关询证信息。注册会计师通过被询证者直接提供的信息（如网址、服务器地址、用户名、登录密码等）登录被询证者官方或指定网站（或服务器等）直接查询询证信息，符合实施电子函证的要求。

被审计单位将其被询证者的账户名或用户名、登录密码等信息提供给注册会计师，由注册会计师直接登录查询，不符合函证的要求，而属于检查程序，通过上述检查程序获取的信息可以作为一种审计证据，但该审计证据在可靠性和说服力方面通常低于通过函证程序所获取的审计证据。

需要注意的是，由于直接访问被询证者网站所能查询的信息可能不完整，除了评估通过直接访问被询证者网站的方式所获取的信息的可靠性外，注册会计师还需要评估该信息的完整性，并考虑实施其他审计程序以获取被询证项目充分、适当的审计证据。例如，对于银行询证函，在有些情况下上述信息只包括被审计单位的银行存款信息，而没有包括贷款、抵押、担保等相关信息。

6. 对不实施函证的控制

注册会计师应当对应收账款实施函证程序，除非有充分证据表明应收账款对财务报表不重要，或函证很可能无效；如果认为函证很可能无效，注册会计师应当实施替代审计程序，获取相关、可靠的审计证据；如果不对应收账款函证，注册会计师应当在审计工作底稿中说明理由。实务中，表明应收账款函证很可能无效的情况包括以下方面。

（1）以往审计业务经验表明回函率很低。

（2）某些特定行业的客户通常不对应收账款询证函回函，如电信行业的个人客户。

（3）业务对方是政府机构或其他出于制度的规定不能回函的单位。

7. 对回函的评价

收到回函后，根据不同情况，注册会计师可以分别实施以下程序，以验证回函的可靠性。在验证回函的可靠性时，注册会计师需要保持职业怀疑，并加强对审计助理人员所做工作的指导、监督和复核。

（1）通过邮寄方式收到的回函。通过邮寄方式发出询证函并收到回函后，注册会计师可以验证以下信息。

1）被询证者确认的询证函是不是原件，是否与注册会计师发出的询证函是同一份，注册会计师发放询证函时可以考虑在询证函上加入特定标志，以便回函时辨别真伪。

2）回函是否由被询证者直接寄给注册会计师。

3）寄给注册会计师的回邮信封或快递信封中记录的发件方名称、地址是否与询证函中记载的被询证者的名称、地址一致。

4）回邮信封上寄出方的邮戳显示的发出城市或地区是否与被询证者的地址一致，是否存在多封回函同时或自同一地址发出的情况。

5）被询证者加盖在询证函上的印章以及签名中显示的被询证者名称是否与询证函中记载的被询证者名称一致，加盖的印章以及签名是否清晰可辨认。在认为必要的情况下，注册会计师还可以进一步与被审计单位持有的其他文件核对或亲自前往被询证者所在地核实。

如果被询证者将回函寄至被审计单位，被审计单位将其转交注册会计师，则该回函不能视为可靠的审计证据。在这种情况下，注册会计师可以要求被询证者直接书面回复。

（2）通过跟函方式收到的回函。对于通过跟函方式获取的回函，注册会计师可以实施以下审计程序。

1）了解被询证者处理函证的通常流程和处理人员。

2）确认处理询证函人员的身份和权限，如索要名片、观察员工卡或姓名牌等。

3）观察处理询证函的人员是否按照正常流程认真处理询证函，例如，该人员是否在计算机系统或相关记录中核对相关信息。

（3）对询证函的口头回复。只对询证函进行口头回复而非书面回复不符合函证的要求，因此，不能作为可靠的审计证据。在收到对询证函口头回复的情况下，注册会计师可以要求被询证者提供直接书面回复。如果仍未收到书面回函，注册会计师需要实施替代程序，寻找其他审计证据以支持口头回复中的信息。

（4）当被询证者的回函中包括免责或其他限制性条款时。无论是采用纸质还是电子介质，被询证者的回函中都可能包括免责或其他限制性条款。回函中存在免责或其他限制性条款是影响外部函证可靠性的因素之一，但这种限制不一定使回函失去可靠性，注册会计师能否依赖回函信息以及依赖的程度取决于免责或限制条款的性质和实质。

1）对回函可靠性不产生影响的条款。回函中格式化的免责条款可能不影响所确认信息的可靠性，实务中常见的这种免责条款的例子包括：①提供的本信息仅出于礼貌，我方没有义务必须提供，我方不因此承担任何明示或暗示的责任、义务和担保。②本回复仅用于审计目的，被询证者、其员工或代理人无任何责任，也不能免除注册会计师做其他询问或执行其他工作的责任。

其他限制性条款如果与所测试的认定无关，不一定会导致回函失去可靠性。例如，当注册会计师的审计目标是投资是否存在，并使用函证来获取审计证据时，回函中针对投资价值的免责条款并不一定会影响回函的可靠性。

2）对回函可靠性产生影响的条款。一些限制性条款可能使注册会计师对回函中所包含信息的完整性、准确性以及对其依赖程度产生怀疑，实务中常见的此类限制性条款的例子包括：①本信息从电子数据库中取得，可能不包括被询证者所拥有的全部信息。②本信息既不保证准确也不保证是最新的，其他方可能会持有不同意见。③接收人不能依赖函证中的信息。

如果限制性条款使注册会计师将回函作为可靠审计证据的程度受到了限制，注册会计师可能需要执行额外或替代审计程序。这些程序的性质和范围将取决于财务报表项目的性质、所测试的认定、限制条款的性质和实质，以及通过其他审计程序获取的相关证据等因素。如果注册会计师不能通过额外或替代审计程序获取充分、适当的审计证据，注册会计师应当按照《中国注册会计师审计准则第 1502 号——在审计报告中发表非无保留意见》的规定，确定其对审计工作和审计意见的影响。

在特殊情况下，如果限制性条款产生的影响难以确定，注册会计师应当考虑向被询证者澄清或寻求法律意见。

实例4-8（多选题）

被询证者回函中包括下列条款，其中影响回函可靠性的有（　　）。

A. 提供的本信息仅出于礼貌，我方没有义务必须提供，我方不因此承担任何明示或暗示的责任、义务和担保

B. 接收人不能依赖函证中的信息

C. 本信息既不保证准确也不保证是最新的，其他方可能会持有不同意见

D. 本信息从电子数据库中取得，可能不包括被询证方所拥有的全部信息

分析：BCD。被询证者回函中包括B，C，D相关条款时，可能使注册会计师对回函中所包含信息的完整性、准确性以及对其依赖程度产生怀疑，实务中注册会计师可能需要执行额外或替代审计程序。

8. 对未回函和回函差异的控制

当在合理的时间内没有收到询证函回函时，注册会计师可以联系被询证方予以跟进，必要时再次发出询证函。例如，在重新核实原地址的准确性后，注册会计师再次发出询证函。如果仍未收到回函，注册会计师需要实施替代程序以获取相关、可靠的审计证据。注册会计师应对所有未回函明细账户实施替代程序，而不能仅在未回函明细账户中再抽样实施替代程序。

注册会计师实施的替代审计程序包括但不限于以下方面。

（1）对应收账款，将发票核对至期后的收款单据（例如现金收据、银行存单、支票复印件、银行对账单），如果期后未收到应收账款，根据公司的销售确认政策，将所选取的发票核对至销售合同、销售订单和提单（装运单、发货单）等。

（2）对应付账款，检查期后付款或与供应商的往来函件、其他记录，如入库单、订单、货物收讫凭证等。

在替代测试中，注册会计师需对可能显示的舞弊迹象保持警觉。

（1）注重第三方证据的获取。例如，对于应收账款执行替代测试时，注册会计师应获取经被审计单位的客户签字确认的签收单（如适用）或其他外部单据等审计证据，而不应仅依赖被审计单位内部的出库单或发票等支持性文件。

（2）在检查相关支持性文件时对可能的异常情况予以关注和跟进。

需要注意的是，在某些情况下，注册会计师识别出认定层次重大错报风险，且取得积极式询证函回函是获取充分、适当的审计证据的必要程序。这些情况包括但不限于：

（1）可获取的佐证管理层认定的信息只能从被审计单位外部获得。

（2）存在特定舞弊风险因素，例如，管理层凌驾于内部控制之上，员工和管理层串通使注册会计师不能信赖从被审计单位获取的审计证据。

根据《中国注册会计师审计准则第1312号——函证》，如果注册会计师认为取得积极式函证回函是获取充分、适当的审计证据的必要程序，则替代程序不能提供注册

会计师所需要的审计证据。在这种情况下，如果未获取回函，注册会计师应当按照《中国注册会计师审计准则第 1502 号——在审计报告中发表非无保留意见》的规定，确定其对审计工作和审计意见的影响。

根据《中国注册会计师审计准则第 1312 号——函证》，不符事项，是指被询证者提供的信息与询证函要求确认的信息不一致，或与被审计单位记录的信息不一致。注册会计师应当调查不符事项，检查差异是确认方的时间性错误，还是需要被审计单位调整的错误，特别是由舞弊引起的错误。获取与该差异有关的支持性文件，如合同、订单以及提单/装运单/发货单/收货单等进行核对，并评估是否符合公司的会计政策，从而评估是否存在错报。

（1）询证函回函中指出的不符事项可能显示财务报表存在错报或潜在错报。当识别出错报时，注册会计师需要根据《中国注册会计师审计准则第 1141 号——财务报表审计中与舞弊相关的责任》的规定评价该错报是否表明存在舞弊。不符事项可以为注册会计师判断来自类似的被询证者回函的质量及类似账户回函质量提供依据。不符事项还可能显示被审计单位与财务报告相关的内部控制存在缺陷。

根据《中国注册会计师审计准则第 1314 号——审计抽样》的规定，如果以抽样方式实施函证，对样本中识别出的错报，注册会计师应当调查错报的原因，并根据样本错报推断总体中存在的错报。注册会计师同时应当考虑未列入测试范围的剩余部分中可能存在的错报单独或者连同其他错报是否可能导致财务报表整体存在重大错报。

（2）某些不符事项并不表明存在错报。例如，询证函回函的差异可能是由于函证程序的时间安排、计量或书写错误造成的。

实例 4-9（分析题）

注册会计师审计 20×6 年华兴公司年报财务报表时，编制的应收账款函证结果汇总表（简表）如表 4-11 所示。

表 4-11　应收账款函证结果汇总表　　单位：万元

单位名称	询证函编号	函证方式	回函日期	账面金额	回函金额	差异金额	回函方式	说明
A 公司	X1	积极	1.24	5 000	2 616	2 384	邮寄原件	1
B 公司	X2	积极	1.10	3 000	3 000	0	邮寄原件	2
C 公司	X3	积极	2.8	7 618	7 618	0	传真件	3
D 公司	X4	积极		6 780			未回函	4
F 公司	X5	积极	2.9	4 320	4 230	0	跟函方式	5
G 公司	X6	积极	2.13	1 200	600	600	邮寄原件	6
H 公司	X7	积极	1.21	8 920	0	8 920	邮寄原件	7
I 公司	X8	积极	1.6	5 130			函件退回	8
J 公司	X9	积极	1.14	7 000	0	7 000	邮寄原件	9
K 公司	X9	积极	1.31	6 500	6 500	0	邮寄原件	10

审计说明：
1. 回函直接寄回本所。差异原因是A公司回函金额扣除了20×6年12月31日以电汇方式支付的一笔2 616万元货款。华兴公司于20×7年1月5日收到该笔款项，并记入20×7年应收账款明细账。该回函差异不构成错报。
2. 回函直接寄回本所。差异原因是华兴公司20×6年12月31日向B公司发出一批产品（合同价款3 000万元）并确认收入和应收账款，但B公司20×7年2月5日才收到这批产品。经检查相关的销售合同、销售发票、出库单以及相关记账凭证，没有发现异常。该回函差异不构成错报。
3. 回函由C公司直接传真至本所。回函没有差异，无须实施进一步的审计程序。
4. 未收到回函，执行替代程序：从应收账款借方发生额中选取样本，检查相关销售合同、销售发票、出库单以及相关记账凭证，确认这些文件中记录是一致的，没有发现异常，无须实施进一步的审计程序。
5. 注册会计师在业务员张明的陪同下直接带回回函，回函没有差异，无须实施进一步的审计程序。
6. 回函直接寄回本所。差异原因是因货物在运输途中损坏，已提起诉讼要求半价支付货款。该回函差异构成错报，建议调整。
7. 回函直接寄回本所。差异原因是因产品质量问题，H公司根据合同于20×6年12月31日退回货物（合同价款8 920万元）。该回函差异构成错报，建议调整。
8. 函件退回，原因是I公司已破产，建议全额计提坏账准备。
9. 回函直接寄回本所。差异原因是J公司20×6年12月24日收到华兴公司委托代销货物7 000万元，尚未销售。该回函差异构成错报，建议调整。
10. 回函直接寄回本所。回函中K公司注明：本信息从电子数据库中取得，可能不包括被询证方所拥有的全部信息。回函没有差异，无须实施进一步的审计程序。

要求：

上述注册会计师在审计说明中得出的审计结论存在不当之处，你认为应如何改正？

分析：（请扫描二维码）

（四）函证过程中对舞弊风险的特殊考虑

在函证过程中，注册会计师需要始终保持职业怀疑，对舞弊风险迹象保持警觉。

1. 注册会计师需要关注的舞弊风险迹象

与函证程序有关的舞弊风险迹象举例如下：

（1）管理层不允许寄发询证函。

（2）管理层过度热情配合函证程序，如希望提前获悉函证样本，帮助催促回函等。

（3）管理层试图干预、拦截、篡改询证函或回函，如坚持以特定的方式发送询证函。

（4）管理层提供的内部信息含糊、矛盾、不完整或有缺失。

（5）被询证者将回函寄至被审计单位，被审计单位将其转交注册会计师。

（6）注册会计师跟进访问被询证者，发现回函信息与被询证者的记录不一致，例如，对银行的跟进访问表明提供给注册会计师的银行函证结果与银行的账面记录不一致；又如，从银行支行获取的信息和银行总行提供的信息不一致。

（7）从私人电子信箱发送的回函。

（8）收到同一日期发回的、相同笔迹的多份回函。

（9）位于不同地址的多家被询证者的回函邮戳显示的发函地址或时间相同。

（10）回函上的签名与被询证者的公司印鉴不符，或印鉴缺失。

（11）收到不同被询证者用快递寄回的回函，但快递的交寄人或发件人是同一人或是被审计单位的员工，或者虽然寄件人名字不同，但手机号相同，或者不同被询证者回函单号相连或相近。

（12）回函邮戳显示的发函地址与被审计单位记录的被询证者的地址不一致。

（13）不正常的回函率，例如：银行函证未回函；与以前年度相比，回函率偏高或有重大变动；向被审计单位债权人发送的询证函回函率很低；过于完美的回函，所有回函均能收回且表明没有差异。

（14）被询证者缺乏独立性，例如：被审计单位及其管理层具有强大的背景和地位，能够对被询证者（包括银行和其他第三方）施加重大影响以使其向注册会计师提供虚假或误导信息（如被审计单位是被询证者唯一或重要的客户或供应商）；被询证者既是被审计单位资产的保管人又是资产的管理者。

（15）管理层对函证所涉及的财务报表项目相关的内部控制缺陷长期不予改正，尤其是临近财务报表期间截止日前后的控制缺陷。

（16）管理层不愿意提高函证所涉及信息（如抵押、担保等）的披露质量，使其更为完整透明。

2. 注册会计师针对舞弊风险迹象可以采取的应对措施

针对舞弊风险迹象，注册会计师根据具体情况可以实施的审计程序举例如下：

（1）验证被询证者是否存在、是否与被审计单位之间缺乏独立性，其业务性质和规模是否与被询证者和被审计单位之间的交易记录相匹配。

（2）将从不同来源得到的被询证者的地址（如与被审计单位签订的合同上签署的地址、网络上查询到的地址、被审计单位收到或开具的增值税发票中的对方单位地址）相比较，验证寄出方地址的有效性。

（3）将被审计单位档案中有关被询证者的签名样本、公司公章与回函核对。

（4）与被询证者相关人员直接沟通讨论询证事项，考虑是否有必要前往被询证者工作地点以验证其是否存在。

（5）分别在期中和期末寄发询证函，并使用被审计单位账面记录和其他相关信息核对相关账户的期间变动。

（6）考虑从金融机构获得被审计单位的信用记录，加盖该金融机构公章，并与被审计单位会计记录相核对，以证实是否存在被审计单位没有记录的贷款、担保、银行承兑汇票、信用证、保函等事项。

根据金融机构的要求，注册会计师获取信用记录时可以考虑由被审计单位人员陪同前往。在该过程中，注册会计师需要注意确认该信用记录没有被篡改。

注册会计师需要综合评估各审计程序的累计结果和审计过程中的发现，及时更新对舞弊风险的评估，并决定是否需要调整审计程序，以应对舞弊风险。

第五节 销售与收款循环中其他项目的审计

一、税金及附加的审计

税金及附加核算企业经营活动发生的增值税、消费税、城市维护建设税、资源税和教育费附加等相关税费，房产税、车船使用税、土地使用税、印花税在“管理费用”等科目核算，不在“税金及附加”科目核算。对税金及附加的实质性测试，应在查明被审计单位应缴纳的税种基础上结合“税金及附加”总账、明细账与有关原始凭证，以及与该账户对应的“应交税费”“其他应交款”等账户进行检查，必要时，应向有关部门、单位和人员进行查询。税金及附加的审计程序如表4-12所示。

表4-12 税金及附加实质性程序

一、审计目标与认定对应关系

审计目标	财务报表认定					
	发生	完整性	准确性	截止	分类	列报
A. 确定利润表中记录的税金及附加已发生，且与被审计单位有关。	√					
B. 确定所有应当记录的税金及附加均已记录。		√				
C. 确定与税金及附加有关的金额及其他数据已恰当记录。			√			
D. 确定税金及附加记录于正确的会计期间。				√		
E. 确定税金及附加中的交易和事项已记录于恰当的账户。					√	
F. 税金及附加已按照企业会计准则的规定在财务报表中做出恰当列报。						√

二、重大错报风险由实质性程序获取的保证程度确定

根据风险评估和内控测试结果按顺序依次做出判断	索引号	财务报表认定					
		发生	完整性	准确性	截止	分类	列报
1. 评估重大错报风险水平（结果取自风险评估工作底稿——考虑内控效果前）							
2. 控制测试结果是否支持风险评估结论（结果取自该项目所属业务循环控制测试工作底稿——控制测试汇总表）							
3. 需从实质性程序获取的保证程度							

三、审计目标与审计程序对应关系

审计目标	可供选择的审计程序	索引号
C	1. 获取或编制税金及附加明细表，复核加计是否正确，并与报表数、总账数和明细账合计数核对是否相符。	
CBADE	2. 根据审定的本期应纳税收入和其他纳税事项，按规定的税率，分项计算、复核本期应纳增值税税额，检查会计处理是否正确。	
CBADE	3. 根据审定的本期应税消费品销售额（或数量），按规定适用的税率，分项计算、复核本期应纳消费税税额，检查会计处理是否正确。	
CBADE	4. 根据审定的本期应纳资源税产品的课税数量，按规定适用的单位税额，计算、复核本期应纳资源税税额，检查会计处理是否正确。	
CBADE	5. 检查城市维护建设税、教育费附加等项目的计算依据是否和本期应纳增值税、消费税合计数一致，并按规定适用的税率或费率计算、复核本期应纳城建税、教育费附加等，检查会计处理是否正确。	
BCA	6. 结合应交税费科目的审计，复核其勾稽关系。	
	7. 根据评估的舞弊风险等因素增加的审计程序。	
F	8. 检查税金及附加是否已按照企业会计准则的规定在财务报表中做出恰当列报。	

二、销售费用的审计

销售费用核算企业销售商品和材料、提供劳务的过程中发生的各种费用，包括保险费、包装费、展览费和广告费、商品维修费、预计产品质量保证损失、运输费、装卸费等，以及为销售本企业商品而专设的销售机构（含销售网点、售后服务网点等）的职工薪酬、业务费、折旧费等经营费用。销售费用审计程序见表 4－13。

表 4－13　销售费用实质性程序

一、审计目标与认定对应关系

审计目标	财务报表认定					
	发生	完整性	准确性	截止	分类	列报
A. 利润表中记录的销售费用已发生，且与被审计单位有关。	√					
B. 所有应当记录的销售费用均已记录。		√				
C. 与销售费用有关的金额及其他数据已恰当记录。			√			
D. 销售费用已记录于正确的会计期间。				√		
E. 销售费用已记录于恰当的账户。					√	
F. 销售费用已按照企业会计准则的规定在财务报表中做出恰当的列报。						√

二、重大错报风险由实质性程序获取的保证程度确定

根据风险评估和内控测试结果按顺序依次做出判断	索引号	财务报表认定					
		发生	完整性	准确性	截止	分类	列报
1. 评估重大错报风险水平（结果取自风险评估工作底稿——考虑内控效果前）							
2. 控制测试结果是否支持风险评估结论（结果取自该项目所属业务循环控制测试工作底稿——控制测试汇总表）							
3. 需从实质性程序获取的保证程度							

三、审计目标与审计程序对应关系

审计目标	可供选择的审计程序	索引号
C	1. 获取或编制销售费用明细表。 （1）复核加计是否正确，并与报表数、总账数和明细账合计数核对是否相符； （2）将销售费用中的工资、折旧等与相关的资产、负债科目核对，检查其勾稽关系的合理性。	
ABC	2. 对销售费用进行分析。 （1）计算分析各个月份销售费用总额及主要项目金额占主营业务收入的比率，并与上一年度进行比较，判断变动的合理性； （2）计算分析各个月份销售费用中主要项目发生额及占销售费用总额的比率，并与上一年度进行比较，判断变动的合理性。	
E	3. 检查各明细项目是否与被审计单位销售商品和材料、提供劳务以及专设的销售机构发生的各种费用有关。	
ABC	4. 检查销售佣金支出是否符合规定，审批手续是否齐全，是否取得有效的原始凭证；如超过规定，是否按规定进行了纳税调整。	
ABC	5. 检查广告费、宣传费、业务招待费的支出是否合理，审批手续是否齐全，是否取得有效的原始凭证；如超过规定限额，应在计算应纳税所得额时调整。	
C	6. 检查由产品质量保证产生的预计负债，是否按确定的金额进行会计处理。	
ABC	7. 选择重要或异常的销售费用，检查销售费用各项目开支标准是否符合有关规定，开支内容是否与被审计单位的产品销售或专设销售机构的经费有关，计算是否正确，原始凭证是否合法，会计处理是否正确。	
D	8. 从资产负债表日后的银行对账单或付款凭证中选取项目进行测试，检查支持性文件（如合同或发票），关注发票日期和支付日期，追踪已选取项目至相关费用明细表，检查费用所计入的会计期间，评价费用是否被记录于正确的会计期间。	
D	9. 抽取资产负债表日前后________天的________张凭证，实施截止测试，若存在异常迹象，应考虑是否有必要追加审计程序，对于重大跨期项目应作必要调整。	
	10. 根据评估的舞弊风险等因素增加的审计程序。	
F	11. 检查销售费用是否已按照企业会计准则的规定在财务报表中做出恰当列报。	

三、应收票据的审计

应收票据核算企业因销售商品、产品、提供劳务等而收到的商业汇票，包括银行承兑汇票和商业承兑汇票。应收票据审计程序见表 4-14。

表 4-14　应收票据实质性程序

一、审计目标与认定对应关系

审计目标	财务报表认定				
	存在	完整性	权利和义务	计价和分摊	列报
A. 资产负债表中记录的应收票据是存在的。	√				
B. 所有应当记录的应收票据均已记录。		√			
C. 记录的应收票据由被审计单位拥有或控制。			√		
D. 应收票据以恰当的金额包括在财务报表中，与之相关的计价调整已恰当记录。				√	
E. 应收票据已按照企业会计准则的规定在财务报表中做出恰当列报。					√

二、重大错报风险由实质性程序获取的保证程度确定

根据风险评估和内控测试结果按顺序依次做出判断	索引号	财务报表认定				
		存在	完整性	权利和义务	计价和分摊	列报
1. 评估重大错报风险水平（结果取自风险评估工作底稿——考虑内控效果前）						
2. 控制测试结果是否支持风险评估结论（结果取自该项目所属业务循环控制测试工作底稿——控制测试汇总表）						
3. 需从实质性程序获取的保证程度						

三、审计目标与审计程序对应关系

审计目标	可供选择的审计程序	索引号
D	1. 获取或编制应收票据明细表。 （1）复核加计是否正确，并与总账数和明细账合计数核对是否相符，结合坏账准备科目与报表数核对是否相符； （2）检查非记账本位币应收票据的折算汇率及折算是否正确； （3）检查逾期票据是否已转为应收账款。	
A	2. 取得被审计单位应收票据备查簿，核对其是否与账面记录一致。在应收票据明细表上标出至审计时已兑现或已贴现的应收票据，检查相关收款凭证等资料，以确认其真实性。	

续表

审计目标	可供选择的审计程序	索引号
ABD	3. 监盘库存票据，并与应收票据备查簿的有关内容核对；检查库存票据，注意票据的种类、号数、签收的日期、到期日、票面金额、合同交易号、付款人、承兑人、背书人姓名或单位名称，以及利率、贴现率、收款日期、收回金额等是否与应收票据登记簿的记录相符；关注对背书转让或贴现的票据是否负有连带责任；注意是否存在已作质押的票据和银行退回的票据。	
ACD	4. 对应收票据进行函证，并对函证结果进行汇总、分析，同时对不符事项做出适当处理。	
A	5. 对于大额票据，应取得相应销售合同或协议、销售发票和出库单等原始交易资料并进行核对，以证实是否存在真实交易。	
D	6. 复核带息票据的利息计算是否正确，并检查其会计处理是否正确。	
D	7. 对贴现的应收票据，复核其贴现息计算是否正确，会计处理是否正确。编制已贴现和已转让但未到期的商业承兑汇票清单，并检查是否存在贴现保证金。	
D	8. 评价针对应收票据计提的坏账准备的适当性。 （1）取得或编制坏账准备计算表，复核加计是否正确，并与坏账准备总账数、明细账合计数核对是否相符；将应收票据坏账准备本期计提数与资产减值损失相应明细项目的发生额核对，并确定是否相符。 （2）检查应收票据坏账准备计提和核销的批准程序，取得书面报告等证明文件；评价坏账准备所依据的资料、假设及计提方法；复核应收票据坏账准备是否按经股东（大）会或董事会批准的既定方法和比例提取，其计算和会计处理是否正确。 （3）实际发生坏账损失的，检查转销依据是否符合有关规定，会计处理是否正确。 （4）已经确认并转销的坏账重新收回的，检查其会计处理是否正确。 （5）通过比较前期坏账准备计提数和实际发生数以及检查期后事项，评价应收票据坏账准备计提的合理性。	
ADC	9. 标明应收关联方［包括持股5%以上（含5%）股东］的款项，执行关联方及其交易审计程序，并注明合并报表时应予抵销的金额；对关联企业、有密切关系的主要客户的交易事项作专门核查。 （1）了解交易事项目的、价格和条件，作比较分析； （2）检查销售合同、销售发票、货运单证等相关文件资料； （3）检查收款凭证等货款结算单据； （4）向关联方、有密切关系的主要客户或其他注册会计师函证，以确认交易的真实性、合理性。	
	10. 根据评估的舞弊风险等因素增加的审计程序。	
E	11. 检查应收票据是否已按照企业会计准则的规定在财务报表中做出恰当列报。	

四、长期应收款的审计

长期应收款核算企业融资租赁产生的应收款项和采用递延方式分期收款、实质上具有融资性质的销售商品和提供劳务等经营活动产生的应收款项，按照承租人或购货单位（接受劳务单位）等进行明细核算。长期应收款审计程序见表 4-15。

表 4-15　长期应收款实质性程序

一、审计目标与认定对应关系

审计目标	财务报表认定				
	存在	完整性	权利和义务	计价和分摊	列报
A. 资产负债表中的长期应收款是存在的。	√				
B. 被审计单位所有应当记录的长期应收款均已记录。		√			
C. 记录的长期应收款由被审计单位拥有或控制。			√		
D. 长期应收款以恰当的金额包括在财务报表中，与之相关的计价调整已恰当记录。				√	
E. 长期应收款已按照企业会计准则的规定在财务报表中做出恰当列报。					√

二、重大错报风险由实质性程序获取的保证程度确定

根据风险评估和内控测试结果按顺序依次做出判断	索引号	财务报表认定				
		存在	完整性	权利和义务	计价和分摊	列报
1. 评估重大错报风险水平（结果取自风险评估工作底稿——考虑内控效果前）						
2. 控制测试结果是否支持风险评估结论（结果取自该项目所属业务循环控制测试工作底稿——控制测试汇总表）						
3. 需从实质性程序获取的保证程度						

三、审计目标与审计程序对应关系

审计目标	可供选择的审计程序	索引号
D	1. 获取或编制长期应收款明细表。 （1）复核加计是否正确，并与总账数和明细账合计数核对是否相符，结合坏账准备科目和未实现融资收益科目与报表数核对是否相符。 （2）检查非记账本位币长期应收款的折算汇率及折算是否正确。	
AC	2. 分析长期应收款账龄及余额构成，了解每一明细项目的性质，查阅长期应收款相关合同协议，了解长期应收款是否按合同或协议规定按期收款，检查长期应收款是否真实。	
ACD	3. 选择长期应收款的重要项目，函证其余额和交易条款，对未回函的再次发函或实施替代审计程序。	
ABCD	4. 对于融资租赁产生的长期应收款，取得相关的合同和契约。 （1）关注租赁合同的主要条款，检查是否满足企业会计准则对于融资租赁的相关规定，检查授权批准手续是否齐全。 （2）根据合同及协议，检查最低租赁收款额、每期租金、租赁期、担保余值和未担保余值等项目的金额是否正确；检查初始直接费用及其相关会计处理是否正确。 （3）检查租赁资产在租赁期开始日的公允价值，如与账面价值有差额，检查其会计处理是否正确。	

续表

审计目标	可供选择的审计程序	索引号
ABCD	5. 对于采用递延方式、有融资性质的销售形成的长期应收款，取得相关的销售合同或协议，检查是否满足确认销售收入的条件；检查合同规定的售价、每期租金、收款期等要素；检查所销售资产在销售收入确认日的公允价值；检查会计处理是否正确。	
D	6. 对实质上构成对被投资单位净投资的长期权益，检查在长期股权投资科目的账面价值减记至零以后还需承担的投资损失；检查是否冲减长期应收款，若无，应做出记录，必要时作适当调整。	
D	7. 检查长期应收款的坏账准备，确定长期应收款是否可收回，了解有无未能按合同规定收款或延期收款现象，检查坏账准备的计提方法和比例是否恰当、计提是否充分。	
D	8. 检查未实现融资收益。 （1）获取或编制未实现融资收益明细表，复核加计是否正确，并与总账数和明细账合计数核对是否相符。 （2）对于融资租赁产生的未实现融资收益，根据合同，进行如下检查： 1）检查未实现融资收益的入账金额是否正确，摊销年限是否恰当，会计处理是否正确； 2）检查未实现融资收益本期是否按实际利率摊销，复核摊销金额是否正确，相关的会计处理是否正确； 3）检查期末租赁资产的未担保余值是否发生变动，若有证据表明未担保余值减少，相应的租赁内含利率是否已作正确调整，并将由此引起的租赁投资净额的减少计入当期损益。 （3）对于由具有融资性质的销售形成的长期应收款，取得相关的销售合同或协议，检查未实现融资收益的入账金额是否正确，摊销年限的确定是否恰当，是否按实际利率摊销，复核摊销金额是否正确，检查相关的会计处理是否正确。 （4）如果未实现融资收益对应的长期应收款的收回存在问题，检查未实现融资收益的会计处理是否恰当。	
	9. 根据评估的舞弊风险等因素增加的审计程序。	
E	10. 检查长期应收款是否已按照企业会计准则的规定在财务报表中做出恰当列报。	

五、应交税费的审计

应交税费核算企业按照税法规定应缴纳的各种税费，包括增值税、消费税、所得税、资源税、土地增值税、城市维护建设税、房产税、城镇土地使用税、车船税、教育费附加等。企业（保险）按规定应缴纳的保险保障基金、企业代扣代缴的个人所得税，也通过“应交税费”科目核算。企业不需要预计应交数而缴纳的税金，如印花税、耕地占用税等，不在“应交税费”科目核算。应交税费审计程序见表4-16。

表 4-16　应交税费实质性程序

一、审计目标与认定对应关系

审计目标	财务报表认定				
	存在	完整性	权利和义务	计价和分摊	列报
A. 资产负债表中记录的应交税费是存在的。	√				
B. 所有应当记录的应交税费均已记录。		√			
C. 记录的应交税费是被审计单位应当履行的偿还义务。			√		
D. 应交税费以恰当的金额包括在财务报表中，与之相关的计价调整已恰当记录。				√	
E. 应交税费已按照企业会计准则的规定在财务报表中做出恰当列报。					√

二、重大错报风险由实质性程序获取的保证程度确定

根据风险评估和内控测试结果按顺序依次做出判断	索引号	财务报表认定				
		存在	完整性	权利和义务	计价和分摊	列报
1. 评估重大错报风险水平（结果取自风险评估工作底稿——考虑内控效果前）						
2. 控制测试结果是否支持风险评估结论（结果取自该项目所属业务循环控制测试工作底稿——控制测试汇总表）						
3. 需从实质性程序获取的保证程度						

三、审计目标与审计程序对应关系

审计目标	可供选择的审计程序	索引号
D	1. 获取或编制应交税费明细表。 (1) 复核加计是否正确，并与报表数、总账数和明细账合计数核对是否相符； (2) 注意印花税、耕地占用税以及其他不需要预计应缴数的税金有无误入应交税费项目； (3) 分析存在借方余额的项目，查明原因，判断是否由被审计单位预缴税款引起。	
BCA	2. 首次接受委托时，取得被审计单位的纳税鉴定、纳税通知、减免税批准文件等，了解被审计单位适用的税种、附加税费、计税（费）基础、税（费）率，以及征、免、减税（费）的范围与期限。如果被审计单位适用特定的税基式优惠或税额式优惠或减低适用税率，且该项税收优惠需办理规定的审批或备案手续，应检查相关的手续是否完整、有效。连续接受委托时，关注其变化情况。	
BA	3. 核对期初未交税金与税务机关受理的纳税申报资料是否一致，检查缓期纳税及延期纳税事项是否经过有权税务机关批准。	
BDC	4. 取得税务部门汇算清缴或其他确认文件、有关政府部门的专项检查报告、税务代理机构专业报告、被审计单位纳税申报资料等，分析其有效性，并与上述明细表及账面数据进行核对。对于超过法定缴纳期限的税费，应取得主管税务机关的批准文件。	

续表

审计目标	可供选择的审计程序	索引号
DBA	5. 检查应交增值税。 (1) 获取或编制应交增值税明细表，复核其加计数是否正确，并与明细账核对是否相符。 (2) 将应交增值税明细表与被审计单位增值税纳税申报表进行核对，比较两者是否总体相符，并分析其差额的原因。 (3) 通过“原材料”等相关科目匡算进项税是否合理。 (4) 抽查一定期间的进项税抵扣汇总表，与应交增值税明细表相关数额合计数核对，如有差异，查明原因并作适当处理。 (5) 抽查重要进项税发票、海关完税凭证、收购凭证或运费发票，与网上申报系统进行核对，并注意进口货物、购进免税农产品或废旧物资、支付运费、接受投资或捐赠、接受应税劳务等应计的进项税额是否按规定进行了会计处理；检查因存货改变用途或发生非常损失应计的进项税额转出数的计算是否正确，是否按规定进行了会计处理。 (6) 根据与增值税销项税额相关账户审定的有关数据，复核存货销售；复核将存货用于投资、无偿馈赠他人、分配给股东（或投资者）应计的销项税额；确定将自产、委托加工的产品用于非应税项目的计税依据是否正确，应计的销项税额是否正确计算，是否按规定进行了会计处理。 (7) 检查适用税率是否符合税法规定。 (8) 取得《出口货物退（免）税申报表》及办理出口退税有关凭证，复核出口货物退税的计算是否正确，是否按规定进行了会计处理。 (9) 对经主管税务机关批准实行核定征收率征收增值税的被审计单位，应检查其是否按照有关规定正确执行。如果申报增值税金额小于按核定征收率计算的增值税金额，应注意超过申报额部分的会计处理是否正确。 (10) 抽查本期已交增值税资料，确定已交款数的正确性。	
DBA	6. 检查应交消费税的计算是否正确。结合税金及附加等项目，根据审定的应税消费品销售额（或数量），检查消费税的计税依据是否正确，适用税率（或单位税额）是否符合税法规定，是否按规定进行了会计处理，并分项复核本期应交消费税税额；抽查本期已交消费税资料，确定已交款数的正确性。	
DBA	7. 检查应交资源税的计算是否正确，是否按规定进行了会计处理。	
DBA	8. 检查应交土地增值税的计算是否正确，是否按规定进行了会计处理。 (1) 根据审定的预售房地产的预收账款，复核预交税款是否准确。 (2) 对符合项目清算条件的房地产开发项目，检查被审计单位是否按规定进行土地增值税清算；如果被审计单位已聘请中介机构办理土地增值税清算鉴证，应检查、核对相关鉴证报告。 (3) 如果被审计单位被主管税务机关核定征收土地增值税，应检查、核对相关的手续。	
DBA	9. 检查应交城市维护建设税的计算是否正确。结合税金及附加等项目的审计，根据审定的计税基础和按规定适用的税率，复核被审计单位本期应交城市维护建设税的计算是否正确，是否按规定进行了会计处理；抽查本期已交城市维护建设税资料，确定已交款数的正确性。	
DBA	10. 检查应交车船税和房产税的计算是否正确。获取被审计单位自有车船数量、吨位（或座位）及自有房屋建筑面积、用途、造价（购入原价）、购建年月等资料，并与固定资产（含融资租入固定资产）明细账复核一致；了解其使用、停用时间及原因等情况；通过审核本期完税单，检查其是否如实申报和按期缴纳，是否按规定进行了会计处理。	
DBA	11. 检查应交城镇土地使用税的计算是否正确，是否按规定进行了会计处理。	

续表

审计目标	可供选择的审计程序	索引号
DBA	12. 获取或编制应交所得税测算表，结合所得税项目，确定应纳税所得额及企业所得税税率，复核应交企业所得税的计算是否正确，是否按规定进行了会计处理；抽查本期已交所得税资料，确定已交款数的正确性。执行纳税企业所得税汇算清缴，并按税法规定追加相应的程序。	
DBA	13. 检查教育费附加等的计算是否正确，是否按规定进行了会计处理。	
DBA	14. 检查除上述税项外的其他税项及代扣税项的计算是否正确，是否按规定进行了会计处理。	
BD	15. 检查被审计单位获得税费减免或返还时的依据是否充分、合法和有效，会计处理是否正确。	
ABD	16. 抽查________笔应交税费相关的凭证，检查是否有合法依据，会计处理是否正确。	
	17. 根据评估的舞弊风险等因素增加的审计程序。	
E	18. 检查应交税费是否已按照企业会计准则的规定在财务报表中做出恰当列报。	

六、预收款项的审计

预收款项核算企业按照合同规定向购货单位预收的款项。预收账款情况不多的，也可将预收的款项直接记入“应收账款”科目。预收账款审计程序见表 4 - 17。

表 4 - 17　预收账款实质性程序

一、审计目标与认定对应关系

审计目标	财务报表认定				
	存在	完整性	权利和义务	计价和分摊	列报
A. 资产负债表中记录的预收账款是存在的。	√				
B. 所有应当记录的预收账款均已记录。		√			
C. 记录的预收账款是被审计单位应当履行的现时义务。			√		
D. 预收账款以恰当的金额包括在财务报表中，与之相关的计价调整已恰当记录。				√	
E. 预收账款已按照企业会计准则的规定在财务报表中做出恰当列报。					√

二、重大错报风险由实质性程序获取的保证程度确定

根据风险评估和内控测试结果按顺序依次做出判断	索引号	财务报表认定				
		存在	完整性	权利和义务	计价和分摊	列报
1. 评估重大错报风险水平（结果取自风险评估工作底稿——考虑内控效果前）						

续表

根据风险评估和内控测试结果 按顺序依次做出判断	索引号	财务报表认定				
		存在	完整性	权利 和义务	计价 和分摊	列报
2. 控制测试结果是否支持风险评估结论（结果取自该项目所属业务循环控制测试工作底稿——控制测试汇总表）						
3. 需从实质性程序获取的保证程度						

三、审计目标与审计程序对应关系

审计目标	可供选择的审计程序	索引号	执行人
D	1. 获取或编制预收账款明细表。 （1）复核加计是否正确，并与报表数、总账数和明细账合计数核对是否相符； （2）以非记账本位币结算的预收账款，检查其采用的折算汇率及折算是否正确； （3）检查是否存在借方余额，必要时进行重分类调整； （4）结合应收账款等往来款项目的明细余额，检查是否存在应收、预收两方挂账的项目，必要时做出调整； （5）标识重要客户。		
DB	2. 检查预收账款长期挂账的原因，并做出记录，必要时提请被审计单位予以调整。		
ABD	3. 抽查与预收账款有关的销货合同、仓库发货记录、货运单据和收款凭证，检查已实现销售的商品是否及时转销预收账款，确定预收账款期末余额的正确性和合理性。		
ACD	4. 对预收账款进行函证。		
BA	5. 通过货币资金的期后测试，确定预收账款是否已计入恰当期间。		
ABCD	6. 标明预收关联方［包括持股5%以上（含5%）股东］的款项，执行关联方及其交易审计程序，并注明合并报表时应予抵销的金额。		
	7. 根据评估的舞弊风险等因素增加的审计程序。		
E	8. 检查预收款项是否已按照企业会计准则的规定在财务报表中做出恰当列报。		

实例4-10（分析题）

甲公司是ABC会计师事务所的常年审计客户。A注册会计师负责审计甲公司20×6年度财务报表，A注册会计师在审计工作底稿中记录了针对销售交易实施的实质性程序，部分内容摘录如下：

（1）根据销售合同约定，客户收到货物、验收合格并在发运凭证上签字确认后，甲公司取得收取货款的权利。A注册会计师检查销售合同、销售单、销售发票后未见异常，确定对营业收入的发生认定获取了充分、适当的审计证据。

（2）A注册会计师发现20×6年12月转字第50号记账凭证反映的销售额明显高于其他测试项目，财务经理解释系调整售价所致。A注册会计师认为解释合理，将其记录于审计工作底稿中。

(3) 为应对评估的高估营业收入的重大错报风险，A 注册会计师拟从发运凭证中选取样本，追查至销售发票存根和主营业务收入明细账。

(4) 甲公司财务人员手工编制了应收账款账龄分析表。A 注册会计师就账龄结构变化较大的项目进行了询问并依据该账龄分析表对相关坏账准备的计提实施了重新计算程序，检查结果未发现异常。

(5) 甲公司会计政策规定，对应收账款采用账龄分析法计提坏账准备。确定的坏账准备计提比例分别为：账龄 1 年以内（含 1 年，以下类推）的，按其余额的 5%计提；账龄 1～2 年的，按其余额的 10%计提，账龄 2 年以上的按其余额的 40%计提。甲公司 20×6 年 12 月 31 日应收账款账面余额为 43 万元，坏账准备余额为 5.35 万元。为了确定坏账准备的计提是否准确，A 注册会计师编制了应收账款账龄分析表（表 4-18），并实施了重新计算程序，确定甲公司计提的坏账准备金额无误。

表 4-18　应收账款账龄分析表　　金额单位：万元

客户名称	账龄		
	1 年以内	1～2 年	2 年以上
应收账款——a 公司	30	—	—
应收账款——b 公司	—	15	—
应收账款——c 公司	−9	—	7
小计	21	15	7

要求：

1. 针对上述第 (1) 至 (5) 项，假定各事项均为独立事项且不考虑其他条件，逐项指出 A 注册会计师的处理是否恰当。如不恰当，简要说明理由。

2. 如果 A 注册会计师认为甲公司存在通过虚假销售做高利润的舞弊风险，简要说明为应对该风险可能采取的一些非常规的审计程序。

分析：（请扫描二维码）

思考题

1. 简述销售与收款循环的主要业务活动。

2. 简述销售与收款循环的主要控制措施。

3. 作为审计华兴公司 20×9 年度财务报表的注册会计师，你刚结束对其销售业务的了解，由于时间限制，你让助理人员张英对你确认的关键内部控制进行测试。根据 76 个销售项目的样本测试，助理人员张英报告了下列例外事项：

(1) 在一张顾客订单上批准赊销，但该客户并不在赊销目录上。

（2）信用部门批准了三张销售单，在开单时未考虑顾客信用限额。

（3）对有四笔信用条件为30天的未偿还贷款的企业又批准了赊销业务，公司没有寄出催款通知。

（4）没有证据证明已检查的五张销售发票的数字准确性，尽管未发现错误。

（5）虽然有证据证明存在内部稽核，还是有一张销售发票计价错误。

（6）三张销售发票的折扣没有通过适当授权。

你向华兴公司的财务主管提出了以上问题，他解释第（1）（2）（6）项是偶然事件，第（3）项是在年初一位工作人员病休一个多月时发生的。请回答：

（1）以上各种例外事项预示着华兴公司的内部控制存在什么缺陷？如何处理？

（2）销售内部控制测试的目的是什么？

（3）以上各种例外情况对下一步审计工作有何影响？

4. 针对以下在销售与收款循环中遇到的问题，请分别简述注册会计师应当如何处理。

（1）销售发票应当预先连续编号，以保证没有遗漏发票。但对华兴公司的内部控制测试表明销售发票编号不连续。注册会计师询问管理层，被告知：由于顾客的销售发票可以从很多渠道获得，销售发票编号是不连续的，因为需要验证编码顺序，所以编码是一项烦琐的工作。另外，管理层实行预开单制度，即货物发送之前就编制发票，发票需长期保存，以备发货后收款。

（2）应收账款函证的一个重要控制是不经过客户向外函证。但在最近的审计中，客户坚持将函证放入工作人员寄出的银行月末对账单中。

（3）在选择应收账款函证样本时，注册会计师注意到几个账户有重大的贷方余额，注册会计师计划将这些账户包括在函证中，但受到被审计单位信用部门经理的强烈反对，理由是他认为如果对这些账户函证，顾客可能立即要求还款。

5. 简述积极式函证和消极式函证的不同，如何协调？

6. 列举一些能够帮助注册会计师识别营业收入存在重大错报的信号，并指出如何应对。

7. 列举一些应对有迹象表明收入确认存在重大错报的审计程序。

8. 假如你是审计华兴公司20×9年度财务报表的注册会计师，华兴公司应收账款的总体情况如下表。

账户分类	数量（个）	数量占比（%）	金额（元）	金额占比（%）
高于10 000元	15	2	576 445	32.6
5 001～10 000元	52	6	445 892	25.3
1 001～5 000元	158	18	412 345	23.4
1～1 000元	506	57	326 672	18.5
贷方余额	32	4	（3 212）	（0.1）
零余额	69	8	—	
收账公司的账户	45	5	7 000	0.3
总计	877	100	1 765 142	100

请回答：

(1) 你选择的发出积极式函证的样本包括哪些账户？给出理由。

(2) 你选择的发出消极式函证的样本包括哪些账户？给出理由。

(3) 简述如何对应收账款函证保持适当控制。

(4) 如果只有占函证金额25%的所选顾客回函（包括第二次函证），你采取的替代审计程序是什么？

9. 简述注册会计师选择函证样本的要求，以及样本应当包含的项目。

10. 列举出销售截止测试的方法。

11. 简述对销售与收款循环进行控制测试时一般会形成哪些工作底稿？它们之间的逻辑关系是什么？

12. 简述对应收账款进行实质性审计时一般会形成哪些工作底稿？它们之间的逻辑关系是什么？

案例分析

东方电子虚构收入案例

问题：

1. 东方电子为什么要虚构收入？

2. 分析东方电子虚构收入的手段与其他收入造假手段的不同及其隐蔽性。

3. 有人认为东方电子把出售初始股票收益转为收入，既有现金流入，又有销售发票、销售合同等，可谓账证齐全、账钱相符，利用检查原始凭证等常规审计程序很难查出，那么注册会计师应当如何查证？以此讨论风险审计的特征。

行动学习讨论项目

把学生分成若干组（每组最好10人以内），要求他们利用头脑风暴的方法，对以下问题提出不同的看法，尽量多地列示在行动学习讨论的白板上。

讨论问题：销售与收款循环中最容易出现的控制缺陷有哪些？这些缺陷最容易引起的会计处理错误是什么？

讨论与板书要求：(1) 每个人都要发言，但每次只能一人发言；(2) 追求数量、追求创意；(3) 有人发言时不许质疑、不许批评、不许打断；(4) 板书要按发言人的原话列示。

第5章 Chapter 5 采购与付款循环审计

素养提升

- 本着实事求是的思想，遵守会计和审计准则，用专业技巧分析和解决专业问题。

学习目标

- 了解采购与付款循环主要业务活动及其涉及的主要凭证和记录
- 掌握采购与付款循环内部控制的关键环节及其控制措施
- 掌握采购与付款循环控制测试
- 掌握固定资产循环控制测试
- 熟悉采购与付款循环涉及科目的实质性审计程序
- 熟练运用实质性分析程序
- 了解采购与付款循环中常见的会计错弊及其审计风险
- 熟练编制采购与付款循环中相关科目的审计工作底稿

第一节 采购与付款循环主要活动及其关键控制

一、采购与付款循环的主要活动

采购与付款循环是企业请购、订购、验收、处理退货折让并支付价款有关活动所组成的业务循环，如图5-1所示。

图5-1 采购与付款循环简图

一般，企业的采购与付款循环主要活动及其相应内容如表5-1所示。

表 5-1　采购与付款循环的主要活动及其相应内容

主要业务活动	对应的凭证和记录	相关的主要部门	相关的认定	重要控制点
1. 请购商品和劳务	请购单	仓库等有关部门	存在或发生	请购单不编号，但要经过签字批准
2. 编制订购单	订购单、采购信息报告	采购部门	完整性	订购单预先编号，送至供应商及有关部门，独立检查处理
3. 验收商品	验收单、订购单	验收部门	完整性、存在或发生	验收单一式多联、预先编号
4. 储存已验收商品	验收单、入库单	仓库、请购部门	存在或发生	保管与采购职责分离
5. 编制付款凭单	付款凭单、验收单、订货单、供应商发票	应付凭单部门	存在或发生、计价和分摊、完整性	预先编号，并经过适当批准
6. 确认与记录负债	应付账款明细账、应付凭单登记簿、供应商发票、验收单、订货单、卖方对账单、转账凭证	应付账款部门、会计部门	存在或发生、完整性、计价和分摊	记录现金收支的人员不得经手现金、有价证券和其他资产，独立检查入账及时性及金额正确性
7. 支付负债	付款凭单、支票	应付凭单部门、财务部门	存在或发生、完整性、计价和分摊	支票预先编号，已签署支票的相关凭证要注销
8. 记录现金、银行存款支出	现金日记账、银行存款日记账、支票、付款凭证	会计部门	存在或发生、计价和分摊、完整性	独立编制银行存款余额调节表

注册会计师只有了解采购与付款循环涉及的主要活动及其相关凭证和记录，才能从整个循环的角度对采购与付款循环涉及的相关账户的审计风险予以把握，进而提高审计的效率。其间形成的主要凭证如下所示。

（1）请购单。请购单是采购交易轨迹的起点；请购单是采购交易的发生认定的凭据之一；审批后的请购单应送至采购部门。

（2）订购单。订购单是确定日后是否收到商品并正确入账的证据之一；订购单需要连续编号，连续编号的订购单与应付账款的完整性认定相关。正常情况下，订购单应一式若干份，至少要送交供应商一份，送至验收部门、应付凭单部门、请购部门各一份。

（3）采购信息报告与应付账款的存在、完整性认定相关。

（4）验收单。验收单是支持资产或费用以及与采购有关的负债的存在或发生认定的重要凭证。定期独立检查验收单的顺序以确定每笔采购交易都已编制凭单与采购交易的完整性认定有关。验收单至少应送至仓库部门和请购部门各一份。

（5）入库单。入库单的编制可以将储存已验收的商品存货与采购的其他职责相分离，可减少未经授权的采购和盗用商品的风险，这些控制与商品的存在认定有关。

（6）付款凭单（付款汇总表）。付款凭单是企业内部记录和支付负债的授权证明文件，付款凭单通常由应付凭单部门根据采购发票的内容（发票内容要与验收单、订购单一致），在确保商品和劳务已验收（核查购置的资产）、已接受的前提下编制；定期将已批准的付款凭单送达会计部门，据以编制有关记账凭证和登记有关账簿。

二、采购与付款循环的关键控制

在实务中，为识别、防止企业采购与付款循环的控制风险，企业应当针对风险为采购与付款循环设计和执行相应的控制措施。

（一）编制需求计划和采购计划

在实务中，该关键环节的风险主要表现在：需求或采购计划不合理，不按实际需求安排采购或随意超计划采购，甚至与企业生产经营计划不协调等。

企业建立的应对其风险的控制措施包括以下内容。

（1）生产、经营、项目建设等部门，根据实际需求准确、及时地编制需求计划。需求部门提出需求计划时，不能指定或变相指定供应商。对独家代理、专有、专利等特殊产品应提供相应的独家、专有资料，经专业技术部门研讨后，由具备相应审批权限的部门或人员审批。

（2）采购计划是企业年度生产经营计划的一部分，在制定年度生产经营计划的过程中，企业根据发展目标的实际需要，结合库存和在途情况，科学安排采购计划，防止采购过量或不足。

（3）将采购计划纳入采购预算管理，经相关负责人审批后，作为企业刚性指令严格执行。

（二）请购

在实务中，该关键环节的风险主要表现在：缺乏采购申请制度，请购未经适当审批或超越授权审批，可能导致采购物资过量或不足，影响企业正常生产经营。

企业建立的应对其风险的控制措施包括以下内容。

（1）建立采购申请制度，依据购买物资或接受劳务的类型，确定归口管理部门，授予相应的请购权，明确相关部门或人员的职责权限及相应的请购程序。企业可以根据实际需要设置专门的请购部门，对需求部门提出的采购需求进行审核，并归类汇总，统筹安排企业的采购计划。

（2）对于预算内采购项目，具有请购权的部门严格按照预算执行的进度办理请购手续，并根据市场变化提出合理的采购申请。对于超预算和预算外采购项目，先履行预算调整程序，经具备相应审批权限的部门或人员审批后，再行办理请购手续。

（3）具备相应审批权限的部门或人员审批采购申请时，重点关注采购申请内容是否准确、完整，是否符合生产经营需要，是否符合采购计划，是否在采购预算范围内等。对不符合规定的采购申请，要求请购部门调整请购内容或拒绝批准。

（三）选择供应商

在实务中，该关键环节的风险主要表现在：供应商选择不当，可能导致采购物资质次价高，甚至出现舞弊行为。

企业建立的应对其风险的控制措施包括以下内容。

(1) 建立科学的供应商评估和准入制度，对供应商资质、信誉情况的真实性和合法性进行审查，确定合格的供应商清单，完善企业统一的供应商网络。企业新增供应商的市场准入制度、新增供应商服务关系以及调整供应商物资目录，由采购部门根据需要提出申请，按规定的权限和程序审核批准后纳入供应商网络。必要时，委托具有相应资质的中介机构对供应商进行资信调查。

(2) 采购部门按照公平、公正的竞争原则，择优确定供应商，在切实防范舞弊风险的基础上，与供应商签订质量保证协议。

(3) 建立供应商管理信息系统和供应商淘汰制度，对供应商提供物资或劳务的质量和价格、交货及时性、供货条件及供应商的资信、经营状况等进行实时管理和考核评价，根据考核评价的结果，列出供应商淘汰和更换名单，经审批后对供应商进行合理选择和调整，并在供应商管理信息系统中做好相应记录。

(四) 确定采购价格

在实务中，该关键环节的风险主要表现在：采购定价机制不科学，采购定价方式选择不当，缺乏对重要物资品种价格的跟踪监控，导致采购价格不合理，可能造成企业资金损失。

企业建立的应对其风险的控制措施包括以下内容。

(1) 健全采购定价机制，采取协议采购、招标采购、询比价采购、动态竞价采购等多种方式，科学合理地确定采购价格。对标准化程度高、需求计划性强、价格相对稳定的物资，通过招标、联合谈判等公开、竞争方式签订框架协议。

(2) 采购部门定期研究重要大宗通用物资的成本构成与市场价格变动趋势，确定重要物资品种的采购执行价格或参考价格。建立采购价格数据库，定期开展重要物资的市场供求形势及价格走势的商情分析，并加以合理利用。

(五) 订立框架协议或采购合同

在实务中，该关键环节的风险主要表现在：框架协议签订不当，可能导致物资采购不顺畅；未经授权对外订立采购合同，合同对方主体资格、履约能力等未达要求，合同内容存在重大疏漏和欺诈，可能导致企业合法权益受到侵害。

企业建立的应对其风险的控制措施包括以下内容。

(1) 对拟签订框架协议的供应商的主体资格、信用状况等进行风险评估；在签订框架协议时引入竞争制度，确保供应商具备履约的能力。

(2) 根据确定的供应商、采购方式、采购价格等情况，拟订采购合同，准确描述合同条款，明确双方权利、义务和违约责任，按照规定权限签署采购合同。对于影响重大、涉及较高专业技术或法律关系复杂的合同，组织法律、技术、财会等专业人员参与谈判，必要时聘请外部专家参与相关工作。

(3) 统一规定重要物资验收量与合同量之间允许的差异。

(六) 管理供应过程

在实务中，该关键环节的风险主要表现在：缺乏对采购合同履行情况的有效跟踪，运输方式选择不合理，忽视运输中的保险风险，可能导致采购物资损失或无法保证供应。

企业建立的应对其风险的控制措施包括以下内容。

（1）依据采购合同中确定的主要条款跟踪合同履行情况，对有可能影响生产或工程进度的异常情况，出具书面报告并及时提出解决方案，采取必要措施，保证需求物资的及时供应。

（2）对重要物资建立并执行合同履约过程中的巡视、点检和监造制度。对需要监造的物资，择优确定监造单位，签订监造合同，落实监造责任人，审核确认监造大纲，审定监造报告，并及时向技术等部门通报。

（3）根据生产建设进度和采购物资特性等因素，选择合理的运输工具和运输方式，办理运输、投保等事宜。

（4）实行全过程的采购登记制度或信息化管理，确保采购过程的可追溯性。

（七）验收

在实务中，该关键环节的风险主要表现在：验收标准不明确、验收程序不规范、对验收中存在的异常情况不作处理，可能造成账实不符、采购物资损失。

企业建立的应对其风险的控制措施包括以下内容。

（1）制定明确的采购验收标准，结合物资特性确定必检物资目录，规定此类物资出具质量检验报告后方可入库。

（2）验收机构或人员应当根据采购合同及质量检验部门出具的质量检验证明，重点关注采购合同、发票等原始单据与采购物资的数量、质量、规格型号等是否一致。对验收合格的物资，填制入库凭证，加盖物资收讫章，登记实物账，及时将入库凭证传递给财务会计部门。物资入库前，采购部门检查质量保证书、商检证书或合格证等证明文件。验收时若涉及技术性强的、大宗的和新特物资，则进行专业测试，必要时可委托具有检验资质的机构或聘请外部专家协助验收。

（3）对于验收过程中发现的异常情况，比如无采购合同或超采购合同额度的物资、超采购预算采购的物资、毁损的物资等，验收机构或人员立即向企业有权管理的相关机构报告，相关机构应当查明原因并及时处理。对于不合格物资，采购部门依据检验结果办理让步接收、退货、索赔等事宜。对于延迟交货造成的生产建设损失，采购部门按照合同约定索赔。

（八）付款

在实务中，该关键环节的风险主要表现在：付款审核不严格、付款方式不恰当、付款金额控制不严，可能导致企业资金损失或信用受损。

企业建立的应对其风险的控制措施有：加强采购付款的管理，完善付款流程，明确付款审核人的责任和权力，严格审核采购预算、合同、相关单据凭证、审批程序等相关内容，审核无误后按照合同规定，合理选择付款方式，及时办理付款。重点关注以下方面。

（1）严格审查采购发票等票据的真实性、合法性和有效性，判断采购款项是否确实应予支付。如审查发票填制的内容是否与发票种类相符、发票加盖的印章是否与票据的种类相符等。重视采购付款的过程控制和跟踪管理，如果发现异常情况，则拒绝向供应商付款，避免出现资金损失和信用受损。

（2）根据国家有关支付结算的相关规定和企业生产经营的实际，合理选择付款方式，并严格遵循合同规定，防范付款方式不当带来的法律风险，保证资金安全。除了不足转账起点金额的采购可以支付现金外，采购价款应通过银行办理转账。

（3）加强预付账款和定金的管理，若涉及大额或长期的预付款项，则定期进行追踪核查，综合分析预付账款的期限、占用款项的合理性、不可收回风险等情况，发现有疑问的预付款项，及时采取措施，尽快收回款项。

（九）会计控制

在实务中，该关键环节的风险主要表现在：缺乏有效的采购会计系统控制，未能全面真实地记录和反映企业采购各环节的资金流和实物流情况，相关会计记录与相关采购记录、仓储记录不一致，可能导致企业采购业务不能如实反映以及采购物资和资金受损。

企业建立的应对其风险的控制措施包括以下内容。

（1）加强对购买、验收、付款业务的会计系统的控制，详细记录供应商情况、采购申请、采购合同、采购通知、验收证明、入库凭证、退货情况、商业票据、款项支付等信息，做好采购业务各环节的记录，确保会计记录、采购记录与仓储记录核对一致。

（2）指定专人通过函证等方式，定期向供应商寄发对账函，核对应付账款、应付票据、预付账款等往来款项，对供应商提出的异议应及时查明原因，报有权管理的部门或人员批准后，做出相应调整。

在实务中，注册会计师重点关注的往往是财务报表的内部控制，表5-2列示了在采购与付款循环中与财务报表可靠性和资产安全性相关的一系列具体的控制措施。

表5-2　采购与付款循环中与财务报表相关的内部控制

活动	典型的内部控制
采购	1. 采购的会计处理与采购和生产职责相分离。
	2. 维持更新已批准供应商名单。
	3. 使用预先编号的请购单、订购单和验收报告。
	4. 独立复核订购单，并显示订购单的审批情况。
	5. 将收到的货物与订购单和凭证进行核对，找出差异。
	6. 把购货发票和供应商对账单直接送到应付账款部门。
	7. 将每张购货发票上的价格、数量、付款方式、小计和合计与其他交易凭证及公司政策相核对。
	8. 复核每笔支出是否正确地归类于资产或费用。
	9. 将供应商每月的对账单与单笔交易活动（采购和付款）相核对。
	10. 设立一个按到期日顺序排列的未付债务的档案。
	11. 及时将交易过账。
	12. 使用控制总数和混列总数来验证过账的准确性。
	13. 及时更新会计科目表。

续表

活动	典型的内部控制
采购	14. 坚持把小额资产作为费用确认的政策。
	15. 将总分类账的总额和业务与明细分类账、支持性日记账进行核对。
	16. 过账前复核所有的会计分录。
	17. 调查账户中非正常的分录。
付款	1. 将付款的会计处理与填制支票（期票）、采购、应付款项的确认和过账职责相分离。
	2. 使用预先编号的支票或者电子资金转账方式来支付货款。
	3. 注销与已支付款项相关的支持性凭证，避免重复付款。
	4. 在一定的安全保护下使用支票填制设备或由计算机生成支票。
	5. 立即注销作废支票。
	6. 把支票的金额和详细内容与支持性凭证相核对。
	7. 及时将交易过账。
	8. 使用控制总数和混列总数来验证过账的准确性。
	9. 独立地将银行账户与现金支付流程进行核对。
	10. 按顺序对已使用支票进行会计处理，并追查过期的未兑现支票。
	11. 将总分类账的总额和业务与明细分类账和支持性日记账进行核对，特别关注未付款的余额。

三、固定资产循环的关键控制

固定资产循环是指企业组织获取、准备和维护实物资产的一系列业务活动。固定资产循环的关键控制及其应对措施包括以下内容。

（一）不相容岗位分离的控制

在以下固定资产不相容岗位上应当建立起严格的分离、制约和监督制度：（1）固定资产投资预算的编制与审批、审批与执行；（2）固定资产采购、验收与款项支付；（3）固定资产投保的申请与审批；（4）固定资产处置的申请与审批、审批与执行；（5）固定资产取得和处置业务的执行与相关会计记录。

（二）授权批准的控制

企业应当对固定资产业务建立严格的授权批准制度，明确授权批准的方式、权限、程序、责任和相关控制措施，规定经办人的职责范围和工作要求。严禁未经授权的机构或人员办理固定资产业务。

（三）资本预算的控制

企业根据固定资产的使用情况、生产经营发展目标等因素拟订固定资产投资项目，对项目可行性进行研究、分析，编制固定资产投资预算，并按规定程序审批，确保固定资产投资决策科学合理。

对于重大的固定资产投资项目，可组织独立的第三方进行可行性研究与评价，并由企业实行集体决策和审批，防止出现决策失误而造成严重损失。

（四）日常管理的控制

企业应加强固定资产的日常管理工作，授权具体部门或人员负责固定资产的日常使用与维修管理，保证固定资产的安全与完整。具体包括以下内容。

（1）企业应根据国家及行业有关要求和自身经营管理的需要，确定固定资产分类标准和管理要求，并制定和实施固定资产目录制度。

（2）企业应依据国家有关规定，结合企业实际，确定计提折旧的固定资产范围、折旧方法、折旧年限、净残值率等折旧政策，并制定和实施固定资产目录制度。折旧政策一经确定，除符合国家统一的会计制度规定的情况以外，未经批准，不得随意变更。

（3）企业应当建立固定资产的维修、保养制度，保证固定资产的正常运行，提高固定资产的使用效率。固定资产使用部门负责固定资产日常维修、保养，定期检查，及时消除风险。固定资产大修理应由固定资产使用部门提出申请，按规定程序报批后安排修理。固定资产技术改造应组织相关部门进行可行性论证，审批通过后予以实施。固定资产大修理和技术改造应依据国家统一的会计制度的规定，及时进行账务处理。

（4）企业应根据固定资产性质确定固定资产投保范围和政策。企业应由固定资产管理部门负责对应投保的固定资产项目提出投保申请，按规定程序审批后，办理投保手续。必要时，可采取招标方式确定保险公司。

已投保的固定资产因增减、转移及处置等原因而发生变动时，固定资产管理部门应提出变更申请，经企业授权部门或人员审批后办理投保、转移、解除等相关保险手续。

（5）企业应当定期对固定资产进行盘点。盘点前，应当要求固定资产管理部门、使用部门和财会部门进行固定资产账簿记录的核对，保证账账相符。

企业应组成固定资产盘点小组对固定资产进行盘点，根据盘点结果填写固定资产盘点表，并与账簿记录核对，对账实不符，固定资产盘盈盘亏的，编制固定资产盘盈盘亏表。

（6）固定资产发生盘亏，应由固定资产使用部门和管理部门逐笔查明原因，共同编制盘盈盘亏处理意见，经企业授权部门或人员批准后由财会部门及时调整有关账簿记录，使其反映固定资产的实际情况。

（7）企业应至少在每年年末由固定资产管理部门和财会部门对固定资产进行检查、分析。检查分析应包括定期核对固定资产明细账与总账，并对差异及时分析与调整。固定资产存在可能发生减值迹象的，应当计算其可收回金额；可收回金额低于账面价值的，应当计提减值准备，避免资产价值高估。

（8）固定资产管理部门和使用部门对未使用、不需用或使用不当的固定资产及时提出处理措施，报企业授权部门或人员批准后实施。对封存的固定资产，应指定专人负责日常管理，定期检查，确保资产的完整状态。

（五）资产处置的控制

企业应当建立固定资产处置的相关制度，确定固定资产处置的范围、标准、程序和审批权限等相关内容，确保固定资产合理利用。具体包括以下内容。

（1）企业应区分固定资产不同的处置方式，采取相应控制措施。对使用期满、正常报废的固定资产，应由固定资产使用部门或管理部门填制固定资产报废单，经企业授权部门或人员批准后对该固定资产进行报废清理。

对使用期限未满、非正常报废的固定资产，应由固定资产使用部门提出报废申请，注明报废理由，估计清理费用、可回收残值、预计出售价值等。企业应组织有关部门进行技术鉴定，按规定程序审批后进行报废清理。

对拟出售或投资转出的固定资产，应由有关部门或人员提出处置申请，列明该项固定资产的原价、已提折旧、预计使用年限、已使用年限、预计出售价格或转让价格等，报经企业授权部门或人员批准后予以出售或转让。

（2）固定资产的处置应由独立于固定资产管理部门和使用部门的其他部门或人员办理。固定资产处置价格应当选择合理的确定方式，经企业授权部门或人员审批后确定。如有必要，应委托具有资质的中介机构进行资产评估。

对于重大固定资产的处置，应采取集体合议审批制度，并建立集体审批记录机制。

（3）固定资产处置涉及产权变更的，应及时办理产权变更手续。

（4）企业出租、出借固定资产，应由固定资产管理部门会同财会部门按规定报经批准后予以办理，并签订合同，对固定资产出租、出借期间所发生的维护保养、税负责任、租金、归还期限等相关事项予以约定。

（5）对固定资产处置及出租、出借收入和发生的相关费用，应及时入账，保持完整的记录。

（6）企业对于固定资产的内部调拨，应填制固定资产内部调拨单，明确固定资产调拨时间、调拨地点、编号、名称、规格、型号等，有关负责人审批通过后，及时办理调拨手续。固定资产调拨的价值应当由企业财会部门审核批准。

作为固定资产循环的一个组成部分，在建工程项目具有其特殊性，其关键控制及应对措施包括以下方面。

（1）不相容岗位相分离控制。在以下工程项目不相容岗位上应当建立起严格的分离、制约和监督制度：1）项目建议、可行性研究与项目决策；2）概预算编制与审核；3）项目决策与项目实施；4）项目实施与价款支付；5）项目实施与项目验收；6）竣工决算与竣工决算审计。

（2）企业应当建立工程项目授权制度和审核批准制度，并按照规定的权限和程序办理工程项目业务。

（3）企业应当建立工程项目决策环节的控制制度，对项目建议书和可行性研究报告的编制、项目决策程序等做出明确规定，确保项目决策科学、合理。

（4）企业应当建立工程项目概预算环节的控制制度，对概预算的编制、审核等做出明确规定，确保概预算编制科学、合理。

（5）企业应当建立工程进度价款支付环节的控制制度，对价款支付的条件、方式以及会计核算程序做出明确规定，确保价款支付及时、正确。

对于重大项目，企业应当考虑聘请符合国家资质规定的中介机构，如招标代理、工程监理、财务监理等，协助企业进行工程项目的管理。

（6）企业应当建立竣工决算环节的控制制度，对竣工清理、竣工决算、决算审计、竣工验收等做出明确规定，确保竣工决算真实、完整、及时。

四、无形资产循环的关键控制

无形资产循环是指企业取得、验收并落实权属，自用或授权其他单位使用，权能保全、技术升级与换代，处置与转移无形资产等一系列活动。

在实务中，为识别、防止无形资产循环的控制风险，企业应当针对风险设计无形资产循环的控制措施，详见表5-3。

表5-3 无形资产循环的风险点及其控制措施

关键环节	风险点	控制措施
无形资产的取得与验收	取得的无形资产不具有先进性，或权属不清，可能导致企业资源浪费或引发法律诉讼。	企业应当建立严格的无形资产交付使用验收制度，明确无形资产的权属关系，及时办理产权登记手续。企业外购无形资产，必须仔细审核有关合同协议等法律文件，及时取得无形资产所有权的有效证明文件，同时特别关注外购无形资产的技术先进性；企业自行开发的无形资产，应由研发部门、无形资产管理部门、使用部门共同填制无形资产移交使用验收单，移交使用部门使用；企业购入或者以支付土地出让金方式取得的土地使用权，必须取得土地使用权的有效证明文件。当无形资产权属关系发生变动时，应当按照规定及时办理权证变更手续。
无形资产的使用与保全	无形资产使用效率低下，效能发挥不到位；缺乏严格的保密制度，致使体现在无形资产中的商业机密泄露；由于商标等无形资产疏于管理，导致其他企业侵权，严重损害企业利益。	企业应当强化无形资产使用过程的风险管控，充分发挥无形资产对提升企业产品质量和市场影响力的重要作用；建立健全无形资产核心技术保密制度，严格限制未经授权人员直接接触技术资料，对技术资料等无形资产的保管及接触应保有记录，实行责任追究，保证无形资产的安全与完整；对侵害本企业无形资产的，要积极取证并形成书面调查记录，提出维权对策，按规定程序审核并上报，等等。
无形资产的技术升级与更新换代	无形资产内含的技术未能及时升级换代，导致技术落后或存在重大技术安全隐患。	企业应当定期对专利、专有技术等无形资产的先进性进行评估。发现某项无形资产给企业带来经济利益的能力受到重大不利影响时，应当考虑淘汰落后技术，同时加大研发投入，不断推动企业自主创新与技术升级，确保企业在市场竞争中始终处于优势地位。
无形资产的处置	无形资产长期闲置或低效使用会逐渐失去其使用价值；无形资产处置不当，往往造成企业资产流失。	企业应当建立无形资产处置的相关管理制度，明确无形资产处置的范围、标准、程序和审批权限等要求。无形资产的处置应由独立于无形资产管理部门和使用部门的其他部门或人员按照规定的权限和程序办理；应当选择合理的方式确定处置价格，并报企业授权部门或人员审批；重大的无形资产处置，应当委托有资质的中介机构进行资产评估。

第二节 采购与付款循环的控制测试

一、采购与付款循环控制测试的目标与程序

采购与付款循环控制测试的目标为：在确认采购与付款循环的内部控制设计有效并执行的基础上，充分考虑下列因素：（1）审计成本效益的要求；（2）仅实施实质性审计程序不足以将认定层次重大错报风险降至可接受的水平。

采购与付款循环的控制测试程序一般包括以下内容。

（1）询问被审计单位的人员，了解被审计单位采购与付款的主要控制制度是否被执行；

（2）观察采购与付款的关键控制点及特定控制点的控制实践；

（3）检查关键控制点生成的有关文件和记录；

（4）必要时通过重新执行来证实控制执行的有效性；

（5）通过追踪交易在财务报告信息系统中的处理过程（穿行测试）提取支持关键控制点控制有效的审计证据；

（6）根据上述程序的实施评估控制是否可信赖。

二、采购与付款循环的控制测试实务

注册会计师在执行采购与付款循环控制测试时形成的审计工作底稿包括以下内容。

（1）采购与付款循环控制测试程序（见表5-4）。该底稿记录了注册会计师针对材料采购、记录应付账款、付款和维护供应商档案等内部控制设计控制测试程序的情况，包括拟执行的控制测试具体程序、有关控制的执行频率、拟测试的样本数量以及执行相关程序的工作底稿的索引。

固定资产循环控制测试程序（见表5-5）。该底稿记录了注册会计师针对固定资产投资预算管理与审批、购置，记录固定资产、固定资产折旧及减值和固定资产日常保管、处置及转移等内部控制设计控制测试程序的情况，包括拟执行的控制测试具体程序、有关控制的执行频率、拟测试的样本数量以及执行相关程序的工作底稿的索引。

（2）采购与付款循环控制测试汇总表和固定资产循环控制测试汇总表。这两张表是记录注册会计师测试的采购与付款循环控制活动及结论的汇总类底稿，既汇总了注册会计师风险评估得出的了解内部控制的初步结论，也汇总了注册会计师对采购与付款循环执行控制测试得出的结论。另外，基于控制测试结论，注册会计师确定了采购与付款循环对实质性程序的性质、时间和范围的影响，底稿中也列示了注册会计师专业判断采购与付款循环中相关交易和账户余额的总体审计方案以及审计时需要与治理

层/管理层沟通的安排。

(3) 采购与付款循环控制测试过程。该表是注册会计师按采购与付款循环中关键的控制环节分别抽取相关凭证进行测试而形成的底稿，直接支持采购与付款循环控制测试汇总表中的控制测试结论。

固定资产循环控制测试过程。该表是注册会计师按固定资产循环中关键的控制环节分别抽取相关凭证进行测试而形成的底稿，直接支持固定资产循环控制测试汇总表中的控制测试结论。在编制时应注意“与固定资产投资预算与审批有关的控制”和“与固定资产折旧的会计估计减值有关的控制”一般发生频率为一年一次，如果在穿行测试中已进行检查，可不再对该控制活动执行控制有效性测试。

表 5-4 采购与付款循的关键控制环节及其主要测试内容

序号	关键控制环节	主要测试内容
1	采购活动的控制	请购单是否得到适当的审批；请购单、采购订单的编号与日期；采购订单是否连续编号等
2	记录应付账款的控制	供应商发票所载内容与采购订单、验收单的内容是否相符；发票上是否加盖相符章；供应商发票、验收单、转账凭证的日期；验收单、转账凭证的编号是否连续；是否记入应付账款贷方等
3	付款活动的控制	付款凭证是否得到会计主管的适当审批；有关支持性文件上是否加盖核销章；支票/信用证是否已支付给恰当的供应商；收款人名称；付款凭证、支票/信用证的日期与编号等
4	与费用有关的业务活动的控制	费用申请单是否得到适当审批；费用申请单的日期与编号等
5	比较采购信息报告与相关文件（请购单）是否相符的有关业务活动的控制	选择的采购信息报告期间；应付账款记账员是否已复核采购信息报告；采购订单是否连续编号；如有不符，是否已进行调查；对不符事项是否已进行处理
6	与应付账款调节表有关的业务活动的控制	供应商名称；应付账款调节表日期与编号；是否与支持文件相符；是否经过适当审批；是否已调节应付账款等
7	与供应商档案更改记录有关的业务活动的控制	更改申请表号码；更改申请表是否经过适当审批；更改是否包含在月度供应商信息更改报告中；月度供应商信息更改报告是否经适当复核；更改申请表号码是否包含在编号记录表中；编号记录表是否经适当复核等
8	与供应商档案及时维护有关的业务活动的控制	供应商名称与档案编号；最近一次与公司发生交易的时间；是否已按照规定对供应商档案进行维护等

表 5-5 固定资产循环的关键控制环节及其主要测试内容

序号	关键控制环节	主要测试内容
1	与固定资产投资预算和审批有关的控制	预算编制时间；资产使用部门是否编制预算并经部门经理批准；预算经理是否复核固定资产预算；是否经过投资可行性论证并形成论证报告；投资预算是否经适当管理层批准等
2	购置固定资产的控制	请购单是否得到适当的审批；请购单后是否附经批准的预算；采购合同是否经适当审批和签署；请购单和采购订单的编号与日期等

续表

序号	关键控制环节	主要测试内容
3	记录固定资产的控制	供应商名称；供应商发票所载内容与采购订单和验收单内容是否相符；发票上是否盖有相符章；验收单和记账凭证是否连续编号；是否正确记入固定资产借方等
4	比较采购信息报告与相关文件（请购单）是否相符的有关业务活动的控制	选择的采购信息报告期间；应付账款记账员是否已复核采购信息报告；采购订单是否连续编号；如有不符，是否已进行调查；对不符事项是否已进行处理等
5	与固定资产及累计折旧变动有关的控制	固定资产记账员是否编制月度报告、固定资产增减变动情况报告；会计主管是否复核月度报告、固定资产增减变动情况报告等
6	与固定资产折旧的会计估计、减值有关的控制	董事会是否制定与固定资产折旧/减值有关的政策；年末会计主管是否会同其他部门检查固定资产使用寿命及减值情况；技术部门是否编写固定资产价值分析报告；如较原先估计数发生较大变化，会计主管是否编写会计估计变更建议；财务经理是否复核会计估计变更建议或固定资产减值调整建议；董事会是否审核会计估计变更建议或固定资产减值调整建议；会计估计变更和资产减值损失是否已进行恰当处理和列报；相关记账凭证是否连续编号等
7	与固定资产盘点有关的控制	资产使用部门是否已进行固定资产盘点；财务部门是否已进行固定资产复盘；对盘点差异是否已进行适当处理；相关记账凭证是否连续编号等
8	其他与固定资产日常保管、处置与转移有关的控制活动	主要固定资产是否已办理商业保险；固定资产报废是否经适当审批；固定资产报废是否进行恰当会计处理和列报；内部调拨固定资产是否已编制内部调拨单并进行恰当会计处理；商业保险单、固定资产报废单、记账凭证是否连续编号等

实例5-1（分析题）

今明会计师事务所承接了华兴公司20×6年度财务报表审计业务，20×6年11月派注册会计师李明等进行年报预审，李明在对华兴公司与1—10月报表相关的内部控制进行控制测试时，了解到华兴公司采购与付款循环中的控制活动包括以下内容。

（1）对需要购买的已经列入机器配件清单的项目由仓库负责填写请购单，对未列入机器配件清单的项目由相关需求部门填写请购单，请购单统一由采购部主管W签字批准。

（2）公司规定采购金额在10万元以下的，由采购部经理批准，采购金额超过10万元的，由总经理批准。由于总经理出差而生产车间又急需采购设备配件，采购部经理多次批准了单笔金额超过10万元的采购申请。

（3）采购完成后，由采购部指定采购部业务人员进行验收，检查机器配件有无损坏后，比较所收商品与订购单要求是否相符，如商品的品名、摘要、数量、到货时间等，并编制一式多联的未连续编号的验收单。

（4）物资验收后，由验收部通知加工车间主管张晓，将机器配件转运到生产车间的物资存放点，车间物资管理员王鑫清点后在库存配件账上直接登记所收到的配件数量，并根据工人报出的更换配件需求直接发出配件。

(5) 应付凭单部核对验收单和采购订单，编制预先连续编号的付款凭单。财务部在接到经应付凭单部审核的上述单证和付款凭单后，由财务人员黄英负责登记备件采购业务，黄英根据验收部送交的验收单和卖方发票，分别登记配件明细账和应付账款明细账，并据以填制付款凭单，交现金出纳员付款。

(6) 月末，在核对连续编号的验收单和采购订单后，应付凭单部对相关配件数量和采购成本进行汇总。应付凭单部对已经验收但尚未收到供应商发票的配件编制清单，财务部据此将相关配件暂估入账。

(7) 采购退货由采购部负责，采购部集中在每个季度末向财会部提供退货清单。

要求：

1. 请指出华兴公司采购与付款循环内部控制是否存在缺陷，分析可能导致的错报并提出内部完善建议。

2. 针对华兴公司采购与付款循环内部控制缺陷，请编制相关科目认定表格。

分析：（请扫描二维码）

第三节　采购与付款循环所涉及科目的实质性测试

一、应付账款的审计

应付账款核算企业因购买材料、商品和接受劳务供应等经营活动应支付的款项。在实务中，应付账款的审计一般不需要函证，但应当重点查找未入账的应付账款，这是由于函证不能保证查出未记录的应付账款，况且注册会计师能够取得购货发票等外部凭证来证实应付账款的余额，为了防止企业低估负债，注册会计师应检查被审计单位有无故意漏记应付账款行为。例如，结合存货监盘，检查被审计单位在资产负债表日是否存在有材料入库凭证但未收到购货发票的经济业务；检查资产负债表日后收到的购货发票，关注购货发票的日期，确认其入账时间是否正确；检查资产负债表日后应付账款明细账贷方发生额的相应凭证，确认其入账时间是否正确。检查时，注册会计师还可以询问被审计单位的会计和采购人员，查阅资本预算、工作通知单和基建合同。

审计应付账款形成的相关审计工作底稿包括以下内容。

(1) 应付账款实质性程序（见表5-6）。该表列出了应付账款的认定、审计目标、可供选择的审计程序之间的内在关系，供注册会计师根据被审计单位的具体情况选择。

(2) 应付账款审定表。该表属于应付账款审计的汇总类底稿，从关联方和非关联方两个方面汇总应付账款审计情况，并直接得出报表中的应付账款是否可以确认的审计结论。

（3）应付账款明细表。该表是从关联方和非关联方两个方面对应付账款明细情况予以审计的底稿。

（4）细节测试的支持性工作底稿。主要有：1）应付账款替代测试表。该表是注册会计师从应付账款贷方、借方、期后付款三方面抽取样本检查原始凭证而形成的底稿。2）应付账款核对表。该表是注册会计师抽取样本核对应付账款明细账、发票和入库单等形成的底稿。3）未入账应付账款汇总表。该表是注册会计师为查找未入账应付账款进行测试而形成的汇总底稿。4）应付账款日后付款测试表和未处理的供应商发票测试表。该表是注册会计师为查找未入账应付账款进行细节测试而形成的底稿，支持未入账应付账款汇总表。

表5-6 应付账款实质性程序

一、审计目标与认定对应关系

审计目标	财务报表认定				
	存在	完整性	权利和义务	计价和分摊	列报
A. 资产负债表中记录的应付账款是存在的。	√				
B. 所有应当记录的应付账款均已记录。		√			
C. 资产负债表中记录的应付账款是被审计单位应当履行的现时义务。			√		
D. 应付账款以恰当的金额包括在财务报表中，与之相关的计价调整已恰当记录。				√	
E. 应付账款已按照企业会计准则的规定在财务报表中做出恰当列报。					√

二、重大错报风险由实质性程序获取的保证程度确定

根据风险评估和内控测试结果按顺序依次做出判断	索引号	财务报表认定				
		存在	完整性	权利和义务	计价和分摊	列报
1. 评估重大错报风险水平（结果取自风险评估工作底稿——考虑内控效果前）						
2. 控制测试结果是否支持风险评估结论（结果取自该项目所属业务循环控制测试工作底稿——控制测试汇总表）						
3. 需从实质性程序获取的保证程度						

三、审计目标与审计程序对应关系

审计目标	可供选择的审计程序	索引号
D	1. 获取或编制应付账款明细表。 (1) 复核加计是否正确，并与报表数、总账数和明细账合计数核对是否相符。 (2) 检查非记账本位币应付账款的折算汇率及折算是否正确。 (3) 分析出现借方余额的项目，查明原因，必要时作重分类调整。 (4) 结合预付账款等往来项目的明细余额，调查有无同时挂账的项目、异常余额或与购货无关的其他款项（如关联方账户或雇员账户）；如有，应做出记录，必要时作调整。	
BD	2. 获取被审计单位与其供应商之间的对账单（应从非财务部门，如采购部门获取），并对对账单和被审计单位财务记录之间的差异进行调节（如在途款项、在途货物、付款折扣、未记录的负债等），查找有无未入账的应付账款，确定应付账款金额的准确性。	
BD	3. 检查债务形成的相关原始凭证，如供应商发票、验收报告或入库单等，查找有无未及时入账的应付账款，确定应付账款金额的准确性。	
AE	4. 检查应付账款长期挂账的原因并做出记录，注意其是否可能无须支付；对确实无须支付的应付账款的会计处理是否正确，依据是否充分；关注账龄超过 3 年的大额应付账款在资产负债表日后是否偿还，检查偿还记录及单据并披露。	
B	5. 针对资产负债表日后付款项目，检查银行对账单及有关付款凭证（如银行划款通知、供应商收据等），询问被审计单位内部或外部的知情人员，查找有无未及时入账的应付账款。	
B	6. 复核截至审计现场工作日全部未处理的供应商发票，并询问是否存在其他未处理的供应商发票，确认所有的负债都记录在正确的会计期间内。	
AC	7. 选择应付账款的重要项目（包括零账户），函证其余额和交易条款，对未回函的再次发函或实施替代检查程序（检查原始凭单，如合同、发票、验收单，核实应付账款的真实性）。	
B	8. 针对已偿付的应付账款，追查至银行对账单、银行付款单据和其他原始凭证，检查其是否在资产负债表日前真实偿付。	
AB	9. 检查资产负债表日后应付账款明细账贷方发生额的相应凭证，关注购货发票的日期，确认其入账时间是否合理。	
BA	10. 结合存货监盘程序，检查被审计单位在资产负债表日前后的存货入库资料（验收报告或入库单），检查是否有大额料到单未到的情况，确认相关负债是否记入正确的会计期间。	
AB	11. 针对异常或大额交易及重大调整事项（如大额的购货折扣或退回、会计处理异常的交易、未经授权的交易，或缺乏支持性凭证的交易等），检查相关原始凭证和会计记录，以分析交易的真实性、合理性。	
D	12. 检查带有现金折扣的应付账款是否按发票上记载的全部应付金额入账，在实际获得现金折扣时再冲减财务费用。	
ABCD	13. 被审计单位与债权人进行债务重组的，检查不同债务重组方式下的会计处理是否正确。	
ABCD	14. 检查应付关联款项的真实性、完整性。	
	15. 根据评估的舞弊风险等因素增加的审计程序。	
E	16. 检查应付账款是否已按照企业会计准则的规定在财务报表中做出恰当列报。	

二、预付款项的审计

预付款项核算企业按照购货合同规定预付给供应单位的款项。预付款项情况不多的，可以不设置预付款项，将预付的款项直接记入“应付账款”科目的借方。预付账款审计程序见表5-7。

表5-7 预付账款实质性程序

一、审计目标与认定对应关系

审计目标	财务报表认定				
	存在	完整性	权利和义务	计价和分摊	列报
A. 资产负债表中记录的预付账款是存在的。	√				
B. 所有应当记录的预付账款均已记录。		√			
C. 记录的预付账款由被审计单位拥有或控制。			√		
D. 预付账款以恰当的金额包括在财务报表中，与之相关的计价调整已恰当记录。				√	
E. 预付账款已按照企业会计准则的规定在财务报表中做出恰当列报。					√

二、重大错报风险由实质性程序获取的保证程度确定

根据风险评估和内控测试结果按顺序依次做出判断	索引号	财务报表认定				
		存在	完整性	权利和义务	计价和分摊	列报
1. 评估重大错报风险水平（结果取自风险评估工作底稿——考虑内控效果前）						
2. 控制测试结果是否支持风险评估结论（结果取自该项目所属业务循环控制测试工作底稿——控制测试汇总表）						
3. 需从实质性程序获取的保证程度						

三、审计目标与审计程序对应关系

审计目标	可供选择的审计程序	索引号
D	1. 获取或编制预付账款明细表。 (1) 复核加计是否正确，并与总账数和明细账合计数核对是否相符，结合坏账准备科目与报表数核对是否相符。 (2) 结合应付账款明细账审计，查核有无重复付款或将同一笔已付清的账款在预付账款和应付账款两个科目中同时挂账的情况。 (3) 分析出现贷方余额的项目，查明原因，必要的建议进行重分类调整。 (4) 将期末预付账款余额与上期期末余额进行比较，解释其波动原因。	
ABD	2. 分析预付账款账龄及余额构成，确定： (1) 该笔款项是否根据有关购货合同支付。 (2) 检查一年以上预付账款未核销的原因及发生坏账的可能性，检查不符合预付账款性质的或因供货单位破产、撤销等原因无法再收到所购货物的款项是否已转入其他应收款。	

续表

审计目标	可供选择的审计程序	索引号
ACD	3. 选择预付账款的重要项目函证其余额和交易条款，对未回函的再次发函或实施替代检查程序（检查原始凭单，如合同、发票、验收单，核实预付账款的真实性）。	
AB	4. 检查资产负债表日后的预付账款、存货及在建工程明细账，并检查相关凭证，核实期后是否已收到实物并转销预付账款，分析资产负债表日预付账款的真实性和完整性。	
ABCD	5. 实施关联方及其交易的审计程序，检查对关联方的预付账款的真实性、合法性，检查其会计处理是否正确。	
D	6. 检查预付账款的坏账准备是否正确。	
	7. 根据评估的舞弊风险等因素增加的审计程序。	
E	8. 检查预付账款是否已按照企业会计准则的规定在财务报表中做出恰当列报。	

三、固定资产的审计

固定资产是指为生产商品、提供劳务、出租或经营管理而持有的，使用寿命超过一个会计年度的有形资产。固定资产及其变化既能体现企业既有生产经营能力，也预示着未来生产经营能力。在实务中，固定资产审计形成的相关底稿包括以下内容。

（1）固定资产实质性程序（见表 5-8）。该表列出了固定资产的认定、审计目标、可供选择的审计程序之间的内在关系，供注册会计师根据被审计单位的具体情况选择。

（2）固定资产审定表。该表属于固定资产审计的汇总类底稿，从账面余额、累计折旧、减值准备、账面价值四个方面汇总固定资产审计情况，并直接得出报表中的固定资产是否可以确认的审计结论。

（3）固定资产、累计折旧及减值准备明细表。该表是从账面余额、累计折旧、减值准备、账面价值四个方面对固定资产明细情况予以审计而形成的底稿。

（4）固定资产细节测试形成的支持性底稿。主要包括：固定资产盘点检查情况表，该表是注册会计师实地盘点固定资产的记录；固定资产增加检查表、固定资产减少检查表，分别是对本年度增加和减少的固定资产追查原始凭证而形成的底稿；折旧计算检查表，该表是注册会计师重新计算、核对固定资产折旧而形成的底稿，如果是因租赁而减少的固定资产，需要发租赁询证函予以证实。

表 5-8 固定资产实质性程序

一、审计目标与认定对应关系

审计目标	财务报表认定				
	存在	完整性	权利和义务	计价和分摊	列报
A. 资产负债表中记录的固定资产是存在的。	√				
B. 所有应记录的固定资产均已记录。		√			

续表

审计目标	财务报表认定				
	存在	完整性	权利和义务	计价和分摊	列报
C. 记录的固定资产由被审计单位拥有或控制。			√		
D. 固定资产以恰当的金额包括在财务报表中，与之相关的计价或分摊已恰当记录。				√	
E. 固定资产已按照企业会计准则的规定在财务报表中做出恰当列报。					√

二、重大错报风险由实质性程序获取的保证程度确定

根据风险评估和内控测试结果按顺序依次做出判断	索引号	财务报表认定				
		存在	完整性	权利和义务	计价和分摊	列报
1. 评估重大错报风险水平（结果取自风险评估工作底稿——考虑内控效果前）						
2. 控制测试结果是否支持风险评估结论（结果取自该项目所属业务循环控制测试工作底稿——控制测试汇总表）						
3. 需从实质性程序获取的保证程度						

三、审计目标与审计程序对应关系

审计目标	可供选择的审计程序	索引号
D	1. 获取或编制固定资产明细表，复核加计是否正确，并与总账数和明细账合计数核对是否相符，结合累计折旧和固定资产减值准备与报表数核对是否相符。	
ABD	2. 实质性分析程序。 （1）针对已识别的需要运用分析程序的有关项目，注册会计师基于对被审计单位及其环境的了解，通过进行以下比较，同时考虑有关数据间关系的影响，建立有关数据的期望值。 1）分类计算本期计提折旧额与固定资产原值的比率，并与上期比较。 2）计算固定资产修理及维护费用占固定资产原值的比例，并进行本期各月、本期与以前各期的比较。 （2）确定可接受的差异额。 （3）将实际情况与期望值相比较，识别需要进一步调查的差异。 （4）如果其差额超过可接受的差异额，调查并获取充分的解释和恰当的佐证审计证据（例如，通过检查相关的凭证）。 （5）评估分析程序的测试结果。	
A	3. 实地检查重要固定资产（如为首次接受审计，应适当扩大检查范围），确定其是否存在，关注是否存在已报废但仍未核销的固定资产。	
	4. 检查固定资产的所有权或控制权。 （1）对外购的机器设备等固定资产，审核采购发票、采购合同等。 （2）对于房地产类固定资产，查阅有关的合同、产权证明、财产税单、抵押借款的还款凭据、保险单等书面文件。 （3）对融资租入的固定资产，检查有关融资租赁合同。 （4）对汽车等运输设备，检查有关运营证件等。 （5）对受留置权限制的固定资产，结合有关负债项目进行检查。	

续表

审计目标	可供选择的审计程序	索引号
ABDC	5. 检查本期固定资产的增加。 (1) 询问管理层当年固定资产的增加情况，并与获取或编制的固定资产明细表进行核对。 (2) 检查本年度增加固定资产的计价是否正确，手续是否齐备，会计处理是否正确。 1) 对于外购固定资产，通过核对采购合同、发票、保险单、发运凭证等资料，抽查测试其入账价值是否正确，授权批准手续是否齐备，会计处理是否正确；如果购买的是房屋建筑物，还应检查契税的会计处理是否正确；检查分期付款购买固定资产的入账价值及会计处理是否正确。 2) 对于在建工程转入的固定资产，应检查固定资产确认时点是否符合会计准则的规定，入账价值与在建工程的相关记录是否相符，是否与竣工决算、验收和移交报告等一致；对已经达到预定可使用状态，但尚未办理竣工决算手续的固定资产，检查其是否已按估计价值入账，并按规定计提折旧。 3) 对于投资者投入的固定资产，检查是否按投资各方确认的价值入账，并检查确认价值是否公允、交接手续是否齐全；涉及国有资产的，检查是否有评估报告并经国有资产管理部门评审备案或核准确认。 4) 对于更新改造增加的固定资产，检查固定资产增加的原值是否符合资本化条件，是否真实，会计处理是否正确，重新确定的剩余折旧年限是否恰当。 5) 对于融资租入增加的固定资产，获取融资租入固定资产的相关证明文件，检查融资租赁合同的主要内容，并结合长期应付款、未确认融资费用科目检查相关的会计处理是否正确。 6) 对于企业合并、债务重组和非货币性资产交换增加的固定资产，检查产权过户手续是否齐备，固定资产入账价值及确认的损益和负债是否符合规定。 7) 如果被审计单位为外商投资企业，检查其采购国产设备退还增值税的会计处理是否正确。 8) 对于通过其他途径增加的固定资产，检查增加固定资产的原始凭证，其计价及会计处理是否正确，法律手续是否齐全。 (3) 检查固定资产是否存在弃置费用，如果存在弃置费用，检查弃置费用的估计方法和弃置费用现值的计算是否合理，会计处理是否正确。	
ABD	6. 检查本期固定资产的减少。 (1) 结合固定资产清理科目，抽查固定资产账面转销额是否正确。 (2) 检查出售、盘亏、转让、报废或毁损的固定资产是否经授权批准，会计处理是否正确。 (3) 检查因修理、更新改造而停止使用的固定资产的会计处理是否正确。 (4) 检查投资转出固定资产的会计处理是否正确。 (5) 检查债务重组或非货币性资产交换转出固定资产的会计处理是否正确。 (6) 检查其他减少固定资产的会计处理是否正确。	
AB	7. 检查固定资产的后续支出。检查固定资产有关的后续支出是否满足资产确认条件；如不满足，检查是否在该后续支出发生时计入当期损益。	
ABDC	8. 检查固定资产的租赁。 (1) 检查固定资产的租赁是否签订了合同、租约，手续是否完备，合同内容是否符合国家规定，是否经相关管理部门的审批。	

续表

审计目标	可供选择的审计程序	索引号
	（2）检查租入的固定资产是否确属企业必需，或出租的固定资产是否确属企业多余、闲置不用的。 （3）检查租金收取是否签有合同，有无多收、少收现象。 （4）检查租入固定资产有无久占不用、浪费损坏的现象；检查租出的固定资产有无长期不收租金、无人过问的现象，是否有变相馈赠、转让等情况。 （5）检查租入固定资产是否已登记备查簿。 （6）如果被审计单位的固定资产中融资租赁占有相当大的比例，复核新增加的租赁协议，检查租赁是否符合融资租赁的条件，会计处理是否正确（如资产的入账价值、折旧、相关负债）。 1）复核租赁的折现率是否合理。 2）检查租赁相关税费、保险费、维修费等费用的会计处理是否符合企业会计准则的规定。 3）检查融资租入固定资产的折旧方法是否合理。 4）检查租赁付款情况。 5）检查租入固定资产的成新程度。 （7）向出租人函证租赁合同及执行情况。 （8）检查租入固定资产改良支出的核算是否符合规定。	
D	9. 获取暂时闲置固定资产的相关证明文件，并观察其实际状况，检查是否已按规定计提折旧，相关的会计处理是否正确。	
D	10. 获取已提足折旧仍继续使用固定资产的相关证明文件，并作相应记录。	
A	11. 获取持有待售固定资产的相关证明文件，并作相应记录，检查对其预计净残值的调整是否正确，会计处理是否正确。	
D	12. 检查固定资产是否存在弃置费用，如果存在弃置费用，检查弃置费用的估计方法和弃置费用现值的计算是否合理，会计处理是否正确。	
B	13. 检查固定资产保险情况，复核保险范围是否足够。	
ABD	14. 检查有无与关联方的固定资产购售活动，是否经适当授权，交易价格是否公允。对于合并范围内的购售活动，记录应予合并抵销的金额。	
D	15. 对应计入固定资产价值的借款费用，应根据企业会计准则的规定，结合长短期借款、应付债券或长期应付款的审计，检查借款费用资本化的计算方法和资本化金额，以及会计处理是否正确。	
DE	16. 检查购置固定资产时是否存在与资本性支出有关的财务承诺。	
CE	17. 检查固定资产的抵押、担保情况。结合对银行借款等的检查，了解固定资产是否存在重大的抵押、担保情况。如存在，应取证，并作相应的记录，同时提请被审计单位作恰当披露。	
D	18. 检查累计折旧。 （1）获取或编制累计折旧分类汇总表，复核加计是否正确，并与总账数和明细账合计数核对是否相符。 （2）检查被审计单位制定的折旧政策和方法是否符合相关会计准则的规定，确定其采用的折旧方法能否在固定资产预计使用寿命内合理分摊其成本，前后期是否一致，预计使用寿命和预计净残值是否合理。 （3）复核本期折旧费用的计提和分配。	

续表

审计目标	可供选择的审计程序	索引号
	1）了解被审计单位的折旧政策是否符合规定，计提折旧范围是否正确，确定的使用寿命、预计净残值和折旧方法是否合理，如采用加速折旧法，是否取得批准文件。 2）检查被审计单位折旧政策前后期是否一致。 3）复核本期折旧费用的计提是否正确，尤其关注已计提减值准备的固定资产的折旧。 4）检查折旧费用的分配方法是否合理、是否与上期一致，分配计入各项目的金额占本期全部折旧计提额的比例与上期比较是否有重大差异。 5）注意固定资产增减变动时，有关折旧的会计处理是否符合规定，通过更新改造、接受捐赠或融资租入而增加的固定资产的折旧费用计算是否正确。 (4) 将累计折旧账户贷方的本期计提折旧额与相应的成本费用中的折旧费用明细账户的借方相比较，检查本期所计提折旧金额是否已全部摊入本期产品成本或费用。若存在差异，应追查原因，并考虑是否应建议作适当调整。 (5) 检查累计折旧的减少是否合理、会计处理是否正确。	
D	19. 检查固定资产的减值准备。 (1) 获取或编制固定资产减值准备明细表，复核加计是否正确，并与总账数和明细账合计数核对是否相符。 (2) 检查被审计单位计提固定资产减值准备的依据是否充分，会计处理是否正确。 (3) 检查资产组的认定是否恰当，计提固定资产减值准备的依据是否充分，会计处理是否正确。 (4) 计算本期末固定资产减值准备占期末固定资产原值的比率，并与期初该比率比较，分析固定资产的质量状况。 (5) 检查被审计单位处置固定资产时原计提的减值准备是否同时结转，会计处理是否正确。 (6) 检查是否存在转回固定资产减值准备的情况，确定减值准备在以后会计期间没有转回。	
	20. 根据评估的舞弊风险等因素增加的审计程序。	
E	21. 检查固定资产是否已按照企业会计准则的规定在财务报表中做出恰当列报。 (1) 固定资产的确认条件、分类、计量基础和折旧方法。 (2) 各类固定资产的使用寿命、预计净残值和折旧率。 (3) 各类固定资产的期初和期末原价、累计折旧额及固定资产减值准备累计金额。 (4) 当期确认的折旧费用。 (5) 对固定资产所有权的限制及其金额和用于担保的固定资产账面价值。 (6) 准备处置的固定资产名称、账面价值、公允价值、预计处置费用和预计处置时间等。	

四、在建工程的审计

在建工程核算企业基建、技改等在建工程发生的价值。在建工程审计程序见表5－9。

表5-9 在建工程实质性程序

一、审计目标与认定对应关系

审计目标	财务报表认定				
	存在	完整性	权利和义务	计价和分摊	列报
A. 资产负债表中记录的在建工程是存在的。	√				
B. 所有应记录的在建工程均已记录。		√			
C. 记录的在建工程由被审计单位拥有或控制。			√		
D. 在建工程以恰当的金额包括在资产负债表中，与之相关的计价调整已恰当记录。				√	
E. 在建工程已按照企业会计准则的规定在财务报告中做出恰当列报。					√

二、重大错报风险由实质性程序获取的保证程度确定

根据风险评估和内控测试结果按顺序依次做出判断	索引号	财务报表认定				
		存在	完整性	权利和义务	计价和分摊	列报
1. 评估重大错报风险水平（结果取自风险评估工作底稿——考虑内控效果前）						
2. 控制测试结果是否支持风险评估结论（结果取自该项目所属业务循环控制测试工作底稿——控制测试汇总表）						
3. 需从实质性程序获取的保证程度						

三、审计目标与审计程序对应关系

审计目标	可供选择的审计程序	索引号
D	1. 获取或编制在建工程明细表，复核加计是否正确，并与总账数和明细账合计数核对是否相符，结合在建工程减值准备科目和报表数核对是否相符。	
AB	2. 实施分析程序。 (1) 基于对被审计单位及其环境的了解，依据借款和工程建设情况计算借款费用资本化金额，与被审计单位实际的借款费用资本化情况进行比较，并考虑有关数据间关系的影响，建立有关数据的期望值。 (2) 确定可接受的差异额。 (3) 将实际情况与期望值相比较，识别需要进一步调查的差异。 (4) 如果其差额超过可接受的差异额，调查并获取充分的解释和恰当的佐证审计证据（如检查相关的凭证）。 (5) 评估分析程序的测试结果。	
ABCD	3. 检查在建工程的本期增加。 (1) 询问管理层当年在建工程的增加情况，并与获取或编制的在建工程明细表进行核对。 (2) 查阅公司资本支出预算、公司相关会议决议等，检查本年度增加的在建工程是否全部得到记录。 (3) 检查本年度增加的在建工程的原始凭证是否完整，如立项申请、工程借款合同、施工合同、发票、工程物资请购申请、付款单据、建设合同、运单、验收报告等是否完整，计价是否正确。	

续表

审计目标	可供选择的审计程序	索引号
AB	4. 检查在建工程的本期减少。 (1) 了解在建工程结转固定资产的政策，并结合固定资产审计，检查在建工程转销额是否正确，是否存在将已交付使用的固定资产挂列在建工程而少计折旧的情形。 (2) 检查在建工程其他减少的情况，入账依据是否齐全，会计处理是否正确。	
D	5. 检查利息资本化是否正确。 复核计算资本化利息的借款费用、资本化率、实际支出数以及资本化的开始和结束时间。	
A	6. 实施在建工程实地检查程序（全部或部分）。	
D	7. 检查在建工程减值准备，关注停建工程。 (1) 检查在建工程是否出现减值情形，是否应确认减值准备。 (2) 检查计提减值所依据的确定可收回金额的方法。对以市价确定可收回金额的在建工程，检查管理层使用的市价的取得方法；对以现值确定的可收回金额，检查计算现值的假设、方法是否合理。	
	8. 根据评估的舞弊风险等因素增加的审计程序。	
E	9. 检查在建工程是否已按照企业会计准则的规定在财务报表中做出恰当列报。	

实例 5-2（分析题）

注册会计师李明审计华兴公司 20×6 年在建工程时注意到，20×6 年 7 月，由于发生重大施工安全事故，华兴公司 20×6 年 1 月开工建设的 X 生产线被有关部门勒令停建整顿。20×6 年年末，有关部门同意华兴公司重新开工，但受宏观经济影响，X 生产线拟生产产品的市场前景不佳，华兴公司董事会决定暂不启动 X 生产线的建设，并于 20×6 年年末按期向银行归还了 1 年期、年利率为 7%的 1 000 万元专项借款。20×6 年华兴公司在建工程相关编报数（未审数）见表 5-10。

表 5-10　在建工程相关数据表　　单位：万元

项目	年初数	本年增加	本年减少	年末数
在建工程——X 生产线	0	962	0	962
减：在建工程减值准备	0	0	0	0
在建工程账面价值	0	962	0	962
其中：利息资本化	0	70	0	70

要求：

1. 请列出执行复核计算程序得出的结论。
2. 请列出执行检查在建工程减值相关程序得出的结论。

分析：（请扫描二维码）

五、工程物资的审计

工程物资核算企业为在建工程准备的各种物资的价值，包括工程用材料、尚未安装的设备以及为生产准备的工器具等。在实务中，工程物资审计程序见表5-11。

表5-11 工程物资实质性程序

一、审计目标与认定对应关系

审计目标	财务报表认定				
	存在	完整性	权利和义务	计价和分摊	列报
A. 资产负债表中记录的工程物资是存在的。	√				
B. 所有应记录的工程物资均已记录。		√			
C. 资产负债表中的工程物资由被审计单位拥有或控制。			√		
D. 工程物资以恰当的金额包括在财务报表中，与之相关的计价调整已恰当记录。				√	
E. 工程物资已按照企业会计准则的规定在财务报表中做出恰当列报。					√

二、重大错报风险由实质性程序获取的保证程度确定

根据风险评估和内控测试结果按顺序依次做出判断	索引号	财务报表认定				
		存在	完整性	权利和义务	计价和分摊	列报
1. 评估重大错报风险水平（结果取自风险评估工作底稿——考虑内控效果前）						
2. 控制测试结果是否支持风险评估结论（结果取自该项目所属业务循环控制测试工作底稿——控制测试汇总表）						
3. 需从实质性程序获取的保证程度						

三、审计目标与审计程序对应关系

审计目标	可供选择的审计程序	索引号
D	1. 获取或编制工程物资明细表，复核加计是否正确，并与总账数和明细账合计数核对是否相符，结合工程物资减值准备与报表数核对是否相符。	
ABD	2. 实地检查工程物资，确定其是否存在，并观察是否有呆滞、积压物资。	
ABCD	3. 抽查若干工程物资采购合同、发票、货物验收单等原始凭证，检查其是否经过授权审批，会计处理是否正确。	
ABD	4. 结合在建工程审计，检查工程物资的领用手续是否齐全，会计处理是否正确。	
ABD	5. 检查被审计单位是否对工程物资定期盘点，对盘盈、盘亏的处理是否及时，是否符合规定，会计处理是否正确。	
D	6. 检查工程完工后剩余的工程物资转入存货时，是否将其所含的增值税进项税额正确地分离。	

续表

审计目标	可供选择的审计程序	索引号
DAB	7. 检查有无与关联方的工程物资购销业务，是否经过适当授权，是否按正常交易价格结算。	
D	8. 检查当期计提的工程物资减值准备是否充分、合理，累计减值准备额是否以恰当的金额列示。	
	9. 根据评估的舞弊风险等因素增加的审计程序。	
E	10. 检查工程物资是否已按照企业会计准则的规定在财务报表中做出恰当列报。	

六、固定资产清理的审计

固定资产清理核算企业因出售、报废和毁损、对外投资、非货币性资产交换、债务重组等原因转入清理的固定资产价值以及在清理过程中发生的清理费用和清理收入等。在实务中，固定资产清理审计程序见表 5－12。

表 5－12　固定资产清理实质性程序

一、审计目标与认定对应关系

审计目标	财务报表认定				
	存在	完整性	权利和义务	计价和分摊	列报
A. 资产负债表中记录的固定资产清理实际存在。	√				
B. 被审计单位的所有应当记录的固定资产清理均已记录。		√			
C. 资产负债表中记录的固定资产清理为被审计单位拥有或控制。			√		
D. 固定资产清理以恰当的金额包括在财务报表中，与之相关的计价调整已恰当记录。				√	
E. 固定资产清理已按照企业会计准则的规定在财务报表中做出恰当列报。					√

二、重大错报风险由实质性程序获取的保证程度确定

根据风险评估和内控测试结果按顺序依次做出判断	索引号	财务报表认定				
		存在	完整性	权利和义务	计价和分摊	列报
1. 评估重大错报风险水平（结果取自风险评估工作底稿——考虑内控效果前）						
2. 控制测试结果是否支持风险评估结论（结果取自该项目所属业务循环控制测试工作底稿——控制测试汇总表）						
3. 需从实质性程序获取的保证程度						

三、审计目标与审计程序对应关系

审计目标	可供选择的审计程序	索引号
D	1. 获取或编制固定资产清理明细表，复核加计是否正确，并与报表数、总账数和明细账合计数核对是否相符。	
ABCD	2. 检查固定资产清理的发生是否有正当理由，是否经有关技术部门鉴定，固定资产清理的发生和转销是否经授权批准，相应的会计处理是否正确。 （1）结合固定资产等账项的审计，检查固定资产、累计折旧和固定资产减值准备等账面转入额是否正确。 （2）检查固定资产清理收入和清理费用的发生是否真实，清理净损益的计算是否正确，会计处理是否正确。	
ABCD	3. 由对外投资、非货币性资产交换、债务重组等原因转出而产生固定资产清理的，检查相关的合同协议以及股东（大）会、董事会的决议，确定合同或协议约定的价值是否公允，检查其会计处理是否正确。	
A	4. 检查固定资产清理是否长期挂账，如有，应做出记录，必要时建议作适当调整。	
	5. 根据评估的舞弊风险等因素增加的审计程序。	
E	6. 检查固定资产清理是否已按照企业会计准则的规定在财务报表中做出恰当列报。	

七、无形资产的审计

无形资产核算企业持有的无形资产，包括专利权、非专利技术、商标权、著作权、土地使用权等。采用成本模式计量的已出租的土地使用权和持有并准备增值后转让的土地使用权，在“投资性房地产”科目核算，不在“无形资产”科目核算。在实务中，无形资产审计形成的相关底稿包括以下内容。

（1）无形资产实质性程序（见表5-13）。该表列出了无形资产的认定、审计目标、可供选择的审计程序之间的内在关系，供注册会计师根据被审计单位的具体情况选择。

（2）无形资产审定表。该表属于无形资产审计的汇总类底稿，按项目汇总了无形资产原值、累计摊销额、减值准备累计金额、账面价值等审计情况，并直接得出报表中的无形资产是否可以确认的审计结论。

（3）无形资产明细表。该表按项目列示了无形资产原值、累计摊销额、减值准备累计金额、账面价值等方面的明细情况。

（4）无形资产细节测试形成的支持性工作底稿。主要有：

1）无形资产使用寿命分析表，需要注册会计师通过下列方式解决无形资产使用寿命的确定问题：①源自合同性权利或其他法定权利取得的无形资产，其使用寿命是否超过合同性权利或其他法定权利规定的期限。②如果合同性权利或其他法定权利能够在到期时因续约等而延续，续约期是否计入使用寿命。③合同或法律没有规定使用寿命的，检查被审计单位是否综合各方面情况确定无形资产能为被审计单位带来未来经济利益的期限。比如，与同行业的情况进行比较，参考历史经验，或聘请相关专家进行论证等。④按照上述方法仍无法合理确定无形资产为被审计单位带来经济利益期限的，该项无形资产应作为使用寿命不确定的无形资产。

2）无形资产累计摊销计算表，该表是注册会计师通过重新计算、核对无形资产累计摊销情况而形成的底稿。

表 5-13　无形资产实质性程序

一、审计目标与认定对应关系

审计目标	财务报表认定				
	存在	完整性	权利和义务	计价和分摊	列报
A. 资产负债表中记录的无形资产是存在的。	√				
B. 被审计单位所有应当记录的无形资产均已记录。		√			
C. 资产负债表中记录的无形资产由被审计单位拥有或控制。			√		
D. 无形资产以恰当的金额包括在财务报表中，与之相关的计价或分摊调整已恰当记录。				√	
E. 无形资产已按照企业会计准则的规定在财务报表中做出恰当列报。					√

二、重大错报风险由实质性程序获取的保证程度确定

根据风险评估和内控测试结果按顺序依次做出判断	索引号	财务报表认定				
		存在	完整性	权利和义务	计价和分摊	列报
1. 评估重大错报风险水平（结果取自风险评估工作底稿——考虑内控效果前）						
2. 控制测试结果是否支持风险评估结论（结果取自该项目所属业务循环控制测试工作底稿——控制测试汇总表）						
3. 需从实质性程序获取的保证程度						

三、审计目标与审计程序对应关系

审计目标	可供选择的审计程序	索引号
D	1. 获取或编制无形资产明细表，复核加计是否正确，并与总账数和明细账合计数核对是否相符，结合累计摊销、无形资产减值准备科目与报表数核对是否相符。	
AC	2. 检查无形资产的权属证书原件、非专利技术的持有和保密状况等，并获取有关协议和董事会纪要等文件、资料。检查无形资产的性质、构成内容、计价依据、使用状况和受益期限，确定无形资产是否存在，并由被审计单位拥有或控制。	
ABCD	3. 检查无形资产的增加。 （1）检查投资者投入的无形资产是否按投资各方确认的价值入账，价值是否公允，交接手续是否齐全；涉及国有资产的，是否有评估报告并经国有资产管理部门评审备案或核准确认。 （2）对自行研发取得、购入或接受捐赠的无形资产，检查其原始凭证，确认计价是否正确，法律程序是否完备（如依法登记、注册及变更登记的批准文件和有效期），会计处理是否正确。	

续表

审计目标	可供选择的审计程序	索引号
	(3) 对债务重组或非货币性资产交换取得的无形资产，检查有关协议等资料，确认其计价和会计处理是否正确。 (4) 检查本期购入土地使用权相关税费计算清缴情况，与购入土地使用权相关的会计处理是否正确。	
ABD	4. 检查无形资产的减少。 (1) 取得无形资产处置的相关合同、协议，检查其会计处理是否正确。 (2) 房地产开发企业取得的土地用于建造对外出售的房屋建筑物，检查相关的土地使用权是否转入所建造房屋建筑物的成本。在土地上自行开发建造厂房等建筑物的，检查土地使用权和地上建筑物是否分别进行摊销和计提折旧。 (3) 当土地使用权用于出租或增值目的时，检查其是否转为投资性房地产核算，会计处理是否正确。	
D	5. 检查被审计单位确定无形资产使用寿命的依据，分析其合理性。	
AD	6. 检查无形资产的后续支出是否合理，会计处理是否正确。	
DA	7. 检查无形资产预计是否能为被审计单位带来经济利益，若否，检查是否将其账面价值予以转销，计入当期营业外支出。	
CE	8. 结合长短期借款等项目的审计，了解是否存在用于债务担保的无形资产，如有，应取证、记录，并提请被审计单位作恰当披露。	
D	9. 检查无形资产的摊销。 (1) 获取或编制无形资产累计摊销明细表，复核加计是否正确，并与总账数和明细账合计数核对是否相符。 (2) 检查无形资产各项目的摊销政策是否符合有关规定，是否与上期一致，若改变摊销政策，检查其依据是否充分。注意使用期限不确定的无形资产不应摊销，但应当在每个会计期间对其使用寿命进行复核。 (3) 检查被审计单位是否在年度终了，对使用寿命有限的无形资产的使用寿命和摊销方法进行复核，其复核结果是否合理。 (4) 检查无形资产的应摊销金额是否为其成本扣除预计残值和减值准备后的余额，其预计残值的确定是否合理。 (5) 复核本期摊销是否正确，与相关科目核对是否相符。	
D	10. 检查无形资产减值准备。 (1) 获取或编制无形资产减值准备明细表，复核加计是否正确，并与总账数和明细账合计数核对是否相符。 (2) 检查无形资产减值准备计提和转销的批准程序，取得书面报告等证明文件。 (3) 检查被审计单位计提无形资产减值准备的依据是否充分，会计处理是否正确。 (4) 检查无形资产转让时，相应的减值准备是否一并结转，会计处理是否正确。 (5) 对于使用寿命有限的无形资产，逐项检查是否存在减值迹象，并做出详细记录；对于使用寿命不确定的无形资产，无论是否存在减值迹象，检查是否进行减值测试。 (6) 通过检查期后事项，以及比较前期无形资产减值准备数与实际发生数，评价无形资产减值准备的合理性。	
	11. 根据评估的舞弊风险等因素增加的审计程序。	

续表

审计目标	可供选择的审计程序	索引号
E	12. 检查无形资产是否已按照企业会计准则的规定在财务报表中做出恰当列报。 (1) 无形资产的期初和期末账面余额、累计摊销额及减值准备累计金额。 (2) 使用寿命有限的无形资产，其使用寿命的估计情况；使用寿命不确定的无形资产，其使用寿命不确定的判断依据。 (3) 无形资产的摊销方法。 (4) 用于担保的无形资产账面价值、当期摊销额等情况。 (5) 计入当期损益和确认为无形资产的研究开发支出金额。	

八、开发支出的审计

开发支出核算企业研究与开发无形资产过程中发生的各项支出，分为费用化支出和资本化支出。在实务中，开发支出审计程序见表 5-14。

表 5-14　开发支出实质性程序

一、审计目标与认定对应关系

审计目标	财务报表认定				
	存在	完整性	权利和义务	计价和分摊	列报
A. 资产负债表中记录的开发支出是存在的。	√				
B. 所有应当记录的开发支出均已记录。		√			
C. 资产负债表中记录的开发支出由被审计单位拥有或控制。			√		
D. 开发支出已按照企业会计准则的规定在财务报表中做出恰当列报。				√	
E. 开发支出已按照企业会计准则的规定在财务报告中做出恰当列报。					√

二、重大错报风险由实质性程序获取的保证程度确定

根据风险评估和内控测试结果按顺序依次做出判断	索引号	财务报表认定				
		存在	完整性	权利和义务	计价和分摊	列报
1. 评估重大错报风险水平（结果取自风险评估工作底稿——考虑内控效果前）						
2. 控制测试结果是否支持风险评估结论（结果取自该项目所属业务循环控制测试工作底稿——控制测试汇总表）						
3. 需从实质性程序获取的保证程度						

三、审计目标与审计程序对应关系

审计目标	可供选择的审计程序	索引号
D	1. 获取或编制研发支出明细表，复核加计是否正确，并与研发支出总账数和明细账合计数核对是否相符，并将所属的资本化支出明细账期末余额与报表数核对是否相符。	
ABDC	2. 检查研发支出的增加。 （1）获取有关协议和董事会纪要等文件、资料，检查开发支出的性质、构成内容、计价依据，检查其是否归被审计单位拥有或控制。 （2）索取相关会议纪要、无形资产研究开发的可行性研究报告等相关资料，确定研究开发项目处于研究阶段还是开发阶段，不同阶段的资本化和费用化处理是否正确，会计处理是否正确。 （3）检查研发费用明细表，抽查________月份支出中的职工薪酬、折旧等费用，并与相关科目核对是否相符。	
ABD	3. 检查研发支出的减少。 （1）检查研发费用明细表，结合管理费用科目的审计，检查费用化支出的结转处理是否正确。 （2）审查已经在用或达到预定用途的研究开发项目是否结转至相关资产项目。	
BA	4. 对研发支出实施截止测试，检查资产负债表日前后________天内开发支出明细账和凭证，确定有无跨期现象。	
	5. 根据评估的舞弊风险等因素增加的审计程序。	
E	6. 检查开发支出是否已按照企业会计准则的规定在财务报表中做出恰当列报。	

九、商誉的审计

商誉核算非同一控制下企业合并中取得的商誉价值。在实务中，商誉审计程序见表5-15。

表5-15　商誉实质性程序

一、审计目标与认定对应关系

审计目标	财务报表认定				
	存在	完整性	权利和义务	计价和分摊	列报
A. 资产负债表中记录的商誉是存在的。	√				
B. 所有应当记录的商誉均已记录。		√			
C. 资产负债表中记录的商誉由被审计单位拥有或控制。			√		
D. 记录的商誉以恰当的金额包括在财务报表中，与之相关的计价调整已恰当记录。				√	
E. 商誉已按照企业会计准则的规定在财务报表中做出恰当列报。					√

二、重大错报风险由实质性程序获取的保证程度确定

根据风险评估和内控测试结果按顺序依次做出判断	索引号	财务报表认定				
		存在	完整性	权利和义务	计价和分摊	列报
1. 评估重大错报风险水平（结果取自风险评估工作底稿——考虑内控效果前）						
2. 控制测试结果是否支持风险评估结论（结果取自该项目所属业务循环控制测试工作底稿——控制测试汇总表）						
3. 需从实质性程序获取的保证程度						

三、审计目标与审计程序对应关系

审计目标	可供选择的审计程序	索引号
D	1. 获取或编制商誉明细表，复核加计是否正确，并与总账数和明细账合计数核对相符，结合商誉减值准备科目与报表数核对是否相符。	
ABCD	2. 检查商誉的增加。 （1）获取有关合并协议和合并双方的董事会决议等文件、资料，结合企业合并的审计，判断合并是否属于非同一控制的企业合并，了解企业合并的目的。检查商誉增加是否真实，如果合并属于非同一控制的企业合并，判断购买日的确定是否正确。 （2）获取企业合并的相关审计报告、资产评估报告，结合企业合并的审计，分析被购买方可辨认净资产公允价值份额的合理性，检查会计处理是否正确。 （3）特别关注分步实现企业合并时，商誉的计算是否正确。	
ABD	3. 检查本期商誉减少的原因，分析是否合理，会计处理是否正确。	
D	4. 检查商誉减值准备。 （1）获取或编制商誉减值准备明细表，复核加计是否正确，并与总账数和明细账合计数核对是否相符。 （2）检查商誉减值准备计提和转销的批准程序，取得书面报告等证明文件。 （3）检查被审计单位是否在期末结合与商誉相关的资产组或资产组组合对商誉进行了减值测试，计提商誉减值准备的依据是否充分，会计处理是否正确。检查减值是否一经确认不予转回。 （4）检查商誉减值准备的计算和会计处理是否正确。 （5）检查商誉减少时，相应的减值准备是否一并结转，会计处理是否正确。 （6）检查期后事项，评价商誉减值准备的合理性。	
	5. 根据评估的舞弊风险等因素增加的审计程序。	
E	6. 检查商誉是否已按照企业会计准则的规定在财务报表中做出恰当列报：商誉的形成来源、账面价值的增减变动情况。	

十、应付票据的审计

应付票据核算企业购买材料、商品和接受劳务供应等开出、承兑的商业汇票，包括银行承兑汇票和商业承兑汇票。在实务中，应付票据审计程序见表5-16。

表5-16 应付票据实质性程序

一、审计目标与认定对应关系

审计目标	财务报表认定				
	存在	完整性	权利和义务	计价和分摊	列报
A. 资产负债表中记录的应付票据是存在的。	√				
B. 所有应当记录的应付票据均已记录。		√			
C. 记录的应付票据是被审计单位应当履行的现时义务。			√		
D. 应付票据以恰当的金额包括在财务报表中，与之相关的计价调整已恰当记录。				√	
E. 应付票据已按照企业会计准则的规定在财务报表中做出恰当的列报。					√

二、重大错报风险由实质性程序获取的保证程度确定

根据风险评估和内控测试结果按顺序依次做出判断	索引号	财务报表认定				
		存在	完整性	权利和义务	计价和分摊	列报
1. 评估重大错报风险水平（结果取自风险评估工作底稿——考虑内控效果前）						
2. 控制测试结果是否支持风险评估结论（结果取自该项目所属业务循环控制测试工作底稿——控制测试汇总表）						
3. 需从实质性程序获取的保证程度						

三、审计目标与审计程序对应关系

审计目标	可供选择的审计程序	索引号
D	1. 获取或编制应付票据明细表。 （1）复核加计是否正确，并与报表数、总账数和明细账合计数核对是否相符。 （2）与应付票据备查簿的以下有关内容核对是否相符：商业汇票的种类及号数、出票日期、到期日、票面金额、交易合同号、收款人姓名或单位名称以及付款日期和金额等。 （3）检查非记账本位币应付票据的折算汇率及折算是否正确。 （4）标识重要项目。	
ABCD	2. 检查应付票据备查簿。 （1）检查债务的合同、发票和收货单等资料，核实交易事项真实性，复核应存入银行的承兑保证金，并与其他货币资金科目勾稽。 （2）抽查资产负债表日后已偿付的应付票据，检查有无未入账的应付票据，核实其是否已付款并转销。 （3）针对已注销的应付票据，确定是否已在资产负债表日前偿付。 （4）询问管理人员，审查有关文件并结合购货截止测试，检查应付票据的完整性。 （5）获取客户的贷款卡，打印贷款卡中全部信息，检查其中有关应付票据的信息与明细账合计数、总账数、报表数是否相符。	

续表

审计目标	可供选择的审计程序	索引号
ACD	3. 选择应付票据的重要项目（包括零账户），函证其余额和交易条款，对未回函的再次发函或实施替代检查程序（检查原始凭单，如合同、发票、验收单，核实票据的真实性）。	
A	4. 查明逾期未兑付票据的原因，逾期的银行承兑汇票是否转入短期借款，逾期的商业承兑汇票是否转入应付账款，带息票据是否已经停止计息，是否存在抵押票据的情形。	
BD	5. 检查带息应付票据利息是否足额计提，其会计处理是否正确。	
ABCD	6. 检查与关联方的应付票据的真实性，执行关联方及其交易审计程序。	
	7. 根据评估的舞弊风险等因素增加的审计程序。	
E	8. 检查应付票据是否已按照企业会计准则的规定在财务报表中做出恰当列报。	

十一、管理费用的审计

管理费用核算企业为组织和管理企业生产经营所发生的管理费用，包括企业的董事会和行政管理部门在企业的经营管理中发生的或者应由企业统一负担的公司经费（包括行政管理部门职工薪酬、修理费、物料消耗、低值易耗品摊销、办公费和差旅费等）、工会经费、董事会费（包括董事会成员津贴、会议费和差旅费等）、聘请中介机构费、咨询费（含顾问费）、诉讼费、业务招待费、房产税、车船税、城镇土地使用税、印花税、技术转让费、研究费用、排污费等。商品流通企业管理费用不多的，可不设置“管理费用”科目，管理费用的核算内容可并入“销售费用”科目。在实务中，管理费用审计程序见表5-17。

表5-17　管理费用实质性程序

一、审计目标与认定对应关系

审计目标	财务报表认定					
	发生	完整性	准确性	截止	分类	列报
A. 利润表中记录的管理费用已发生，且与被审计单位有关。	√					
B. 所有应当记录的管理费用均已记录。		√				
C. 与管理费用有关的金额及其他数据已恰当记录。			√			
D. 管理费用已记录于正确的会计期间。				√		
E. 管理费用已记录于恰当的账户。					√	
F. 管理费用已按照企业会计准则的规定在财务报表中做出恰当的列报。						√

二、重大错报风险由实质性程序获取的保证程度确定

根据风险评估和内控测试结果 按顺序依次做出判断	索引号	财务报表认定					
		发生	完整性	准确性	截止	分类	列报
1. 评估重大错报风险水平（结果取自风险评估工作底稿——考虑内控效果前）							
2. 控制测试结果是否支持风险评估结论（结果取自该项目所属业务循环控制测试工作底稿——控制测试汇总表）							
3. 需从实质性程序获取的保证程度							

三、审计目标与审计程序对应关系

审计目标	可供选择的审计程序	索引号
C	1. 获取或编制管理费用明细表，复核加计是否正确，并与报表数、总账数及明细账合计数核对是否相符。 2. 将管理费用中的职工薪酬、无形资产摊销、长期待摊费用摊销等项目与各有关账户进行核对，分析其勾稽关系的合理性，并做出相应记录。	
ABC	3. 对管理费用进行分析。 （1）计算分析管理费用中各项目发生额及占费用总额的比率，对本期、上期管理费用各主要明细项目作比较分析，判断其变动的合理性。 （2）将管理费用实际金额与预算金额进行比较。 （3）比较本期各月份管理费用，对有重大波动和异常情况的项目应查明原因，必要时作适当处理。	
E	4. 检查管理费用明细项目的设置是否符合规定的核算内容与范围，结合成本费用的审计，检查是否存在费用分类错误，若有，应提请被审计单位调整。	
ABC	5. 检查公司经费（包括行政管理部门职工薪酬、物料消耗、低值易耗品摊销、办公费和差旅费）是不是经营管理中发生的或应由公司统一负担，检查相关费用报销内部管理办法，是否有合法原始凭证支持。	
ABC	6. 检查董事会费（包括董事会成员津贴、会议费和差旅费等），相关董事会及股东会决议，检查是否在合规范围内开支费用。	
ABC	7. 检查聘请中介机构费、咨询费（含顾问费），检查是否按合同规定支付费用，有无涉及诉讼及赔偿款项支出。	
ABC	8. 检查诉讼费用，结合或有事项审计，检查涉及的相关重大诉讼事项是否已在附注中进行披露。还需进一步关注诉讼状态，判断有无或有负债，或是否存在损失已发生而未入账的事项。	
C	9. 检查业务招待费的支出是否合理，如超过规定限额，应在计算应纳税所得额时调整。	
C	10. 复核本期发生的房产税、城镇土地使用税、印花税等税费是否正确。	
ABC	11. 结合相关资产的检查，核对筹建期间发生的开办费（包括人员工资、办公费、培训费、差旅费、印刷费、注册登记费以及不计入固定资产成本的借款费用等）是否直接计入管理费用。	
ABC	12. 针对特殊行业，检查排污费等环保费用是否合理计提。	

续表

审计目标	可供选择的审计程序	索引号
ABC	13. 选择重要或异常的管理费用，检查费用的开支标准是否符合有关规定，计算是否正确，原始凭证是否合法，会计处理是否正确。	
D	14. 抽取资产负债表日前后________天的________张凭证，实施截止测试，若存在异常迹象，考虑是否有必要追加审计程序，对于重大跨期项目，应作必要调整。	
	15. 根据评估的舞弊风险等因素增加的审计程序。	
F	16. 检查管理费用是否已按照企业会计准则的规定在财务报表中做出恰当列报。	

实例 5－3（分析题）

资本市场常见的涉及采购与付款循环的审计问题

以下内容摘录有证监会及其派出机构官网中的行政监管相关公告，会计师事务所及其签字注册会计师在执行采购与付款循环相关审计时，因以下事实被证监会及其派出机构行政处罚：

1. 大信所审计神雾节能 2017 年年报（辽宁监管局〔2018〕11 号）

（1）在江苏省冶金设计院有限公司的底稿中，事务所了解业务流程——采购与付款循环时抽取样本发现，采购和采购合同均未经过审批，相应的付款也未经过审批。公司在存在大额预付款项且付款未经审批的情况下，相关的内部控制未得到有效的执行，底稿未记录缺少审批程序的原因，也未记录管理层对此内部控制缺陷的反馈和解释说明。

（2）应付账款实质性分析程序中缺少对原因的分析。具体表现在：2017 年应付账款余额较上期增长 33.32%，期末应付账款余额占存货比重较以前年度大幅降低，未分析相关原因。

（3）对部分应付账款长期挂账的原因缺少分析。具体表现在：2017 年应付账款期末余额 206 453 253.47 元，其中有 9 000 多万元账龄在 1 年以上，未对长期挂账分析原因。

（4）未对检查资产负债表日后应付账款明细账进行关注，具体表现在：未见对资产负债表日后检查的底稿。

2. 中兴财光华所审计海路重工 2018 年年报（江苏监管局〔2020〕36 号）

（1）审计组利用评估机构以下工作时，将评估机构测算的未来现金流量现值作为相关资产组组合的可回收金额，未充分评价将其用作相关认定的审计证据的适当性。

1）商誉减值评估机构（以下简称评估机构）确定的商誉涉及张家港格锐环境工程有限公司（以下简称格锐环境）的资产组组合包含危废业务相关资产组，但截至评估报告出具日，该资产组尚未取得危险废物许可证。此外，上述商誉相关资产组组合还包含格锐环境对拟参股设立公司的股权，且相关出资协议中附有生效条件，但评估底稿中无条件生效的证据。

2）公司与评估机构约定对商誉涉及宁夏江南集成科技有限公司的资产组组合只评估未来现金流量现值；约定对商誉涉及 Raschka Holding AG、格锐环境的资产组组合可回收金额进行评估，但评估机构只测算了未来现金流量现值，未测算公允价值减去处置费用，且未充分说明理由。

（2）商誉减值审计程序质量控制复核流于形式。事务所质量控制复核人员在对该项目是否对不包含商誉的资产组组合进行减值测试复核时，仅依赖于项目组按相关规定做出的书面回复，未复核相关底稿。项目组实际并未实施这一审计程序，质量控制复核人员亦未对公司商誉资产组范围进行复核。

3. 亚太集团所审计科融环境2017年年报（江苏监管局〔2019〕9号）

（1）科融环境风险评估底稿记录商誉重大错报风险程度为高，实质性测试保证程度亦为高，但审计底稿未见对商誉科目执行审计程序，未见商誉科目审计底稿。

（2）子公司蓝天环保按工程施工进度确认收入成本，但公司与工程核算相关的财务核算不规范，存货明细项中存在大额负数，预付款项与预收款项存在未及时根据工程完工情况结转的情形，审计组在审计过程中未关注存货为负数的异常情况，未针对大额预付及预收款项挂账的合理性执行审计程序。

4. 立信所审计浙江万盛2015年、2016年年报（浙江监管局2019）

对采购与付款环节内控评价不恰当。审计组在执行采购和付款环节内控审计时存在以下问题：一是未合理关注供应商付款环节的异常情况。审计组未合理关注并购子公司第一大供应商且同为销售客户的付款申请单无采购申请人、无具体货物名称等明显异常情形。二是内控测试结论不合理、不谨慎。审计组未将采购与付款环节缺乏有效管控的现状识别为内控缺陷，测试结论与测试样本存在明显矛盾。

5. 立信中联所审计阜阳大可IPO项目（安徽监管局行政监管措施决定书〔2019〕27号）

（1）内控测试执行不到位。在执行内控测试程序中，仅抽取了2018年1—9月样本，未见抽取2015—2017年样本。此外，采购与付款循环内部控制测试中，部分原材料采购付款时间早于系统审批时间，底稿未见控制偏差相关分析资料。

（2）固定资产审计程序执行不到位。个别在建工程项目转固时间晚于验收时间，底稿未见对在建工程转固是否及时的相关分析资料。

6. 大信所审计凯盛科技2018年年报（安徽监管局行政监管措施决定书〔2019〕25号）

（1）子公司国显科技固定资产管理穿行测试结果为控制活动得到执行，但底稿中未见固定资产价值分析报告等相关资料。

（2）商誉审计程序执行不到位。一是未充分复核管理层专家工作的恰当性。在进行商誉减值测试时，利用了中京民信（北京）资产评估有限公司出具的评估报告，但底稿未见关键参数复核过程等。二是对披露的商誉关键参数未实施充分审计程序。2018年年报中，附注未充分披露预测期增长率、稳定期增长率、利润率、折现率、预测期等关键参数。

（3）研发费用审计程序不到位。深圳国显本期资本化研发项目为“一种MiniLED直下式背光LCM液晶显示模组的技术”，底稿未见资本化费用归集等相关资料。子公司华益导电9—12月每月研发支出均为118.5万元，底稿未见相关分析说明。

7. 广东正中珠江所审计三七互娱 2018 年年报（安徽监管局行政监管措施决定书〔2019〕23 号）

（1）审计应对执行不充分。审计组将商誉减值确定为关键审计事项，审计应对提及“评价测试与商誉减值测试相关关键内部控制，将管理层在上年计算未来现金流量现值时采用的估计与本年实际情况进行比较，以考虑管理层预测结果的历史准确性”，但底稿未见相关资料。

（2）未充分复核管理层的专家工作恰当性。一是未恰当利用管理层的专家工作。在对收购上海墨鹍数码科技有限公司（以下简称上海墨鹍）形成的商誉进行减值测试时，引用了广东联信资产评估土地房地产估价有限公司出具的《芜湖顺荣三七互娱网络科技股份有限公司对上海墨鹍数码科技有限公司进行减值测试资产评估报告》，但未充分复核并评价专家工作恰当性及其对审计工作的支持程度。二是利用管理层的专家工作复核不到位。底稿未见资本性支出按收入增长率预估的合理性分析说明，未见永续预测期关键参数复核测算说明等。此外，底稿也未见企业管理层批准的预算、预测明细资料、经营计划等。

（3）未恰当执行进一步审计程序。一是评估方法使用不恰当。在对收购三七互娱（上海）科技有限公司（以下简称上海三七）形成的商誉进行减值测试时，未能结合会计准则有关规定，对商誉相关的资产组或组合进行充分分析，直接将该子公司可辨认净资产账面价值与股权价值进行比较，得出未减值结论。二是折现率使用错误。在上述方法下，盈利预测模型以股权（净资产）为对象进行评估，系税后自由现金流，但却使用税前折现率，导致全部股权价值计算错误。三是未充分复核管理层职业判断。底稿未见预测期营业成本及期间费用具体要素明细和分析测算过程，未见上海三七市场风险溢价、预测期与上海墨鹍相关参数充分分析复核过程等。

（4）商誉减值披露内容不准确。2018 年年报附注中，在披露收购上海墨鹍形成的商誉时，直接引用广东联信出具的评估报告相关内容，如预测期收入增长率、毛利率、折现率等，未能根据评估报告性质及准则有关规定进行充分分析，对此，审计组未执行充分的审计程序。

（5）研发费用审计执行不到位。子公司安徽三七极光网络科技有限公司本期费用化研发项目主要包括金装传奇、血盟荣耀等，资本化研发项目为“游戏二十一”。上述研发项目均是前期已上线运行游戏改版升级，但底稿未见研发支出费用化及资本化判断标准等资料，也未见资本化金额归集检查复核过程等。

8. 信永中和所审计大洋电机 2018 年年报（广东监管局行政监管措施决定书〔2020〕7 号）

（1）未针对商誉相关控制运行的有效性获取充分、适当的审计证据。审计组在识别和评估重大错报风险时，将商誉的计价和分摊认定的控制风险评估为低，且预期大洋电机关于商誉的内部控制运行是有效的，但审计组未对大洋电机关于商誉的内部控制设计和实施控制测试。

（2）未发现被审计对象的商誉减值测试程序不到位。审计组没有关注到大洋电机未按照《企业会计准则》的规定执行商誉减值测试程序。

（3）评价管理层的专家的工作时，未获取充分、适当的审计证据。审计组在对大洋电机聘请的资产评估师北京北方亚事资产评估事务所（特殊普通合伙，以下简称北方亚事）的工作进行评价时，未获取充分、适当的审计证据，以致未发现北方亚事存在评估程序执行不到位的情况。

（4）未合理评价大洋电机2018年财务报表附注中与商誉相关的信息披露是否充分适当。根据大洋电机2017年与2018年年度报告，大洋电机2018年商誉发生重大资产减值损失，且2018年与商誉有关的资产组的组成与前期相比发生了较大变化，大洋电机未在2018年财务报表附注中披露资产组变化的原因以及前期和当期资产组组成情况等信息。审计组未对大洋电机2018年财务报表附注中与商誉相关的信息披露是否符合《企业会计准则》的规定进行合理评价。

第四节 实质性分析程序

一、分析程序及其目的

分析程序是指注册会计师通过分析不同财务数据之间以及财务数据与非财务数据之间的内在关系，对财务信息做出评价。分析程序还包括调查识别出的、与其他相关信息不一致或与预期数据严重偏离的波动和关系。

分析财务数据之间以及财务数据与非财务数据之间的内在关系，是分析程序的切入点，是分析程序区别于其他审计程序的主要特征，也是分析程序得名的原因。

注册会计师运用分析程序的目的是对财务信息做出评价，不同阶段的目的不同。

（1）用作风险评估程序，以了解被审计单位及其环境。注册会计师实施风险评估程序的目的在于了解被审计单位及其环境，并评估财务报表层次和认定层次的重大错报风险。在风险评估过程中使用分析程序也服务于这一目的。运用分析程序可以显示一些注册会计师未曾注意到的领域，有助于注册会计师评估重大错报风险领域，以设计进一步审计程序的性质、时间和范围。分析程序可以帮助注册会计师发现财务报表中的异常变化，或者预期发生而未发生的变化，识别存在潜在重大错报风险的领域。分析程序还可以帮助注册会计师发现财务状况或盈利能力发生变化的信息和征兆，识别那些表明被审计单位持续经营能力问题的事项。

（2）当使用分析程序比细节测试更能有效地将认定层次的检查风险降至可接受的水平时，分析程序可以用作实质性程序。在针对评估的重大错报风险实施进一步审计程序时，注册会计师可以将分析程序作为实质性程序的一种，单独或结合其他细节测试，收集充分、适当的审计证据。此时运用分析程序可以减少细节测试的工作量，节约审计成本，降低审计风险，使审计工作更有效率和效果。

（3）在审计结束或临近结束时对财务报表进行总体复核。在审计结束或临近结束时，注册会计师应当运用分析程序，在已收集的审计证据的基础上，对财务报表整体的合理性作最终把握，评价报表仍然存在重大错报风险而未被发现的可能性，考虑是否需要追加审计程序，以便为发表审计意见提供合理基础。

二、分析程序的运用

（一）分析程序的运用范围

在了解被审计单位及其环境并评估重大错报风险时，注册会计师应当运用分析程序，识别重大错报风险领域，以设计进一步审计程序的性质、时间和范围。在实施进一步审计程序时，如果认为使用分析程序比细节测试更能有效地将认定层次的检查风险降至可接受的水平，注册会计师可以考虑将分析程序用作实质性程序，以收集充分、适当的审计证据。在审计结束或临近结束的总体复核阶段，注册会计师应当运用分析程序，确定财务报表整体是否与其对被审计单位的了解一致，财务报表是否满足了公允反映的要求。

值得注意的是，由于分析程序需要计算金额、比率或趋势以评价财务信息，它对控制测试并不适用。

实例5-4（多选题）

下列有关分析程序的说法中，恰当的有（　）。

A. 注册会计师无须在了解被审计单位及其环境的每一方面都实施分析程序

B. 与实质性分析程序相比，在风险评估过程中使用分析程序进行比较的性质、预期值的精确程度，以及分析和调查的范围均可以提供很高的保证水平

C. 当使用分析程序比细节测试更能有效地将认定层次的检查风险降至可接受的水平时，注册会计师可以考虑单独或结合细节测试，运用实质性分析程序

D. 无论在何种情况下，实质性分析程序均不可能获取充分、适当的审计证据

分析：AC。与实质性分析程序相比，在风险评估过程中使用分析程序进行比较的性质、预期值的精确程度，以及分析和调查的范围都并不足以提供很高的保证水平，所以选项B不正确；实质性分析程序不仅仅是细节测试的一种补充，在某些审计领域，如果重大错报风险较低且数据之间具有稳定的预期关系，注册会计师可以单独使用实质性分析程序获取充分、适当的审计证据，所以选项D不正确。

（二）分析程序的性质

分析程序的性质，包括运用分析程序时注册会计师应当考虑的比较基准、数据关系和可使用的方法。

1. 比较基准

在实施分析程序时，注册会计师应当考虑将被审计单位的财务信息与下列各项信息进行比较。

（1）以前期间的可比信息。在运用分析程序时，注册会计师通常将被审计单位的本期实际数据与上期或以前期间的可比数据进行比较，以判断是否存在异常。

（2）被审计单位的预期结果或者注册会计师的预期数据。被审计单位的预期结果包括预算和预测等。如果预算和预测是在分析各种因素的基础上认真编制的，其与实

际执行结果的比较就为注册会计师分析评价本期的财务信息提供了重要的参考。

注册会计师的预期数据是注册会计师运用各种方法对被审计单位财务比率或财务报表金额做出的合理预期。注册会计师将自己的预期数据与被审计单位财务报表上反映的金额或比率进行比较，可以发现异常情况。例如，注册会计师可以根据被审计单位固定资产的账面价值和平均年折旧率，估计当期折旧费用，并与被审计单位财务报表中反映的折旧费用相比较。

（3）所处行业或同行业中规模相近的其他单位的可比信息。例如，注册会计师可以将被审计单位的财务信息与其所处行业的可比信息（如行业平均利润率）进行比较，也可以与同行业中规模相近的其他单位的可比信息进行比较，以了解被审计单位的经营情况，评价被审计单位的财务信息。

2. 数据关系

在实施分析程序时，注册会计师还应当考虑下列关系。

（1）财务信息各构成要素之间的关系。根据被审计单位的经验，财务信息各要素之间存在某种内在联系，或遵循某种可预知的模式，包括财务报表项目之间的勾稽关系、联动关系等。例如，销售成本与销售收入之间通常有稳定的比率，当期银行借款平均数额与利息费用之间有联动关系。

（2）财务信息与相关非财务信息之间的关系。常用的非财务信息包括：生产能力、采购数量、销售数量、员工人数等统计资料。某些财务信息与非财务信息之间也存在内在联系。例如，被审计单位的员工人数和各级别人员的工资费用有同增同减关系，洗车厂的用水量与营业收入有正相关关系，存货数量通常不应超过仓储能力，等等。

3. 可使用的方法

注册会计师实施分析程序时可以使用不同的方法，包括从简单的比较到使用高级统计技术的复杂分析。在实务中，可使用的方法主要有下列几种。

（1）趋势分析法。趋势分析法主要是通过对比两期或连续数期的财务或非财务数据，确定其增减变动的方向、数额或幅度，以掌握有关数据的变动趋势或发现异常的变动。典型的趋势分析是将本期数据与上期数据进行比较，更为复杂的趋势分析则涉及多个会计期间的比较。用于趋势分析的数据既可以是绝对值，也可以是以比率表示的相对值。

趋势分析的形式主要包括：1）若干期资产负债表项目的变动趋势分析；2）若干期利润表项目的变动趋势分析；3）若干期资产负债表或利润表项目结构比例的变动趋势分析；4）若干期财务比率的变动趋势分析；5）特定项目若干期数据的变动趋势分析等。

当被审计单位处于稳定经营环境下时，趋势分析法最适用。如果被审计单位业务或经营环境变化较大或会计政策变更较大，趋势分析法就不再适用。趋势分析法中涉及的会计期间的期数，有赖于被审计单位经营环境的稳定性。经营环境越稳定，数据关系的可预测性越强，进行多个会计期间的数据比较越适用。

（2）比率分析法。比率分析法主要是结合其他有关信息，将同一报表内部或不同报表间的相关项目联系起来，通过计算比率，反映数据之间的关系，用以评价被审计单位的财务信息。例如，应收账款周转率反映赊销销售收入与应收账款平均余额之间的比率，这一比率变小可能说明应收账款回收速度放慢，需要计提更多的坏账准备，也可能说明本期赊销销售收入与期末应收账款余额存在错报。

当财务报表项目之间的关系稳定并可直接预测时，比率分析法最适用。在实务中，注册会计师实施分析程序时常用的比率如表5-18所示。

表5-18 注册会计师实施分析程序时常用的比率

项目	具体比率
一、流动性	1. 流动比率=流动资产÷流动负债 2. 速动比率=(流动资产-存货)÷流动负债 3. 现金比率=现金÷流动负债 4. 已获利息倍数=息税前利润÷利息费用 5. 固定支出保障倍数=(税前利润+固定支出)÷固定支出 6. 经营活动现金流量与固定支出比率=经营活动净现金流量÷固定支出 7. 利息与长期负债比率=利息费用÷长期负债
二、资产管理比率	1. 存货周转率=主营业务成本÷存货平均余额 2. 应收账款周转率=主营业务收入净额÷应收账款平均余额 3. 营运资金周转率=主营业务收入净额÷（流动资产-流动负债） 4. 总资产周转率=主营业务收入净额÷平均资产总额
三、负债比率	1. 资产负债率=负债总额÷资产总额×100% 2. 负债权益比率=负债总额÷所有者（股东）权益总额×100% 3. 长期负债与权益比率=长期负债÷所有者（股东）权益总额×100% 4. 负债与有形资产净值比率=负债总额÷[所有者（股东）权益总额-无形资产]×100% 5. 长期负债与总资产比率=长期负债÷资产总额×100% 6. 资产权益率=所有者（股东）权益总额÷资产总额×100%
四、盈利能力比率	1. 销售毛利率=(销售收入-销售成本)÷销售收入×100% 2. 主营业务利润率=主营业务利润÷主营业务收入净额×100% 3. 总资产回报率=息税前利润÷资产总额×100% 4. 权益回报率=息税前利润÷所有者（股东）权益总额×100%
五、生产能力比率	1. 原材料成本占收入比例=销售成本中的原材料成本÷销售收入×100% 2. 人工成本占收入比例=销售成本中的人工成本÷销售收入×100% 3. 人均收入=收入总额÷员工人数 4. 人均成本=销售成本÷员工人数 5. 人均人工成本=人工成本÷员工人数 6. 营业费用和管理费用占收入比例=(营业费用+管理费用)÷销售收入×100%

（3）合理性测试法。合理性测试法通过彼此相关联的项目或造成某种变化的各种变量，测试某项目金额是否合理。简单合理性测试包括三个基本步骤：1）识别能够引起和影响被测试项目金额变化的各种变量；2）确定变量与被测试项目间的恰当关系；3）将变量结合在一起对被测试项目做出评价。

例如，注册会计师在对制造企业的营业收入进行分析时，可以考虑产品销售量与被审计单位可供销售产品数量（仓储能力、生产能力）的关系，并考虑被审计单位生产能力的利用情况等因素，将营业收入与运费、电费、水费、办公经费、销售人员工资等联系起来作配比分析。

（4）回归分析法。回归分析法是在掌握大量观察数据的基础上，利用统计方法建立因变量与自变量之间回归关系的函数表达式（即回归方程式），并利用回归方程式进行分析。例如，产品销售收入与广告费用之间通常存在正相关关系，注册会计师可以建立两者之间的回归模型，并根据模型估计某一年度产品销售收入的预期值。

回归分析法理论上能考虑所有因素的影响，如相关经营数据、经营情况、经济环境的变化等，其预测精度较高，适用于中短期预测。回归分析法的一个突出优点在于：以可计量的风险和准确性水平，量化注册会计师的预期值。但注册会计师在选择适当关系时将耗费大量时间，审计成本较高。

实例5-5（单选题）

下列关于分析程序的说法中，正确的有（　　）。

A. 执行分析程序只能使用财务数据

B. 风险评估程序中可以实施分析程序

C. 风险评估阶段使用分析程序是为了识别和评估重大错报风险

D. 实质性分析程序是细节测试的一种补充，注册会计师仅仅依靠实质性分析程序难以获取充分、适当的审计证据

分析：C。执行分析程序可以使用财务数据或非财务数据，故选项A不正确；风险评估程序中使用分析程序是强制性要求，故选项B不正确；实质性分析程序不仅仅是细节测试的一种补充，在某些审计领域，如果重大错报风险较低且数据之间具有稳定的预期关系，注册会计师可以单独使用实质性分析程序获取充分、适当的审计证据，所以选项D不正确。

（三）分析程序的步骤

不同阶段运用分析程序的方法和步骤有所不同。但完整的分析程序一般包括以下几个步骤：选择适当的数据关系，对数据关系进行分析，识别异常的数据关系或波动，调查异常数据关系或波动，得出结论。如图5-2所示。

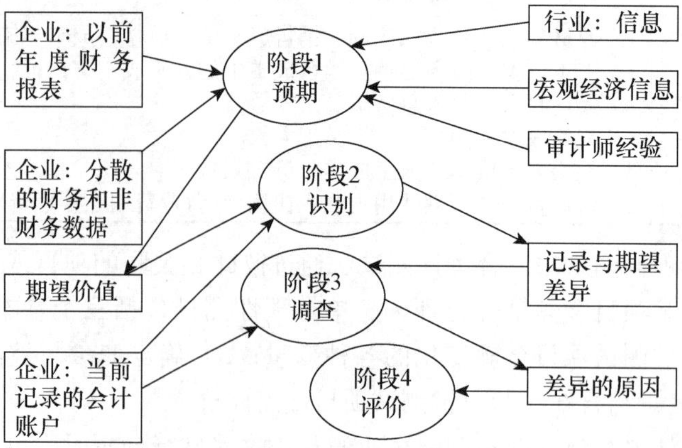

图5-2　分析程序的步骤

如果注册会计师在实施分析程序时识别出与其他相关信息不一致或与预期数据严重偏离的波动和关系，可能表明财务报表存在重大错报风险。注册会计师应结合其他审计程序，对异常项目作进一步调查，以获取对差异的合理解释或存在重大错报风险的佐证证据。

实例5-6（分析题）

华兴公司主要从事冰箱的生产和销售，按照往年的情况，夏季属于销售旺季，冬季属于销售淡季。

从冰箱行业的发展趋势来看，许多一流的冰箱企业陆续推出了环保冰箱（即不使用氟立昂的冰箱）。为了积极推动产品的发展，华兴公司于20×5年2月开始研究开发环保冰箱，20×6年6月研制成功并投产，9月正式上市，但是由于其成本较高，市场销售价格也偏高，所以上市后销量不佳。但有消息称，国家出于环保的目的，正大力推进出台相关政策，控制氟立昂冰箱的生产和销售。同行企业生产的环保冰箱的成本明显低于华兴公司，在华兴公司制定的20×6年计划中，降低环保冰箱成本仍然是研发部门的首要任务。

20×6年普通冰箱市场的整体状况与20×5年近似，未发生较大的价格波动，供求状况平稳，成本基本没有变化。

华兴公司20×6年度未经审计财务报表及相关账户记录包括以下内容。

（1）20×5年度和20×6年度的销售记录，其中20×5年普通冰箱的销售量占总销售量的95%（见表5-19）。

表5-19　普通冰箱销售记录

产品名称	20×6年度（未审数）			20×5年度（已审数）		
	数量（万台）	营业收入（万元）	营业成本（万元）	数量（万台）	营业收入（万元）	营业成本（万元）
冰箱	25	50 000	40 000	23	40 000	34 000

（2）普通冰箱20×6年度收发存记录（见表5-20）。

表5-20　普通冰箱收发存记录

日期及摘要	入库			出库			库存		
	数量（万台）	单价（万元）	金额（万元）	数量（万台）	单价（万元）	金额（万元）	数量（万台）	单价（万元）	金额（万元）
年初余额							5	1 480	7 400
1月3日入库	2	1 600	3 200				7	1 514.29	10 600
1月4日出库				3	1 514.29	4 542.86	4	1 514.29	6 057.14
2月9日入库	0.5	1 385.72	692.86				4.5	1 500	6 750
（略）									
7月10日入库	3	1 560	4 680				20	1 570	31 400
7月31日出库				1	1 570	1 570	19	1 570	29 830
（略）									
11月30日出库				8	1 420	11 360	22	1 510	33 220
12月2日入库	8	1 400	11 200				30	1 480.67	44 420
12月29日出库				10	1 480.67	14 806.7	20	1 480.67	29 613.4
年末余额							20	1 480.67	29 613.4

（3）环保冰箱20×6年度收发存记录（见表5-21）。

表5-21 环保冰箱收发存记录

日期及摘要	入库			出库			库存		
	数量（万台）	单价（万元）	金额（万元）	数量（万台）	单价（万元）	金额（万元）	数量（万台）	单价（万元）	金额（万元）
7月3日入库	0.5	1 750	875				0.5	1 750	875
8月4日入库	2	1 790	3 580				2.5	1 782	4 455
9月1日出库				0.1	1 782	178.2	2.4	1 782	4 276.8
（略）									
12月2日入库	10	1 740	17 400				15	1 755	26 325
12月31日出库				0.8	1 755	1 404	14.2	1 755	24 921
年末余额							14.2	1 755	24 921

要求：

请运用分析程序识别华兴公司认定层面是否存在重大错报风险，如果存在，具体指出涉及的认定。

分析：（请扫描二维码）

思考题

1. 列举采购与付款循环涉及的相关凭证，并分别说明如何对其实施有效的控制。
2. 简述企业采购与付款循环的主要控制及其控制措施。
3. 如何实施采购与付款循环的控制测试？
4. 简述应付账款审计的特征。
5. 如何查证未入账的应付账款？
6. 列举出容易引发固定资产重大错报的事项，并设计对应审计程序予以查证。
7. 如何利用分析程序审计固定资产及其累计折旧？
8. 如果一个公司的采购与付款循环存在以下错误或违规行为，请分别提出防止这些错误或违规行为的控制措施以及注册会计师识别这些错误或违规行为的控制程序。

（1）订购单未经处理。

（2）收到未经批准购入的货物。

（3）已记录的购货交易无效。

（4）对未经批准的支出签发支票。

（5）对已批准的付款凭证重复付款。

(6) 错报资产、费用或负债。

(7) 未使用的支票失窃。

9. 在审计采购与付款循环时，如果注册会计师遇到以下事项，请分别提出建议并说明原因。

(1) 供应商接受订购单后，就应当严格遵守订购单上载明的条件。为此，订购单应注明有关购货单价的详细内容。注册会计师执行控制测试时发现，客户编制的大量订购单上未载明单价。经询问，公司的工作人员指出：与客户进行交易的供应商数量有限，价格都可以在已发行的商品目录中查到，发票价格经应付账款部门验证，因此在订购单中填写单价不再是必需的程序。

(2) 未付款的付款凭证余额试算表应由独立于应付账款部门的工作人员核对，如每月与总分类账对账。注册会计师执行控制测试时发现，应付账款部门编制的应付账款汇总额与总分类账的数额有差异。经询问，客户说应付账款部门雇用了一个新员工，公司让新员工实习，编制每月应付账款汇总表，并送至总分类账部门与总账对账。上述存在差异的汇总就是总分类账部门退回的，因为上面有许多错误，公司正指导新员工找出错误，增加实务经验。

(3) 供应商发票和附单（如订购单、验收报告等）应由签发支票的职员直接或在其直接监督下注销。注册会计师在执行控制测试时发现付款凭证并未注销。客户解释：公司付款政策是在收到货物10天内付清所有发票，几乎没有可能因未注销付款凭证等单据而重复付款，因为支票签署人自己清楚哪些是几天前刚签发的，是否注销每张单据对客户来说没有意义。

(4) 询证应付账款并不像询证应收账款那样属于公认审计程序。注册会计师在应付账款明细分类账检查中发现了一些错误，为了确保已记录的金额无严重错误，注册会计师决定对应付账款发询证函作为实质性测试程序，但客户强烈反对，认为这对审计工作没有帮助，因为审计应付账款主要是查证未记录的负债，而不是已存在的债权人。客户提供了几乎所有账户的供应商对账单，尤其是那些余额较大的账户。

10. 对于助理审计人员向注册会计师提交的对企业初步分析的结果，假定每一事件对审计风险评估均很重要，请指出导致下述变化的因素，并指出这些因素中哪些是企业正常生产经营的结果，哪些预示着会增大审计风险。

(1) 存货周转率从2.5次提高到3.7次。

(2) 折旧费用以前若干年都占资产总额的2%，今年仅占资产总额的1%。

(3) 利息费用以前年度占负债总额的6%，今年占负债总额的8%。

(4) 速动比率从1.45下降到0.95。

(5) 应付账款周转天数从35天下降到29天。

(6) 应收账款周转天数从28天增加到35天。

(7) 市盈率从10倍下降到8倍。

(8) 资产报酬率从2.5%增加到4%。

11. 对采购与付款循环进行控制测试时一般形成哪些工作底稿？它们之间的逻辑关系是什么？

12. 对固定资产进行实质性审计时一般形成哪些工作底稿？它们之间的逻辑关系是什么？

案例分析

采购与付款循环审计案例

问题：

1. 针对事项1，分析华兴公司内部控制存在的缺陷，并简要说明理由。

2. 分析注册会计师如何考虑事项2对重大错报风险评估和应对的影响。

3. 针对事项3，判断审计项目小组的做法或结论是否恰当，并简要说明理由。

4. 假定不考虑其他条件，事项3所述是否表明存在重大错报风险？如果认为存在，请简要说明理由，并说明该风险主要与哪些财务报表项目的哪些认定相关。

行动学习讨论项目

把学生分成若干组（每组最好10人以内），要求他们利用头脑风暴的方法，对以下问题提出不同的看法，尽量多地列示在行动学习讨论的白板上。

讨论问题：采购与付款循环中容易出现的控制缺陷以及由此导致的会计科目的错弊有哪些？如何查证？

讨论与板书要求：(1) 每个人都要发言，但每次只能一人发言；(2) 追求数量、追求创意；(3) 有人发言时不许质疑、不许批评、不许打断；(4) 板书要按发言人的原话列示。

第6章 生产与仓储循环审计

Chapter 6

素养提升

- 本着实事求是的思想，遵守会计和审计准则，用专业技巧分析和解决专业问题。

学习目标

- 了解生产与仓储循环主要业务活动及其涉及的主要凭证和记录
- 掌握生产与仓储循环的内部控制及其控制测试
- 掌握工薪与人事循环的内部控制及其控制测试
- 熟悉生产与仓储循环涉及科目的实质性审计程序
- 熟练运用监盘程序
- 了解生产与仓储循环中常见的会计错弊及其审计风险
- 熟练编制生产与仓储循环中相关科目的审计工作底稿

第一节　生产与仓储循环主要活动及其关键控制

一、生产与仓储循环的主要活动及其相关凭证

生产与仓储循环和其他业务循环的联系非常密切，原材料经过采购与付款循环进入生产与仓储循环，生产与仓储循环又随着销售与收款循环中商品的销售而结束。生产与仓储循环业务流程如图 6－1 所示。

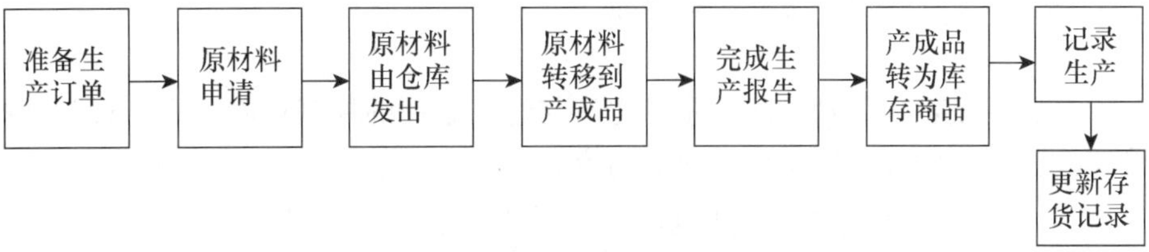

图 6－1　生产与仓储循环业务流程

在实务中，生产循环与其他循环的关系如图6-2所示。

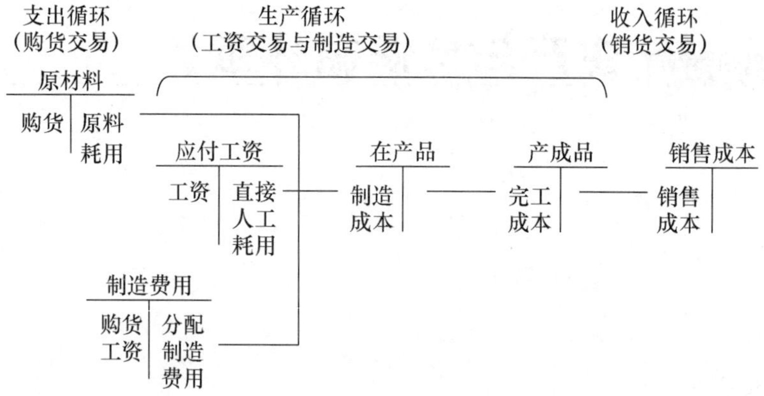

图6-2 生产循环和其他循环的关系

生产循环和销售与收款循环（收入循环）、采购与付款循环（支出循环）紧密相连。

在企业的生产与仓储循环中，业务发生时形成相应的凭证与记录，生产与仓储循环主要活动及对应的凭证及记录如表6-1所示。

表6-1 生产与仓储循环的主要活动及对应的凭证及记录

主要业务活动	对应的凭证和记录	相关的主要部门
1. 计划和安排生产	生产通知单、材料领用申请单	生产计划部门
2. 发出原材料	材料发出汇总表、领料单、限额领料单、领料登记簿、退料单	仓库部门
3. 生产产品	生产通知单、生产加工指令单、产量和工时记录	生产部门
4. 核算产品成本	生产通知单、领料单、计工单、入库单、工薪汇总表及工薪费用分配表、材料费用分配表、制造费用分配汇总表、成本计算单、存货明细账	会计部门
5. 储存产成品	半成品入库单、半成品转移单、半成品出库单、产成品验收单、产成品入库单	仓库部门
6. 发出产成品	出运通知单、产成品出库单、送货单	发运部门

注册会计师只有了解生产与仓储循环涉及的主要活动及其相关凭证和记录，才能从整个循环的角度对生产与仓储循环涉及的相关账户的审计风险予以把握，进而提高审计的效率。

二、生产与仓储循环的关键控制

在实务中，为识别、防止企业生产与仓储循环的控制风险，企业设计和执行的生产与仓储循环的关键控制包括以下内容。

（一）不相容岗位分离的控制

企业应当建立存货业务的岗位责任制，明确内部相关部门和岗位的职责、权限，确保办理存货业务的不相容岗位相互分离、制约和监督。存货业务的不相容岗位至少包括以下内容。

（1）存货的请购与审批、执行；

（2）存货的采购与验收、付款；

（3）存货的保管与相关会计记录；

（4）存货发出的申请与审批、会计记录；

（5）存货处置的申请与审批、会计记录。

（二）计划和安排生产的控制

（1）定期编制生产计划，并根据顾客订单或市场动态和存货分析及时调整；

（2）根据批准（或调整后）的生产计划编制生产通知单；

（3）生产通知单经过控制部门批准；

（4）使用和控制预先编号的生产通知单。

企业应当对存货业务建立严格的授权批准制度，明确审批人对存货业务的授权批准方式、权限、程序、责任和相关控制措施，规定经办人办理存货业务的职责范围和工作要求。

（三）发出材料的控制

（1）仓库发出材料要求提供经过审批的发料单；

（2）采用限额领料单，超限额领料需办理审批手续；

（3）剩余材料办理月末假退料手续；

（4）材料耗用汇总表包括在生产活动报告中。

（四）生产产品的控制

（1）物化劳动和所有耗费经过正确计量；

（2）生产活动经过正确记录；

（3）已完工产品经过本工序相关人员审批后转移。

（五）储存产成品的控制

储存产成品控制程序如表6－2所示。

表6－2 储存产成品控制程序

程序	具体措施
1. 严格的存货保管管理	（1）所有存货集中管理。 （2）存货的防盗措施周密。 （3）设有专职的存货保管人员。 （4）存货的分拣、堆放、仓储条件等良好。 （5）仓库存货按种类性质集中堆放并标记。 （6）寄存品、受托加工商品独立管理、堆放。 （7）废弃、损坏和滞销存货独立管理并定期报告。 （8）时效性存货独立管理并定期报告。 （9）委托外单位加工的存货，其收发存情况由专人登记和控制，定期与委托单位核对。

续表

程序	具体措施
2. 存货的入库履行验收手续	（1）存货入库时对名称、规格、型号、数量、质量和价格等逐项核对。 （2）存货根据经审核的入库单登记入账。
3. 及时、准确记录存货	（1）仓库建立存货收发存台账制度并及时登记。 （2）原材料、产成品的收发存月报表根据当月的入库单、领料单等分别汇总编制。 （3）财务与仓库定期对账，并及时分析，根据审批调整相关差异。 （4）存货的数量由负责存货记录之外的独立人员核证。
4. 建立永续盘存制度并严格执行	（1）所有存货均设有永续盘存记录。 （2）建立定期盘点制度，并核对账面数与实存数差异。 （3）存货的盘盈和盘亏经适当批准后及时调账。
5. 存货管理有相关保护性制度	（1）限制只有经过授权的人员才能接近原材料和产成品存货。 （2）存货的保险制度适当。

（六）发出产品的控制

（1）仓库根据经批准的领料单发货；

（2）根据销货单、销售发票、提货联或运货单发出商品；

（3）存在存货出门验证制度。

（七）产品成本核算的控制

产品成本核算控制程序如表6－3所示。

表6－3 产品成本核算控制程序

程序	具体措施
1. 生产过程中文件资料由财务部门统一汇集	（1）生产过程中的文件资料经审核后向财务部门报送。 （2）财务部门依据经审核的文件资料进行成本核算。 （3）基础文件资料由专门部门负责保管。
2. 成本的归集准确完整	（1）材料耗用根据审核后的材料消耗月报表金额入账。 （2）人工成本耗用根据审核无误的工资费用分配表金额入账。 （3）制造费用的归集严格按规定办理，前后期一致。
3. 成本的分配合理、准确	（1）材料成本差异按规定的方法分配，前后期一致。 （2）材料成本差异及时向有关管理人员报告，以便调查和跟踪控制。 （3）直接人工成本按规定的方法分配，前后期一致。 （4）制造费用按规定的方法分配，前后期一致。 （5）生产成本按规定的方法在产成品与在产品之间进行分配，前后期一致。
4. 会计记录完整、准确，并记入适当会计期间	（1）编制分配制造成本到在产品的分录所使用的资料与生产报告资料相一致。 （2）编制结转已完工产成品成本到产成品的分录所用的资料与生产报告资料相一致。 （3）定期独立检查存货明细账与总账余额的一致性。 （4）定期独立盘点在产品、产成品，并将实际盘点数量与账面数量相比较。

续表

程序	具体措施
5. 存货的计价方法合理，并保持一贯性制度	(1) 存货的计价方法恰当，前后期一致。 (2) 期末对未到存货暂估入账。 (3) 产品销售成本的计算符合制度规定，与相关收入配比。 (4) 存货计价方法的确定与变更经审批。

(八) 验收的控制

外购存货入库前一般应经过以下验收程序。

(1) 检查订货合同、入库通知单、供货企业提供的材质证明、合格证、运单、提货通知单等原始单据与待检验货物之间是否相符。

(2) 对拟入库存货的交货期进行检验，确定外购货物的实际交货期与订购单中的交货期是否一致。

(3) 对待验货物进行数量复核和质量检验，必要时可聘请外部专家协助进行。

(4) 对验收后数量相符、质量合格的货物办理相关入库手续，对经验收不符合要求的货物，应及时办理退货或索赔。

(5) 对不经仓储直接投入生产或使用的存货，应当采取适当的方法进行检验。

拟入库的自制存货，生产部门应组织专人对其进行检验，只有检验合格的产成品才可以作为存货办理入库手续。

由生产车间发出至客户、实物不入库的产成品，以及采购后实物不入库而直接发至使用现场的外购存货，应当采取适当方法办理出入库手续。

(九) 保管的控制

(1) 存货管理部门对入库的存货应当建立存货明细账，详细登记存货类别、编号、名称、规格型号、数量、计量单位等内容，并定期与财会部门就存货品种、数量、金额等进行核对。

(2) 存货的存放和管理应指定专人负责并进行分类编目，严格限制其他无关人员接触存货，入库存货应及时记入收发存登记簿或存货卡片，并详细标明存放地点。

(3) 入库记录不得随意修改。如确需修改入库记录，应当经有效授权批准。

(4) 对于已售商品退货的入库，仓储部门应根据销售部门填写的产品退货凭证办理入库手续，经批准后对拟入库的商品进行验收。因产品质量问题发生的退货，应分清责任，妥善处理。对于劣质产品，可以选择修复、报废等措施。

(5) 企业应当加强存货的日常保管工作，具体程序包括以下内容。

1) 对于因业务需要分设仓库的，应当对不同仓库之间的存货流动办理出入库手续。

2) 应当按仓储物资所要求的储存条件储存，建立和健全防火、防潮、防鼠、防盗和防变质等措施。

3) 贵重物品、生产用关键备件、精密仪器和危险品的仓储，应当实行严格审批制度。

另外，仓储部门应当定期对存货进行检查，确保及时发现存货损坏、变质等情况。企业应当重视生产现场的材料、低值易耗品、半成品等物资的管理控制，防止浪费、被盗和流失。

三、工薪与人事循环的关键控制

由于工资和薪金费用是企业经营成本的重要组成部分，人工成本的分类和分摊是存货计价中要考虑的重要因素，为此，在生产与仓储循环中必须了解和评价工薪与人事循环。工薪与人事循环包括组织和协调劳动力资源的一系列业务，该循环包括招聘、雇用、培训、工薪处理和员工评价等业务，也包括自愿离岗、解雇、退休、死亡或伤残等终止员工工作的业务，其业务流程如图6-3所示。

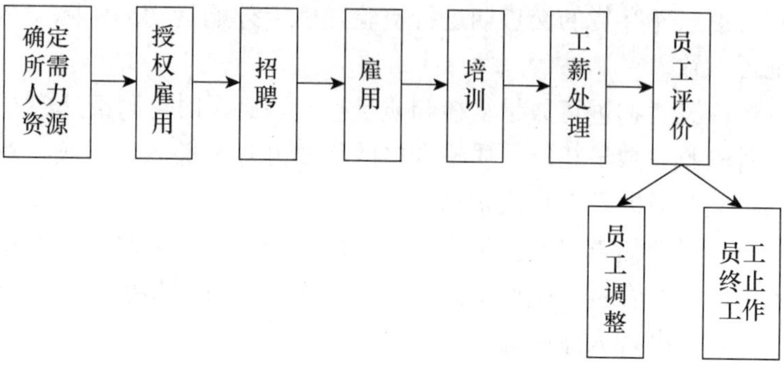

图6-3 工薪与人事循环业务流程

工薪与人事循环的关键控制点及其控制措施包括以下内容。

（1）人力资源、考勤和工薪支付的职责相分离。

（2）雇用、辞退员工或调整员工的职位时，应经人力资源部恰当的授权和批准。

（3）工时卡应由主管人员审核，并与缺勤报告相核对。工薪与辞退名单应进行内部稽核。

（4）工薪支票应预先编号并及时记账，应有人员独立地对工薪银行账户余额进行调节。

（5）复核工薪率与工时卡，并独立地重新计算工薪总额、工薪净额以及总的支付金额。

（6）核对工薪支票上的日期与工薪登记簿上的记录日期。

第二节 生产与仓储/工薪与人事循环的控制测试

一、生产与仓储/工薪与人事循环的控制测试目标与程序

生产与仓储/工薪与人事循环的控制测试目标为：在确认生产与仓储/工薪与人事循环的内部控制设计有效并执行的基础上，考虑成本效益原则和风险水平，通过下列

方法获取存货与仓储/工薪与人事循环的控制是否有效运行的审计证据。

（1）观察生产与仓储/工薪与人事循环的控制在审计期间的不同时点是如何运行的；

（2）检查控制是否得到一贯执行；

（3）观察控制由谁执行；

（4）检查控制以何种方式运行（如人工控制或自动控制）。

生产与仓储/工薪与人事循环的控制测试程序一般包括以下内容。

（1）询问被审计单位的人员，了解被审计单位生产与仓储/工薪与人事循环的主要控制制度是否执行；

（2）观察生产与仓储/工薪与人事循环的关键控制点及特定控制点的控制实践；

（3）检查关键控制点生成的有关文件和记录；

（4）必要时通过重新执行来证实控制执行的有效性；

（5）根据上述程序的实施，评估控制是否可信赖。

二、生产与仓储/工薪与人事循环控制测试实务

注册会计师在执行生产与仓储/工薪与人事循环控制测试时形成的审计工作底稿包括以下内容。

（1）生产与仓储循环控制测试程序（见表 6－4）。该表记录了注册会计师针对与材料验收和仓储有关的业务活动的控制、与计划和安排生产有关的业务活动的控制、与生产有关的业务活动等设计控制测试程序的情况，包括拟执行的控制测试具体程序、有关控制的执行频率、拟测试的样本数量，以及执行相关程序的工作底稿的索引。

工薪与人事循环控制测试程序（见表 6－5）。该表记录了注册会计师针对员工聘用与离职、工作时间记录、工资计算与记录和常备数据维护等内部控制设计控制测试程序的情况，包括拟执行的控制测试具体程序、有关控制的执行频率、拟测试的样本数量，以及执行相关程序的工作底稿的索引。

（2）生产与仓储循环控制测试汇总表和工薪与人事循环控制测试汇总表。这两张表是记录注册会计师测试的生产与仓储/工薪与人事循环控制活动及结论的汇总类底稿。

（3）生产与仓储循环控制测试过程。该表是注册会计师按生产与仓储循环中关键的控制环节分别抽取相关凭证检查测试而形成的底稿，直接支持生产与仓储循环控制测试汇总表中的控制测试结论。

工薪与人事循环控制测试过程。该表是注册会计师按工薪与人事循环中关键的控制环节分别抽取相关凭证检查测试而形成的底稿，直接支持工薪与人事循环控制测试汇总表中的控制测试结论。

表6-4 生产与仓储循环的关键控制环节及其主要测试内容

序号	关键控制环节	主要测试内容
1	材料验收	验收单及相应的采购单是否连续编号；验收内容；验收单与采购订单是否一致；单价在人民币××元以上的材料是否经质检经理签字等。
2	仓储	采购材料信息是否已正确输入系统；仓储经理是否复核输入信息；系统是否已更新等。
3	计划和安排生产	测试期间；是否编制月度生产计划书；生产通知单所载内容是否包含在月度生产计划书内；生产通知单、日生产加工指令单是否连续编号；完工日期等。
4	原材料领用	生产通知单、日生产加工指令单、原材料领用申请单、原材料出库单及相关转账凭证是否连续编号；原材料领用申请单项目是否与生产加工指令单相符；原材料领用申请单信息是否得到审批；原材料出库单是否得到复核确认；原材料耗用是否与生产记录日报表内容相符；转账凭证是否得到适当复核；是否正确记入相关明细账等。
5	半成品入库	半成品验收单、半成品入库单是否连续编号；半成品入库单是否与验收单内容相符；半成品入库单是否得到复核确认等。
6	半成品出库	半成品转移单、半成品出库单是否连续编号；半成品转移单是否得到审批；半成品出库单是否得到复核确认；半成品耗用是否与生产记录日报表内容相符。
7	产成品入库	产成品验收单、产成品入库单是否连续编号；产成品入库单是否得到复核确认等。
8	产成品出库	出运通知单、产成品出库单、送货单是否连续编号及日期；产成品出库单、销售订单、出运通知单、送货单内容是否相符；送货单是否经适当签字等。
9	生产成本归集	生产成本计算表中材料成本是否与当月出库量一致；生产成本结转凭证是否连续编号；转账凭证是否经适当审核；是否正确记入相关明细账等。
10	销售成本结转	测试期间；销售成本结转凭证是否连续编号；销售数量是否与系统内数据一致；转账凭证是否经适当审核等。

表6-5 工薪与人事循环的关键控制环节及其主要测试内容

序号	关键控制环节	主要测试内容
1	聘用	员工姓名；拟用人员审批表是否得到适当审批；劳动合同、新入职人员通知单是否连续编号；系统内是否已建立该员工档案；新入职人员通知单是否得到适当复核；员工工资明细表中是否有该员工姓名等。
2	离职	员工姓名；解除、终止劳动合同审批表是否得到适当审批；系统内是否已删除该员工档案；离职人员通知单是否连续编号；离职人员通知单是否得到适当复核；员工工资明细表中是否有该员工姓名等。
3	生产工人工作时间记录	生产工人考勤卡序号；测试日期；工时记录单日期；生产工人考勤卡是否记录在工时记录单中；工时记录单是否经生产经理复核批准；工时记录单是否包含在工时统计表中等。
4	管理人员工作时间记录	管理人员姓名；测试期间；工作时间表、加班申请表是否连续编号；工作时间表是否由所在部门主管/经理审批签字；加班申请表是否经部门主管/经理审核批准；工作时间和加班时间是否记录在出勤统计表中等。

续表

序号	关键控制环节	主要测试内容
5	工作时间记录核对	测试期间员工工资明细表中记录的员工人数；系统员工档案名册人数；员工姓名是否核对一致；工时统计表记录的工时总数；工时记录单记录的工时总数；工时记录单与工时统计表是否一致；出勤统计表记录的工时总数；工作时间表和加班申请表记录的工时总数；出勤统计表与工作时间表、加班申请表记录是否一致；员工姓名；该员工在工时统计表/出勤统计表记录的工时总数；该员工在工时记录单/工作时间表记录的工时总数；薪资主管是否将有关工作时间记录表单与系统核对等。
6	工资记录	测试期间；员工工资汇总表总额，包括生产车间人员工资、辅助生产人员工资、销售人员工资、管理人员工资；生产成本、制造费用、销售费用、管理费用等记账凭证是否连续编号；记账凭证是否经适当审批等。
7	与编制员工变动及工资费用分析报告有关的业务活动	测试期间；是否编制员工变动及工资费用分析报告；人事经理是否复核该报告；财务经理是否复核该报告；是否交更高管理层审阅等。
8	工资计算	测试期间；财务经理是否复核员工工资明细表、员工工资汇总表以及工资支付申请表；总经理是否复核员工工资明细表、员工工资汇总表以及工资支付申请表；相关的付款凭证、支票是否连续编号；付款凭证是否得到会计主管的适当审批；有关支持性文件上是否盖有核销印戳等。
9	工资核算	处理工资费用分配的转账凭证是否连续编号；转账凭证是否得到会计主管的适当审批等。
10	数据维护	是否定期取得各项与社保基金有关的规定和信息；董事会是否批准基准费率的调整；工资信息输入/更改申请单是否连续编号；人事经理是否复核批准工资信息输入/更改申请单；系统变更是否在人事经理核对后以电子签名批准生效；工资信息输入/更改申请单、人事经理复核、人事经理在系统内电子签名、系统变更生效的日期等。

实例6-1（分析题）

注册会计师李浩在审计工作底稿中记录了所了解的生产与仓储循环的控制，部分内容摘录如下：

（1）仓库管理员李华将原材料领用申请单编号、领用数量、领用规格等信息输入存货信息系统，仓库经理胡杰复核并以电子签名方式确认后，系统自动更新材料明细台账。

（2）系统每月末根据汇总的产成品销售数量及各产成品的加权平均单位成本自动计算主营业务成本，自动生成结转主营业务成本的会计分录并过入相应的账簿。

（3）每月末进行存货盘点，仓库管理员根据盘点中发现的毁损、陈旧、过时及残次存货编制不良存货明细表，交采购经理马静和销售经理赵阳分析该存货的可变现净值，如需要计提存货跌价准备，由会计主管编制存货价值调整表，安排相关人员将结存成本低于可变现净值的部分确认为存货跌价准备并进行账务处理。

注册会计师李浩对生产与仓储循环的控制实施测试，并在审计工作底稿中记录了测试情况，部分内容摘录如下：

（1）在抽样追踪若干笔原材料领用申请单到材料明细台账的过程中，没有发现差异，但是存在仓库经理请假期间，仍然有仓库经理电子签名确认的业务。

（2）在抽样追踪20×6年11月10个主要产品的主营业务成本在系统中的结转过程时，注意到有2笔主营业务成本的金额存在手工录入修改痕迹。财务人员解释，由于新系统的相关数据模块运行不够稳定，部分产成品的加权平均单位成本的运算结果有时存在误差，因此采用手工录入方式予以修正，并且只有财务经理有权在系统中录入修正数据。审计人员检查了相关样本的手工修正后产成品加权平均单位成本，没有发现差异。

（3）注册会计师利用抽样技术，抽取若干份不良存货明细表，检查是否附有支持性的文件，询问采购和销售经理如何分析存货的可变现净值，检查会计主管对存货跌价准备计提的账务处理和披露是否恰当。检查过程中没有发现异常。

要求：

1. 假定不考虑其他条件，判断公司生产与仓储循环的控制在设计上是否存在缺陷。如果存在，分别指出，并简要说明理由，提出改进建议。

2. 如果注册会计师李浩对华兴公司生产与仓储循环的内部控制执行了穿行测试，并基于穿行测试结果得出了“控制运行有效”的结论，该结论适当吗？为什么？

3. 注册会计师李浩对生产与仓储循环的控制实施测试后能够得出什么审计结论？简要说明理由。

分析：（请扫描二维码）

第三节　存货监盘

一、存货监盘及其总流程

存货监盘是指注册会计师现场观察被审计单位存货的盘点，并对已盘点的存货进行适当检查。被审计单位管理层应当制定程序以保证至少每年对存货进行一次盘点，以此作为编制财务报表的基础或确定永续盘存制度的可靠性。通过存货监盘程序，注册会计师可以检查存货、观察管理层对有关存货盘点结果的记录和控制程序的遵循情况，并为管理层的这些程序的可靠性提供审计证据。

定期盘点存货、合理确定存货的数量和状况是被审计单位管理层的责任。实施存货监盘，获取有关存货存在和状况的充分、适当的审计证据，是注册会计师的责任。在实务中，注册会计师需要恰当区分被审计单位对存货盘点的责任和注册会计师对存货监盘的责任，在存货监盘过程中不应协助被审计单位的存货盘点工作。

存货监盘是一项复合程序，是观察程序和检查程序的结合运用。在存货监盘过程中，注册会计师应当现场观察被审计单位存货的盘点活动或盘点程序。同时，注册会计师还应当对已盘点的存货进行适当检查，包括检查与存货相关的记录或文件以及存货实物，也包括对被审计单位盘点的存货进行抽点。

存货监盘除针对存货的存在外，注册会计师还会获取有关存货状况（如毁损、陈旧等）的审计证据，从而为测试计价认定提供部分审计证据；还可能获取有关存货所有权的部分审计证据，例如，如果注册会计师在监盘中注意到某些存货已经被法院查封，需要考虑被审计单位对这些存货的所有权是否受到了限制，但存货监盘本身并不足以让注册会计师确定存货的所有权，注册会计师可能需要执行其他实质性审计程序以应对所有权认定的相关风险。

存货监盘可以理解为一种双重目的的测试，主要设计的程序包括以下内容。

（1）检查存货以确定其是否存在，评价存货状况，并对存货盘点结果进行测试；

（2）观察管理层指令的遵守情况，以及用于记录和控制存货盘点结果的程序的实施情况；

（3）获取有关管理层存货盘点程序可靠性的审计证据。

这些程序用作控制测试还是实质性程序，取决于注册会计师的风险评估结果、审计方案和实施的特定程序。

存货监盘的实务流程如图 6－4 所示。

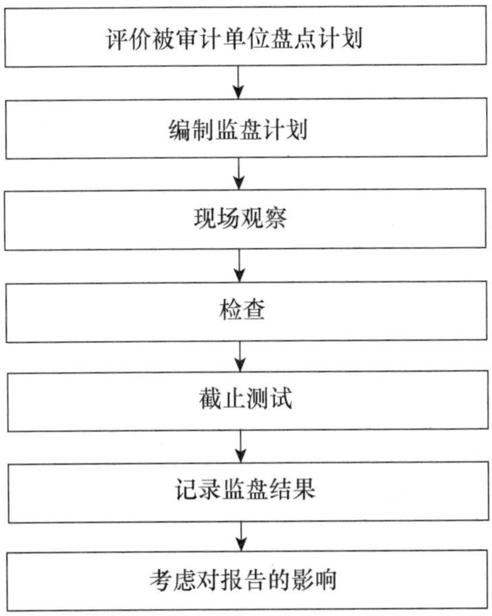

图 6－4　存货监盘实务流程

二、存货监盘计划

注册会计师在进行监盘之前，应当根据被审计单位存货的特点、盘存制度和存货内部控制的有效性等情况，在评价被审计单位存货盘点计划的基础上，编制存货监盘计划，对存货监盘做出合理安排。有效的存货监盘需要制定周密、细致的计划。

（一）编制存货监盘计划应做好的工作

在编制存货监盘计划时，注册会计师应当实施下列审计程序。

1. 了解存货的内容、性质以及各存货项目的重要性和存放场所

存货包括各类原材料、在产品、半成品、产成品、商品、包装物、低值易耗品和委托代销商品。

在了解被审计单位存货的性质时，注册会计师需要关注被审计单位易腐烂、易毁损、过时及单位价值较大的存货，以及是否持有受托代销的存货或已售出但仍然寄存在被审计单位仓库中的存货。

针对存货项目的重要程度，注册会计师需要考虑：(1) 存货、净利润与其他资产的相对金额与内在联系；(2) 各类存货（原材料、在产品和产成品）的相对金额；(3) 存放于各地点存货的相对金额。考虑并评价存货项目的重要程度直接关系到注册会计师投入的审计资源。

注册会计师可通过与管理层沟通、查阅文件资料及发放调查问卷等方式，了解被审计单位存货的所有存放地点，包括委托代销存货、存放于公共仓库的存货。

2. 了解存货会计系统以及其他相关的内部控制

主要包括：(1) 与存货相关的内部控制措施。与存货相关的内部控制几乎涉及企业产品的所有生产与销售环节，包括采购、验收入库、仓储、加工、运输等方面。(2) 存货的盘存制度。存货的盘存制度一般分为实地盘存制和永续盘存制，与采购、销售环节的内部控制相互关联，共同影响着存货数量的控制程序。实地盘存制也称定期盘存制，指会计期末通过对全部存货进行实地盘点，确定期末存货的结存数量，然后再乘以各项存货的盘存单价，计算出期末存货的总金额，计入各有关存货项目，倒轧本期已耗用或已销售存货的成本。永续盘存制也称账面盘存制，指对存货项目设置动态的库存记录，按品名、规格设置存货明细账，逐笔或逐日登记存货的收入和发出，并随时计列结存数。通过会计账簿资料可以完整地反映存货的收入、发出和结存情况。在没有发生丢失或被盗的情况下，存货账户的余额应当与实际库存相符。采用永续盘存制，并不意味着无须对存货实物进行盘点，为了核对存货账面记录，加强对存货的管理，被审计单位每年至少应对存货进行一次全面盘点。

3. 评估与存货相关的固有风险、控制风险和检查风险以及重要性

注册会计师应当实施风险评估程序，在了解被审计单位及其环境的基础上，识别和评估存货项目认定层次的重大错报风险，并考虑进一步审计程序的性质、时间和范围。

影响错报风险的因素具体包括：存货的数量和种类、成本归集的难易程度、运输的便捷程度、废旧过时的速度或易损坏程度、失窃的难易程度。

进行存货盘点时，存货项目发生的错报包括但不限于以下方面。

(1) 盘点日错报。存货在盘点日的错报通常由以下方面引起：盘点过程中发生遗漏、不正确的盘点、不正确的称量或计量标准、换算错误、撤换盘点表、截止错误、

与代销商品或顾客已购买存货有关的错报、在途存货或分支机构存货的错报、对盘点结果的不正确记录。

（2）间隔期错报。如果盘点日与资产负债表日不同，以下各方面的问题通常会导致间隔期错报：未记录在间隔期内发生的存货验收入库、装运出库以及生产业务、存货装运的截止期错误、存货验收入库的截止期错误、未记录的浪费与失窃、虚假的销售收入和销售成本记录。

4. 查阅以前年度的存货监盘工作底稿

注册会计师可以通过查阅以前年度的存货监盘工作底稿，了解被审计单位的存货情况、存货盘点程序以及其他在以前年度审计中遇到的重大问题。存货盘点的时间安排、识别周转缓慢的存货、存货的截止确认、盘点小组人员的确定，以及存货多处存放等，注册会计师均应予以充分关注。

5. 实地查看金额较大或者性质特殊的存货的存放场所

注册会计师可以考虑实地查看被审计单位的存货存放场所，这有助于注册会计师熟悉在库存货及其组织管理方式，也有助于注册会计师在盘点工作进行前发现潜在问题，例如难以盘点的存货、周转缓慢的存货、过时存货、残次品，以及代销存货。

6. 考虑是否需要利用专家的工作或者其他注册会计师的工作

在确定资产数量或资产实物状况（如矿石堆），或收集特殊类别存货（如艺术品、稀有玉石、房地产、电子器件、工程设计等）的证据时，注册会计师可以考虑利用专家的工作。

评估在产品完工程度时，注册会计师也可以根据存货生产过程的复杂程度考虑利用专家的工作。

7. 复核或者与管理层讨论其存货盘点计划

注册会计师应当考虑复核或与被审计单位管理层讨论其存货盘点计划、以前年度存货审计中存在的问题，以及当期存货审计事项。

（二）评价存货盘点是否合理应考虑的因素

评价存货盘点计划是否合理地确定存货的数量和状况时，注册会计师应当考虑下列因素。

1. 盘点的时间安排

注册会计师应当考虑被审计单位的存货盘点时间与资产负债表日的间隔情况，评价在信赖内部控制的前提下能否将盘点日的结论延伸到资产负债表日。在此基础上，判断被审计单位的盘点时间是否合理，包括：（1）盘点时间与资产负债表日的间隔期是否合理。（2）对具体存货项目的盘点时间的安排是否合理。例如，对存放在不同场所的相同存货项目应当在同一时点进行盘点，而不应安排在不同日期盘点。（3）不同的存货盘存制度下的存货盘点时间的安排是否合理。例如，被审计单位选择实地盘存制，则必须要求其在期末实施存货盘点。（4）不同的存货内部控制下的存货盘点时间的安排是否合理。例如，被审计单位内部控制较差，则不能接受其只在期中盘点存货的做法。

2. 存货盘点范围和场所的确定

注册会计师应当关注，被审计单位是否恰当确定存货的盘点范围并将存货存放于适当的场所；管理层是否区分并隔离受托代销商品或其他顾客已购商品，以确保此类商品未被纳入被审计单位的存货范围；是否将委托代销、委托加工和存放于第三方的存货纳入盘点范围，并针对其制定了适当的盘点方案。

3. 盘点人员的分工及胜任能力

被审计单位的存货清查盘点工作应由熟悉相关业务的人员完成，同时配备日常并不对这些存货负有经管责任的人员参与存货盘点工作。由一位熟悉存货情况的人员和另一位日常不对这些存货负有经管责任的人员组成盘点小组，其中一人负责清点，另一人负责记录，这样的盘点人员分工会取得更好的效果。

4. 盘点前的会议及任务布置

注册会计师应当关注，被审计单位是否召开盘点工作会议，全面布置盘点工作；是否明确现场盘点人员各自的职责；是否设置盘点的复核程序，如安排另一独立盘点工作组对盘点结果进行复核并再次盘点；盘点工作的任务布置是否合理，参与盘点的工作人员是否正确理解了各自的职责，能否落实盘点计划的各项指令。

5. 存货的整理、排列和区分

注册会计师应当关注，被审计单位是否已将存货有序地组织与摆放，是否对毁损、陈旧、过时、残次及所有权不属于被审计单位的存货进行了区分并隔离摆放。

6. 存货的计量工具和计量方法

注册会计师应当关注，盘点需要的计量工具是否准备妥当，所选取的计量方法是否适当，存货的计量工具和计量方法能否满足盘点工作的需要。

7. 在产品完工程度的确定方法

注册会计师应当关注，被审计单位是否存在确定在产品完工程度的适当程序，了解并评价在产品完工程度的确定方法。盘点时中止生产最为理想，当无法做到这一点时，应建议被审计单位将盘点前生产的在产品和盘点后生产的在产品区分开来，并制定令注册会计师满意的对在产品进行盘点的其他程序。

8. 存放在外单位的存货的盘点安排

注册会计师应当关注，被审计单位是否有存放在外单位的存货，如存放在公共仓库或质押给第三方的存货等，此类存货是否已纳入盘点范围并为其制定了令注册会计师满意的盘点程序。

9. 存货收发截止的控制

注册会计师应当关注，被审计单位盘点计划是否包括对存货的收发截止的控制。如果盘点期间未停止存货收发业务，被审计单位是否制定了适当的程序以确保存货的收发能够正确归入所属会计期间。

10. 盘点期间存货移动的控制

注册会计师应当关注，被审计单位是否制定了存货移动的控制程序。在存货盘点过程中，不发生存货移动最为理想。但是在实务工作中，被审计单位有时无法在存货盘点过程中停止存货的生产、验收入库和装运出库业务。在这种情况下，被审计单位有必要制定相应程序，以充分识别存货的移动情况，并在适当期间内记录存货。对于在盘点前后出入库的存货以及在不同部门间流转的存货，均应制定相应的截止程序加以区分。

11. 盘点表单的设计、使用与控制

盘点表单包括存货盘点表和存货标签等。注册会计师应当关注，盘点表设计是否适当，盘点表的使用是否得到了控制，对盘点表的收发是否有适当的控制程序；为减少潜在的遗漏或重复盘点，是否使用复制的预先编号的存货标签，或制定了能够提供相同控制效果的类似制度或程序。在许多情况下，存货项目在盘点工作进行之前便已经由熟悉存货情况的工作人员贴上了标签，两套标签中的一套粘贴在已盘点的存货上，另一套则由盘点工作人员留存并返还给存货盘点的监管人员。监管人员应单独控制所签发和收回的标签号码。如果标签没有事先编号，被审计单位出于控制目的应当在每张标签上标注一个号码；如果被审计单位未使用盘点标签，注册会计师应了解被审计单位如何确定已盘点的存货，并考虑被审计单位所使用方法是否尽可能地减少了重复盘点或遗漏存货项目等错误。

12. 盘点结果的汇总以及盘盈或盘亏的分析、调查与处理

注册会计师应当关注，被审计单位对盘点结果的汇总以及盘盈或盘亏的分析、调查与处理的安排是否适当。

（三）存货监盘计划的内容

存货监盘计划应当包括以下主要内容。

1. 存货监盘的目标、范围以及时间安排

存货监盘的目标是获取被审计单位资产负债表日有关存货数量和状况的审计证据，检查存货的数量是否真实完整，是否归属被审计单位，存货有无毁损、陈旧、过时、残次和短缺等状况。

存货监盘的范围取决于存货的内容、性质以及与存货相关的内部控制的完善程度和重大错报风险的评估结果。

存货监盘的时间包括实地查看盘点现场的时间、观察存货盘点的时间和对已盘点存货实施检查的时间等。

2. 存货监盘的要点和关注事项

存货监盘的要点主要包括注册会计师实施存货监盘程序的方法、步骤，各个环节应注意以及需要解决的问题。

注册会计师主要关注事项有：盘点期间的存货移动、存货的状况、存货的截止确认、存货的各个存放地点以及金额等。

3. 参加存货监盘人员的分工

注册会计师应当根据存货监盘工作的需要明确相关人员的分工。

4. 检查存货的范围

注册会计师应当根据对被审计单位存货盘点和内部控制的评价结果确定检查存货的范围，在实施观察程序后，如果认为被审计单位内部控制设计良好而且得到有效实施、存货盘点组织良好，可以相应缩小实施检查程序的范围。

实例6-2（分析题）

A注册会计师担任甲公司20×8年度财务报表审计业务的项目合伙人。审计工作底稿记载的与存货监盘相关的部分内容摘录如下：

（1）甲公司盘点计划要求将代第三方保管的存货在仓库内整齐排列并有序摆放，以确保不被纳入盘点范围。

（2）甲公司盘点计划要求将盘点日前已验收但尚未办理入库手续的若干原材料单独摆放，不纳入盘点范围。

（3）A原材料分别存放在三个加工点，甲公司拟安排同一盘点小组分别前往各个地方盘点，并将盘点结果统一汇总给盘点负责人。

（4）为确保盘点结果的准确性，甲公司要求盘点期间领取的原材料只能从未盘点的材料中出库，需要在盘点期间入库的产成品必须与未盘点的产成品一起堆放。

（5）在甲公司开始盘点存货前，A注册会计师在拟检查的存货项目上做出标识。

（6）A注册会计师拟根据风险评估结果确定将存货监盘程序用作控制测试或者实质性程序。

（7）甲公司C产品属于有毒有害物质。为确保安全，A注册会计师拟聘请专家代为实施现场观察程序。

（8）在存货监盘结束时，A注册会计师将除作废的盘点表单以外的所有盘点表单的号码记录于监盘工作底稿。

（9）20×8年12月25日，A注册会计师对存货实施监盘，结果满意。因年末存货余额与盘点日余额差异较小，A注册会计师根据监盘结果认可了年末存货数量。

要求：

1. 分别针对事项（1）至（4），指出甲公司制定的盘点计划是否恰当。如不恰当，简要说明原因。

2. 分别针对事项（5）至（9），指出A注册会计师的做法是否恰当，如不恰当，简要说明理由。

分析：（请扫描二维码）

三、存货监盘程序

（一）评价管理层的指令和程序

在评价管理层记录和控制存货盘点的指令和程序时，注册会计师需要考虑这些指令和程序是否包括下列方面。

（1）适当控制活动的运用，例如，收集已使用的存货盘点记录，清点未使用的存货盘点表单，实施盘点和复盘程序。

（2）准确认定在产品的完工程度，识别流动缓慢（呆滞）、过时或毁损的存货项目，以及第三方拥有的存货（如寄存货物）。

（3）在适用的情况下用于估计存货数量的方法，如估计煤堆的重量。

（4）对存货在不同存放地点之间的移动以及截止日前后期间出入库的控制。

（二）观察管理层盘点程序

观察管理层盘点程序（如对盘点时及前后的存货移动的控制程序）的实施情况，有助于注册会计师获取有关管理层指令和程序是否得到适当设计和执行的审计证据。此外，注册会计师可以获取有关截止性信息（如存货移动的具体情况）的复印件，这有助于日后对存货移动的会计处理实施审计程序。注册会计师在观察管理层盘点时，实地观察的内容包括以下方面。

（1）在被审计单位盘点存货前，观察盘点现场，确定应纳入盘点范围的存货是否已经适当整理和排列，并附有盘点标识，防止遗漏或重复盘点。对未纳入盘点范围的存货，查明未纳入的原因。对所有权不属于被审计单位的存货，取得其规格、数量等有关资料，并确定这些存货是否已分别存放、标明，且未被纳入盘点范围。

（2）在存货盘点过程中，注册会计师应当跟随被审计单位安排的存货盘点人员，注意观察被审计单位事先制定的存货盘点计划是否得到了贯彻执行，盘点人员是否准确无误地记录了被盘点存货的数量和状况，是否已经恰当地区分所有毁损、陈旧、过时及残次的存货。当盘点人员没有按照存货盘点计划和程序进行盘点时，注册会计师应与被审计单位的复核或监督人员联系以纠正盘点中的问题，或调整盘点程序。例如，假设盘点程序要求一组人员盘点存货，另一组人员重新盘点以保证存货数量的准确性，注册会计师如果发现两组人员同时在一起盘点，需通知被审计单位管理层予以纠正。

（3）在被审计单位存货盘点结束前，应当实施下列审计程序。

1）再次观察盘点现场，以确定所有应纳入盘点范围的存货是否均已盘点；

2）取得并检查已填用、作废及未使用盘点表单的号码记录，确定其是否连续编号，查明已发放的表单是否均已收回，并与存货盘点的汇总记录进行核对。

（三）检查程序

注册会计师应当对已盘点的存货适当检查，将检查结果与被审计单位盘点记录相核对，并形成相应记录。对已盘点存货实施检查程序的目的既可以是复核被审计单位的盘点计划是否得到适当的执行（控制测试），也可以是核实被审计单位的存货实物总额（实质性程序）。

在检查已盘点的存货时，注册会计师应当从存货盘点记录中选取项目追查至存货实物，以测试盘点记录的准确性；注册会计师还应当从存货实物中选取项目追查至存货盘点记录，以测试存货盘点记录的完整性。检查过程中需注意下列有关问题。

（1）实施检查程序时，对于所选择的存货项目，注册会计师可对存货的描述说明做出验证，并将自己的检查结果与被审计单位的盘点结果核对，在可能的情况下，还可与永续存货记录核对。

（2）注册会计师可将检查的内容予以记录以便事后追踪查证。在对存货进行检查时，必要时注册会计师可要求将某些包装物打开，或挪动存货位置。

（3）检查是否存在未被盘点的存货时，可了解存货是否标上标签。如果在存货上采用盘点标签或其他盘点标记，那么注册会计师通常可寻找未标标签的存货项目。如果在存货上没有采用标签或其他盘点标记，注册会计师可以考虑将存货记录和盘点记录相比较。对大宗存货的漏记应特别关注。

（4）对于没有检查到的存货项目，注册会计师应考虑对其进行记录或复印相关项目的明细表，以便在获取期末存货完整性认定的审计证据时，与存货盘点明细报告相核对。注册会计师还可以复核某些未被检查的存货项目在数量和描述说明方面的合理性。

（5）对所有权不属于被审计单位的存货，如受托代销存货或受托加工的存货，注册会计师应当取得其规格、数量等有关资料，必要时应当考虑向存货所有者实施函证程序，以确证存货的所有权。注册会计师还要确定这些存货是否与已经纳入盘点范围的存货分别存放并设有明确标识，避免被盘点工作人员误将其纳入盘点范围。

（6）在被审计单位存货盘点结束前，注册会计师应当及时取得并检查已填用、作废及未使用盘点表单的号码记录，确定其是否连续编号，查明已发放的表单是否均已收回，并与存货盘点的汇总记录进行核对，防止被审计单位对盘点表单进行更改。

如果检查时发现差异，注册会计师应当查明原因，及时提请被审计单位更正。如果差异较大，注册会计师应当扩大检查范围或提请被审计单位重新盘点。

（四）执行抽盘

在对存货盘点结果进行测试时，注册会计师可以从存货盘点记录中选取项目追查至存货实物，以及从存货实物中选取项目追查至盘点记录，以获取有关盘点记录完整性和准确性的审计证据。

除记录注册会计师对存货盘点结果的测试情况外，获取管理层完成的存货盘点记录的复印件也有助于注册会计师日后实施审计程序，以确定被审计单位的期末存货记录是否准确地反映了存货的实际盘点结果。

（五）截止测试

注册会计师应当获取盘点日前后存货收发及移动的凭证，检查库存记录与会计记录期末截止是否正确。注册会计师在对期末存货进行截止测试时，通常应当关注以下事项。

（1）所有在截止日以前入库的存货项目是否均已包括在盘点范围内，并已反映在截止日以前的会计记录中；任何在截止日以后入库的存货项目是否均未包括在盘点范围内，也未反映在截止日以前的会计记录中。

（2）所有在截止日以前装运出库的存货项目是否均未包括在盘点范围内，且未包括在截止日的存货账面余额中；任何在截止日以后装运出库的存货项目是否均已包括在盘点范围内，并已包括在截止日的存货账面余额中。

（3）所有已确认为销售但尚未装运出库的商品是否均未包括在盘点范围内，且未包括在截止日的存货账面余额中。

（4）所有已记录为购货但尚未入库的存货是否均已包括在盘点范围内，并已反映在会计记录中。

（5）在途存货和被审计单位直接向顾客发运的存货是否均已得到了适当的会计处理。

在存货监盘过程中，注册会计师应当获取存货验收入库、装运出库以及内部转移截止等信息，以便将来追查至被审计单位的会计记录。

在存货入库和装运过程中采用连续编号的凭证时，注册会计师应当关注截止日期前的最后编号。如果被审计单位没有使用连续编号的凭证，注册会计师应当列出截止日前的最后几笔装运和入库记录。如果被审计单位使用运货车厢或拖车进行储存、运输或验收入库，注册会计师应当详细列出存货场地上满载和空载的车厢或拖车，并记录各自的存货状况。

在进行截止测试时，注册会计师检查的交易的记录、凭证及其主要内容如表 6－6 所示。

表 6－6　截止测试相关的内容

交易	主要内容	凭证	记录
采购	存货	付款凭证、供应商发票、验收报告、发运单据	付款凭证登记簿
销售	存货、收入确认	销售发票、发运单据	销售日记账
现金收款	现金盘点、银行对账单	汇款通知单、现金日记账	现金收入日记账

实例 6－3（多选题）

注册会计师在执行监盘程序时，下列做法中正确的有（　　）。

A. 注册会计师应当观察管理层制定的盘点程序的执行情况，以获取有关存货真实存在的审计证据

B. 注册会计师通常可观察存货的验收入库地点和装运出库地点以执行存货监盘的截止测试

C. 注册会计师通过抽盘发现了一些差异，直接要求被审计单位对存货重新盘点

D. 注册会计师应当把所有过时、毁损或陈旧存货的详细情况记录下来，以便进一步追查这些存货的处置情况以及为测试被审计单位存货跌价准备计提的准确性提供证据

分析：BD。注册会计师观察管理层制定的盘点程序（如对盘点时及前后的存货移动的控制程序）的执行情况，有助于注册会计师获取有关管理层指令和程序是否得到适当设计和执行的审计证据，故选项A错误；如果注册会计师通过检查发现了一些差异，注册会计师一方面应当查明原因，另一方面应当考虑错误的潜在范围和重大程度，在可能的情况下扩大检查的范围，在差异重大的情况下还可以要求被审计单位重新盘点，重新盘点的范围可限于某一特殊领域的存货或特定盘点小组，选项C中所描述的情况还不足以要求被审计单位重新盘点，故选项C错误。

（六）实施存货监盘程序应特别关注的问题

1. 在财务报表日以外的其他日期执行的存货实地盘点

无论管理层采用年度实地盘点还是永续盘存制确定存货数量，由于实际原因，存货的实地盘点均有可能在财务报表日以外的某一天或某几天进行。无论哪种情况，针对存货变动的控制的设计、执行和维护的有效性，决定了在财务报表日以外的某一天或某几天执行的盘点程序是否符合审计目的。《中国注册会计师审计准则第1231号——针对评估的重大错报风险采取的应对措施》对在期中实施实质性程序做出了规定。

如果被审计单位采用永续盘存制，管理层可以执行实地盘点或其他测试方法，确定永续盘存记录中的存货数量信息的可靠性。在某些情况下，管理层或注册会计师识别出永续盘存记录和现有实际存货数量之间的差异，这可能表明对存货变动的控制没有有效运行。

当设计审计程序以获取关于盘点日的存货总量与期末存货记录之间的变动是否已被适当记录的审计证据时，注册会计师应考虑下列相关事项。

（1）对永续盘存记录的调整是否适当；

（2）被审计单位永续盘存记录的可靠性；

（3）从盘点获取的数据与永续盘存记录存在重大差异的原因。

2. 多个地点存货的监盘

如果被审计单位的存货存放在多个地点，注册会计师可以要求被审计单位提供一份完整的存货存放地点清单（包括期末库存量为零的仓库、租赁的仓库，以及第三方代被审计单位保管存货的仓库等），并考虑其完整性。根据具体情况下的风险评估结果，注册会计师可以考虑执行以下一项或多项审计程序。

（1）询问被审计单位除管理层和财务部门以外的其他人员，如营销人员、仓库人员等，以了解有关存货存放地点的情况；

（2）比较被审计单位不同时期的存货存放地点清单，关注仓库变动情况，以确定是否存在因仓库变动而未将存货纳入盘点范围的情况；

（3）检查被审计单位存货的出、入库单，关注是否存在被审计单位尚未告知注册会计师的仓库（如期末库存量为零的仓库）；

（4）检查费用支出明细账和租赁合同，关注被审计单位是否租赁仓库并支付租金，如果有，该仓库是否已包括在被审计单位提供的仓库清单中；

(5) 检查被审计单位“固定资产——房屋建筑物”账户的明细清单，了解被审计单位可用于存放存货的房屋建筑物。

在获取完整的存货存放地点清单的基础上，注册会计师可以根据不同地点存放存货的重要性以及各个地点与存货相关的重大错报风险的评估结果（例如，注册会计师在以往审计中可能注意到某些地点存在与存货相关的错报，因此在本期审计时对其予以特别关注），选择适当的地点进行监盘，并记录选择这些地点的原因。

如果识别出由于舞弊导致的影响存货数量的重大错报风险，注册会计师在检查被审计单位存货记录的基础上，可能决定在不预先通知的情况下对特定存放地点的存货实施监盘，或在同一天对所有存放地点的存货实施监盘。

同时，在连续审计中，注册会计师可以考虑在不同期间的审计中变更所选择实施监盘的地点。

如果其他注册会计师参与偏远地点的存货监盘，注册会计师可以根据具体情况遵守《中国注册会计师审计准则第 1401 号——对集团财务报表审计的特殊考虑》的相关规定。

3. 对无法停止移动的存货的监盘

一般而言，被审计单位在盘点过程中停止生产并关闭存货存放地点以确保停止存货的移动，有利于保证盘点的准确性。但特定情况下，被审计单位可能由于实际原因无法停止生产或收发货物。这种情况下，注册会计师可以根据被审计单位的具体情况考虑其无法停止存货移动的原因及其合理性。注册会计师可以通过询问管理层以及阅读被审计单位的盘点计划等方式，了解被审计单位对存货移动所采取的控制程序和对存货收发截止的影响。例如，如果被审计单位在盘点过程中无法停止生产，可以考虑在仓库内划分出独立的过渡区域，将预计在盘点期间领用的存货移至过渡区域，将盘点期间办理入库手续的存货暂时存放在过渡区域，以此确保相关存货只被盘点一次。

在实施存货监盘程序时，注册会计师需要观察被审计单位有关存货移动的控制程序是否得到执行。同时，注册会计师可以向管理层索取盘点期间存货移动相关的书面记录以及出、入库资料作为执行截止测试的资料，以为监盘结束时的后续工作提供证据。

4. 特殊类型的存货的监盘

有些存货可能存在无法用标签予以标识、数量难以估计或质量难以确定等情况。对于这些特殊类型的存货，注册会计师可以首先了解被审计单位计划采用的盘点方法，并评估其盘点方法是否满足会计核算的需要，即保证存货在财务报表中得以恰当计量和披露。在此基础上，注册会计师需要运用职业判断，根据被审计单位所处行业的特点、存货的类型和特点以及内部控制等具体情况，设计针对特殊类型存货的具体监盘程序。

在某些情况下，对于特定类型的存货（例如矿藏、贵金属等），被审计单位可能会聘请外部专业机构协助进行存货盘点。尽管被审计单位聘请外部专业机构执行的存货盘点本身并不足以为注册会计师提供充分、适当的审计证据，但注册会计师可以考虑外部专业机构是否构成管理层的专家，并在适用的情况下根据对其客观性、专业素质和胜任能力进行的评估调整亲自测试的范围。具体而言，注册会计师可以考虑实施检查外部专业机构的盘点程序表、对其盘点程序和相关控制进行观察、抽盘存货、抽样并对其结果执行重新计算，以及对盘点日至财务报表日之间发生的交易执行测试等程序。

以煤堆的监盘为例进行说明。假设某一电力企业有较大数量的存煤燃料，其管理层可能选择聘请外部的专业测量公司使用仪器设备采集煤堆的形状特征数据以计算存煤的体积，同时采集相关数据（例如水分比例等）以计算其堆积密度，然后利用体积和密度数据计算出盘点煤量。在这种情况下，注册会计师需要评价外部测量公司的胜任能力、专业素质和客观性，检查其煤堆测量计划和测量报告，并在监盘过程中关注被审计单位和外部测量公司所采用仪器设备的精准度、测量方法的适当性、体积和密度计算方法的合理性等因素。其他特殊情况的监盘程序举例见表6-7。

表6-7 特殊类型存货的监盘程序举例

存货类型	盘点方法与潜在问题	可供实施的审计程序
木材、钢筋盘条、管子	通常无标签，但在盘点时会做上标记或用粉笔标识，难以确定存货的数量或等级	检查标记或标识，利用专家或被审计单位内部有经验人员的工作
堆积型存货（如糖、煤、钢废料）	通常既无标签也不做标记，在估计存货数量时存在困难	运用工程估测、几何计算、高空勘测，并依赖详细的存货记录，如果堆场中的存货堆不高，可进行实地监盘，或通过旋转存货堆加以估计
使用磅秤测量的存货	在估计存货数量时存在困难	在监盘前和监盘过程中均应检验磅秤的精准度，并留意磅秤的位置移动与重新调校程序，将检查与重新称量程序相结合，检查称量尺度的换算
散装物品（如贮窖存货，使用桶、箱、罐、槽等容器储存的液体、气体、谷类粮食、流体存货等）	在盘点时通常难以识别和确定，在估计存货数量时存在困难，在确定存货质量时存在困难	使用容器进行监盘或通过预先编号的清单列表加以确定，使用浸蘸、测量棒、工程报告以及依赖永续存货记录选择样品进行化验与分析，或利用专家的工作
贵金属、石器、艺术品与收藏品	在存货辨认与质量确定方面存在困难	选择样品进行化验与分析，或利用专家的工作
生产纸浆用木材、牲畜	在存货辨认与数量确定方面存在困难，可能无法对此类存货的移动实施控制	通过高空摄影确定其存在性，对不同时点的数量进行比较，并依赖永续存货记录

必要的情况下，对于特殊类型的存货，注册会计师可能需要利用专家的工作协助其进行监盘。《中国注册会计师审计准则第1421号——利用专家的工作》规范了如何利用专家协助注册会计师获取充分、适当的审计证据，如果注册会计师决定利用专家的工作，应当按照该准则的要求执行工作。

5. 由第三方保管或控制的存货监盘

如果由第三方保管或控制的存货对财务报表是重要的，注册会计师应当实施下列一项或两项审计程序，以获取有关该存货存在和状况的充分、适当的审计证据。

（1）向持有被审计单位存货的第三方函证存货的数量和状况。

（2）实施检查或其他适合具体情况的审计程序。

其他审计程序主要包括以下内容。

1）实施或安排其他注册会计师实施对第三方的存货监盘（如可行）；

2）获取其他注册会计师或服务机构注册会计师针对用以保证存货得到恰当盘点和保管的内部控制的适当性而出具的报告；

3）检查与第三方持有的存货相关的文件记录，如仓储单；

4）当存货被作为抵押品时，要求其他机构或人员进行确认。

考虑到第三方仅在特定时点执行存货盘点工作，在实务中，注册会计师可以事先考虑实施函证的可行性。如果预期不能通过函证获取相关审计证据，可以事先计划和安排存货监盘等工作。

此外，注册会计师可以考虑由第三方保管存货的商业理由的合理性，以进行存货相关风险（包括舞弊风险）的评估，并计划和实施适当的审计程序，例如，检查被审计单位和第三方签署的存货保管协议的相关条款，复核被审计单位调查及评价第三方工作的程序等。

6. 对毁损、陈旧、过时及残次存货的关注

除了对存货的状况予以特别关注以外，注册会计师还应当把所有毁损、陈旧、过时及残次存货的详细情况记录下来，这样既便于进一步追查这些存货的处置情况，也能为测试被审计单位存货跌价准备计提的准确性提供证据。

7. 首次接受委托未能对上期期末存货实施监盘

当注册会计师首次接受委托，未能对上期期末存货实施监盘，且该存货对本期财务报表存在重大影响时，如果已经获取有关本期期末存货余额的充分、适当的审计证据，注册会计师应当实施以下一项或者多项审计程序，以获取有关本期期初存货余额的充分、适当的审计证据。

（1）查阅前任注册会计师的工作底稿。

（2）审阅上期存货盘点记录及文件。

（3）抽查上期存货交易记录。

（4）运用毛利百分比法进行分析比较。

8. 对由于各种原因而无法监盘的关注

在某些情况下，实施存货监盘是不可行的，其原因包括但不限于以下方面。

（1）存货的性质或位置等因素导致无法监盘。如果被审计单位存货的性质或位置等因素导致无法实施存货监盘，注册会计师应当考虑能否实施替代审计程序，获取有关期末存货数量和状况的充分、适当的审计证据。注册会计师实施的替代审计程序主要包括：检查进货交易凭证或生产记录以及其他相关资料；检查资产负债表日后发生的销货交易凭证；向顾客或供应商函证。

（2）不可预见的因素导致无法监盘。如果不可预见的因素导致无法在预定日期实

施存货监盘，注册会计师应当评估相应的审计风险，提请被审计单位另择日期重新盘点，并实施存货监盘，同时测试在该期间发生的存货交易，以获取有关期末存货数量和状况的充分、适当的审计证据。

不可预见的因素，可能是注册会计师无法亲临现场，即由于不可抗力其无法到达存货存放地实施存货监盘；也可能是气候因素，即由于恶劣的天气等注册会计师无法实施存货监盘程序或无法观察存货。

（3）接受委托时被审计单位的期末存货盘点已经完成。如果接受委托时被审计单位的期末存货盘点已经完成，注册会计师应当评估与存货相关的内部控制的有效性，根据评估结果对存货进行适当检查，并提请被审计单位另择日期重新盘点，同时测试检查日或者重新盘点日与资产负债表日之间发生的存货交易。

四、监盘结束时的后续工作及对报告的影响

（一）存货盘点结束前的工作

在被审计单位存货盘点结束前，注册会计师应当做好以下几项工作。

1. 再次观察现场并检查盘点表单

在被审计单位存货盘点结束前，注册会计师应当实施下列审计程序：（1）再次观察盘点现场，以确定所有应纳入盘点范围的存货是否均已盘点；（2）取得并检查已填用、作废及未使用盘点表单的号码记录，确定其是否连续编号，查明已发放的表单是否均已收回，并与存货盘点的汇总记录进行核对。

在被审计单位存货盘点结束前，注册会计师再次观察盘点现场、取得盘点结果，并在此基础上实施相应的检查，有助于注册会计师确定存货盘点工作是否完成。

2. 复核盘点结果汇总记录

注册会计师应当复核盘点结果汇总记录，评估其是否正确地反映了实际盘点结果。实施的主要程序包括以下内容。

（1）将监盘过程中记录的检查情况与存货盘点结果汇总记录进行核对，以确定这些项目的数量和相关描述已被完整并适当地记录在存货盘点结果汇总记录中。

（2）将监盘过程中获取的未经检查但已复印或摘录的内容与存货盘点汇总记录进行核对，以确定所有原先关注的存货项目的数量和相关描述均已反映在存货盘点汇总记录中。

（3）利用在监盘过程中获取的数据，测试所有用于记录实物盘点的存货盘点标签和盘点表是否均已反映在存货盘点汇总记录中。

（4）利用在监盘过程中获取的数据，测试存货盘点汇总记录中是否没有在盘点之后新增存货的任何盘点标签和盘点表单。

（5）通过将原始的盘点表单与存货盘点汇总记录进行比较，检查盘点后是否减少了存货盘点表单，盘点表单是否被涂改，并确定原始表单中的存货项目均已反映在存货盘点汇总记录中。

（6）通过将存货盘点汇总记录与原始的盘点表单进行比较，检查盘点后是否增加了存货盘点表单，并确定在存货盘点汇总记录中并未增加新的存货项目。

（7）选择金额较大的存货项目，将本期的数量与以前各期进行比较，对异常波动情况做出合理解释。

（8）将存货盘点明细报告与永续盘存记录进行比较。如果存在无法解释的大额盘点差异，注册会计师有必要实施追加的审计程序。

3. 关注盘点日与资产负债表日之间存货的变动情况

存货在盘点日与财务报表日之间可能会发生变动。在实务中，注册会计师可以结合盘点日至财务报表日之间间隔期的长短、相关内部控制的有效性等因素进行风险评估，设计和执行适当的审计程序。在实质性程序方面，注册会计师可以实施的程序示例包括以下内容。

（1）比较盘点日和财务报表日之间的存货信息以识别异常项目，并对其执行适当的审计程序（例如实地查看等）。

（2）对存货周转率或存货销售周转天数等实施实质性分析程序。

（3）对盘点日至财务报表日之间的存货采购和存货销售分别实施双向检查（例如，对存货采购从入库单查至其相应的永续盘存记录及从永续盘存记录查至其相应的入库单等支持性文件，对存货销售从货运单据查至其相应的永续盘存记录及从永续盘存记录查至其相应的货运单据等支持性文件）。

（4）测试存货销售和采购在盘点日和财务报表日的截止是否正确。

（二）不同问题的应对

（1）存货盘点结果与永续盘存记录之间出现重大差异的处理。在永续盘存制下，如果永续盘存记录与存货盘点结果之间出现重大差异，注册会计师有必要对重大差异实施追加的审计程序，不仅应确定被审计单位已对账面金额做出正确的调整，而且应通过询问被审计单位的有关人员，了解盘点差异产生的原因。注册会计师应当确定被审计单位的答复的合理性，并考虑获取相关证据。如果无法获取满意的解释和证据，注册会计师应评价盘点差异对财务报表的潜在影响。

（2）盘点方式及其结果无效时的处理。如果认为被审计单位的盘点方式及其结果无效，注册会计师应当提请被审计单位重新盘点。如果被审计单位的存货盘点计划存在缺陷，但未进行必要调整，或虽制定了适当的存货盘点计划，但在盘点过程中，盘点人员未按计划的要求实施盘点工作或采取了不恰当的盘点方式，就会对盘点结果的有效性产生重大影响。这种影响可能涉及个别存货项目，也可能覆盖存货总体。注册会计师在实施存货监盘程序后，如果认为被审计单位对某项存货的盘点方式及其结果不可信赖，应当提请盘点人员对该存货项目进行重新盘点；如果认为盘点结果在总体上是不可信赖的，应当提请被审计单位重新组织安排整个盘点工作。

（3）如果在存货盘点现场实施存货监盘不可行，注册会计师应当实施替代审计程序，以获取有关存货的存在和状况的充分、适当的审计证据。当实施存货监盘不可行时，实施替代程序（如检查盘点日后出售盘点日之前取得或购买的特定存货的文件记录）可能提供有关存货的存在和状况的充分、适当的审计证据。

但在其他一些情况下，实施替代审计程序可能无法获取有关存货的存在和状况的充分、适当的审计证据。在这种情况下，注册会计师需要按照《中国注册会计师审计准则第1502号——在审计报告中发表非无保留意见》的规定发表非无保留意见。

（4）如果通过实施存货监盘发现被审计单位财务报表存在重大错报，且被审计单位拒绝调整，应当考虑出具保留意见或否定意见的审计报告。

（5）如果首次接受委托，实施规定审计程序后，仍未能获取有关本期期初存货余额的充分、适当的审计证据，应当考虑出具保留意见或无法表示意见的审计报告。

实例6-4（分析题）

华兴公司是一家玻璃制造企业，存货包括玻璃、煤炭、烧碱、石英砂。除网销与直销外，公司还将其生产的50%的玻璃发送到各个经销处。各月初，经销处将上月的收、发、存数量汇总后报华兴公司财务部门和销售部门，财务部门作相应会计处理。

20×6年12月31日，华兴公司存货账面余额为62 000万元，资产总额为140 000万元。

20×6年12月27日，华兴公司编制了存货盘点计划，并与注册会计师讨论。存货盘点计划的部分内容如下。

（1）存货盘点范围、地点和时间安排（见表6-8）。

表6-8 存货盘点计划

地点	存货类型	估计占存货比例	盘点时间
A仓库	烧碱、煤炭	烧碱10%，煤炭5%	12.29
B仓库	烧碱、石英砂	烧碱10%，石英砂10%	12.30
C仓库	玻璃	26%	12.31
经销处	玻璃	39%	—

华兴公司本部存货由采购、生产、销售、仓库和财务等部门相关人员组成的盘点小组在20×6年12月29—31日进行盘点。经销处的盘点分别由各经销处负责，在12月31日前后进行，盘点结束后分别将盘点资料报送财务部门和仓库部门。

将盘点日前已验收但尚未办理入库手续的若干原材料单独摆放，不纳入盘点范围。废品与毁损品不进行盘点，以财务部门和仓库部门的账面记录为准。

（2）由于晋美公司寄存的煤炭与华兴公司自身的煤炭并无区别，故未单独摆放。煤炭的库存数以盘点数扣除晋美公司寄存煤炭的账面数确定；由晋美公司代管的石英砂不安排盘点，库存数直接根据晋美公司的记录确定。

（3）存货数量的确定方法。对于烧碱、煤炭和石英砂等堆积型存货，采用观察以及检查相关的收、发、存凭证和记录的方法，确定存货数量；对于存放在C仓库的玻璃，按照包装箱标明的规格和数量直接计算确定存货数量，并辅以适当的开箱检查。

（4）盘点标签的设计、使用和控制。对存放在C仓库玻璃的盘点，设计预先编号的一式多联的盘点标签。使用时，由负责盘点存货的人员将一联粘贴在已盘点的存货上，另一联由其留存；盘点结束后，连同存货盘点表交存财务部门。

(5) 盘点结束后，对出现盘盈或盘亏的存货，由仓库保管员将存货实物数量和仓库存货记录调节相符。

根据华兴公司存货的内部控制情况和盘点计划，审计组实施监盘，监盘计划及其执行情况部分内容如下。

(1) 随机选择1/3的经销处进行存货监盘，其余直接审阅经销处盘点记录及账面记录予以确认。

(2) 在华兴公司开始盘点存货前，审计组在拟检查的存货项目上做出标识。

(3) 华兴公司盘点后，审计组按存货期末余额的5%复盘。若复盘结果表明误差低于2%，则不要求华兴公司重新盘点。

(4) 在存货监盘过程中，监盘人员除关注存货的数量外，还需要特别关注存货是否出现毁损、陈旧、过时及残次等情况。

(5) 对存货监盘过程中收到的存货，要求华兴公司单独码放，不纳入存货监盘的范围。

(6) 获取盘点日前后存货收发及移动的凭证，以确定华兴公司是否将盘点日前入库的存货、盘点日后出库的存货以及已确认为销售但尚未出库的存货包括在盘点范围内。

(7) 按存货项目定义抽样单元，选取a产品为抽盘样本项目之一。a产品分布在5个仓库中，考虑到监盘人员安排困难，审计项目组对其中3个仓库的a产品执行抽盘，未发现差异，对该样本项目的抽盘结果满意。

(8) 视情况考虑是否索取盘点前的最后一张验收报告单（或入库单）和最后一张货运单（或出库单）。

(9) 在公司存货盘点结束前，审计项目组取得并检查了已填用、作废及未使用盘点表单的号码记录，确定其是否连续编号，查明已发放的表单是否均已收回，并与存货盘点汇总表中记录的盘点表单使用情况核对一致。

项目经理在复核审计项目组成员编制的存货监盘（存货盘点日为20×6年12月31日）工作底稿时，注意到以下事项。

(1) 审计项目组注意到，A仓库的部分库位盘点当日正在进行出库操作，华兴公司未将相应原材料纳入盘点范围。华兴公司仓库人员说明，由于一批订单急需交货，因此需在当日不断领用该原材料，决定不对该原材料进行盘点。审计项目组将上述原材料于20×6年12月31日的仓库台账与账面记录进行了核对，未发现差异，据此得出“20×6年12月31日，该原材料实际结存数与账面记录一致”的结论。

(2) 审计项目组在对某批袋装原材料进行抽盘时，对上述原材料袋数进行了盘点，然后根据每个包装袋上标示的重量计算得出上述原材料总重量。审计项目组将上述计算结果与账面记录进行核对，未发现差异，据此得出“20×6年12月31日，该原材料实际结存数与账面记录一致”的结论。

(3) 审计项目组注意到，华兴公司未将存放在仓库的部分W产品纳入盘点范围。A公司仓库人员说明，该部分W产品已销售给某客户，但由于客户要求延迟提货而暂时存放在A公司仓库，因此，不属于华兴公司存货，无须进行盘点。审计项目组对纳入盘点范围的W产品实施了抽盘，并将盘点结果与账面记录进行核对，未发现差异，据此得出“20×6年12月31日，W产品实际结存数与账面记录一致”的结论。

要求：

1. 请指出盘点计划是否存在缺陷，如果存在，请提出改进建议。
2. 请指出监盘计划是否存在缺陷，如果存在，请提出改进建议。
3. 在复核审计项目组成员编制的存货监盘工作底稿时，如果你是项目经理，你会提出什么质疑和完善的建议？

分析：（请扫描二维码）

第四节 生产与仓储循环所涉及科目的实质性测试

一、存货的审计

存货是指企业在日常活动中持有以备出售的产成品或商品、处在生产过程中的在产品、在生产过程或提供劳务过程中耗用的材料和物料等。在实务中，存货是企业生产经营中的一项重要资产，存货的计量和核算既影响企业的资产，也影响企业的损益，属于牵涉性大的会计科目，注册会计师对此予以重点关注。对存货执行实质性测试所形成的审计工作底稿包括以下内容。

（1）存货实质性程序（见表6-9）。该表列出了存货的认定、审计目标、可供选择的审计程序之间的内在关系，供注册会计师根据被审计单位的具体情况选择。

（2）存货审定表（略）。该表属于存货审计的汇总类底稿，汇总了存货账面余额、存货跌价准备和存货账面价值等审计情况，并直接得出报表中存货是否可以确认的审计结论。

（3）存货类别明细表、存货明细表和制造费用明细表。存货类别明细表分存货类别列示了期初余额、本期增加数、本期减少数和期末余额等明细情况。存货明细表分存货类别列示了名称及规格、计量单位、单价、数量与金额等明细情况。制造费用明细表列示了1—12月制造费用的明细情况，其中列示变动情况是为了查找异常波动。

（4）存货细节测试形成的支持性工作底稿。主要包括以下内容。

1）存货入库截止测试、存货出库截止测试。这是注册会计师以监盘日（盘点日）为财务报表截止日，从存货明细账到存货入库记录和从存货入库记录到存货明细账两个方面核对其凭证而形成的底稿。

2）存货监盘结果汇总表、存货监盘报告。支持存货监盘结果汇总表、存货监盘报告的更细节性的底稿有：存货盘点计划问卷、存货抽盘核对表、委托代管存货询证函等。

3）存货计价测试表。该表是注册会计师抽出样本按照企业选定的计价方法重新计算存货计价而形成的底稿。

4）存货跌价准备测试表。该表是注册会计师通过重新计算核对存货跌价准备而形成的底稿。

5）委托加工物资检查表、生产成本检查表、直接材料成本情况检查表、直接人工成本情况检查表、制造费用情况检查表。以上是注册会计师针对抽取样本进行详细检查而形成的底稿。其中，直接材料成本情况检查表需要注册会计师抽取样本检查以下内容：①材料耗用量与材料领料单汇总表核对是否相符；②材料分配汇总表中该产品分配的直接材料成本与材料耗用量核对是否相符；③材料成本在不同产品间的分配标准与计算方法是否合理和适当；④材料成本在某产品完工产品和在产品中的分配标准和计算方法是否合理和适当；⑤采用标准成本或定额成本的标准材料成本或定额成本的确定是否合理，材料成本差异的计算和分配是否正确；⑥直接材料的定额成本、标准成本本期有无变化，等等。

直接人工成本情况检查表需要注册会计师抽取样本检查以下内容：①直接人工汇总表与应付职工薪酬、人事部门工时记录等核对是否相符；②直接人工汇总表中的人工成本是否包括五险一金（养老保险、医疗保险、失业保险、工伤保险、生育保险及住房公积金）及两费（工会经费及教育经费）；③直接人工成本分配表与直接人工汇总表核对是否相符；④直接人工成本在不同产品间的分配标准与计算方法是否合理和适当；⑤直接人工成本在某产品完工产品和在产品中的分配标准和计算方法是否合理和适当；⑥采用标准成本或定额成本的标准人工成本或定额成本的确定是否合理，直接人工成本差异的计算和分配是否正确；⑦直接人工标准成本或定额成本本年度有无重大变化，等等。

制造费用情况检查表需要注册会计师抽取样本检查以下内容：①制造费用的内容及范围是否正确；②制造费用汇总表与相关费用项目（如折旧费用）等核对是否相符；③制造费用在不同产品间的分配标准与计算方法是否合理和适当；④制造费用在某产品完工产品和在产品中的分配标准和计算方法是否合理和适当；⑤采用标准成本法的标准制造费用的确定是否合理，制造费用差异的计算和分配是否正确；⑥标准制造费用本年度有无重大变化；⑦是否存在异常会表计事项，等等。

表6-9　存货实质性程序

一、审计目标与认定对应关系

审计目标	财务报表认定				
	存在	完整性	权利和义务	计价和分摊	列报
A. 资产负债表中记录的存货是存在的。	√				
B. 所有应当记录的存货均已记录。		√			
C. 记录的存货由被审计单位拥有或控制。			√		

续表

审计目标	财务报表认定				
	存在	完整性	权利和义务	计价和分摊	列报
D. 存货以恰当的金额包括在财务报表中，与之相关的计价调整已恰当记录。				√	
E. 存货已按照企业会计准则的规定在财务报表中做出恰当列报。					√

二、重大错报风险由实质性程序获取的保证程度确定

根据风险评估和内控测试结果按顺序依次做出判断	索引号	财务报表认定				
		存在	完整性	权利和义务	计价和分摊	列报
1. 评估重大错报风险水平（结果取自风险评估工作底稿——考虑内控效果前）						
2. 控制测试结果是否支持风险评估结论（结果取自该项目所属业务循环控制测试工作底稿——控制测试汇总表）						
3. 需从实质性程序获取的保证程度						

三、审计目标与审计程序对应关系

审计目标	可供选择的审计程序	索引号
（一）材料采购（在途物资）		
D	1. 获取或编制材料采购（在途物资）明细表，复核加计是否正确，并与总账数、明细账合计数核对是否相符。	
ACD	2. 检查材料采购或在途物资。 （1）对大额材料采购或在途物资，追查至相关的购货合同及购货发票，复核采购成本的正确性，并抽查期后入库情况，必要时发询证函； （2）检查期末材料采购或在途物资，核对有关凭证，查看是否存在不属于材料采购（在途物资）核算的交易或事项； （3）检查月末转入原材料等科目的会计处理是否正确。	
BA	3. 查阅资产负债表日前后________天材料采购（在途物资）增减变动的账簿记录和收料报告单等资料，检查有无跨期现象，如有，应做出记录，必要时作调整。	
D	4. 如采用计划成本核算，审核材料采购账项有关材料成本差异发生额的计算是否正确。	
A	5. 检查材料采购是否存在长期挂账事项，如有，应查明原因，必要时提出建议调整。	
	6. 根据评估的舞弊风险等因素增加的审计程序。	
（二）材料采购（原材料）		
D	7. 获取或编制原材料明细表，复核加计是否正确，并与总账数、明细账合计数核对是否相符。	

续表

审计目标	可供选择的审计程序	索引号
ABD	8. 实质性分析程序（必要时）。 （1）针对已识别需要运用分析程序的有关项目，注册会计师基于对被审计单位及其环境的了解，通过进行以下比较，同时考虑有关数据间关系的影响，建立有关数据的期望值。 1）比较当年度及以前年度原材料成本占生产成本百分比的变动，并对异常情况做出解释； 2）比较原材料的实际用量与预算用量的差异，并分析其合理性； 3）核对仓库记录的原材料领用量与生产部门记录的原材料领用量是否相符，并对异常情况做出解释； 4）根据标准单耗指标，将原材料收发存情况与投入产出结合比较，以分析本期原材料领用、消耗、结存的合理性。 （2）确定可接受的差异额。 （3）将实际的情况与期望值相比较，识别需要进一步调查的差异。 （4）如果差额超过可接受的差异额，调查并获取充分的解释和恰当的佐证审计证据（例如，通过检查相关的凭证）。 （5）评估分析程序的测试结果。	
AB	9. 选取代表性样本，抽查原材料明细账的数量与盘点记录的原材料数量是否一致，以确定原材料明细账数量的准确性和完整性。 （1）从原材料明细账中选取具有代表性的样本，与盘点报告（记录）的数量核对； （2）从盘点报告（记录）中抽取有代表性的样本，与原材料明细账的数量核对。	
BA	10. 截止测试。 （1）原材料入库截止测试。 1）在原材料明细账的借方发生额中选取资产负债表日前后________张、________金额以上的凭证，并与入库记录（如入库单、购货发票、运输单据）核对，以确定原材料入库被记录在正确的会计期间； 2）在入库记录（如入库单、购货发票、运输单据）中选取资产负债表日前后________张、________金额以上的凭证，与原材料明细账的借方发生额进行核对，以确定原材料入库被记录在正确的会计期间。 （2）原材料出库截止测试。 1）在原材料明细账的贷方发生额中选取资产负债表日前后________张、________金额以上的凭证，并与出库记录（如出库单、销货发票、运输单据）核对，以确定原材料出库被记录在正确的会计期间； 2）在出库记录（如出库单、销货发票、运输单据）中选取资产负债表日前后________张、________金额以上的凭证，与原材料明细账的贷方发生额进行核对，以确定原材料出库被记录在正确的会计期间。	
D	11. 原材料计价方法的测试。 （1）检查原材料的计价方法前后期是否一致。 （2）检查原材料的入账基础和计价方法是否正确，从原材料明细表中选取适量品种。 1）以实际成本计价时，将其单位成本与购货发票核对，并确认原材料成本中不包含增值税。 2）以计划成本计价时，将其单位成本与材料成本差异明细账及购货发票核对，同时关注被审计单位计划成本制定的合理性。 3）检查进口原材料的外币折算是否正确，检查相关的关税、增值税及消费税的会计处理是否正确。	

续表

审计目标	可供选择的审计程序	索引号
	(3) 检查原材料发出计价的方法是否正确。 1) 了解被审计单位原材料发出的计价方法，前后期是否一致，并抽取主要材料复核其计算是否正确；若原材料以计划成本计价，还应检查材料成本差异的发生和结转的金额是否正确。 2) 编制本期发出材料汇总表，与相关科目勾稽核对，并复核________月发出材料汇总表的正确性。 (4) 结合原材料的盘点检查，了解期末有无料到单未到的情况；如有，应查明是否已暂估入账，其暂估价是否合理。	
ABCD	12. 对于通过非货币性资产交换、债务重组、企业合并以及接受捐赠等取得的原材料，检查其入账的有关依据是否真实、完备，入账价值和会计处理是否符合相关规定。	
ABCD	13. 检查投资者投入的原材料是否按照投资合同或协议约定的价值入账，并检查约定的价值是否公允、交接手续是否齐全。	
ABCD	14. 检查与关联方的购销业务是否正常，关注交易价格、交易金额的真实性及合理性，检查合并范围内购货记录应予合并抵销的数据是否抵销。	
A	15. 审核有无长期挂账的原材料；如有，应查明原因，必要时作调整。	
CE	16. 结合银行借款等科目，了解是否有用于债务担保的原材料；如有，应取证并作相应的记录，同时提请被审计单位作恰当披露。	
	17. 根据评估的舞弊风险等因素增加的审计程序。	
（三）材料成本差异		
D	18. 获取或编制材料成本差异的明细表，复核加计是否正确，并与总账数、明细账合计数核对是否相符。	
D	19. 对材料成本差异率进行分析，检查是否有异常波动，注意是否存在调节成本现象。	
D	20. 结合以计划成本计价的原材料、包装物等的入账基础测试，比较计划成本与供应商发票或其他实际成本资料，检查材料成本差异的发生额是否正确。	
D	21. 抽查________月发出材料汇总表，检查材料成本差异的分配是否正确，并注意分配方法前后期是否一致。	
	22. 根据评估的舞弊风险等因素增加的审计程序。	
（四）库存商品		
D	23. 获取或编制库存商品明细表，复核加计是否正确，并与总账数、明细账合计数核对是否相符。	
ABD	24. 实质性分析程序。 (1) 针对已识别需要运用分析程序的有关项目，注册会计师基于对被审计单位及其环境的了解，通过进行以下比较，同时考虑有关数据间关系的影响，建立有关数据的期望值。 1) 按品种分析库存商品各月单位成本的变动趋势，评价是否有调节生产成本或销售成本的因素； 2) 比较前后各期主要库存商品的毛利率（按月、按生产线、按地区等）、库存商品周转率和库存商品账龄等，评价其合理性并对异常波动做出解释，查明异常情况的原因； 3) 比较库存商品库存量与生产量及库存能力的差异，并分析其合理性； 4) 核对仓库记录的库存商品入库量与生产部门记录的库存商品生产量是否一致，并对差异做出解释；	

续表

审计目标	可供选择的审计程序	索引号
	5）核对发票记录的数量是否与发货量、订货量、主营业务成本记录的销售量一致，并对差异做出解释； 6）比较库存商品销售量与生产量或采购量的差异，并分析其合理性； 7）比较库存商品销售量和平均单位成本之积与账面库存商品销售成本的差异，并分析其合理性。 （2）确定可接受的差异额。 （3）将实际情况与期望值相比较，识别需要进一步调查的差异。 （4）如果差额超过可接受的差异额，调查并获取充分的解释和恰当的佐证审计证据（例如，通过检查相关的凭证）。 （5）评估分析程序的测试结果。	
AB	25. 选取代表性样本，抽查库存商品明细账的数量与盘点记录的库存商品数量是否一致，以确定库存商品明细账数量的准确性和完整性。 （1）从库存商品明细账中选取具有代表性的样本，与盘点报告（记录）的数量核对； （2）从盘点报告（记录）中抽取有代表性的样本，与库存商品明细账的数量核对。	
BA	26. 截止测试。 （1）库存商品入库截止测试。 1）在库存商品明细账的借方发生额中选取资产负债表日前后________张、________金额以上的凭证，并与入库记录（如入库单、购货发票、运输单据）核对，以确定库存商品入库被记录在正确的会计期间； 2）在入库记录（如入库单、购货发票、运输单据）中选取资产负债表日前后________张、________金额以上的凭证，与库存商品明细账的借方发生额进行核对，以确定库存商品入库被记录在正确的会计期间。 （2）库存商品出库截止测试。 1）在库存商品明细账的贷方发生额中选取资产负债表日前后________张、________金额以上的凭证，并与出库记录（如出库单、销货发票、运输单据）核对，以确定库存商品出库被记录在正确的会计期间； 2）在出库记录（如出库单、销货发票、运输单据）中选取资产负债表日前后________张、________金额以上的凭证，与库存商品明细账的贷方发生额进行核对，以确定库存商品出库被记录在正确的会计期间。	
D	27. 库存商品计价方法的测试。 （1）检查库存商品的计价方法是否前后期一致。 （2）检查库存商品的入账基础和计价方法是否正确，从库存商品明细表中选取适量品种。 1）自制库存商品。 ● 以实际成本计价时，将其单位成本与成本计算单核对； ● 以计划成本计价时，将其单位成本与相关成本差异明细账及成本计算单核对。 2）外购库存商品。 ● 以实际成本计价时，将其单位成本与购货发票核对； ● 以计划成本计价时，将其单位成本与相关成本差异明细账及购货发票核对。 3）抽查库存商品入库单，核对库存商品的品种、数量与入账记录是否一致，将入库库存商品的实际成本与相关科目（如生产成本）的结转额核对并作交叉索引。 （3）检查外购库存商品的发出计价是否正确。	

续表

审计目标	可供选择的审计程序	索引号
	1）了解被审计单位对库存商品发出的计价方法，并抽取主要库存商品，检查其计算是否正确；若库存商品以计划成本计价，还应检查产品成本差异的发生和结转金额是否正确。 2）编制本期库存商品发出汇总表，与相关科目勾稽核对，并复核________月库存商品发出汇总表的正确性。 （4）结合库存商品的盘点，检查期末有无库存商品已到而相关单据未到的情况；如有，应查明是否暂估入账，其暂估价是否合理。	
ABCD	28. 对于通过非货币性资产交换、债务重组、企业合并以及接受捐赠取得的库存商品，检查其入账的有关依据是否真实、完备，入账价值和会计处理是否符合相关规定。	
ABCD	29. 检查投资者投入的库存商品是否按照投资合同或协议约定的价值入账，同时检查约定的价值是否公允，交接手续是否齐全。	
CAB	30. 检查与关联方的商品购销交易是否正常，关注交易价格、交易金额的真实性与合理性，检查合并范围内购货记录应予合并抵销的数据是否抵销。	
A	31. 审阅库存商品明细账，检查有无长期挂账的库存商品；如有，应查明原因并作适当处理。	
CE	32. 结合银行借款等科目，了解是否有用于债务担保的库存商品；如有，应取证并作相应的记录，同时提请被审计单位作恰当披露。	
	33. 根据评估的舞弊风险等因素增加的审计程序。	
（五）发出商品		
D	34. 获取或编制发出商品的明细表，复核加计是否正确，并与总账数、明细账合计数核对是否相符。	
ABCD	35. 检查与发出商品有关的合同、协议和凭证，分析交易实质，检查其会计处理是否正确。	
AB	36. 检查发出商品品种、数量和金额与库存商品的结转额是否一致，并作交叉索引。	
D	37. 了解被审计单位对发出商品结转的计价方法，并抽取主要发出商品，检查其计算是否正确；若发出商品以计划成本计价，还应检查产品成本差异的发生和结转金额是否正确。	
ABC	38. 编制本期发出商品发出汇总表，与相关科目勾稽核对，并复核________月发出商品发出汇总表的正确性。	
A	39. 审核有无长期挂账的发出商品事项；如有，应查明原因，必要时作调整。	
D	40. 检查发出商品退回的会计处理是否正确。	
ABD	41. 查阅资产负债表日前后________天发出商品增减变动的有关账簿记录和合同、协议和凭证、出库单、货运单等资料，检查有无跨期现象，如有，应做出记录，必要时作调整。	
	42. 根据评估的舞弊风险等因素增加的审计程序。	
（六）商品进销差价		
D	43. 获取或编制商品进销差价明细表，复核加计是否正确，并与总账数、明细账合计数核对是否相符。	

续表

审计目标	可供选择的审计程序	索引号
D	44. 对每月商品进销差价率进行分析，检查是否有异常波动，计算方法前后期是否一致，注意是否存在调节成本现象。	
D	45. 结合以售价核算的库存商品入账基础的测试，检查商品进销差价的发生额是否正确。	
D	46. 抽查________月商品发出汇总表，检查商品进销差价的分配是否正确，并注意分配方法前后期是否一致。	
D	47. 检查库存商品发生盈余或损失时商品进销差价及增值税进项税的会计处理方法是否正确。	
D	48. 检查被审计单位是否在年度终了时对商品进销差价进行一次核实调整。	
	49. 根据评估的舞弊风险等因素增加的审计程序。	
（七）委托加工物资		
D	50. 获取或编制委托加工物资明细表，复核加计是否正确，并与总账数、明细账合计数核对是否相符。	
ABCD	51. 抽查________份委托加工业务合同，检查有关发料、加工费、运费结算凭证，关注所有权归属，核对成本计算是否正确，会计处理是否正确。	
ABCD	52. 抽查加工完成物资的验收入库手续是否齐全，会计处理是否正确。	
ABD	53. 编制本期委托加工物资发出汇总表，与相关科目勾稽核对，并复核________月委托加工物资发出汇总表的正确性。	
A	54. 审核有无长期挂账的委托加工物资事项；如有，查明原因，必要时作调整。	
BA	55. 查阅资产负债表日前后________天委托加工物资增减变动的有关账簿记录和合同、协议和凭证、出库单、入库单、货运单、验收单等资料，检查有无跨期现象；如有，应做出记录，必要时作调整。	
	56. 根据评估的舞弊风险等因素增加的审计程序。	
（八）周转材料（低值易耗品/包装物）		
D	57. 获取或编制周转材料（低值易耗品、包装物）明细表，复核加计是否正确，并与总账数、明细账合计数核对是否相符；同时抽查明细账与仓库台账、卡片记录是否相符。	
ABD	58. 检查周转材料（低值易耗品、包装物）的入库和领用手续是否齐全，会计处理是否正确。	
D	59. 检查周转材料（低值易耗品、包装物）的转销或摊销方法是否符合企业会计准则的规定，前后期是否一致。（例如，包装物和低值易耗品，应当采用一次转销法或者五五摊销法进行摊销；钢模板、木模板、脚手架和其他周转材料等，可以采用一次转销法、五五摊销法或者分次摊销法进行摊销。）	
AB	60. 检查周转材料（低值易耗品、包装物）与固定资产的划分是否符合规定。	
AB	61. 选取代表性样本，抽查周转材料（低值易耗品、包装物）明细账的数量与盘点记录的周转材料（低值易耗品、包装物）数量是否一致，以确定周转材料（低值易耗品、包装物）明细账数量的准确性和完整性。 （1）从周转材料（低值易耗品、包装物）明细账中选取具有代表性的样本，与盘点报告（记录）的数量核对；	

续表

审计目标	可供选择的审计程序	索引号
	(2) 从盘点报告（记录）中抽取有代表性的样本，与周转材料（低值易耗品、包装物）明细账的数量核对。	
BA	62. 截止测试。 (1) 周转材料（低值易耗品、包装物）入库截止测试。 1) 在周转材料（低值易耗品、包装物）明细账的借方发生额中选取资产负债表日前后________张、________金额以上的凭证，并与入库记录（如入库单、购货发票、运输单据）核对，以确定周转材料（低值易耗品、包装物）入库被记录在正确的会计期间； 2) 在入库记录（如入库单、购货发票、运输单据）中选取资产负债表日前后________张、________金额以上的凭证，与周转材料（低值易耗品、包装物）明细账的借方发生额进行核对，以确定周转材料（低值易耗品、包装物）入库被记录在正确的会计期间。 (2) 周转材料（低值易耗品、包装物）出库截止测试。 1) 在周转材料（低值易耗品、包装物）明细账的贷方发生额中选取资产负债表日前后________张、________金额以上的证证，并与出库记录（如出库单、销货发票、运输单据）核对，以确定周转材料（低值易耗品、包装物）出库被记录在正确的会计期间； 2) 在出库记录（如出库单、销货发票、运输单据）中选取资产负债表日前后________张、________金额以上的凭证，与周转材料（低值易耗品、包装物）明细账的贷方发生额进行核对，以确定周转材料（低值易耗品、包装物）出库被记录在正确的会计期间。	
D	63. 检查周转材料（低值易耗品、包装物）的计价方法是否正确，前后期是否一致。从周转材料（低值易耗品、包装物）明细表中选取适量品种。 (1) 以实际成本计价时，将其单位成本与购货发票核对； (2) 以计划成本计价时，将其单位成本与被审计单位制定的计划成本核对，同时关注被审计单位计划成本制定的合理性； (3) 检查进口周转材料（低值易耗品、包装物）的外币折算是否正确，相关的关税、增值税及消费税的会计处理是否正确； (4) 检查周转材料（低值易耗品、包装物）摊销方法是否正确，前后期是否一致，验证发出周转材料（低值易耗品、包装物）汇总表的正确性； (5) 结合周转材料（低值易耗品、包装物）的盘点，检查期末有无料到单未到的情况；如有，应查明是否已暂估入账，其暂估价是否合理。	
ABCD	64. 检查与关联方的购销交易是否正常，关注交易价格、交易金额的真实性与合理性，检查合并范围内购货记录应予合并抵销的金额是否抵销。	
ABCD	65. 检查出租、出借周转材料（低值易耗品、包装物）的会计处理是否正确。	
ABD	66. 询问被审计单位是否存在周转材料（低值易耗品、包装物）押金，若有，结合相关科目的审计查明周转材料（低值易耗品、包装物）押金的收取情况是否合理，有无合同，是否存在逾期周转材料（低值易耗品、包装物）押金，相应税金处理是否正确，必要时作调整。	
A	67. 审核有无长期挂账周转材料（低值易耗品、包装物）事项；如有，查明原因，必要时作调整。	
CE	68. 结合银行借款等科目，了解是否有用于债务担保的周转材料（低值易耗品、包装物）；如有，应取证并作相应的记录，同时提请被审计单位作恰当披露。	
	69. 根据评估的舞弊风险等因素增加的审计程序。	

续表

审计目标	可供选择的审计程序	索引号
（九）生产成本（在产品）		
D	70. 获取或编制生产成本明细表，复核加计是否正确，并与总账数、明细账合计数核对是否相符。	
ABD	71. 实质性分析程序。 （1）针对已识别需要运用分析程序的有关项目，注册会计师基于对被审计单位及其环境的了解，通过进行以下比较，同时考虑有关数据间关系的影响，建立有关数据的期望值。 1）对生产成本进行分析性复核，检查各月及前后期同一产品的单位成本是否有异常波动，注意是否存在调节成本的现象。 2）分别比较前后各期及本年度各个月份的生产成本项目，以确定成本项目是否有异常变动，是否存在调节成本的现象。 3）比较当年度及以前年度直接材料、直接人工、制造费用占生产成本的比例，并查明异常情况的原因。 4）核对下列相互独立部门的数据，并查明异常情况的原因。 ● 仓库记录的材料领用量与生产部门记录的材料领用量； ● 工资部门记录的人工成本与生产部门记录的工时和工资标准之积。 （2）确定可接受的差异额。 （3）将实际的情况与期望值相比较，识别需要进一步调查的差异。 （4）如果差额超过可接受的差异额，调查并获取充分的解释和恰当的佐证审计证据（例如，通过检查相关的凭证）。 （5）评估分析程序的测试结果。	
D	72. 生产成本计价方法的测试。 （1）了解被审计单位的生产工艺流程和成本核算方法，检查成本核算方法与生产工艺流程是否匹配，前后期是否一致，并做记录。 （2）抽查成本计算单，检查直接材料、直接人工及制造费用的计算和分配是否正确，并与有关佐证文件（如领料记录、生产工时记录、材料费用分配汇总表、人工费用分配汇总表等）相核对。 1）复核生产成本明细汇总表的正确性，将直接材料与材料耗用汇总表、直接人工与职工薪酬分配表、制造费用总额与制造费用明细表及相关账项明细表核对，并作交叉索引； 2）检查车间在产品盘存资料，与成本核算资料核对，检查车间月末余料是否办理假退料手续； 3）获取直接材料、直接人工和制造费用的分配标准和计算方法，评价其是否合理和适当，以确认在产品中所含直接材料、直接人工和制造费用是合理的。 （3）获取完工产品与在产品的生产成本分配标准和计算方法，检查生产成本在完工产品与在产品之间以及完工产品之间的分配是否正确，分配标准和方法是否适当，与前期比较是否存在重大变化，该变化是否合理。 （4）对采用标准成本或定额成本核算的，检查标准成本或定额成本在本期有无重大变动，分析其是否合理；检查本期材料成本差异的计算、分配和会计处理是否正确，库存商品期末余额是否已按实际成本进行调整。	
A	73. 获取关于现有设备生产能力的资料，检查产量是否与现有生产能力相匹配；若产量超过设计生产能力，应提请被审计单位说明原因，并提供足够的依据及技术资料。	
D	74. 检查废品损失和停工损失的核算是否符合有关规定。	
D	75. 对应计入生产成本的借款费用，结合对长短期借款、应付债券或长期应付款的审计，检查借款费用（借款利息、折溢价摊销、汇兑差额、辅助费用）资本化的计算方法和资本化金额以及会计处理是否正确。	

续表

审计目标	可供选择的审计程序	索引号
	76. 根据评估的舞弊风险等因素增加的审计程序。	
（十）制造费用		
D	77. 获取或编制制造费用明细表，复核加计是否正确，并与总账数、明细账合计数核对是否相符。	
ABD	78. 对制造费用进行分析比较。 （1）比较当年度和以前年度，以及当年度各月制造费用的增减变动，询问并分析异常波动的原因； （2）比较前后各期及本年度各个月份的制造费用项目，确定成本项目是否有异常变动，是否存在调节成本的现象。	
ABD	79. 将制造费用明细表中的材料发生额与材料耗用汇总表、人工费用发生额与职工薪酬分配表、折旧发生额与折旧分配表、资产摊销发生额与各项资产摊销分配表及相关账项明细表核对一致，并作交叉索引。	
ABCD	80. 选择重要或异常的制造费用项目，检查其原始凭证是否齐全，会计处理是否正确。	
D	81. 分析各项制造费用的性质，结合生产成本科目的审计，抽查成本计算单，检查制造费用的分配是否合理、正确，制造费用的分配方法前后期是否一致。	
D	82. 采用标准成本核算的，抽查标准制造费用及分配率的确定是否合理，记入成本计算单的数额是否正确，制造费用差异的计算、分配和会计处理是否正确，并检查标准成本在本期有无重大变动，变动是否合理。	
D	83. 检查计入生产成本的制造费用是否已扣除非正常消耗的制造费用（如非正常的低生产量、闲置设备等产生的费用）。	
AD	84. 检查制造费用中有无资本性支出，必要时作调整。	
BA	85. 必要时，对制造费用实施截止测试，检查资产负债表日前后________天内________张、________金额以上的制造费用明细账和凭证，确定有无跨期现象。	
ABD	86. 检查季节性停工损失的核算是否符合有关规定。	
	87. 根据评估的舞弊风险等因素增加的审计程序。	
（十一）劳务成本		
D	88. 获取或编制劳务成本明细表，复核加计是否正确，并与总账数、明细账合计数核对是否相符。	
BD	89. 对劳务成本进行分析比较。 （1）比较当年度和以前年度，以及当年度各月劳务成本的增减变动，询问并分析异常波动的原因； （2）比较前后各期及本年度各个月份的劳务成本项目，确定成本项目是否有异常变动，是否存在调节成本的现象。	
AB	90. 检查部分劳务合同，核对实际发生的劳务项目、金额、进度与合同内容是否一致。	
AD	91. 将劳务成本明细表中的材料发生额与材料耗用汇总表、人工费用发生额与职工薪酬分配表、折旧发生额与折旧分配表、资产摊销发生额与各项资产摊销分配表及相关账项明细表核对一致，并作交叉索引。	
ABCD	92. 选择重要或异常的劳务成本项目，检查其原始凭证是否合法，会计处理是否正确。	

续表

审计目标	可供选择的审计程序	索引号
D	93. 抽查成本计算单，检查劳务成本的计算和分配是否合理、正确。	
AD	94. 检查劳务成本中有无资本性支出。	
BA	95. 必要时，对劳务成本实施截止测试，检查资产负债表日前后________天内________张、________金额以上的劳务成本明细账和凭证，确定有无跨期现象。	
D	96. 检查劳务成本的结转是否与对应的劳务收入相互配比，是否合理。	
	97. 根据评估的舞弊风险等因素增加的审计程序。	
（十二）存货监盘		
ABD	98. 编制存货监盘报告，对存货进行监盘（详见存货监盘程序）。	
（十三）存货跌价准备		
BD	99. 获取或编制存货跌价准备明细表，复核加计是否正确，并与总账数、明细账合计数核对是否相符。	
D	100. 检查分析存货是否存在减值迹象以判断被审计单位计提存货跌价准备的合理性。 （1）将存货余额与现有的订单、资产负债表日后各期的销售额和下一年度的预测销售额进行比较，以评估存货滞销和跌价的可能性。 （2）比较当年度及以前年度存货跌价准备占存货余额的比例，并查明异常情况的原因。 （3）结合存货监盘，对存货的外观形态进行检视，以了解其物理形态是否正常；检查期末结存库存商品和在产品针对型号陈旧、产量下降、生产成本或售价波动、技术或市场需求的变化情形，以及期后销售情况是否需进一步计提准备。 1）对于残次、冷背、呆滞的存货，查看永续盘存记录、销售分析等资料，分析当年实际使用情况，确定是否已合理计提跌价准备； 2）将上年度残次、冷背、呆滞存货清单与当年存货清单进行比较，确定是否需补提跌价准备。	
D	101. 检查计提存货跌价准备的依据、方法是否前后一致。	
D	102. 根据成本与可变现净值孰低的计价方法，评价存货跌价准备所依据的资料、假设及计提方法，考虑是否有确凿证据为基础计算确定存货的可变现净值，检查其合理性。	
D	103. 考虑不同存货的可变现净值的确定原则，复核其可变现净值计算的正确性（即充足但不过度）。 （1）对于用于生产而持有的原材料，检查是否以所生产的产成品的估计售价减去至完工时估计将要发生的成本、估计的销售费用和相关税费后的金额作为其可变现净值的确定基础。 （2）对于库存商品和用于出售而持有的原材料等直接用于出售的存货，检查是否以该存货的估计售价减去估计的销售费用和相关税费后的金额作为其可变现净值的确定基础。 （3）检查为执行销售合同而持有的库存商品等存货，是否以合同价格作为其可变现净值的确定基础；如果被审计单位持有库存商品的数量多于销售合同订购数量，超出部分的库存商品可变现净值是否以一般销售价格为计量基础。	
D	104. 抽查计提存货跌价准备的项目，其期后售价是否低于原始成本。	
D	105. 检查存货跌价准备的计算和会计处理是否正确，本期计提或转销是否与有关损益科目金额核对一致。	

续表

审计目标	可供选择的审计程序	索引号
D	106. 对从合并范围内部购入存货计提的跌价准备，关注其在合并时是否已作抵销。	
D	107. 检查债务重组、非货币性资产交换和企业合并等涉及存货跌价准备的会计处理是否正确。	
	108. 根据评估的舞弊风险等因素增加的审计程序。	
（十四）存货的列报		
E	109. 检查存货是否已按照企业会计准则的规定在财务报表中做出恰当列报。 （1）各类存货的期初和期末账面价值； （2）确定发出存货成本所采用的方法； （3）存货可变现净值的确定依据，存货跌价准备的计提方法，当期计提的存货跌价准备的金额，当期转回的存货跌价准备的金额，以及计提和转回的有关情况； （4）用于担保的存货账面价值。	

实例6-5（分析题）

注册会计师李浩在审计华兴公司20×6年存货时，抽取其主要原材料和产品进行测试，测试程序及其发现如下。

（1）A原材料20×6年未审计数为40万元。A原材料20×6年年末结存数量与20×5年年末基本保持一致，但结存金额比20×5年年末（100万元）减少60万元。主要原因是：A原材料供应商从20×6年初开始向华兴公司提供采购折扣（年末结算）。华兴公司在20×6年12月31日收到A原材料供应商支付的20×6年度采购折扣60万元，并相应冲减A原材料20×6年年末结存成本60万元。

注册会计师检查了采购合同、供应商出具的采购折扣结算明细表以及相关的银行进账单据，没有发现异常。审计处理建议：无须提出审计调整建议。

（2）B原材料20×6年未审计数为200万元。根据B原材料盘点结果，20×6年末结存金额未包括于20×6年12月31日已入库但尚未收到采购发票的50万元B材料。审计处理建议：已提出审计调整建议，于20×6年年末补计已入库的B原材料50万元。

（3）C原材料20×6年未审数为50万元。根据C原材料盘点结果，20×6年年末结存金额中有20万元的C原材料在20×6年12月31日收到采购发票，但于20×7年1月1日才收到并入库。审计处理建议：已提出审计调整建议，于20×6年年末冲回尚未收到的C原材料20万元。

（4）A产品是甲公司目前最畅销的产品，20×6年平均每月销售量约20 000件，并且预计20×7年的售价和销量将有所上升。根据A产品盘点结果，20×6年年末结存金额中未包括于20×6年12月31日对外开具销售发票但未发货的1 000件A产品（成本30万元）。据华兴公司销售经理介绍，客户于20×6年12月31日向华兴公司采购共计2 000件A产品，甲公司于20×6年12月31日向客户开具2 000件的销售发票，并确认销售收入。其中1 000件于20×6年12月31日交付客户。由于华兴公司仓库在20×6年年末工作繁忙，剩余1 000件于20×7年1月10日交付客户。华兴公司销售经理表示客户知道公司延迟发货的安排，且未提出异议。

注册会计师检查了华兴公司于20×6年12月31日开具的销售发票，以及20×7年1月10日的交货记录，没有发现异常。审计处理建议：无须提出审计调整建议。

(5) B产品20×6年未审数为280万元。B产品曾经是华兴公司的主要产品之一，但随着A产品的推出，B产品的月销量已由20×6年1月约10 000件下降至20×6年12月约3 000件，并且预计20×7年的售价和销量将继续下跌。华兴公司于20×7年2月初宣布B产品降价10%。

20×6年12月末销售的1 000件B产品（成本40万元）在20×7年1月5日被退回。华兴公司相应冲减了20×7年1月的主营业务收入。注册会计师检查了相关销货退回协议以及20×7年1月5日的入库记录，没有发现异常。审计处理建议：已提出审计调整建议，冲回该1 000件B产品在20×6年度所确认的相关主营业务收入、主营业务成本和应收账款，并调整增加20×6年年末B产品余额40万元。

(6) C产品自20×7年2月停产。C产品20×6年未审计数为170万元。注册会计师对C产品20×6年12月31日的发出计价进行了测试，注意到C产品于20×6年12月结转主营业务成本时所用的单位成本计算有误，导致多转主营业务成本20万元。审计处理建议：已提出审计调整建议，冲回C产品20×6年度多结转的主营业务成本20万元，并调整增加20×6年年末C产品余额20万元。

要求：

针对第(1)至(6)项，你是否认同注册会计师提出的审计处理建议，为什么？

分析：（请扫描二维码）

二、应付职工薪酬的审计

职工薪酬是指职工在职期间和离职后提供给职工的全部货币性薪酬和非货币性薪酬，既包括提供给职工本人的薪酬，也包括提供给职工配偶、子女或其他被赡养人的福利等。在实务中，由于应付职工薪酬牵涉到众多职工的利益，既影响财务报表中的负债项目，也影响报表中的损益项目，因此，注册会计师在审计中应当在熟知国家相关规定的基础上重点查证应付职工薪酬计提、分配与分发。审计应付职工薪酬所形成的工作底稿包括以下内容。

(1) 应付职工薪酬实质性程序（见表6-10）。该表列出了应付职工薪酬的认定、审计目标、可供选择的审计程序之间的内在关系，供注册会计师根据被审计单位的具体情况选择。

(2) 应付职工薪酬审定表。该表属于应付职工薪酬审计的汇总类底稿，汇总了工资、奖金、津贴、补贴、社会福利、社会保险费、住房公积金、工会会费、职工教育经费、非货币性福利、辞退福利、以现金结算的股份支付等审计情况，并直接得出报表中的应付职工薪酬是否可以确认的审计结论。

（3）应付职工薪酬明细表。该表分工资、奖金、津贴、补贴、社会福利、社会保险费、住房公积金、工会会费、职工教育经费、非货币性福利、辞退福利、以现金结算的股份支付等，列示了期初余额、本期增加数、本期减少数和期末余额等明细情况。

（4）应付职工薪酬计提情况检查表、应付职工薪酬分配情况检查表、应付职工薪酬（支付）检查情况表。以上是记录注册会计师抽取一定原始凭证，检查应付职工薪酬计提情况、分配情况与支付情况而形成的底稿。

表6-10 应付职工薪酬实质性程序

一、审计目标与认定对应关系

审计目标	财务报表认定				
	存在	完整性	权利和义务	计价和分摊	列报
A. 资产负债表中记录的应付职工薪酬是存在的。	√				
B. 所有应当记录的应付职工薪酬均已记录。		√			
C. 记录的应付职工薪酬是被审计单位应当履行的现时义务。			√		
D. 应付职工薪酬以恰当的金额包括在财务报表中，与之相关的计价调整已恰当记录。				√	
E. 应付职工薪酬已按照企业会计准则的规定在财务报表中做出恰当列报。					√

二、重大错报风险由实质性程序获取的保证程度确定

根据风险评估和内控测试结果按顺序依次做出判断	索引号	财务报表认定				
		存在	完整性	权利和义务	计价和分摊	列报
1. 评估重大错报风险水平（结果取自风险评估工作底稿——考虑内控效果前）						
2. 控制测试结果是否支持风险评估结论（结果取自该项目所属业务循环控制测试工作底稿——控制测试汇总表）						
3. 需从实质性程序获取的保证程度						

三、审计目标与审计程序对应关系

审计目标	可供选择的审计程序	索引号
D	1. 获取或编制应付职工薪酬明细表，复核加计是否正确，并与报表数、总账数和明细账合计数核对是否相符。	
ABD	2. 实质性分析程序。 （1）针对已识别需要运用分析程序的有关项目，注册会计师基于对被审计单位及其环境的了解，通过进行以下比较，同时考虑有关数据间关系的影响，建立有关数据的期望值。	

续表

审计目标	可供选择的审计程序	索引号
	1）了解被审计单位员工人数的变动情况，检查被审计单位各部门各月工资费用的发生额是否有异常波动；若有，则查明波动原因是否合理。 2）比较本期与上期工资费用总额，要求被审计单位解释其增减变动原因，或取得公司管理层关于员工工资标准的决议。 3）结合员工社保缴纳情况，明确被审计单位员工范围，检查是否与关联公司员工工资混淆列支。 4）核对下列相互独立部门的相关数据。 ● 工资部门记录的工资支出与出纳记录的工资支付数； ● 工资部门记录的工时与生产部门记录的工时。 5）比较本期应付职工薪酬余额与上期应付职工薪酬余额，检查是否有异常变动。 （2）确定可接受的差异额。 （3）将实际的情况与期望值相比较，识别需要进一步调查的差异。 （4）如果差额超过可接受的差异额，调查并获取充分的解释和恰当的佐证审计证据（如通过检查相关的凭证）。 （5）评估分析程序的测试结果。	
ABD	3. 检查工资、奖金、津贴和补贴。 （1）检查计提是否正确，依据是否充分，将执行的工资标准与有关规定核对，并对工资总额进行测试。被审计单位如果实行工效挂钩，应取得有关主管部门确认的效益工资发放额认定证明，结合有关合同文件和实际完成的指标，检查其计提额是否正确，是否应作纳税调整。 （2）检查分配方法与上年是否一致，除因解除与职工的劳动关系给予的补偿直接计入管理费用外，被审计单位是否根据职工提供服务的受益对象，分别就下列情况进行处理。 1）应由生产产品、提供劳务负担的职工薪酬，计入产品成本或劳务成本； 2）应由在建工程、无形资产负担的职工薪酬，计入建造的固定资产或无形资产； 3）作为外商投资企业，按规定从净利润中提取的职工奖励及福利基金，是否相应记入“利润分配——提取的职工奖励及福利基金”科目； 4）其他职工薪酬，计入当期损益。 （3）检查发放金额是否正确，代扣的款项及其金额是否正确。 （4）检查是否存在属于拖欠性质的职工薪酬，并了解拖欠的原因。	
ABD	4. 检查社会保险费（包括医疗、养老、失业、工伤、生育保险费）、住房公积金、工会经费和职工教育经费等计提（分配）和支付（或使用）的会计处理是否正确，依据是否充分。	
ABD	5. 检查辞退福利的下列项目。 （1）对于职工没有选择权的辞退计划，检查按辞退职工数量、辞退补偿标准计提辞退福利负债金额是否正确； （2）对于自愿接受裁减的建议，检查按接受裁减建议的预计职工数量、辞退补偿标准等计提辞退福利负债金额是否正确； （3）检查实质性辞退工作在一年内完成，但付款时间超过一年的辞退福利是否按折现后的金额计量，折现率的选择是否合理； （4）检查计提辞退福利负债的会计处理是否正确，是否将计提金额计入当期管理费用； （5）检查辞退福利支付凭证是否真实正确。	

续表

审计目标	可供选择的审计程序	索引号
ABD	6. 检查非货币性福利。 (1) 检查以自产产品发放给职工的非货币性福利，是否根据受益对象，按照该产品的公允价值计入相关资产成本或当期损益，同时确认应付职工薪酬。对于难以认定受益对象的非货币性福利，确认是否直接计入当期损益和应付职工薪酬。 (2) 检查无偿向职工提供住房的非货币性福利，是否根据受益对象，将该住房每期应计提的折旧计入相关资产成本或当期损益，同时确认应付职工薪酬。对于难以认定受益对象的非货币性福利，确认是否直接计入当期损益和应付职工薪酬。 (3) 检查租赁住房等资产供职工无偿使用的非货币性福利，是否根据受益对象，将每期应付的租金计入相关资产成本或当期损益，并确认应付职工薪酬。对于难以认定受益对象的非货币性福利，确认是否直接计入当期损益和应付职工薪酬。	
ABD	7. 检查以现金与职工结算的股份支付。 (1) 检查授予后立即可行权的以现金结算的股份支付，是否在授予日以承担负债的公允价值计入相关成本或费用。 (2) 检查完成等待期内的服务或达到规定业绩条件以后才可行权的以现金结算的股份支付，在等待期内的每个资产负债表日，是否以可行权情况的最佳估计为基础，按照承担负债的公允价值，将当期取得的服务计入成本或费用。检查在资产负债表日，后续信息表明当期承担债务的公允价值与以前估计不同的，是否进行调整，并在可行权日调整至实际可行权水平。 (3) 检查可行权日之后，以现金结算的股份支付当期公允价值的变动金额是否借记或贷记“公允价值变动损益”。 (4) 检查在可行权日，实际以现金结算的股份支付金额是否正确，会计处理是否恰当。	
BAC	8. 检查应付职工薪酬的期后付款情况，关注资产负债表日至财务报表批准报出日之间，是否有确凿证据表明需要调整资产负债表日原确认的应付职工薪酬。	
	9. 根据评估的舞弊风险等因素增加的审计程序。	
E	10. 检查应付职工薪酬是否已按照企业会计准则的规定在财务报表中做出恰当列报。 (1) 检查是否在附注中披露与职工薪酬有关的下列信息。 1) 应当支付给职工的工资、奖金、津贴和补贴，及其期末应付未付金额； 2) 应当为职工缴纳的医疗、养老、失业、工伤和生育等社会保险费，及其期末应付未付金额； 3) 应当为职工缴存的住房公积金，及其期末应付未付金额； 4) 为职工提供的非货币性福利，及其计算依据； 5) 应当支付的因解除劳动关系给予的补偿，及其期末应付未付金额； 6) 其他职工薪酬。 (2) 检查因自愿接受裁减建议的职工数量、补偿标准等不确定而产生的预计负债（应付职工薪酬），是否按照《企业会计准则第13号——或有事项》进行披露。	

三、营业成本的审计

营业成本核算企业主营业务活动以及其他经营活动所发生的支出，既包括企业根据收入准则确认销售商品、提供劳务等主营业务收入时应结转的成本，也包括销售材料的成本、出租固定资产的累计折旧、出租无形资产的累计摊销、出租包装物的成本或摊销额、采用成本模式计量的投资房地产的累计折旧或累计摊销等。在实务中，由于营业成本牵涉到企业所有经营活动的支出，对财务报表的损益影响重大，注册会计师在年报审计中应当重点关注。审计营业成本所形成的工作底稿包括以下内容。

（1）营业成本实质性程序（见表 6－11）。该表列出了营业成本的认定、审计目标、可供选择的审计程序之间的内在关系，供注册会计师根据被审计单位的具体情况选择。

（2）营业成本审定表。该表属于营业成本审计的汇总类底稿，汇总了主营业务成本和其他业务成本等审计情况，并直接得出报表中的营业成本是否可以确认的审计结论。

（3）主营业务成本明细表和其他业务成本明细表。主营业务成本明细表按月份列示了主营业务成本的明细情况，还列示了变动情况，以分析变动异常情况。其他业务成本明细表分出租固定资产、出租无形资产、出租包装物和商品、销售材料、用材料进行非货币性资产交换和用材料进行债务重组等列示其审计的明细情况。

（4）主营业务成本细节测试形成的支持性的工作底稿。主要包括以下内容。

1）主营业务成本与上年度比较分析表、主要产品单位主营业务成本分析表。该表是注册会计师运用分析程序进行分析而形成的底稿。

2）主营业务成本与收入匹配情况检查表。该表是注册会计师按生产经营特征对被审计单位成本与收入进行细节检查而形成的底稿。

3）主营业务成本检查表。该表是注册会计师抽取样本检查原始凭证是否齐全，记账凭证与原始凭证是否相符，账务处理是否正确，是否记录于恰当的会计期间等情况而形成的底稿。

4）主营业务成本倒轧表。该表是注册会计师利用“主营业务成本＝期初原材料余额＋本期购货净额－期末原材料余额－其他原材料发出额＋直接人工成本＋制造费用＋在产品期初余额－在产品期末余额－其他在产品发出额＋库存商品期初余额－库存商品期末余额－其他库存商品发出额”这一勾稽关系从查证的存货中倒轧出主营业务成本而形成的底稿。

5）主营业务成本重大调整事项核查表。该表是注册会计师逐笔检查被审计单位所有涉及营业成本重大调整事项而形成的底稿。

表 6-11 营业成本实质性程序

一、审计目标与认定对应关系

审计目标	财务报表认定					
	发生	完整性	准确性	截止	分类	列报
A. 利润表中记录的营业成本已发生，且与被审计单位有关。	√					
B. 所有应当记录的营业成本均已记录。		√				
C. 与营业成本有关的金额及其他数据已恰当记录。			√			
D. 营业成本已记录于正确的会计期间。				√		
E. 营业成本已记录于恰当的账户。					√	
F. 营业成本已按照企业会计准则的规定在财务报表中做出恰当列报。						√

二、重大错报风险由实质性程序获取的保证程度确定

根据风险评估和内控测试结果按顺序依次做出判断	索引号	财务报表认定					
		发生	完整性	准确性	截止	分类	列报
1. 评估重大错报风险水平（结果取自风险评估工作底稿——考虑内控效果前）							
2. 控制测试结果是否支持风险评估结论（结果取自该项目所属业务循环控制测试工作底稿——控制测试汇总表）							
3. 需从实质性程序获取的保证程度							

三、审计目标与审计程序对应关系

审计目标	可供选择的审计程序	索引号
（一）主营业务成本		
C	1. 获取或编制主营业务成本明细表，复核加计是否正确，并与总账数和明细账合计数核对是否相符，结合其他业务成本科目与营业成本报表数核对是否相符。	
ABC	2. 实质性分析程序（必要时）。 （1）针对已识别需要运用分析程序的有关项目，注册会计师基于对被审计单位及其环境的了解，通过进行以下比较，同时考虑有关数据间关系的影响，建立有关数据的期望值。 1）比较当年度与以前年度不同品种产品的主营业务成本和毛利率，并查明异常情况的原因； 2）比较当年度与以前年度各月主营业务成本的波动趋势，并查明异常情况的原因； 3）比较被审计单位与同行业的毛利率，并查明异常情况的原因； 4）比较当年度及以前年度主要产品的单位产品成本，并查明异常情况的原因。 （2）确定可接受的差异额。 （3）将实际的情况与期望值相比较，识别需要进一步调查的差异。 （4）如果差额超过可接受的差异额，调查并获取充分的解释和恰当的佐证审计证据（例如，通过检查相关的凭证）。 （5）评估分析程序的测试结果。	

续表

审计目标	可供选择的审计程序	索引号
ABC	3. 检查主营业务成本的内容和计算方法是否符合企业会计准则的规定，前后期是否一致。	
ABC	4. 复核主营业务成本明细表的正确性，编制生产成本与主营业务成本倒轧表，并与相关科目交叉索引。	
AB	5. 抽查________月主营业务成本结转明细清单，比较记入主营业务成本的品种、规格、数量和主营业务收入的口径是否一致，是否符合配比原则。	
ABCDE	6. 针对主营业务成本中重大调整事项（如销售退回）、非常规项目，检查相关原始凭证，评价其真实性和合理性，检查其会计处理是否正确。	
C	7. 在采用计划成本、定额成本、标准成本或售价核算存货的条件下，检查产品成本差异或商品进销差价的计算、分配和会计处理是否正确。	
AB	8. 结合期间费用的审计，判断被审计单位是否通过将应计入生产成本的支出计入期间费用，或将应计入期间费用的支出计入生产成本等手段调节生产成本，从而调节主营业务成本。	
	9. 根据评估的舞弊风险等因素增加的审计程序。	
（二）其他业务成本		
C	10. 获取或编制其他业务成本明细表，复核加计是否正确，并与总账数和明细账合计数核对是否相符，结合主营业务成本科目与营业成本报表数核对是否相符。	
ABC	11. 与上期其他业务收入/成本比较，检查是否有重大波动，如有，应查明原因。	
ABCDE	12. 检查其他业务成本内容是否真实，计算是否正确，会计处理是否正确，择要抽查原始凭证予以核实。	
ABC	13. 复核其他业务成本明细表的正确性，并与相关科目交叉核对。	
A	14. 检查除主营业务活动以外的其他经营活动发生的相关税费是否记入本科目。	
	15. 根据评估的舞弊风险等因素增加的审计程序。	
（三）列报		
F	16. 检查营业成本是否已按照企业会计准则的规定在财务报表中做出恰当列报。	

实例 6-6（分析题）

甲公司是 ABC 会计师事务所的常年审计客户，主要从事 a，b，c，d 四类石化产品的生产和销售。A 注册会计师负责审计甲公司 20×7 年度财务报表，按照税前利润的 5%确定财务报表的整体重要性为 60 万元。

资料一：

A 注册会计师在审计工作底稿中记录了所了解的甲公司情况及其环境，部分内容摘录如下。

（1）甲公司利用 ERP 系统（企业资源计划）核算生产成本。在以前年度，利用 ERP 系统之外的 G 软件手工输入相关数据后进行存货账龄的统计和分析。20×7 年，信息技术部门在 ERP 系统中开发了存货账龄分析子模块，于每月末自动生成存货账龄报告。甲公司会计政策规定，应当结合存货账龄等因素确定存货期末可变现净值，计提存货跌价准备。

(2) 甲公司委托第三方加工生产a产品。自20×7年2月起，新增乙公司为委托加工方。甲公司支付给乙公司的单位产品委托加工费较其他加工方高20%。管理层解释，由于乙公司加工的产品质量较高，因此委托乙公司加工a产品并向其支付较高的委托加工费。A注册会计师发现，20×7年a产品的退货大部分由乙公司加工。

(3) b产品5—8月的直接人工成本总额较其他月份有明显增加，单位人工成本没有明显变化，销售部、生产部和人力资源部经理均解释由于b产品有季节性生产的特点，需要雇用大量临时工。这与A注册会计师在以前年度了解的情况一致。

(4) 为方便安排盘点人员，甲公司将a和b产品的年度盘点时间确定为20×7年12月31日，将c产品的年度盘点时间确定为20×7年12月20日。自20×7年12月25日起，由新入职的存货管理员负责管理c产品并在ERP系统中记录其数量变动。

(5) 因产品更新换代，甲公司自20×7年7月起停止生产d产品，并降价消化库存。

(6) 甲公司租用戊公司独立仓库储存部分产成品。20×7年12月31日，该部分产成品的账面价值为1 000万元。甲公司与戊公司在年末对账时发现300万元的差异，戊公司解释，该差异是甲公司客户于20×7年12月30日已提货，而相关单据尚未传至甲公司所致。

资料二：

A注册会计师在审计工作底稿中记录了甲公司的财务数据，部分内容摘录如下（见表6-12）。

表6-12 甲公司财务数据部分内容 单位：万元

项目	未审数 20×7年	已审数 20×6年
营业收入——d产品	1 350	4 500
营业成本——d产品	1 500	4 000
存货——d产品	800	2 400
存货跌价准备——d产品	10	20

资料三：

与存货审计相关的部分事项摘录如下。

(1) 在对甲公司存货实施监盘时，A注册会计师在存货盘点现场评价了管理层用以记录和控制存货盘点结果的指令和程序，对存货进行检查并实施了抽盘，与甲公司盘点数量核对无误，据此认可了盘点结果。

(2) 甲公司20×7年年末已入库未收到发票而暂估的存货金额占存货总额的40%，A注册会计师对存货实施了监盘，测试了采购和销售交易的截止，均未发现差错，据此认为暂估的存货记录准确。

(3) 因甲公司某化工类存货存放在对注册会计师的安全有威胁的地点，A注册会计师检查了盘点日后出售、盘点日前取得或购买的相关文件记录，认为已获取充分、适当的审计证据。

(4) 因突降暴雪，无法按照预定时间对甲公司某仓库存货实施现场监盘，A注册会计师检查了相关订购单、验收单、入库单、供应商发票等，认为已获取充分、适当的审计证据。

(5) 甲公司管理层未将以前年度已全额计提跌价准备的存货纳入本年末盘点范围，A注册会计师检查了以前年度审计工作底稿，认可了管理层的做法。

(6) A注册会计师获取了甲公司的材料费用分配汇总表，据此考虑了各生产车间各产品所耗用材料费用的情况，认为甲公司成本会计人员编制的材料费用分配汇总表中各产品材料分配不存在遗漏。

(7) A注册会计师获取了财务部编制的存货跌价准备明细表，复核了该表中计算公式和数据的准确性以及相关假设的合理性，并进行了重新计算，以测试期末存货跌价准备的准确性和完整性。

(8) 20×7年年末，甲公司有600万元的产成品由第三方代为保管，因实施存货监盘或函证均不可行，A注册会计师拟通过了解相关内部控制，检查存货保管协议、生产记录、出入库单据以及相关运输单据，测试由第三方代为保管的存货的存在性。

要求：

1. 针对资料一第（1）至（6）项和资料二，假定不考虑其他条件，逐项指出资料一所列事项是否可能表明存在重大错报风险。如果认为存在重大错报风险，简要说明理由，并说明该风险主要与哪些财务报表项目的哪些认定相关。

2. 针对资料三第（1）至（8）项，逐项指出A注册会计师的做法是否恰当。如不恰当，简要说明理由。

分析：（请扫描二维码）

思考题

1. 简述生产与仓储循环中关键控制点及其控制措施。

2. 简述工薪与人事循环的控制测试。

3. 为什么存货审计十分重要？

4. 简述存货监盘的性质、目标和流程。

5. 确认存放在公共仓库或由外部代理方持有的重大数量存货需要实施什么审计程序？

6. 如果存货性质或位置等导致注册会计师无法实施存货监盘，可实施的替代审计程序有哪些？

7. 在测试存货账户余额时，注册会计师认识到可能存在下列错误，请说明查出每一个错误应当执行的审计程序，以及与审计程序相关的审计目标。

（1）不是所有的存货都经过计数或被贴上标签。

（2）客户汇总存货时发生小计错误。

（3）在临近资产负债表日收到所购买的货物，包括在存货盘点表中却没有在账户中作记录。

（4）没有确认陈旧和毁坏的货物。

（5）列示存放在公共仓库的存货并不存在。

（6）客户员工未正确盘点存货。

（7）错误使用成本与可变现净值孰低法。

（8）存货中包括空的包装物或虚无的地方。

（9）寄售的物品也包括在存货中。

（10）没有确认可能的存货损失。

8. 华兴公司20×6年度的存货周转率为2.7次，与20×5年度相比有所下降。华兴公司提供的以下理由能否解释存货周转率的变动趋势？为什么？

（1）由于主要原材料价格比20×5年度下降了10%，华兴公司从20×6年1月开始将主要原材料的日常储备量增加了20%。

（2）华兴公司主要产品在20×6年度市场需求稳定且盈利，但平均销售价格与20×5年度相比有所下降，并且华兴公司预期销售价格将继续下降。

（3）华兴公司在20×6年第4季度接到了一笔巨额订单，订货数量相当于华兴公司月产能的120%，交货日期为20×7年1月1日。

（4）从20×6年6月开始，华兴公司将部分产品针对主要销售客户的营销方式由原先的买断模式改为代销模式。

9. 华兴公司采用永续盘存制核算存货，注册会计师负责审计华兴公司20×6年度财务报表。

（1）注册会计师在检查公司存货时，注意到某些存货项目实际盘点的数量大于永续盘存记录中数量，最可能的原因是什么？

（2）如果将与存货相关的内部控制评估为高风险，注册会计师可能采取哪些措施？

（3）华兴公司的会计记录显示，20×6年12月某类存货销售激增，导致该类存货库存下降为零。注册会计师对该类存货应当采取什么措施才能发现可能存在的虚假销售？

10. 在注册会计师对应付职工薪酬进行审计时，以下事项的会计处理哪些是可以认可的？哪些是不可以认可的？为什么？

（1）被审计单位以其自产产品或外购商品作为非货币性福利发放给职工的，应根据受益对象，将该产品或商品的公允价值计入相关的资产成本或当期损益，同时确认应付职工薪酬。

（2）被审计单位将其拥有的房屋等资产无偿提供给职工使用的，应根据受益对象，将该住房每期应计提的折旧计入相关资产成本或当期损益，同时确认应付职工薪酬。

(3) 被审计单位租赁住房等资产供职工无偿使用的，应当根据受益对象，将每期应付的租金计入相关资产成本或当期损益，同时确认应付职工薪酬。

(4) 医疗保险费、养老保险费、失业保险费、工伤保险费、生育保险费、住房公积金、工会经费以及职工教育经费等均据实列支。

11. 分别指出以下各种截止错误在包括在期末存货中和不包括在期末存货中两种情况下对 20×7 年期末存货、购入、销售以及 20×7 年利润的影响。

(1) 一项 20×7 年 3 000 万元的购入事项没有记录。

(2) 一项 20×6 年 3 000 万元的购入事项记录在 20×7 年。

(3) 一项 20×7 年 6 000 万元的销售记录在 20×6 年，成本为 1 400 万元。

(4) 一项 20×6 年 6 000 万元的销售记录在 20×7 年，成本为 1 400 万元。

12. 在年末观察存货实地盘点时，注册会计师采取了以下程序，请分析为什么要实施这些程序。如果注册会计师对自己的发现不满意，还可以采取什么程序？

(1) 计划观察前，注册会计师复核了客户盘点计划。

(2) 存货盘点时，注册会计师记下已用的和未用的盘点清单的号码。

(3) 注册会计师对存货进行抽点。

(4) 注册会计师实地观察存货存放的现场，在工作底稿上记下存货盘点时或之前收到的存货，复印了会计期间所使用的最后几份验收报告，并检查了存货盘点后即将使用的几份空白验收报告。

(5) 注册会计师对公共仓库发出询证函。

(6) 注册会计师把所有毁损、陈旧、过时及残次存货的详细情况记录下来。

13. 对生产与仓储循环进行控制测试时一般形成哪些工作底稿？它们之间的逻辑关系是什么？

14. 对存货进行实质性审计时一般形成哪些工作底稿？它们之间的逻辑关系是什么？

案例分析

存货监盘

问题：

1. 根据机床的账、卡、物三者的数额，分析华兴公司存货控制可能存在的问题。
2. 对于存货 d，注册会计师下一步应当实施哪些审计测试？
3. 对于存货 e，注册会计师下一步应当实施哪些审计测试？

4. 对于存货f，注册会计师下一步应当实施哪些审计测试？
5. 对于D仓库存货盘点表存在较大差错，注册会计师应如何处理？
6. 对于存货g，注册会计师下一步应当实施哪些审计测试？
7. 对于存货h，注册会计师下一步应当实施哪些审计测试？

行动学习讨论项目

把学生分成若干组（每组最好10人以内），要求他们利用头脑风暴的方法，对以下问题提出不同的看法，尽量多地列示在行动学习讨论的白板上。

讨论问题：生产与仓储循环中最容易出现的控制缺陷有哪些？这些缺陷可能会引发哪些会计科目的重大错报？

讨论与板书要求：(1) 每个人都要发言，但每次只能一人发言；(2) 追求数量、追求创意；(3) 有人发言时不许质疑、不许批评、不许打断；(4) 板书要按发言人的原话列示。

第 7 章

Chapter 7 筹资与投资循环审计

素养提升

- 本着实事求是的思想，遵守会计和审计准则，用专业技巧分析和解决专业问题。

学习目标

- 了解筹资与投资循环主要业务活动及其涉及的主要凭证和记录
- 掌握筹资与投资循环内部控制的关键环节及其控制措施
- 掌握筹资与投资循环业务控制测试
- 熟悉筹资与投资循环涉及科目的实质性审计程序
- 了解对违法事件的关注
- 了解筹资与投资循环中常见的会计错弊及其审计风险
- 熟练编制筹资与投资循环中相关科目的审计工作底稿

第一节　筹资与投资循环主要活动及其关键控制

一、筹资与投资循环的特征

筹资与投资循环由筹资活动和投资活动的交易事项构成。筹资活动是指企业为满足生存和发展的需要，通过改变企业资本及债务规模和构成而筹集资金的活动。筹资活动主要由借款交易和股东权益交易组成。投资活动是指企业为通过分配来增加财富，或为谋求其他利益，将资产让渡给其他单位而获得另一项资产的活动。投资活动主要由权益性投资交易和债权性投资交易组成。筹资与投资循环具有如下特征。

（1）审计年度内筹资与投资循环的交易数量较少，而每笔交易的金额通常较大。

（2）漏记或不恰当地对一笔业务进行会计处理，将会导致重大错误，从而对企业财务报表的公允反映产生较大的影响。

（3）筹资与投资循环交易必须遵守国家法律、法规和相关契约的规定。

二、筹资循环的主要活动及关键控制

企业在建立和实施筹资内部控制制度时，至少应当强化对以下关键方面或者关键环节的风险控制，并采取相应的控制措施。

（1）权责分配和职责分工应当明确，机构设置和人员配备应当科学合理。

（2）筹资决策、执行与偿付各环节的控制流程应当清晰，筹资方案的拟订与审批、筹资合同的审核和签订、筹集资金的收取与使用、还本付息的审批与办理等应当有明确规定。

（3）筹资业务的会计处理应当符合国家统一的会计制度的规定。

筹资循环的关键控制点及其控制措施如表7-1所示。

表7-1 筹资循环的关键控制点及其控制措施

关键控制点	控制措施示例
不相容职务分离	1. 筹资方案的拟订与决策分离； 2. 筹资合同或协议的审批与订立分离； 3. 与筹资有关的各种款项偿付的审批与执行分离； 4. 筹资业务的执行与相关会计记录分离。
提出筹资方案	1. 进行筹资方案的战略评估，包括是否与企业发展战略相符合，筹资规模是否适当； 2. 进行筹资方案的经济性评估，如筹资成本是否最低，资本结构是否恰当，筹资成本与资金收益是否匹配； 3. 进行筹资方案的风险性评估，如筹资方案面临哪些风险，风险大小是否适当、可控，是否与收益匹配。
筹资方案审批	1. 根据分级授权审批制度，按照规定程序严格审批经过可行性论证的筹资方案； 2. 审批中应实行集体决策审议或联签制度，保证决策的科学性。
制定筹资计划	1. 根据筹资方案，结合当时经济金融形势，分析不同筹资方式的资金成本，正确选择筹资方式和不同方式的筹资数量，财务部门或资金管理部门制定具体筹资计划； 2. 根据授权审批制度报有关部门批准。
实施筹资	1. 根据筹资计划进行筹资； 2. 签订筹资协议，明确权利义务； 3. 按照岗位分离和授权审批制度，各环节和各责任人正确履行审批监督责任，实施严密的筹资程序控制和岗位分离控制； 4. 做好严密的筹资记录，发挥会计的控制作用。
筹资活动评价与责任追究	1. 促使各部门严格按照确定的用途使用资金； 2. 监督检查，督促各环节严密保管未发行的股票、债券； 3. 监督检查，督促正确计提、支付利息； 4. 加强债务偿还和股利支付环节的监督管理； 5. 评价筹资活动过程，追究违规人员责任。

三、投资循环的主要活动及关键控制

企业在建立和实施对外投资内部控制时，至少应当强化对以下关键方面或者关键环节的风险控制，并采取相应的控制措施。

（1）职责分工、权限范围和审批程序应当明确，机构设置和人员配备应当科学合理。

（2）投资项目建议书和可行性研究报告的内容应当真实，支持投资建议和可行性的依据与理由应当充分、可靠。

（3）对外投资实施方案应当科学完整，投资合同或协议的签订应当征求法律顾问的意见，对投资项目的跟踪管理应当全面及时，投资收益的确认应当符合规定，投资权益证书的管理应当严格有效，计提对外投资减值准备的依据应当充分，审批程序应当明确。

（4）对外投资处置的方式、权限范围和审批程序应当明确，与投资处置有关的文件资料和凭证记录应当真实完整。

投资循环的关键控制点及其控制措施如表 7－2 所示。

表 7－2　投资循环的关键控制点及其控制措施

关键控制点	控制措施示例
不相容职务分离	1. 投资项目可行性研究报告编制人员与投资计划编制人员分离； 2. 投资计划编制人员与审批人员分离； 3. 投资业务执行人员与会计记录人员分离； 4. 有价证券保管人员与会计记录人员分离； 5. 有价证券操作人员、保管人员不能同时负责有价证券的盘点工作； 6. 股利或股息的经办人员与会计记录人员分离； 7. 投资处置审批人员与执行人员分离。
提出投资方案	1. 进行投资方案的战略评估，包括是否与企业发展战略相符合； 2. 投资规模、方向是否与企业实际情况相符； 3. 对投资方案进行技术、市场、财务可行性研究，深入分析项目的技术可行性与先进性、市场容量与前景，以及项目预计现金流量、风险与回报，比较或评价不同项目的可行性。
投资方案审批	1. 明确审批人对投资业务的授权批准方式、权限、程序和责任，不得越权； 2. 审批中应实行集体决策审议或者联签制度； 3. 与有关被投资方签署投资协议。
编制投资计划	1. 核查企业当前资金金额及正常生产经营对资金的需求量，积极筹措投资项目所需资金； 2. 制定详细的投资计划，并根据授权审批制度报有关部门审批。
实施投资	1. 根据投资计划进度，严格分期、按进度适时投放资金，严格控制资金流量和时间； 2. 以投资计划为依据，按照职务分离制度和授权审批制度，各环节和各责任人正确履行审批监督责任，对项目实施过程进行监督和控制，防止各种舞弊行为，保证项目建设的质量和进度；

续表

关键控制点	控制措施示例
	3. 做好严密的会计记录，发挥会计的控制作用； 4. 做好跟踪分析工作，及时评价投资的进展，将分析和评价的结果反馈给决策层，以便及时调整策略或制定投资退出策略。
投资资产处置	1. 投资资产的处置应当通过专业中介机构，选择相应的资产评估方法，客观评估投资价值，同时确定处置策略； 2. 投资资产的处置必须经过董事会的授权批准。

第二节 筹资与投资循环的控制测试

一、筹资与投资循环的控制测试目标与程序

筹资与投资循环的控制测试目标为：在确认筹资与投资循环的内部控制设计有效并执行的基础上，考虑成本效益原则和风险水平，从下列四个方面获取筹资与投资的控制是否有效运行的审计证据。

（1）筹资与投资循环的控制在审计期间的不同时点是如何运行的。

（2）控制是否得到一贯执行。

（3）控制由谁执行。

（4）控制以何种方式运行（如人工控制或自动控制）。

筹资与投资循环的控制测试程序一般包括以下内容。

（1）询问程序。通过实施询问程序，被审计单位可以确定下列事项：1）本年度未发现任何特殊情况、错报和异常项目；2）财务部门的人员在未得到授权的情况下无法访问或修改系统内数据；3）本年度未发现某控制活动未得到执行；4）本年度未发现某控制活动发生变化。

（2）观察筹资与投资循环的关键控制点及特定控制点的控制实践。

（3）检查筹资与投资循环的关键控制点生成的有关文件和记录。

（4）必要时通过重新执行来证实控制执行的有效性。

（5）根据上述程序的实施，评估控制是否可信赖。

二、筹资与投资循环的控制测试实务

注册会计师在执行筹资与投资循环控制测试时形成的审计工作底稿包括以下内容。

（1）筹资与投资循环控制测试程序（见表7-3）。该表记录了注册会计师针对筹资、投资内部控制设计控制测试程序的情况，包括拟执行的控制测试具体程序、有关控制的执行频率、拟测试的样本数量以及执行相关程序的工作底稿的索引。

（2）筹资与投资循环控制测试汇总表。该表是记录注册会计师测试的筹资与投资循环控制活动及结论的汇总类底稿，既汇总了注册会计师在风险评估中得出的了解内部控制的初步结论，也汇总了注册会计师对筹资与投资循环执行控制测试得出的结论。

（3）筹资与投资循环控制测试过程。该表是注册会计师按筹资与投资循环中的关键控制环节分别抽取相关凭证进行检查测试而形成的底稿，直接支持筹资与投资循环控制测试汇总表中的控制测试结论。

表7-3　筹资与投资循环的关键控制环节及其主要测试内容

序号	关键控制环节	主要测试内容
1	借款	借款申请表、借款合同、综合授信协议和综合授信使用申请表日期及是否连续编号；借款申请表是否经恰当批准。
2	记录借款	收款凭证日期及是否连续编号；借款合同金额、期限等内容是否与借款申请表内容一致；是否记入短期借款明细账贷方；是否登记借款备查账；明细账记录内容是否与借款备查账内容一致；借款备查账记录内容是否与借款合同一致等。
3	偿还及其记录	借款合同、综合授信协议、付款申请表、付款凭证日期及是否连续编号；付款申请表是否经恰当批准；还款金额、期限等内容是否与付款申请表内容一致；是否记入短期借款明细账借方；是否登记借款备查账；明细账记录内容是否与借款备查账内容一致；借款备查账记录内容是否与借款合同一致等。
4	与信贷情况表有关的业务活动	选择的编制期间；是否编制信贷情况表；内容是否完整；是否有适当层次的复核等。
5	与借款差异调节表有关的业务活动	选择的编制期间；借款备查账金额；借款明细账金额；编制人是否签名；复核人是否签名；是否有调节项目；是否与支持文件相符；是否经过适当审批；是否已调节借款。
6	与财务费用有关的业务活动	选择的期间；借款利息回单编号；是否估算借款利息；是否与银行存款余额调节表核对一致；记账凭证编号；是否已调节借款。
7	购入/出售交易性金融资产	股票名称；交易流水单号码；是否登记投资备查账。
8	确认、记录投资	相关转款凭证的日期及是否连续编号；股票名称；是否正确记入投资明细账；是否正确确认投资收益。
9	与交易性金融资产差异核对有关的业务活动	选择的编制期间；借款备查账金额；借款明细账金额；编制人是否签名；复核人是否签名；是否有调节项目；是否与支持文件相符；是否经过适当审批；是否已调节借款。
10	与月度交易性金融资产报告有关的业务活动	选择的期间；是否编制月度交易性金融资产报告；报告是否经过适当复核等。
11	与交易性金融资产后续计量有关的业务活动	股票代码；公允价值；是否与支持性文件相符；账面价值；记账凭证编号；是否经适当复核。

实例7-1（分析题）

今明会计师事务所委派审计组对华兴公司20×6年度财务报表进行审计。华兴公司尚未采用计算机记账。审计组于20×6年11月对华兴公司的内部控制制度进行了解和测试，并在相关审计工作底稿中记录了了解和测试的筹资与投资循环的相关事项，摘录如下。

（1）华兴公司股东大会批准董事会的投资权限为1亿元以下。董事会决定由总经理负责实施。总经理决定由证券部负责总额1亿元以下的股票买卖。华兴公司规定：公司划入营业部的款项由证券部申请，会计部审核，总经理批准后转入公司在营业部开立的资金账户。经总经理批准，证券部直接从营业部资金账户支取款项。证券买卖、资金存取的会计记录由会计部处理。审计组了解和测试投资的内部控制制度后发现：证券部在某营业部开户的有关协议及补充协议未经会计部或其他部门审核。根据总经理的批准，会计部已将8 000万元汇入该户。证券部处理证券买卖的会计记录，月底将证券买卖清单交给会计部，会计部据以汇总登记。

（2）华兴公司控股股东的法定代表人同时兼任华兴公司的法定代表人，总经理是聘任的。在公司章程及相关决议中未具体载明股东大会、董事会、经营班子的融资权限和批准程序。经了解华兴公司由财务部负责融资，20×6年根据总经理的批示向工商银行借入1亿元贷款。

（3）华兴公司无形资产管理明确规定了专家论证、集体决策以及谈判签约等流程的控制措施。审计组了解到，20×6年3月总经理李发在美国考察某高科技公司时得知该公司资金周转困难，急于融资。由于该公司拥有华兴公司急需的核心专利技术，李发当即与对方进行谈判，对方愿意以1 500万美元出让华兴公司急需的专利技术，总经理李发认为机会难得，机不可失，在电话请示董事长后，当即与对方签约。20×6年7月华兴公司支付全款后获取专利技术全部资料，但由于该项专利技术需要专业人员操作和运用，因签约时缺乏要求对方给中方技术人员培训等约束条款，至11月华兴公司的技术人员尚在探索使用，无法在生产中运用该专利技术创造价值。

（4）华兴公司下属的分公司20×6年3月决定兴建一座总投资为5 500万元的仓库，由于时间紧，一边向华兴公司报批，一边在等待华兴公司批复过程中，委托设计单位设计，通过邀请投标方式确立施工单位，于4月初正式开工建设，6月中旬华兴公司正式批复，该项目11月底完工。华兴公司虽认为分公司有不当之处，但考虑到工期紧，分公司向来经营情况较好，项目建设符合发展需要，未追究相关人员责任。

要求：

请指出第（1）至（4）项是否存在缺陷，如果存在，请提出修改建议。

分析：（请扫描二维码）

第三节　审计中对法律法规的考虑

一、企业管理层对违反法规的责任

（一）违反法规行为的含义

违反法规行为是指被审计单位、治理层、管理层，或者为被审计单位工作或受其指使的其他人，有意或无意地违背除适用的财务报告框架以外的现行法律法规的行为。理解上述含义时应注意把握以下两点。

（1）这些法律法规不包括《企业会计准则》等企业选择的适用的财务报告框架等规制。这些法律法规分为两种不同类型：第一类法律法规即对决定财务报表中的重大金额和披露有直接影响的法律法规，可能与下列事项相关：1）财务报表的格式和内容；2）特定行业的财务报告问题；3）根据政府合同对交易进行的会计处理；4）所得税费用或退休金成本的应计或确认。第二类法律法规即对决定财务报表中的金额和披露没有直接影响的其他法律法规，但遵守这些法律法规对被审计单位的经营活动、持续经营能力或避免大额罚款至关重要，如遵守经营许可条件、监管机构对偿债能力的规定或环境保护要求等。

（2）正确理解违反法规行为的内涵。违反法规行为具体涉及以下三个方面：1）被审计单位从事的违反法规行为；2）以被审计单位名义从事的违反法规行为；3）管理层或员工以被审计单位名义从事的违反法规行为，但不包括管理层和员工个人从事的与被审计单位经营活动无关的不当行为。

（二）管理层遵守法律法规的责任

管理层的责任是在治理层的监督下确保被审计单位的经营活动符合法律法规的规定。法律法规可能以不同的方式影响被审计单位的财务报表。最直接的方式是规定了适用的财务报告编制基础或者影响被审计单位需要在财务报表中做出的具体披露。法律法规也可能确立了被审计单位的某些法定权利和义务，其中部分权利和义务将在财务报表中予以确认。此外，法律法规还可能规定了对违反法律法规行为的惩罚。

管理层承担与违反法规行为有关的责任具体包括以下方面。

（1）承担防止和发现违反法规行为的责任。按照有关法律法规的规定，管理层有责任通过建立健全和有效实施内部控制，确保其遵守适用于被审计单位的所有法律法规。为实现这一目标，管理层通常建立政策和程序，以防止和发现违反法规行为。

（2）被审计单位的违反法规行为可能导致处罚、诉讼、赔偿等后果，因为这些后果是被审计单位违反法律法规造成的，所以管理层理应承担相应责任。

注册会计师执行财务报表审计业务的目标和责任在于对财务报表发表审计意见。注册会计师的这一责任不能与被审计单位管理层依法应当承担的保证经营活动符合法律法规的规定，防止和发现违反法规的行为的责任相混淆，更不能以注册会计师对财务报表的审计代替管理层应承担的遵守法律法规的责任。

被审计单位实施以下政策和程序有助于防止和发现违反法律法规行为。

（1）跟踪法律法规的变化，确保设计的经营程序符合法律法规的规定；

（2）建立和执行适当的内部控制；

（3）制定、公布和落实行为守则；

（4）确保员工得到适当培训，了解行为守则；

（5）监控行为守则的遵守情况，对违反行为守则的员工采取恰当的措施给予处分；

（6）聘请法律顾问以帮助管理层跟踪法律法规的变化；

（7）汇编重要的、被审计单位在其所处行业必须遵守的法律法规，保存被投诉的记录。

二、注册会计师对法律法规的考虑

（一）注册会计师对违法行为的责任

在设计和实施审计程序，以及评价和报告审计结果时，注册会计师应当充分关注被审计单位违反法规的行为可能对财务报表产生重大影响。

（1）针对被审计单位需要遵守的直接影响财务报表的第一类法律法规，注册会计师的责任是，就被审计单位遵守这些法律法规的规定获取充分、适当的审计证据。

（2）针对被审计单位需要遵守的第二类法律法规，注册会计师的责任仅限于实施特定的审计程序，以识别可能对财务报表产生重大影响的违反这些法律法规的行为。

注册会计师对企业违法行为的责任包括以下方面。

（1）注册会计师应当识别违反法律法规导致的财务报表重大错报。然而注册会计师没有责任防止被审计单位的违反法律法规行为，不能期望其发现所有的违反法律法规行为。

（2）在执行财务报表审计时，注册会计师需要考虑适用于被审计单位的法律法规框架，但由于以下原因，审计的固有限制对注册会计师发现重大错报的能力的潜在影响会加大：1）许多法律法规主要与被审计单位经营活动相关，通常不影响财务报表，且不能被与财务报告相关的信息系统所获取；2）违反法律法规可能涉及故意隐瞒的行为，如共谋、伪造、故意漏记交易、管理层凌驾于控制之上或故意向注册会计师提供虚假陈述；3）确定一项行为是否构成违反法律法规行为，需要由法院或其他适当的监管机构做出裁决，这通常超出注册会计师的专业胜任能力。然而，培训、经验和对被审计单位及其所在行业或部门的了解，可以为注册会计师判断注意到的某些行为是否可能违反法律法规提供基础。

（二）审计中对法律法规的关注

1. 财务报表审计中对法律法规的考虑目标

（1）针对第一类法律法规的规定，获取被审计单位遵守这些规定的充分、适当的审计证据。

（2）针对其他法律法规，实施特定的审计程序有助于识别可能对财务报表产生重大影响的违反这些法律法规的行为。

（3）恰当应对在审计过程中识别出的或怀疑存在的违反法律法规行为。

2. 审计中对法律法规关注的程序

在审计中，考虑被审计单位是否存在违反法律法规行为及其对财务报表的影响时，可供选择的程序包括以下内容。

（1）在计划审计工作时，实施下列程序，总体了解适用于被审计单位及其所处行业的法律法规，以及被审计单位如何遵守这些法律法规。

1）利用了解被审计单位的行业状况、法律环境与监管环境以及其他外部因素时所获知的信息；

2）向管理层询问被审计单位为遵守有关法律法规而采用的政策和程序；

3）向管理层询问对被审计单位经营活动可能产生重要影响的法律法规；

4）与管理层讨论在识别、评价和处理诉讼、索赔与税务纠纷时采用的政策和程序；

5）与审计组成部分的其他注册会计师讨论适用于该组成部分的法律法规。

在获得总体了解时，特别关注某些法律法规可能导致对被审计单位经营活动产生重大影响的经营风险，即违反法律法规可能导致被审计单位停业或对其持续经营产生重大影响。

（2）如果法律法规要求注册会计师报告被审计单位对某些法定条款的遵守情况，应制定计划，以测试被审计单位对这些条款的遵守情况。

（3）在获得总体了解后，实施下列进一步审计程序有助于识别被审计单位在编制财务报表时应当考虑其影响的违反法规行为。

1）向管理层询问被审计单位是否遵守了适用于被审计单位及其行业的法律法规；

2）检查被审计单位与许可证颁发机构或监管机构的往来函件。

（4）注册会计师应当要求管理层和治理层（如适用）提供书面声明，以表明被审计单位已向注册会计师披露了所有知悉的、在编制财务报表时应当考虑其影响的违反法律法规行为或怀疑存在的违反法律法规行为。

（5）在审计过程中，充分关注可能表明被审计单位违反法律法规的下列信息。

1）受到政府有关部门的调查或处罚；

2）提供异常贷款或支付不明费用；

3）与关联方存在异常交易；

4）支付异常的销售佣金或代理费用；

5）购销价格严重偏离市场价格；

6）异常的现金收支；

7）与在税收优惠地注册的公司存在异常交易；

8）向商品或劳务提供者以外的单位或个人支付商品或劳务款项；

9）收付款缺少适当的交易控制记录；

10）现有的会计信息系统不能提供适当的审计轨迹或充分证据；

11）交易未经授权或记录不当；

12）媒体评论。

（6）为形成审计意见所实施的审计程序，可能使注册会计师注意到识别出的或怀疑存在的违反法律法规行为。这些审计程序包括但不限于以下内容。

1）阅读会议纪要；

2）向被审计单位管理层、内部或外部法律顾问询问诉讼、索赔及评估情况；

3）对某类交易、账户余额和披露实施细节测试。

三、发现违反法规行为的处理

（一）评价违反法规行为对财务报表可能产生的影响

了解违反法规行为的性质及发生的环境，并获取其他适当信息。考虑下列事项，评价其对财务报表可能产生的影响。

（1）罚款、没收违法所得、封存财产、强制停业及诉讼等导致的潜在财务后果。

（2）潜在财务后果是否需要披露。

（3）潜在财务后果是否严重到影响财务报表的公允反映。

（二）发现违反法规行为后与管理层讨论

注册会计师应当记录所发现的情况，并与管理层讨论。

（1）当管理层不能提供令人满意的信息证明其确实遵守了法律法规，应向被审计单位律师咨询有关法律法规的遵守情况，及其对财务报表可能产生的影响。

（2）当向被审计单位律师咨询是不适当的，或对其提供的咨询意见不满意，应当考虑向其所在会计师事务所的律师咨询，以确定被审计单位是否存在违反法规行为，可能导致的法律后果，及应采取的进一步行动。

（三）发现违反法规行为后的沟通

注册会计师应尽快与治理层沟通，或获取治理层已获知违反法规行为的审计证据。

（1）当认为违反法规行为是故意和重大的，应就发现的情况立即与治理层沟通。

（2）当怀疑违反法规行为涉及高级管理人员，应向被审计单位内部的审计委员会或监事会等更高层次的机构报告。如果不存在更高层次的机构，或认为报告不起作用，或难以确定向谁报告，应考虑征询法律意见。

（3）如果发现被审计单位存在严重违反法规行为，注册会计师应当考虑法律法规是否要求其向监管机构报告；必要时，征询法律意见。

（四）不同的违反法规行为对审计及审计报告的影响

（1）如果发现违反法规行为未被内部控制识别，尤其是在评估重大错报风险后决定信赖或已信赖内部控制的情况下，注册会计师应当重新评估重大错报风险，并据此修改进一步审计程序的性质、时间和范围。

注册会计师应从四个方面来考虑：1）所发现违法行为的性质；2）被审计单位是否隐瞒该违法行为，尤其是这种隐瞒行为是否涉及被审计单位的管理层；3）被审计单位是否存在防止、发现或揭示出隐瞒违法行为的控制；4）该违法行为及其隐瞒涉及管理层或员工的层次。

（2）如果认为违反法规行为对财务报表具有重大影响，注册会计师应当要求被审计单位在财务报表中予以恰当反映。如果被审计单位在财务报表中对该违反法规行为做出恰当反映，注册会计师应当出具无保留意见的审计报告；如果认为违反法规行为对财务报表有重大影响，且未能在财务报表中得到恰当反映，注册会计师应当出具保留意见或否定意见的审计报告。

（3）如果因管理层或治理层阻挠而无法获取充分、适当的审计证据，以评价是否存在或可能存在对财务报表产生重大影响的违反法规行为，注册会计师应当根据审计范围受到限制的程度，发表保留意见或无法表示意见的审计报告。

（4）如果由于审计范围受到管理层或治理层以外的其他方面的限制而无法确定被审计单位是否存在违反法规行为，注册会计师应当评价这一情况对审计意见的影响。

实例7-2（单选题）

对识别出的或怀疑存在的违反法律法规行为的报告，下列说法中不正确的是（　　）。

A. 如果识别出或怀疑存在违反法律法规行为，注册会计师应当考虑是否有责任向被审计单位以外的监管机构和执法机构等相关机构或人员报告

B. 当怀疑违反法律法规行为涉及管理层或治理层时，如果不存在更高层级的机构，或者注册会计师认为被审计单位可能不会对通报做出反应，或者注册会计师不能确定向谁报告，注册会计师应当考虑是否需要征询法律意见

C. 注册会计师考虑是否报告的是其发现和确定的所有违反法律法规的行为

D. 如果无法确定是否有相关法律法规要求向监管机构报告发现的被审计单位的违反法规行为，或者无法确定某项违反法规行为是否应该向监管机构报告，注册会计师通常需要征询相关的法律意见，然后再确定如何处理

分析：C。注册会计师考虑是否报告的是其发现和确定的严重违反法律法规的行为，故选项C不正确。

第四节　筹资与投资循环所涉及科目的实质性测试

一、借款相关项目的审计

借款是企业承担的一项经济义务，是企业的负债项目，主要包括短期借款、长期借款和应付债券。一般情况下，被审计单位不会高估负债，因为这样于自身不利，且难以与债权人的会计记录相互印证，但被审计单位可能低估负债，低估债务经常伴随着低估成本费用从而高估利润的目的，不仅影响财务状况的反映，而且会极大地影响企业

财务成果的反映。所以，注册会计师对负债项目的审计，主要是防止企业低估债务。

在实务中，借款相关项目审计实质性测试形成的相关底稿包括以下内容。

（1）长（短）期借款实质性程序（见表7-4）、应付债券实质性程序（见表7-5）、应收款项融资实质性程序（见表7-6）、财务费用实质性程序（见表7-7）、应收利息实质性程序（见表7-8）、应付利息实质性程序（见表7-9）。以上底稿列出了长（短）期借款、应付债券、应收款项融资、财务费用、应付利息和应付利息的认定、审计目标、可供选择的审计程序之间的内在关系，供注册会计师根据被审计单位的具体情况选择。

（2）长（短）期借款审定表、应付债券审定表、应收款项融资审定表、财务费用审定表、应收利息审定表和应付利息审定表。以上底稿属于借款相关项目审计的汇总类底稿，长（短）期借款审定表汇总了信用借款、抵押借款、质押借款和保证借款审计的情况，应付债券审定表汇总了各类债券审计的情况，财务费用审定表汇总了利息支出、汇兑损益、银行手续费及其他的审计情况，并直接得出报表中的相应会计科目是否可以确认的审计结论。

（3）长（短）期借款明细表、应付债券明细表和财务费用明细表。长（短）期借款明细表分贷款银行列示了借款期限、本期增加本息、本期归还本息、本期利息、借款条件和借款用途等明细情况。应付债券明细表分项目列示了债券起息日、到期日、票面利息、面值、利息调整、应计利息和账面余额等明细情况。财务费用明细表分月列示了1—12月利息收支、汇兑损益、银行手续费及其他的明细情况，并与上年对比列示其变动情况。

（4）细节测试的支持性工作底稿。主要包括以下内容。

1）利息分配情况检查表。该表分项目重新计算了应当记入财务费用、在建工程、制造费用和研发支出等的实际利息的分配。

2）应付债券利息调整检查情况表、应付债券应计利息检查情况表。这两张表是为了说明列示在明细表以及分配表中应付债券实际利息是否正确而形成的重新计算利息调整数和应计利息的底稿。

3）长（短）期借款检查情况表、应付债券检查情况表和财务费用检查情况表。这些是注册会计师抽取一定原始凭证，检查原始凭证是否齐全，记账凭证与原始凭证是否相符，账务处理是否正确，是否记录于恰当的会计期间等而形成的底稿。

4）财务费用截止测试。该表是检查截止日前后的原始凭证而形成的底稿，以查证财务费用是否跨期。

表7-4 长（短）期借款实质性程序

一、审计目标与认定对应关系

审计目标	财务报表认定				
	存在	完整性	权利和义务	计价和分摊	列报
A. 资产负债表中记录的长（短）期借款是存在的。	√				
B. 所有应当记录的长（短）期借款均已记录。		√			

续表

审计目标	财务报表认定				
	存在	完整性	权利和义务	计价和分摊	列报
C. 记录的长（短）期借款是被审计单位应当履行的现时义务。			√		
D. 长（短）期借款以恰当的金额包括在财务报表中，与之相关的计价调整已恰当记录。				√	
E. 长（短）期借款已按照企业会计准则的规定在财务报表中做出恰当列报。					√

二、重大错报风险由实质性程序获取的保证程度确定

根据风险评估和内控测试结果按顺序依次做出判断	索引号	财务报表认定				
		存在	完整性	权利和义务	计价和分摊	列报
1. 评估重大错报风险水平（结果取自风险评估工作底稿——考虑内控效果前）						
2. 控制测试结果是否支持风险评估结论（结果取自该项目所属业务循环控制测试工作底稿——控制测试汇总表）						
3. 需从实质性程序获取的保证程度						

三、审计目标与审计程序对应关系

审计目标	可供选择的审计程序	索引号
D	1. 获取或编制长（短）期借款明细表。 （1）复核加计是否正确，并与报表数、总账数和明细账合计数核对是否相符，减去将于一年内偿还的长期借款后与报表数核对是否相符。 （2）检查非记账本位币长（短）期借款的折算汇率及折算金额是否正确，折算方法是否前后期一致。	
ABCD	2. 实质性分析程序。 （1）比较期初、期末长期借款余额，了解被审计单位融资政策等，分析其变动原因。 （2）计算长期借款占负债总额的比例、信用借款占长期借款总额的比例、抵押担保借款占长期借款总额的比例，对比例偏高的结合公司经营情况进一步了解具体原因，并取得相应支持文件。	
AB	3. 检查被审计单位企业信用报告，核实账面记录是否完整。对被审计单位企业信用报告中列示的信息与账面记录的差异进行分析，并关注企业信用报告中列示的被审计单位对外担保的信息。	
ABCD	4. 对长（短）期借款进行函证，除非有充分证据表明某一借款对财务报表不重要且与之相关的重大错报风险很低。如果不对这些项目实施函证程序，在审计工作底稿中说明理由。 （1）编制长期借款函证结果汇总表，检查回函。 （2）调查不符事项，确定是否表明存在错报。 （3）如果未回函，实施替代程序。	

续表

审计目标	可供选择的审计程序	索引号
	（4）如果认为回函不可靠，评价对评估的重大错报风险以及其他审计程序的性质、时间安排和范围的影响。 （5）如果管理层不允许寄发询证函： 1）询问管理层不允许寄发询证函的原因，并就其原因的正当性及合理性收集审计证据； 2）评价管理层不允许寄发询证函对评估的相关重大错报风险（包括舞弊风险）以及其他审计程序的性质、时间安排和范围的影响； 3）实施替代审计程序，以获取相关、可靠的审计证据； 4）如果认为管理层不允许寄发询证函的原因不合理，或实施替代程序无法获取相关、可靠的审计证据，与治理层进行沟通，并确定其对审计工作和审计意见的影响。	
ABCD	5. 对年度内增加的长（短）期借款，检查借款合同和授权批准，了解借款数额、借款用途、借款条件、借款日期、还款期限、借款利率，检查会计处理是否正确。	
ABD	6. 检查长（短）期借款的减少。对年度内减少的短期借款，检查相关记录和原始凭证，核实还款数额，并与相关会计记录核对。	
D	7. 复核长（短）期借款利息。根据长（短）期借款的利率和期限，检查被审计单位短期借款的利息计算是否正确；如有未计利息和多计利息，应做记录，必要时提请调整。	
CE	8. 检查被审计单位用于长（短）期借款的抵押资产的所有权是否属于企业，其价值和实际状况是否与契约中的规定相一致。	
AD	9. 检查被审计单位与贷款人之间所发生的债务重组。检查债务重组协议，确定其真实性、合法性，并检查债务重组的会计处理是否正确。	
AD	10. 检查长期借款费用的会计处理是否正确。检查资产负债表日被审计单位是否按摊余成本和实际利率计算确定长期借款的利息费用，并正确记入“财务费用”“在建工程”“制造费用”“研发支出”等相关账户，是否按合同利率计算应付未付利息并记入“应付利息”科目，是否按其差额记入“长期借款——利息调整”科目。同时应检查专门借款和一般借款的借款费用资本化的时点和期间、资产范围、目的和用途等是否符合资本化条件。	
D	11. 获取逾期贷款清单，了解逾期贷款的原因和逾期贷款占贷款总额的比例，了解逾期贷款展期情况和诉讼情况，判断是否存在持续经营风险。	
	12. 根据评估的舞弊风险等因素增加的审计程序。	
E	13. 检查长（短）期借款是否已按照企业会计准则的规定在财务报表中做出恰当列报。 （1）检查被审计单位长（短）期借款是否按信用借款、抵押借款、质押借款、保证借款分别披露。 （2）检查期末逾期借款是否按贷款单位、借款金额、逾期时间、年利率、逾期未偿还原因和预期还款期等进行披露。 （3）被审计单位是否在附注中披露与借款费用有关的下列信息。 1）当期资本化的借款费用金额； 2）当期用于计算确定借款费用资本化金额的资本化率。 （4）一年内到期的长期借款是否列为一年内到期的非流动负债。 （5）被审计单位在资产负债表日或之前违反长期借款协议，导致贷款人可随时要求清偿的负债应当归类为流动负债。	

表 7 - 5 应付债券实质性程序

一、审计目标与认定对应关系

审计目标	财务报表认定				
	存在	完整性	权利和义务	计价和分摊	列报
A. 资产负债表中记录的应付债券是存在的。	√				
B. 所有应当记录的应付债券均已记录。		√			
C. 记录的应付债券是被审计单位应当履行的现时义务。			√		
D. 应付债券以恰当的金额包括在财务报表中，与之相关的计价调整已恰当记录。				√	
E. 应付债券已按照企业会计准则的规定在财务报表中做出恰当列报。					√

二、重大错报风险由实质性程序获取的保证程度确定

根据风险评估和内控测试结果按顺序依次做出判断	索引号	财务报表认定				
		存在	完整性	权利和义务	计价和分摊	列报
1. 评估重大错报风险水平（结果取自风险评估工作底稿——考虑内控效果前）						
2. 控制测试结果是否支持风险评估结论（结果取自该项目所属业务循环控制测试工作底稿——控制测试汇总表）						
3. 需从实质性程序获取的保证程度						

三、审计目标与审计程序对应关系

审计目标	可供选择的审计程序	索引号
D	1. 获取或编制应付债券明细表。 （1）复核加计是否正确，并与报表数、总账数和明细账合计数核对是否相符。 （2）检查非记账本位币应付债券的折算汇率及折算是否正确，折算方法是否前后期一致。 （3）对属于划分为金融负债的其他金融工具的应付债券进行重分类。	
ABD	2. 实质性分析程序。 （1）比较期初、期末应付债券余额，了解被审计单位融资政策等，分析其变动原因。 （2）计算应付债券占负债总额的比例，对比例偏高的情况结合公司经营情况进一步了解具体原因，并取得相应支持文件。	
ABD	3. 检查应付债券的增加。审阅债券发行申请和审批文件，检查发行债券所收入现金的收据、汇款通知单、送款登记簿及相关的银行对账单，核实其会计处理是否正确。	
AC	4. 对应付债券向证券承销商或包销商函证。	
AD	5. 检查债券利息费用的会计处理是否正确，资本化的处理是否符合规定。 （1）对于分期付息、一次还本的债券，检查资产负债表日是否按摊余成本和实际利率计算确定债券利息费用，并正确记入“在建工程”“制造费用”	

续表

审计目标	可供选择的审计程序	索引号
	“财务费用”“研发费用”等相关账户，是否按票面利率计算确定应付未付利息并记入“应付利息”科目，是否按其差额调整“应付债券——利息调整”科目。 （2）对于一次还本付息的债券，检查资产负债表日是否按摊余成本和实际利率计算确定债券利息费用，并正确记入“在建工程”“制造费用”“财务费用”“研发费用”等相关账户，是否按票面利率计算确定应付未付利息并记入“应付债券——应计利息”科目，是否按其差额调整“应付债券——利息调整”科目。	
ABD	6. 检查到期债券的偿还。检查偿还债券的支票存根等相关会计记录，检查其会计处理是否正确。	
AD	7. 检查可转换公司债券是否将负债和权益成分分拆，检查可转换公司债券持有人行使转换权利，将其持有的债券转为股票时，其会计处理是否正确。	
C	8. 如发行债券时已作抵押或担保，检查相关契约的履行情况。	
	9. 根据评估的舞弊风险等因素增加的审计程序。	
E	10. 检查应付债券是否已按照企业会计准则的规定在财务报表中做出恰当列报。 （1）一年内到期的应付债券是否列为一年内到期的非流动负债。 （2）期末到期未偿付的债券金额及逾期原因是否充分披露。	

表7-6 应收款项融资实质性程序

一、审计目标与认定对应关系

审计目标	财务报表认定				
	存在	完整性	权利和义务	计价和分摊	列报
A. 资产负债表中记录的应收账款是存在的。	√				
B. 所有应当记录的应收账款均已记录。		√			
C. 记录的应收账款由被审计单位拥有或控制。			√		
D. 应收账款以恰当的金额包括在财务报表中，与之相关的计价调整已恰当记录。				√	
E. 应收账款已按照企业会计准则的规定在财务报表中做出恰当列报。					√

二、重大错报风险由实质性程序获取的保证程度确定

根据风险评估和内控测试结果按顺序依次做出判断	索引号	财务报表认定				
		存在	完整性	权利和义务	计价和分摊	列报
1. 评估重大错报风险水平（结果取自风险评估工作底稿——考虑内控效果前）						
2. 控制测试结果是否支持风险评估结论（结果取自该项目所属业务循环控制测试工作底稿——控制测试汇总表）						
3. 需从实质性程序获取的保证程度						

三、审计目标与审计程序对应关系

审计目标	可供选择的审计程序	索引号
D	1. 获取或编制应收款项融资明细表。 （1）复核加计是否正确，并与报表数、总账数和明细账合计数核对是否相符。 （2）检查非记账本位币应收款项融资的折算汇率及折算是否正确。 （3）与被审计单位讨论以确定划分为应收款项的金融资产是否符合企业会计准则的规定。	
CE	2. 就企业管理应收款项的业务模式获取管理层书面声明，并考虑管理层实现其目标的能力。向管理层询问，并通过下列方式对管理层的答复予以印证。 （1）考虑管理层以前所述业务模式的实施情况，并考虑现金流量的实现方式不同于评估业务模式时的预期对应收款项业务模式的影响。 （2）复核包括预算、会议纪要等在内的书面计划和其他文件记录。 （3）考虑关键管理人员对应收款项进行管理的特定业务目的，以及企业为实现其目标而开展的特定活动。 （4）考虑管理层选择划分为应收款项融资的理由。 （5）考虑管理层在既定经济环境下实施特定措施的能力。	
ABCD	3. 结合“应收票据”“应收账款”等会计科目，确定应收款项融资的余额正确并存在。	
ABCD	4. 结合“应收票据”“应收账款”等会计科目，对本期发生的应收款项融资的增减变动，检查至支持性文件，核查其会计处理是否正确。	
D	5. 确定应收款项融资的计价正确。 （1）复核应收款项融资的计价方法，检查其是否按公允价值计量，前后期是否一致，公允价值取得依据是否充分。 （2）复核应收款项融资的期末公允价值计量是否正确，会计处理是否正确。	
D	6. 如果识别出与应收款项融资减值和公允价值相关的重大错报风险，执行“审计会计估计（包括公允价值会计估计）和相关披露”中“应对评估的重大错报风险”所述的程序，并在本工作底稿中记录测试过程。	
D	7. 结合对银行借款等的检查，了解应收款项融资是否存在质押、担保情况；如有，应详细记录，并提请被审计单位充分披露。	
	8. 根据评估的舞弊风险等因素增加的审计程序。	
F	9. 检查应收款项融资是否已按照企业会计准则的规定在财务报表中做出恰当列报。	

表 7-7　财务费用实质性程序

一、审计目标与认定对应关系

审计目标	财务报表认定					
	发生	完整性	准确性	截止	分类	列报
A. 利润表中记录的财务费用已发生，且与被审计单位有关。	√					
B. 所有应当记录的财务费用均已记录。		√				
C. 与财务费用有关的金额及其他数据已恰当记录。			√			

续表

审计目标	财务报表认定					
	发生	完整性	准确性	截止	分类	列报
D. 财务费用已记录于正确的会计期间。				√		
E. 财务费用已记录于恰当的账户。					√	
F. 财务费用已按照企业会计准则的规定在财务报表中做出恰当列报。						√

二、重大错报风险由实质性程序获取的保证程度确定

根据风险评估和内控测试结果按顺序依次做出判断	索引号	财务报表认定					
		发生	完整性	准确性	截止	分类	列报
1. 评估重大错报风险水平（结果取自风险评估工作底稿——考虑内控效果前）							
2. 控制测试结果是否支持风险评估结论（结果取自该项目所属业务循环控制测试工作底稿——控制测试汇总表）							
3. 需从实质性程序获取的保证程度							

三、审计目标与审计程序对应关系

审计目标	可供选择的审计程序	索引号
C	1. 获取或编制财务费用明细表，复核加计是否正确，并与报表数、总账数和明细账合计数核对是否相符。	
ABC	2. 实质性分析程序。 （1）针对已识别需要运用分析程序的有关项目，注册会计师基于对被审计单位及其环境的了解，通过进行以下比较，同时考虑有关数据间关系的影响，建立有关数据的期望值。 1）将本期财务费用各明细项目与上期进行对比，必要时比较本期各月份财务费用，如有重大波动和异常情况，应追查原因； 2）计算借款、应付债券平均实际利率，并同以前年度及市场平均利率相比较； 3）根据借款、应付债券平均余额、平均利率测算当期利息费用和应付利息，并与账面记录进行比较； 4）根据银行存款平均余额和平均利率复核利息收入。 （2）确定可接受的差异额。 （3）将实际的情况与期望值相比较，识别需要进一步调查的差异。 （4）如果差额超过可接受的差异额，调查并获取充分的解释和恰当的佐证审计证据（如通过检查相关的凭证）。 （5）评估分析程序的测试结果。	
E	3. 检查财务费用明细项目的设置是否符合规定的核算内容与范围，是否划清财务费用与其他费用的界限。	
ABC	4. 检查利息支出明细账。 （1）审查各项借款期末应计利息有无预计入账。 （2）审查现金折扣的会计处理是否正确。 （3）结合长（短）期借款、应付债券等的审计，检查财务费用中是否包括为购建或生产满足资本化条件的资产发生的应予资本化的借款费用。	

续表

审计目标	可供选择的审计程序	索引号
	(4) 检查融资租入的固定资产，购入有关资产超过正常信用条件延期支付价款，实质上具有融资性质的，采用实际利率法分期摊销未确认融资费用时计入财务费用的数额是否正确。 (5) 检查应收票据贴现息的计算与会计处理是否正确。 (6) 检查存在资产弃置费用义务的固定资产或油气资产，在其使用寿命内，是否按期计算确定应负担的利息费用。	
ABC	5. 检查利息收入明细账。 (1) 确认利息收入的真实性及正确性。 (2) 检查从其他企业或非银行金融机构取得的利息收入是否按规定计缴税费。 (3) 检查采用递延方式分期收款、实质上具有融资性质的销售商品或提供劳务，采用实际利率法按期计算确定的利息收入是否正确。	
ABC	6. 检查汇兑损益明细账，检查汇兑损益计算方法是否正确，所用汇率是否正确，前后期是否一致。	
ABC	7. 检查财务费用（其他）明细账，检查大额金融机构手续费的真实性与正确性。	
D	8. 抽取资产负债表日前后________天的________张凭证，实施截止测试，若存在异常迹象，应考虑是否有必要追加审计程序，对于重大跨期项目应作必要调整。	
	9. 根据评估的舞弊风险等因素增加的审计程序。	
F	10. 检查财务费用是否已按照企业会计准则的规定在财务报表中做出恰当列报。	

表7-8 应收利息实质性程序

一、审计目标与认定对应关系

审计目标	财务报表认定				
	发生	完整性	权利和义务	计价和分摊	列报
A. 资产负债表中记录的应收利息已发生，且与被审计单位有关。	√				
B. 所有应当记录的应收利息均已记录。		√			
C. 记录的应收利息由被审计单位拥有或控制。			√		
D. 应收利息以恰当的金额包括在财务报表中，与之相关的计价调整已恰当记录。				√	
E. 应收利息已按照企业会计准则的规定在财务报表中做出恰当列报。					√

二、重大错报风险由实质性程序获取的保证程度确定

根据风险评估和内控测试结果按顺序依次做出判断	索引号	财务报表认定				
		发生	完整性	权利和义务	计价和分摊	列报
1. 评估重大错报风险水平（结果取自风险评估工作底稿——考虑内控效果前）						

续表

根据风险评估和内控测试结果按顺序依次做出判断	索引号	财务报表认定				
		发生	完整性	权利和义务	计价和分摊	列报
2. 控制测试结果是否支持风险评估结论（结果取自该项目所属业务循环控制测试工作底稿——控制测试汇总表）						
3. 需从实质性程序获取的保证程度						

三、审计目标与审计程序对应关系

审计目标	可供选择的审计程序	索引号
D	1. 获取或编制应收利息明细表。 （1）复核加计是否正确，并与总账数和明细账合计数核对是否相符，结合坏账准备科目与报表数核对是否相符。 （2）检查非记账本位币应收利息的折算汇率及折算是否正确。 （3）关注到期一次还本付息债券投资等未到期的应收利息是否包含在应收利息明细表中，如有，则调整至相关金融工具项目下列报。	
BCD	2. 对本期应收利息增减变动，结合相关账项的审计，检查至相关支持性文件，确定应收利息的计算和会计处理是否正确。必要时，实施函证程序。	
AB	3. 检查期后收款情况。 （1）对审计时已收回金额较大的款项检查至支持性文件，如核对收款凭证和银行对账单。 （2）关注长期未收回及金额较大的应收利息，询问管理层，确定应收利息的可收回性。必要时，向被投资单位函证利息支付情况，复核并记录函证结果。	
D	4. 评价计提的坏账准备。如果识别出与应收利息坏账准备相关的重大错报风险，执行“审计会计估计（包括公允价值会计估计）和相关披露”中“应对评估的重大错报风险”所述的程序，并在本账项工作底稿中记录测试过程。	
CD	5. 如果存在关联方的款项，注册会计师应： （1）了解交易的商业理由。 （2）检查证实交易的支持性文件（例如，发票、合同、协议、入库和运输单据等相关文件）。 （3）如果可获得的与关联方交易相关的审计证据有限，考虑实施下列审计程序。 1）向关联方函证交易的条件和金额，包括担保和其他重要信息； 2）检查关联方拥有的信息； 3）向交易相关的人员和机构（例如银行、律师）函证或与其讨论有关信息。 （4）完成关联方审计工作底稿。	
	6. 根据评估的舞弊风险等因素增加的审计程序。	
E	7. 检查应收利息是否已按照企业会计准则的规定在财务报表中做出恰当列报。	

表 7－9　应付利息实质性程序

一、审计目标与认定对应关系

审计目标	财务报表认定				
	发生	完整性	权利和义务	计价和分摊	列报
A. 资产负债表中记录的应付利息已发生，且与被审计单位有关。	√				
B. 所有应当记录的应付利息均已记录。		√			
C. 记录的应付利息由被审计单位拥有或控制。			√		
D. 应付利息以恰当的金额包括在财务报表中，与之相关的计价调整已恰当记录。				√	
E. 应付利息已按照企业会计准则的规定在财务报表中做出恰当列报。					√

二、重大错报风险由实质性程序获取的保证程度确定

根据风险评估和内控测试结果按顺序依次做出判断	索引号	财务报表认定				
		发生	完整性	权利和义务	计价和分摊	列报
1. 评估重大错报风险水平（结果取自风险评估工作底稿——考虑内控效果前）						
2. 控制测试结果是否支持风险评估结论（结果取自该项目所属业务循环控制测试工作底稿——控制测试汇总表）						
3. 需从实质性程序获取的保证程度						

三、审计目标与审计程序对应关系

审计目标	可供选择的审计程序	索引号
D	1. 获取或编制应付利息明细表。 （1）复核加计是否正确，并与报表数、总账数和明细账合计数核对是否相符。 （2）检查非记账本位币应付利息的折算汇率及折算是否正确。	
ABC	2. 检查应付利息的计算是否正确。 （1）计算借款、债券等平均利率（票面或合同利率）并同以前年度及市场平均利率相比较。 （2）根据借款、债券等平均余额、平均利率测算当期应付或应计利息，并与账面记录进行比较。	
BC	3. 结合分期付息到期还本的长期借款、应付债券的审计，检查应付利息有无遗漏。	

续表

审计目标	可供选择的审计程序	索引号
ABD	4. 实质性分析程序。 (1) 复核利息支出的平均实际利率，根据本年度平均借款余额及利率对本期平均实际利率做出预期。 (2) 将实际值与预期值进行比较。 (3) 检查××以上（实际执行的重要性水平的______%，______金额）相对于预期值的差异，并获取相关说明和证据。 (4) 在无适当的说明或确切的证据可以证明差异时，考虑是否需要计划和实施额外工作并记录发现的任何差错。	
AD	5. 检查利息支付原始凭证的内容和金额是否正确。	
AC	6. 结合分期付息到期还本的长期借款、应付债券的审计对应付利息进行函证。	
	7. 根据评估的舞弊风险等因素增加的审计程序。	
E	8. 检查应付利息是否已按照企业会计准则的规定在财务报表中做出恰当列报。	

二、所有者权益相关项目的审计

所有者权益是企业投资者对企业净资产的所有权，包括投资者对企业的投入资本以及企业存续过程中形成的资本公积、盈余公积和未分配利润。

(1) 根据资产负债表的平衡原理，所有者权益在数量上等于企业的全部资产减去全部负债后的余额，即企业净资产数额。如果注册会计师能够对企业的资产和负债进行充分的审计，证明两者的期初余额、期末余额和本期变动都是正确的，便从侧面为所有者权益的期末余额和本期变动的正确性提供了有力的证据。(2) 所有者权益增减变动具有业务较少、金额较大的特征。(3) 国家相关法律法规对涉及所有者权益的相关事项有明确规定，因此，所有者权益相关项目处于不期望出现误差的领域，注册会计师对此审计基本上是每笔均查证。

（一）实收资本（股本）的审计

在实务中，实收资本（股本）审计主要程序见表7-10。

表7-10 实收资本（股本）实质性程序

一、审计目标与认定对应关系

审计目标	财务报表认定				
	存在	完整性	权利和义务	计价和分摊	列报
A. 资产负债表中记录的实收资本（股本）是存在的。	√				
B. 所有应当记录的实收资本（股本）均已记录，实收资本（股本）的增减变动符合法律、法规和合同、章程的规定。		√			
C. 实收资本（股本）以恰当的金额包括在财务报表中。				√	
D. 实收资本（股本）已按照企业会计准则的规定在财务报表中做出恰当列报。					√

二、重大错报风险由实质性程序获取的保证程度确定

根据风险评估和内控测试结果按顺序依次做出判断	索引号	财务报表认定				
		存在	完整性	权利和义务	计价和分摊	列报
1. 评估重大错报风险水平（结果取自风险评估工作底稿——考虑内控效果前）						
2. 控制测试结果是否支持风险评估结论（结果取自该项目所属业务循环控制测试工作底稿——控制测试汇总表）						
3. 需从实质性程序获取的保证程度						

三、审计目标与审计程序对应关系

审计目标	可供选择的审计程序	索引号
C	1. 获取或编制实收资本（股本）明细表。 （1）复核加计是否正确，并与报表数、总账数和明细账合计数核对是否相符。 （2）以非记账本位币出资的，检查其折算汇率是否符合规定，折算差额的会计处理是否正确。 （3）首次接受委托的客户，对期初余额进行认定。	
ABC	2. 首次接受委托的客户，取得历次验资报告，将其所载明的投资者名称、投资方式、投资金额、到账时间等内容与被审计单位历次实收资本（股本）变动的账面记录、会计凭证及附件等核对。	
AB	3. 审阅公司章程、股东（大）会、董事会会议记录中有关实收资本（股本）的规定。收集与实收资本（股本）变动有关的董事会会议纪要、股东（大）会决议、合同、协议、公司章程及营业执照，公司设立批文、验资报告等法律性文件，并更新永久性档案。	
AC	4. 检查投入资本是否真实存在，审阅和核对与投入资本有关的原始凭证、会计记录，必要时向投资者函证实缴资本额，对有关财产和实物价值进行鉴定，以确定投入资本的真实性。 （1）对于发行在外的股票，应检查股票的发行活动。检查的内容包括已发行股票的登记簿、募股清单、银行对账单、会计账面记录等。必要时，可向证券交易所和金融机构函证股票发行的数量。 （2）对于发行在外的股票，应检查股票发行费用的会计处理是否符合有关规定。	
ACB	5. 检查出资期限、出资方式和出资额，检查投资者是否按合同、协议、章程约定的时间和方式缴付出资额，是否已经注册会计师验证。若已验资，应审阅验资报告。	
ACB	6. 检查实收资本（股本）增减变动的原因，查阅其是否与董事会纪要、补充合同、协议及其他有关法律性文件的规定一致，逐笔追查至原始凭证，检查其会计处理是否正确。注意有无抽资或变相抽资的情况，如有，应取证核实，作恰当处理。对首次接受委托的客户，除取得验资报告外，还应检查并复印记账凭证及进账单。 （1）对于股份有限公司，应检查股票收回的交易活动，检查的内容包括已发行股票的登记簿、收回的股票、银行对账单、会计账面记录等。	

续表

审计目标	可供选择的审计程序	索引号
	（2）以发放股票股利增资的，检查股东（大）会决议，检查相关增资手续是否办理，会计处理是否正确。 （3）对于以资本公积、盈余公积和未分配利润转增资本的，应取得股东（大）会决议等资料，并审核是否符合国家有关规定，会计处理是否正确。 （4）以权益结算的股份支付，行权时增资的，取得相关资料，检查是否符合相关规定，会计处理是否正确。 （5）以回购股票和通过其他法定程序报经批准减资的，检查股东（大）会决议以及相关的法律文件，检查手续是否办理，会计处理是否正确。 （6）中外合作经营企业在合作期间归还投资的，收集与已归还投资变动有关的公司章程、合同、董事会会议纪要、政府部门的批准文件等资料，查明其是否合规、合法，并更新永久性档案，对已归还投资的发生额逐项审查至原始凭证，检查应用的折算汇率和会计处理是否符合相关规定。	
D	7. 根据证券登记公司提供的股东名录，检查被审计单位及其子公司、合营企业与联营企业是否有违反规定持股的情况。	
A	8. 检查认股权证及其有关交易，确定委托人及认股人是否遵守认股合约或认股权证中的有关规定。	
	9. 根据评估的舞弊风险等因素增加的审计程序。	
D	10. 检查实收资本（股本）是否已按照企业会计准则的规定在财务报表中做出恰当列报。	

（二）资本公积的审计

在实务中，资本公积审计主要程序见表7-11。

表7-11 资本公积实质性程序

一、审计目标与认定对应关系

审计目标	财务报表认定				
	存在	完整性	权利和义务	计价和分摊	列报
A. 资产负债表中记录的资本公积是存在的。	√				
B. 所有应当记录的资本公积均已记录，资本公积的增减变动符合法律、法规和合同、章程的规定。		√			
C. 资本公积以恰当的金额包括在财务报表中。				√	
D. 资本公积已按照企业会计准则的规定在财务报表中做出恰当列报。					√

二、重大错报风险由实质性程序获取的保证程度确定

根据风险评估和内控测试结果按顺序依次做出判断	索引号	财务报表认定				
		存在	完整性	权利和义务	计价和分摊	列报
1. 评估重大错报风险水平（结果取自风险评估工作底稿——考虑内控效果前）						

续表

根据风险评估和内控测试结果按顺序依次做出判断	索引号	财务报表认定				
		存在	完整性	权利和义务	计价和分摊	列报
2. 控制测试结果是否支持风险评估结论（结果取自该项目所属业务循环控制测试工作底稿——控制测试汇总表）						
3. 需从实质性程序获取的保证程度						

三、审计目标与审计程序对应关系

审计目标	可供选择的审计程序	索引号
C	1. 获取或编制资本公积明细表，复核加计是否正确，并与报表数、总账数和明细账合计数核对是否相符。	
ABC	2. 首次接受委托的单位，应对期初资本公积进行追溯查验，检查原始发生的依据是否充分。	
AB	3. 收集与资本公积变动有关的股东（大）会决议、董事会会议纪要、资产评估报告等文件资料，并更新永久性档案。	
ABCD	4. 根据资本公积明细账，对“资本（股本）溢价”的账户发生额逐项审查至原始凭证。 （1）对股本溢价，应取得董事会会议纪要、股东（大）会决议、有关合同、政府批文，追查至银行收款等原始凭证，结合相关科目的审计，检查会计处理是否正确，注意发行股票溢价收入的计算是否已扣除股票发行费用。 （2）对资本公积转增资本的，应取得股东（大）会决议、董事会会议纪要、有关批文等，检查资本公积转增资本是否符合有关规定，会计处理是否正确。 （3）若为同一控制下企业合并，应结合“长期股权投资”科目，检查被审计单位（合并方）取得的被合并方所有者权益账面价值的份额与支付的合并对价账面价值的差额计算是否正确，是否依次调整“资本公积”“盈余公积”“未分配利润”科目。 （4）股份有限公司回购本公司股票进行减资的，检查其是否按注销的股票面值总额和注销的库存股的账面余额冲减资本公积。 （5）检查与发行权益性证券直接相关的手续费、佣金等交易费用的会计处理是否正确，是否将与发行权益性证券间接相关的手续费记入本账户，若有，判断是否需要被审计单位调整。	
ACDB	5. 根据资本公积明细账，对“其他资本公积”的账户发生额逐项审查至原始凭证。 （1）检查以权益法核算的被投资单位除净损益以外所有者权益的变动，被审计单位是否已按其享有的份额入账，会计处理是否正确。处置该项投资时，应注意是否已转销与其相关的资本公积。 （2）将自用房地产或存货转换为采用公允价值模式计量的投资性房地产，转换日的公允价值大于原账面价值的，检查其差额是否计入资本公积。处置该项投资性房地产时，原计入资本公积的部分是否已转销。 （3）将持有至到期投资重分类为可供出售金融资产，或将可供出售金融资产重分类为持有至到期投资的，是否按相关规定调整资本公积，检查可供出售金融资产的后续计量是否相应调整资本公积。 （4）以权益结算的股份支付，取得相关资料，检查在权益工具授予日和行权日的会计处理是否正确。 （5）对于在资产负债表日，运用套期会计方法的现金流量套期和境外经营净投资套期产生的利得和损失，检查是否进行了正确的会计处理。	

续表

审计目标	可供选择的审计程序	索引号
C	6. 检查资本公积各项目，考虑对所得税的影响。	
C	7. 记录资本公积中不能转增资本的项目。	
	8. 根据评估的舞弊风险等因素增加的审计程序。	
D	9. 检查资本公积是否已按照企业会计准则的规定在财务报表中做出恰当列报。	

（三）盈余公积的审计

在实务中，盈余公积审计主要程序见表7-12。

表7-12 盈余公积实质性程序

一、审计目标与认定对应关系

审计目标	财务报表认定				
	存在	完整性	权利和义务	计价和分摊	列报
A. 资产负债表中记录的盈余公积是存在的。	√				
B. 所有应当记录的盈余公积均已记录，盈余公积的增减变动符合法律、法规和合同、章程的规定。		√			
C. 盈余公积以恰当金额包括在财务报表中，与之相关的计价调整已恰当记录。				√	
D. 盈余公积已按照企业会计准则的规定在财务报表中做出恰当列报。					√

二、重大错报风险由实质性程序获取的保证程度确定

根据风险评估和内控测试结果按顺序依次做出判断	索引号	财务报表认定				
		存在	完整性	权利和义务	计价和分摊	列报
1. 评估重大错报风险水平（结果取自风险评估工作底稿——考虑内控效果前）						
2. 控制测试结果是否支持风险评估结论（结果取自该项目所属业务循环控制测试工作底稿——控制测试汇总表）						
3. 需从实质性程序获取的保证程度						

三、审计目标与审计程序对应关系

审计目标	可供选择的审计程序	索引号
C	1. 获取或编制盈余公积明细表，复核加计是否正确，并与报表数、总账数及明细账合计数核对是否相符。	
AB	2. 收集与盈余公积变动有关的董事会会议纪要、股东（大）会决议以及政府主管部门、财政部门批复等文件资料，进行审阅，并更新永久性档案。	

续表

审计目标	可供选择的审计程序	索引号
ACB	3. 对法定盈余公积和任意盈余公积的发生额逐项审查至原始凭证。 (1) 审查法定盈余公积和任意盈余公积的计提顺序、计提基数、计提比例是否符合有关规定，会计处理是否正确。 (2) 审查盈余公积的减少是否符合有关规定，取得董事会会议纪要、股东（大）会决议，予以核实，检查有关会计处理是否正确。	
AC	4. 如系外商投资企业，应对储备基金、企业发展基金的发生额逐项审查至原始凭证，检查是否符合有关规定，会计处理是否正确。	
AC	5. 如系中外合作经营企业，应对利润归还投资的发生额审查至原始凭证，并与“实收资本——已归还投资”科目的发生额核对，检查会计处理是否正确。	
AC	6. 针对实行补充流动资本的国有企业，应对补充流动资本的发生额检查至原始凭证。	
	7. 根据评估的舞弊风险等因素增加的审计程序。	
D	8. 检查盈余公积是否已按照企业会计准则的规定在财务报表中做出恰当列报。	

（四）未分配利润的审计

在实务中，未分配利润审计主要程序见表 7－13。

表 7－13　未分配利润实质性程序

一、审计目标与认定对应关系

审计目标	财务报表认定				
	存在	完整性	权利和义务	计价和分摊	列报
A. 资产负债表中记录的未分配利润是存在的。	√				
B. 所有应当记录的未分配利润均已记录，未分配利润增减变动符合法律、法规和章程的规定。		√			
C. 未分配利润以恰当的金额包括在财务报表中，与之相关的计价调整已恰当记录。				√	
D. 未分配利润已按照企业会计准则的规定在财务报表中做出恰当列报。					√

二、重大错报风险由实质性程序获取的保证程度确定

根据风险评估和内控测试结果按顺序依次做出判断	索引号	财务报表认定				
		存在	完整性	权利和义务	计价和分摊	列报
1. 评估重大错报风险水平（结果取自风险评估工作底稿——考虑内控效果前）						
2. 控制测试结果是否支持风险评估结论（结果取自该项目所属业务循环控制测试工作底稿——控制测试汇总表）						
3. 需从实质性程序获取的保证程度						

三、审计目标与审计程序对应关系

审计目标	可供选择的审计程序	索引号
C	1. 获取或编制利润分配明细表，复核加计是否正确，与报表数、总账数及明细账合计数核对是否相符。	
AC	2. 将未分配利润年初数与上年审定数核对是否相符，检查涉及损益的上年审计调整是否正确入账。	
AB	3. 获取与未分配利润有关的董事会会议纪要、股东（大）会决议、政府部门批文及有关合同、协议、公司章程等文件资料，并更新永久性档案。	
ABC	4. 检查董事会会议纪要、股东（大）会决议、利润分配方案等资料，对照有关规定确认利润分配的合法性。	
ABC	5. 检查未分配利润变动的相关凭证，结合所获取的文件资料，确定会计处理是否正确。	
C	6. 了解本年利润弥补以前年度亏损的情况，确定本期末未弥补亏损金额。如果已超过弥补期限，且因为抵扣亏损而确认递延所得税资产，应当进行调整。	
ABC	7. 检查本期未分配利润变动除净利润转入以外的全部相关凭证，结合所获取的文件资料，确定会计处理是否正确。	
ABC	8. 结合以前年度损益科目的审计，检查以前年度损益调整的内容是否真实、合理，注意对以前年度所得税的影响。对重大调整事项应逐项核实发生原因、依据和有关资料，复核数据的正确性。	
	9. 根据评估的舞弊风险等因素增加的审计程序。	
D	10. 检查未分配利润是否已按照企业会计准则的规定在财务报表中做出恰当列报。检查资产负债表日后至财务报告批准报出日之间，由董事会或类似机构所制定利润分配方案中拟分配的股利，是否在财务报表附注中单独披露。	

（五）应付股利的审计

在实务中，应付股利审计主要程序见表7-14。

表7-14 应付股利实质性程序

一、审计目标与认定对应关系

审计目标	财务报表认定				
	存在	完整性	权利和义务	计价和分摊	列报
A. 资产负债表中记录的应付股利是存在的。	√				
B. 所有应当记录的应付股利均已记录。		√			
C. 记录的应付股利是被审计单位应当履行的现时义务。			√		
D. 应付股利以恰当的金额包括在财务报表中，与之相关的计价调整已恰当记录。				√	
E. 应付股利已按照企业会计准则的规定在财务报表中做出恰当列报。					√

二、重大错报风险由实质性程序获取的保证程度确定

根据风险评估和内控测试结果按顺序依次做出判断	索引号	财务报表认定				
		存在	完整性	权利和义务	计价和分摊	列报
1. 评估重大错报风险水平（结果取自风险评估工作底稿——考虑内控效果前）						
2. 控制测试结果是否支持风险评估结论（结果取自该项目所属业务循环控制测试工作底稿——控制测试汇总表）						
3. 需从实质性程序获取的保证程度						

三、审计目标与审计程序对应关系

审计目标	可供选择的审计程序	索引号
D	1. 获取或编制应付股利明细表，复核加计是否正确，并与报表数、总账数及明细账合计数核对相符。	
ABC	2. 审阅公司章程、股东（大）会决议和董事会会议纪要中有关股利的规定，检查股利分配标准和发放方式是否符合有关规定并经法定程序批准。	
ABCE	3. 检查应付股利的计提是否根据董事会或股东（大）会决定的利润分配方案，从税后可供分配利润中计算确定。复核应付股利计算和会计处理的正确性。	
ABC	4. 检查股利支付的原始凭证的内容、金额和会计处理是否正确。检查现金股利是否按公告规定的时间、金额发放。	
ADC	5. 向主要股东函证，以确定未付股利的真实性和完整性。	
AC	6. 检查董事会或类似机构通过的利润分配方案中拟分配的现金股利或利润，是否按规定做账务处理，并在附注中披露。	
	7. 根据评估的舞弊风险等因素增加的审计程序。	
E	8. 检查应付股利是否已按照企业会计准则的规定在财务报表中做出恰当列报。按主要投资者列示欠付的应付股利金额并说明原因。	

（六）应收股利的审计

在实务中，应收股利审计主要程序见表 7－15。

表 7－15　应收股利实质性程序

一、审计目标与认定对应关系

审计目标	财务报表认定				
	存在	完整性	权利和义务	计价和分摊	列报
A. 资产负债表中记录的应收股利是存在的。	√				
B. 所有应当记录的应收股利均已记录。		√			
C. 记录的应收股利由被审计单位拥有或控制。			√		
D. 应收股利以恰当的金额包括在财务报表中，与之相关的计价调整已恰当记录。				√	
E. 应收股利已按照企业会计准则的规定在财务报表中做出恰当列报。					√

二、重大错报风险由实质性程序获取的保证程度确定

根据风险评估和内控测试结果按顺序依次做出判断	索引号	财务报表认定				
		存在	完整性	权利和义务	计价和分摊	列报
1. 评估重大错报风险水平（结果取自风险评估工作底稿——考虑内控效果前）						
2. 控制测试结果是否支持风险评估结论（结果取自该项目所属业务循环控制测试工作底稿——控制测试汇总表）						
3. 需从实质性程序获取的保证程度						

三、审计目标与审计程序对应关系

审计目标	可供选择的审计程序	索引号
D	1. 获取或编制应收股利明细表。 （1）复核加计是否正确，并与报表数、总账数及明细账合计数核对相符。 （2）检查非记账本位币应收股利的折算汇率及折算是否正确。	
ABCD	2. 对本期应收股利的增减变动，结合相关账项的审计，检查至相关支持性文件，确定应收股利的计算和会计处理是否正确。必要时，实施函证程序。	
ABC	3. 检查期后收款情况。 （1）对审计时已收回金额较大的款项，检查至支持性文件，如核对收款凭证和银行对账单。 （2）关注长期未收回的金额较大的应收股利，询问管理人员，确定应收股利的可收回性。必要时，向被审计单位函证股利支付情况，复核并记录函证结果。	
D	4. 评价计提的坏账准备，如果识别出与应收股利坏账准备相关的重大错报风险，执行“审计会计估计（包括公允价值会计估计）和相关披露”中“应对评估的重大错报风险”所述的程序，并在本账项工作底稿中记录测试过程。	
CE	5. 结合投资审计，确定境外投资应收股利汇回是否存在重大限制，如果存在，应充分披露。	
	6. 根据评估的舞弊风险等因素增加的审计程序。	
E	7. 检查应收股利是否已按照企业会计准则的规定在财务报表中做出恰当列报。	

三、投资相关项目的审计

与投资相关的项目包括：交易性金融资产/负债、衍生金融资产/负债、持有待售资产/负债、长期股权投资、投资性房地产、其他权益工具投资、其他权益工具、债权投资、其他债权投资、投资收益、公允价值变动收益、净敞口套期损益、其他综合收益等。

（一）交易性金融资产/负债的审计

交易性金融资产核算企业持有的以公允价值计量且其变动计入当期损益的金融资产，包括为交易目的所持有的债券投资、股票投资、基金投资、权证投资等，以及直接指定为以公允价值计量且其变动计入当期损益的金融资产。在实务中，注册会计师对交易性金融资产执行实质性测试，形成相关的审计工作底稿包括以下内容。

（1）交易性金融资产实质性程序（见表 7－16）。该表列出了交易性金融资产的认定、审计目标、可供选择的审计程序之间的内在关系，供注册会计师根据被审计单位的具体情况选择。

（2）交易性金融资产审定表。该表属于交易性金融资产审计的汇总类底稿，汇总了交易性债券投资、交易性权益工具投资、指定为以公允价值计量且其变动计入当期损益的金融资产、衍生金融资产及其他审计的情况，并直接得出报表中的交易性金融资产是否可以确认的审计结论。

（3）交易性金融资产明细表。该表分项目列示了期初余额、本期增加、本期减少和期末余额等明细情况。

（4）细节测试形成的支持性底稿。主要包括以下内容。

1）交易性金融资产函证情况汇总表。该表汇总了注册会计师对交易性金融资产函证的整个过程。

2）交易性金融资产监盘表。该表是注册会计师对交易性金融资产实施监盘而形成的底稿。盘点时，需要与现金盘点同时进行，注册会计师不要单独接触交易性金融资产。对放在不同位置的交易性金融资产要同时进行检查，以免交易性金融资产被移置影响检查的正确性。如果交易性金融资产由证券经销商之外第三方或经销商保管，注册会计师应当向第三方发出函证。

3）交易性金融资产公允价值复核表。该表是注册会计师通过重新采集数据和计算，核对交易性金融资产公允价值是否适当而形成的底稿。

表 7－16　交易性金融资产实质性程序

一、审计目标与认定对应关系

审计目标	财务报表认定				
	存在	完整性	权利和义务	计价和分摊	列报
A. 资产负债表中记录的交易性金融资产是存在的。	√				
B. 所有应当记录的交易性金融资产均已记录。		√			
C. 记录的交易性金融资产由被审计单位拥有或控制。			√		
D. 交易性金融资产以恰当的金额包括在财务报表中，与之相关的计价调整已恰当记录。				√	
E. 交易性金融资产已按照企业会计准则的规定在财务报表中做出恰当列报。					√

二、重大错报风险由实质性程序获取的保证程度确定

根据风险评估和内控测试结果按顺序依次做出判断	索引号	财务报表认定				
		存在	完整性	权利和义务	计价和分摊	列报
1. 评估重大错报风险水平（结果取自风险评估工作底稿——考虑内控效果前）						
2. 控制测试结果是否支持风险评估结论（结果取自该项目所属业务循环控制测试工作底稿——控制测试汇总表）						
3. 需从实质性程序获取的保证程度						

三、审计目标与审计程序对应关系

审计目标	可供选择的审计程序	索引号
D	1. 获取或编制交易性金融资产明细表。 （1）复核加计是否正确，并与报表数、总账数和明细账合计数核对是否相符。 （2）检查非记账本位币交易性金融资产的折算汇率及折算是否正确。 （3）与被审计单位讨论以确定划分为交易性金融资产是否符合企业会计准则的规定。	
CE	2. 就被审计单位管理层将投资划分为交易性金融资产的意图获取声明，并考虑管理层实施该意图的能力。向管理层询问并通过下列方式对管理层的答复予以印证。 （1）考虑管理层以前所述的对于划分为交易性金融资产的意图的实际实施情况。 （2）复核包括预算、会议纪要等在内的书面计划和其他文件记录。 （3）考虑管理层选择划分为交易性金融资产的理由。 （4）考虑管理层在既定经济环境下实施特定措施的能力。	
ADE	3. 确定交易性金融资产余额正确及存在。 （1）获取股票、债券、基金等账户对账单，与明细账余额核对，做出记录或进行适当调整。 （2）被审计单位人员盘点交易性金融资产，编制交易性金融资产盘点表。注册会计师实施监盘并检查交易性金融资产名称、数量、票面价值、票面利率等内容，同时与相关账户余额进行核对；如有差异，查明原因，做出记录或进行适当调整。 （3）如果交易性金融资产在审计工作日已售出或兑换，则追查至相关原始凭证，以确认其在资产负债表日存在。 （4）在外保管的交易性金融资产等应查阅有关保管的文件，必要时可向保管人函证，复核并记录函证结果。了解在外保管的交易性金融资产实质上是否为委托理财；如是，应详细记录，分析资金的安全性和可收回性，提请被审计单位重新分类并充分披露。 （5）获取并查验开立股票、债券、基金等账户手续及相关文件，查验账户的合法性。 （6）获取被审计单位管理层证券投资情况声明。	
BC	4. 确定交易性金融资产的会计记录是否完整，并确定所购入交易性金融资产归被审计单位所拥有。 （1）取得有关账户流水单，对照检查账面记录是否完整，检查购入交易性金融资产是否由被审计单位拥有。 （2）向相关机构发函，并确定是否存在变现限制，同时记录函证过程。	

续表

审计目标	可供选择的审计程序	索引号
D	5. 确定交易性金融资产的计价是否正确。 （1）复核交易性金融资产计价方法，检查其是否按公允价值计量，前后期是否一致。 （2）复核公允价值取得依据是否充分，公允价值与账面价值的差额是否记入公允价值变动损益科目。 （3）如果识别出与交易性金融资产相关的重大错报风险，执行“审计会计估计（包括公允价值会计估计）和相关披露”中“应对评估的重大错报风险”所述的程序，并在本账项工作底稿中记录测试过程。	
ABD	6. 抽取交易性金融资产增减变动的相关凭证，检查其原始凭证是否完整合法，会计处理是否正确。 （1）抽取交易性金融资产增加的记账凭证，注意其原始凭证是否完整合法，成本、交易费用和相关利息或股利的会计处理是否符合规定。 （2）抽取交易性金融资产减少的记账凭证，检查其原始凭证是否完整合法，会计处理是否正确。注意出售交易性金融资产时其成本结转是否正确。	
C	7. 检查有无变现存在重大限制的交易性金融资产，如有，则查明情况，并做适当调整。	
	8. 根据评估的舞弊风险等因素增加的审计程序。	
E	9. 检查交易性金融资产是否已按照企业会计准则的规定在财务报表中做出恰当列报。	

交易性金融负债核算企业持有的以公允价值计量且其变动计入当期损益的金融负债，衍生金融负债不在“交易性金融负债”科目核算，按照交易性金融负债类别，分别对“本金”“公允价值变动”二级科目进行明细核算。在实务中，交易性金融负债审计程序见表 7－17。

表 7－17　交易性金融负债实质性程序

一、审计目标与认定对应关系

审计目标	财务报表认定				
	存在	完整性	权利和义务	计价和分摊	列报
A. 资产负债表中记录的交易性金融负债是存在的。	√				
B. 所有应当记录的交易性金融负债均已记录。		√			
C. 记录的交易性金融负债是被审计单位应当履行的现时义务。			√		
D. 交易性金融负债以恰当的金额包括在财务报表中，与之相关的计价调整已恰当记录。				√	
E. 交易性金融负债已按照企业会计准则的规定在财务报表中做出恰当列报。					√

二、重大错报风险由实质性程序获取的保证程度确定

根据风险评估和内控测试结果按顺序依次做出判断	索引号	财务报表认定				
		存在	完整性	权利和义务	计价和分摊	列报
1. 评估重大错报风险水平（结果取自风险评估工作底稿——考虑内控效果前）						
2. 控制测试结果是否支持风险评估结论（结果取自该项目所属业务循环控制测试工作底稿——控制测试汇总表）						
3. 需从实质性程序获取的保证程度						

三、审计目标与审计程序对应关系

审计目标	可供选择的审计程序	索引号
D	1. 获取或编制交易性金融负债明细表。 （1）复核加计是否正确，并与报表数、总账数和明细账合计数核对是否相符。 （2）检查交易性金融负债的分类是否正确，依据是否充分。 （3）检查非记账本位币交易性金融负债的折算汇率及折算是否正确。	
AD	2. 对本期发生的以公允价值计量且其变动计入当期损益的交易性金融负债的增减变动，检查至支持性文件，确定会计处理是否正确。	
D	3. 确定交易性金融负债的计价是否正确。 （1）复核交易性金融负债计价方法，检查其是否按公允价值计量，前后期是否一致。 （2）复核公允价值取得依据是否充分，公允价值与账面价值的差额是否计入公允价值变动损益科目。特别关注是否存在利用公允价值调节利润的情况。 （3）如果识别出与交易性金融负债公允价值相关的重大错报风险，执行“审计会计估计（包括公允价值会计估计）和相关披露”中“应对评估的重大错报风险”所述和程序，并在本账项工作底稿中记录测试过程。	
ABCD	4. 实施函证程序。 （1）编制以公允价值计量且其变动计入当期损益的交易性金融负债函证结果汇总表，并检查回函。 （2）调查不符事项，确定是否表明存在错报。 （3）如果未回函，实施替代程序。 （4）如果认为回函不可靠，评价对评估的重大错报风险以及其他审计程序的性质、时间安排和范围的影响。 （5）如果管理层不允许寄发询证函，注册会计师应： 1）询问管理层不允许寄发询证函的原因，并就原因的正当性及合理性收集审计证据； 2）评价管理层不允许寄发询证函对评估的重大错报风险（包括舞弊风险）以及其他审计程序的性质、时间安排和范围的影响； 3）实施替代审计程序，以获取相关、可靠的审计证据； 4）如果认为管理层不允许寄发询证函的原因不合理，或实施替代程序无法获取相关、可靠的审计证据，与治理层进行沟通，并确定其对审计工作和审计意见的影响。	

续表

审计目标	可供选择的审计程序	索引号
ABD	5. 检查处置交易性金融负债的原始凭证，核实其内容、金额和会计处理是否正确。	
	6. 根据评估的舞弊风险等因素增加的审计程序。	
E	7. 检查交易性金融负债是否已按照企业会计准则在财务报表中做出恰当列报。	

(二) 衍生金融资产/负债的审计

衍生金融资产核算企业衍生金融工具业务中的衍生金融工具的公允价值及其变动形成的衍生资产或衍生负债，按照衍生金融工具类别，分“成本”“公允价值变动”进行明细核算。资产负债表日公允价值是正的，就是衍生金融资产；资产负债表日公允价值是负的，就是衍生金融负债。在实务中，衍生金融资产审计的程序见表 7 - 18。衍生金融负债审计的程序见表 7 - 19。

表 7 - 18　衍生金融资产实质性程序

一、审计目标与认定对应关系

审计目标	财务报表认定				
	存在	完整性	权利和义务	计价和分摊	列报
A. 资产负债表中记录的衍生金融资产是存在的。	√				
B. 所有应当记录的衍生金融资产均已记录。		√			
C. 记录的衍生金融资产由被审计单位拥有或控制。			√		
D. 衍生金融资产以恰当的金额包括在财务报表中，与之相关的计价调整已恰当记录。				√	
E. 衍生金融资产已按照企业会计准则的规定在财务报表中做出恰当列报。					√

二、重大错报风险由实质性程序获取的保证程度确定

根据风险评估和内控测试结果按顺序依次做出判断	索引号	财务报表认定				
		存在	完整性	权利和义务	计价和分摊	列报
1. 评估重大错报风险水平（结果取自风险评估工作底稿——考虑内控效果前）						
2. 控制测试结果是否支持风险评估结论（结果取自该项目所属业务循环控制测试工作底稿——控制测试汇总表）						
3. 需从实质性程序获取的保证程度						

三、审计目标与审计程序对应关系

审计目标	可供选择的审计程序	索引号
D	1. 获取或编制衍生金融资产明细表。 （1）复核加计是否正确，并与报表数、总账数和明细账合计数核对是否相符。 （2）检查非记账本位币衍生金融资产的折算汇率及折算是否正确。 （3）与被审计单位讨论以确定划分为以公允价值计量且其变动计入当期损益的金融资产是否符合企业会计准则的规定。	
ABCD	2. 获取衍生工具合同以及嵌入衍生工具（及主合同）清单，对照检查账面记录是否完整，与明细账余额核对，判断经济业务发生的真实性和完整性。	
ABDC	3. 确定衍生金融资产的计价是否正确。 （1）复核衍生金融资产计价方法，检查其是否按公允价值计量，前后期是否一致。 （2）复核公允价值取得依据是否充分，公允价值与账面价值的差额是否计入公允价值变动损益科目。 （3）如果识别出与衍生金融资产公允价值相关的重大错报风险，执行“审计会计估计（包括公允价值会计估计）和相关披露”中“应对评估的重大错报风险”所述的程序，并在本账项工作底稿中记录测试过程。	
ACD	4. 抽取衍生金融资产增减变动的相关凭证，检查其原始凭证是否完整合法，会计处理是否正确。	
ACD	5. 检查有无变现存在重大限制的衍生金融资产，如有，则查明情况，并做适当调整。	
	6. 根据评估的舞弊风险等因素增加的审计程序。	
E	7. 检查衍生金融资产是否已按照企业会计准则的规定在财务报表中做出恰当列报。	

表7-19 衍生金融负债实质性程序

一、审计目标与认定对应关系

审计目标	财务报表认定				
	存在	完整性	权利和义务	计价和分摊	列报
A. 资产负债表中记录的衍生金融负债是存在的。	√				
B. 所有应当记录的衍生金融负债均已记录。		√			
C. 记录的衍生金融负债是被审计单位应当履行的现时义务。			√		
D. 衍生金融负债以恰当的金额包括在财务报表中，与之相关的计价调整已恰当记录。				√	
E. 衍生金融负债已按照企业会计准则的规定在财务报表中做出恰当列报。					√

二、重大错报风险由实质性程序获取的保证程度确定

根据风险评估和内控测试结果按顺序依次做出判断	索引号	财务报表认定				
		存在	完整性	权利和义务	计价和分摊	列报
1. 评估重大错报风险水平（结果取自风险评估工作底稿——考虑内控效果前）						
2. 控制测试结果是否支持风险评估结论（结果取自该项目所属业务循环控制测试工作底稿——控制测试汇总表）						
3. 需从实质性程序获取的保证程度						

三、审计目标与审计程序对应关系

审计目标	可供选择的审计程序	索引号
D	1. 获取或编制衍生金融负债明细表。 (1) 复核加计是否正确，并与报表数、总账数和明细账合计数核对相符。 (2) 检查非记账本位币衍生金融负债的折算汇率及折算是否正确。 (3) 与被审计单位讨论以确定划分为以公允价值计量且其变动计入当期损益的金融负债是否符合企业会计准则的规定。	
ABCD	2. 获取衍生工具合同以及嵌入衍生工具（及主合同）清单，对照检查账面记录是否完整，与明细账余额核对，判断经济业务发生的真实性和完整性。	
D	3. 确定衍生金融负债的计价是否正确。 (1) 复核衍生金融负债计价方法，检查其是否按公允价值计量，前后期是否一致。 (2) 复核公允价值取得依据是否充分，公允价值与账面价值的差额是否计入公允价值变动损益科目。 (3) 如果识别出与衍生金融负债公允价值相关的重大错报风险，执行“审计会计估计（包括公允价值会计估计）和相关披露”中“应对评估的重大错报风险”所述的程序，并在本账项工作底稿中记录测试过程。	
D	4. 对本期发生的衍生金融负债的增减变动，检查至支持性文件，确定其会计处理是否正确。	
	5. 根据评估的舞弊风险等因素增加的审计程序。	
E	6. 检查衍生金融负债是否已按照企业会计准则的规定在财务报表中做出恰当列报。	

（三）持有待售资产/负债的审计

持有待售资产核算持有待售的非流动资产和持有待售处置组中的资产。在实务中，持有待售资产的审计程序见表7-20。

表7-20 持有待售资产实质性程序

一、审计目标与认定对应关系

审计目标	财务报表认定				
	存在	完整性	权利和义务	计价和分摊	列报
A. 资产负债表中记录的持有待售资产是存在的。	√				
B. 所有应当记录的持有待售资产均已记录。		√			

续表

审计目标	财务报表认定				
	存在	完整性	权利和义务	计价和分摊	列报
C. 记录的持有待售资产由被审计单位拥有或控制。			√		
D. 持有待售资产以恰当的金额包括在财务报表中，与之相关的计价调整已恰当记录。				√	
E. 持有待售资产已按照企业会计准则的规定在财务报表中做出恰当列报。					√

二、重大错报风险由实质性程序获取的保证程度确定

根据风险评估和内控测试结果按顺序依次做出判断	索引号	财务报表认定				
		存在	完整性	权利和义务	计价和分摊	列报
1. 评估重大错报风险水平（结果取自风险评估工作底稿——考虑内控效果前）						
2. 控制测试结果是否支持风险评估结论（结果取自该项目所属业务循环控制测试工作底稿——控制测试汇总表）						
3. 需从实质性程序获取的保证程度						

三、审计目标与审计程序对应关系

审计目标	可供选择的审计程序	索引号
D	1. 获取或编制持有待售资产（持有待售处置组）明细表，复核加计是否正确，并与报表数、总账数和明细账合计数核对是否相符。	
BCD	2. 了解被审计单位确认持有待售资产（持有待售处置组）的依据和预计处置时间，获取相关资料，复核持有待售资产（持有待售处置组）确认的恰当性。	
D	3. 了解被审计单位转出的流动资产原值、资产减值准备、账面价值等金额的准确性，了解固定资产、投资性房地产或无形资产的原值、累计折旧、累计摊销、资产减值准备、账面价值等金额的准确性。	
D	4. 了解被审计单位持有待售资产（持有待售处置组）公允价值和处置费用的确认方法，复核相关金额计算的准确性。	
D	5. 了解被审计单位是否存在持有待售资产（持有待售处置组）转回的情况，复核被审计单位持有待售资产（持有待售处置组）转回的原因，检查相关会计处理是否恰当。	
E	6. 检查持有待售资产（持有待售处置组）是否已按照企业会计准则的规定在财务报表中做出恰当列报。	

持有待售负债，反映资产负债表日处置组中与划分为持有待售类别的资产直接相关的负债的期末账面价值。在实务中，持有待售负债的审计程序见表7-21。

表 7-21 持有待售负债实质性程序

一、审计目标与认定对应关系

审计目标	财务报表认定				
	存在	完整性	权利和义务	计价和分摊	列报
A. 资产负债表中记录的持有待售负债是存在的。	√				
B. 所有应当记录的持有待售负债均已记录。		√			
C. 记录的持有待售负债由被审计单位拥有或控制。			√		
D. 持有待售负债以恰当的金额包括在财务报表中，与之相关的计价调整已恰当记录。				√	
E. 持有待售负债已按照企业会计准则的规定在财务报表中做出恰当列报。					√

二、重大错报风险由实质性程序获取的保证程度确定

根据风险评估和内控测试结果按顺序依次做出判断	索引号	财务报表认定				
		存在	完整性	权利和义务	计价和分摊	列报
1. 评估重大错报风险水平（结果取自风险评估工作底稿——考虑内控效果前）						
2. 控制测试结果是否支持风险评估结论（结果取自该项目所属业务循环控制测试工作底稿——控制测试汇总表）						
3. 需从实质性程序获取的保证程度						

三、审计目标与审计程序对应关系

审计目标	可供选择的审计程序	索引号
D	1. 获取或编制持有待售负债（指持有待售处置组中的负债，下同）明细表，复核加计是否正确，并与报表数、总账数和明细账合计数核对是否相符。	
AC	2. 检查被审计单位确认持有待售负债的出售合同、董事会批准文件、股东会批准文件、监管机构批准文件（若有）等相关资料，确认如下事项。 （1）该交易是否具有商业实质。 （2）拟出售的自有处置组是否同时满足以下条件。 1）根据类似交易中出售此类处置组的惯例，在当前状况下可立即出售。 2）企业已经就一项出售计划做出决议且获得确定的购买承诺。（确定的购买承诺，是指企业与其他方签订的具有法律约束力的购买协议，该协议包含交易价格、时间和足够严厉的违约惩罚等重要条款，使协议出现重大调整或者撤销的可能性极小。） 3）有关规定要求企业相关权力机构或者监管部门批准后方可出售的，应当已经获得批准。 4）预计出售在一年内完成。 （3）取得日即划分为持有待售负债的处置组是否同时满足以下条件。	

续表

审计目标	可供选择的审计程序	索引号
	1）自取得日起，预计出售在一年内完成； 2）自取得日起，短期（通常为3个月）内很可能满足持有待售类别的其他划分条件。	
AC	3. 检查被审计单位划分为持有待售负债的处置组中的负债是否存在划分超过一年的情形。如有，关注延期出售的原因，获取相关证据核实管理层是否采取措施解决导致延期的事项，并积极推动出售交易的进行。检查仍然划分为持有待售负债的处置组中的负债是否满足持有待售负债的划分条件。	
ACD	4. 复核被审计单位持有待售负债在划分为持有待售前是否按照金融工具相关准则准确计量。	
DE	5. 复核持有待售负债的计价是否正确。 （1）复核持有待售负债的处置组的计价方法，检查其是否按账面价值与公允价值减去处置费用后的净额孰低进行计量，关注其中的负债是否按照适用准则准确计量。 （2）复核公允价值取得依据是否充分。	
BD	6. 检查被审计单位持有待售负债的增减变动情况，关注是否存在不符合持有待售条件而划出的情况，检查被审计单位持有待售负债划出的原因，相关会计处理是否恰当。	
E	7. 检查持有待售负债是否已按照企业会计准则的规定在财务报表中做出恰当列报。	

（四）长期股权投资的审计

长期股权投资核算企业持有的采用成本法和权益法核算的长期股权投资。在实务中，长期股权投资的审计程序见表7-22。

表7-22　长期股权投资实质性程序

一、审计目标与认定对应关系

审计目标	财务报表认定				
	存在	完整性	权利和义务	计价和分摊	列报
A. 资产负债表中记录的长期股权投资是存在的。	√				
B. 所有应当记录的长期股权投资均已记录。		√			
C. 记录的长期股权投资由被审计单位拥有或控制。			√		
D. 长期股权投资以恰当的金额包括在财务报表中，与之相关的计价调整已恰当记录。				√	
E. 长期股权投资已按照企业会计准则的规定在财务报表中做出恰当列报。					√

二、重大错报风险由实质性程序获取的保证程度确定

根据风险评估和内控测试结果按顺序依次做出判断	索引号	财务报表认定				
		存在	完整性	权利和义务	计价和分摊	列报
1. 评估重大错报风险水平（结果取自风险评估工作底稿——考虑内控效果前）						
2. 控制测试结果是否支持风险评估结论（结果取自该项目所属业务循环控制测试工作底稿——控制测试汇总表）						
3. 需从实质性程序获取的保证程度						

三、审计目标与审计程序对应关系

审计目标	可供选择的审计程序	索引号
D	1. 获取或编制长期股权投资明细表，复核加计是否正确，并与总账数和明细账合计数核对是否相符，结合长期股权投资减值准备科目与报表数核对是否相符。	
ABCD	2. 实质性分析程序。 （1）比较当年度及以前年度投资余额、收购及转让投资的增减变动，并对异常情况做出解释。 （2）比较当年度及以前年度股利收入及按持股比例计算的投资收益的增减变动，并对异常情况做出解释。 （3）比较被审计单位当年度、以前年度及市场的平均投资收益率。	
ADCE	3. 取得被投资单位的章程、营业执照、组织机构代码证等资料，并更新永久性档案。根据有关合同和文件，确认长期股权投资的股权比例和表决权等，检查长期股权投资的分类和核算方法是否正确。	
ABCD	4. 对本期发生的长期股权投资增减变动，检查至支持性文件，确定其会计处理是否正确。	
ABCD	5. 检查长期股权投资的会计处理。 （1）检查长期股权投资的核算是否按规定采用权益法或成本法。 （2）采用权益法的，应取得被投资单位经审计的年度财务报表，必要时可向审计该报表的会计师事务所发出调查问卷。 1）复核投资损益时，根据重要性原则，应以取得投资时被投资单位各项可辨认资产的公允价值为基础，对被投资单位的净损益进行调整后加以确认。被投资单位采用的会计政策及会计期间与被审计单位不一致的，应当按照被审计单位的会计政策及会计期间对被投资单位的财务报表进行调整，据以确认投资损益，并做出详细记录。 2）将重新计算的投资损益与被审计单位计算的投资损益核对，如有重大差异，查明原因，并做适当调整。 3）关注被审计单位在被投资单位发生净亏损或以后期间实现盈利时的会计处理是否正确。 4）若被投资单位未经审计，应考虑是否对被投资单位的财务报表实施适当的审计或审阅程序。 （3）对采用成本法核算的长期股权投资，检查股利分配的原始凭证及分配决议等资料，确定会计处理是否正确；对被审计单位实施控制而采用成本法核算的长期股权投资，比照权益法编制变动明细表，以备合并报表使用。 （4）对于成本法和权益法转换、以公允价值计量的金融工具重新分类，检查其确认金额是否正确，转换方法是否恰当。 （5）一年内到期的长期股权投资应单列在流动资产项下。	

续表

审计目标	可供选择的审计程序	索引号
D	6. 对期末长期股权投资进行检查。 (1) 核对长期股权投资减值准备本期与以前年度计提方法是否一致，如有差异，查明会计政策调整的原因，并确定会计政策改变对本期损益的影响，提请被审计单位做适当披露。 (2) 对长期股权投资进行逐项检查，根据被投资单位经营政策、法律环境、市场需求、行业及盈利能力等的各种变化判断长期股权投资是否存在减值迹象。当长期股权投资可收回金额低于账面价值时，应将可收回金额低于账面价值的差额作为长期股权投资减值准备予以计提，并与被审计单位已计提数核对，如有差异，查明原因。 (3) 将本期减值准备计提金额与利润表资产减值损失（或投资收益）中的相应数字进行核对。 (4) 检查长期股权投资减值准备是否按单项资产计提，计提依据是否充分，是否得到适当批准。	
D	7. 检查通过发行权益性证券、投资者投入、企业合并等方式取得的长期股权投资的会计处理是否正确。	
D	8. 如果识别出与长期股权投资减值准备相关的重大错报风险，执行“审计会计估计（包括公允价值会计估计）和相关披露”中“应对评估的重大错报风险”所述的程序，并在本账项工作底稿中记录测试过程。	
CE	9. 结合对银行借款等的检查，了解长期股权投资是否存在质押、担保情况；如有，应详细记录，并提请被审计单位进行充分披露。	
CE	10. 与管理层讨论确定是否存在由于所在国家和地区及其他方面的影响，被投资单位向被审计单位转移资金的能力受到限制的情况，如存在，提请被审计单位披露。	
	11. 根据评估的舞弊风险等因素增加的审计程序。	
E	12. 检查长期股权投资是否已按照企业会计准则的规定在财务报表中做出恰当列报。 (1) 子公司、合营企业和联营企业清单，包括企业名称、注册地、业务性质、投资企业的持股比例和表决权比例。 (2) 合营企业和联营企业当期的主要财务信息，包括资产、负债、收入、费用等的合计金额。 (3) 被投资单位向投资企业转移资金的能力受到严格限制的情况。 (4) 当期及累计未确认的投资损失金额。 (5) 与对子公司、合营企业及联营企业投资相关的或有负债。	

实例7-3（分析题）

项目组在审计华兴公司20×6年度财务报表时，注意到以下情况：

20×6年12月10日，华兴公司与其母公司华兴集团签订股份转让协议，将其持有的某商业银行股份有限公司1.26%的股权（1 500万股）以2.05元/股的价格转让给华兴集团，且不附任何追索权。该协议于20×6年12月11日经华兴公司第四届第二次董事会审议通过（按华兴公司章程规定，此笔交易需要经过股东大会审议）。20×7年3月19日，省人民政府办公厅对某商业银行呈报的《关于华兴公司股权转让事项有关问题的请示》予以批复，同意华兴集团以协议价收购华兴公司所持某商业银行股权，截至审计报告日（20×7年3月20日），股权变更手续尚在办理中。在该交易中，该转让股权的账面价值为1 500万元（1 500万股），转让价款共计3 075万元，转让收益 1 575 万元。股权转让价款于 20×6 年 12 月 28 日全部到账。华兴公司将该笔转让收益计入 20×6 年度的投资收益，并在年度报告附注“其他重要事项”中对此交易披露如下：“报告期内，本公司将持有的某商业银行股份有限公司 1 500 万股转让给控股股东华兴集团，转让价格为 2.05 元/股。”

要求：

该事项的会计处理是否恰当？为什么？

分析：（请扫描二维码）

（五）投资性房地产的审计

投资性房地产核算投资性房地产的价值，包括采用成本模式计量的投资性房地产和采用公允价值模式计量的投资性房地产。企业应当按照投资性房地产的类别和项目分别对“成本”和“公允价值变动”二级科目进行明细核算。在实务中，投资性房地产的审计程序见表 7－23。

表 7－23　投资性房地产实质性程序

一、审计目标与认定对应关系

审计目标	财务报表认定				
	存在	完整性	权利和义务	计价和分摊	列报
A. 资产负债表中记录的投资性房地产是存在的。	√				
B. 所有应当记录的投资性房地产均已记录。		√			
C. 记录的投资性房地产由被审计单位拥有或控制。			√		
D. 投资性房地产以恰当的金额包括在财务报表中，与之相关的计价调整已恰当记录。				√	
E. 投资性房地产已按照企业会计准则的规定在财务报表中做出恰当列报。					√

二、重大错报风险由实质性程序获取的保证程度确定

根据风险评估和内控测试结果按顺序依次做出判断	索引号	财务报表认定				
		存在	完整性	权利和义务	计价和分摊	列报
1. 评估重大错报风险水平（结果取自风险评估工作底稿——考虑内控效果前）						
2. 控制测试结果是否支持风险评估结论（结果取自该项目所属业务循环控制测试工作底稿——控制测试汇总表）						
3. 需从实质性程序获取的保证程度						

三、审计目标与审计程序对应关系

审计目标	可供选择的审计程序	索引号
D	1. 获取或编制投资性房地产明细表。 （1）复核加计是否正确，并与总账数和明细账合计数核对是否相符，结合投资性房地产累计摊销、投资性房地产累计折旧、投资性房地产减值准备科目与报表数核对是否相符。 （2）与被审计单位讨论以确定划分为投资性房地产的建筑物、土地使用权是否符合企业会计准则的规定。	
ED	2. 根据被审计单位管理层的能力和意图，检查对投资性房地产的分类和采用的计量属性是否适当，是否符合企业会计准则的规定。	
D	3. 与被审计单位讨论以确定投资性房地产后续计量模式选用的依据是否充分。与上期会计政策进行比较，确定后续计量模式的一致性；如不一致，则详细记录变动原因。	
BCDA	4. 检查投资性房地产的存在和所有权。 （1）对本期增加的投资性房地产，从投资性房地产登记簿的记录，追溯检查购买协议（合同）、发票、验收报告、建筑物权证、土地使用权证等证明文件。 （2）对投资性房地产进行实地检查。 （3）对本期处置的投资性房地产，确认相关权转移手续是否已办理。	
DE	5. 如果投资性房地产后续计量采用公允价值模式： （1）完成“审计会计估计（包括公允价值会计估计）和相关披露”工作底稿。 （2）如果利用注册会计师的专家的工作，完成“利用注册会计师的专家的工作”的底稿。 （3）如果利用管理层的专家的工作，完成“利用管理层的专家的工作”底稿。	
DE	6. 如果投资性房地产后续计量选用成本计量模式，确定投资性房地产累计摊销（折旧）政策是否恰当，复核本期摊销（折旧）的计提是否正确。 （1）了解被审计单位所使用的建筑物折旧率和土地使用权摊销率，确定其是否恰当。 （2）确认被审计单位除已提足折旧或摊销的投资性房地产外，其他投资性房地产均已计提折旧和摊销。 （3）根据投资性房地产的平均水平测算整个会计期间的摊销（折旧）额，与投资性房地产的折旧和摊销本期增加数相核对，如有差异，查明原因。 （4）将本期折旧和摊销金额与利润表其他业务支出中的相应数字核对无误。	
DE	7. 确定投资性房地产后续计量模式的转换是否恰当。 （1）检查董事会决议等文件，确定后续计量模式改变的适当性及会计处理的正确性，并提请被审计单位进行充分披露。 （2）审查投资性房地产成本计量模式转为公允价值计量模式是否作为会计政策变更追溯调整期初留存收益。	
DE	8. 如果被审计单位投资性房地产与其他资产相互转换，应审查转换依据是否充分，是否经过有效批准；转换日房地产成本计量是否正确，会计处理是否正确。	

续表

审计目标	可供选择的审计程序	索引号
DE	9. 获取管理层在资产负债表日就投资性房地产是否存在可能发生减值的迹象的判断的说明。如果识别出与投资性房地产减值准备相关的重大错报风险，执行“审计会计估计（包括公允价值会计估计）和相关披露”中“应对评估的重大错报风险”所述的程序，并在本账项工作底稿中记录测试过程。	
D	10. 获取租赁合同等文件，重新计算租金收入，检查投资性房地产的租金收入计算是否正确，会计处理是否正确，租金收入是否计入其他业务收入。	
D	11. 检查本期对投资性房地产进行改良或装修的会计处理是否正确。	
D	12. 检查有无与关联方的投资性房地产购售活动，交易价格是否公允。	
ABCD	13. 检查非货币性资产交换、债务重组时取得或转出投资性房地产的会计处理是否正确。	
D	14. 检查投资性房地产的处置目的，凭证是否齐全、合法，会计处理是否正确。	
CE	15. 结合对银行借款等的检查，了解建筑物、土地使用权是否存在抵押、担保情况，如有，应详细记录，并提请被审计单位进行充分披露。检查投资性房地产的保险情况。	
	16. 根据评估的舞弊风险等因素增加的审计程序。	
E	17. 检查投资性房地产的列报是否恰当。 （1）投资性房地产的种类、金额和计量模式。 （2）采用成本模式的，投资性房地产的折旧或摊销，以及减值准备的计提情况。 （3）采用公允价值模式的，公允价值的确定依据和方法，以及公允价值变动对损益的影响。 （4）房地产转换情况、理由，以及对损益或所有者权益的影响。 （5）当期处置的投资性房地产及其对损益的影响。	

实例7-4（分析题）

项目组审计华兴公司2016年度财务报表时发现：

2016年6月10日，华兴公司与渤海公司签订了租赁协议，将其闲置的一座仓库出租给渤海公司。租赁期开始日为2016年6月15日。2016年6月15日，该仓库的账面原值为600万元，已提取折旧150万元，未计提减值准备，公允价值为470万元。2016年12月31日，该项投资性房地产的公允价值为480万元，华兴公司采用公允价值模式对其进行后续计量。

2016年6月15日：

借：投资性房地产——成本　　4 700 000

　　累计折旧　　1 500 000

　贷：固定资产　　6 000 000

　　　公允价值变动损益　　200 000

2016年6月15日：

借：投资性房地产——公允价值变动　　100 000

贷：公允价值变动损益　　100 000

要求：

请判断该事项的会计处理是否正确，如果不正确，请编制调整分录。

分析：（请扫描二维）

（六）其他权益工具投资与其他权益工具的审计

其他权益工具投资反映企业接受其他权益工具持有者投入形成的实收资本（或股本）和资本公积，应根据“实收资本”“资本公积”等科目发生额分析填列。在实务中，其他权益工具投资审计程序见表7-24。

表7-24　其他权益工具投资实质性程序

一、审计目标与认定对应关系

审计目标	财务报表认定				
	存在	完整性	权利和义务	计价和分摊	列报
A. 资产负债表中记录的其他权益工具投资是存在的。	√				
B. 所有应当记录的其他权益工具投资均已记录。		√			
C. 记录的其他权益工具投资由被审计单位拥有或控制。			√		
D. 其他权益工具投资以恰当的金额包括在财务报表中，与之相关的计价调整已恰当记录。				√	
E. 其他权益工具投资已按照企业会计准则的规定在财务报表中做出恰当列报。					√

二、重大错报风险由实质性程序获取的保证程度确定

根据风险评估和内控测试结果按顺序依次做出判断	索引号	财务报表认定				
		存在	完整性	权利和义务	计价和分摊	列报
1. 评估重大错报风险水平（结果取自风险评估工作底稿——考虑内控效果前）						
2. 控制测试结果是否支持风险评估结论（结果取自该项目所属业务循环控制测试工作底稿——控制测试汇总表）						
3. 需从实质性程序获取的保证程度						

三、审计目标与审计程序对应关系

审计目标	可供选择的审计程序	索引号
D	1. 获取或编制其他权益工具投资明细表。 (1) 复核加计是否正确，并与总账数和明细账合计数核对是否相符，结合坏账准备科目与报表数核对是否相符。 (2) 与被审计单位讨论以确定划分为其他权益工具投资的金融资产是否符合企业会计准则的规定。 (3) 与上年明细项目进行比较，确定与上年分类相同（指明一经做出不得撤销）。	
CE	2. 就管理层将投资划分为其他权益工具投资的意图获取书面声明。向管理层询问，并通过下列方式对管理层的答复予以印证。 (1) 考虑管理层以非交易性为目的持有其他权益工具的处理是否符合准则规定。 (2) 复核包括预算、会议纪要等在内的书面计划和其他文件记录。	
ABCD	3. 向被投资单位对其他权益工具投资进行函证，以确认其存在。如有差异，查明原因，做出记录或进行适当调整。	
ABCD	4. 对本期发生的其他权益工具投资的增减变动，检查至支持性文件，确定其会计处理是否正确。 (1) 追查至原始凭证，检查其是否经授权批准，确认所购入其他权益工具投资归被审计单位拥有。 (2) 除了获得的股利（属于投资成本收回部分的除外）计入当期损益外，其他相关的利得和损失（包括汇兑损益）均应计入其他综合收益，且后续不得转入当期损益。与其他综合收益科目中的相应数字核对无误。 (3) 检查其他权益工具投资处置时，是否将原直接计入其他综合收益的利得和损失累计额对应处置部分的金额转出至留存收益。 (4) 检查非货币性资产交换、债务重组的会计处理是否正确。	
D	5. 确定其他权益工具投资的计价正确。 (1) 复核其他权益工具投资的计价方法，检查其是否按公允价值计量，前后期是否一致，公允价值取得依据是否充分。 (2) 复核其他权益工具投资的期末价值计量是否正确，会计处理是否正确。	
D	6. 结合对银行借款等的检查，了解其他权益工具投资是否存在质押、担保的情况；如有，应详细记录，并提请被审计单位进行充分披露。	
D	7. 如果识别出与其他权益工具投资公允价值相关的重大错报风险，执行“审计会计估计（包括公允价值会计估计）和相关披露”中“应对评估的重大错报风险”所述的程序，并在本账项工作底稿中记录测试过程。	
	8. 根据评估的舞弊风险等因素增加的审计程序。	
E	9. 检查其他权益工具投资是否已按照企业会计准则的规定在财务报表中做出恰当列报。	

“其他权益工具”属于所有者权益类科目，核算企业发行的除普通股以外的归类为权益工具的各种金融工具。本科目应按发行金融工具的种类等进行明细核算。在实务中，其他权益工具的审计程序见表 7 - 25。

表 7-25 其他权益工具实质性程序

一、审计目标与认定对应关系

审计目标	财务报表认定				
	存在	完整性	权利和义务	计价和分摊	列报
A. 资产负债表中记录的其他权益工具是存在的。	√				
B. 所有应当记录的其他权益工具均已记录。		√			
C. 记录的其他权益工具由被审计单位拥有或控制。			√		
D. 其他权益工具以恰当的金额包括在财务报表中，与之相关的计价调整已恰当记录。				√	
E. 其他权益工具已按照企业会计准则的规定在财务报表中做出恰当列报。					√

二、重大错报风险由实质性程序获取的保证程度确定

根据风险评估和内控测试结果按顺序依次做出判断	索引号	财务报表认定				
		存在	完整性	权利和义务	计价和分摊	列报
1. 评估重大错报风险水平（结果取自风险评估工作底稿——考虑内控效果前）						
2. 控制测试结果是否支持风险评估结论（结果取自该项目所属业务循环控制测试工作底稿——控制测试汇总表）						
3. 需从实质性程序获取的保证程度						

三、审计目标与审计程序对应关系

审计目标	可供选择的审计程序	索引号
D	1. 获取或编制其他权益工具明细表，复核加计是否正确，并与总账数和明细账合计数核对是否相符，结合坏账准备科目与报表数核对是否相符。	
D	2. 检查非记账本位币其他权益工具的折算汇率及折算是否正确，折算方法是否前后期一致。	
ABC	3. 检查其他权益工具的增加：审阅债券或优先股发行申请和审批文件，检查发行债券或优先股所收入现金的收据、汇款通知单、送款登记簿及相关的银行对账单，核实其会计处理是否正确。	
AB	4. 针对其他权益工具向证券承销商或包销商或者优先股登记公司函证。	
AB	5. 检查其他权益工具的减少：检查偿还债券的支票存根等相关会计记录，检查其会计处理是否正确（按权益工具回购的规定进行会计处理，根据赎回价格与所赎回的权益工具账面价值之间的差额调整权益，赎回中发生的相关直接交易费用冲减权益）。	
	6. 根据评估的舞弊风险等因素增加的审计程序。	
E	7. 检查其他权益工具是否已按照企业会计准则的规定在财务报表中做出恰当列报。	

（七）债权投资和其他债权投资的审计

债券投资，是指债券购买人（投资人、债权人）以购买债券的形式投放资本，到

期向债券发行人（借款人、债务人）收取固定的利息以及收回本金的一种投资方式。在实务中，债权投资的审计程序见表7-26。

表7-26 债权投资实质性程序

一、审计目标与认定对应关系

审计目标	财务报表认定				
	存在	完整性	权利和义务	计价和分摊	列报
A. 资产负债表中记录的债权投资是存在的。	√				
B. 所有应当记录的债权投资均已记录。		√			
C. 记录的债权投资由被审计单位拥有或控制。			√		
D. 债权投资以恰当的金额包括在财务报表中，与之相关的计价调整已恰当记录。				√	
E. 债权投资已按照企业会计准则的规定在财务报表中做出恰当列报。					√

二、重大错报风险由实质性程序获取的保证程度确定

根据风险评估和内控测试结果按顺序依次做出判断	索引号	财务报表认定				
		存在	完整性	权利和义务	计价和分摊	列报
1. 评估重大错报风险水平（结果取自风险评估工作底稿——考虑内控效果前）						
2. 控制测试结果是否支持风险评估结论（结果取自该项目所属业务循环控制测试工作底稿——控制测试汇总表）						
3. 需从实质性程序获取的保证程度						

三、审计目标与审计程序对应关系

审计目标	可供选择的审计程序	索引号
D	1. 获取或编制债权投资明细表。 （1）复核加计是否正确，并与总账数和明细账合计数核对是否相符，结合坏账准备科目与报表数核对是否相符，结合债权投资减值准备科目与报表数核对是否相符。 （2）检查非记账本位币债权投资的折算汇率及折算是否正确。 （3）与被审计单位讨论以确定划分为债权投资的金融资产是否符合企业会计准则的规定。 （4）与上年明细项目进行比较，确定与上年分类相同。	
ABCE	2. 就企业管理债务工具投资的业务模式获取管理层书面声明，并考虑管理层实现其目标的能力。向管理层询问，并通过下列方式对管理层的答复予以印证。 （1）考虑管理层以前所述业务模式的实施情况，并考虑现金流量的实现方式不同于评估业务模式时的预期对新的金融资产业务模式的影响。	

续表

审计目标	可供选择的审计程序	索引号
	（2）复核包括预算、会议纪要等在内的书面计划和其他文件记录。 （3）考虑关键管理人员对金融资产进行管理的特定业务目的，以及企业为实现其目标而开展的特定活动。 （4）考虑管理层选择划分为债权投资的理由，考虑管理层在既定经济环境下实施特定措施的能力。	
ABCD	3. 确定债权投资的余额正确并存在。 （1）实施监盘程序，获取被审计单位编制的债权投资盘点表，检查债权投资名称、数量、票面价值、票面利率等内容并与相关账户余额进行核对；如有差异，查明原因，做出记录或进行适当的调整。 （2）如果债权投资在审计工作日已售出或兑换，则追查至相关原始凭证，以确认其在财务报表日存在。 （3）在外保管的债权投资应查阅有关保管文件，向保管人函证、复核，并记录函证结果。对债权投资进行函证，以确认其存在；如有差异，查明原因，做出记录或进行适当调整。 （4）如果可以向证券公司等获取对账单，应取得对账单，并与明细账余额核对。	
ABCD	4. 对本期发生的债权投资的增减变动，检查至支持性文件，确定其会计处理是否正确。	
D	5. 确定债权投资的计价正确。 （1）检查债权投资初始计量正确，复核其计价方法，检查是否按摊余成本计量，前后期是否一致。 （2）与被审计单位讨论实际利率确定依据是否充分，如非本期新增投资，复核实际利率是否与前期一致。 （3）重新计算持有期间的利息收入和投资收益。	
CD	6. 检查债权投资与交易性金融资产、其他债权投资相互重分类的依据是否充分，会计处理是否正确。	
D	7. 如果识别出与债权投资减值准备相关的重大错报风险，执行“审计会计估计（包括公允价值会计估计）和相关披露”中“应对评估的重大错报风险”所述的程序，并在本工作底稿中记录测试过程。	
CE	8. 结合对银行借款等的检查，了解债权投资是否存在质押、担保情况；如有，应详细记录，并提请被审计单位进行充分披露。	
	9. 根据评估的舞弊风险等因素增加的审计程序。	
E	10. 检查债权投资是否已按照企业会计准则的规定在财务报表中做出恰当列报。	

公司进行除债券以外的其他债权投资，如超过一年以上（不含一年）的委托贷款等，应在“长期债权投资”科目下设置“其他债权投资”明细科目进行核算。此外，公司还应在该明细科目下设置“本金”和“应计利息”两个三级明细科目进行明细核算。在实务中，其他债权投资的审计程序见表7-27。

表 7-27　其他债权投资实质性程序

一、审计目标与认定对应关系

审计目标	财务报表认定				
	存在	完整性	权利和义务	计价和分摊	列报
A. 资产负债表中记录的其他债权投资是存在的。	√				
B. 所有应当记录的其他债权投资均已记录。		√			
C. 记录的其他债权投资由被审计单位拥有或控制。			√		
D. 其他债权投资以恰当的金额包括在财务报表中，与之相关的计价调整已恰当记录。				√	
E. 其他债权投资已按照企业会计准则的规定在财务报表中做出恰当列报。					√

二、重大错报风险由实质性程序获取的保证程度确定

根据风险评估和内控测试结果按顺序依次做出判断	索引号	财务报表认定				
		存在	完整性	权利和义务	计价和分摊	列报
1. 评估重大错报风险水平（结果取自风险评估工作底稿——考虑内控效果前）						
2. 控制测试结果是否支持风险评估结论（结果取自该项目所属业务循环控制测试工作底稿——控制测试汇总表）						
3. 需从实质性程序获取的保证程度						

三、审计目标与审计程序对应关系

审计目标	可供选择的审计程序	索引号
D	1. 获取或编制其他债权投资明细表。 (1) 复核加计是否正确，并与总账数和明细账合计数核对是否相符，结合坏账准备科目与报表数核对是否相符，结合其他债权投资减值准备科目与报表数核对是否相符。 (2) 检查非记账本位币其他债权投资的折算汇率及折算是否正确。 (3) 与被审计单位讨论以确定划分为其他债权投资的金融资产是否符合会计准则的规定。 (4) 与上年明细项目进行比较，确定与上年分类相同。	
ABCE	2. 就企业管理债务工具投资的业务模式获取管理层书面声明，并考虑管理层实现其目标的能力。向管理层询问，并通过下列方式对管理层的答复予以印证。 (1) 考虑管理层以前所述业务模式的实施情况，并考虑现金流量的实现方式不同于评估业务模式时的预期对新的金融资产业务模式的影响。 (2) 复核包括预算、会议纪要等在内的书面计划和其他文件记录。 (3) 考虑关键管理人员对金融资产进行管理的特定业务目的，以及企业为实现其目标而开展的特定活动。	

续表

审计目标	可供选择的审计程序	索引号
	(4) 考虑管理层选择划分为其他债权投资的理由，考虑管理层在既定经济环境下实施特定措施的能力。	
ABCD	3. 确定其他债权投资的余额正确并存在。 (1) 实施监盘程序，获取被审计单位编制的其他债权投资盘点表，检查其他债权投资名称、数量、票面价值、票面利率等内容并与相关账户余额进行核对；如有差异，查明原因，做出记录或进行适当的调整。 (2) 如果其他债权投资在审计工作日已售出或兑换，则追查至相关原始凭证，以确认其在财务报表日存在。 (3) 在外保管的其他债权投资应查阅有关保管文件，应当向保管人函证、复核，并记录函证结果。对其他债权投资进行函证，以确认其存在；如有差异，查明原因，做出记录或进行适当调整。 (4) 如果可以向证券公司等获取对账单，应取得对账单，并与明细账余额核对。	
ABCD	4. 对本期发生的其他债权投资的增减变动，检查至支持性文件，确定其会计处理是否正确。	
D	5. 确定其他债权投资的计价正确。 (1) 检查其他债权投资初始计量是否正确，复核其计价方法，检查是否按摊余成本计量，前后期是否一致。 (2) 与被审计单位讨论实际利率确定依据是否充分，如非本期新增投资，复核实际利率是否与前期一致。 (3) 重新计算持有期间的利息收入和投资收益。	
CD	6. 检查其他债权投资与交易性金融资产、债权投资相互重分类的依据是否充分，会计处理是否正确。	
D	7. 如果识别出与其他债权投资减值准备相关的重大错报风险，执行“审计会计估计（包括公允价值会计估计）和相关披露”中“应对评估的重大错报风险”所述的程序，并在本工作底稿中记录测试过程。	
CE	8. 结合对银行借款等的检查，了解其他债权投资是否存在质押、担保情况；如有，应详细记录，并提请被审计单位进行充分披露。	
	9. 根据评估的舞弊风险等因素增加的审计程序。	
E	10. 检查其他债权投资是否已按照企业会计准则的规定在财务报表中做出恰当列报。	

（八）投资收益的审计

投资收益不仅核算企业根据长期股权投资准则确认的投资收益或投资损失，也核算企业根据投资性房地产准则确认的采用公允价值模式计量的投资性房地产的租金收入和处置损益，企业处置交易性金融资产、交易性金融负债、可供出售金融资产实现的损益，企业的持有至到期投资和买入返售金融资产在持有期间取得的投资收益和处置损益，证券公司自营证券所取得的买卖价差收入。在实务中，投资收益的审计程序见表7-28。

表7-28 投资收益实质性程序

一、审计目标与认定对应关系

审计目标	财务报表认定					
	发生	完整性	准确性	截止	分类	列报
A. 利润表中记录的投资收益已发生，且与被审计单位有关。	√					
B. 所有应当记录的投资收益均已记录。		√				
C. 与投资收益有关的金额及其他数据已恰当记录。			√			
D. 投资收益已记录于正确的会计期间。				√		
E. 投资收益已记录于恰当的账户。					√	
F. 投资收益已按照企业会计准则的规定在财务报表中做出恰当列报。						√

二、重大错报风险由实质性程序获取的保证程度确定

根据风险评估和内控测试结果按顺序依次做出判断	索引号	财务报表认定					
		发生	完整性	准确性	截止	分类	列报
1. 评估重大错报风险水平（结果取自风险评估工作底稿——考虑内控效果前）							
2. 控制测试结果是否支持风险评估结论（结果取自该项目所属业务循环控制测试工作底稿——控制测试汇总表）							
3. 需从实质性程序获取的保证程度							

三、审计目标与审计程序对应关系

审计目标	可供选择的审计程序	索引号
C	1. 获取或编制投资收益分类明细表。 (1) 复核加计是否正确，并与报表数、总账数和明细账合计数核对是否相符。 (2) 检查非记账本位币投资收益的折算汇率及折算是否正确。	
CD	2. 结合交易性金融资产、债权投资、其他债权投资、长期股权投资、其他权益工具投资、交易性金融负债等相关科目的审计，检查支持性文件，确定入账金额及会计处理是否正确。	
D	3. 结合对投资和银行存款等的审计，确定投资收益被计入正确的会计期间。	
AF	4. 检查投资协议等文件，确定国外的投资收益汇回是否存在重大限制，若存在重大限制，应说明原因，并做出恰当披露。	
	5. 根据评估的舞弊风险等因素增加的审计程序。	
F	6. 检查投资收益是否已按照企业会计准则的规定在财务报表中做出恰当列报。	

实例7-5（分析题）

审计组审计X公司20×7年度财务报表。

资料一：

通过对X公司及其环境的了解，审计组发现X公司20×7年度存在以下需要关注的事项。

（1）X公司于20×7年4月30日向Y公司投资1 000万元，取得了Y公司30%的股权。但至年末，双方尚未就X公司能否参与Y公司的经营决策达成完全一致。

（2）X公司在1 000万元长期借款于20×7年11月30日到期后，曾多次提出延长半年还款，但债权银行仍于20×8年初强行收回了贷款。

（3）20×7年8月，由于开发商流动资金短缺，X公司委托某房地产开发公司承建的大型基建项目被迫停工，何时开工尚难预料。

（4）20×7年12月初，X公司耗资500万元全面实现了会计电算化。为尽快适应信息技术环境，财务部门分期分批对全体财务人员进行了业务培训。

（5）X公司原租用的办公楼月租金为50万元。自20×7年10月1日起，甲公司租用新办公楼，租期一年，月租金80万元，免租期3个月。（财务数据显示，X公司20×7年确认"管理费用——租赁费"450万元。）

（6）20×6年12月，X公司聘请XYX评估公司对其拥有的一处厂矿进行评估，并据此计提资产减值准备2 000万元，20×7年12月，X公司聘请DEF测量公司对该矿储量进行测量，结果表明上年评估的储量偏低，管理层因此冲回资产减值准备1 200万元。

资料二：

审计组在审计工作底稿中记录了实施实质性程序的情况，部分内容摘录如下：

（1）B公司在20×7年度收到购置环保设备补助资金50万元和20×7年度进出口业务奖励款80万元，全部计入营业外收入。

（2）B公司于20×7年12月31日将其一项对某客户的应收账款3 000万元转让给银行（附追索权），并于收到转让款时终止确认上述应收账款。

（3）B公司于20×7年7月10日购买1 000万元的短期公司债券，期限为6个月，年利率5%。B公司已在20×8年1月10日（债券到期日）全额收回本息。B公司在20×7年度现金流量表中将该1 000万元短期公司债券投资作为现金等价物列示。

（4）20×7年2月1日，B公司停止自用一座办公楼，并与Y公司（非关联公司）签订租赁协议，将其租赁给Y公司使用，租赁期开始日为20×7年2月1日。20×7年2月1日，B公司将该办公楼从固定资产转为投资性房地产核算，并采用公允价值模式进行后续计量。该办公楼20×7年2月1日的账面价值为800万元，公允价值为1 000万元，20×7年12月31日的公允价值为1 100万元。20×7年12月31日，B公司将上述办公楼列示为投资性房地产（余额为1 100万元），并在20×7年度损益中确认300万元公允价值变动收益（投资性房地产公允价值变动收益）。

（5）20×7年年末，B公司通过银行向某非关联公司提供一笔一年期的委托贷款，年利率为5%。B公司于20×7年年末将其作为持有至到期投资核算。

（6）B公司的一项在建工程于20×7年8月投入使用，并于20×7年10月完成竣工决算。B公司20×7年10月将该在建工程转入固定资产，并自20×7年11月起计提折旧。

要求：

1. 资料一第（1）至（6）项均为独立事项，请逐项指出是否表明存在重大错报风险。如认为存在重大错报风险，请指出重大错报风险是属于财务报表层还是认定层；如认为是认定层，请指明涉及财务报表哪个项目哪项认定，并简要说明理由。

2. 针对资料二第（1）至（6）项，假定不考虑其他条件，请逐项说明 B 公司的会计处理存在哪些不当之处，并提出恰当的处理意见（不考虑相关税费或递延所得税的影响）。

分析：（请扫描二维码）

四、其他相关项目的审计

（一）其他应收款的审计

在实务中，其他应收款的审计程序见表 7－29。

表 7－29　其他应收款实质性程序

一、审计目标与认定对应关系

审计目标	财务报表认定				
	存在	完整性	权利和义务	计价和分摊	列报
A. 资产负债表中记录的其他应收款是存在的。	√				
B. 所有应当记录的其他应收款均已记录。		√			
C. 记录的其他应收款由被审计单位拥有或控制。			√		
D. 其他应收款以恰当的金额包括在财务报表中，与之相关的计价调整已恰当记录。				√	
E. 其他应收款已按照企业会计准则的规定在财务报表中做出恰当列报。					√

二、重大错报风险由实质性程序获取的保证程度确定

根据风险评估和内控测试结果按顺序依次做出判断	索引号	财务报表认定				
		存在	完整性	权利和义务	计价和分摊	列报
1. 评估重大错报风险水平（结果取自风险评估工作底稿——考虑内控效果前）						
2. 控制测试结果是否支持风险评估结论（结果取自该项目所属业务循环控制测试工作底稿——控制测试汇总表）						
3. 需从实质性程序获取的保证程度						

三、审计目标与审计程序对应关系

审计目标	可供选择的审计程序	索引号
D	1. 获取或编制其他应收款明细表。 （1）复核加计是否正确，并与总账数和明细账合计数核对是否相符，结合坏账准备科目与报表数核对是否相符。 （2）了解重大明细项目的其他应收款内容及性质，进行类别分析，重点关注是否存在资金被关联企业（或实际控制人）大量占用、变相拆借资金、隐性投资、误用会计科目、或有损失等现象。 （3）结合应收账款、其他应付款等明细余额，检查是否有同时挂账的项目，核算内容是否重复，必要时做出适当调整。 （4）检查非记账本位币其他应收款的折算汇率及折算是否正确。 （5）分析有贷方余额的项目，查明原因，必要时，作重分类调整。 （6）标识重要明细账户。	
ACD	2. 对其他应收款进行函证。 （1）编制其他应收款函证结果汇总表，对函证结果进行评价。 （2）对于未回函的其他应收款，应执行替代审计程序。针对重要的其他应收款，编制重要明细账户［特别是关联企业（或实际控制人）］的增减变动表。必要时，收集该单位资料，并分析其变动的合理性。 （3）如果实施函证和替代审计程序都不能取得充分、适当的审计证据，应当考虑实际情况，实施追加的审计程序。	
D	3. 获取或编制其他应收款账龄分析表。 （1）测试账龄划分的适当性。要求被审计单位根据资产负债表日后收款情况对账龄分析表进行更新。如果未收款余额不重大，则无须针对每一账户的账龄进行测试，或测试的范围无须太大。 （2）关注审计时已收回的其他应收款金额，对已收回金额较大的款项进行检查，如核对收款凭证等，并注意凭证发生日期的合理性，分析收款时间是否与合同相关要素一致。	
D	4. 检查坏账准备。 （1）取得或编制坏账准备计算表，复核加计是否正确，并与坏账准备总账、明细账合计数核对是否相符。核对其他应收款坏账准备本期计提数与资产减值损失相应明细项目的发生额是否相符。 （2）评价坏账准备所依据的资料、假设及计提方法。复核其他应收款坏账准备是否按经股东（大）会或董事会批准的既定方法和比例提取，其计算和会计处理是否正确。 （3）检查其他应收账款坏账准备计提和核销的批准程序，取得相关审计证据。 （4）检查其他应收款中是否存在债务人破产或者死亡，以其破产财产或者遗产清偿后仍无法收回，或者债务人长期未履行偿债义务的情况。如果存在，应提请被审计单位处理。 （5）检查其他应收款转作坏账损失的项目是否符合规定，会计处理是否正确，是否已办妥税务部门审批手续。 （6）若转作坏账损失的项目未经税务部门批准，须调整应纳税所得额。 （7）若实际核销的款项涉及关联方，检查被审计单位是否做出适当披露。 （8）已经确认并转销的坏账重新收回的，检查其会计处理是否正确。	
BDCA	5. 检查政府补助是否在本科目核算，会计处理是否正确，是否归被审计单位所有，必要时进行函证。	

续表

审计目标	可供选择的审计程序	索引号
BD	6. 检查售后回购方式融出资金是否在本科目核算，会计处理是否正确。关注销售价格与原购买价格之间的差额按期计提的利息费用是否在本科目核算。	
AD	7. 标明应收关联方［包括持股5%以上（含5%）股东］的款项，执行关联方及其交易审计程序，并注明合并报表时应予抵销的金额。对关联企业、有密切关系的客户的交易事项作专门核查。 （1）了解交易事项目的及应收款项的原因，检查合同等相关文件资料。 （2）向关联方、有密切关系的客户函证，以确认交易的真实性、合理性。	
	8. 根据评估的舞弊风险等因素增加的审计程序。	
E	9. 检查其他应收款是否已按照企业会计准则的规定在财务报表中做出恰当列报，关注其他应收款是否已按照账龄及单位类别进行披露。	

（二）其他应付款的审计

其他应付款核算企业除应付票据、应付账款、预收账款、应付职工薪酬、应付股利、应付利息、应交税费、长期应付款等经营活动以外的其他各项应付、暂收的款项，按照其他应付款的项目和对方单位（或个人）进行明细核算。在实务中，其他应付款的审计程序见表 7－30。

表 7－30　其他应付款实质性程序

一、审计目标与认定对应关系

审计目标	财务报表认定				
	存在	完整性	权利和义务	计价和分摊	列报
A. 资产负债表中记录的其他应付款是存在的。	√				
B. 所有应当记录的其他应付款均已记录。		√			
C. 记录的其他应付款是被审计单位应当履行的现时义务。			√		
D. 其他应付款以恰当的金额包括在财务报表中，与之相关的计价调整已恰当记录。				√	
E. 其他应付款已按照企业会计准则的规定在财务报表中做出恰当列报。					√

二、重大错报风险由实质性程序获取的保证程度确定

根据风险评估和内控测试结果按顺序依次做出判断	索引号	财务报表认定				
		存在	完整性	权利和义务	计价和分摊	列报
1. 评估重大错报风险水平（结果取自风险评估工作底稿——考虑内控效果前）						
2. 控制测试结果是否支持风险评估结论（结果取自该项目所属业务循环控制测试工作底稿——控制测试汇总表）						
3. 需从实质性程序获取的保证程度						

三、审计目标与审计程序对应关系

审计目标	可供选择的审计程序	索引号
D	1. 获取或编制其他应付款明细表。 (1) 复核加计是否正确，并与报表数、总账数和明细账合计数核对是否相符。 (2) 检查非记账本位币其他应付款的折算汇率及折算是否正确。 (3) 分析有借方余额的项目，查明原因，必要时，作重分类调整。 (4) 结合应付账款、其他应收款等往来项目的明细余额，调查有无同时挂账的项目、异常余额或与本科目核算无关的其他款项；如有，应做出记录，必要时作调整。 (5) 标识重要明细账户。	
ACD	2. 选择金额较大和异常的明细余额，检查其原始凭证，并考虑向债权人函证。对未回函的重要客户，编制该客户的增减变动表；必要时，收集客户资料分析其变动的合理性。	
BA	3. 请被审计单位协助，在其他应付款明细表上标出截至审计日已支付的金额较大的其他应付款项，确定有无未及时入账的其他应付款。抽查付款凭证、银行对账单等，并注意入账日期发生的合理性。	
ABD	4. 检查售后回购方式融入资金的会计处理是否正确。 (1) 是否按实际收到的金额贷记该科目。 (2) 回购价格与原销售价格之间的差额是否在回购期间内按期计提利息费用。 (3) 按照合同约定回购该商品时，是否借记该科目。	
AC	5. 检查长期未结的其他应付款，并作妥善处理。	
AD	6. 标明应付关联方［包括持股5%以上（含5%）股东］的款项，执行关联方及其交易审计程序，并注明合并报表时应予抵销的金额。对关联企业、有密切关系的主要客户的交易事项作专门核查。 (1) 了解交易事项目的及应付款项的原因，检查合同等相关文件资料。 (2) 向关联方、有密切关系的主要客户或其他注册会计师函证，以确认交易的真实性、合理性。	
	7. 根据评估的舞弊风险等因素增加的审计程序。	
E	8. 检查其他应付款是否已按照企业会计准则的规定在财务报表中做出列报。	

（三）长期应付款的审计

长期应付款核算企业除长期借款和企业债券以外的其他各种长期应付款项，包括以分期付款方式购入固定资产和无形资产发生的应付账款、应付融资租入固定资产的租赁费等，按照长期应付款的种类和债权人进行明细核算。在实务中，长期应付款的审计程序见表7-31。

表7-31 长期应付款实质性程序

一、审计目标与认定对应关系

审计目标	财务报表认定				
	存在	完整性	权利和义务	计价和分摊	列报
A. 资产负债表中记录的长期应付款是存在的。	√				
B. 所有应当记录的长期应付款均已记录。		√			

续表

审计目标	财务报表认定				
	存在	完整性	权利和义务	计价和分摊	列报
C. 记录的长期应付款是被审计单位应当履行的现时义务。			√		
D. 长期应付款以恰当的金额包括在财务报表中，与之相关的计价调整已恰当记录。				√	
E. 长期应付款已按照企业会计准则的规定在财务报表中做出恰当列报。					√

二、重大错报风险由实质性程序获取的保证程度确定

根据风险评估和内控测试结果按顺序依次做出判断	索引号	财务报表认定				
		存在	完整性	权利和义务	计价和分摊	列报
1. 评估重大错报风险水平（结果取自风险评估工作底稿——考虑内控效果前）						
2. 控制测试结果是否支持风险评估结论（结果取自该项目所属业务循环控制测试工作底稿——控制测试汇总表）						
3. 需从实质性程序获取的保证程度						

三、审计目标与审计程序对应关系

审计目标	可供选择的审计程序	索引号
D	1. 获取或编制长期应付款明细表。 （1）复核加计是否正确，并与报表数、总账数和明细账合计数核对是否相符。 （2）检查非记账本位币长期应付款的折算汇率及折算是否正确。 （3）检查长期应付款的内容是否符合企业会计准则的规定（主要包括应付融资租入固定资产的租赁费、以分期付款方式购入固定资产等发生的应付款项等）。	
AD	2. 检查应付融资租入固定资产的租赁费。 （1）重点关注企业融资租入的固定资产，检查企业融资租入的固定资产是否经授权批准，在租赁期开始日，长期应付款是否按最低租赁付款额确认。 （2）结合对合同的审查，检查是否按合约规定的付款条件按期支付租金。 （3）检查会计处理是否正确。	
AD	3. 检查以分期付款方式购入固定资产等发生的应付款项。 （1）检查购入超过信用条件延期支付价款、实质上具有融资性质的资产，长期应付款是否按应支付的金额确认。 （2）结合对合同的审查，检查是否按合约规定的付款条件按期支付价款。 （3）检查会计处理是否正确。	
D	4. 检查未确认融资费用。 重新计算实际利率，并与被审计单位计算确定的实际利率进行比较，检查被审计单位是否按照实际利率分摊未确认融资费用，分摊是否正确，相应的会计处理是否正确等。	

续表

审计目标	可供选择的审计程序	索引号
B	5. 结合固定资产的审计，检查有无未入账的长期应付款。	
ACD	6. 函证重大的长期应付款明细账户。	
D	7. 检查各项长期应付款本息的计算是否准确，会计处理是否正确。	
AD	8. 标明应付关联方［包括持股5%以上（含5%）股东］的款项，执行关联方及其交易审计程序，并注明合并报表时应予抵销的金额。对关联企业、有密切关系的主要被审计单位的交易事项作专门核查。 （1）了解交易事项目的及应付款项的原因，检查合同等相关文件资料。 （2）向关联方、有密切关系的主要被审计单位或其他注册会计师函证，以确认交易的真实性、合理性。	
	9. 根据评估的舞弊风险等因素增加的审计程序。	
E	10. 检查长期应付款是否已按照企业会计准则的规定在财务报表中做出恰当的列报。 （1）长期应付款是否按减去未确认融资费用后的余额列示。 （2）一年内到期的长期应付款是否列入一年内到期的非流动负债。	

（四）预计负债的审计

预计负债核算企业根据或有事项等相关准则确认的各项预计负债，包括对外提供担保、未决诉讼、产品质量保证、重组义务、固定资产及矿区权益弃置义务等产生的预计负债。在实务中，预计负债的审计程序见表7-32。

表7-32 预计负债实质性程序

一、审计目标与认定对应关系

审计目标	财务报表认定				
	存在	完整性	权利和义务	计价和分摊	列报
A. 资产负债表中的预计负债真实存在。	√				
B. 被审计单位所有应当记录的预计负债均已记录。		√			
C. 财务报表中记录的预计负债是被审计单位很可能履行的现时偿还义务。			√		
D. 预计负债以恰当的金额包括在财务报表中，与之相关的计价调整已恰当记录。				√	
E. 预计负债已按照企业会计准则的规定在财务报表中做出恰当列报。					√

二、重大错报风险由实质性程序获取的保证程度确定

根据风险评估和内控测试结果按顺序依次做出判断	索引号	财务报表认定				
		存在	完整性	权利和义务	计价和分摊	列报
1. 评估重大错报风险水平（结果取自风险评估工作底稿——考虑内控效果前）						

续表

根据风险评估和内控测试结果按顺序依次做出判断	索引号	财务报表认定				
		存在	完整性	权利和义务	计价和分摊	列报
2. 控制测试结果是否支持风险评估结论（结果取自该项目所属业务循环控制测试工作底稿——控制测试汇总表）						
3. 需从实质性程序获取的保证程度						

三、审计目标与审计程序对应关系

审计目标	可供选择的审计程序	索引号
D	1. 获取或编制预计负债明细表。 （1）复核加计是否正确，并与报表数、总账数和明细账合计数核对是否相符。 （2）复核预计负债的期初余额，确定其是否与上期末审定数相符。	
BD	2. 了解形成预计负债的原因，并与管理层就预计负债的完整性和充分计提进行讨论，以确定金额估计是否合理，相关的会计处理是否正确。	
AB	3. 向被审计单位管理层索取下列资料，作必要的审核和评价。 （1）被审计单位有关或有事项的全部文件和凭证。 （2）被审计单位与银行之间的往来函件，以查找有关票据贴现、应收账款抵借、票据背书和对其他债务的担保的材料。 （3）被审计单位的债务说明书，其中，除其他债务说明外，还应包括对或有事项的说明，即说明已知的或有事项均已在财务报表中作了适当反映。	
BCDA	4. 向被审计单位的法律顾问和律师进行函证，以获取法律顾问和律师对被审计单位资产负债表日业已存在的，以及资产负债日至复函日期间存在的或有事项的确认证据。检查其是否满足预计负债确认的条件；如是，检查会计处理是否正确。	
BDA	5. 向被审计单位询问、了解为其他单位的银行借款或其他债务提供的担保事项（性质、金额、时间），以及存在或有损失的可能性，检查其是否满足预计负债确认的条件；如是，检查会计处理是否正确。	
BCDA	6. 就商业票据贴现、应收账款保理、通融票据背书和对其他债务的担保等或有事项，向银行寄发审计询证函，检查其是否满足预计负债确认的条件；如是，检查会计处理是否正确。	
BDA	7. 询问有关销售人员并获取被审计单位在产品质量保证方面的记录，了解被审计单位销售情况和实际维修费用支付情况，检查其是否满足预计负债确认的条件；如是，检查会计处理是否正确。	
BDA	8. 检查被审计单位资产负债表日已经签订的待执行合同、合同各方往来信函等，以识别亏损合同，检查其是否满足预计负债确认的条件；如是，检查会计处理是否正确。	
BDA	9. 复核被审计单位环保政策和程序，查阅与环保监管部门的往来信函、相应账户，识别需要反映的环保整治义务，检查其是否满足预计负债确认的条件；如是，检查会计处理是否正确。	

续表

审计目标	可供选择的审计程序	索引号
BDA	10. 检查在资产负债表日被审计单位是否因对外公告详细和正式的重组计划而承担了重组义务，检查其是否满足预计负债确认的条件；如是，检查会计处理是否正确。	
BDA	11. 检查被审计单位是否在投资合同中约定对被投资单位的超额亏损而承担额外损失，检查其是否满足预计负债确认的条件；如是，检查会计处理是否正确。	
BDA	12. 检查其他可能出现预计负债的情况，检查其是否满足预计负债确认的条件；如是，检查会计处理是否正确。	
D	13. 根据预计负债确认的条件，确定企业预计负债的计量是否合理，会计处理是否正确。	
D	14. 检查预计负债得以证实时（即损失实际发生时），对实际发生的损失与原预计负债的差额的会计处理是否正确。	
D	15. 检查被审计单位是否在资产负债表日对预计负债的账面价值进行复核。有确凿证据表明该账面价值不能真实反映资产负债表日最佳估计数时，检查被审计单位是否按照资产负债表日最佳估计数对该账面价值进行调整。	
	16. 根据评估的舞弊风险等因素增加的审计程序。	
E	17. 确定预计负债是否已按照企业会计准则的规定在财务报表中做出恰当列报。 （1）预计负债的种类、形成原因以及经济利益流出不确定性的说明。 （2）各类预计负债的期初、期末余额和本期变动情况。 （3）与预计负债有关的预期补偿金额和本期已确认的预期补偿金额。	

实例7-6（分析题）

审计组审计华兴公司20×6年度财务报表时发现：由于产品质量问题，根据华兴公司与经销商的协议，预计华兴公司赔偿经销商5 000万元的可能性为60%；同时，华兴公司因该或有事项，基本确定可从供应商处获得补偿3 000万元，可能获得的补偿是1 000万元，因此长江公司确认预计负债2 000万元。

要求：

请判断该事项的会计处理是否正确，如果不正确，请编制调整分录。

分析：（请扫描二维码）

（五）递延所得税资产/负债的审计

递延所得税资产核算企业根据所得税准则确认的可抵扣暂时性差异产生的所得税资产，根据税法规定，可用以后年度税前利润弥补的亏损产生的所得税资产，在“递延所得税资产”科目核算，该科目按照可抵扣暂时性差异等项目进行明细核算。在实务中，递延所得税资产的审计程序见表7-33。

表7-33 递延所得税资产实质性程序

一、审计目标与认定对应关系

审计目标	财务报表认定				
	存在	完整性	权利和义务	计价和分摊	列报
A. 资产负债表中记录的递延所得税资产是存在的。	√				
B. 所有应当记录的递延所得税资产均已记录。		√			
C. 记录的递延所得税资产由被审计单位拥有或控制。			√		
D. 递延所得税资产以恰当的金额包括在财务报表中，与之相关的计价调整已恰当记录。				√	
E. 递延所得税资产已按照企业会计准则的规定在财务报表中做出恰当列报。					√

二、重大错报风险由实质性程序获取的保证程度确定

根据风险评估和内控测试结果按顺序依次做出判断	索引号	财务报表认定				
		存在	完整性	权利和义务	计价和分摊	列报
1. 评估重大错报风险水平（结果取自风险评估工作底稿——考虑内控效果前）						
2. 控制测试结果是否支持风险评估结论（结果取自该项目所属业务循环控制测试工作底稿——控制测试汇总表）						
3. 需从实质性程序获取的保证程度						

三、审计目标与审计程序对应关系

审计目标	可供选择的审计程序	索引号
D	1. 获取或编制递延所得税资产明细表，复核加计是否正确，并与报表数、总账数和明细账合计数核对是否相符。	
D	2. 结合了解被审计单位及其环境时获取的信息，检查被审计单位采用的会计政策是否符合企业会计准则的规定。	
D	3. 检查被审计单位用于确认递延所得税资产的税率是否根据税法规定，按照预期收回该资产期间的适用税率计量。	
AB	4. 识别被审计单位期初递延所得税资产和递延所得税负债的项目及金额，以及对当期经营损失及未来期间的影响。	
ADC	5. 检查是否以未来期间很可能取得用来抵扣可抵扣暂时性差异的应纳税所得额为限，确认由可抵扣暂时性差异产生的递延所得税资产，并检查提供的证据是否充分。	
ABD	6. 检查递延所得税资产增减变动记录，及可抵扣暂时性差异的形成原因，确定是否符合有关规定，计算是否正确，预计转销期是否适当，并特别关注下列事项。 （1）检查是否存在同时具有下列特征的交易因资产或负债的初始确认而产生的递延所得税资产不应予以确认，而被审计单位予以确认的情况。 1）该项交易不是企业合并；	

续表

审计目标	可供选择的审计程序	索引号
	2）交易发生时既不影响会计利润也不影响应纳税所得额（或可抵扣亏损）。 （2）检查被审计单位对子公司、联营企业及合营企业投资相关的可抵扣暂时性差异，在同时满足下列条件时，是否确认相应的递延所得税资产。 1）暂时性差异在可预见的未来很可能转回； 2）未来很可能获得用来抵扣可抵扣暂时性差异的应纳税所得额。	
ABD	7. 重新计算固定资产折旧形成的可抵扣暂时性差异，检查其会计处理是否正确。	
ABD	8. 重新计算无形资产摊销形成的可抵扣暂时性差异，检查其会计处理是否正确。	
ABD	9. 重新计算本期提取各类减值准备形成的可抵扣暂时性差异，检查其会计处理是否正确。	
ABD	10. 重新计算非同一控制下企业合并形成的可抵扣暂时性差异，检查其会计处理是否正确。	
ABD	11. 重新计算资产公允价值变动形成的可抵扣暂时性差异，检查其会计处理是否正确。	
ABD	12. 重新计算预计负债形成的可抵扣暂时性差异，检查其会计处理是否正确。	
ABD	13. 重新计算可用以后年度税前利润弥补的亏损及税款抵减所形成的可抵扣暂时性差异，检查其会计处理是否正确。	
ABD	14. 重新计算其他可抵扣暂时性差异形成的可抵扣暂时性差异，检查其会计处理是否正确。	
D	15. 检查被审计单位是否在资产负债表日对递延所得税资产的账面价值进行复核，如果预计未来期间很可能无法获得足够的应纳税所得额用以抵扣递延所得税资产，检查是否减记递延所得税资产的账面价值。	
DE	16. 检查预期收回递延所得税资产期间的税率发生变动时，被审计单位是否对递延所得税资产进行重新计算，对其影响数的会计处理是否正确。	
	17. 根据评估的舞弊风险等因素增加的审计程序。	
E	18. 检查递延所得税资产是否已按照企业会计准则的规定在财务报表中做出恰当列报。 （1）未确认递延所得税资产的可抵扣暂时性差异、可抵扣亏损的金额，如果存在到期日，还应披露到期日。 （2）对每一类暂时性差异和可抵扣亏损，在列报期间确认的递延所得税资产的金额，确定递延所得税资产的依据。	

递延所得税负债核算企业根据所得税准则确认的应纳税暂时性差异产生的所得税负债，按照应纳税暂时性差异项目进行明细核算。在实务中，递延所得税负债的审计程序见表7-34。

表 7-34　递延所得税负债实质性程序

一、审计目标与认定对应关系

审计目标	财务报表认定				
	存在	完整性	权利和义务	计价和分摊	列报
A. 资产负债表中记录的递延所得税负债是存在的。	√				
B. 所有应当记录的递延所得税负债均已记录。		√			
C. 资产负债表中记录的递延所得税负债是被审计单位应当履行的偿还义务。			√		
D. 递延所得税负债以恰当的金额包括在财务报表中，与之相关的计价调整已恰当记录。				√	
E. 递延所得税负债已按照企业会计准则的规定在财务报表中做出恰当列报。					√

二、重大错报风险由实质性程序获取的保证程度确定

根据风险评估和内控测试结果按顺序依次做出判断	索引号	财务报表认定				
		存在	完整性	权利和义务	计价和分摊	列报
1. 评估重大错报风险水平（结果取自风险评估工作底稿——考虑内控效果前）						
2. 控制测试结果是否支持风险评估结论（结果取自该项目所属业务循环控制测试工作底稿——控制测试汇总表）						
3. 需从实质性程序获取的保证程度						

三、审计目标与审计程序对应关系

审计目标	可供选择的审计程序	索引号
D	1. 获取或编制递延所得税负债明细表，复核加计是否正确，并与报表数、总账数和明细账合计数核对是否相符。	
DE	2. 检查被审计单位采用的会计政策是否为资产负债表债务法，前后期是否一致。	
D	3. 检查被审计单位用于确认递延所得税负债的税率是否根据税法规定，按照预期清偿该债务期间的适用税率计量。	
AB	4. 识别被审计单位期初递延所得税资产和递延所得税负债的项目及金额，以及对当期经营损失及未来期间的影响。	
BADC	5. 检查递延所得税负债增减变动记录，及应纳税暂时性差异的形成原因，确定除明确规定不得确认递延所得税负债的情况外，被审计单位是否将所有应纳税暂时性差异确认为递延所得税负债。确定是否符合有关规定，计算是否正确，预计转销期是否适当。 检查是否存在下列交易中产生的递延所得税负债不应予以确认，而被审计单位予以确认的情况。 （1）商誉的初始确认。 （2）同时具有下列特征的交易中产生的资产或负债的初始确认：该项交易不是企业合并；交易发生时既不影响会计利润也不影响应纳税所得额（或可抵扣亏损）。	

续表

审计目标	可供选择的审计程序	索引号
ABD	6. 重新计算固定资产折旧形成的应纳税暂时性差异，检查会计处理是否正确。	
ABD	7. 重新计算无形资产摊销形成的应纳税暂时性差异，检查会计处理是否正确。	
ABD	8. 重新计算非同一控制下企业合并形成的应纳税暂时性差异，检查会计处理是否正确。	
ABD	9. 重新计算资产公允价值变动形成的应纳税暂时性差异，检查会计处理是否正确。	
ABD	10. 重新计算本期其他应纳税暂时性差异形成的递延所得税负债，检查会计处理是否正确。	
A	11. 检查递延所得税负债是否有现行税法确定性支持，是否符合被审计单位所在地税务当局征管制度的要求，是否属于一项现时义务。	
DE	12. 检查预期收回递延所得税负债期间的税率发生变动时，是否对递延所得税负债进行重新计算，对其影响数的会计处理是否正确。	
	13. 根据评估的舞弊风险等因素增加的审计程序。	
E	14. 检查递延所得税负债是否已按照企业会计准则的规定在财务报表中做出恰当列报。 （1）对每一类暂时性差异，在列报期间确认的递延所得税负债的金额。 （2）未确认递延所得税负债的，与对子公司、联营企业及合营企业投资相关的暂时性差异。	

（六）所得税费用的审计

所得税费用核算企业确认的应从当期利润总额中扣除的所得税费用，可按“当期所得税费用”“递延所得税费用”进行明细核算。在实务中，所得税费用的审计程序见表7－35。

表7－35 所得税费用实质性程序

一、审计目标与认定对应关系

审计目标	财务报表认定					
	发生	完整性	准确性	截止	分类	列报
A. 利润表中记录的所得税费用已发生，且与被审计单位有关。	√					
B. 应当记录的所得税费用均已记录。		√				
C. 与所得税费用有关的金额及其他数据已恰当记录。			√			
D. 所得税费用已记录于正确的会计期间。				√		
E. 所得税费用已记录于恰当的账户。					√	
F. 所得税费用已按照企业会计准则的规定在财务报表中做出恰当列报。						√

二、重大错报风险由实质性程序获取的保证程度确定

根据风险评估和内控测试结果按顺序依次做出判断	索引号	财务报表认定					
		发生	完整性	准确性	截止	分类	列报
1. 评估重大错报风险水平（结果取自风险评估工作底稿——考虑内控效果前）							
2. 控制测试结果是否支持风险评估结论（结果取自该项目所属业务循环控制测试工作底稿——控制测试汇总表）							
3. 需从实质性程序获取的保证程度							

三、审计目标与审计程序对应关系

审计目标	可供选择的审计程序	索引号
B	1. 获取或编制所得税费用明细表，复核加计是否正确，并与报表数、总账数和明细账合计数核对是否相符。	
AB	2. 实质性分析程序。 （1）比较上期、本期所得税费用发生额，分析其变动原因。 1）比较上期、本期当期所得税，分析其变动原因。 2）比较上期、本期递延所得税，分析其变动原因。 （2）比较上期、本期应纳税所得额调整情况，分析其变动原因。 （3）比较上期、本期所得税减免情况，分析其变动原因。	
BE	3. 结合了解被审计单位及其环境时获取的所得税相关信息，检查被审计单位所采用的会计政策是否符合企业会计准则的规定。	
B	4. 获取被审计单位本期所得税纳税申报表，与账面相关记录进行核对，检查被审计单位相关记录是否正确。	
BE	5. 结合其他账项的审计和税法的规定，核实当期的纳税调整事项，确定应纳税所得额，检查会计处理是否正确。 （1）根据相关法律法规及企业会计准则，核实当期的纳税调增事项。 （2）根据相关法律法规及企业会计准则，核实当期的纳税调减事项。 （3）根据相关法律法规及企业会计准则，核定当期的递延所得税事项。	
	6. 根据评估的舞弊风险等因素增加的审计程序。	
F	7. 检查所得税费用是否已按照企业会计准则的规定在财务报表中做出恰当列报和披露。	

（七）资产减值损失与资产处置收益的审计

资产减值损失核算企业根据资产减值等准则计提各项资产减值准备所形成的损失。在实务中，资产减值损失的审计程序见表7-36。

表7-36 资产减值损失实质性程序

一、审计目标与认定对应关系

审计目标	财务报表认定					
	发生	完整性	准确性	截止	分类	列报
A. 利润表中记录的资产减值损失已发生，且与被审计单位有关。	√					
B. 应当记录的资产减值损失均已记录。		√				

续表

审计目标	财务报表认定					
	发生	完整性	准确性	截止	分类	列报
C. 与资产减值损失有关的金额及其他数据已恰当记录。			√			
D. 资产减值损失已记录于正确的会计期间。				√		
E. 资产减值损失已记录于恰当的账户。					√	
F. 资产减值损失已按照企业会计准则的规定在财务报表中做出恰当列报。						√

二、重大错报风险由实质性程序获取的保证程度确定

根据风险评估和内控测试结果按顺序依次做出判断	索引号	财务报表认定					
		发生	完整性	准确性	截止	分类	列报
1. 评估重大错报风险水平（结果取自风险评估工作底稿——考虑内控效果前）							
2. 控制测试结果是否支持风险评估结论（结果取自该项目所属业务循环控制测试工作底稿——控制测试汇总表）							
3. 需从实质性程序获取的保证程度							

三、审计目标与审计程序对应关系

审计目标	可供选择的审计程序	索引号
C	1. 获取或编制资产减值损失明细表，复核加计是否正确，并与报表数、总账数和明细账合计数核对是否相符。	
ABD	2. 实质性分析程序。 （1）考虑可获取信息的来源、可比性、性质和相关性以及与信息编制相关的控制，评价在对记录的金额或比率做出预期时使用数据的可靠性。 （2）对已记录的金额做出预期，评价预期值是否足够精确以识别重大错报。 （3）确定已记录金额与预期值之间无须作进一步调查的可接受的差异额。 （4）将已记录金额与期望值进行比较，识别需要进一步调查的差异。 （5）调查差异。 1）询问管理层，针对管理层的答复获取适当的审计证据； 2）根据具体情况在必要时实施其他审计程序。	
ABDE	3. 结合相关账项的审计，完成“审计会计估计（包括公允价值会计估计）和相关披露”等工作底稿。	
	4. 根据评估的舞弊风险等因素增加的审计程序。	
F	5. 检查资产减值损失是否已按照企业会计准则的规定在财务报表中做出恰当列报。 （1）当期确认的各项资产减值损失金额。 （2）上期确认的各项资产减值损失金额。	

资产处置收益反映企业出售划分为持有待售的非流动资产（金融工具、长期股权投资和投资性房地产除外）或处置组（子公司的业务除外）时确认的处置利得或损失，以及处置未划分为持有待售的固定资产、在建工程、生产性生物资产及无形资产而产生的处置利得或损失。债务重组中因处置非流动资产产生的利得或损失和非货币

性资产交换中换出非流动资产产生的利得或损失也包括在本项目内。在实务中，资产处置收益的审计程序见表 7－37。

表 7－37　资产处置收益实质性程序

一、审计目标与认定对应关系

审计目标	财务报表认定					
	发生	完整性	准确性	截止	分类	列报
A. 利润表中记录的资产处置收益已发生，且与被审计单位有关。	√					
B. 所有应当记录的资产处置收益均已记录。		√				
C. 与资产处置收益有关的金额及其他数据已恰当记录。			√			
D. 资产处置收益已记录于正确的会计期间。				√		
E. 资产处置收益已记录于恰当的账户。					√	
F. 资产处置收益已按照企业会计准则的规定在财务报表中做出恰当列报。						√

二、重大错报风险由实质性程序获取的保证程度确定

根据风险评估和内控测试结果按顺序依次做出判断	索引号	财务报表认定					
		发生	完整性	准确性	截止	分类	列报
1. 评估重大错报风险水平（结果取自风险评估工作底稿——考虑内控效果前）							
2. 控制测试结果是否支持风险评估结论（结果取自该项目所属业务循环控制测试工作底稿——控制测试汇总表）							
3. 需从实质性程序获取的保证程度							

三、审计目标与审计程序对应关系

审计目标	可供选择的审计程序	索引号
C	1. 获取或编制资产处置收益明细表，复核加计是否正确，并与报表数、总账数和明细账合计数核对是否相符。	
F	2. 检查资产处置收益（损失以“－”填列）明细项目的设置是否符合规定的核算内容与范围，是否正确区分资产处置收益与营业外收入和营业外支出的界限。	
ABD	3. 检查非流动资产处置利得（损失以“－”填列）：应结合非流动资产的审计，检查是否在授权范围内履行了必要的批准程序，抽查相关原始凭证，审核其内容的真实性和依据的充分性，检查会计处理是否符合相关规定。	
ABD	4. 检查非货币性资产交换利得（损失以“－”填列）：应结合非货币性资产交换的审计，检查是否在授权范围内履行了必要的批准程序，抽查相关原始凭证，审核其内容的真实性和依据的充分性，检查会计处理是否符合相关规定。	

续表

审计目标	可供选择的审计程序	索引号
ABD	5. 检查债务重组中因处置非流动资产产生的利得（损失以“—”填列）：应结合债务重组的审计，检查是否在授权范围内履行了必要的批准程序，抽查相关原始凭证，审核其内容的真实性和依据的充分性，检查会计处理是否符合相关规定。	
ABD	6. 检查持有待售的非流动资产（金融工具、长期股权投资和投资性房地产除外）或处置组时确认的处置利得（损失以“—”填列）：应结合持有待售的审计，审查各项批准文件，复核利得或损失的性质、金额、入账时间是否正确。	
D	7. 抽取资产负债表日前后凭证，实施截止测试，若存在异常迹象，考虑是否有必要追加审计程序，对于重大跨期项目，应作必要调整。	
	8. 根据评估的舞弊风险等因素增加的审计程序。	
F	9. 检查资产处置收益是否已按照企业会计准则的规定在财务报表中做出恰当列报。检查资产处置收益是否按照非流动资产处置利得、非货币性资产交换利得、债务重组利得、持有待售资产处置利得等分项披露，损失以“—”填列。	

（八）公允价值变动损益的审计

公允价值变动损益是指企业以各种资产，如投资性房地产、债务重组、非货币交换、交易性金融资产等公允价值变动形成的应计入当期损益的利得或损失，即公允价值与账面余额之间的差额。该项目反映了资产在持有期间因公允价值变动而产生的损益，也是利润表上的项目“公允价值变动收益”的填列依据。在实务中，公允价值变动损益的审计程序见表7-38。

表7-38 公允价值变动损益实质性程序

一、审计目标与认定对应关系

审计目标	财务报表认定					
	发生	完整性	准确性	截止	分类	列报
A. 利润表中记录的公允价值变动损益已发生，且与被审计单位有关。	√					
B. 所有应当记录的公允价值变动损益均已记录。		√				
C. 与公允价值变动损益有关的金额及其他数据已恰当记录。			√			
D. 公允价值变动损益已记录于正确的会计期间。				√		
E. 公允价值变动损益已记录于恰当的账户。					√	
F. 公允价值变动损益已按照企业会计准则的规定在财务报表中做出恰当列报。						√

二、重大错报风险由实质性程序获取的保证程度确定

根据风险评估和内控测试结果按顺序依次做出判断	索引号	财务报表认定					
		发生	完整性	准确性	截止	分类	列报
1. 评估重大错报风险水平（结果取自风险评估工作底稿——考虑内控效果前）							
2. 控制测试结果是否支持风险评估结论（结果取自该项目所属业务循环控制测试工作底稿——控制测试汇总表）							
3. 需从实质性程序获取的保证程度							

三、审计目标与审计程序对应关系

审计目标	可供选择的审计程序	索引号
C	1. 获取或编制公允价值变动损益明细表。 (1) 复核加计是否正确，并与报表数、总账数和明细账合计数核对是否相符。 (2) 检查非记账本位币投资收益的折算汇率及折算是否正确。	
ABCDE	2. 结合相关科目的审计，检查被审计单位是否在资产负债表日将交易性金融资产（负债）的公允价值与其账面价值的差额确认为公允价值变动损益；处置交易性金融资产（负债）时，检查会计处理是否正确。	
ABCDE	3. 结合相关科目的审计，检查被审计单位是否在资产负债表日将衍生工具的公允价值与其账面价值的差额确认为公允价值变动损益；终止确认衍生工具时，检查其会计处理是否正确。	
ABCDE	4. 结合相关科目的审计，检查被审计单位在资产负债表日满足运用套期会计方法条件的现金流量套期和境外经营净投资套期产生的利得和损失，检查其会计处理是否正确。	
ABCDE	5. 结合相关科目的审计，检查被审计单位是否在资产负债表日将投资性房地产的公允价值与其账面价值的差额确认为公允价值变动损益；处置时检查会计处理是否正确。	
ABCDE	6. 结合相关科目的审计，检查被审计单位的公允价值变动损益的确认和计量是否正确，会计处理是否正确。	
	7. 根据评估的舞弊风险等因素增加的审计程序。	
F	8. 检查公允价值变动损益是否已按照企业会计准则的规定在财务报表中做出恰当列报：产生公允价值变动损益的来源及其本期发生额、上期发生额。	

（九）净敞口套期收益的审计

净敞口套期收益反映净敞口套期下被套期项目累计公允价值变动转入当期损益的金额或现金流量套期储备转入当期损益的金额，在审计实务中，净敞口套期收益的审计程序见表7-39。

表7－39 净敞口套期收益实质性程序

一、审计目标与认定对应关系

审计目标	财务报表认定					
	发生	完整性	准确性	截止	分类	列报
A. 利润表中记录的净敞口套期收益已发生，且与被审计单位有关。	√					
B. 所有应当记录的净敞口套期收益均已记录。		√				
C. 与净敞口套期收益有关的金额及其他数据已恰当记录。			√			
D. 净敞口套期收益已记录于正确的会计期间。				√		
E. 净敞口套期收益已记录于恰当的账户。					√	
F. 净敞口套期收益已按照企业会计准则的规定在财务报表中做出恰当列报。						√

二、重大错报风险由实质性程序获取的保证程度确定

根据风险评估和内控测试结果按顺序依次做出判断	索引号	财务报表认定					
		发生	完整性	准确性	截止	分类	列报
1. 评估重大错报风险水平（结果取自风险评估工作底稿——考虑内控效果前）							
2. 控制测试结果是否支持风险评估结论（结果取自该项目所属业务循环控制测试工作底稿——控制测试汇总表）							
3. 需从实质性程序获取的保证程度							

三、审计目标与审计程序对应关系

审计目标	可供选择的审计程序	索引号
C	1. 获取或编制净敞口套期收益明细表，复核加计是否正确，并与报表数、总账数和明细账合计数核对是否相符，核对上期发生额与上期审定额是否相符。检查非记账本位币套期收益的折算汇率及折算是否正确。	
ABD	2. 实质性分析程序。 （1）考虑可获取信息的来源、可比性、性质和相关性以及与信息编制相关的控制，评价在对记录的金额或比率做出预期时使用数据的可靠性。 （2）对已记录的金额做出预期，评价预期值是否足够精确以识别重大错报。 （3）确定已记录金额与预期值之间无须作进一步调查的可接受的差异额。 （4）将已记录金额与期望值进行比较，识别需要进一步调查的差异。 （5）调查差异。 1）询问管理层，针对管理层的答复获取适当的审计证据； 2）根据具体情况在必要时实施其他审计程序。	
ABDF	3. 对本期发生的净敞口套期收益，结合相关科目审计，检查支持性文件，确定入账金额及会计处理是否正确。 （1）查阅企业管理文件，检查被审计单位被套期组合是否出于风险管理目的且以净额为基础进行套期。该净敞口套期是否是企业既定风险管理策略的组成部分，且获得关键管理人员的批准。组合中的项目是否均符合套期条件。	

续表

审计目标	可供选择的审计程序	索引号
	(2) 被套期项目风险影响利润表不同项目的，应当将相关套期利得或损失单独列示，不应影响利润表中与被套期项目有关的损益列示项目。结合相关科目的审计，检查套期会计处理是否正确。	
	4. 根据评估的舞弊风险等因素增加的审计程序。	
F	5. 检查净敞口套期收益是否已按照企业会计准则的规定在财务报表中做出恰当列报。	

(十) 营业外收入/支出的审计

营业外收入核算企业发生的与其经营活动无直接关系的各项净收入，主要包括处置非流动资产利得、非货币性资产交换利得、债务重组利得、罚没利得、政府补助、确实无法支付而按规定程序经批准后转作营业外收入的应付款项等。在实务中，营业外收入的审计程序见表7-40。

表7-40　营业外收入实质性程序

一、审计目标与认定对应关系

审计目标	财务报表认定					
	发生	完整性	准确性	截止	分类	列报
A. 利润表中记录的营业外收入已发生，且与被审计单位有关。	√					
B. 所有应当记录的营业外收入均已记录。		√				
C. 与营业外收入有关的金额及其他数据已恰当记录。			√			
D. 营业外收入已记录于正确的会计期间。				√		
E. 营业外收入已记录于恰当的账户。					√	
F. 营业外收入已按照企业会计准则的规定在财务报表中做出恰当的列报。						√

二、重大错报风险由实质性程序获取的保证程度确定

根据风险评估和内控测试结果按顺序依次做出判断	索引号	财务报表认定					
		发生	完整性	准确性	截止	分类	列报
1. 评估重大错报风险水平（结果取自风险评估工作底稿——考虑内控效果前）							
2. 控制测试结果是否支持风险评估结论（结果取自该项目所属业务循环控制测试工作底稿——控制测试汇总表）							
3. 需从实质性程序获取的保证程度							

三、审计目标与审计程序对应关系

审计目标	可供选择的审计程序	索引号
C	1. 获取或编制营业外收入明细表，复核加计是否正确，并与报表数、总账数和明细账合计数核对是否相符。	
E	2. 检查营业外收入明细项目的设置是否符合规定的核算内容与范围，是否划清营业外收入与其他收入的界限。	
ABC	3. 检查处置非流动资产利得：应结合相关非流动资产的审计，检查是否在授权范围内履行了必要的批准程序，抽查相关原始凭证，审核其内容的真实性和依据的充分性，检查会计处理是否符合相关规定。	
ABC	4. 检查非货币性资产交换利得：应结合非货币性资产交换的审计，检查是否在授权范围内履行了必要的批准程序，抽查相关原始凭证，审核其内容的真实性和依据的充分性，检查会计处理是否符合相关规定。	
ABC	5. 检查债务重组利得：应结合债务重组的审计，检查是否在授权范围内履行了必要的批准程序，抽查相关原始凭证，审核其内容的真实性和依据的充分性，检查会计处理是否符合相关规定。	
ABC	6. 检查政府补助：应结合递延收益的审计，审查各项政府补助的批准文件，复核收入的性质、金额、入账时间是否正确。	
ABC	7. 检查盘盈利得：应结合相关资产的盘点及监盘资料，检查金额计算是否正确，是否获得必要审批，抽查相关原始凭证，审核其内容的真实性和依据的充分性，检查会计处理是否符合相关规定。	
ABC	8. 检查捐赠利得：检查相关的原始凭证，确定相应的税金是否提取，金额计算及账务处理是否正确。	
ABC	9. 检查其他营业外收入，结合相关科目的审计，检查入账金额及会计处理是否正确。	
D	10. 抽取资产负债表日前后________天的________张凭证，实施截止测试，若存在异常迹象，应考虑是否有必要追加审计程序，对于重大跨期项目，应作必要调整。	
	11. 根据评估的舞弊风险等因素增加的审计程序。	
F	12. 检查营业外收入是否已按照企业会计准则的规定在财务报表中做出恰当列报。检查营业外收入是否按照处置非流动资产利得、非货币性资产交换利得、债务重组利得、政府补助、盘盈利得、捐赠利得等项目披露。	

营业外支出核算企业发生的与其经营活动无直接关系的各项净支出，包括处置非流动资产损失、非货币性资产交换损失、债务重组损失、罚款支出、捐赠支出、非常损失等。在实务中，营业外支出的审计程序见表7-41。

表7-41 营业外支出实质性程序

一、审计目标与认定对应关系

审计目标	财务报表认定					
	发生	完整性	准确性	截止	分类	列报
A. 利润表中记录的营业外支出已发生，且与被审计单位有关。	√					
B. 所有应当记录的营业外支出均已记录。		√				

续表

审计目标	财务报表认定					
	发生	完整性	准确性	截止	分类	列报
C. 与营业外支出有关的金额及其他数据已恰当记录。			√			
D. 营业外支出已记录于正确的会计期间。				√		
E. 营业外支出已记录于恰当的账户。					√	
F. 营业外支出已按照企业会计准则的规定在财务报表中做出恰当的列报。						√

二、重大错报风险由实质性程序获取的保证程度确定

根据风险评估和内控测试结果按顺序依次做出判断	索引号	财务报表认定					
		发生	完整性	准确性	截止	分类	列报
1. 评估重大错报风险水平（结果取自风险评估工作底稿——考虑内控效果前）							
2. 控制测试结果是否支持风险评估结论（结果取自该项目所属业务循环控制测试工作底稿——控制测试汇总表）							
3. 需从实质性程序获取的保证程度							

三、审计目标与审计程序对应关系

审计目标	可供选择的审计程序	索引号
C	1. 获取或编制营业外支出明细表，复核加计是否正确，并与报表数、总账数和明细账合计数核对是否相符。	
E	2. 检查营业外支出明细项目的设置是否符合规定的核算内容与范围，是否划清营业外支出与其他费用的界限。	
ABD	3. 实质性分析程序。 （1）考虑可获取信息的来源、可比性、性质和相关性以及与信息编制相关的控制，评价在对记录的金额或比率做出预期时使用数据的可靠性。 （2）对已记录的金额做出预期，评价预期值是否足够精确以识别重大错报。 （3）确定已记录金额与预期值之间无须作进一步调查的可接受的差异额。 （4）将已记录金额与期望值进行比较，识别需要进一步调查的差异。 （5）调查差异。 1）询问管理层，针对管理层的答复获取适当的审计证据； 2）根据具体情况在必要时实施其他审计程序。	
ABC	4. 检查非流动资产处置损失：应结合固定资产清理、无形资产等的审计，检查计入营业外支出的金额和有关会计处理是否正确。	
ABC	5. 检查非货币性资产交换损失：应结合非货币性资产交换的审计，检查计入营业外支出的金额和有关会计处理是否正确。	
ABC	6. 检查债务重组损失：应结合债务重组的审计，检查计入营业外支出的金额和有关会计处理是否正确。	
ABC	7. 检查公益性捐赠支出的会计处理是否正确，注意公益性捐赠资产已计提的减值准备是否结转。检查公益救济性捐赠是否按税法规定进行企业所得税纳税调整。	

续表

审计目标	可供选择的审计程序	索引号
ABC	8. 对非常损失应详细检查有关资料、被审计单位实际损失和保险理赔情况及审批文件。检查会计处理是否正确。	
ABC	9. 对因盘亏、毁损的资产发生的净损失，检查是否按管理权限报经批准后处理，会计处理是否正确。	
BA	10. 对由对外提供担保、未决诉讼、重组义务产生的预计负债，应取得担保合同、仲裁或法院判决书等，结合预计负债的审计，检查计入营业外支出的金额是否适当，有关会计处理是否正确。	
BA	11. 检查非公益性捐赠支出、税收滞纳金、罚金、罚款支出、各种赞助费支出是否进行应纳税所得额调整。	
D	12. 抽取资产负债表日前后________天的________张凭证，实施截止测试，若存在异常迹象，应考虑是否有必要追加审计程序，对于重大跨期项目应作必要调整。	
	13. 根据评估的舞弊风险等因素增加的审计程序。	
E	14. 检查营业外支出是否已按照企业会计准则的规定在财务报表中做出恰当列报。营业外支出应按非流动资产处置损失、非货币性资产交换损失、债务重组损失、公益性捐赠支出、非常损失、盘亏损失等项目披露。	

（十一）其他收益和其他综合收益的审计

其他收益用于核算与企业日常活动相关、但不宜确认收入或冲减成本费用的政府补助。

政府补助准则规定，与企业日常活动相关的政府补助，应当按照经济业务实质，计入其他收益或冲减相关成本费用。与企业日常活动无关的政府补助，应当计入营业外收支。其他收益的审计程序见表7-42。

表7-42 其他收益实质性程序

一、审计目标与认定对应关系

审计目标	财务报表认定					
	发生	完整性	准确性	截止	分类	列报
A. 利润表中记录的其他收益已发生，且与被审计单位有关。	√					
B. 所有应当记录的其他收益均已记录。		√				
C. 与其他收益有关的金额及其他数据已恰当记录。			√			
D. 其他收益已记录于正确的会计期间。				√		
E. 其他收益已记录于恰当的账户。					√	
F. 其他收益已按照企业会计准则的规定在财务报表中做出恰当列报。						√

二、重大错报风险由实质性程序获取的保证程度确定

根据风险评估和内控测试结果按顺序依次做出判断	索引号	财务报表认定					
		发生	完整性	准确性	截止	分类	列报
1. 评估重大错报风险水平（结果取自风险评估工作底稿——考虑内控效果前）							
2. 控制测试结果是否支持风险评估结论（结果取自该项目所属业务循环控制测试工作底稿——控制测试汇总表）							
3. 需从实质性程序获取的保证程度							

三、审计目标与审计程序对应关系

审计目标	可供选择的审计程序	索引号
C	1. 获取或编制其他收益明细表，复核加计是否正确，并与报表数、总账数和明细账合计数核对是否相符。	
ABD	2. 检查其他收益是否已收到，若未收到，需检查是否具备确认政府补助的条件，并与其他应收款中的应收补助款项目勾稽核对。	
E	3. 复核其他收益的性质、金额和会计处理是否正确，检查是否属于与日常活动有关的补助，当期计入其他收益的金额是否正确，并与递延收益工作底稿、长期资产的折旧底稿相互勾稽。	
	4. 根据评估的舞弊风险等因素增加的审计程序。	
F	5. 检查其他收益是否已按照企业会计准则的规定在财务报表中做出恰当列报。	

"其他综合收益"科目使用的范围很广泛，包括：（1）以公允价值计量且其变动计入其他综合收益的金融资产；（2）将持有至到期投资重分类为可供出售金融资产时，重分类日公允价值与账面余额的差额计入其他综合收益的部分；（3）计入其他资本公积的现金流量套期工具利得或损失中属于有效套期的部分，以及其后续的转出；（4）境外经营外币报表折算差额的增加或减少；（5）与计入其他综合收益项目相关的所得税影响；（6）不确认为当期损益而直接计入所有者权益的所得税影响。在审计实务中，其他综合收益的审计程序见表7-43。

表7-43 其他综合收益实质性程序

一、审计目标与认定对应关系

审计目标	财务报表认定					
	发生	完整性	准确性	截止	分类	列报
A. 利润表中记录的其他综合收益已发生，且与被审计单位有关。	√					
B. 所有应当记录的其他综合收益均已记录。		√				
C. 与其他综合收益有关的金额及其他数据已恰当记录。			√			
D. 其他综合收益已记录于正确的会计期间。				√		
E. 其他综合收益已记录于恰当的账户。					√	
F. 其他综合收益已按照企业会计准则的规定在财务报表中做出恰当列报。						√

二、重大错报风险由实质性程序获取的保证程度确定

根据风险评估和内控测试结果按顺序依次做出判断	索引号	财务报表认定					
		发生	完整性	准确性	截止	分类	列报
1. 评估重大错报风险水平（结果取自风险评估工作底稿——考虑内控效果前）							
2. 控制测试结果是否支持风险评估结论（结果取自该项目所属业务循环控制测试工作底稿——控制测试汇总表）							
3. 需从实质性程序获取的保证程度							

三、审计目标与审计程序对应关系

审计目标	可供选择的审计程序	索引号
C	1. 获取或编制其他综合收益明细表，复核加计是否正确，并与报表数、总账数和明细账合计数核对是否相符。	
C	2. 对本期增加及转出的其他综合收益，与应付职工薪酬、长期股权投资、可供出售金融资产、套期工具和外币报表折算差额等科目进行交叉勾稽。	
C	3. 对本期转出的其他综合收益，结合相关科目的审计，检查会计处理是否正确。	
C	4. 检查以后期间不能重分类进损益的其他综合收益项目的确认和计量是否恰当，是否符合相关准则的规定。	
C	5. 检查以后期间在满足规定条件时将重分类进损益的其他综合收益项目本期是否发生变化，本期结转是否恰当，期末余额计算是否正确。	
	6. 检查其他综合收益各项目，考虑对所得税的影响。	
	7. 根据评估的舞弊风险等因素增加的审计程序。	
F	8. 检查其他综合收益是否已按照企业会计准则的规定在财务报表中做出恰当列报。	

实例7-7（分析题）

项目组在审计华兴公司20×6年度财务报表时发现：

(1) 20×6年10月25日，华兴公司为某高新技术项目向银行申请配套流动资金贷款，同时申报政府财政贴息。根据与银行签订的贷款协议，贷款期限自20×6年11月1日至20×8年10月31日，贷款金额为20 000万元，年利率为6%。20×6年11月1日，政府部门批准拨付贴息资金600万元，华兴公司于当日收到该笔资金，并做如下会计处理：借记“银行存款”600万元，贷记“营业外收入——政府补助”600万元。

(2) 20×6年9月30日，华兴公司接受控股股东新能集团捐赠的现金600万元，于接受当日计入营业外收入。

(3) 20×6年1月1日，华兴公司与嘉华公司签订资产转让合同。合同约定，华兴公司将其办公楼以4 500万元的价格出售给嘉华公司，同时华兴公司自20×6年1月1日至20×7年12月31日可继续使用该办公楼，但每年末需支付嘉华公司租金300万元，期满后嘉华公司收回办公楼。当日，该办公楼账面原值为6 000万元，已

计提折旧750万元，未计提减值准备，预计尚可使用年限为35年；同等办公楼的市场售价为5 500万元；市场上租用同等办公楼需每年支付租金520万元。1月10日，华兴公司收到嘉华公司支付的款项，并办妥办公楼产权变更手续。华兴公司20×6年确认营业外支出750万元，管理费用300万元。

要求：

请判断事项（1）至（3）的会计处理是否正确，如果不正确，请提出审计意见。

分析：（请扫描二维码）

思考题

1. 筹资与投资循环的特征是什么？审计上如何应对？

2. 简述筹资活动中的关键控制点及其控制措施。

3. 简述投资活动中的关键控制点及其控制措施。

4. 简述违反法规行为，并指出企业管理层与注册会计师对企业违反法规行为的责任。

5. 列举一些可能表明被审计单位违反法规的事例，谈谈注册会计师应当如何关注。

6. 如果注册会计师发现企业存在违反法规行为，应当如何处理？

7. 华兴公司20×6年度的借款规模、存款规模分别与20×5年度基本持平，但财务费用较之20×5年度有所下降。华兴公司提供的以下事项中，你认为哪些能够解释财务费用变动趋势，哪些不能解释财务费用变动趋势，为什么？

（1）华兴公司于20×5年1月初借入3年期的工程项目专门借款1 000万元，该工程项目于20×6年1月开工建设，预计在20×6年6月完工。

（2）华兴公司20×6年以美元结算的货币性负债的金额一直大于以美元结算的货币性资产的金额。人民币对美元的汇率在20×6年上半年保持稳定，从20×6年下半年开始有较大上升。

（3）为了缓解流动资金紧张的压力，华兴公司从20×6年4月起扩大了银行承兑汇票的贴现规模。

（4）根据华兴公司与开户银行签订的存款协议，从20×6年7月1日起，华兴公司在开户银行的存款余额超过100万元的部分所适用的银行存款利率上浮0.5%。

8. 对筹资与投资循环进行控制测试时一般形成哪些工作底稿？它们之间的逻辑关系是怎样的？

9. 对营业外收入进行实质性审计时一般形成哪些工作底稿？它们之间的逻辑关

系是怎样的？

案例分析

投资活动存在重大错报的案例

问题：

1. 针对事项（1），注册会计师应当提出什么建议？

2. 针对事项（2），注册会计师应当考虑发表什么意见类型？为什么？

3. 针对事项（3），注册会计师下一步应当采取什么措施？

4. 针对事项（4），判断华兴公司已经确认的投资收益能否确认，若尚不能确认，请列出调整分录。

5. 针对事项（5），判断华兴公司已经确认的投资收益能否确认，若尚不能确认，请指出注册会计师应进一步实施哪些审计程序。

6. 针对事项（6），讨论华兴公司对此长期股权投资计提的减值准备是否适当，为什么？如何进行查证？

7. 针对事项（6），假定华兴公司接受注册会计师补提长期投资减值准备的建议后，注册会计师于20×7年2月18日出具无保留意见的审计报告，20×7年3月5日华兴公司对外公告了20×6年度财务报表。若20×7年3月2日注册会计师获知I公司在2月18日前已经清算完毕，其债务偿还率为60%，请说明注册会计师应采取哪些措施。若20×7年3月10日注册会计师获知I公司在2月18日前已经清算完毕，其债务偿还率为60%，请说明注册会计师应采取哪些措施。

行动学习讨论项目

把学生分成若干组（每组最好10人以内），要求他们利用头脑风暴的方法，对以下问题提出不同的看法，尽量多地列示在行动学习讨论的白板上。

讨论问题：筹资与投资循环中哪些环节的内部控制容易存在重大缺陷？该控制缺陷可能引起的重大错报有哪些？

讨论与板书要求：（1）每个人都要发言，但每次只能一人发言；（2）追求数量、追求创意；（3）有人发言时不许质疑、不许批评、不许打断；（4）板书要按发言人的原话列示。

第8章 货币资金的审计

Chapter 8

素养提升

- 不忘初心，牢记使命，认清钱权属性，树立正确的金钱观。

学习目标

- 了解货币资金与各交易循环的关系
- 掌握货币资金的关键控制点
- 掌握库存现金审计
- 掌握银行存款审计

第一节　货币资金涉及的主要活动及其凭证

一、货币资金与业务循环

货币资金是被审计单位资产的重要组成部分，是经营活动的起点和终点，其增减变动与被审计单位的日常经营活动密切相关。货币资金与各业务循环均直接相关，成为各个循环的枢纽，起到“资金池”的作用（见图8-1）。

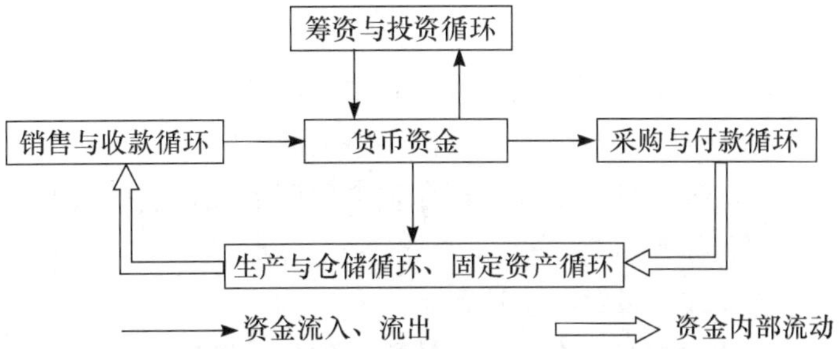

图8-1　货币资金与业务循环的关系

如果运用“丁”字账户表示货币资金与各个交易循环的资金往来关系，则得到图8－2。

货币资金	
销售与收款循环 筹资与投资循环	采购与付款循环 筹资与投资循环

图8－2　货币资金借贷各方与交易循环的关系

二、货币资金相关凭证及与重大错报风险相关的事项或情形

1．货币资金相关凭证

货币资金审计涉及的凭证和会计记录主要包括以下内容。

（1）涉及货币资金收支和审核的原始凭证，如销售合同、收款单据、收款结算凭证和票据、支出和报销单据、付款结算凭证和票据、交款单、收款凭证、付款凭证、现金盘点表、银行对账单、银行存款余额调节表。

（2）现金/银行存款日记账。

（3）现金/银行存款总账。

（4）其他有关会计账簿。

2．与货币资金重大错报风险相关的事项或情形

在实务中，被审计单位货币资金账户如果存在以下事项或情形，可能表明货币资金存在重大错报风险，注册会计师执行相关审计工作时需要保持警觉。

（1）被审计单位的现金交易比例较高，并且与其所在行业的常用结算模式不同。

（2）库存现金规模明显超过业务周转所需资金。

（3）银行账户开立数量与企业实际业务规模不匹配，或存在多个零余额账户且长期不注销。

（4）在没有经营业务的地区开立银行账户，或将高额资金存放于其经营和注册地之外的异地。

（5）被审计单位资金存放于管理层或员工个人账户，或通过个人账户进行被审计单位交易的资金结算。

（6）货币资金收支金额与现金流量表中的经营活动、筹资活动、投资活动的现金流量不匹配，或经营活动现金流量净额与净利润不匹配。

（7）不能提供银行对账单或银行存款余额调节表，或提供的银行对账单没有银行印章、交易对方名称或摘要。

（8）存在长期或大量银行未达账项。

（9）银行存款明细账存在非正常转账。例如，短期内相同金额的一收一付或相同金额的分次转入转出等大额异常交易。

(10) 存在期末余额为负数的银行账户。

(11) 受限货币资金占比较高。

(12) 存款收益金额与存款的规模明显不匹配。

(13) 针对同一交易对方，在报告期内存在现金和其他结算方式并存的情形。

(14) 违反货币资金存放和使用规定，如上市公司将募集资金违规用于质押，未经批准开立账户转移募集资金，未经许可将募集资金转作其他用途等。

(15) 存在大额外币收付记录，而被审计单位并不涉足进出口业务。

(16) 被审计单位以各种理由不配合注册会计师实施银行函证、不配合注册会计师至人民银行或基本户开户行打印已开立银行结算账户清单。

(17) 与实际控制人（或控股股东）、银行（或财务公司）签订集团现金管理账户协议或类似协议。

注册会计师在审计其他财务报表项目时，还可能关注到其他需要保持警觉的事项或情形。

(1) 存在没有真实业务支持或与交易不相匹配的大额资金或汇票往来。

(2) 存在长期挂账的大额预付款项等。

(3) 在存在大量货币资金的情况下仍高额或高息举债。

(4) 付款方全称与销售客户名称不一致，收款方全称与供应商名称不一致。

(5) 开具的银行承兑汇票没有银行承兑协议支持。

(6) 银行承兑票据保证金余额与应付票据相应余额比例不合理。

(7) 存在频繁的票据贴现。

(8) 实际控制人（或控股股东）频繁进行股权质押（冻结）且累计被质押（冻结）的股权占其持有被审计单位总股本的比例较高。

(9) 在存在大量货币资金的情况下，频繁发生债务违约，或者无法按期支付股利或偿付债务本息。

(10) 公司首次公开发行股票（IPO）申报期内持续现金分红。

(11) 工程付款进度或结算周期异常等。

第二节 货币资金的控制测试

一、货币资金的关键控制点

尽管货币资金在企业资产总额中所占比重不大，但由于它具有流动性强，收付业务频繁，涉及多个循环，容易出现记账差错，被贪污、挪用的固有风险高等特征，所以企业必须加强对货币资金的管理，建立良好的货币资金内部控制。

企业货币资金内部控制的关键控制点主要包括以下方面。

1. 审批控制点

审批权限的合理划分是资金营运活动业务顺利开展的前提。审批控制点的控制措施包括：制定资金的限制接近措施，经办人员开展业务活动时应该得到授权审批，未经授权的人员不得办理资金收支业务；使用资金的部门应提出用款申请，记载用途、金额、时间等事项；经办人员在原始凭证上签章；由经办部门负责人、主管总经理和财务部门负责人审批并签章。

2. 复核控制点

根据企业内部层级的隶属关系可以划分为纵向复核和横向复核两种类型。前者是指上级主管对下级活动的复核；后者是指平级或无上下级关系人员的相互核对，如财务系统内部的核对。复核控制点的控制措施包括：资金营运活动会计主管审查原始凭证反映的收支业务是否真实合法，审核通过并签字盖章后才能填制原始凭证；凭证上的主管、审核、出纳和制单等签章是否齐全。

3. 收付控制点

资金的收付导致资金流入流出，反映资金的来龙去脉。收付控制点的控制措施包括：出纳人员按照审核后的原始凭证收付款，对已完成收付的凭证加盖戳记，并登记日记账；主管会计人员及时准确地记录在相关账簿中，定期与出纳人员的日记账核对。

4. 记账控制点

资金的凭证和账簿是反映企业资金流入和流出的信息源，如果记账环节出现管理漏洞，很容易导致整个会计信息处理结果失真。记账控制点的控制措施包括：出纳人员根据资金收付凭证登记日记账，会计人员根据相关凭证登记有关明细分类账；主管会计登记总分类账。

5. 对账控制点

对账是账簿记录系统的最后一个环节，也是报表生成前的一个环节，对保证会计信息的真实性起到重要作用。对账控制点的控制措施包括：账证核对、账账核对、账表核对、账实核对等。

6. 保管控制点

企业应当建立日结日清的资金结算制度，每日按规定把结清的现金、支票等放置在保险柜里，并严格执行定期或不定期的盘点制度。

7. 银行账户管理控制点

企业应当严格按照《支付结算办法》等国家有关规定，加强银行账户的管理，严格按规定开立账户，办理存款、取款和结算。银行账户管理控制点的控制措施包括：银行账户的开立、使用和撤销是否有授权，下属企业或单位是否有账外账。

8. 票据与印章管理控制点

印章是明确责任、表明业务执行及完成情况的标记。票据与印章管理控制点的控制措施包括：票据应统一印刷或购买，票据和印章的保管要贯彻不相容职务分离的原则，严禁将办理资金支付业务的相关印章和票据交由一人保管，印章要与空白票据分管，财务专用章要与企业法人章分管。

总结以上内容，货币资金内部控制的关键控制点、控制目标及控制措施汇总如表

8-1所示。

表8-1 货币资金内部控制的关键控制点、控制目标及控制措施

关键控制点	控制目标	控制措施
审批	合法性	未经授权不得办理资金收付业务；明确不同级别的管理人员的权限
复核	真实性与合法性	对相关凭证进行横向复核和纵向复核
收付	收入入账完整；支出手续完备	出纳人员根据审核后的相关收付款原始凭证收款和付款，并加盖戳记
记账	真实性	出纳人员根据资金收付凭证登记日记账，会计人员根据相关凭证登记有关明细分类账；主管会计登记总分类账
对账	真实性和财产安全	账证核对、账账核对、账表核对与账实核对
保管	财产安全与完整	授权专人保管资金；定期、不定期盘点
银行账户管理	防范小金库；加强业务管控	开设、使用和撤销的授权；是否有账外账
票据与印章管理	财产安全	票据统一印制或购买；票据由专人保管；印章与空白票据分管；财务专用章与企业法人章分管

实例8-1（多选题）

甲公司下列与货币资金相关的内部控制中，注册会计师须提出改进建议的是（　　）。

A. 出纳每月负责银行对账单的获取、银行存款余额调节表的编制等工作

B. 为防止不相容岗位混岗，由不负责现金收支的会计负责登记现金日记账和总账

C. 指定10万元以下的货币资金支付由财务处长审批，对超过权限的业务实行集体决策

D. 货币资金支付后，由专职的复核人员进行复核，复核货币资金的批准范围、权限、程序、手续、金额、支付方式、时间等，发现问题后及时纠正

分析：ABD。选项A，出纳人员要负责银行存款日记账的登记工作，因此不可以同时从事银行对账单的获取、银行存款余额调节表的编制等工作；选项B，负责登记现金日记账的人员不能同时登记总账；选项D，货币资金支付在前、复核在后，最多能及时发现问题，而无法防止问题的发生。

二、货币资金的双重目的测试

货币资金的控制测试与各个循环的内部控制测试结合在一起，体现在各个循环的控制测试中。针对货币资金可能出现的重大错报，注册会计师考虑实施专门的双重目的测试（实现控制测试和实质性测试两重目标的测试）。

（一）对被审计单位银行账户完整性的测试

（1）了解并评价被审计单位开立账户的管理控制措施。检查报告期内被审计单位开户银行的数量及分布，与被审计单位实际经营的需要进行比较，判断其合理性，关

注是否存在越权开立银行账户的情形。

（2）询问办理货币资金业务的相关人员（如出纳），了解银行账户的开立、使用、注销等情况。必要时，获取被审计单位已将全部银行存款账户信息提供给注册会计师的书面声明。如发现银行存款账户户名为个人，但记录在被审计单位账户清单或账簿中，考虑该个人与被审计单位的关系，并获取书面声明。

（3）注册会计师在企业人员陪同下到人民银行或基本存款账户开户行查询并打印已开立银行结算账户清单，观察银行办事人员的查询、打印过程，并检查被审计单位账面记录的银行账户是否完整。

（4）结合其他相关细节测试，关注原始单据中被审计单位的收（付）款银行是否包含在注册会计师已获取的开立银行账户清单内。

（5）如果对被审计单位外币银行账户的完整性存有疑虑，可以查阅被审计单位的公章使用登记，检查其中是否有使用公章申请开户的情况，如有，检查该账户是否已列入被审计单位提供的银行账户清单中；或者向负责保管网银密钥的人员获取被审计单位开通网银的账户清单，实地观察该人员登录被审计单位网银系统，打印相关银行开立的所有银行账户清单，并与被审计单位管理层提供的信息进行比较，以检查其完整性。如可行，注册会计师可以考虑与被审计单位人员一同前往被审计单位所在地人民银行外汇管理局，现场查询被审计单位的外币银行账户情况。

实例 8-2（多选题）

如果对被审计单位银行账户的完整性存有疑虑，注册会计师可以考虑实施的审计程序包括（　　）。

A. 结合其他相关细节测试，关注原始单据中被审计单位的收（付）款银行是否包含在注册会计师已获取的开立银行账户清单内

B. 取得并检查银行对账单和银行存款余额调节表

C. 亲自到中国人民银行或基本存款账户开户行查询并打印已开立银行结算账户清单

D. 函证银行存款余额

分析：AC。选项B，D是证实资产负债表所列银行存款是否存在的重要程序。

（二）对银行存款余额调节表的测试

银行存款余额调节表主要用于核对企业账面记录的银行存款与银行记录的企业存款在资产负债表日是否一致。注册会计师针对银行存款余额调节表可以考虑实施以下审计程序。

（1）了解并评价与银行存款余额调节表的编制、复核及差异处理相关的内部控制。

（2）设计和实施控制测试，针对与银行存款余额调节表相关的控制运行的有效性，获取充分、适当的审计证据。

（3）观察被审计单位人员登录并操作网银系统导出信息的过程，核对网银界面的真实性，核对网银中显示或下载的信息与提供给注册会计师的对账单中信息的一致性，不切实可行的除外。

（4）检查银行存款账面余额与银行对账单是否调节一致，如果未调节一致，被审计单位是否查明原因，对需要进行账务调整的事项是否及时进行处理。

（5）了解银行存款余额调节表中调节事项的性质，对银行存款余额调节表存在的大额或长期未达账项，注册会计师需要追查原因并检查相应的支持文件，判断是否为错报事项，确定是否需要提请被审计单位调整。对于企付银未付款项，检查被审计单位付款的原始凭证，并检查该项付款是否已在期后银行对账单上反映；在检查期后银行对账单时，就对账单上所记载的内容，如支票编号、金额等，与被审计单位支票存根进行核对。对于企收银未收款项，检查被审计单位收款入账的原始凭证，并检查其是否已在期后银行对账单上反映。对于银收企未收、银付企未付款项，检查收、付款项的内容及金额，确定是否为截止错报。

（三）对货币资金发生额的测试

注册会计师对货币资金的发生额进行审计，通常是有效应对被审计单位编制虚假财务报告、关联方（例如被审计单位控股股东、实际控制人、关键管理人员）或员工非法侵占货币资金等舞弊风险的手段之一。如果评估的舞弊风险较高，除实施其他审计程序外，注册会计师还可以考虑对货币资金的发生额实施以下程序。

（1）结合银行账户性质，分析不同账户发生银行存款日记账漏记银行交易的可能性，获取相关账户相关期间的全部银行对账单。

（2）关注银行对账单的真实性。检查银行对账单的编号是否重复或不连续，同一对账单或不同月份的对账单字体是否一致，结息日及结息金额是否合理，存款余额是否连贯，对公账户是否包含“积分”等异常信息，同一银行账户对账单所列的户名、账号、开户行名称、银行业务章等在审计期内不同阶段是否一致。

（3）如果对被审计单位提供的银行对账单的真实性存有疑虑，可以采取的审计程序举例如下。

1）注册会计师可以在被审计单位协助下亲自到银行获取银行对账单。在获取银行对账单时，注册会计师要全程关注银行对账单的打印过程。

2）核对网银中显示和下载的信息与提供给注册会计师的信息在内容、格式及金额上的一致性。

（4）利用数据分析等技术，检查银行对账单上的收付款流水与被审计单位银行存款日记账的收付款信息是否一致，对银行对账单及被审计单位银行存款日记账记录进行双向核对。

注册会计师通常可以考虑选择以下银行账户进行核对：基本户，余额较大的银行账户，发生额较大且收付频繁的银行账户，发生额较大但余额较小、零余额或当期注销的银行账户，募集资金账户等。

针对同一银行账户，注册会计师可以根据具体情况实施下列审计程序。

1）选定同一期间（月度、年度）的银行存款日记账、银行对账单的发生额合计数（借方及贷方）进行总体核对。

2）对银行对账单及被审计单位银行存款日记账记录进行双向核对，即在选定的账户和期间，从被审计单位银行存款日记账上选取样本，核对至银行对账单，以及从银行对账单中进一步选取样本，与被审计单位银行存款日记账记录进行核对。在运用数据分析技术时，可选择全部项目进行核对，核对内容包括日期、金额、借贷方向、收付款单位、摘要等。

对相同金额的一收一付、相同金额的多次转入转出等大额异常货币资金发生额，检查银行存款日记账和相应交易及资金划转的文件资料，关注相关交易及相应资金流转安排是否具有合理的商业理由。

收付款对方为个人、关联公司的，可以详查，核对银行存款日记账记录、银行对账单记录及原始收付单据，保持职业怀疑，关注是否存在虚构交易、关联方非经营性资金占用的情形。在注意到存在关联方（例如被审计单位控股股东、实际控制人、关键管理人员）配合被审计单位虚构收入的迹象的情况下，获取并检查相关关联方的银行账户资金流水，关注是否存在与被审计单位相关供应商或客户的异常资金往来。

（5）浏览资产负债表日前后的银行对账单和被审计单位银行存款账簿记录，关注是否存在大额、异常资金变动以及大量大额红字冲销或调整记录，如存在，需要实施进一步的审计程序。

（6）现场观察被审计单位财务人员登录和操作网银系统的过程，观察制单和审核等不相容职责是否分离，突击检查网银密钥是否分别持有，而不是集中在同一人手里。

（7）突击检查被审计单位支票等重要凭证存根联，并与银行对账单进行核对。对于长期未使用且不销户的银行账户，注册会计师可以在被审计单位协助下亲自到银行获取银行对账单，检查是否存在发生额。

（8）在细节测试中对银行回单等凭证存在的异常情况保持警惕。如存在疑虑，注册会计师可以通过银行官网中的电子回单验证网页（如有）查询电子回单的内容并比对。此外，也可经授权通过被审计单位的回单卡或单位结算卡在适用银行营业网点的自助服务机上直接打印一定期间的银行对账单。

（四）对现金交易比例较高的合理性测试

如果被审计单位的现金交易比例较高，注册会计师需要了解和评估现金交易比例较高的合理性，是否与其业务性质相匹配，是否采取了适当措施保证现金收支完整、准确、安全。除实施其他审计程序外，注册会计师还可以考虑实施以下审计程序。

（1）了解和评价被审计单位与现金交易相关的内部控制，针对现金收支相关控制运行的有效性，获取充分、适当的审计证据。如果被审计单位使用收银设备管理现金收款业务，且相关收银系统与被审计单位财务系统相关联，注册会计师需要考虑针对信息技术一般控制和应用控制执行审计工作。

（2）结合对生产、采购、销售、工薪等业务循环相关报表项目的审计结果，分析评价现金交易的合理性，关注现金使用范围是否符合相关规定。

（3）计算月现金销售收款、现金采购付款的占比，识别现金收付款比例是否存在异常波动，并追查异常波动的原因。

（4）了解现金交易对方的情况。向主要的现金交易对方函证审计期间内发生的交易金额。在必要时，注册会计师可以选取现金结算量较大的交易对方进行实地观察或询问，关注交易对方经营业务的性质、规模与收付款项的性质、规模是否一致，关注使用现金结算的合理性。如果交易对方为个人，必要时，可以考虑与其联系以核实交易的真实性。

（5）检查大额现金收支，追踪来源和去向，核对至交易的原始单据，关注收付款方、收付款金额与合同、订单、出入库单相关信息是否一致。

（6）注重外部证据的检查。例如，对于农业，针对农产品管理的特点，可以获取质检报告、检验检疫合格证、采伐资质、由税务局代开发票的资料副本等外部信息，验证其交易真实性。

（7）对现金采购、销售交易过程实施观察程序。

（8）对库存现金实施突击监盘程序，被审计单位库存现金存放在两处或两处以上的，可以考虑同时实施监盘；在账面库存现金为零的情况下，仍然检查保险柜，查看是否有白条、员工的工资卡及其他异常文件。

（9）关注各币种外币汇率变动趋势，判断存在大额外币现金余额及交易额的合理性。

第三节　货币资金的实质性测试

一、库存现金盘点

盘点库存现金是证实资产负债表所列现金是否存在的一项重要程序，在执行该程序时，应注意以下问题。

（1）盘点方式。突击盘点，即不事先通知出纳员，防止出纳员在盘点前采取措施掩盖错弊。

（2）盘点时间。一般应安排在外勤工作期间企业营业时间的上午上班前或下午下班后进行，避开现金收支的高峰时间，如遇发放工资日，应将盘点提前或错后。

（3）盘点范围。一般包括企业各部门经管的现金，在盘点前应由出纳员将现金集中起来，以备清点。企业现金存放部门有两处或两处以上者，应同时进行盘点。

（4）盘点人员。被审计单位主管会计和出纳员必须参加，由注册会计师进行监盘。如遇出纳员临时外出，可先暂封现金柜，待其返回后再盘点；如发现差错，应及时提请管理层注意并检查原因，做出处理决定后，注册会计师再据此提出审计意见。

（5）盘点确认。注册会计师填制库存现金监盘表，由企业财务负责人和出纳员在盘点表上签字，并加盖单位公章或财务专用章。

在实务中，盘点一般在资产负债表日后进行，注册会计师可逆推出报表日库存现金余额，即“报表日库存现金余额＝盘点库存现金余额＋报表日至盘点日的现金支出－报表日至盘点日现金收入”。由于现金日记账是逐笔序时登记的，如注册会计师能确认盘点日的余额及报表日至盘点日的收支发生额是正确的，则可以判定报表日的库存现金余额也是正确的。

实例 8－3（分析题）

在对华兴公司 20×7 年度财务报表进行审计时，M 注册会计师负责审计货币资金项目。

华兴公司在总部和营业部均设有出纳部门。为顺利监盘库存现金，M 注册会计师在监盘前一天通知华兴公司会计主管人员做好监盘准备。考虑到出纳日常工作安排，对总部和营业部库存现金的监盘时间分别定在上午十点和下午三点。

华兴公司 20×7 年 2 月 4 日账面库存现金余额为 6 832 元，2 月 5 日发生的现金收支全部未登记入账，其中收入金额为 5 580 元、支出金额为 2 000 元。审计人员于 2 月 5 日下午 5 时对华兴公司库存现金进行监盘，发现：

（1）保险柜里现金盘点实有数 5 108.70 元（50 张 100 元，2 张 50 元，8 张 1 元，1 张 5 角，2 张 1 角），另有单独包封的未领工资 1 480 元（10 张 100 元，8 张 50 元，8 张 10 元），没有包括在盘点实有数内。

（2）下列凭证已付款尚未制证入账：

1）职工朱敏 1 月 25 日借差旅费 643.3 元，已经领导批准；

2）职工王林 1 月 10 日借款 600 元，未经批准，也未说明用途。

（3）华兴公司下属门市部送来当天零售货款 2 580 元（25 张 100 元，8 张 10 元），附发票副本 16 张，未送存银行，不包括在盘点实有数内，也没有入账，放在出纳的办公桌抽屉里。

（4）银行核定库存现金限额 5 000 元。

要求：

1. 请指出华兴公司库存现金监盘工作是否存在不妥之处。

2. 请指出库存现金监盘应关注什么。

3. 如果 20×7 年 1 月 1 日至 2 月 4 日现金收入总额为 165 200 元、现金支出总额为 165 500 元，请根据盘点结果编制库存现金监盘表。

4. 请指出华兴公司现金存在哪些问题，针对存在的问题提出处理意见。

分析：（请扫描二维码）

二、银行存款函证

函证银行存款余额是证实资产负债表所列银行存款是否存在的重要程序。通过向往来银行函证，注册会计师不仅可了解企业资产的存在，还可了解企业账面反映所欠银行债务的情况，发现企业未入账的银行借款和未披露的或有负债。

函证时，注册会计师应向被审计单位在本年存过款（含外埠存款、银行汇票存款、银行本票存款、信用卡存款、信用证保证金存款）的所有银行发函，其中包括企业存款账户已结清的银行，因为有可能存款账户已结清，但仍有银行借款或其他负债存在。同时，虽然注册会计师直接从某一银行取得了银行对账单和所有已付支票，但仍应向这一银行进行函证。2020 年 8 月财政部、中国银保监会联合发布的《关于进一步规范银行函证及回函工作的通知》（财会〔2020〕12 号）、《银行函证及回函工作操作指引》（财办会〔2020〕21 号）要求严格银行函证回函的内部控制，这为提高银行存款函证质量提供了制度保障。银行询证函的参考格式见格式 8-1。

格式 8-1

银行询证函

编号：

××（银行）：

本公司聘请的××会计师事务所正在对本公司 20××年度财务报表进行审计，按照中国注册会计师审计准则的要求，应当询证本公司与贵行相关的信息。下列信息出自本公司记录，如与贵行记录相符，请在本函下端"信息证明无误"处签章证明；如有不符，请在"信息不符"处列明不符项目及具体内容；如存在与本公司有关的未列入本函的其他重要信息，也请在"信息不符"处列出其详细资料。回函请直接寄至××会计师事务所。

回函地址：　　　　　　　　　　　邮编：

电话：　　　　　　传真：　　　　　联系人：

截至 20××年 12 月 31 日，本公司与贵行相关的信息列示如下：

1. 银行存款

账户名称	银行账号	币种	利率	余额	起止日期	是否被质押、用于担保或存在其他使用限制	备注

除上述列示的银行存款外，本公司并无在贵行的其他存款。

注："起止日期"一栏仅适用于定期存款，如为活期或保证金存款，可只填写"活期"或"保证金"字样。

2. 银行借款

借款人名称	币种	本息余额	借款日期	到期日期	利率	借款条件	抵（质）押品/担保人	备注

除上述列示的银行借款外，本公司并无自贵行的其他借款。

注：此项仅函证截至资产负债表日本公司尚未归还的借款。

3. 截至函证日之前 12 个月内注销的账户

账户名称	银行账号	币种	注销账户日

除上述列示的账户外，本公司并无截至函证日之前12个月内在贵行注销的其他账户。

4. 委托存款

账户名称	银行账号	借款方	币种	利率	余额	存款起止日期	备注

除上述列示的委托存款外，本公司并无通过贵行办理的其他委托存款。

5. 委托贷款

账户名称	银行账号	资金使用方	币种	利率	本金	利息	贷款起止日期	备注

除上述列示的委托贷款外，本公司并无通过贵行办理的其他委托贷款。

6. 担保

（1）本公司为其他单位提供的以贵行为担保受益人的担保

被担保人	担保方式	担保金额	担保期限	担保事由	担保合同编号	被担保人与贵行就担保事项往来的内容（贷款等）	备注

除上述列示的担保外，本公司并无其他以贵行为担保受益人的担保。

注：如采用抵押或质押方式提供担保的，应在备注中说明抵押或质押物情况。

（2）贵行向本公司提供的担保

被担保人	担保方式	担保金额	担保期限	担保事由	担保合同编号	备注

除上述列示的担保外，本公司并无贵行提供的其他担保。

7. 本公司为出票人且由贵行承兑而尚未支付的银行承兑汇票

银行承兑汇票号码	票面金额	出票日	到期日

除上述列示的银行承兑汇票外，本公司并无由贵行承兑而尚未支付的其他银行承兑汇票。

8. 本公司向贵行已贴现而尚未到期的商业汇票

商业汇票号码	付款人名称	承兑人名称	票面金额	票面利率	出票日	到期日	贴现日	贴现率	贴现净额

除上述列示的商业汇票外，本公司并无向贵行已贴现而尚未到期的其他商业汇票。

9. 本公司为持票人且由贵行托收的商业汇票

商业汇票号码	承兑人名称	票面金额	出票日	到期日

除上述列示的商业汇票外，本公司并无由贵行托收的其他商业汇票。

10. 本公司为申请人，由贵行开具的未履行完毕的不可撤销信用证

信用证号码	受益人	信用证金额	到期日	未使用金额

除上述列示的不可撤销信用证外，本公司并无由贵行开具的未履行完毕的其他不可撤销信用证。

11. 本公司与贵行之间未履行完毕的外汇买卖合约

类别	合约号码	买卖币种	未履行的合约买卖金额	汇率	交收日期
贵行卖予本公司					
本公司卖予贵行					

除上述列示的外汇买卖合约外，本公司并无与贵行之间未履行完毕的其他外汇买卖合约。

12. 本公司存放于贵行的有价证券或其他产权文件

有价证券或其他产权文件名称	产权文件编号	数量	金额

除上述列示的有价证券或其他产权文件外，本公司并无存放于贵行的其他有价证券或其他产权文件。

13. 其他重大事项

注：此项应填列审计师认为重大且应予函证的其他事项，如信托存款等；如无则应填写“不适用”。

（公司盖章）

20××年×月×日

____________以下仅供被询证银行使用____________

结论：

1. 信息证明无误。 （银行盖章） 年　月　日 经办人：	2. 信息不符，请列明不符项目及具体内容（对于在本函前述第1项至第13项中漏列的其他重要信息，请列出详细资料）。 （银行盖章） 年　月　日 经办人：

三、对涉及开展资金池业务的特殊关注

资金池业务属于商业银行和其他金融机构为客户建立用于资金集中管理的账户架构，根据客户需求进行各账户间资金归集、余额调剂、资金计价、资金清算的现金管理产品。资金池业务主要包括的事项有客户成员企业账户余额上划，成员企业之间透支，主动拨付与收款，成员企业之间委托借贷以及成员企业向集团总部的上存、下借分别计息等。不同的商业银行和其他金融机构对资金池业务有不同的表述。资金池业务的客户一般为采用总分公司结构的统一法人客户和采用母子公司形式的集团客户。

上市公司控股股东、实际控制人与上市公司应当实行资产分开，控股股东、实际控制人及其关联方不得占用、支配上市公司资产。因此，如果被审计单位为上市公司，注册会计师应当特别关注其参与此类资金池业务的合规性以及是否按照相关规定进行了恰当的授权和披露。

注册会计师可以通过下列程序检查被审计单位是否存在资金池业务。

（1）了解被审计单位与银行账户有关的内部控制和操作规程。

（2）询问被审计单位相关管理层及资金管理人员。

（3）查阅董事会会议等有关会议纪要。

（4）向开立银行账户的银行进行函证，确认相关账户是否有资金池安排。

（5）检查被审计单位与控股股东、实际控制人及其关联方的资金往来。需要注意的是，资金池协议可能约定，参与资金池安排的账户之间的资金划转不在银行对账单或网银中显示。

如果被审计单位存在资金池业务，注册会计师需要了解和评估被审计单位加入资金池业务的合法合规性、资金池资金在各企业之间和集团层面的集中方式、是否采取了适当措施保证资金安全等。注册会计师可以考虑实施以下审计程序。

（1）获取资金池协议、股东大会或有权机构同意加入资金池协议的决议等批准文件，关注相关协议签订的授权审批情况。

（2）阅读资金池协议，了解资金集中方式、相关账户的余额显示模式，关注账户支付控制及其变更的设定等重要内容。

（3）在理解银行对账单上关于资金池资金使用的各种银行术语释义的基础上，函证实际余额（即截至函证基准日被审计单位参与资金池业务的银行账户中实际存在的余额，不包括诸如已上存集团归集账户而不实际存放在被审计单位账户的金额）。在必要且可行的情况下，可以进一步函证截至函证基准日，被审计单位已被归集的上存资金余额或向上级借款余额（如为子账户），或者被审计单位从各级子账户归集的资金余额或向下级账户提供的借款余额（如为主账户）；必要时，关注函证基准日前后资金池账户之间的资金划拨，以识别是否存在被审计单位为应付注册会计师的函证程序而突击划转资金的情况。

（4）在必要的情况下，了解被审计单位的控股股东、实际控制人或其他相关关联方的财务状况，关注上述各方是否存在资金紧张或长期占用被审计单位资金的情况，是否存在被审计单位资金可能被占用无法按期归还的情形，是否需要计提坏账准备。

（5）如果注册会计师识别出被审计单位的收入真实性存在重大异常，同时存在被审计单位大额资金通过资金池业务被归集的情形，需要考虑是否存在控股股东或实际控制人通过资金池业务套取资金，配合被审计单位虚构销售交易的可能性，并在必要时实施延伸检查程序（参见《中国注册会计师审计准则问题解答第 4 号——收入确认》）。

（6）关注被审计单位是否将资金池资金按照企业会计准则的要求在财务报表中予以恰当列报，是否在财务报表附注中对资金池业务及其相关余额、由此产生的关联方交易（如有）进行充分披露。在资产负债表中，如被审计单位通过资金池业务向其他关联公司提供融资，已上存资金余额可能并不符合货币资金的定义，不应在货币资金列报，而应列报为其他应收款等相关项目；在现金流量表中，已上存资金余额可能并不符合现金及现金等价物的定义。

四、对定期存款的审计

如果被审计单位有定期存款，注册会计师可以考虑实施以下审计程序。

（1）如果定期存款占银行存款的比例偏高，或同时负债比例偏高，注册会计师需要向管理层询问定期存款存在的商业理由并评估其合理性。

（2）获取定期存款明细表，检查是否与账面记录金额一致，存款人是否为被审计单位，定期存款是否被质押或限制使用。

（3）监盘定期存款凭据，或实地观察被审计单位登录网银系统查询定期存款信息，并将查询信息截屏保存。如果被审计单位在资产负债表日有大额定期存款，基于对风险的判断，考虑在资产负债表日实施监盘。

（4）对存款期限跨资产负债表日的未质押定期存款，检查开户证书原件而非复印件，以防止被审计单位提供的复印件是未质押或未提现前原件的复印件。特别关注被审计单位在定期存单到期之前，是否存在先办理质押贷款或提前套现，再用质押贷款所得货币资金或套取的货币资金虚增收入、挪作他用或从事其他违规业务的情形。在检查时，还要认真核对相关信息，包括存款人、金额、期限等，如有异常，需实施进一步审计程序。

（5）对于已质押的定期存款，检查定期存单复印件，并与相应的质押合同核对，核对存款人、金额、期限等相关信息；对于用于质押借款的定期存单，关注定期存单对应的质押借款有无入账；对于超过借款期限但仍处于质押状态的定期存款，还需要关注相关借款的偿还情况，了解相关质权是否已被行使；对于为他人担保的定期存单，关注担保是否逾期及相关质权是否已被行使。

（6）函证定期存款相关信息。按照《中国注册会计师审计准则第1312号——函证》的要求实施函证程序，关注银行回函是否对包括“是否用于担保或存在其他使用限制”在内的项目给予了完整回复。

（7）结合财务费用和投资收益审计，分析利息收入的合理性，判断定期存款是否真实存在，或是否存在体外资金循环的情形。如果账面利息收入远大于根据定期存款计算的应得利息，很可能表明被审计单位存在账外定期存款。如果账面利息收入远小于根据定期存款计算的应得利息，很可能表明被审计单位存在转移利息收入或挪用、虚构定期存款的情况。

（8）对于在报告期内到期结转的定期存款、资产负债表日后已提取的定期存款，检查、核对相应的兑付凭证、银行对账单或网银记录等。

（9）关注被审计单位是否在财务报表附注中对定期存款及其受限情况（如有）给予充分披露。

五、对其他货币资金的审计

注册会计师在对其他货币资金实施审计程序时，通常需要特别关注以下事项。

（1）保证金存款的检查。检查开立银行承兑汇票的协议或银行授信审批文件。可以将保证金账户对账单与相应的交易进行核对，根据被审计单位应付票据的规模合理推断保证金数额。检查信用证的开立协议与保证金是否相符，检查保证金与相关债务的比例是否与合同约定一致，特别关注是否存在有保证金发生而被审计单位无对应保证事项的情形。

（2）对于存出投资款，跟踪资金流向，并获取董事会决议等批准文件、开户资料、授权操作资料等。如果投资于证券交易业务，通常结合相应金融资产项目审计，核对证券账户户名是否与被审计单位相符，获取证券公司证券交易结算资金账户的交易流水，抽查大额的资金收支，关注资金收支的账面记录与资金流水是否相符。

（3）因互联网支付留存于第三方支付平台的资金。了解是否开立支付宝、微信等第三方支付账户，如是，获取相关开户信息资料，了解其用途和使用情况。获取与第三方支付平台签订的协议，了解第三方平台使用流程等内部控制，比照验证银行存款或银行交易的方式，对第三方平台支付账户函证交易发生额和余额（如可行）。获取第三方支付平台发生额及余额明细，并与账面记录进行核对，对大额交易考虑实施进一步的检查程序。

六、货币资金的实质性测试工作底稿

在审计实务中，由于货币资金流动性大、牵涉性强，注册会计师在年报审计中会精心设计相关审计程序对货币资金进行细节测试，形成的主要审计工作底稿如下。

（1）货币资金实质性程序（见表8-2）。该表列出了货币资金的认定、审计目标、可供选择的审计程序之间的内在关系，可供注册会计师根据被审计单位的具体情况选择。

（2）货币资金审定表。该表属于货币资金审计的汇总类底稿，汇总了库存现金、银行存款和其他货币资金的明细情况，并直接得出货币资金发生额是否可以确认的审计结论。

（3）银行存款（其他货币资金）明细表。该表记录了按开户行逐项检查是否系质押、冻结等对变现有限制或存在境外的款项，银行对账单、银行日记账、银行调节表是否核对等明细情况。

（4）货币资金细节测试形成的支持性底稿，主要包括以下内容。

1）库存现金监盘表。该表是注册会计师会同会计主管人员对出纳人员的实存现金进行清点并记录而形成的底稿，表的右半部分为实有库存现金盘点记录，盘点结果应由注册会计师（盘点人）、出纳人员、会计主管共同签字确认。表的左半部分为检查盘点记录，系根据现场盘点结果，通过调整资产负债表日至现金清点日所发生的现金收付事项，与资产负债表日现金账面余额验证是否相符。

2）银行存单检查表。该表是注册会计师采用抽查或抽样的方法对银行存单进行检查而形成的底稿，支持其明细情况的认定。

3）对银行存款余额调节表实施必要的审验程序而形成的底稿。如抽查若干账户或某一时间段的银行存款和对账单进行实际核对调节，以确认被审计单位调节表编制的正确性；对所有的（特别是数额较大的）未达账项，结合截止测试程序，通过查阅原始凭证、询问被审计单位有关人员，查清未达账项经济业务性质及其形成时间，客观判断其对会计报表的影响，如果重大的未达账项属于非正常原因形成，应查明情况并提请被审计单位做出相应的调整；如果重大的未达账项已于资产负债表日后到账，注册会计师也应提请被审计单位调整审计年度的财务报表。同时关注银行存款余额调节表中的一些特殊事项，并把实施的程序及其专业判断记录在审计工作底稿中。例如，注册会计师对银行已收企业未收、银行已付企业未付的所有事项，应要求被审计单位查清是否属本单位的未收未付事项，并询问其当期不入账的原因。注册会计师对跨年度的未达账项，应提请被审计单位查实并提供具体情况。

4）银行存款函证结果汇总表。该表是注册会计师对被审计单位在本年度存过款（含外埠存款、银行汇票存款、银行本票存款、信用证存款等其他货币资金）的所有银行（其中包括企业存款账户已结清的银行）发函、收函，评价函证结果，实施追加审计程序后形成的底稿，这张底稿全面反映了银行存款函证的全面质量控制。

5）货币资金收支检查情况表。该表是注册会计师抽取样本，检查货币资金收支情况的原始凭证是否齐全，记账凭证与原始凭证是否相符，账务处理是否正确，是否记录于恰当的会计期间而形成的底稿。当企业规模和业务量较大时，可分“库存现金”“银行存款”“其他货币资金”科目分别使用该表，应注意修改索引号。

表8-2 货币资金实质性程序

一、审计目标与认定对应关系

审计目标	财务报表认定				
	存在	完整性	权利和义务	计价和分摊	列报
A. 资产负债表中记录的货币资金是存在的。	√				
B. 应当记录的货币资金均已记录。		√			
C. 记录的货币资金由被审计单位拥有或控制。			√		
D. 货币资金以恰当的金额包括在财务报表中，与之相关的计价调整已恰当记录。				√	
E. 货币资金已按照企业会计准则的规定在财务报表中做出恰当列报。					√

二、重大错报风险由实质性程序获取的保证程度确定

根据风险评估和内控测试结果按顺序依次做出判断	索引号	财务报表认定				
		存在	完整性	权利和义务	计价和分摊	列报
1. 评估重大错报风险水平（结果取自风险评估工作底稿——考虑内控效果前）						
2. 控制测试结果是否支持风险评估结论（结果取自该项目所属业务循环控制测试工作底稿——控制测试汇总表）						
3. 需从实质性程序获取的保证程度						

三、审计目标与审计程序对应关系

审计目标	可供选择的审计程序	索引号
（一）库存现金		
D	1. 核对库存现金日记账与总账的金额是否相符，检查非记账本位币库存现金的折算汇率及折算是否正确。	
ABDC	2. 监盘库存现金。 （1）制定监盘计划，确定监盘时间。 （2）将盘点金额与现金日记账余额进行核对，如有差异，应要求被审计单位查明原因并做适当调整，如无法查明原因，应要求被审计单位按管理权限批准后做出调整。 （3）在非资产负债表日进行盘点时，应调整至资产负债表日的金额。 （4）若有充抵库存现金的借条、未提现支票、未作报销的原始凭证，需在盘点表中注明，如有必要，应做调整（特别关注数家公司混用现金保险箱的情况）。	
ABD	3. 抽查大额库存现金收支。检查原始凭证是否齐全，记账凭证与原始凭证是否相符，账务处理是否正确，是否记录于恰当的会计期间等。	
	4. 根据评估的舞弊风险等因素增加的审计程序。	
（二）银行存款		
D	5. 获取或编制银行存款余额明细表。 （1）复核加计是否正确，并与总账数和日记账合计数核对是否相符。 （2）检查非记账本位币银行存款的折算汇率及折算是否正确。	
AD	6. 编制定期存款检查表，检查是否与账面记录金额一致，存款人是否为被审计单位，定期存款是否被质押或限制使用。	
ABD	7. 计算银行存款累计余额应收利息收入，分析比较被审计单位银行存款应收利息收入与实际利息收入的差异是否恰当，评估利息收入的合理性，检查是否存在高息资金拆借，确认银行存款余额是否存在，利息收入是否完整记录。	
AC	8. 检查银行存单。编制银行存单检查表，检查是否与账面记录金额一致，是否被质押或限制使用，存单是否为被审计单位所拥有。 （1）对已质押的定期存款，应检查定期存单，并与相应的质押合同核对，同时关注定期存单对应的质押借款有无入账。 （2）对未质押的定期存款，应检查开户证书原件，以防止被审计单位提供的复印件是未质押（或未提现）前原件的复印件。在检查时，还要认真核对相关信息，包括存款人、金额、期限等，如有异常，需实施进一步审计程序。 （3）对审计外勤工作结束日前已提取的定期存款，应核对相应的兑付凭证、银行对账单和定期存款复印件。	
ABD	9. 取得并检查银行存款余额调节表。 （1）取得被审计单位的银行存款余额对账单，并与银行询证函回函核对，确认是否一致，抽样核对账面记录的已付票据金额及存款金额是否与对账单记录一致。 （2）获取资产负债表日的银行存款余额调节表，检查调节表中加计数是否正确，调节后银行存款日记账余额与银行对账单余额是否一致。 （3）检查调节事项的性质和范围是否合理。 1）检查是否存在跨期收支和跨行转账的调节事项。编制跨行转账业务明细表，检查跨行转账业务是否同时对应转入和转出，未在同一期间完成的转账业务是否反映在银行存款余额调节表的调整事项中。	

续表

审计目标	可供选择的审计程序	索引号
	2）检查大额在途存款和未付票据。 ● 检查在途存款的日期，查明发生在途存款的具体原因，追查期后银行对账单存款记录日期，确定被审计单位与银行记账时间差异是否合理，确定在资产负债表日是否需调整； ● 检查被审计单位的未付票据明细清单，查明被审计单位未及时入账的原因，确定账簿记录时间晚于银行对账单的日期是否合理； ● 检查被审计单位未付票据明细清单中有记录，但截至资产负债表日银行对账单无记录且金额较大的未付票据，获取票据领取人的书面说明，确认资产负债表日是否需要进行调整； ● 检查资产负债表日后银行对账单是否完整地记录了调节事项中银行未付票据金额。 （4）检查是否存在未入账的利息收入和利息支出。 （5）检查是否存在其他跨期收支事项。 （6）（当未经授权或授权不清支付货币资金的现象比较突出时）检查银行存款余额调节表中支付给异常的领款人（包括没有载明收款人）、签字不全、收款地址不清、金额较大票据的调整事项，确认是否存在舞弊。	
AC	10. 函证银行存款余额，编制银行函证结果汇总表，检查银行回函。 （1）向被审计单位在本期存过款的银行发函，包括零账户和账户已结清的银行。 （2）确定被审计单位账面余额与银行函证结果的差异，对不符事项做出适当处理。	
C	11. 检查银行存款账户存款人是否为被审计单位，若存款人非被审计单位，应获取该账户户主和被审计单位的书面声明，确认资产负债表日是否需要调整。	
CE	12. 关注是否存在质押、冻结等对变现有限制或存在境外的款项，是否已做必要的调整和披露。	
AE	13. 在监盘库存现金的同时，监盘定期存款凭据。如果被审计单位在资产负债表日有大额未到期的定期存款，应保持警觉，并基于对风险的判断考虑在资产负债表日实施监盘。	
E	14. 对不符合现金及现金等价物条件的银行存款，在审计工作底稿中予以列明，以考虑对现金流量表的影响。	
ABD	15. 抽查大额银行存款收支的原始凭证，检查原始凭证是否齐全、记账凭证与原始凭证是否相符、账务处理是否正确、是否记录于恰当的会计期间等内容。检查是否存在非营业目的的大额货币资金转移，并核对相关账户的进账情况；如有与被审计单位生产经营无关的收支事项，应查明原因并作相应的记录。	
BA	16. 检查银行存款收支的截止是否正确。选取资产负债表日前后________张、________金额以上的凭证实施截止测试，关注业务内容及对应项目，如有跨期收支事项，应考虑是否进行调整。	
AB	17. 结合财务费用审计测算利息收入的合理性，判断是否存在体外资金循环的情形。	
E	18. 对审计外勤工作结束日前已提取的定期存款，核对相应的兑付凭证、银行对账单等。	
	19. 根据评估的舞弊风险等因素增加的审计程序。	

续表

审计目标	可供选择的审计程序	索引号
（三）其他货币资金		
D	20. 获取或编制其他货币资金明细表。 （1）复核银行汇票存款、银行本票存款、信用卡存款、信用证保证金存款、存出投资款、外埠存款等加计是否正确，并与总账数和日记账合计数核对是否相符。 （2）检查非记账本位币其他货币资金的折算汇率及折算是否正确。	
ABD	21. 取得并检查其他货币资金余额调节表。 （1）取得被审计单位银行对账单，检查被审计单位提供的银行对账单是否存在涂改或修改的情况，确定银行对账单金额的正确性，并与银行回函结果核对是否一致，抽样核对账面记录的已付款金额及存款金额是否与对账单记录一致。 （2）将保证金账户对账单与相应的交易进行核对，根据被审计单位应付票据的规模合理推断保证金数额，检查保证金与相关债务比例和合同约定是否一致，特别关注是否存在保证金发生而被审计单位无对应保证事项的情形。 （3）若信用卡持有人是被审计单位员工，取得该员工的书面说明，检查对账单及流水，关注是否存在需要确认为费用及负债的事项。 （4）获取资产负债表日的其他货币资金存款余额调节表，检查调节表中加计数是否正确，调节后其他货币资金日记账余额与银行对账单余额是否一致。 （5）检查调节事项的性质和范围是否合理，如存在重大差异，应做审计调整。	
AC	22. 函证银行汇票存款、银行本票存款、信用卡存款、信用证保证金存款、存出投资款、外埠存款等期末余额，编制其他货币资金函证结果汇总表，检查银行回函。	
ACE	23. 对于存出投资款，跟踪资金流向。获取董事会决议等批准文件、开户资料、授权操作资料。 （1）如果投资于证券交易业务，通常结合交易性金融资产项目审计。核对证券账户名称是否与被审计单位相符，获取证券公司证券交易结算资金账户的资金及交易流水，抽查大额的资金存取，关注资金存取的财务账面记录与资金流水是否相符，损益核算是否正确。检查证券及余额是否与财务记录相符，是否存在出借、冻结或质押等情况。 （2）如果投资于委托理财，索取委托理财合同，检查其可收回性及核算的真实性，执行函证程序，关注列报是否合理。	
C	24. 检查其他货币资金存款账户存款人是否为被审计单位，若存款人非被审计单位，应获取该账户户主和被审计单位的书面声明，确认资产负债表日是否需要调整。	
E	25. 关注是否有质押、冻结等对变现有限制，或存放在境外，或有潜在回收风险的款项。	
BA	26. 选取资产负债表日前后________张、________金额以上的凭证，对其他货币资金收支凭证实施截止测试，如有跨期收支事项，应考虑是否进行调整。	
ABD	27. 抽查大额其他货币资金收付记录，检查原始凭证是否齐全、记账凭证与原始凭证是否相符、账务处理是否正确、是否记录于恰当的会计期间等内容。	
	28. 根据评估的舞弊风险等因素增加的审计程序。	

续表

审计目标	可供选择的审计程序	索引号
E	29. 检查货币资金是否已按照企业会计准则的规定在财务报表中做出恰当列报。 (1) 被审计单位财务报表附注是否按库存现金、银行存款、其他货币资金分别列示货币资金情况。因质押或冻结等对使用有限制、存放在境外、有潜在回收风险的款项是否已经单独说明。 (2) 不符合现金及现金等价物条件的货币资金是否已经在现金流量表中恰当列报。 (3) 保证金、定期存款、银行存款质押、司法冻结、限定用途等是否予以充分披露。 (4) 境外存款是否存在转移上的限制，被审计单位是否已就转移受限与境外存款的外汇风险敞口在财务报表附注中做出适当的披露。 (5) 资产负债表日后，汇率是否发生较大的变化，如有，关注被审计单位是否已在财务报表附注中充分披露其影响。	

实例8-4（分析题）

今明会计师事务所的注册会计师李浩审计华兴公司20×6年度财务报表，了解到华兴公司开立有基本存款账户A、一般存款账户B和C。20×6年12月31日A账户银行存款余额为5 163 716.13元，B账户余额为116 850.12元，C账户的余额为0。注册会计师决定对A账户采用积极式询证函，对B账户采用消极式询证函，对C账户主要通过检查相关记录和原始凭证验证其余额。

在对A账户函证时，注册会计师将询证函交由华兴公司出纳员填写银行账号、存款余额及联系方式等事项，注册会计师审核后交出纳员送至A银行。具体函证内容如下：

银行询证函

A银行：

本事务所接受委托对华兴公司的财务报表进行审计，按照中国注册会计师审计准则的要求，应当询证华兴公司与贵行相关的信息。下列信息出自华兴公司记录，如有不符，请在“信息不符”处列明不符金额。有关询证费用可直接从本账户中收取。回函请寄至华兴公司财务部（通信地址：略）。

截至20×6年12月31日，华兴公司与贵行银行存款信息列示如下：

账户名称	银行账号	币种	利率	余额（元）	是否被质押、用于担保或存在其他使用限制	备注
华兴公司	0728393113	人民币		5 163 716.13		

除上述列示的银行存款外，华兴公司并无在贵行的其他存款。

今明会计师事务所（盖章）

20×7年2月28日

结论：信息不符，请列明不符项目及具体内容。

（银行盖章）

年　月　日

经办人：

20×7年3月5日出纳员将A银行的回函交给注册会计师，银行确认的20×6年12月31日华兴公司存款余额为4 263 716.13元。注册会计师检查了华兴公司编制的银行存款余额调节表，调节表显示A账户银行对账单余额为4 263 716.13元，银行存款日记账余额为5 163 716.13元。注册会计师复核了调节表中加计数的准确性，通过调节，银行存款日记账余额与银行对账单余额是一致的，调节表显示调节后银行存款余额为4 153 716.13元，注册会计师得出了银行存款日记账余额为5 163 716.13元的记录是准确的结论。

注册会计师审计确认，20×6年12月31日库存现金的余额为150 000元。

如果注册会计师认为银行存款余额调节表的所有未达账项均不重要，且B和C账户未发现重大错报，注册会计师最终确定资产负债表中货币资金项目的余额为5 430 566.25元。

要求：

1. 请指出函证有哪些不当之处。

2. 请指出注册会计师确定函证对象、询证函的发送和回收以及确定银行存款余额的审计程序有哪些不当之处。

分析：（请扫描二维码）

思考题

1. 为什么货币资金在总资产中所占比重不大，注册会计师在年报审计中却偏好对其执行详细的细节测试？

2. 良好的货币资金内部控制主要包括哪些内容？

3. 结合上市公司货币资金舞弊案例，分析货币资金内部控制容易出现的问题。

4. 分析库存现金盘点中应注意的问题，并对比库存现金盘点与存货监盘的不同。

5. 简述银行存款函证的作用，并对比银行存款、应收账款和应付账款函证的不同。

6. 简述货币资金、销货与购货截止测试的不同。

7. 如果企业存在质押、冻结等对变现有限制的货币资金，注册会计师应当如何处理？

8. 有人认为，银行存款余额调节表中的未达账项均应调整，你赞同吗？为什么？

简述银行存款余额调节表中的未达账项产生的原因以及注册会计师应当如何关注。

案例分析

货币资金的实质性测试

问题：

1. 请指出货币资金内部控制中存在的问题并提出改进建议。
2. 20×6 年 12 月 31 日库存现金余额是多少？
3. 注册会计师向开户银行函证的作用有哪些？
4. 注册会计师采取什么方式才能直接收回开户银行的询证函？目的是什么？
5. 注册会计师取得银行存款余额调节表后，应检查哪些内容？
6. 注册会计师索取开户银行 20×7 年 1 月 31 日银行对账单，能证实 20×6 年 12 月 31 日银行存款余额调节表的哪些内容？

货币资金审计的正确做法

要求：

假定（1）至（8）均为独立事项，分别指出 A 注册会计师的做法是否恰当。如不恰当，请简要说明理由。

行动学习讨论项目

把学生分成若干组（每组最好 10 人以内），要求他们利用头脑风暴的方法，对以下问题提出不同的看法，尽量多地列示在行动学习讨论的白板上。

讨论问题：为什么货币资金在总资产中占比不大，注册会计师在年报审计中却特别关注货币资金的审计？举例说明在年报审计中货币资金最容易出现的重大错报。

讨论与板书要求：（1）每个人都要发言，但每次只能一人发言；（2）追求数量、追求创意；（3）有人发言时不许质疑、不许批评、不许打断；（4）板书要按发言人的原话列示。

第9章 报表审计中对特殊事项的关注

Chapter 9

素养提升

- 培养合作精神，提升协同能力。学会用众人智慧，提升专业判断能力。

学习目标

- 掌握对期初余额/比较信息的关注
- 掌握对期后事项的关注
- 掌握对或有事项的关注
- 掌握对持续经营的关注
- 掌握对会计估计的关注
- 掌握对关联交易的关注
- 掌握对重大非常规交易的关注
- 掌握对其他信息的关注

第一节 期初余额/比较信息的审计

一、期初余额/比较信息审计的范围

比较信息，是指包含于财务报表中的、符合适用的财务报告框架的、与一个或多个以前期间相关的金额和披露。比较信息包括对应数据和比较财务报表。其中，对应数据是指作为本期财务报表组成部分的上期金额和相关披露，这些金额和披露只能和与本期相关的金额和披露（称为“本期数据”）联系起来阅读，对应数据列报的详细程度主要取决于其与本期数据的相关程度。比较财务报表是指为了与本期财务报表相比较而包含的上期金额和相关披露，如果已经审计，将在审计意见中提及，比较财务报表包含信息的详细程度与本期财务报表包含信息的详细程度相似。

期初余额，是指期初存在的账户余额。期初余额以上期期末余额为基础，反映了以前期间的交易和事项以及上期采用的会计政策的结果。期初余额也包括期初已经存在的需要披露的事项，如或有事项和承诺事项。期初余额与注册会计师首次执行审计业务相联系，首次审计业务是指上期财务报表未经审计，或上期财务报表由前任注册会计师审计的业务。

虽然对应数据是本期财务报表的组成部分，注册会计师受托对本期财务报表进行审计，就需要对包括对应数据在内的本期财务报表整体承担相应的责任，但注册会计师针对对应数据实施的审计程序的范围明显小于针对本期数据实施的审计程序的范围，通常限于评价对应数据是否正确列报和适当分类。

注册会计师接受委托进行审计并发表审计意见的对象是被审计单位本期的财务报表而不是期初余额，因此，在审计期初余额时，无论是考虑被审计单位运用的会计政策，还是考虑上期财务报表是否经过审计，或者考虑期初余额相关账户的性质，都应该同时考虑期初余额对于本期财务报表而言是否重要。如果期初余额本身并不重要，或者虽然对于上期财务报表是重要的，但由于本期被审计单位资产规模和经营规模迅速扩大，期初余额对于本期财务报表而言已经变得不重要，则注册会计师无须对其特别关注。只有当期初余额对于本期财务报表重要时，注册会计师才需要特别关注并实施专门的审计程序。

实例 9-1（判断题）

注册会计师对财务报表进行审计，无须对期初余额发表审计意见。（　　）

分析：错误。注册会计师对财务报表进行审计，无须专门对期初余额发表审计意见（即，无论期初余额是否存在错报，都不针对期初余额发表审计意见），这并不意味着不对期初余额发表意见。如果期初余额存在影响本期财务报表的重大错报，管理层拒绝调整，则可能因为期初余额发表非无保留意见。

二、期初余额/比较信息审计的程序

在审计实务中，对期初余额的审计可选择表 9-1 所示的审计程序。

表 9-1　期初余额审计可供选择的审计程序

1. 审查被审计单位财务报表期初余额是否反映上期运用恰当会计政策的结果。
2. 审查上期会计政策是否在本期财务报表中得到一贯运用，如果会计政策发生变更，考虑这些变更是否恰当、会计处理是否正确、列报是否恰当。
3. 考虑前任注册会计师是否具备独立性和专业胜任能力。
4. 如果上期财务报表由前任注册会计师审计，征得被审计单位书面同意及前任注册会计师许可后，查阅前任注册会计师的工作底稿。 （1）前任注册会计师工作底稿中的所有重要审计领域。 （2）考虑前任注册会计师是否已实施下列审计程序，评价资产负债表重要账户期初余额的合理性。 1）函证货币资金余额，测试调节表，执行截止测试。 2）函证并测试投资，确认账面价值的合理性。 3）函证应收账款（且函证覆盖面适当），测试坏账准备计提的适当性，执行销售截止测试。

4）实施存货监盘；执行存货计价测试；确定是否存在存货积压、流动过慢或陈旧的情况；检查运输记录和收入记录，执行截止测试；考虑存货计价是否低于或高于市场价格。 5）测试固定资产，考虑是否存在重大增加、减少，考虑折旧方法、使用年限和减值准备计提的适当性。 6）测试递延资产、无形资产和其他资产，考虑资产余额的合理性。 7）检查是否存在未记录负债，测试预计负债的有效性和充分性。 8）分析所得税相关账户，确定是否符合企业会计准则的规定。 9）函证负债余额及期限，测试利息费用的合理性。 10）检查权益变动的授权和支持文件，包括发行股票、撤资和发放股利等。 （3）复核前任注册会计师建议调整分录和未更正错报汇总，并评价其对当期审计的影响。 基于执行上述审计程序的结果，评价是否可信赖前任注册会计师的工作。（注：后任注册会计师通常可在某一审计领域确定是否信赖前任注册会计师的工作。例如，后任注册会计师可以在应收账款审计领域信赖前任注册会计师的工作，而在负债审计领域不信赖其工作。）
5. 如果上期财务报表未经审计，或在实施上述第 4 项所述的审计程序后对期初余额不能得出满意结论，实施下列程序。 （1）对流动资产和流动负债，通过本期实施的审计程序获取部分审计证据。 （2）对于存货，通过复核上期存货盘点记录及文件、检查上期存货交易记录或运用毛利百分比法等进行分析，获取有关本期期初存货余额的充分、适当的审计证据。 （3）对非流动资产和非流动负债，检查形成期初余额的会计记录和其他信息，还可考虑向第三方函证期初余额，或实施追加的审计程序。

在审计实务中，对比较信息的审计可选择表 9－2 所示的审计程序。

表 9－2　比较信息审计可供选择的审计程序

1. 评价以下信息，以确定财务报表中是否包括适用的财务报告框架要求的比较信息，以及比较信息是否得到恰当分类。 （1）比较信息是否与上期财务报表列报的金额和相关披露一致，如果必要，比较信息是否已经重述； （2）在比较信息中反映的会计政策是否与本期采用的会计政策一致，如果会计政策已发生变更，这些变更是否得到恰当处理并得到充分列报和披露。
2. 在实施本期审计时，如果注意到比较信息可能存在重大错报，注册会计师应当根据实际情况实施必要的追加的审计程序，获取充分、适当的审计证据，以确定是否存在重大错报。如果上期财务报表已经审计，注册会计师还应当遵守《中国注册会计师审计准则第 1332 号——期后事项》的相关规定。如果上期财务报表已经得到更正，注册会计师应当确定比较信息与更正后的财务报表是否一致。
3. 如果以前针对上期财务报表出具了非无保留意见的审计报告，出具审计报告时应考虑以下方面。 （1）如果导致非无保留意见的事项仍未解决，分下列两种情况予以处理。 1）如果未解决的事项导致对本期数据出具非无保留意见的审计报告，应当在审计报告中对比较信息和本期数据发表非无保留意见； 2）如果未解决的事项不导致对本期数据出具非无保留意见的审计报告，应当在审计报告中对比较信息发表非无保留意见。 （2）如果导致非无保留意见的事项已经解决，并已在本期财务报表中得到恰当处理，分下列两种情况予以处理。 1）导致非无保留意见的事项对本期不重要，在针对本期财务报表出具的审计报告中不再提及该事项； 2）导致非无保留意见的事项对本期仍很重要，在审计报告中增加强调事项段，提及这一情况。
4. 当注意到影响上期财务报表的重大错报，而以前未就该重大错报出具非无保留意见的审计报告时，出具审计报告时应考虑以下方面。 （1）如果上期财务报表已经更正，并已重新出具审计报告，应当获取充分、适当的审计证据，以确定比较信息与更正的财务报表是否一致；

（2）如果上期财务报表未经更正，也未重新出具审计报告，且比较信息未经恰当重述和充分披露，应当对本期财务报表出具非无保留意见的审计报告，说明比较信息对本期财务报表的影响； （3）如果上期财务报表未经更正，也未重新出具审计报告，但比较信息已在本期财务报表中恰当重述和充分披露，可以在审计报告中增加强调事项段，说明这一情况。
5. 如果识别出比较信息存在重大错报，应当要求管理层更正比较信息。如果管理层拒绝更正，应当出具恰当的非无保留意见的审计报告。

实例9-2（单选题）

甲公司20×2年度财务报表已经XYZ会计师事务所的X注册会计师审计。ABC会计师事务所的A注册会计师负责审计甲公司20×3年度财务报表。下列有关期初余额审计的说法中，错误的是（　　）。

A. A注册会计师应当阅读甲公司20×2年度财务报表和相关披露，以及X注册会计师出具的审计报告

B. 为确定期初余额是否含有对本期财务报表产生重大影响的错报，A注册会计师需要确定适用于期初余额的重要性水平

C. A注册会计师评估认为X注册会计师具备审计甲公司需要的独立性和专业胜任能力，因此，可以通过查阅20×2年度审计工作底稿，获取关于非流动资产期初余额的充分、适当的审计证据

D. A注册会计师未能对20×2年12月31日的存货实施监盘，因此，除对存货的期末余额实施审计程序，有必要对存货期初余额实施追加的审计程序

分析：B。要确定期初余额是否存在对本期财务报表产生重大影响的错报，主要是判断期初余额的错报对本期财务报表使用者决策的影响程度，因而无须确定适用于期初余额的重要性水平。

三、期初余额/比较信息对审计报告的影响

由于注册会计师是针对包括对应数据在内的本期财务报表整体发表审计意见的，通常无须在审计报告中特别提及期初余额/对应数据。只有在特定情形下，注册会计师才应当在审计报告中提及期初余额/对应数据。这些特定情形包括以下方面。

（一）应当在审计报告意见段中提及期初余额/对应数据的情形

（1）导致对上期财务报表发表非无保留意见的事项在本期尚未解决，仍对本期财务报表产生重大影响。

（2）上期财务报表存在审计报告未提及的重大错报，该财务报表未作更正，也未重新出具审计报告，并且本期财务报表中的期初余额/对应数据未作恰当重述和充分披露。

（3）后任注册会计师识别出期初余额/对应数据存在重大错报，但管理层拒绝更正。

（二）可以在审计报告强调事项段中提及期初余额/对应数据的情形

（1）导致对上期财务报表发表非无保留意见的事项已经解决，但对本期财务报表仍很重要。

(2) 上期财务报表存在审计报告未提及的重大错报，该财务报表未经更正，也未重新出具审计报告，但本期财务报表中的期初余额/对应数据已经恰当重述和充分披露。

(三) 应当在引言段中提及期初余额/对应数据的情形

当存在上期财务报表未经审计的情形时，注册会计师应当在审计报告的引言段中提及期初余额/对应数据。

(四) 报告提及比较数据的情形和处理

当财务报表中列报比较财务报表时，审计意见应当提及列报财务报表所属的各期，以及发表的审计意见涵盖的各期。

(1) 当结合本期审计对上期财务报表出具审计报告时，如果对上期财务报表发表的意见与以前发表的意见不同，注册会计师应当在其他事项段中披露导致不同意见的实质性原因。

(2) 如果上期财务报表已由前任注册会计师审计，除非前任注册会计师对上期财务报表重新出具审计报告，否则，注册会计师除对本期财务报表发表意见外，还应当在其他事项段中说明：上期财务报表已由前任注册会计师审计；前任注册会计师发表的意见类型（如果发表非无保留意见，还应当说明理由）；前任注册会计师出具审计报告的日期。

(3) 如果认为存在影响上期财务报表的重大错报，而前任注册会计师以前出具了无保留意见的审计报告，注册会计师应当就此与适当层级的管理层沟通，并要求告知前任注册会计师。注册会计师还应当与治理层进行沟通，除非治理层全部成员参与管理被审计单位。如果上期财务报表已经更正，且前任注册会计师同意对更正后的上期财务报表出具新的审计报告，注册会计师应当仅对本期财务报表出具审计报告。

(4) 如果上期财务报表未经审计，注册会计师应当在其他事项段中说明比较财务报表未经审计。但这种说明并不减轻注册会计师获取充分、适当的审计证据，以确定期初余额不含有严重影响本期财务报表的错报的责任。

实例 9-3（分析题）

今明会计师事务所是华兴公司连续审计的审计单位，注册会计师李浩对其 20×4—20×5 年度财务报表发表的均是保留意见的审计报告。20×4 年，华兴公司为晋美公司（其董事长为华兴公司董事长的儿子）提供了巨额债务担保。20×5 年，华兴公司因债务人晋美公司未能偿还到期债务而被法院判决承担连带责任，并被法院查封了主要经营性资产，华兴公司按照规定计提了巨额预计负债，导致资不抵债，连续两年出现亏损。由于持续经营能力存在重大不确定性，而华兴公司管理层拒绝对其持续经营能力做出评估，注册会计师对公司 20×5 年度财务报表出具了保留意见的审计报告。另外，在 20×5 年，注册会计师查证华兴公司存货计价随意性大，多计存货 2 000 万元，华兴公司对外报出的报表已经正确调整。20×7 年 1 月，注册会计师在审计华兴公司 20×6 年度财务报表时，注意到以下情况：

(1) 经法定程序决议，董事会同意自 20×6 年 1 月 1 日起，为了适应高新技术的发展，华兴公司的固定资产计提折旧由直线法改为年数总和法。

（2）20×6 年内，债务人晋美公司偿还了逾期债务，资产查封得以解除，公司因转回对应的预计负债，20×6 年度出现盈利，避免了因三年连续亏损而被交易所暂停股票上市。

（3）华兴公司 20×5 年对于多计存货仅调表但没有调账，致使 20×6 年度财务报表中存货期初数与对外报出的 20×5 年度报表数据不一致。虽然华兴公司在会计政策中披露公司存货计价采用加权平均法，但 20×6 年华兴公司存货计价方法仍然随意性大，有的采用实际计价法，有的采用先进先出法，有的采用加权平均法。

要求：

1. 针对事项（1），注册会计师应当如何查证固定资产比较数据，单独考虑此事项查证的结果如何影响审计报告？

2. 针对事项（2），注册会计师应当如何查证预计负债比较数据，单独考虑此事项查证的结果如何影响审计报告？

3. 针对事项（3），注册会计师应当如何处理？

分析：（请扫描二维码）

第二节　期后事项的审计

一、期后事项及其种类

（一）不同阶段的期后事项

期后事项是指财务报表日至审计报告日之间发生的事项以及注册会计师在审计报告日后知悉的事实，期后事项可以按时段划分为三段（见图 9-1）。

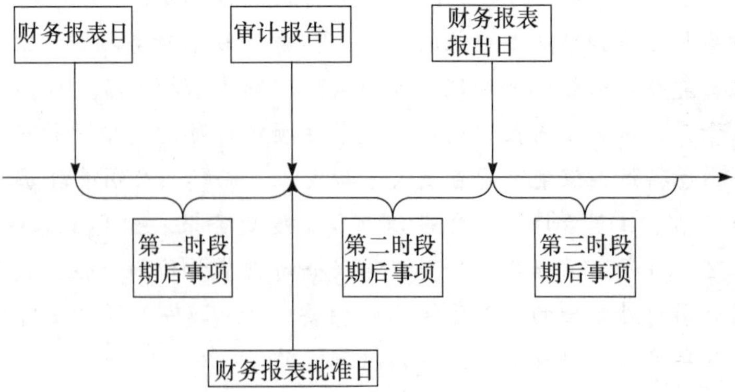

图 9-1　期后事项分段示意图

图 9-1 中，财务报表日是指财务报表涵盖的最近期间的截止日期，通常是被审计财务报表最近的一个资产负债表日；财务报表批准日是指被审计单位董事会或类似机构确认已编制完成全套财务报表并对该报表承担责任的日期；财务报表报出日是指被审计单位将已审计财务报表连同审计报告提供给第三方的日期；按照《中国注册会计师审计准则第 1501 号——对财务报表形成审计意见和出具审计报告》的规定，审计报告的日期不应早于注册会计师获取充分、适当的审计证据（包括管理层认可对财务报表的责任且已批准财务报表的证据），并在此基础上对财务报表形成审计意见的日期，因而审计报告日与财务报表批准日通常是相同的。

对于第一时段的期后事项，注册会计师负有主动识别的义务，应当设计专门的审计程序来识别这些期后事项，并根据这些事项的性质判断其对财务报表的影响，进而确定是进行调整还是披露。

对于第二时段的期后事项，注册会计师没有义务针对财务报表实施任何审计程序或进行专门查询。但对于已经知悉可能对财务报表产生重大影响的事实，注册会计师应当考虑是否需要修改财务报表并与管理层讨论，同时根据具体情况采取适当措施。

对于第三时段的期后事项，注册会计师没有义务针对财务报表实施任何审计程序。但是，并不排除注册会计师通过媒体等其他途径获悉对财务报表产生重大影响的期后事项的可能性。如果注册会计师发现同时符合以下条件的第三时段期后事项，就需要根据具体情况采取必要的措施：（1）这类期后事项应当是在审计报告日已经存在的事实；（2）该事实如果被注册会计师在审计报告日前获知，可能影响审计报告。

实例 9-4（单选题）

下列关于第三时段期后事项的说法中，正确的是（　　）。

A. 财务报表报出日后发生的事项属于第三时段期后事项

B. 注册会计师无须对第三时段期后事项采取措施

C. 如果第三时段期后事项导致审计报告需要修改，注册会计师应当询问管理层将如何在财务报表中处理该事项

D. 注册会计师知悉第三时段期后事项后无须与管理层讨论

分析： C。财务报表报出日后“知悉的事实”属于第三时段期后事项，而不是“发生”的事项，选项 A 错误。注册会计师没有义务识别第三时段期后事项，但有必要恰当应对第三时段知悉的且若在审计报告日知悉该事项可能导致修改审计报告的事项，选项 B 错误。在财务报表报出后，如果知悉了某事实，且若在审计报告日知悉该事实可能导致修改审计报告，注册会计师应当：（1）与管理层和治理层（如适用）讨论该事项；（2）确定财务报表是否需要修改；（3）如果需要修改，询问管理层将如何在财务报表中处理该事项。所以选项 C 正确，D 错误。

（二）期后事项的种类

无论哪个时段的期后事项，如果需要注册会计师采取行动，都可根据其对财务报表和审计报告产生的影响划分为如下类型。

1. 资产负债表日后调整事项

资产负债表日后调整事项是指对资产负债表日已经存在的情况提供了新的或进一步证据的事项。这类调整事项通常包括下列各项。

（1）资产负债表日后诉讼案件结案，法院判决证实了企业在资产负债表日已经存在现时义务，需要调整原先确认的与该诉讼案件相关的预计负债，或确认一项新负债。

（2）资产负债表日后取得确凿证据，表明某项资产在资产负债表日发生了减值，或者需要调整该项资产原先确认的减值金额。

（3）资产负债表日后进一步确定了资产负债表日前购入资产的成本或售出资产的收入。

（4）资产负债表日后发现了财务报表舞弊或差错。

对于被审计单位发生的资产负债表日后调整事项，管理层应当调整财务报表和与之相关的披露信息。

2. 资产负债表日后非调整事项

资产负债表日后非调整事项是指表明资产负债表日后发生的情况的事项。非调整事项通常包括下列各项。

（1）资产负债表日后发生重大诉讼、仲裁、承诺；

（2）资产负债表日后资产价格、税收政策、外汇汇率发生重大变化；

（3）资产负债表日后自然灾害导致资产发生重大损失；

（4）资产负债表日后发行股票、债券以及其他巨额举债；

（5）资产负债表日后资本公积转增资本；

（6）资产负债表日后发生巨额亏损；

（7）资产负债表日后发生企业合并或处置子公司。

被审计单位发生的资产负债表日后非调整事项，不应当调整资产负债表日的财务报表。但被审计单位应当在财务报表附注中披露每项重要的资产负债表日后非调整事项的性质、内容，及其对财务状况和经营成果的影响。无法对被审计单位财务状况和经营成果做出估计的，应当说明理由。

实例 9-5（单选题）

甲上市公司 20×6 年财务会计报告批准报出日为 20×7 年 4 月 10 日。公司发生的下列事项中，属于资产负债表日后调整事项的是（　　）。

A. 20×7 年 3 月 15 日公司在一起历时半年的诉讼中败诉，支付赔偿金 50 万元，公司在上年末已确认预计负债 30 万元

B. 20×7 年 4 月 8 日因遭受水灾，存货毁损 100 万元

C. 20×7 年 2 月 8 日公司董事会提出 20×6 年度利润分配方案为每 10 股送 3 股股票股利

D. 20×7 年 4 月 8 日公司支付 20×6 年度财务报表审计费 40 万元

分析：A。选项 A 符合调整事项的特点；选项 B 和 C 属于资产负债表日后事项中

的非调整事项；选项 D 不属于资产负债表日后事项。

二、期后事项的审计程序

期后事项的审计程序至少在两个时点执行：即将完成外勤工作时和提交审计报告时。两个时点间的间隔时间越长，注册会计师对期后事项的审计需要越多的时间和精力。期后事项的审计程序取决于项目组的专业判断，可根据被审计单位的具体情况予以增减。

期后事项应与销售确认、应付款项等的期后测试程序结合考虑，尤其是要对舞弊迹象保持警觉。如记录虚假销售的分录很可能在资产负债表日后转回，注册会计师在审计期后销售退回、应收账款贷方记录等时就应保持警觉。查阅会计记录应重点关注的项目包括：(1) 与借款、固定资产销售相关的收款记录；(2) 与异常开支有关的付款记录；(3) 销售和应收账款中的大额退货、折让或贷项记录；(4) 异常的会计分录。

在实务中，审计期后事项可供选择的程序如表 9-3 所示。

表 9-3　期后事项审计可供选择的审计程序

1. 针对客户用于识别和反映重大期后事项的记录和过程而执行的程序。 (1) 了解管理层为确保识别期后事项而制定的程序。 (2) 检查客户的所有者、管理层、治理层或相关委员会在财务报表日后召开的会议的纪要，并就该类会议上讨论过、但无相关记录的问题进行询问，例如：1) 重大诉讼仲裁；2) 股票债券发行方案；3) 企业处置子公司。 (3) 审阅客户最近可获得的中期财务报表（如有），如果认为必要且合理，还应查看预算报告、现金流量预测及其他相关的管理层报告。询问高级管理人员和其他财务会计负责人该中期财务报表是否采用与已审财务报表一样的编制基础。将这些报表与拟对其出具报告的财务报表相比较，并就任何异常变动、预期应出现而未出现的变动和异常项目或趋势获得解释。尤其关注以下方面。 1) 营运资本或净资产的重大变化； 2) 大额资产处置； 3) 销售、费用或利润趋势的重大波动/变化。 (4) 如果管理层尚未对最近结束的期后事项进行决算，则针对识别的风险执行适当的替代程序（包括检查现有的账簿和记录，例如，复核日记账分录、现金账簿、银行对账单及销售/采购明细账）。
2. 询问管理层、其他人员和治理层（适当时）以下问题。 (1) 是否发生了对财务报表造成影响的期后事项，例如：在报告期后确定利润分成或奖金支出的金额，或客户由于报告期末日之前发生的事项而负有在报告期末日支付该款项的现时法定义务或推定义务。 (2) 发现表明财务报表不正确的舞弊或错误。 (3) 资产负债表日后，以下方面是否发生了重大变化。 1) 基于暂定的、初步的或尚无定论的数据做出会计处理的项目的情况； 2) 重大或有负债或承诺； 3) 资本、长期负债或营运资本； 4) 财务状况、业务活动或经营情况； 5) 出售/持有或计划出售/持有资产从而可能影响资产账面价值或分类；

6）资产被政府查封（或征用）或被洪水或火灾等毁坏。
（4）是否已发生或可能发生导致注册会计师对财务报表所使用的会计政策的恰当性产生质疑的事项。（例如，该事项是否导致注册会计师质疑持续经营假设的合理性。）
（5）是否发生了其他特定事件。
1）是否作出新的承诺，签订了新的贷款协议或担保协议，或者是否有某些因素改变了负债的分类；
2）是否新发行了资本或债务工具，例如，发行新股票或债券，或者，是否签订了或计划签订合并协议或清算协议；
3）所有权结构是否已发生或计划发生变化；
4）财务报表日后是否已进行或计划进行一些异常的调整；
5）汇率是否发生了可能对客户造成影响的重大变化；
6）税务机关是否进行了有关纳税、罚金及处罚的重要评估；
7）涉及主观判断或那些基于暂定的、初步的或尚无定论的数据做出会计处理的项目（例如，与未决诉讼有关的预计负债）的现状；
8）是否发生了新的重大诉讼；
9）销售和利润趋势、行业和总体经济环境是否发生了变化以及是否发生了以下事项：异常的坏账损失、原材料价格的下降或潜在的存货损失、合同价格的重新谈判或亏本出售存货。

3. 针对较高风险领域及或有事项的程序。
（1）复核期末日期之后的现金账簿（现金收支）以及其他相关记录，例如，贷项通知单和普通日记账，从而确定是否产生重大或大额收支项目（例如贷款资金、重大的资产出售或购买或其他异常项目）以及异常的付款项目（例如，向销售客户支付的款项，向董事、员工或关联方支付的大额非薪酬性款项，向银行或其他借款机构支付的预期以外的款项，或在资产负债表日未记录的其他异常付款和负债偿还）。
（2）询问管理层关联方交易是否发生了变化或资产负债表日后是否发生了新的关联方交易。
（3）询问管理层销售和利润趋势是否发生了变化以及是否发生了以下事项。
1）重大销售订单的确认和取消；
2）异常的坏账损失；
3）原材料价格的下降；
4）潜在的存货损失；
5）合同价格的重新谈判；
6）亏本出售存货或重大的汇率变动。
（4）评估客户是否持续遵循贷款额度及贷款契约。
（5）复核是否存在“粉饰”现象。如果存在，则执行恰当的程序。例如，了解客户的关键比率，并且对于那些恰好达到预期/要求的关键比率，仔细地复核该比率计算所涉及的各项金额（特别是判断性金额）以确定这些比率是否存在“粉饰”现象。

4. 在审计报告日后至财务报表报出日前，如果知悉了某事实，且若在审计报告日知悉该事实可能导致修改审计报告，注册会计师应当：
（1）与管理层和治理层（如适用）讨论该事项。
（2）确定财务报表是否需要修改。
（3）如果需要修改，与管理层讨论如何在财务报表中处理。
1）根据具体情况对有关修改实施必要的审计程序；
2）视不同的情况（准则第十五条所述的情形）将程序1至程序3延伸至新的审计报告日，并针对修改后的财务报表出具新的审计报告。

5. 在财务报表报出后，如果知悉了某事实，且若在审计报告日知悉该事实可能导致修改审计报告，注册会计师应当：
（1）与管理层和治理层（如适用）讨论该事项。
（2）确定财务报表是否需要修改。
（3）如果需要修改，询问管理层将如何在财务报表中处理该事项。
（4）如果管理层修改财务报表，根据具体情况对有关修改实施必要的审计程序。

(5) 复核管理层采取的措施能否确保所有收到原财务报表和审计报告的人士了解这一情况。 (6) 如果管理层没有采取必要措施确保所有收到原财务报表的人士了解这一情况，也没有在注册会计师认为需要修改的情况下修改财务报表，注册会计师应当通知管理层和治理层（除非治理层全部成员参与管理被审计单位）其将设法防止财务报表使用者信赖该审计报告。 (7) 如果注册会计师已经通知管理层或治理层，而管理层或治理层没有采取必要措施，注册会计师应当采取适当措施（如寻求法律意见），以设法防止财务报表使用者信赖该审计报告。 (8) 视不同情况，将程序 1 至程序 3 延伸至新的审计报告日，出具新的或经修改的审计报告。
6. 除进行上述的询问及其他程序外，注册会计师还应获取适当的书面声明。 (1) 从管理层和治理层（适当时）获取关于期后截至审计报告日的书面声明/更新报告（其内容涵盖适当的特定事项），其中声明对于所有财务报表日之后发生的、按照相关的财务报告框架须对财务报表进行调整或须在财务报表中披露的事项已进行调整或披露。 (2) 考虑是否须从独立来源（例如，贷款人或法律顾问）获得进一步的确认。这种做法适用以下情况：注册会计师询问管理层后发现一些其他事项（例如，诉讼、索赔和评估），而在注册会计师获得法律顾问声明书之后客户已就这些事项向法律顾问咨询。
7. 确定期后事项是否已按照企业会计准则的规定在财务报表中做出恰当列报。 (1) 每项重要的资产负债表日后非调整事项的性质、内容，及其对财务状况和经营成果的影响；无法做出估计的，应当说明原因。 (2) 资产负债表日后，企业利润分配方案中拟分配的以及经审议批准宣告发放的股利或利润。

实例 9-6（单选题）

在下列审计程序中，注册会计师最有可能获取期后事项审计证据的是（　　）。

A. 调查期后发生的长期负债的变化

B. 重新计算在期后处置的固定资产的折旧费

C. 确定期后人工费用率的变化是否已被授权

D. 询问在资产负债表日前记录但在期后支付的预计负债

分析：D。选项 ABC 均属于期后发生的正常的业务。选项 D 属于期后调整事项。

实例 9-7（多选题）

下列有关期后事项审计的说法中，正确的有（　　）。

A. 注册会计师应当设计和实施审计程序，获取充分、适当的审计证据，以确定所有在财务报表日至财务报表报出日之间发生的、需要在财务报表中调整或披露的事项均已得到识别

B. 注册会计师应当恰当应对在审计报告日后知悉的、且如果在审计报告日知悉可能导致注册会计师修改审计报告的事实

C. 在财务报表报出后，注册会计师没有义务针对财务报表实施任何审计程序

D. 注册会计师应当要求管理层提供书面声明，确认所有在财务报表日后发生的、按照适用的财务报告编制基础的规定应予调整或披露的事项均已得到调整或披露

分析：BCD。注册会计师应确定所有在财务报表日至审计报告日之间发生的、需要在财务报表中调整或披露的事项均已得到识别，故选项 A 错误。

三、期后事项对审计及审计报告的影响

在期后时间内，如果知悉了某事实，且若在审计报告日知悉该事实可能导致修改

审计报告，注册会计师应当：

（1）与管理层和治理层（如适用）讨论该事项。

（2）确定财务报表是否需要修改。如果注册会计师识别出需要在财务报表中调整或披露的期后事项，应当确定这些事项是否按照适用的财务报告编制基础的规定在财务报表中得到恰当反映。同时，注册会计师应当按照《中国注册会计师审计准则第1341号——书面声明》的规定，要求管理层和治理层（如适用）提供书面声明，确认所有在财务报表日后发生的、按照适用的财务报告编制基础的规定应予调整或披露的事项均已得到调整或披露。

（3）如果需要修改，询问管理层将如何在财务报表中处理该事项。

如果管理层修改财务报表，注册会计师应当：

（1）根据具体情况对有关修改实施必要的审计程序；

（2）复核管理层采取的措施能否确保所有收到原财务报表和审计报告的人士了解这一情况；

（3）将审计程序延伸至新的审计报告日，并针对修改后的财务报表修改审计报告或出具新的审计报告。新的审计报告日不应早于修改后的财务报表被批准的日期。

注册会计师应当在新的或经修改的审计报告中增加强调事项段或其他事项段，提醒财务报表使用者关注财务报表附注中有关修改原财务报表的详细原因和注册会计师提供的原审计报告。

如果在有关法律法规和财务报告框架未禁止的情况下，管理层对财务报表的修改仅受有关期后事项的影响，被审计单位权力机关也仅对有关修改进行批准，注册会计师应当在针对有关修改实施必要的审计程序后，选择以下两者之一的处理方法：1）签署双重审计报告日，针对财务报表修改部分补充报告日期，表明注册会计师对期后事项实施的审计程序仅限于财务报表附注所述的修改。2）延长审计报告日，即增加强调事项段和其他事项段，说明注册会计师对期后事项实施的审计程序仅限于财务报表附注所述的修改。

如果管理层拒绝修改财务报表，并且审计报告尚未提交给被审计单位，注册会计师应当按照《中国注册会计师审计准则第1502号——在审计报告中发表非无保留意见》的规定，出具非无保留意见的审计报告。

如果管理层拒绝修改财务报表，并且审计报告已提交给被审计单位，注册会计师应当通知被审计单位的管理层和治理层（除非治理层全部成员参与被审计单位的管理）不要将财务报表和审计报告向第三方报出。

如果财务报表仍被报出，注册会计师应当采取措施防止财务报表使用者信赖该审计报告。注册会计师采取的措施取决于自身的权利、义务以及征询的法律意见。

如果管理层没有采取必要措施确保所有收到原财务报表的人士了解这一情况，也没有在注册会计师认为需要修改的情况下修改财务报表，注册会计师应当通知管理层和治理层（除非治理层全部成员参与管理被审计单位），注册会计师将设法防止财务报表使用者信赖该审计报告。

如果注册会计师已经通知管理层或治理层，而管理层或治理层没有采取必要措施，注册会计师应当采取适当措施，以设法防止财务报表使用者信赖该审计报告。

实例9-8（分析题）

今明会计师事务所注册会计师李浩在审计华兴公司20×6年度财务报表时发现，应收A公司账款的询证函的回函在外勤时间内尚未收到，李浩打电话给A公司，A公司称询证函正要寄出，为了提高审计效率，李浩要求A公司先发一个询证函的传真件。李浩收到并核对A公司发来的传真件，没有发现差异。

截至合同约定提交审计报告的时间，注册会计师仍没有收到A公司的询证函回函，由于华兴公司催着要审计报告，注册会计师于20×7年4月20日对华兴公司20×6年度财务报表出具了无保留意见的审计报告。20×7年4月21日，今明会计师事务所把审计报告递交给华兴公司，4月28日，华兴公司对外发布其20×6年度财务报表。

20×7年4月19日，项目负责人从报纸上得知华兴公司宣布与其竞争者进行一次重要合并。20×7年4月29日，由于媒体不断报道研究人士对华兴公司业绩的质疑，证监会介入调查，6月8日，经查证华兴公司20×5—20×6年共计虚构收入1 000万元，其中20×6年华兴公司虚构收入800万元，其中应收A公司账款高达500万元。

要求：

1. A公司先发一个询证函的传真件时，注册会计师应当如何处理？
2. 没有收到A公司的询证函回函时，注册会计师应当如何处理？
3. 注册会计师收到A公司的询证函回函，发现原件与传真件不一致时，应当如何处理？
4. 针对20×7年4月19日项目负责人获知的信息，注册会计师应当如何处理？
5. 针对20×7年6月8日查证的华兴公司20×5—20×6年的虚构收入，注册会计师应当如何处理？

分析：（请扫描二维码）

实例9-9（分析题）

今明会计师事务所审计组于20×7年4月20日对华兴公司20×6年度财务报表出具了无保留意见的审计报告。20×7年4月22日，今明会计师事务所把审计报告递交给华兴公司，4月28日，华兴公司对外发布其20×6年度财务报表。

（1）20×6年，管理层曾减少一项生物技术投资的账面价值，因为他们认为得到监管部门的批准（这是销售的必要条件）是不可能的。但在外勤工作期间，监管部门的批准下来了。

（2）20×7年4月19日，项目组发现华兴公司以前年度销售给A公司的货物被退回，华兴公司在20×7年4月根据退货红字发票做了会计处理。

（3）20×7年4月21日，审计组发现存货计算中存在重要的技术错误。这种错误在该行业很常见，因为该行业的获利能力有限，无法建立复杂的存货控制系统。

（4）20×7年4月29日，项目负责人从报纸上得知华兴公司宣布与其竞争者进行一次重要合并。尽管审计报告发布时正在进行谈判，但当时兼并发生的可能性不足以在财务报表或审计报告中披露。

（5）20×7年5月29日，由于媒体不断报道研究人士对华兴公司业绩的质疑，证监会介入调查，6月8日，经查证华兴公司20×5—20×6年共计虚构收入1 000万元，其中20×6年华兴公司虚构收入800万元，其中应收A公司账款高达500万元。

要求：

1. 请分别指出事项（1）至（5）在财务报表或审计报告中如何披露（假设单独考虑每个项目都重要），并陈述理由。

2. 再考虑事项（1），如果在审计报告发布后公司才得到批准，你的回答会如何变化？

分析：（请扫描二维码）

第三节　或有事项的审计

一、或有事项及其审计特征

（一）或有事项及其种类

或有事项是指过去的交易或事项形成的，其结果须通过未来事项的发生或不发生予以证实的不确定事项。

或有事项根据其性质和内容可以分为两大类：直接或有事项和间接或有事项。直接或有事项主要包括被审计单位的未决诉讼、未决索赔、税务纠纷、产品质量保证等。间接或有事项主要包括商业票据贴现、应收账款抵借、通融票据背书和其他债务担保等。

（二）或有事项的影响及审计特征

一般，或有事项发生可能性大于95%的，称为“极有可能”或“基本确定”；发生可能性为5%～95%的，称为“有可能”；发生可能性小于5%的，称为“极小可能”。当金额可以合理估计时，“极有可能”或“基本确定”的情况下应予以确认，“有可能”的情况下应披露在报表中，“极小可能”的情况下一般可以不作处理。

或有事项的审计有自身的特点。

（1）在审计工作临近结束时，注册会计师如果对或有事项进行审计，多数是复核，而非初次关注。许多或有事项的审计往往是作为其他审计事项的一个组成部分，而不是在审计工作临近结束时作为一个单独的部分。例如，所得税的争执也可作为分析所得税费用、复核往来通信档案、审核税务机构报告的一部分来加以核实。即使单独核实或有事项，也是在审计工作结束前的一段时期进行，以确保核实的正确性。

（2）或有事项的审计主要是发现未记录的业务或事项，这与其他审计项目的审计主要在于核实已记录的资料的正确性不同。

实例 9－10（多选题）

针对下列或有事项，A注册会计师应提出审计调整建议的有（　　）。

A. 基于合理的判断，M公司对某项可能发生的担保损失于20×3年确认预计负债1 550万元。20×4年12月法院做出终审判决，M公司实际发生担保损失1 500万元。因此，M公司于20×4年确认营业外收入50万元

B. 20×4年12月31日，法院尚未对M公司被诉的一起合同纠纷案做出判决。基于合理的判断，M公司胜诉的可能性为40%，因此，M公司没有确认预计负债

C. 20×4年12月31日，法院尚未对M公司涉及的一起三方合同纠纷案做出判决。M公司的律师认为M公司很可能需要向合同一方支付违约金500万元，同时也基本确定可以从合同的另一方获得赔偿400万元，因此，M公司确认负债100万元

D. 20×4年11月法院判决M公司败诉，要求其偿付某银行担保责任款300万元。M公司于20×4年12月提起上诉，其律师认为上诉获胜的可能性很大，且截至20×4年度财务报表签署日法院尚未做出判决，因此，M公司没有确认预计负债

分析：BCD。选项B正确，因为败诉的可能性大于50%；选项C正确，应分别确认预计负债和资产，因为或有事项符合确认为预计负债的条件，应该确认的预计负债是500万元，同时根据基本确定的金额确定资产的金额是400万元，不可以抵销后确认；选项D正确，在20×4年应当根据法院的判决结果确认预计负债。

二、或有事项审计的程序

在实务中，或有事项审计的可选择程序如表9－4所示。

表9－4　或有事项审计可供选择的审计程序

1. 向被审计单位管理层询问其确定、评价与控制或有事项方面的方针政策和工作程序。
2. 向被审计单位管理层索取下列资料，作必要的审核和评价。 （1）被审计单位有关或有事项的全部文件和凭证； （2）被审计单位与银行之间的往来函件，以查找有关票据贴现、应收账款保理、票据背书和对其他债务的担保； （3）被审计单位的债务说明书，其中，除其他债务说明外，还应包括对或有事项的说明，即说明已知的或有事项均已在财务报表中作了适当反映。

3. 与治理层就遵循法律法规的情况进行讨论，更新与遵循法律法规有关的永久性档案，复核与监管部门的往来信函以发现违反法律法规的迹象，确定需要包括在管理层声明书中的声明事项。
4. 向被审计单位的法律顾问和律师进行函证，以获取法律顾问和律师对被审计单位资产负债表日业已存在的，以及资产负债表日至复函日期间存在的或有事项的确认证据。分析被审计单位在审计期间所发生的法律费用，在法律顾问和律师处复核发票，检查其是否足以说明存在或有事项，特别是未决诉讼或未决税款估价等方面的问题。
5. 复核上期和税务机构的税收结算报告，了解被审计期间有关纳税方面可能发生的争执。如果税款拖延时间较久，发生税务纠纷的可能性就较大。
6. 向与被审计单位有业务往来的银行寄发含有要求银行提供被审计单位或有事项的询证函。银行函证可以反映商业票据贴现、应收账款保理、票据背书情况和为其他单位的银行借款进行担保的情况（包括担保事项的性质、金额、担保期间等）。
7. 询问有关销售人员并获取被审计单位在产品质量保证方面的记录，确定存在损失的可能性。
8. 审阅截至审计工作完成日被审计单位历次董事会纪要和股东大会会议记录，确定是否存在未决诉讼或仲裁、未决索赔、税务纠纷、债务担保、产品质量保证等方面的记录。
9. 查询被审计单位对未来事项和协议的财务承诺，并向被审计单位管理层询问。获取并审阅截至审计外勤工作完成日历次股东大会、董事会和管理层会议记录及其他重要文件（包括被审计单位的重要合同和往来通信档案等），确定是否存在不可撤销的财务承诺事项。
10. 向被审计单位管理层获取书面声明，保证其已按照企业会计准则的规定，对其全部或有事项作了恰当反映。
11. 针对评估的舞弊风险等因素增加的审计程序。
12. 确定或有事项是否已按照企业会计准则的规定在财务报表中做出恰当列报。 （1）预计负债： 1）预计负债的种类、形成原因以及经济利益流出不确定性的说明； 2）各类预计负债的期初、期末余额和本期变动情况； 3）与预计负债有关的预期补偿金额和本期已确认的预期补偿金额。 （2）或有负债： 1）或有负债的种类及其形成原因，包括已贴现商业承兑汇票、未决诉讼、未决仲裁、对外提供担保等形成的或有负债； 2）经济利益流出不确定性的说明； 3）或有负债预计产生的财务影响，以及获得补偿的可能性，无法预计的，应当说明原因。 （3）或有资产很可能会给企业带来经济利益的，应当披露其形成的原因、预计产生的财务影响等。 （4）在涉及未决诉讼、未决仲裁的情况下，按照以上披露要求披露全部或部分信息预期对企业造成重大不利影响的，企业无须披露这些信息，但应当披露该未决诉讼、未决仲裁的性质，以及没有披露这些信息的事实和原因。

三、律师声明及其影响

在对被审计单位期后事项和或有事项等进行审计时，注册会计师往往要向被审计单位的法律顾问和律师进行函证，以获取其对资产负债表日业已存在的，以及资产负债表日至复函日这一时期内存在的期后事项和或有事项等的确认证据。被审计单位律师对函证问题的答复和说明就是律师声明书。律师声明书通常可提供有力的证据，帮助注册会计师解释并报告有关的期后事项和或有事项，从而降低注册会计师误解上述事项的可能性，但其本身不足以对注册会计师形成审计意见提供基本理由。

对律师的函证，通常通过被审计单位向其律师寄发审计询证函的方式来实施，应对曾为其提供法律咨询或代理的所有律师寄发审计询证函，其内容应包括被审计单位叙述和评价与该律师业务相关的期后事项和或有事项等情况。律师的责任在于声明被审计单位对有关期后事项和或有事项等的叙述是完整的（或指明其疏漏），并对被审计单位就有关期后事项和或有事项等情况的说明做出评价。

律师声明书所用的格式和措辞并没有定式。单位不同或情况不同，律师出具的声明书也不相同。但是，律师声明书的内容可能会影响注册会计师发表审计意见的类型。

注册会计师应根据该律师的职业条件和声誉情况来确定律师声明书的合理性。如果注册会计师熟悉该律师的职业声誉，就不再需要作专门的查询；如果注册会计师对代理被审计单位重大法律事务的律师并不熟悉，则应查询诸如该律师的职业背景、声誉及其在法律界的地位等情况，并考虑从律师协会获取信息。一旦这些方面都令人满意，除非律师关于被审计单位法律事项的意见是不合情理的，否则注册会计师应采纳律师声明书中的意见。

应整体分析律师声明书，以便确定它对审计询证函的总体反映，确定它与注册会计师所知的情况是否矛盾。倘若律师声明书表明或暗示律师拒绝提供信息，或隐瞒信息，或对被审计单位叙述的情况应予修正而不加修正，注册会计师一般应认为审计范围受到限制，不能出具无保留意见的审计报告。

下面分别列示常见的律师询证函和律师询证函复函供参考（见格式9-1、格式9-2）。

格式9-1

律师询证函

________律师事务所：

________律师：

本公司已聘请××会计师事务所对本公司××年××月××日（以下简称资产负债表日）的资产负债表以及截止于资产负债表日的该年度利润及利润分配表和现金流量表进行审计。为配合该项审计，谨请贵律师基于受理本公司委托的工作（诸如常年法律顾问、专项咨询和诉讼代理等），提供下述资料，并函告××会计师事务所：

一、请说明存在于资产负债表日并且自该日起至本函回复日止本公司委托贵律师代理进行的任何未决诉讼。该说明中谨请包含以下内容：

1. 案件的简要事实经过与目前的发展进程。

2. 在可能范围内，贵律师对于本公司管理层就上述案件所持看法及处理计划（如庭外和解设想）的了解，及您对可能发生结果的意见。

3. 在可能范围内，您对可能发生的损失或收益的可能性及金额的估计。

二、请说明存在于资产负债表日并且自该日起至本函回复日止，本公司曾向贵律师咨询的其他诸如未决诉讼、追索债权、被追索债务以及政府有关部门对本公司进行的调查等可能涉及本公司法律责任的事件。

三、请说明截止于资产负债表日，本公司与贵律师事务所律师服务费的结算情况（如有可能，请依服务项目区分）。

四、若无上述一、二事项，为节省您宝贵的时间，烦请填写本函背面的《律师询证函复函》并签章后，按以下地址，寄往××会计师事务所（地址：××市××路××号；邮编：××××××）。

谢谢合作！

××公司（盖章）
公司负责人（签章）
年 月 日

格式 9-2

律师询证函复函

××会计师事务所：

本律师于___________期间，除向___________公司提供一般性法律咨询服务，并未有接受委托，代理进行或咨询如前述一、二项所述之事宜。

另截至 年 月 日止，该公司

□ 未积欠本律师事务所任何律师服务费。

□ 尚有本律师事务所的律师服务费计人民币___________元，未予付清。

___________律师事务所
律师：________（签章）
年 月 日

实例 9-11（分析题）

今明会计师事务所审计华兴公司20×6年度财务报表，会计报表拟公布日为3月20日。

20×6年10月20日华兴公司被H公司起诉违约，要求赔偿200万元，截至20×6年12月31日，法院尚未判定，律师估计华兴公司败诉赔偿的可能性为50%，因此，华兴公司在20×6年度财务报表中对此予以充分披露。注册会计师于20×7年3月15日获取了华兴公司管理当局声明书以及华兴公司编制好的拟发布的财务报表，决定发表无保留意见的审计报告。但在审计报告提交给被审计单位前，注册会计师知悉20×7年3月16日法院做出终审判决，要求华兴公司赔偿H公司200万元。

要求：

1. 针对该事项，注册会计师应当如何处理？
2. 如果注册会计师签发无保留意见的审计报告，审计报告日期如何确定？

分析：（请扫描二维码）

第四节　对持续经营的关注

一、影响持续经营能力的事项或情况

持续经营假设是指企业在编制财务报表时，假定其经营活动在可预见的将来会继续下去，不拟也不必终止经营或破产清算，可以在正常的经营过程中变现资产、清偿债务。可预见的将来通常是指资产负债表日后 12 个月。持续经营假设是管理层在编制财务报表时做出的一种假定，是企业进行会计确认、计量和列报的前提。持续经营能力存在重大不确定性，并不一定意味着以持续经营假设为基础编制财务报表是不适当的。某些事项或情况可能会导致对被审计单位的持续经营能力产生重大疑虑，但是管理层可以通过采取一定的措施缓解面临的财务困境。在这种情况下，管理层仍然可以采用持续经营假设编制财务报表。

表 9－5 示例了单独或汇总起来可能导致对被审计单位持续经营能力产生重大疑虑的事项或情况。这些示例并不能涵盖所有事项或情况，也不意味着存在其中一个或多个项目就一定表明存在重大不确定性。

表 9－5　导致对持续经营假设产生重大疑虑的事项或情况的示例

财务方面
1. 在到期日无法偿还债务。
2. 定期借款即将到期，但预期不能展期或偿还。
3. 无法继续履行重大借款合同中的有关条款。
4. 存在大额的逾期未缴税金。
5. 发生重大经营亏损或用以产生现金流量的资产的价值出现大幅下跌。
6. 过度依赖短期借款为长期资产筹资。
7. 与供应商由赊购变为货到付款。
8. 难以获得开发必要新产品或进行必要投资所需资金。
9. 关键财务比率不佳。
10. 净资产为负或营运资金出现负数。
11. 历史财务报表或预测性财务报表表明经营活动产生的现金流量净额为负数。

12. 拖欠或停止发放股利。
13. 重要子公司无法持续经营且未进行处理。
14. 存在大量长期未作处理的不良资产。
15. 存在因对外巨额担保等或有事项引发的或有负债。
16. 信用评价机构的评级降低。
17. 坏账大幅增加，或重要客户经营状况恶化。
18. 需要寻找新的资金来源或融资方式，或需要处置资产。
19. 在获得必要的资本或信用时受到更多限制。
20. 存在债权人撤销财务支持的迹象。
经营方面
1. 预期之外的公司组织结构和经营管理的变化，如关键管理人员离职且无人替代、人力资源短缺等。
2. 管理层计划清算被审计单位或终止运营。
3. 重要经营活动受到市场不稳定的影响，如重要原材料短缺、失去主要供应商等。
4. 现存客户的需求量大幅下滑。
5. 过度依赖某个项目的成功。
6. 失去关键特许权、专利权或许可权。
7. 主导产品不符合国家产业政策。
8. 被审计单位所属行业发生重大变化。
9. 在经济不稳定地区（高通货膨胀或货币大幅贬值的地区）有重大经营活动。
其他方面
1. 违反有关资本或其他法定或监管要求，例如对金融机构偿债能力或流动性的要求等。
2. 异常原因导致停工、停产。
3. 有关法律法规或政策的变化可能造成重大不利影响。
4. 未决诉讼或监管程序可能导致其无法支付索赔金额。
5. 投资者未履行协议、合同、章程规定的义务，并有可能造成重大不利影响。
6. 对发生的灾害如自然灾害、战争等不可抗力因素未购买保险或保额不足。
7. 监管环境不稳定。

实例9-12（多选题）

下列属于在财务方面可能导致对被审计单位的持续经营能力产生重大疑虑的事项有（　　）。

A. 坏账大幅增加

B. 需要寻求新的资金来源或融资方式

C. 在经济不稳定地区（如高通胀国家）有重大经营活动

D. 对被审计单位的经营和财务报告存在监管要求

分析：AB。选项C属于经营方面的事项；选项D属于其他方面的事项。

根据适用的会计准则和相关会计制度的规定评估被审计单位的持续经营能力是管理层的责任。管理层对持续经营能力做出的评估通常具有下列特征。

（1）持续经营能力问题是一个重大不确定事项。不确定事项包括或有事项，但范围比或有事项大，主要是过去交易或事项形成的一种状况，其结果须通过未来事项的发生或不发生予以证实。任何不确定事项都包括两个方面：一是已经发生的事项；二是尚未发生的事项。

（2）管理层对持续经营能力的评估期间越长，持续经营结果的不确定性越大。对持续经营能力做出合理评价的期间通常是自资产负债表日起 12 个月。

（3）管理层通常在资产负债表日依据当时掌握的全部信息对持续经营能力进行评估。即使评估结论在当时是合理的，期后发生的事项也可能与原评估结果相矛盾。

（4）管理层做出评估时所依据的信息包括资产负债表日业已发生的可能导致对持续经营假设产生重大疑虑的事项或情况，以及这些事项或情况的未来结果。这些事项或情况的未来结果的不确定性越大，管理层对持续经营能力的判断结果的不确定性也越大。

（5）被审计单位的规模和复杂程度、经营活动的性质和状况以及被审计单位受外部因素的影响程度等，都会影响管理层对持续经营能力的判断。

注册会计师的责任是考虑管理层在编制财务报表时运用持续经营假设的适当性，并考虑是否存在需要在财务报表中披露的有关持续经营能力的重大不确定性。

注册会计师应当实施必要的审计程序，获取充分、适当的审计证据，确定可能导致对持续经营能力产生重大疑虑的事项或情况是否存在重大不确定性，并考虑对审计报告的影响。但由于财务报表审计的目标是注册会计师对被审计单位财务报表的合法性和公允性发表意见，注册会计师的审计意见旨在提高财务报表的可信赖程度，注册会计师不可能预见可能导致被审计单位无法持续经营的所有未来事项或情况，因此，未提及持续经营能力存在重大不确定性的审计报告，不应视为注册会计师对被审计单位能够持续经营做出保证。

实例 9－13（多选题）

下列有关注册会计师对持续经营假设的审计责任的说法中，不正确的是（　　）。

A. 注册会计师有责任就管理层在编制和列报财务报表时运用持续经营假设的适当性获取充分、适当的审计证据

B. 注册会计师应当对识别超出管理层评估期间并可能导致对被审计单位持续经营能力产生重大疑虑的事项或情况实施足够的审计程序

C. 注册会计师需要就被审计单位持续经营能力得出结论

D. 注册会计师未在审计报告中提及与持续经营相关的重大不确性，不能视为对被审计单位持续经营能力的保证

分析： BC。除询问管理层外，注册会计师没有责任实施其他审计程序，以识别超出管理层评估期间并可能导致对被审计单位持续经营能力产生重大疑虑的事项或情况，故选项 B 不正确。注册会计师需要就被审计单位持续经营能力是否不存在重大不确定性得出结论，而非对其持续经营能力得出结论，故选项 C 不正确。

二、对持续经营能力的审计

对被审计单位持续经营能力进行评估是管理层的责任。注册会计师的责任是就管理层在编制和列报财务报表时运用的持续经营假设的适当性获取充分、适当的审计证据，并就持续经营能力是否存在重大不确定性得出结论。注册会计师应当评价是否已就管理层编制财务报表时运用持续经营假设的适当性获取了充分、适当的审计证据，并就运用持续经营假设的适当性得出结论。如果已识别出可能导致对被审计单位持续经营能力产生重大疑虑的事项或情况，但根据获取的审计证据，注册会计师认为不存在重大不确定性，则注册会计师应当根据适用的财务报告编制基础的规定，评价财务报表是否对这些事项或情况做出充分披露。

（一）风险评估中对持续经营能力的考虑

在按照《中国注册会计师审计准则第1211号——通过了解被审计单位及其环境识别和评估重大错报风险》的规定实施风险评估程序时，注册会计师应当考虑是否存在可能导致对被审计单位持续经营能力产生重大疑虑的事项或情况。在进行考虑时，注册会计师应当确定管理层是否已对被审计单位持续经营能力做出初步评估。

如果管理层已对持续经营能力做出初步评估，注册会计师应当与管理层进行讨论，并确定管理层是否已识别出单独或汇总起来可能导致对被审计单位持续经营能力产生重大疑虑的事项或情况。如果管理层已识别出这些事项或情况，注册会计师应当与其讨论应对计划。

如果管理层未对持续经营能力做出初步评估，注册会计师应当与管理层讨论其拟运用持续经营假设的理由，询问管理层是否存在单独或汇总起来可能导致对被审计单位持续经营能力产生重大疑虑的事项或情况。

针对有关可能导致对被审计单位持续经营能力产生重大疑虑的事项或情况的审计证据，注册会计师应当在整个审计过程中保持警觉。

（二）评价管理层对持续经营能力做出的评估

管理层对被审计单位持续经营能力的评估，是注册会计师考虑管理层运用持续经营假设的一个关键部分。

评价管理层对被审计单位持续经营能力所做的评估，包括评价管理层做出评估时遵循的程序、评估依据的假设、管理层的未来。

（1）注册会计师应当确定管理层评估持续经营能力涵盖的期间是否符合适用的会计准则和相关会计制度的规定。如果管理层评估持续经营能力涵盖的期间少于自资产负债表日起的12个月，注册会计师应当提请管理层将其延伸至自资产负债表日起的12个月。

（2）当管理层已对持续经营能力做出评估时，注册会计师应当取得并复核初步评估，确定管理层是否识别出可能导致对持续经营能力产生重大疑虑的事项或情况。如果存在这些事项或情况，还应当复核管理层提出的应对计划。

(3) 当管理层未对持续经营能力做出评估时，注册会计师应当与管理层讨论运用持续经营假设的理由，询问是否存在可能导致对持续经营能力产生重大疑虑的事项或情况，并提请管理层对持续经营能力做出评估。

(4) 如果被审计单位具有良好的盈利记录并很容易获得外部资金支持，管理层可能无须详细分析就能对持续经营能力做出评估。在此情况下，注册会计师通常无须实施详细的审计程序，就可对管理层所做评估的适当性得出结论。

(5) 注册会计师应当注意可能存在管理层现已知悉的、在评估期间以后将会发生的事项或情况，这些事项或情况可能对注册会计师考虑管理层运用持续经营假设编制财务报表的适当性产生重大影响。

在考虑超出管理层评估期间的事项或情况时，注册会计师应当确定这些事项或情况对持续经营能力的影响是否重大。如果影响重大，注册会计师应当考虑采取进一步措施，并提请管理层确定这些事项或情况对评估持续经营能力的潜在影响。

可能存在超出管理层评估期间发生的已知的事项（预定的或非预定的）或情况，导致注册会计师对管理层编制财务报表时运用持续经营假设的适当性产生怀疑，注册会计师需要对存在这些事项或情况的可能性保持警觉。由于事项或情况发生的时点距离做出评估的时点越远，与事项或情况的结果相关的不确定性相应增加，因此在考虑更远期间发生的事项或情况时，只有当持续经营事项的迹象达到重大时，注册会计师才需要考虑采取进一步措施。如果识别出这些事项或情况，注册会计师可能需要提请管理层评价这些事项或情况对于其评估被审计单位持续经营能力的潜在重要性。

纠正管理层缺乏分析的状况不是注册会计师的责任。在某些情况下，管理层缺乏详细分析以支持其评估，可能不妨碍注册会计师确定管理层运用持续经营假设是否适合具体情况。例如，如果被审计单位具有盈利经营的记录并很容易获得财务支持，管理层可能不需要进行详细分析就能做出评估。在这种情况下，如果其他审计程序足以使注册会计师认为管理层在编制财务报表时运用的持续经营假设适合具体情况，注册会计师可能无须实施详细的评价程序，就可以对管理层评估的适当性得出结论。

实例 9－14（单选题）

注册会计师应当评价管理层对持续经营能力做出的评估。下列说法中错误的是（　）。

A. 在某些情况下，管理层缺乏详细分析以支持其评估，并不妨碍注册会计师确定管理层运用持续经营假设是否适合具体情况

B. 注册会计师应当考虑管理层做出的评估是否已经考虑所有相关信息，这些信息不包括注册会计师实施审计程序时获取的信息

C. 如果管理层评价持续经营能力涵盖的期间短于自财务报表日起的 12 个月，注册会计师应当要求管理层延长评估期间

D. 注册会计师应当考虑管理层在存在相关事项或情况时运用持续经营假设是否合理

分析： B。注册会计师应当考虑管理层做出的评估是否已经考虑所有相关信息，这些信息包括注册会计师实施审计程序时获取的信息，故选项 B 是错误的。

（三）识别出事项或情况时实施追加的审计程序

如果识别出可能导致对持续经营能力产生重大疑虑的事项或情况，注册会计师应当通过实施追加的审计程序（包括考虑缓解因素），获取充分、适当的审计证据，以确定可能导致对被审计单位持续经营能力产生重大疑虑的事项或情况是否存在重大不确定性（以下简称重大不确定性）。这些程序如表9-6所示。

表9-6 对影响持续经营能力事项的进一步审计程序

一、确定管理层是否对企业的持续经营能力进行了初步评估。
二、如果管理层已实施初步评估： 1. 与管理层讨论对持续经营能力的评估。 2. 确定管理层是否已识别出单独或汇总起来可能导致对被审计单位持续经营能力产生重大疑虑的事项或情况。（如果已识别，则在风险评估程序中评估管理层应对该事项或情况的计划。） 3. 如果管理层评估涵盖的期间短于自财务报表日（即资产负债表日）起的12个月，则提请管理层将其至少延长至自财务报表日起的12个月。
三、如果管理层还未作初步评估： 1. 与管理层讨论其运用持续经营假设的依据。 2. 确定将持续经营假设作为编制财务报表的基础是否适当。 3. 询问管理层是否存在单独或汇总起来可能导致对企业持续经营能力产生重大疑虑的事项或情况。
四、如果管理层拒绝对持续经营能力做出评估，或者拒绝延长评估期间，应确定是否能就企业的持续经营能力获取充分、适当的审计证据。（如果认为不能获取充分、适当的审计证据，需要考虑对审计意见的影响。）
五、项目组计划会议讨论。 1. 在项目组计划会议中讨论任何可能导致对企业的持续经营能力产生重大疑虑的事项或情况，并确定其对审计策略的影响。 2. 记录讨论结果（或交叉索引至审计计划部分）。
六、获取管理层对持续经营能力的评估，了解并评价：管理层进行评估所遵循的程序；该评估所基于的假设；管理层的未来应对计划。 （一）了解应对计划的性质与内容。 1. 如果管理层计划变卖资产，考虑： （1）变卖资产是否受到限制，例如贷款合同、其他类似协议或资产的留置权对此类交易的限制。 （2）管理层决定变卖的资产的变现能力。 （3）资产的处置可能带来的直接或间接影响。 （4）从资产处置中获取资产的充足性和时效性。 2. 如果管理层计划借款或债务重组： （1）阅读公司债券和借款合同的条款并确定是否存在违约或者在可预见的未来违约的情况。 （2）确认授信合同的存在性、条款和充分性。 （3）考虑债务融资的可获得性。 （4）考虑被审计单位现有的借款合同是否对继续举债有限制条款。 （5）检查被审计单位与金融机构就固有期限借款占比进行的沟通和签订的协议。 3. 如果管理层计划削减或延缓开支，考虑： （1）削减管理费用、延缓维修项目或研发项目、以租赁资产代替外购资产的可行性。 （2）削减或延缓开支可能带来的直接或间接影响。 （3）考虑管理层削减开支或延期开支计划的可行性。 4. 如果管理层计划增加权益资本：

(1) 考虑增加权益资本的可行性。 (2) 确定增加权益资本对被审计单位的影响。 5. 如果管理层计划获取母公司或其他方面支持： (1) 考虑向关联方或第三方确认提供和保持财务支持的协议的存在性、合法性和可执行性，并对其提供额外资金的能力进行评估。 (2) 评估母公司和其他方面提供支持的意愿。 6. 如果管理层预计市场改善，实现收入和利润率的大幅提高： (1) 与管理层分析和讨论现金流量、盈利和其他相关预测。 (2) 考虑增长率和利润率的及时证据。 (3) 确定销售预测的可靠性。 (4) 考虑行业的发展情况和宏观环境。 (二) 判断管理层提出的应对计划是否可行，以及应对计划的结果能否改善持续经营能力。 1. 如果存在相关的预测性财务信息，复核并评价这些信息，包括编制预测信息的基本假设。 (1) 考虑被审计单位生成相关信息的信息系统的可靠性。 (2) 考虑管理层做出现金流量预测所依赖的假设是否存在充分的依据。 (3) 将最近若干期间的预测性财务信息与实际结果进行比较。 (4) 将本期的预测性财务信息与截至目前的实际结果进行比较。 2. 与管理层分析和讨论最近的中期财务报表。 3. 复核借款协议条款并确定是否存在违约情况。 4. 阅读股东会会议、董事会会议以及相关委员会会议有关财务困境及管理层应对计划的记录。 5. 向被审计单位的律师询问是否存在针对被审计单位的诉讼或索赔，管理层对诉讼或索赔结果及其财务影响的估计是否合理。 6. 确认财务支持协议的存在性、合法性和可行性，并对提供财务支持的关联方或第三方的财务能力做出评价。 (1) 检查财务支持协议的文件和资料，如关联方或第三方与被审计单位签订的协议、与财务支持有关的信函往来等。 (2) 获取关联方或第三方向被审计单位提供财务支持的批准文件。 (3) 取得被审计单位律师的书面声明，证明关联方或第三方提供的财务支持协议具有法律效力。 (4) 检查关联方或第三方的财务报表、关联方或第三方做出的除向被审计单位提供财务支持以外的其他财务承诺等，分析关联方或第三方是否有足够的能力履行财务支持义务。 (5) 询问关联方或第三方管理层，了解其是否同意被审计单位在年度报表中详细披露财务支持计划。 7. 评价被审计单位为尚未完成的客户订单制定的处理计划。 8. 复核期后事项并考虑其是否可能改善或影响持续经营能力。 9. 如果现金流量分析对考虑事项或情况的未来结果是重要的，注册会计师应当实施下列审计程序。 (1) 考虑被审计单位生成相关信息的信息系统的可靠性。 (2) 考虑管理层做出现金流量预测所依赖的假设是否存在充分的依据。 (3) 将最近若干期间的预测性财务信息与实际结果进行比较。 (4) 将本期的预测性财务信息与截至目前的实际结果进行比较。
七、考虑自管理层做出评估后是否存在其他可获得的事实或信息。
八、复核资产负债表日后事项以识别是否存在会影响企业持续经营能力的事项。
九、向管理层和治理层（如适用）提供有关未来应对计划及其可行性的书面声明。
十、与治理层沟通识别出的可能导致对被审计单位持续经营能力产生重大疑虑的事项或情况。与治理层的沟通应当包括下列方面：这些事项或情况是否构成重大不确定性；管理层在编制财务报表时运用持续经营假设是否适当；财务报表中的相关披露是否充分；对审计报告的影响（如适用）。

三、持续经营能力审计的结论

（1）注册会计师应当评价是否已就管理层编制财务报表时运用持续经营假设的适当性获取了充分、适当的审计证据，并就运用持续经营假设的适当性得出结论。

（2）注册会计师应当根据获取的审计证据，运用职业判断，就单独或汇总起来可能导致对被审计单位持续经营能力产生重大疑虑的事项或情况是否存在重大不确定性得出结论。

如果注册会计师根据职业判断认为，鉴于不确定性潜在影响的重要程度和发生的可能性，为了使财务报表实现公允反映，管理层有必要适当披露该不确定性的性质和影响，则表明存在重大不确定性。

（3）如果认为管理层运用持续经营假设适合具体情况，但存在重大不确定性，注册会计师应当确定以下内容。

1）财务报表是否已充分披露可能导致对持续经营能力产生重大疑虑的主要事项或情况，以及管理层应对这些事项或情况的计划；

2）财务报表是否已清楚披露可能导致对持续经营能力产生重大疑虑的事项或情况存在重大不确定性，由此导致被审计单位可能无法在正常的经营过程中变现资产和清偿债务。

还可能进行如下额外披露。

1）管理层对与被审计单位履行义务能力相关的事项或情况的重要程度做出的评价；

2）管理层在评估被审计单位持续经营能力时做出的重要判断。

针对管理层如何考虑与主要事项或情况相关的潜在影响的重要程度、发生的可能性及发生时间的披露，某些财务报告编制基础提供了额外指引。

（4）如果已识别出可能导致对被审计单位持续经营能力产生重大疑虑的事项或情况，但根据获取的审计证据，注册会计师认为不存在重大不确定性，则注册会计师应当根据适用的财务报告编制基础的规定，评价财务报表是否对这些事项或情况做出充分披露。

被审计单位可能披露的内容包括以下方面。

1）主要事项或情况；

2）管理层对与被审计单位履行义务能力相关的事项或情况的重要程度做出的评价；

3）管理层为减轻这些事项或情况的影响而做出的应对计划；

4）管理层在评估被审计单位持续经营能力时做出的重要判断。

实例9-15（单选题）

根据对被审计单位持续经营能力的审计结论，下列关于注册会计师考虑应出具何种类型的审计报告的说法中错误的是（　　）。

A. 如果管理层编制财务报表时运用持续经营假设不适当，应当发表否定意见

B. 如果被审计单位运用持续经营假设适当但存在重大不确定性，且财务报表附注未作充分披露，应当发表否定意见

C. 如果存在多项对财务报表整体具有重要影响的重大不确定性，且财务报表附注已作充分披露，在极少数情况下，注册会计师可能认为发表无法表示意见是适当的

D. 如果被审计单位运用持续经营假设适当但存在重大不确定性，且财务报表附注已作充分披露，应当发表无保留意见，并在审计报告中增加以"与持续经营相关的重大不确定性"为标题的单独部分

分析：B。如果被审计单位运用持续经营假设适当但存在重大不确定性，且财务报表附注未作充分披露，应当发表保留或否定意见，故选项B不正确。

四、持续经营能力对审计报告的影响

（一）运用持续经营假设是不适当的

如果财务报表已按照持续经营假设编制，但注册会计师根据判断认为管理层在财务报表中运用持续经营假设是不适当的，则无论财务报表对管理层运用持续经营假设的不适当性是否做出披露，注册会计师均应发表否定意见。

如果在具体情况下运用持续经营假设是不适当的，管理层可能被要求或自愿选择按照其他会计基础（如清算基础）编制财务报表。注册会计师可以对财务报表进行审计，前提是注册会计师确定其他会计基础在具体情况下是可接受的编制基础。如果财务报表对其采用的会计基础已做出充分披露，注册会计师可以对这些财务报表发表无保留意见，但可能认为按照《中国注册会计师审计准则第1503号——在审计报告中增加强调事项段和其他事项段》的规定在审计报告中增加强调事项段是适当或必要的，以提醒财务报表使用者注意其他会计基础及其使用理由。

（二）运用持续经营假设是适当的，但存在重大不确定性

如果运用持续经营假设是恰当的，但存在重大不确定性，且财务报表对重大不确定性已做出充分披露，注册会计师应在审计报告中单独设置"与持续经营相关的重大不确定性"段落，以提醒财务报表使用者关注财务报表附注中对重大不确定性的披露，说明这些事项或情况表明存在可能导致对被审计单位持续经营能力产生重大疑虑的重大不确定性，并说明这些事项或情况并不影响发表的审计意见。

注册会计师除在审计报告中列示最低信息要求外，可以提供额外信息对上述要求进行补充：解释存在重大不确定性对报表使用者理解财务报表是十分重要的；解释如何在审计中应对该事项。

1. 财务报表对重大不确定性已做出充分披露

针对注册会计师已就管理层运用持续经营假设的适当性获取充分、适当的审计证据，但存在重大不确定性，且财务报表已做出充分披露的情况，注册会计师考虑出具无保留意见的审计报告。

2. 财务报表对重大不确定性未做出充分披露

针对注册会计师已就管理层运用持续经营假设的适当性获取充分、适当的审计证据，但财务报表未对重大不确定性做出充分披露的情况，注册会计师应当考虑出具保留意见和否定意见的审计报告。

当存在多项对财务报表整体具有重要影响的重大不确定性时，在极少数情况下，注册会计师可能认为发表无法表示意见是适当的，而非在审计报告中增加以“与持续经营相关的重大不确定性”为标题的单独部分。

当受监管的被审计单位的注册会计师认为有必要在审计报告中提及持续经营事项时，注册会计师有责任与适当的监管机构或执法机构沟通。

3. 管理层不愿做出评估或延长评估期间

在某些情况下，注册会计师可能认为有必要提请管理层做出评估或延长评估期间。如果管理层予以拒绝，由于注册会计师可能无法获取有关管理层运用持续经营假设编制财务报表的充分、适当的审计证据（如是否存在管理层提出的应对计划或其他缓解因素的审计证据），注册会计师发表保留意见或无法表示意见可能是适当的。

实例 9-16（多选题）

下列与持续经营假设相关的审计结论和对审计报告的影响的相关说法中，错误的是（　　）。

A. 如果注册会计师认为对被审计单位持续经营能力产生重大疑虑的事项或情况不存在重大不确定性，则无须做出披露

B. 如果注册会计师根据职业判断认为，鉴于不确定性潜在影响的重要程度和发生的可能性，为了使财务报表实现公允反映，管理层有必要适当披露该不确定性的性质和影响，则表明不存在重大不确定性

C. 如果认为管理层或治理层在财务报表日后严重拖延对财务报表的批准，可能涉及与持续经营评估相关的事项或情况，注册会计师有必要实施识别出可能导致对持续经营能力产生重大疑虑的事项或情况时追加的审计程序，并就存在的重大不确定性考虑对审计结论的影响

D. 如果认为运用持续经营假设适合具体情况，但存在重大不确定性，注册会计师无须确定财务报表是否已清楚披露可能导致对持续经营能力产生重大疑虑的事项或情况存在重大不确定性，并由此导致被审计单位可能无法在正常的经营过程中变现资产和清偿债务

分析：ABD。如果已识别出可能导致对被审计单位持续经营能力产生重大疑虑的事项或情况，但根据获取的审计证据，注册会计师认为不存在重大不确定性，则注册会计师应当根据适用的财务报告编制基础的规定，评价财务报表是否对这些事项或情况做出充分披露，故选项A不正确。如果注册会计师根据职业判断认为，鉴于不确定性潜在影响的重要程度和发生的可能性，为了使财务报表实现公允反映，有必要适当披露该不确定性的性质和影响，则表明存在重大不确定性，故选项B不正确。如果认为运用持续经营假设适合具体情况，但存在重大不确定性，注册会计师应当确定：

(1) 财务报表是否已充分披露可能导致对持续经营能力产生重大疑虑的主要事项或情况，以及管理层应对这些事项或情况的计划；(2) 财务报表是否已清楚披露可能导致对持续经营能力产生重大疑虑的事项或情况存在重大不确定性，并由此导致被审计单位可能无法在正常的经营过程中变现资产和清偿债务，故选项 D 不正确。

第五节　对会计估计的关注

一、常见会计估计及其审计责任

(一) 财务报表中常见的会计估计

会计估计，是指在缺乏精确计量手段的情况下，采用的某项金额的近似值。会计估计一般包括存在估计不确定性时以公允价值计量的金额，以及其他需要估计的金额。其中，涉及公允价值计量的会计估计简称公允价值会计估计。会计估计通常是被审计单位在不确定情况下做出的，其准确程度取决于管理层对不确定的交易或事项的结果做出的主观判断。

财务报表中常涉及的会计估计事项举例如下。

(1) 存货可变现净值的确定。

(2) 采用公允价值模式下投资性房地产公允价值的确定。

(3) 固定资产的使用寿命、预计净残值和折旧方法、弃置费用的确定。

(4) 消耗性生物资产可变现净值的确定，生产性生物资产的使用寿命、预计净残值和折旧方法的确定。

(5) 使用寿命有限的无形资产的预计使用寿命、残值、摊销方法的确定。

(6) 非货币性资产公允价值的确定。

(7) 固定资产、无形资产、长期股权投资等非流动性资产可收回金额的确定。

(8) 职工薪酬金额的确定。

(9) 与股份支付相关的公允价值的确定。

(10) 与债务重组相关的公允价值的确定。

(11) 预计负债金额的确定。

(12) 收入金额、提供劳务完工进度的确定。

(13) 建造合同完工进度的确定。

(14) 与政府补助相关的公允价值的确定。

(15) 一般借款资本化金额的确定。

(16) 应纳税暂时性差异和可抵扣暂时性差异的确定。

(17) 与非同一控制下的企业合并相关的公允价值的确定。

(18) 租赁资产公允价值、最低租赁付款额现值、承租人融资租赁折现率、融资费用和融资收入、未担保余值的确定。

(19) 与金融工具相关的公允价值、摊余成本、金融减值损失的确定。

（20）继续涉入所转移金融资产程度、金融资产所有权风险和报酬转移程度的确定。

（21）套期工具和被套期项目公允价值的确定。

（22）保险合同准备金的计算及充足性测试。

（23）探明矿区权益、井及相关设施的折耗计提方法的确定，与油气开采活动相关的辅助设备及设施的折旧方法、弃置费用的确定。

（二）会计估计审计的责任划分

被审计单位管理层应当对其做出的包括在财务报表中的会计估计负责。按照《中国注册会计师审计准则》的规定，获取充分、适当的审计证据，评价被审计单位做出的会计估计是否合理、披露是否充分，是注册会计师的责任。

由于会计估计的主观性、复杂性和不确定性，管理层做出的会计估计发生重大错报的可能性较大，注册会计师应当确定会计估计的重大错报风险是否属于特别风险。

会计估计的结果与财务报表中原来已确认或披露的金额存在差异，并不必然表明财务报表存在错报，这对于公允价值会计估计而言尤其如此。

二、识别和评估会计估计的重大错报风险

（一）了解适用的财务报告编制基础的要求

管理层的点估计是指管理层在财务报表中确认或披露一项会计估计而选择的金额。当存在可供选择的点估计时，财务报告编制基础可以为管理层确定点估计提供指引。

在某些情况下，管理层可能有能力直接做出点估计；在其他情况下，管理层只有在考虑了各个据以确定点估计的可供选择的假设或结果后，才能做出可靠的点估计。

（二）识别可能存在管理层偏向的迹象

管理层偏向是指管理层在编制和列报信息时缺乏中立性。由于某些财务报表项目不能精确计量，只能进行估计，因而管理层有可能通过选择不符合最佳实务做法的会计估计或故意做出不恰当的会计估计以对财务报表进行操纵。是否存在管理层偏向涉及注册会计师的职业判断，这种职业判断是注册会计师综合考虑、分析审计过程中获取的各项信息和事实之后做出的。表9-7列出了与会计估计相关的可能存在的管理层偏向迹象及其实例。

表9-7　与会计估计相关的可能存在的管理层偏向迹象及其实例

序号	迹象	实例
1	管理层主观地认为环境已经发生变化了，并相应地改变会计估计；或者环境已经发生变化，但管理层并未根据变化对会计估计做出相应的改变；或者会计估计频繁变化，但似乎并非由所处环境的变化所致	

续表

序号	迹象	实例
2	管理层选择或做出重大假设以产生有利于管理层目标的点估计	在确定建造合同收入时，完工百分比根据实际已发生成本占预计总成本比例确定，管理层可能高估或低估预计总成本，从而调节收入和利润
3	管理层的主观判断或采用的假设无法从市场、宏观环境、行业数据或历史信息获取或得到验证，从而显示管理层的主观判断或采用的假设带有明显偏向	甲公司经营连续三年亏损，固定资产使用率明显低于设计使用率，且所处行业整体产能过剩，公司管理层对固定资产进行减值测试，仍采用比较乐观的经营预测
4	针对公允价值估计，如果被审计单位使用模型做出会计估计，管理层使用的假设与可观察到的市场假设存在重大不一致，但管理层仍使用自有假设	
5	与以前年度财务报表确认和披露的重大会计估计相关的管理层判断和假设与后期实际结果之间存在重大差异，并且差异的方向一致（如同为增加利润）或者差异的方向与管理层目标一致（如管理层目标是增加利润或少缴税金）	
6	选择带有乐观或悲观倾向的点估计	管理层的经营观念和风格过于激进或保守，可能使管理层在考虑商誉减值时，对于产生商誉的单元未来经营情况过于乐观或保守
7	管理层高度依赖外部专家的工作或缺乏对会计估计的判断能力而做出的会计估计	
8	管理层试图通过对专家工作的干涉，影响专家对特定会计估计的结果	管理层选择信誉一般的专家以实现控制；或事先向相关专家透露其对特定事项的预期结果，从而只选择愿意满足管理层预期结果的专家进行相关会计估计

注册会计师只有在对不同类型或所有会计估计的汇总数据加以考虑时，或者对连续几个期间进行观察后，才能识别出管理层偏向，某些形式的管理层偏向为主观决定所固有，在做出这些决策时，管理层可能无意误导财务报表使用者，注册会计师需要记录在审计过程中发现和识别的管理层偏向的迹象，并且在项目组内部讨论。当注册会计师在审计过程中发现和识别管理层有意的偏向时，可能表明存在由于舞弊导致的重大错报风险，这通常被认为是特殊风险。对于这些特殊风险，注册会计师应当了解与会计估计相关的控制，特别是控制活动。

实例 9－17（多选题）

下列有关管理层偏向的说法中，正确的是（　　）。

A. 某些形式的管理层偏向为主观决策所固有，在做出这些决策时，如果管理层有意误导财务报表使用者，则管理层偏向具有欺诈性质

B. 会计估计对管理层偏向的敏感性随着管理层做出估计的主观性的增加而增加

C. 在得出某项会计估计是否合理的结论时，存在管理层偏向的迹象表明存在错报

D. 对于连续审计，以前审计中识别出的可能存在管理层偏向的迹象，会对注册会计师本期计划审计工作、风险识别和评估活动产生影响

分析： ABD。选项C错误，存在管理层偏向的迹象并不必然表明存在错报。

（三）了解管理层如何识别是否需要做出会计估计

（1）注册会计师主要通过询问管理层，了解管理层如何识别需要做出会计估计的情形。

（2）当管理层做出会计估计的流程更为结构化（如管理层设有正式的风险管理职责）时，注册会计师可以针对管理层定期复核导致会计估计的情况和在必要时重新评估会计估计的方法及惯常做法实施风险评估程序。

（3）在审计过程中，注册会计师可能识别出一些管理层没有识别出但需要做出会计估计的交易、事项和情况。针对管理层未能识别出重大错报风险的情形，注册会计师应当考虑与被审计单位的风险评估过程相关的内部控制是否存在值得关注的缺陷。

（四）了解管理层如何做出会计估计

管理层做出会计估计的方法和依据包括以下方面。

（1）用以做出会计估计的方法或模型（如适用）。当适用的财务报告编制基础没有规定具体环境下采用的特定计量方法时，注册会计师在了解管理层做出会计估计所采用的方法或模型（如适用）时可能考虑的事项包括以下内容。

1）在选择特定方法时，管理层如何考虑需要做出估计的资产或负债的性质；

2）被审计单位是否在某些业务领域、行业或环境中从事经营活动，而这些业务领域、行业或环境存在用于做出特定类型会计估计的通用方法，如果管理层做出会计估计时采用了内部开发的模型或偏离了某一特定行业或环境中所采用的通用方法，则可能存在更大的重大错报风险。

（2）相关控制。在了解相关控制时，注册会计师可能考虑的事项包括做出会计估计的人员的经验与胜任能力，以及与下列情况相关的控制。

1）管理层如何确定做出会计估计所使用的数据的完整性、相关性和准确性；

2）由适当层级的管理层和治理层（如适用）对会计估计（包括使用的假设或输入数据）进行复核和批准；

3）将批准交易的人员和负责做出会计估计的人员进行职责分离，包括职责分配是否恰当地考虑了被审计单位的性质以及产品或服务的性质（例如，对于大型金融机构，相关职责分离包括设置负责对自有金融产品的公允价值做出估计和验证的独立部门，且该部门职员的薪酬不与这些产品挂钩）。

（3）管理层是否利用专家的工作。管理层可能拥有做出点估计必要的经验和胜任能力，或者被审计单位可能雇用那些具备做出点估计必要的经验和胜任能力的人员。但在某些情况下，管理层可能需要聘请专家做出或者帮助其做出会计估计。

（4）会计估计所依据的假设。在了解构成会计估计基础的假设时，注册会计师可

能考虑以下事项。

1）假设（包括重大假设）的性质；

2）管理层如何评价假设是否相关和完整（即考虑了所有相关变量）；

3）管理层如何确定所采用假设的内在一致性（如适用）；

4）假设是否与管理层所能控制的事项相关（如对可能影响资产使用年限的维修计划的假设），以及这些假设是否与被审计单位的经营计划和外部环境相符，或者假设是否与管理层控制之外的事项相关（如对利率、死亡率、潜在的司法或监管行为或未来现金流量的变动和时间安排的假设）；

5）支持假设的文件记录（如存在）的性质和范围。

（5）用以做出会计估计的方法是否已经发生或应当发生不同于上期的变化，以及变化的原因。

（6）管理层是否评估以及如何评估估计不确定性的影响。

（五）评估重大错报风险

基于评估的重大错报风险，注册会计师应当确定以下内容。

（1）管理层是否恰当遵守与会计估计相关的适用的财务报告编制基础的规定。注册会计师需要重点关注适用的财务报告编制基础中容易被误用或产生不同解释的相关要求。

（2）做出会计估计的方法是否恰当，并得到一贯运用，以及会计估计或做出会计估计的方法不同于上期的变化是否适合具体情况。

管理层通常能够基于环境的变化为不同期间会计估计或其估计方法的改变提供很好的理由。注册会计师需要根据判断确定该理由支持管理层观点（即环境已经发生变化，需要对会计估计或其估计方法做出改变）的充分性。

识别和评估重大错报风险时，注册会计师应当评价与会计估计相关的估计不确定性的程度，并根据职业判断确定识别出的具有高度估计不确定性的会计估计是否会导致特别风险。具有高度估计不确定性的会计估计包括以下方面。

（1）高度依赖判断的会计估计，如对未决诉讼的结果或未来现金流量的金额和时间安排的判断，而未决诉讼的结果或未来现金流量的金额和时间安排取决于多年后才能确定结果的不确定事项。

（2）未采用经认可的计量技术做出的会计估计。

（3）注册会计师对上期财务报表中类似会计估计进行复核的结果表明最初会计估计与实际结果之间存在很大差异，在这种情况下管理层做出的会计估计。

（4）采用高度专业化的、由被审计单位自主开发的模型，或在缺乏可观察到的输入数据的情况下做出的公允价值会计估计。

实例 9－18（单选题）

下列不属于针对会计估计实施的风险评估程序的是（　　）。

A. 了解适用的财务报告编制基础的要求

B. 测试管理层如何做出会计估计以及会计估计所依据的数据

C. 了解管理层如何判断是否需要做出会计估计

D. 了解管理层如何做出会计估计

分析：B。选项A，C，D都是“了解……”，选项B是“测试……”，如果想要应对风险，只是“了解”肯定是不够的，所以“测试”对应的是风险应对程序，选项B是注册会计师应对评估的会计估计重大错报风险执行的程序。

三、会计估计重大错报风险的应对

在应对评估的重大错报风险时，注册会计师应当考虑会计估计的性质，并实施下列一项或多项程序。

（一）确定截至审计报告日发生的事项是否提供有关会计估计的审计证据

例如，期后不久出售某被替代的产品的全部存货，可能提供有关其可变现净值估计的审计证据。如果截至审计报告日可能发生的事项预期发生并提供用以证实或否定会计估计的审计证据，确定这些事项是否提供有关会计估计的审计证据可能是恰当的应对措施。而对于某些会计估计，截至审计报告日发生的事项不可能提供审计证据，与某些会计估计相关的情况或事项需要较长时间才有进展；同样，由于公允价值会计估计的计量目标，期后信息可能不反映财务报表日存在的事项或情况，因而可能与公允价值会计估计的计量无关。

（二）测试管理层如何做出会计估计以及会计估计所依据的数据

管理层做出会计估计所依据的数据可能来源于以下方面。

（1）会计估计是依据模型（使用可观察到的或不可观察到的输入数据）做出的公允价值会计估计；

（2）会计估计源于被审计单位会计系统对数据的常规处理；

（3）注册会计师对上期财务报表中类似会计估计的复核表明管理层本期的会计估计流程可能是有效的；

（4）会计估计建立在性质相似、单项不重要但数量众多的项目的基础上。

在进行测试时，注册会计师应当评价采用的计量方法在具体情况下是否恰当，以及根据适用的财务报告编制基础确定的计量目标、管理层使用的假设是否合理。测试管理层如何做出会计估计的程序包括以下内容。

（1）测试会计估计所依据的数据的准确性、完整性和相关性，以及管理层是否使用这些数据和假设恰当地做出会计估计；

（2）考虑外部数据或信息的来源、相关性和可靠性，包括从管理层聘请的用以协助其做出会计估计的外部专家那里获取的数据或信息；

（3）重新计算会计估计，并复核有关会计估计信息的内在一致性；

（4）考虑管理层的复核和批准流程。

其中评价计量方法、评价模型的使用和评价管理层使用的假设具有很强的技术性。

1. 评价计量方法

当适用的财务报告编制基础没有规定计量方法时，评价计量方法（包括适用的模型）是否适用于具体情况属于职业判断。为了评价计量方法是否适用于具体情况，注册会计师可能需要考虑以下事项。

（1）管理层选择计量方法的理由是否合理；

（2）管理层是否充分评价和恰当运用适用的财务报告编制基础提供的、用以支持所选择的计量方法的标准（如存在）；

（3）根据被估计的资产或负债的性质和适用的财务报告编制基础的要求，评价计量方法是否适用于具体情况；

（4）计量方法相对于被审计单位开展的业务、所处行业和环境是否恰当。

2. 评价模型的使用

在某些情况下，特别是做出公允价值会计估计时，管理层可能使用模型。

根据所处的不同环境，在测试模型时，注册会计师可能需要考虑一些事项，这些事项的相关程度取决于具体情况，包括模型是否公开出售供特定部门或行业使用，或是否为专有的模型。在某些情况下，被审计单位可能利用专家来开发和测试模型。这些事项举例如下：

（1）在使用前是否验证模型，并定期复核以确保其能持续满足预定用途；

（2）是否存在针对模型变更的恰当控制政策和程序；

（3）是否定期校准和测试模型的有效性，特别是当输入数据具有主观性时；

（4）是否对模型输出数据做出调整，包括做出公允价值会计估计时，这些调整是否反映市场参与方在类似环境中所使用的假设；

（5）模型是否得到恰当记录，包括模型的预定用途、局限性和关键参数、要求的输入数据和实施验证分析的结果。

3. 评价管理层使用的假设

注册会计师对管理层使用的假设的评价，仅以其在审计时可获得的信息为基础。针对管理层假设而实施审计程序是为了财务报表审计，而不是为了针对假设本身发表意见。

在评价管理层使用的假设的合理性时，注册会计师可能需要考虑以下内容。

（1）单项假设是否显得合理；

（2）假设是否相互依赖且具有内在一致性；

（3）当将这些假设汇总起来考虑或结合其他假设考虑时，无论是对于特定会计估计还是对于其他会计估计，这些假设是否显得合理。

（三）关注会计估计变更

当识别出管理层变更会计估计时，注册会计师应当：

（1）考虑管理层做出会计估计变更的原因。企业会计估计变更的原因包括但不限于以下方面。

1）以前年度据以做出会计估计的基础信息发生了变化；

2）管理层取得了新的信息和理解了更多的经验；

3）相关法律法规引起的会计估计变更。

（2）考虑管理层变更会计估计是否存在有意或无意的偏向。

（3）考虑会计估计变更的适用时点。会计估计变更采用未来适用法，除非有确凿证据表明导致会计估计变更的情况在决议日前已经存在，会计估计变更通常自董事会等相关机构正式批准后生效。

（4）考虑会计估计变更的会计处理是否正确以及相关披露是否充分、完整。

如果识别出管理层做出的会计估计不合理，或者做出会计估计变更的理由不充分，或者在财务报表中对会计估计变更的披露不充分，注册会计师可考虑发表非标准意见的审计报告。

总体来讲，对于任何会计变更，注册会计师都需要获取支持性证据，并与注册会计师的预期和理解进行比较，如有可能，注册会计师也可以考虑与同行或类似相关的会计估计进行比较，从不同角度评价管理层进行会计估计变更是否符合现有的实际情况。当然，如果注册会计师注意到与被审计单位相关的外部或内部环境发生变化，但管理层并未对相关会计估计做出变更，注册会计师也需要关注管理层不对这些会计估计做出变更是否合理。

（四）实施进一步实质性程序以应对特别风险

在审计导致特别风险的会计估计时，注册会计师在实施进一步实质性程序时需要重点评价：（1）管理层如何评估估计不确定性对会计估计的影响，以及这种不确定性对财务报表中会计估计的确认的恰当性可能产生的影响；（2）相关披露的充分性。

1. 估计不确定性

对导致特别风险的会计估计，除实施《中国注册会计师审计准则第1231号——针对评估的重大错报风险采取的应对措施》规定的其他实质性程序外，注册会计师还应当实施以下审计程序。

（1）评价管理层如何考虑替代性的假设或结果，以及拒绝采纳的原因，或者在管理层没有考虑替代性的假设或结果的情况下，评价管理层在做出会计估计时如何处理估计不确定性。

方法之一是敏感性分析。敏感性分析结果可能表明会计估计对特定假设的变化不敏感，也可能表明会计估计对一个或多个假设敏感，因而这些假设成为注册会计师重点关注的对象。

（2）评价管理层使用的重大假设是否合理。如果在做出会计估计时运用的某些假设的合理变化可能对会计估计的计量产生重大影响，则这些假设被视为重大假设，存在重大假设的会计估计往往也表明存在高度估计的不确定性，并由此可能产生特殊风险。因此，注册会计师需要结合管理层的预期以及管理层的意图和能力来综合评价重大假设的合理性。

1）考虑管理层的预期。会计估计所依据的重大假设可能反映管理层对特定目标和战略结果的预期。注册会计师在考虑相关假设是否合理时，除以上因素外，还应当考虑：同行业数据或同行业类似的经验；可获取的支持性证据，如专家结论或意见等。

2）考虑管理层的意图和能力。会计估计涉及的重大假设的合理性可能取决于管理层执行某项措施的意图和能力，管理层的意图和能力建立在管理层的预期基础上，超出管理层预期而采用的措施可能与重大假设是非相关的，并很有可能表明以此为基础做出的重大假设不具有合理性。注册会计师在评价时应当考虑到：管理层实现其意图的能力；从管理层建立的持续战略分析和风险管理流程中可能获取支持管理层做出的重大假设的其他相关信息，如被审计单位的生产能力报告，或相关项目的可行性报告中包含的有关最大产能分析或盈亏平衡点的信息等。

3）考虑相关法律法规（如环保法规）和行业规范的要求，如从事资源开采行业的被审计单位的预计固定资产弃置费用需要根据相关法律法规的要求予以更新。

2. 做出点估计和区间估计

存在以下情形时，注册会计师应当做出点估计或区间估计以评价管理层的点估计。

（1）会计估计不是源自会计系统对数据的常规处理；

（2）注册会计师对管理层在上期财务报表中做出的类似事项的会计估计进行复核后认为本期流程不太可能是有效的；

（3）被审计单位没有恰当设计或执行针对会计估计流程的控制；

（4）财务报表日至审计报告日之间发生的事项或交易与管理层的点估计相矛盾；

（5）注册会计师能够从其他来源获取做出点估计或区间估计时可使用的相关数据。

注册会计师在做出点估计和区间估计时，可考虑相关行业数据、市场观察到的数据、会计估计涉及的各种结果发生的可能性以及从其他被审计单位获取的信息（在满足保密义务的前提下）。对于不同的会计估计，可采用的方法和数据可能各不相同。

3. 确认和计量的标准

对导致特别风险的会计估计，注册会计师应当获取充分、适当的审计证据，以确定下列内容是否符合适用的财务报告编制基础的规定。

（1）管理层对会计估计在财务报表中予以确认或不予确认的决策。

1）如果管理层在财务报表中确认一项会计估计，注册会计师评价的重点是会计估计的计量是否足够可靠，能否满足适用的财务报告编制基础规定的确认标准。

2）对于没有在财务报表中确认的会计估计，注册会计师评价的重点是会计估计是否在实质上满足适用的财务报告编制基础规定的确认标准。即使某一项会计估计没有得到确认，且注册会计师认为这种处理是恰当的，可能仍然有必要在财务报表附注中披露具体情况。

注册会计师也可能认为有必要在审计报告中增加强调事项段，以提醒财务报表使用者关注重大不确定性的存在。

（2）做出会计估计所选择的计量基础。对于公允价值会计估计，某些适用的财务报告编制基础在要求或者允许进行公允价值计量和披露时，是以公允价值可以可靠计量这一假定作为前提条件的。在某些情况下，如不存在恰当的计量方法或基础，这种假定可能不成立。在这种情况下，注册会计师评价的重点是管理层用以推翻适用的财务报告编制基础所规定的与采用公允价值相关的假定的依据是否恰当。

（五）评价会计估计的合理性并确定错报

当审计证据支持点估计时，注册会计师的点估计与管理层的点估计之间的差异构成错报。

当注册会计师认为使用其区间估计能够获取充分、适当的审计证据时，在注册会计师区间估计之外的管理层的点估计得不到审计证据的支持。在这种情况下，错报不小于管理层的点估计与注册会计师区间估计之间的最小差异。

实例9-19（单选题）

注册会计师可能使用点估计或区间估计的方法评价管理层的点估计，下列说法中不正确的是（　　）。

A. 如果使用有别于管理层的假设或方法，注册会计师应当充分了解管理层的假设或方法，以确定注册会计师在做出点估计或区间估计时已考虑了相关变量，并评价了与管理层的点估计存在的任何重大差异

B. 如果认为使用区间估计是恰当的，注册会计师应当基于可获得的审计证据来缩小区间估计，直至该区间估计范围内的所有结果均可被视为合理

C. 注册会计师点估计与管理层点估计的差异由管理层造成的事实错误导致

D. 注册会计师做出的点估计或区间估计与管理层的点估计有差异，并不能表明财务报表存在错报

分析：C。点估计或区间估计的差异可能源于注册会计师与管理层使用不同但同样有效的假设，故选项C错误。

（六）关注与会计估计相关的披露

1. 按照适用的财务报告编制基础做出的披露

注册会计师需要就其披露是否符合适用的财务报告编制基础的规定获取充分、适当的审计证据。

2. 披露导致特别风险的会计估计的估计不确定性

（1）对导致特别风险的会计估计，即使已按照适用的财务报告编制基础的要求进行了披露，注册会计师仍可能根据所涉及的情况和事实认为对估计不确定性的披露是不充分的。

（2）如果会计估计可能结果的区间估计超过重要性，注册会计师应当重视评价会计估计不确定性披露的充分性。

（3）当注册会计师认为管理层在财务报表中对估计不确定性的披露不充分或存在误导时，应当考虑其对审计报告的影响。

（七）获取书面声明

注册会计师应当向管理层和治理层（如适用）获取书面声明，以确定其是否认为

在做出会计估计时使用的重大假设是合理的。

根据估计不确定性的性质、重要性和程度，有关财务报表中确认或披露的会计估计的书面声明可能包括下列内容。

（1）计量流程（包括管理层在根据适用的财务报告编制基础做出会计估计时使用的相关假设和模型）的恰当性，以及流程的一贯运用；

（2）假设恰当地反映了管理层代表被审计单位执行特定措施的意图和能力（当这些意图和能力与会计估计和披露相关时）。

实例 9－20（多选题）

以下有关会计估计审计的说法中不正确的是（　　）。

A. 如果注册会计师认为，管理层做出会计估计的程序和方法符合相关规定及企业的实际情况，可靠性大，则可不对会计估计进行测试，直接认定其合理性

B. 如果会计估计过程涉及特殊技术，注册会计师应当根据具体情况考虑是否需要利用专家的工作

C. 与诉讼结果相关的会计估计属于不确定性相对较低的会计估计

D. 会计估计的结果与财务报表中原来已确认或披露的金额存在差异，并不必然表明财务报表存在错报

分析：AC。如果注册会计师认为，管理层做出会计估计的程序和方法符合相关规定及企业的实际情况，可靠性大，则可适当缩小对计算过程的测试范围，而不是直接认定其合理性，故选项 A 不正确；与诉讼结果相关的会计估计属于不确定性相对较高的会计估计，故选项 C 不正确。

四、会计估计审计实务及其相关工作底稿

（一）常见的会计估计审计程序举例

1. 应收款项计价的估计

（1）对于取得的被审计单位编制的账龄分析表，就其完整性和准确性执行程序；

（2）对被审计单位以前年度冲销的坏账准备以及计提的坏账准备的结果执行复核；

（3）考虑被审计单位的坏账准备计提比例，避免只是按照被审计单位的计提比例重新计算；

（4）测试单项计提坏账准备的应收账款余额计提的坏账准备是否合理。

2. 存货计价的估计

（1）根据相关的外部行业数据（如存货周转天数）或同行业其他公司的信息考虑管理层对于存货过剩的估计；

（2）结合执行存货监盘观察到的情况，考虑被审计单位对于残次冷背存货的处理；

（3）询问负责财务部之外的其他人员（如负责销售或营运的人员），获取他们对

于被审计单位存货价值的考虑；

（4）分析存货销售以确定存货的最终售价是否高于或低于其已减记的价值；

（5）关注管理层在考虑存货的可变现净值时是否考虑了预计的销售费用。

3. 长期资产（包括固定资产、无形资产和商誉）计价的估计

（1）根据外部环境，包括行业发展趋势以及被审计单位在行业的地位，考虑管理层编制财务预测所采用的假设，如业绩增长比例和折现率等；

（2）复核管理层做出的以前年度预测和该年度实际经营结果，考虑管理层做出准确预测的能力；

（3）如果获得与被审计单位管理层的预测相反的客观证据，需要根据该反面证据考虑管理层的会计估计；

（4）当被审计单位发生连续累计亏损时，注册会计师在评价管理层的预测时，需要充分考虑连续累计亏损所提示的信息；

（5）资产的可回收额应当根据资产的公允价值减去处置费用后的净额与资产预计未来现金流量的现值两者之间较高者确定，即如果资产预计未来现金流量的现值小于资产账面价值，管理层还需要考虑公允价值减去处置费用的净额，并且取较高者作为考虑资产减值的依据。

4. 涉及未来现金流量预测的估计

（1）识别估值模型中涉及的重大假设（即其合理变动将对估计的计量产生重大影响的假设）；

（2）评价假设是否代表市场参与者的观点（财务报告编制基础要求做出这一考虑）；

（3）考虑用以作为估计的方法或假设自前期以来是否已发生变更或需要做出变更；

（4）考虑重大假设相对于整体减值分析的敏感性；

（5）考虑管理层实施特定行动的意图是否与预期能力相符；

（6）考虑在编制初步分析和预测之后发生的新变化；

（7）评价有关假设和因素是否在其他财务报表估计与财务预测中一致地运用；

（8）执行对前期预测的复核以确定与前期估计相关的管理层判断和假设是否表明可能存在管理层偏向；

（9）考虑有关财务预测的反面证据的影响；

（10）考虑管理层使用的折现率是否反映了当前市场货币时间价值和资产特定风险；

（11）考虑使用的折现率和预计现金流量是否同为税前结果。

5. 涉及诉讼或索赔的估计

（1）与诉讼或索赔相关的损失的可估计性。

（2）导致与诉讼或索赔相关的损失无法估计的事项或情况。

（3）在考虑诉讼结果为负面的可能性大小时，可考虑以下因素。

1）诉讼的性质和解决的机制；

2）诉讼的进展情况，包括法庭对于事实、司法管辖权和其他事项的初步裁决，以及已经提出的解决方案；

3）法律顾问和其他顾问的观点；

4）被审计单位在类似案件中的经验；

5）类似案件在以往的实际结果；

6）管理层对于如何解决诉讼的决定（如庭外和解）；

7）被审计单位或对方上诉的机会（如必要）。

（4）管理层减少损失的努力和法律上的策略，未来需要发生的解决费用。

6. 集团审计中对会计估计的特殊关注

在集团审计中，集团项目组可能需要关注集团不同组成部分会计估计的差异性和一致性。通常，集团各组成部分管理层应当根据组成部分的实际情况，如经营环境、所处行业和地区以及实际经营成果等做出对本组成部分来说最佳的会计估计。

（1）在集团项目组向组成部分下达审计指令时，集团项目组可以考虑将集团层面识别的重大会计估计的详细内容与组成部分的注册会计师进行沟通，以便组成部分注册会计师在审计过程中加以关注。另外，对于某些会计估计，集团管理层可以决定在集团层面上统一做出。

（2）对于集团内同一行业的同一类型会计估计，集团内各组成部分是否采用了一致的会计估计方法和假设。如集团内从事相同业务的组成部分，相同或类似的固定资产是否采用一致的固定资产折旧率和残值率。如果识别出重大不一致，注册会计师应当考虑这些重大不一致的合理性，包括相关会计估计是否确实反映了其所在组成部分的经济实质；另外，这些会计估计是否在不同组成部分反映了该组成部分的实际情况。如各组成部分在长期资产减值测试中编制的未来现金流折现表，采用的增长率和折旧率是否确实反映了该组成部分的实际情况，而不是机械地采用集团统一的比例。

（3）对于集团内部不同行业同一事项的会计估计，各组成部分管理层在做出相关会计估计时是否考虑了相关行业的特殊性，而非直接采用集团的会计估计。

集团项目组要求组成部分注册会计师及时沟通组成部分所有重大会计估计以及组成部分注册会计师针对特殊风险采取的措施，集团项目组可以通过参与组成部分注册会计师的工作和与组成部分注册会计师的沟通，获取组成部分重大会计估计的详情，综合评估这些会计估计的合理性，并在必要时与集团管理层和治理层沟通。

（二）会计估计审计形成的工作底稿

在实务中，注册会计师应当就下列事项形成审计工作底稿。

1. 对导致形成特殊风险的会计估计的合理性及其披露的充分性得出结论的基础

（1）记录导致特殊风险的会计估计及其得出的结论，以及得出结论所做出的重大专业判断。

（2）记录注册会计师对导致特殊风险的会计估计合理性得出的结论的基础，包括获取的证据和对相关证据的评价以及注册会计师执行的程序。

(3) 记录与管理层、治理层和其他人员就导致特殊风险的会计估计的讨论。

(4) 如果与特殊风险有关的会计估计的支持性证据来源于专家，记录注册会计师与专家的讨论。

(5) 如果利用专家工作，应当记录对专家胜任能力和独立性的评估，以及对专家工作范围的界定和工作结果的评估等内容。

(6) 项目合伙人和项目复核人复核上述工作底稿的记录。

2. 可能存在管理层偏向的迹象

(1) 在审计计划阶段，注册会计师重点记录对管理层偏向的疑虑。

(2) 在审计执行和总结阶段，注册会计师记录可能存在的管理层偏向及其应对情况。

实例 9-21（分析题）

甲公司是 ABC 会计师事务所的常年审计客户。A 注册会计师负责审计甲公司 20×5 年度财务报表，确定财务报表的整体重要性为 200 万元，审计工作底稿中与会计估计审计相关的部分事项摘录如下：

(1) 因甲公司 20×5 年度经营情况较上年度没有发生重大变化，A 注册会计师通过实施分析程序对上年会计估计在本年的结果进行了复核，以评估与会计估计相关的重大错报风险。

(2) 20×5 年年末甲公司某项重大未决诉讼的结果极不确定，管理层无法做出合理估计，但在财务报表附注中披露了该事项。因该事项不影响财务报表的确认与计量，A 注册会计师认为不存在特别风险。

(3) A 注册会计师评估认为商誉减值存在特别风险，在了解与商誉减值测试相关的内部控制后，认为其设计合理并得到了执行。为提高效率，A 注册会计师采用了实质性方案。

(4) 甲公司管理层实施固定资产减值测试时采用的重大假设具有高度估计不确定性，导致特别风险。A 注册会计师评价了管理层采用的计量方法，测试了基础数据，并将重大假设与相关历史数据进行了比较，并未发现重大差异，据此认为管理层的减值测试结果合理。

(5) 20×5 年甲公司聘请 XYZ 咨询公司提供精算服务，并根据精算结果进行了会计处理，A 注册会计师了解和评价了 XYZ 咨询公司的胜任能力和专业素质及工作，认为可以将其工作结果作为审计证据。

(6) 20×5 年 12 月，甲公司厂房发生重大火灾，管理层根据保险合同和损失情况估计和确认了应收理赔款 100 万元。A 注册会计师检查了保险合同和甲公司管理层编制的损失情况说明，据此认为管理层的会计估计合理。

(7) 甲公司的会计政策规定，按照成本与可变现净值孰低计提存货跌价准备。A 注册会计师将 20×4 年年末的存货跌价准备与相关存货在 20×5 年实际发生的损失进行了比较，未发现重大差异，认为管理层的估计合理，据此认可 20×5 年年末的存货跌价准备余额。

（8）因20×4年年末少计无形资产减值准备300万元，A注册会计师对甲公司20×4年度财务报表发表了保留意见。甲公司于20×5年处置了相关无形资产，并在20×5年度财务报表中确认了处置损益。A注册会计师认为导致对上期财务报表发表保留意见的事项已经解决，不影响20×5年度审计报告。

要求：

针对上述第（1）至（8）项，逐项指出A注册会计师的做法是否恰当。如不恰当，简要说明理由。

分析：（请扫描二维码）

第六节　对关联交易的关注

一、注册会计师对关联交易的责任

（一）关联方及其关联交易

企业会计准则规定，一方控制、共同控制另一方或对另一方施加重大影响，以及两方或两方以上同受一方控制、共同控制或重大影响的，构成关联方。控制是指有权决定一个企业的财务和经营政策，并能据以从该企业的经营活动中获取利益。共同控制是指按照合同约定对某项经济活动所共有的控制，仅在与该项经济活动相关的重要财务和经营决策需要分享控制权的投资方一致同意时存在。重大影响是指对一个企业的财务和经营政策有参与决策的权力，但并不能够控制或者与其他方一起共同控制这些政策的制定。下列各方构成企业的关联方：该企业的母公司，该企业的子公司，与该企业受同一母公司控制的其他企业，对该企业实施共同控制的投资方，对该企业施加重大影响的投资方，该企业的合营企业，该企业的联营企业，该企业的主要投资者个人及与其关系密切的家庭成员，该企业或其母公司的关键管理人员及与其关系密切的家庭成员，该企业主要投资者个人、关键管理人员或与其关系密切的家庭成员控制、共同控制或施加重大影响的其他企业。

关联方交易是指关联方之间转移资源、劳务或义务的行为，而不论是否收取价款。关联方交易的类型通常包括：购买或销售商品，购买或销售商品以外的其他资产，提供或接受劳务，担保，提供资金（贷款或股权投资），租赁，代理，研究与开发项目的转移，许可协议，代表企业或由企业代表另一方进行债务结算，关键管理人员薪酬等。

企业管理层应当建立健全内部控制，确保关联方和关联方交易在有关信息系统中得以恰当识别，在财务报表中充分披露，且不存在重大错报。管理层还应当向注册会计师提供所有已知的关联方的信息，并就所提供的关于识别关联方信息的完整性、财务报表中关联方和关联方交易披露的充分性出具书面声明。

（二）关联方关系及其交易可能导致的重大错报

在审计实务中，由于以下原因，关联方关系及其交易的性质可能导致关联方交易比非关联方交易具有更高的财务报表重大错报风险：关联方可能通过广泛而复杂的关系和组织结构进行运作，相应增加关联方交易的复杂程度；信息系统可能无法有效识别或汇总被审计单位与关联方之间的交易和未结算项目的金额；关联方交易可能未按照正常的市场条款和条件进行，例如，某些关联方交易可能没有相应的对价。关联方关系及其交易可能导致以下五类重大错报风险。

1. 超出被审计单位正常经营过程的重大关联方交易导致的重大错报风险

超出正常经营过程的重大交易（通常为被审计单位日常经营业务之外的、不经常发生的交易，例如重大的资产收购、处置或对外投资等），特别是临近会计期末发生的、在做出“实质重于形式”判断方面存在困难的重大交易（如交易实质不清晰、交易实质与其形式明显不符或交易不具有合理的商业理由），为被审计单位编制虚假财务报告提供了机会。如果被审计单位开展超出正常经营过程的重大交易，并且关联方作为交易的一方直接影响该交易，或通过中间机构间接影响该交易，或配合被审计单位管理层特定目的开展该项交易，则很可能表明存在舞弊风险因素。因此，注册会计师应当将识别出的、超出被审计单位正常经营过程的重大关联方交易导致的风险确定为特别风险。

2. 存在具有支配性影响的关联方导致的重大错报风险

管理层由一个或少数几个人支配且缺乏补偿性控制是一个舞弊风险因素，而具有支配性影响的关联方（通常为控股股东或实际控制人）借助对被审计单位财务和经营政策实施控制和重大影响的能力，通常能够对被审计单位或其管理层甚至治理层施加支配性影响。关联方施加的支配性影响表现在下列方面。

（1）关联方否决管理层或治理层做出的重大经营决策；

（2）重大交易需经关联方的最终批准；

（3）日常经营高度依赖关联方（采购、销售或技术支持）或关联方提供的资金支持；

（4）对关联方提出的业务建议，管理层和治理层未曾或很少进行讨论即通过；

（5）对涉及关联方（或与关联方关系密切的家庭成员）的交易，管理层和治理层极少进行独立复核和批准；

（6）管理层或治理层成员由关联方选定，非执行董事或独立董事实质上不独立，或者与关联方存在密切关系；

（7）存在实际控制人、控股股东或者单一大股东，从而导致被审计单位管理层在做出决定时往往只关注单方面的利益，做出的决定在治理层（如董事会）缺乏充分的讨论。

此外，如果关联方在被审计单位的设立和日后经营管理中均发挥主导作用，也可能表明存在支配性影响。

如果存在能够对被审计单位或管理层、治理层施加支配性影响的关联方，并叠加出现其他风险因素，可能表明被审计单位存在由于舞弊导致的特别风险。其他风险因素举例如下。

（1）异常频繁地变更关键管理人员或专业顾问（例如，法律或财务顾问等），可能表明被审计单位为给关联方谋取利益而从事虚假的交易；

（2）利用中间机构开展重大交易，且难以判断该交易是否具有合理的商业理由，这可能表明关联方出于欺诈目的，通过控制这些中间机构从交易中获利；

（3）有证据显示关联方过度干涉或关注会计政策的选择或重大会计估计的做出，可能表明存在虚假财务报告。

实例 9-22（单选题）

下列情形中，注册会计师可能不将存在支配性影响的关联方事项评估为存在特别风险的是（ ）。

A. 频繁变更出纳员

B. 有证据显示关联方过度干涉重大会计估计的做出

C. 有证据显示关联方过度关注会计政策的选择

D. 利用中间机构从事难以判断是否具有正当商业理由的重大交易

分析：A。在出现以下风险因素的情况下，存在具有支配性影响的关联方可能表明存在由于舞弊导致的特别风险：（1）异常频繁地变更高级管理人员或专业顾问，可能表明被审计单位为给关联方谋取利益而从事虚假的交易；（2）利用中间机构从事难以判断是否具有正当商业理由的重大交易（选项 D），可能表明关联方出于欺诈目的，通过控制这些中间机构从交易中获利；（3）有证据显示关联方过度干涉或关注会计政策的选择（选项 C）或重大会计估计的做出（选项 B），可能表明存在虚假财务报告。

3. 管理层未能识别出或未向注册会计师披露的关联方关系或重大关联方交易导致的重大错报风险

在某些情况下，管理层未能识别出或未向注册会计师披露某些关联方关系或重大关联方交易可能是无意的，例如，管理层对《企业会计准则第 36 号——关联方披露》或上市规则中的规定缺乏充分了解。在这种情况下，财务报表很可能存在因管理层缺乏足够的胜任能力而导致的重大错报风险。

但是，在其他大多数情况下，管理层不向注册会计师披露某些关联方关系或重大关联方交易可能是有意的。例如，管理层出于粉饰财务报表的目的，精心策划和实施某项重大关联方交易，并有意不在财务报表中做出披露。在注册会计师实施审计时，管理层与关联方串通向注册会计师提供虚假陈述，蓄意隐瞒交易对手是关联方的事实，在这种情况下，财务报表存在因管理层舞弊而导致的重大错报风险。

4. 管理层披露关联方交易是公平交易时可能存在的重大错报风险

公平交易，是指按照互不关联的、各自独立行事且追求自身利益最大化的买卖双方自愿达成的条款和条件进行的交易。《企业会计准则第36号——关联方披露》要求企业只有在提供确凿证据的情况下才能披露关联方交易是公平交易。实务中，某些被审计单位对公平交易的理解存在误区，即简单认为如果交易价格是按照类似公平交易的价格执行，该项交易就是公平交易，而忽略了该项交易的其他条款和条件（如信用条款、对产品的质量要求、或有事项以及特定收费等）是否与独立各方之间通常达成的交易条款相同。另外一些被审计单位则可能出于误导财务报表使用者的目的，有意忽略交易价格之外的其他条款，并披露关联方交易是公平交易。在上述两种情况下，如果管理层认定并披露关联方交易是公平交易，则可能存在重大错报风险。

5. 管理层未能按照适用的财务报告编制基础和相关监管规定对特定关联方交易进行恰当会计处理和披露导致的重大错报风险

导致管理层未能按照适用的财务报告编制基础和相关监管规定对特定关联方交易进行恰当会计处理和披露的原因很多，除了被审计单位管理层不熟悉相关财务报告编制基础和监管规定外，更多的可能是为了修饰财务报表。例如，被审计单位以明显高于公允市价的价格向其控股股东出售不动产，并将其作为一笔产生损益的交易进行会计处理，而这项交易可能实质上是一项正常经营性交易和权益性交易的组合，高出公允市价的部分可能实质上构成了权益性交易。在这种情况下，关联方交易的经济实质可能没有在财务报表中恰当反映，从而导致财务报表存在重大错报风险。

由于关联方之间彼此并不独立，为使财务报表使用者了解关联方关系及其交易的性质，以及关联方关系及其交易对财务报表的实际或潜在的影响，许多财务报告框架对关联方关系及其交易的会计处理和披露做出了规定。在适用的财务报告框架做出这些规定的情况下，注册会计师有责任实施审计程序，以识别、评估和应对被审计单位未能按照适用的财务报告框架进行恰当会计处理或披露关联方关系及其交易导致的重大错报风险。

实例9-23（单选题）

关于关联方审计，下列说法中错误的是（　　）。

A. 任何情况下，关联方交易与类似的非关联方交易相比具有更高的财务报表重大错报风险，注册会计师应予以特别关注

B. 某些安排或其他信息可能显示管理层以前未识别或未向注册会计师披露的关联方关系或关联方交易，在审计过程中检查记录或文件时，注册会计师应当对这些安排或其他信息保持警觉

C. 如果无法获取充分、适当的审计证据证明管理层对关联方交易的披露是公允的，注册会计师可以要求管理层撤销此披露，如果管理层不同意撤销，注册会计师应当考虑其对审计报告的影响

D. 除非治理层全部成员参与管理被审计单位，注册会计师应当与治理层沟通审计工作中发现的与关联方相关的重大事项

分析：A。许多关联方交易是在正常经营过程中发生的，与类似的非关联方交易相比，这些关联方交易可能并不具有更高的财务报表重大错报风险，故选项A是错误的。

二、关联关系及其交易审计程序

在审计实务中，虽然最简便的方法是注册会计师向被审计单位索要关联方及其交易的明细清单，但注册会计师在执行各个会计科目的实质性测试时，也可以找到一些被掩藏的关联方及其关联交易；另外，还需要设计专门的审计程序，识别、评价并确认对财务报表产生影响的关联方及其交易。

（一）可供选择的审计程序

关联交易可供选择的审计程序如表9-8所示。

表9-8　可供选择的关联交易审计程序

1. 询问被审计单位的治理层、管理层和其他人员，获取关联方及关联方交易清单。明确： （1）关联方的名称和特征，包括关联方自上期以来发生的变化。 （2）被审计单位和关联方之间关系的性质。 （3）被审计单位在本期是否与关联方发生交易，如发生，交易的类型、定价政策和目的。
2. 实施下列审计程序，确定清单信息的完整性。 （1）复核以前年度工作底稿，确认已识别的关联方名称。 （2）复核被审计单位识别关联方的程序。 （3）询问治理层和关键管理人员是否与其他单位存在隶属关系。 （4）复核投资者记录以确定主要投资者的名称；在适当情况下，从股权登记机构获取主要投资者的名单。 （5）查阅股东会和董事会的会议纪要，以及其他相关的法定记录。 （6）复核被审计单位向监管机构报送的所得税申报表和其他信息。 （7）向前任注册会计师、主审注册会计师或其他注册会计师发函询问其知悉的关联方，以及管理层在重大关联方交易中涉及的程度。 （8）复核应收或应付账款询证函，关注是否存在担保。如果存在担保迹象，确定其性质以及保证人与被审计单位之间的关系。 （9）询问涉及特殊目的实体（SPE）的账外安排或交易的性质、条款和财务安排。 （10）向董事、主要股东和高级管理人员获取利益冲突声明，并实施复核程序。 （11）向审计项目组成员或审计组成部分的注册会计师提供或及时更新关联方和关联方交易信息。
3. 实施下列审计程序，以识别关联方交易。 （1）关注下列可能导致关联方交易的情形。 1）缺乏持续经营所需的资金； 2）为达到支撑股价、融资等目的而试图保持良好盈利记录； 3）过于乐观的盈利预测； 4）过于依赖单一或较少的产品、客户或交易事项； 5）出现产业危机； 6）生产能力过剩； 7）发生重大诉讼，尤其是股东与管理层之间发生诉讼； 8）所在行业技术淘汰风险较高。 （2）在审计过程中，对下列交易保持警惕，考虑是否存在以前尚未识别出的关联方。 1）价格、利率、担保和付款等条件异常的交易； 2）商业理由明显不合乎逻辑的交易； 3）实质与形式不符的交易； 4）处理方式异常的交易； 5）与某些顾客或供应商进行的大量或重大交易；

6）未予记录的交易。 （3）关注下列可能表明治理层和管理层没有识别出关联方交易的情形。 1）被审计单位与关联方之间关系复杂，安排的交易复杂； 2）关联方交易是非正式的； 3）被审计单位的信息系统不能对关联方交易进行确认和汇总； 4）关联方交易偶尔发生，没有被纳入日常的业务； 5）其他重大交易。
4. 在执行下列常规程序时关注关联方交易。 （1）进行交易和余额的细节测试。 （2）查阅股东大会和董事会的会议纪要。 （3）复核大额或异常的交易、账户余额的会计记录，特别关注临近报告期末或在报告期末确认的交易。 （4）复核对债权债务关系的询证函回函以及来自银行的询证函回函，以发现担保关系和其他关联方交易。 （5）复核投资交易。
5. 如果识别出以前未识别或未披露的关联方交易，应考虑实施下列追加审计程序。 （1）立即将这一情况传达给项目组的其他成员，使其确定该情况是否影响到已实施审计程序所得出的结果。 （2）要求管理层在最新识别的关联方的基础上识别与该关联方的交易，以便进行进一步的评价。 （3）了解被审计单位对于关联方和关联方交易的控制，并调查被审计单位以前没有识别或没有披露关联方关系及其交易的原因。 （4）如果发现未被识别或者未被披露的关联方或关联方交易是有意的，应将该情况告知被审计单位的治理层，并评价这一情况对审计其他方面的影响，尤其应当考虑管理层向注册会计师提供的有关关联方信息的声明的可靠性。
6. 针对已识别的关联方交易，实施下列审计程序。 （1）复核被审计单位授权、确认关联方交易，并对其进行会计处理和披露的程序，确定交易是否经适当层级的管理层批准，是否进行恰当的会计处理。 （2）了解交易的经济目的，如必要，咨询律师或专家意见。 （3）检查证实交易的支持性文件（例如，发票、合同、协议及入库和运输单据等相关文件）。 （4）如果必要，审查关联方之间的账户余额，检查特殊交易。 （5）检查关联方之间的抵押品或对其实施函证，获取关于其价值和可转让性的充分的审计证据。 （6）如果存在主审注册会计师，向其询问可能影响子公司资产或负债的母公司的所有计划。
7. 对识别出的超出正常经营过程的重大关联交易，注册会计师应当： （1）检查相关合同或协议。 1）评价重大关联方交易的商业理由； 2）交易条款是否与管理层的解释一致； 3）关联方交易是否已按照适用的财务报告编制基础得到恰当的会计处理。 （2）获取交易经恰当授权和批准的证据。
8. 如果可获取的与关联方交易相关的审计证据有限，考虑实施下列审计程序。 （1）向关联方函证交易的条件和金额，包括担保和其他重要信息。 （2）检查关联方拥有的信息。 （3）向与交易相关的人员和机构（例如律师、银行）函证或与其讨论有关信息。
9. 如果存在下列情况，考虑向治理层和主要管理人员获取关联方询证函。 （1）被审计单位用于确认关联方交易的控制和程序不充分。 （2）如果不实施函证，注册会计师对就关联方交易获取的审计证据不满意。
10. 考虑关联方交易对被审计单位预计纳税金额的影响，并将这些交易告知税收业务项目组，由其复核税费和纳税申报表。

11. 如果管理层在财务报表中做出认定，声明关联方交易是按照等同于公平交易中通行的条款执行的，注册会计师应当就该项认定获取充分、适当的审计证据。 （1）将关联方交易条款与相同或类似的非关联方交易的条款进行比较； （2）聘请外部专家确定交易的市场价格，并确认交易的条款和条件； （3）将关联方交易条款与公开市场进行的类似交易的条款进行比较。
12. 考虑关联方和关联方交易对舞弊风险评估的影响，判断是否有必要实施下列审计程序。 （1）复核重大现金支出、款项和投资，考虑被审计单位是否向关联方提供资金。 （2）与曾向被审计单位提供服务的税务和咨询人员讨论，了解其已知的关联方的背景和被审计单位与关联方之间的关系。 （3）与第三方（例如，律师、前任注册会计师和向被审计单位提供服务的机构和人员）讨论，了解其已知的重大交易主要涉及方的身份和背景。
13. 就被审计单位提供的关于识别关联方信息的完整性，以及财务报表中关联方和关联方交易披露的充分性，向管理层获取书面声明。
14. 实施下列审计程序，评价管理层披露关联方交易是公平交易是否恰当。 （1）确定管理层证明关联方交易是公平交易的方法的恰当性。 （2）验证支持该证明的内部或外部信息的来源，确定其正确性、完整性和相关性。 （3）当该证明建立在假设的基础上时，考虑管理层采用的假设与其证明的相关性。
15. 根据评估的舞弊风险等因素增加的审计程序。
16. 确定被审计单位是否已按企业会计准则的要求披露关联方和关联方交易。

（二）针对关联关系及其交易舞弊风险的特殊审计程序

注册会计师应当执行针对关联关系及其交易舞弊风险评估和应对的特殊审计程序。

（1）如表 9－9 所示，分析关联关系及其交易舞弊风险因素（动机或压力、机会、态度或借口）。

表 9－9　关联关系及其交易舞弊风险因素

项目	内容
动机或压力	1. 被审计单位将被证券交易所特别处理或退市； 2. 被审计单位满足上市要求、偿债约束条件或再融资业绩条件存在困难； 3. 管理层存在较大的业绩压力，例如，与上市前相比，被审计单位上市后的业绩将大幅下滑，或需要满足盈利预测指标； 4. 管理层为满足第三方要求或预期而承受过大压力，例如，投资分析师、机构投资者、重要债权人或其他外部人士对盈利能力或增长趋势存在预期，管理层在新闻报道和年报信息中做出过于乐观的预期，或管理层需要实现有关部门对管理层设定的考核目标； 5. 管理层和治理层在被审计单位中拥有重大经济利益，个人薪酬（如奖金、股票期权、基于盈利水平的薪酬）与被审计单位的盈利状况紧密相关。
机会	1. 被审计单位正在或曾经从事超出正常经营范围的重大关联方交易，或者与未经审计的关联企业进行重大交易； 2. 从事重大、异常或高度复杂的交易（特别是临近会计期末发生的复杂交易，对该交易是否按照“实质重于形式”原则处理存在疑问）； 3. 利用商业中介进行交易，而此项安排似乎不具有明确的商业理由； 4. 管理层由一人或少数人控制，且缺乏补偿性控制； 5. 治理层对财务报告或内部控制实施的监督无效；

续表

项目	内容
	6. 组织结构复杂或不稳定，例如，难以确定对被审计单位持有控制性权益的组织或个人，或者存在异常的法律实体或管理层级，或者高级管理人员、法律顾问、治理层频繁更换。
态度或借口	1. 非财务管理人员过度参与或过于关注会计政策的选择或重大会计估计的确定； 2. 管理层过于关注保持或提高被审计单位的股票价格或利润； 3. 管理层向分析师、债权人或其他第三方承诺实现激进的或不切实际的预期； 4. 管理层未对个人事务与公司业务进行区分。

需要说明的是，以上列示的舞弊风险因素仅是举例，注册会计师可能识别出其他不同的舞弊风险因素。上述举例并非在所有情况下都相关，对于不同规模、不同所有权特征或情况的被审计单位而言，舞弊风险因素的重要性可能不同。

（2）了解并评价内部控制。注册会计师应当了解公司识别、记录、汇总和披露关联方的内部控制，评估其设计合理性，测试其运行有效性，并充分关注是否存在管理层凌驾于内部控制之上而导致的重大错报风险。

（3）执行分析程序。注册会计师应当重视分析程序在识别收入舞弊中的作用，加强对产能、水电能耗、劳动生产率等非财务信息和财务数据之间关系的分析，注重收入与现金流匹配情况的分析；分析公司的重要财务信息指标与同行业其他公司的显著差异。若分析发现异常波动或偏离预期，应当认真调查原因。

（4）关注重大异常交易。在整个审计过程中注册会计师应当保持合理的职业怀疑态度，重点关注重大交易是否具备未披露关联方交易的特征，考虑该交易是否属于利用未披露关联方实施舞弊的常见形式。此外，在询问管理层或检查相关文件时应当特别关注不一致的信息，并将重大异常交易的有关信息和项目组其他成员分享。

在实务中，未披露关联方交易有以下特征。

1）交易对方曾经与公司或其主要控制人、关键管理人员等存在关联关系。

2）交易对方注册地址或办公地址与公司或其集团成员在同一地点或接近。

3）交易对方网站地址或其 IP 地址、邮箱域名等与公司或其集团成员相同或接近。

4）交易对方名称与公司或其集团成员名称相似。

5）交易对方主要控制人、关键管理人员或购销等关键环节的员工姓名与公司管理层相近。

6）交易对方和公司之间的交易与其经营范围不相关。

7）互联网难以检索到交易对方的相关资料。

8）交易对方长期拖欠公司款项，但公司仍继续与其交易。

9）交易对方是当年新增的重要客户或重要供应商。

注册会计师可以通过深入调查等方法，查出重大交易是否具备未披露关联方交易的特征。

在实务中，注册会计师关注重大异常交易是否具有以下特征。

1）交易金额通常较大，为公司带来大额利润。

2）交易时间往往接近资产负债表日，发生频次较少。

3）交易价格、交付方式及付款条件等商业条款往往与其他正常客户明显不同。

4）交易一般不通过银行转账结算，而是采用现金交易或多方债权债务抵销方式结算。

5）付款人与销售合同、发票所显示的客户名称不一致。

6）与自然人发生的大额交易。

7）与同一客户或其关联公司同时发生销售和采购业务。

8）交易对象与交易对方的经营范围明显不符。

9）交易规模与交易对方业务规模明显不符。

10）合同条款明显不符合商业惯例或形式要件不齐备。

11）实际履行情况与合同约定明显不符，如未按约定日期发货或未按结算期付款。

12）交易形成的款项长期以债权债务形式存在，购销货款久拖不结。

13）其他商业理由明显不充分的交易。

（5）进一步核实未披露关联方关系。如果存在未披露关联方迹象，注册会计师应当采取以下措施进一步核实未披露关联方关系的存在性：调查重要交易对方的背景信息，如了解企业创始人的创业经历，创办的主要企业，主要的合作对象，包括在资金、市场、客户资源方面对企业帮助较多的人；了解控股股东、实际控制人身边关系密切、信任度比较高的工作人员，包括财务人员、行政管理人员、后勤管理人员；关注曾经有过密切合作，但是在近期退出合作的公司、企业及其主要人员；询问直接参与交易的基层员工交易对方是否与公司存在不寻常的关系；对存在疑虑的重要客户及供应商进行实地走访；查询互联网或外部商业数据库。必要时注册会计师可以考虑聘请信用调查机构或律师协助调取工商资料。

（6）进一步核实未披露关联方交易。如果存在未披露关联方交易迹象，注册会计师应当采取以下措施进一步核实未披露关联方交易的存在性：查验已记录的大额资金往来，关注资金往来是否有真实的商业背景；检查银行对账单和大额现金交易，关注是否存在异常资金流动；向重要股东和关键管理人员函证以确认是否存在尚未识别的关联方关系及其交易。

（7）核查实物资产。以虚增利润为目的的舞弊往往造成实物资产的虚增，注册会计师应当重视对实物资产的核查，尤其要严格履行监盘程序。注册会计师应当认真了解公司的存货存放位置和监盘计划，关注由于性质、位置无法实施监盘的存货是否确实无法监盘，管理层如何确认存货的数量和状态，并实施充分的替代审计程序。

（8）重视与有关各方的沟通。注册会计师应当及时向公司治理层沟通识别出的关联方关系及其交易的舞弊或怀疑存在的舞弊，并考虑征询法律意见，同时根据法律法规的要求，确定是否向监管机构报告重大舞弊。

实例 9－24（单选题）

如果注册会计师识别出超出正常经营过程的重大关联方交易导致的舞弊风险，下列程序中，通常不能有效应对该风险的是（　　）。

A. 确定关联方交易是否已按照适用的财务报告编制基础得到恰当会计处理和披露

B. 询问管理层并函证关联方

C. 检查交易条款是否与管理层的解释一致

D. 评价交易是否具有合理的商业理由

分析：B。针对识别的超出正常经营过程的重大关联方交易导致的舞弊风险，询问管理层和函证关联方均无法获取可靠的审计证据以支持结论（选项B错误）。对于识别出的超出正常经营过程的重大关联方交易，注册会计师应当检查相关合同或协议（如有），并评价以下内容：（1）交易的商业理由（或缺乏商业理由）是否表明被审计单位从事交易的目的可能是对财务信息做出虚假报告或隐瞒侵占资产的行为（选项D）；（2）交易条款是否与管理层的解释一致（选项C）；（3）关联方交易是否已按照适用的财务报告编制基础得到恰当会计处理和披露（选项A）。

（三）应对管理层和治理层未向注册会计师披露关联方及其交易

1. 警觉并识别未披露的关联方关系的特征

（1）重大或非常规交易的交易对手曾经与被审计单位或其实际控制人、关键管理人员等存在关联关系。

（2）重大或非常规交易的交易对手的注册地址或办公地址与被审计单位或其集团成员在同一地点或接近。

（3）重大或非常规交易的交易对手的网站地址或其IP地址、邮箱域名等与被审计单位或其集团成员相同或接近。

（4）重大或非常规交易的交易对手的名称与被审计单位或其集团成员名称相似。

（5）重大或非常规交易的交易对手的实际控制人、关键管理人员或购销等关键环节的员工姓名与被审计单位管理层或被审计单位关联方的管理层或员工姓名相近或重合。

（6）重大或非常规交易的交易标的与交易对手或被审计单位的经营范围不相关。

（7）重大或非常规交易的交易对手与被审计单位的实际控制人、关键管理人员等存在特殊关系，这种关系可能使后者能够对前者施加重大影响，但从形式上看两者不构成关联方。

（8）重大或非常规交易的交易对手系自然人或由其控制，且交易规模、性质与该交易对手的业务不匹配。

（9）被审计单位仅能向注册会计师提供极其有限的与重大或非常规交易的交易对手相关的信息，注册会计师通过互联网等途径也难以检索到相关信息。

（10）交易对手长期拖欠被审计单位的款项，但被审计单位仍继续与其进行交易。

（11）交易对手是当年新增或减少的异常重要的客户或供应商，关注其是否为新设公司，如果是新设公司，关注交易时间是否非常接近公司设立时间；如果是减少的交易对手，关注该交易对手与被审计单位是否仅存在很少的，且超出被审计单位正常经营过程的交易，交易结束后该公司是否依然正常经营，如果已被注销，关注注销时间与末次交易之间的时间间隔等。

（12）被审计单位与某些交易对手间的交易在价格和条款方面明显与其和其他交易对手之间的价格和条款不同，显失公允，即导致被审计单位或交易对手明显从该交易中获得超出正常情况的利益。

2. 警觉并识别未披露的关联方交易

（1）交易金额重大，或为被审计单位带来大额利润。

（2）交易发生频次较少且交易时间接近资产负债表日，或集中于某一特定期间。

（3）交易价格、交付方式及付款条件、结算方式等商业条款与其他客户或供应商明显不同，例如，对其他供应商采用票据结算方式，而对某一新增供应商采用现金交易，或者采用多方债权债务抵销方式进行结算。

（4）付款人与销售合同、发票所显示的客户名称不一致，或收款人与采购合同、发票所显示的供应商名称不一致。

（5）与同一客户或其关联公司同时发生销售和采购业务。

（6）交易规模与交易对手的业务规模明显不符。

（7）合同条款明显不符合商业惯例或形式要件不齐备。

（8）实际履行情况与合同条款明显不符，例如，未按约定日期发货或未按结算期付款；或者，商品发运目的地为关联方营业场所所在地，而非合同约定的交货地点。

（9）交易形成的款项长期以债权债务形式存在，购销货款久拖不结或存在金额重大且长期未结算的其他应收款项，且交易理由不明确或不合理。

（10）不合常理且对财务指标具有实质性影响的大额政府补助，如补助款项用途不明、未附有任何条件的补助，其真正来源可能是关联方。

（11）交易涉及在没有被审计单位帮助的情况下不具备物质基础或财务能力完成交易的第三方。

（12）为被审计单位提供担保或被审计单位为之提供担保。

（13）实际控制人或控股股东将其持有的被审计单位股份进行质押，将获得的资金用于自身持有的其他主体。

（14）被审计单位收到或对外提供大额捐赠或债务豁免，但是相关捐赠或债务豁免没有合理的交易理由。

（15）被审计单位银行明细账显示存在定期或有规律的银行存款转入/转出交易，表明可能存在关联方之间的资金安排，例如，资金集中管理协议或资金池安排等。

（16）其他商业理由明显不充分的交易。

3. 检查某些可能提供有关关联方关系及其交易信息的记录或文件

（1）除了向银行和律师获取的询证函回函外，注册会计师自其他第三方取得的询证函回函。

（2）被审计单位的所得税纳税申报表。

（3）被审计单位提供给监管机构的信息。

（4）被审计单位的股东登记名册（用以识别主要股东）。

（5）管理层和治理层的利益冲突声明。

（6）被审计单位有关投资和养老金计划的记录。

（7）与关键管理层或治理层成员签订的合同和协议。

（8）超出被审计单位正常经营过程的重要合同和协议。

（9）被审计单位与专业顾问（例如税务或法律顾问）的往来函件和发票。

（10）被审计单位购买的人寿保险单。

（11）被审计单位在报告期内重新商定的重要合同。

（12）内部审计人员的报告。

（13）被审计单位向证券监管机构报送的文件（如招股说明书）。

（14）被审计单位管理层会议纪要。

（15）被审计单位的网站主页、对外提供的宣传资料等。

进一步获取或检查的其他记录或文件可能还包括但不限于以下方面。

（1）主要股东的股权架构以及股权沿革情况，特别是报告期内或临近报告期的股权变动情况（如可行）。

（2）主要客户、供应商等交易对手的工商登记信息（如可行）。

（3）控股股东或实际控制人的会议纪要（如可行）。

（4）媒体报道或分析师报告等。

三、未披露关联关系/关联交易对审计的影响

（1）如果识别出可能表明存在管理层以前未识别出或未向注册会计师披露的关联方关系或交易的安排或信息，注册会计师应当确定相关情况是否能够证实关联方关系或关联方交易的存在。

1）当评估的与关联方相关的舞弊风险较高，注册会计师认为必要并且可行时，可以考虑实施的程序包括：

①访谈被审计单位的重要股东、关键管理人员以及治理层或者实施函证程序。

②以大股东、实际控制人、关键管理人员为起点，通过网络技术或者第三方商业信息服务机构实施背景调查，用以识别这些个人或机构或与其有关联关系的主体，评估这些主体与被审计单位的关系。

③获取管理层提供的当期新增客户和供应商清单，考虑被审计单位与供应商和客户的首次交易时间是否与供应商和客户的公司注册成立的时间重合或接近，客户和供应商是否仅为与被审计单位开展类似交易而设立，客户和供应商是否可能与被审计单位存在关联关系。

④运用数据分析工具，设置特定分析条件对被审计单位的交易信息进行分析，识别是否存在管理层未向注册会计师披露的关联方关系和交易，例如：与非客户或供应商之间的大额资金往来，在月初和月末发生的大额资金收付等；交易规模、频率等明显异于被审计单位通常的交易规模或频率，比如，交易异常频繁，或交易不频繁，但是单次交易金额重大的；识别在会计记录中首次出现的交易对手，检查是否包含在管

理层提供的当期新增的客户或供应商名单中。

⑤亲自获取被审计单位的企业信用报告，关注企业信用报告内容的完整性，检查企业信用报告中显示的内容，包括对外担保等，是否已经完整包含在被审计单位管理层披露的信息中。

⑥检查被审计单位银行对账单中与疑似关联方的大额资金往来交易，关注对账单中是否存在异常的资金流动，关注资金或商业汇票往来是否有真实、合理的交易为基础。

⑦检查被审计单位银行对账单中与实际控制人或控股股东的大额资金往来交易，关注是否存在异常的资金流动，关注资金往来是否有真实、合理的交易为基础。如果认为舞弊风险较高，注册会计师还可以要求实际控制人、控股股东或关键管理人员提供自身的银行对账单，并检查其中与被审计单位之间的资金往来。

⑧在获得被审计单位授权后，向对被审计单位提供过税务和咨询服务的有关人员询问其对关联方的了解。

⑨在获得被审计单位授权后，通过律师或其他调查机构获取被审计单位诉讼信息，关注其中是否存在由被审计单位对外提供担保而引起的诉讼以及诉讼的内容、性质，评价相关对外担保是否涉及关联方，如果涉及关联方，关联方关系和交易是否已在财务报表中恰当披露。

实例 9－25（单选题）

A 注册会计师发现 20×2 年度甲公司向乙公司支付大额咨询费，乙公司是甲公司总经理的弟弟开设的一家管理咨询公司，并未包括在管理层提供的关联方清单内。下列各项应对措施中，A 注册会计师通常首先采取的是（　　）。

A. 向甲公司董事会通报

B. 向项目质量控制复核人员通报

C. 要求甲公司管理层在财务报表中披露该交易是否为公平交易

D. 要求甲公司管理层识别与乙公司之间发生的所有交易，并询问与关联方相关的控制为何未能识别出该关联方

分析：D。注册会计师对新识别出的关联方或重大关联方交易首先应当要求管理层识别与新识别出的关联方之间发生的所有交易，并询问与关联方关系及其交易相关的控制为何未能识别或披露该关联方关系或交易，故选项 D 恰当。

2）如果注册会计师对于某些供应商、客户或其他交易对手是否为被审计单位关联方存有重大疑虑，还可以考虑实施以下程序。

①针对交易对手实施背景调查，如股权结构、股东情况、经营范围、网站地址、邮箱域名、法人代表、董事、关键管理人员、业务规模、办公地址和注册时间、注册地址、注册登记的联系人及电话、邮箱等信息，并与已经取得的和被审计单位实际控制人、董事、监事、高级管理人员关系密切的家庭成员名单相互核对和印证。

②查询交易对手的股权架构和沿革情况，特别是报告期内或临近报告期的股权架构的变动情况，在可行的情况下，考虑是否需要逐级向上追溯到最终实际控制人，多数情况下可能是自然人。

③询问直接参与交易的基层员工或其他知情人士，或获取交易对手的股权架构、主要管理人员清单，并将这些信息与被审计单位的关联方以及员工名册进行比对，以识别该交易对手是否与被审计单位存在联系。

④实施函证和实地走访，包括观察其经营场所、货物进出情况，现场询问相关人员，以了解该客户或供应商与被审计单位的交易详情。例如，访谈供应商和客户的业务人员，了解其与被审计单位开展业务的商业理由，是否与被审计单位存在关联关系或密切联系，供应商和客户日常的主营业务、员工人数和规模情况是否与被审计单位开展的业务相匹配等。

⑤利用专家的工作，如反舞弊专家、信用调查机构或律师。

⑥如果识别出被审计单位存在将关联方注销或非关联化的情况，注册会计师应关注被审计单位是否将关联方注销或非关联化之前的交易作为关联交易进行披露；识别被审计单位将原关联方非关联化行为的动机及后续交易的真实性、公允性，以及被审计单位是否存在剥离亏损子公司或亏损项目以增加公司利润的行为。

⑦如果存在被审计单位与控股股东及其控制的企业发生重大关联交易等情形，注册会计师应考虑是否需要扩大对关联交易的审计范围，必要时可要求被审计单位及控股股东配合，以核查关联方的财务资料。

需要说明的是，由于关联方之间很可能串通舞弊，隐瞒关联方关系或交易，注册会计师需要在整个过程中保持足够的职业怀疑，审慎评价管理层及关联方提供的解释以及获取的审计证据，并应当特别关注过程中取得的或注意到的任何存在不一致或相互矛盾的信息或证据。

（2）如果识别出可能表明存在管理层未向注册会计师披露的关联方关系或交易的安排或信息，注册会计师在实施程序后仍然无法确定是否存在关联方关系或关联方交易，注册会计师可以按照《中国注册会计师审计准则第 1151 号——与治理层的沟通》和《中国注册会计师审计准则第 1323 号——关联方》的要求，将这一情况作为审计中的重大困难与治理层进行沟通，要求治理层提供进一步信息。

由于关联方之间彼此并不独立，关联方关系及交易可能为管理层的串通舞弊、隐瞒或操纵行为提供更多的机会。因此，即使识别出可能表明存在管理层未向注册会计师披露的关联方关系或交易的安排或信息，注册会计师在实施追加的程序后，仍然有可能无法确定是否确实存在关联方关系或关联方交易。

在这种情况下，通过与治理层进行沟通，提醒治理层关注是否存在未披露的关联方关系和关联方交易，并考虑征询法律意见，根据法律法规的要求，确定是否向监管机构报告重大舞弊。同时，注册会计师应当考虑这种情况对审计意见的影响。如果注册会计师认为无法获取充分、适当的审计证据以作为形成审计意见的基础，注册会计师应当通过下列方式确定其影响。

1）如果未发现的错报（如存在）可能对财务报表产生的影响重大，但不具有广泛性，注册会计师应当发表保留意见。

2）如果未发现的错报（如存在）可能对财务报表产生的影响重大且具有广泛性，以至于发表保留意见不足以反映情况的严重性，注册会计师应当在可行时解除业务约定（除非法律法规禁止）；如果在出具审计报告之前解除业务约定被禁止或不可行，应当发表无法表示意见。

实例 9－26（单选题）

如果被审计单位未能按照适用的财务报告编制基础的要求在财务报表中对关联方和关联方交易进行充分披露，注册会计师应根据其对财务报表的影响程度出具的审计报告意见类型是（　　）。

A. 标准无保留意见

B. 保留或者无法表示意见

C. 保留或者否定意见

D. 带强调事项段的无保留意见

分析：C。如果被审计单位未能按照适用的财务报告编制基础的要求在财务报表中对关联方和关联方交易进行充分披露，注册会计师应根据其对财务报表的影响程度，出具保留意见或否定意见的审计报告。

实例 9－27（分析题）

ABC 会计师事务所负责审计上市公司甲公司 20×7 年度财务报表。审计项目组在审计工作底稿中记录了与关联方关系及其交易相关的审计情况，部分内容摘录如下：

（1）20×7 年度甲公司向其控股股东购买一项重大业务。审计项目组认为该交易是超出正常经营过程的重大关联方交易，存在特别风险。

（2）甲公司管理层在未审财务报表附注中披露，其向关联方采购原材料的交易按照等同于公平交易中通行的条款执行。审计项目组将甲公司向关联方采购的价格与相同原材料活跃市场价格进行比较，未发现明显差异，据此认为该项披露不存在重大错报。

（3）因不拟信赖甲公司建立的与识别、记录和报告关联方关系及其交易相关的内部控制，审计项目组未了解和测试这些控制，通过实施细节测试应对相关重大错报风险。

（4）审计项目组向甲公司管理层获取了下列与关联方关系及其交易相关的书面声明：

1）已向注册会计师披露了全部已知的关联方名称；

2）已按照企业会计准则的规定，对关联方关系及其交易进行了恰当的会计处理和披露；

3）所有关联方交易均不涉及未予披露的“背后协议”。

（5）审计项目组注意到，甲公司 20×7 年发生的一项重大交易的交易对方很可能是管理层未向审计项目组披露的关联方。审计项目组实施追加程序并与治理层沟通后，仍无法确定是否存在关联方关系，决定在审计报告中增加强调事项段，提请财务报表使用者关注财务报表附注中披露的该项交易。

要求：

1. 针对上述第（1）项，指出审计项目组应当采取哪些应对措施。

2. 针对上述第（2）至（5）项，逐项指出审计项目组的做法是否恰当。如不恰当，请提出改进建议。

分析：（请扫描二维码）

第七节 对重大非常规交易的关注

重大非常规交易，特别是临近会计期末发生的、在做出“实质重于形式”判断方面存在困难的重大非常规交易，为被审计单位编制虚假财务报表提供了机会，为此，注册会计师在识别、评估和应对财务报表重大错报时，应当对重大非常规交易予以特别关注。

一、年报中常见的重大非常规交易及其风险因素

重大非常规交易是指注册会计师在审计中发现的超出正常经营过程的重大交易或基于对被审计单位及其环境的了解以及在审计过程中获取的其他信息认为显得异常的重大交易。年报中常见的重大非常规交易举例如下。

（1）复杂的股权交易，如公司的重组和收购。

（2）与处于公司法规不健全的国家或地区的境外实体之间的交易。

（3）对外提供厂房租赁或管理服务，而没有收取对价。

（4）具有异常大额折扣或退货的销售。

（5）循环交易。

（6）合同届满之前变更条款的交易。

（7）采用特殊或创新交易模式的交易。

（8）交易标的对被审计单位或交易对手不具有合理用途。

（9）交易价格明显偏离市场价格。

（10）非经营所需的、名义金额重大的衍生金融工具交易。

（11）不属于经常业务范围、金额重大且没有实物流的交易。

在实务中，注册会计师识别、评估和应对的重大非常规交易的舞弊风险因素可能有：

（1）从事超出正常经营过程的关联方交易。

（2）与未经审计或由其他会计师事务所审计的关联企业超出正常经营过程的交易。

（3）重大、异常和高度复杂的交易，特别是临近会计期末发生的、在做出“实质重于形式”判断方面存在困难的重大非常规交易。

（4）管理层更强调采用某种特定会计处理的需要，而不是交易的实质。

（5）交易涉及不纳入合并的关联方（包括特殊目的实体）或未经治理层适当审核和批准。

（6）交易涉及以前未能识别的关联方或没有被审计单位帮助则不具备物质基础或财务能力实现交易的第三方。

二、重大非常规交易审计程序

注册会计师应当对评估的重大非常规交易的风险保持职业谨慎，在终结审计中从整个报表层次进行系统评价并取证。

（1）评价涉及重大非常规交易的重大会计政策的选择和运用。

（2）针对性执行会计分录测试。

会计分录测试是指注册会计师针对被审计单位日常会计核算过程中做出的会计分录，以及编制会计报表过程中做出的调整进行测试。注册会计师执行会计分录测试的目标主要是应对管理层凌驾于内部控制之上的风险。在实务中，注册会计师应当关注以下管理层利用虚假会计分录或其他调整进行舞弊的手段。

1）在结账后编制会计分录用于低估应付账款，如借记应付账款，贷记收入账户。

2）通过调整各种准备金的方式对重大非常规交易进行低估或高估。

3）通过编制其他调整分录，不适当地虚减负债，同时虚增收入或虚减费用。

4）将费用通过编制重分类调整转入资产账户，虚增利润。

5）虚构交易并在期后编制调整分录转回；或者将期后发生的交易提前至本期记录。

6）将修理费用资本化为固定资产。

（3）评价交易的商业理由。缺乏经济实质的交易容易导致错报，注册会计师应当对此交易追查交易条款是否异常，交易发生是否缺乏明确且符合逻辑的商业理由，交易方式是否合理，管理层是否与治理层就交易的性质和会计处理进行讨论。

（4）实施函证程序。

（5）在临近审计结束时实施分析程序。

（6）严格执行项目治理复核。

三、重大非常规交易对审计的影响

在对财务报表形成审计意见时，针对重大非常规交易，注册会计师应当考虑以下方面。

（1）选择和运用的会计政策是否可以接受。

（2）会计政策是否适用于被审计单位的具体情况。

（3）财务报表列报的信息是否具有可靠性、相关性、可理解性和可比性。

（4）财务报表是否做出充分披露，使其预期使用者能够理解重大交易或事项传递的信息。

（5）财务报表是否公允地反映相关事项和交易的经济实质。

如果注册会计师获取以上几个方面的证据支持说明重大非常规交易存在问题，注册会计师应当考虑发表非标准意见的审计报告。

含有已审计财务报表文件中的其他信息如果包含对重大非常规交易的讨论，注册会计师应当阅读并考虑这些其他信息及其列报是否与财务报表存在重大不一致。如果存在重大不一致或重大错报，应当按照《中国注册会计师审计准则第 1521 号——注册会计师对其他信息的责任》的规定办理。

第八节 对其他信息的关注

一、注册会计师对其他信息的责任

年度报告，是指管理层或治理层根据法律法规的规定或惯例，一般以年度为基础编制的、旨在向所有者（或类似的利益相关方）提供实体经营情况和财务业绩及财务状况（财务业绩及财务状况反映在财务报表中）信息的一个文件或系列文件组合。以下一项或多项文件可能构成年度报告：（1）董事会报告；（2）公司董事会、监事会及董事、监事、高级管理人员保证年度报告内容真实、准确、完整，不存在虚假记载、误导性陈述或重大遗漏，并承担个别和连带法律责任的声明；（3）公司治理情况说明；（4）内部控制自我评价报告。其他信息，是指在被审计单位年度报告中包含的除财务报表和审计报告以外的财务信息和非财务信息。其他信息的错报，是指对其他信息做出不正确陈述或使其他信息具有误导性，包括遗漏或掩饰对恰当理解其他信息披露的事项必要的信息。

注册会计师关注其他信息的目标是，在已经阅读其他信息的情况下：考虑其他信息与财务报表之间是否存在重大不一致；考虑其他信息与注册会计师在审计中了解到的情况是否存在重大不一致；当注册会计师识别出此类重大不一致似乎存在时，或者注册会计师知悉其他信息似乎存在重大错报时，予以恰当应对；考虑其他信息对审计报告的影响。

具体讲，注册会计师对其他信息的责任包括以下方面。

1. 注册会计师没有专门责任确定其他信息是否得到适当陈述

审计的目标决定了注册会计师实施审计的责任在于对其发表的审计意见负责。因此，注册会计师审计工作的重心应当紧紧围绕被审计单位的财务报表。对含有已审计财务报表的文件中的其他信息予以关注，其根本目的也是降低审计风险，不损害已审计财务报表的可信赖程度。所以说，注册会计师并没有专门责任确定其他信息是否得到适当陈述。

2. 对财务报表出具审计报告时对其他信息的考虑

尽管注册会计师没有专门责任对其他信息披露的适当性发表意见，但由于发现其他信息与财务报表的不一致可能为财务报表审计提供新的线索，便于注册会计师实施追加审计程序；或由于其他信息与财务报表的不一致可能导致财务报表使用者对财务报表产生怀疑，进而影响已审计财务报表的可信赖程度，因此，无论是否有法定或约定的义务对其他信息出具鉴证报告，注册会计师在对财务报表出具审计报告时都应当考虑其他信息。

3. 有法定或约定的义务对某些其他信息实施特别程序的情形

法定义务是指法律法规对注册会计师审计提出的要求。约定义务是指审计委托人与注册会计师在审计业务约定书中明确的事项。如果法律法规或者审计业务约定书明确要求对被审计单位的某些其他信息实施特别的程序，那么当被审计单位对这些其他信息的披露存在遗漏、隐瞒或其他缺陷时，注册会计师应当根据这些其他信息的性质、重要程度和金额的大小来考虑是否需要在审计报告中提及该事项，以及如何在审计报告中进行表述。

4. 有法定或约定的义务对其他信息出具专项鉴证报告的情形

虽然财务报表审计的目标在于注册会计师按照审计准则的规定对财务报表发表审计意见，但是可能存在法律法规要求注册会计师对其他信息出具专项鉴证报告的情形。此外，委托人也可能委托注册会计师对其他信息出具专项鉴证报告。在这些情况下，注册会计师可以将其作为财务报表审计以外的专项鉴证业务，在考虑自身能力和风险的前提下，与委托人另行签订业务约定书，严格按照相关鉴证业务准则的要求执行业务，并按规定承担相应的法律责任。

实例9-28（单选题）

下列关于注册会计师对其他信息的责任的说法中，不正确的是（　　）。

A. 注册会计师对其他信息不发表任何形式的鉴证结论

B. 注册会计师对财务报表出具审计报告时，可能需要考虑其他信息

C. 注册会计师根据审计准则的要求，对其他信息进行阅读、考虑和报告

D. 注册会计师应当提请被审计单位做出适当安排，以便在审计报告日前获取其他信息

分析：B。注册会计师对财务报表出具审计报告时，应当考虑其他信息，故选项B错误。

二、关注其他信息可选择的程序

在年报审计中，关注其他信息可选择的审计程序如表9-10所示。

表9-10 关注其他信息可供选择的审计程序

1. 提请被审计单位做出适当安排，以便在审计报告日前获取其他信息，包括： （1）被审计单位管理层或治理层的经营报告。 （2）财务数据摘要。 （3）就业数据。 （4）计划的资本性支出。 （5）财务比率。 （6）董事和高级管理人员的姓名。 （7）择要列示的季度数据。
2. 如果在阅读其他信息时发现重大不一致，应当确定已审计财务报表或其他信息是否需要修改。 （1）如果需要修改已审计财务报表而被审计单位拒绝修改，应当根据具体情况出具保留意见或否定意见的审计报告。 （2）如果需要修改其他信息而被审计单位拒绝修改，应当考虑在审计报告中增加强调事项段说明该重大不一致，或采取其他措施。其他措施取决于具体情况、不一致的性质和重要程度，包括不出具审计报告或解除业务约定；必要时，应当征询法律意见。
3. 如果注意到其他信息可能含有对事实的重大错报，应当与管理层讨论该事项。如果仍然认为其他信息可能含有明显的对事实的重大错报，应当提请管理层征询法律顾问等第三方的意见，并考虑收到的咨询意见。如果确定其他信息中存在对事实的重大错报而管理层拒绝更正，应当考虑采取适当的进一步措施，包括向治理层书面说明注册会计师对其他信息的关注，以及征询法律意见。
4. 当在审计报告日前无法获取所有其他信息时，应当在审计报告日后尽早阅读其他信息以识别重大不一致。
5. 如果审计报告日后在阅读其他信息时发现重大不一致或注意到明显的对事实的重大错报，应当确定是否需要修改已审计财务报表或其他信息。 （1）当需要修改已审计财务报表时，应当按照《中国注册会计师审计准则第1332号——期后事项》的规定办理。 （2）当需要修改其他信息且被审计单位同意修改时，应当根据具体情况实施必要的审计程序，包括复核管理层采取的措施能否确保所有收到原财务报表、审计报告及其他信息的人士了解所作的修改。 （3）当需要修改其他信息而管理层拒绝修改时，应当考虑采取适当的进一步措施，包括向治理层书面说明注册会计师对其他信息的关注，以及征询法律意见。

三、其他信息对审计的影响

（一）重大不一致及其应对措施

重大不一致是指其他信息与已审计财务报表中的信息相矛盾。注册会计师在审计中常见的不一致事项主要可分为以下三类。

（1）其他信息中的数据和文字表述与已审计财务报表的相关信息不一致；

（2）其他信息中的项目与已审计财务报表相关项目的编制基础不一致；

（3）其他信息中对数据影响的解释与已审计财务报表的相关数据不一致。

重大不一致可能会导致注册会计师对根据以前获取的审计证据得出的审计结论产生怀疑，甚至对形成审计意见的基础产生怀疑。

如果在阅读其他信息时发现重大不一致，注册会计师应当确定已审计财务报表或其他信息是否需要修改。

当需要修改已审计财务报表而被审计单位拒绝修改，并且该事项的存在使注册会计师发表无保留意见的条件不再具备时，如果该事项对财务报表虽影响重大，但不至于出具否定意见的审计报告，注册会计师应当出具保留意见的审计报告，将这些对审计意见有较大影响的事项在审计报告中明确提出，并说明其理由，指出该事项对被审计单位财务报表可能产生的影响。如果需要修改已审计财务报表而管理层拒绝修改，并且该事项对财务报表的影响程度超出一定范围，以致财务报表不符合会计准则和相关会计制度的规定，不能在所有重大方面公允地反映被审计单位的财务状况、经营成果和现金流量，注册会计师就不能发表保留意见，而只能发表否定意见。

如果需要修改其他信息而被审计单位拒绝修改，注册会计师应当考虑在审计报告中增加其他事项段说明该重大不一致，或采取其他措施。其他措施取决于具体情况、不一致的性质和重要程度，包括不出具审计报告或解除业务约定；必要时，注册会计师应当征询法律意见。

（二）对事实的重大错报及其应对措施

对事实的重大错报是指在其他信息中，对与已审计财务报表所反映事项不相关的重要信息做出了不正确的表述或列报。注册会计师对重大不一致是通过阅读其他信息去寻找、发现的，而对事实的重大错报，则只不过是在为发现重大不一致而阅读其他信息的过程中可能注意到的。

如果注意到其他信息可能含有对事实的重大错报，注册会计师应当与管理层讨论该事项。就此事与管理层进行讨论，有助于注册会计师分析、判断其他信息是否确实存在对事实的重大错报。在与管理层讨论时，注册会计师可能无法评价其他信息和管理层对询问的答复的正确性，而且需要考虑有关判断和意见是否确实存在差异。

如果仍然认为其他信息可能含有明显的对事实的重大错报，注册会计师应当提请管理层征询法律顾问等第三方的意见，并考虑收到的咨询意见。在与管理层讨论后，如果仍然未能消除注册会计师对其他信息中可能存在着对事实的重大错报这一事项的疑虑，也就是说，仍然认为其他信息中可能含有明显的对事实的重大错报，注册会计师应当提请管理层向律师等有能力和资格的专业人士进行咨询，以确定其他信息中是否确实存在对事实的重大错报及其影响程度。

如果注册会计师确定其他信息中存在对事实的重大错报而管理层拒绝更正，注册会计师应当考虑采取适当的进一步措施。包括向治理层书面说明注册会计师对其他信息的关注，以及征询法律意见。

（三）审计报告日后获取的其他信息及其应对措施

如果在审计报告日前无法获取全部其他信息，注册会计师应当在审计报告日后尽早阅读其他信息以识别重大不一致。

如果在阅读其他信息时发现重大不一致或注意到明显的对事实的重大错报，注册会计师应当确定是否需要修改已审计财务报表或其他信息。当需要修改已审计财务报表时，注册会计师应当按照《中国注册会计师审计准则第 1332 号——期后事项》的规定办理。

（四）审计报告中报告其他信息

如果在审计报告日存在下列两种情况之一，审计报告应当包括一个单独部分，以“其他信息”为标题：(1) 对于上市实体的财务报表审计，注册会计师已获取或预期将获取其他信息；(2) 对于上市实体以外其他被审计单位的财务报表审计，注册会计师已获取部分或全部其他信息。

审计报告应当包含其他信息部分，该部分应当包括以下方面。

(1) 管理层对其他信息负责的说明。

(2) 指明：

1) 注册会计师于审计报告日前已获取的其他信息（如有）；

2) 对于上市实体的财务报表审计，预期将于审计报告日后获取的其他信息（如有）。

(3) 说明注册会计师的审计意见未涵盖其他信息，因此，注册会计师对其他信息不发表（或不会发表）审计意见或任何形式的鉴证结论。

(4) 描述注册会计师根据上述准则的要求，对其他信息进行阅读、考虑和报告的责任。

(5) 如果审计报告日前已经获取其他信息，则选择下列二者之一进行说明。

1) 说明注册会计师无任何需要报告的事项；

2) 如果注册会计师认为其他信息存在未更正的重大错报，说明其他信息中的未更正重大错报。

思考题

1. 简述在初次接受业务委托时注册会计师如何考虑期初余额对所出具的审计报告类型的影响。

2. 针对对应数据实施的审计程序的范围通常包括哪些内容？与针对本期数据实施的审计程序的范围相比，有何区别？请简单说明理由。

3. 是否所有的诉讼事项均应当披露在审计报告中？为什么？

4. 什么是期后事项？它包括哪三个时段的事项或事实？注册会计师对于这三个时段的期后事项的责任是什么？

5. 注册会计师在对本期财务报表进行审计时，如果注意到影响上期财务报表的重大错报，而以前未就该重大错报出具非无保留意见的审计报告，在这种情况下，注册会计师应当如何处理？

6. 如果识别出可能导致对持续经营能力产生重大疑虑的事项或情况，注册会计师应当实施哪些进一步审计程序？

7. 注册会计师实施哪些审计程序可能会识别出关联方交易的存在？

8. 什么是其他信息，它主要包括哪些内容？

9. 针对下列每个期后事项，请分别指出如何在财务报表或审计报告中披露（假设所有项目都重要），并陈述理由。

（1）审计报告发布后不久，你的客户宣布与其竞争者进行一次重要合并。尽管审计报告发布时正在进行谈判，但当时兼并发生的可能性不足以在财务报表或审计报告中披露。

（2）在年度报表审计的外勤工作期间，你发现存货计算中存在重要的技术错误。这种错误在该行业很常见，因为该行业的获利能力有限，无法建立复杂的存货控制系统。

（3）审计报告发布后几个月，你的客户以财务报表中计提的或有负债金额的两倍结束了一项诉讼。

（4）在会计年度内，管理层曾减少一项生物技术投资的账面价值，因为他们认为得到监管部门的批准（这是销售的必要条件）是不可能的。但在外勤工作期间，监管部门的批准下来了。

（5）再考虑事项（4），如果在审计报告发布后批准才下来，你的回答会如何变化？

（6）审计外勤工作期间，你的客户宣布他正在市场上销售一种新型微处理器。行业分析人士一致认为该芯片将引发微机处理革命，为你的客户带来丰厚的利润。

案例分析

关注年报审计中特殊事项的案例

问题：

1. 根据资料一，指出华兴公司的关联方包括哪些，并简要说明理由；针对资料一涉及的关联方关系以及关联方交易，华兴公司如何在其20×6年度财务报表附注中进行披露？为合理确定华兴公司管理层向注册会计师提供了完整的关联方及其交易清单，应当设计并实施哪些审计程序？

2. 针对资料二，假定不考虑其他条件，如果拟对20×6年度财务报表出具标准审计报告，分析华兴公司管理层和注册会计师分别应当采取哪些措施。

3. 针对资料三，分析华兴公司的做法是否合理，如果不合理，请指出并分析注册会计师应当执行的主要程序以及相应提出的审计建议。

4. 针对资料四，说明华兴公司管理层在财务报表附注中应当披露哪些内容，注册会计师应当如何处理和表述。

会计估计审计风险

要求：

针对同一被投资方，为什么参股股东计提的减值准备会不一样？这说明什么？注册会计师在审计时应当注意什么？

行动学习讨论项目

把学生分成若干组（每组最好10人以内），要求他们利用头脑风暴的方法，对以下问题提出不同的看法，尽量多地列示在行动学习讨论的白板上。

讨论问题：在终结审计中注册会计师应当再次系统评价的特殊事项有哪些？这些特殊事项的审计与财务报表各个会计科目的审计有什么关系？

讨论与板书要求：(1) 每个人都要发言，但每次只能一人发言；(2) 追求数量、追求创意；(3) 有人发言时不许质疑、不许批评、不许打断；(4) 板书要按发言人的原话列示。

第 10 章

Chapter 10 终结审计与审计报告

素养提升

- 树立法治意识，以事实为依据，以法律为准绳，提高信息披露和决策判断能力。

学习目标

- 了解终结审计的总流程
- 掌握审计差异汇总表、试算平衡表等综合类底稿的编制
- 熟悉审计报告与财务报表的关系
- 掌握如何形成审计意见
- 掌握审计报告的基本要素
- 掌握不同类型审计报告
- 掌握不同情况下审计意见的选择
- 掌握收尾工作，了解与管理层、治理层的沟通

第一节　终结审计

一、终结审计的实务流程

注册会计师在完成信息获取、风险评估和财务报表认定测试后，将执行终结审计程序，目的是消除那些尚未解决的问题，确保所有可用信息均得到了适当考虑，最终对整个财务报表合法性和公允性做出总体结论并将审计结果传递给相关利益方。在终结审计阶段，注册会计师要从整体的角度评价财务报表是否合法、公允，其实务流程如表 10－1 所示。

表 10-1 终结审计的实务流程

1. 召开项目组会议，汇总审计过程中发现的审计差异，根据错报的重要性确定建议被审计单位调整的事项，编制账项调整分录汇总表、重分类调整分录汇总表、列报调整汇总表、未更正错报汇总表以及试算平衡表草表。
2. 与被审计单位召开总结会，就下列事项进行沟通，形成总结会会议纪要并经双方签字认可。 (1) 审计意见的类型及审计报告的措辞。 (2) 账项调整分录汇总表、重分类调整分录汇总表、列报调整汇总表、未更正错报汇总表以及试算平衡表草表。 (3) 对被审计单位持续经营能力具有重大影响的事项。 (4) 含有已审计财务报表的文件中的其他信息对财务报表的影响。 (5) 对完善内部控制的建议。 (6) 执行该项审计业务的注册会计师的独立性。 获得被审计单位同意账项调整、重分类调整和列报调整事项的书面确认；如果被审计单位不同意调整，应要求其说明原因。根据未更正错报的重要性，确定是否在审计报告中予以反映，以及如何反映。在就上述有关问题与治理层沟通时，提交书面沟通函，并获得治理层的确认。
3. 编制正式的试算平衡表。
4. 对财务报表进行总体复核，评价财务报表总体合理性。如果识别出以前未识别的重大错报风险，应重新考虑对全部或部分交易、账户余额、列报评估的风险是否恰当，并在此基础上重新评价之前实施的审计程序是否充分，是否有必要追加审计程序。
5. 将项目组成员间意见分歧的解决过程记录于专业意见分歧解决表中。汇总重大事项，编制重大事项概要。
6. 评价审计结果，形成审计意见，并草拟审计报告。 (1) 对重要性和审计风险进行最终评价，确定是否需要追加审计程序或提请被审计单位做出必要调整。 1) 按财务报表项目确定可能的错报金额； 2) 确定财务报表项目可能错报金额的汇总数（即可能错报总额）对财务报表层次重要性水平的影响程度。 (2) 对被审计单位已审计财务报表形成审计意见并草拟审计报告。
7. 由项目负责经理复核工作底稿。
8. 由项目负责合伙人复核工作底稿。
9. 必要时，实施项目质量控制复核。
10. 向适当的高级管理人员获取经签署的管理层声明书，并确定其日期与审计报告的日期一致。
11. 撰写审计总结。
12. 完成审计工作完成情况核对表。
13. 完成业务复核核对表。
14. 正式签发审计报告。

二、汇总审计差异

在审计测试后，项目经理应当在复核每一位注册会计师形成的审计工作底稿的基础上汇总审计过程中发现的所有审计差异。

审计差异分为核算误差和重分类误差。核算误差是指因企业对经济业务进行不正确的会计核算而引起的误差；重分类误差是指因企业未按有关会计准则、会计制度的规定编制财务报表而引起的误差。

在实务中，注册会计师应当从核算误差的金额和性质两个方面考虑是否建议被审计单位更正。

（1）对于单笔核算误差超过所涉及财务报表项目（或账项）层次重要性水平的，应建议被审计单位更正。

（2）对于单笔核算误差低于所涉及财务报表项目（或账项）层次重要性水平，但性质重要的，如涉及舞弊与违法行为的核算误差、影响收益趋势的核算误差、股本项目等不期望出现的核算误差，应建议被审计单位更正。

（3）对于单笔核算误差低于所涉及财务报表项目（或账项）层次重要性水平，并且性质不重要的，注册会计师可以容忍被审计单位不做调整；但当若干笔同类型单笔核算误差汇总数超过财务报表项目（或账项）层次重要性水平时，应从中选取几笔建议被审计单位更正，使其汇总错报降至重要性水平之下。

注册会计师应当就审计中查证出来的所有审计差异与被审计单位交换意见，并获得被审计单位同意账项调整、重分类调整和列报调整事项的书面确认；如果被审计单位不同意调整，应要求其说明原因，并根据未更正错报的重要性，确定是否在审计报告中予以反映以及如何反映。

汇总审计差异的审计工作底稿包括账项调整分录汇总表、重分类调整分录汇总表、列报调整汇总表和未更正错报汇总表，以下举例说明这些汇总类审计工作底稿的编制。

实例 10－1（分析题）

注册会计师李浩担任今明会计师事务所审计华兴公司 20×6 年度财务报表的项目经理，注册会计师王蒙协助李浩复核工作底稿，于 20×7 年 2 月 2 日完成审计工作。华兴公司 20×7 年 2 月 22 日对外公布 20×6 年度财务报表。

在审计计划中制定华兴公司 20×6 年度财务报表层次的重要性水平为 200 万元，各项目的可容忍误差为 20 万元。崔鑫的主要工作是协助王蒙复核工作底稿，他们在汇总各个审计人员的审计工作底稿时，发现注册会计师查证出华兴公司以下核算误差。

（1）20×6 年 1 月 1 日分别借入三年期 1 000 万元、年利率 8%和两年期 2 000 万元、年利率 12%的借款用于扩建生产大楼，工程于 20×6 年 7 月开始，首先购入工程物资 1 170 万元，20×6 年 10 月领用工程物资 600 万元，同时用借款支付工程费用 60 万元。注册会计师在审计该借款利息时，发现华兴公司全年计提利息 320 万元并计入在建工程。

（2）前任注册会计师在审计华兴公司 20×5 年度财务报表时，通过截止测试发现华兴公司 20×6 年 1 月主营业务收入和成本明细账上记载的一批华兴产品的销售业务，在 20×5 年 12 月已符合销售收入确认条件，因此按有关规定建议作如下审计调整分录：借记“应收账款”1 170 万元，贷记“主营业务收入”1 000 万元、“应交税金——应交增值税（销项税额）”170 万元；同时结转相应的主营业务成本，借记“主营业务成本”900 万元，贷记“存货——甲产成品”900 万元；并补提相应的坏账准备，借记“管理费用——计提的坏账准备”117 万元，贷记“坏账准备”117 万元。华兴公司接受审计调整建议，对 20×5 年度财务报表予以调整，但未对 20×6 年度的相关会计记录进行调整。该笔应收账款在 20×6 年 12 月 1 日尚未收回（华兴公司应收账款坏账准备按账龄分析法计提，1 年以内按 10%计提；1～2 年按 30%计提，2～3 年按 40%计提，3 年以上按 80%计提）。

(3) 12 月 30 日，华兴公司销售商品 5 万元，成本为 3.5 万元，收到一个月的银行承兑汇票一张，发票、提货单已交付购货方，会计部门未予入账，由于该商品仍在仓库中，已记入期末存货盘点表。

(4) 20×6 年 8 月，华兴公司与某广告代理公司签订广告代理合同，委托该公司承办华兴公司产品广告业务，包括电视广告和路边广告牌两种形式。广告代理合同约定：电视广告费用 360 万元，播放时间为 20×6 年 9 月；路边广告费用 600 万元，展示时间为 20×6 年 9 月至 20×7 年 8 月，若因故在展示期间中止广告，则代理方应退还未展示期间所分摊的广告费用。华兴公司于 20×6 年 8 月支付上述费用共计 960 万元，考虑到电视广告的受益期间难以准确界定，于当月将电视广告费与路边广告费用一并计入长期待摊费用，在自 20×6 年 9 月起的 48 个月内平均摊入营业费用，20×6 年度共摊销 80 万元。

(5) 20×6 年年末，华兴公司未经审计的资产负债表反映的预付款项为借方余额 600 万元，明细如表 10-2 所示。

表 10-2　华兴公司 20×6 年年末未经审计的资产负债表反映的预付款项明细

借方项目	余额（万元）
预付款项——A 公司	300
预付款项——B 公司	189
预付款项——C 公司	105
预付款项——D 公司	−12
预付款项——E 公司	18
合计	600

其中 E 公司的 18 万元系 20×6 年 2 月为采购而预付的，华兴公司于 20×6 年 12 月 5 日获悉 E 公司因转产不能再提供原欲购产品。华兴公司对此没有作任何处理。

(6) 华兴公司 20×1 年初获得某高速公路 20 年收益权，于 20×6 年 12 月 31 日以 2 000 万元的价格转让自 20×7 年 1 月 1 日起未来 10 年的收益权。华兴公司于当日开具发票并收到全部转让价款，并据此确认投资收益 2 000 万元。

(7) 20×6 年 12 月 20 日，Y 公司指控华兴公司侵犯专利权，要求其赔偿损失 500 万元。法院已经受理，但尚未审理。华兴公司的法律顾问认为，华兴公司很可能败诉，估计可能赔偿 100 万～150 万元。公司对此未作处理。

要求：

1. 针对事项（1）至（7），不考虑错报对当期所得税期末损益结转和利润分配的影响，单独考虑每个事项，请提出审计调整建议。

2. 如果华兴公司接受事项（1）、事项（2）、事项（4）和事项（5）的调整意见，但对于事项（3）、事项（6）和事项（7）的调整建议不予采纳，不考虑错报对所得税和未分配利润的影响，请编制账项调整分录汇总表、重分类调整分录汇总表、列报调整汇总表和未更正错报汇总表。

分析：（请扫描二维码）

三、编制试算平衡表

试算平衡表是注册会计师在被审计单位提供的未审财务报表的基础上，考虑调整分录、重分类分录等内容以确定已审数与报表披露数的表式。资产负债表和利润表的试算平衡表的参考格式见表 10－3、表 10－4，须注意以下几点。

（1）试算平衡表中的期末未审数栏，应根据被审计单位提供的未审计财务报表填列。

（2）有些财务报表项目在审计调整分录中多次出现，需要利用“丁”字形账户，区分调整分录与重分类分录分别进行汇总，然后将按财务报表项目汇总后的借、贷方发生额分别过入试算平衡表中的账项调整和重分类调整栏内。

（3）在编制完试算平衡表后，应注意核对相应的勾稽关系。

1）资产负债表试算平衡表左边的未审数、审定数各栏合计数分别等于其右边相应各栏合计数。

2）资产负债表试算平衡表左边的账项调整栏中的借方合计数与贷方合计数之差应等于右边的账项调整栏中的贷方合计数与借方合计数之差。

3）资产负债表试算平衡表左边的重分类调整栏中的借方合计数与贷方合计数之差应等于右边的重分类调整栏中的贷方合计数与借方合计数之差。

4）资产负债表试算平衡表中未分配利润项目的期末审定数栏的数额，应等于利润表试算平衡表中净利润项目的审定数栏的数额。

表 10-3 资产负债表试算平衡表

被审计单位：	索引号：
项目：资产负债表	财务报表截止日/期间：
编制：	复核：
日期：	日期：

项目	期末未审数	账项调整		重分类调整		期末审定数	项目	期末未审数	账项调整		重分类调整		期末审定数
		借方	贷方	借方	贷方				借方	贷方	借方	贷方	
货币资金							短期借款						
交易性金融资产							交易性金融负债						
应收票据							应付票据						
应收账款							应付账款						
预付款项							预收款项						
应收利息							应付职工薪酬						
应收股利							应交税费						
其他应收款							应付利息						
存货							应付股利						
一年内到期的非流动资产							其他应付款						
其他流动资产							一年内到期的非流动负债						
可供出售金融资产							其他流动负债						
持有至到期投资							长期借款						
长期应收款							应付债券						
长期股权投资							长期应付款						
投资性房地产							专项应付款						
固定资产							预计负债						
在建工程							递延所得税负债						
工程物资							其他非流动负债						
固定资产清理							实收资本（或股本）						
无形资产							资本公积						
开发支出							盈余公积						
商誉							未分配利润						
长期待摊费用													
递延所得税资产													
其他非流动资产													
合计							合计						

表 10－4 利润表试算平衡表

被审计单位：	索引号：
项目：利润表	财务报表截止日/期间：
编制：	复核：
日期：	日期：

项目		未审数	调整金额		审定数	索引号
			借方	贷方		
一	营业收入					
	减：营业成本					
	营业税金及附加					
	销售费用					
	管理费用					
	财务费用					
	资产减值损失					
	加：公允价值变动损益					
	投资收益					
二	营业利润					
	加：营业外收入					
	减：营业外支出					
三	利润总额					
	减：所得税费用					
四	净利润					

四、评价审计结果

注册会计师评价审计结果，主要是从整体的角度确定将要发表意见的类型以及在整个审计工作中是否遵循了审计准则。为此，注册会计师必须完成两项工作：一是对重要性和审计风险进行最终的评价；二是对被审计单位已审计财务报表形成审计意见并草拟审计报告。

（一）对重要性和审计风险进行最终评价

对重要性和审计风险进行最终评价，是注册会计师决定发表何种类型审计意见的必要过程，可通过以下两个步骤来完成。

（1）按财务报表项目确定可能的错报金额汇总数（即可能错报总额）。可能错报总额包括：通过交易和财务报表项目实质性测试所确认的未更正错报；通过测试样本估计出的总体错报减去在测试中已识别的具体错报所得的推断误差；通过实质性分析程序推断出的估计错报。另外，还要考虑上一期任何未更正且仍对本期财务报表产生影响的错报。

（2）评价未更正错报的影响。

1）如果注册会计师认为某一单项错报是重大的，则该项错报不太可能被其他错报抵销。

2）对于同一账户余额或同一类别的交易内部的错报，这种抵销可能是适当的。

3）确定一项分类错报是否重大，需要进行定性评估。即使分类错报超过了在评价其他错报时运用的重要性水平，注册会计师可能仍然认为该分类错报对财务报表整体不产生重大影响。

4）某些错报低于财务报表整体重要性，但因与这些错报相关的某些情况，在将其单独或连同在审计过程中累积的其他错报一并考虑时，注册会计师也可能将这些错报评价为重大错报。

未更正错报对财务报表产生重大影响时，审计风险增加。如果注册会计师得出结论，审计风险处在一个可接受的水平，可以直接提出审计结果所支持的意见。如果注册会计师认为审计风险不能接受，应追加实施额外的实质性测试或者说服被审计单位做出必要调整，以便使重要错报的风险降到可以接受的水平。否则，注册会计师应慎重考虑该审计风险对审计报告的影响。

（二）对被审计单位已审计财务报表形成审计意见并草拟审计报告

在审计过程中，要实施各种测试。这些测试通常是由参与本次审计工作的审计项目组成员来执行的，而每个成员所执行的测试可能只限于某几个领域或账项，所以，在每个功能领域或报表项目的测试都完成之后，审计项目经理应汇总所有成员的审计结果。

在终结审计工作阶段，为了对财务报表整体发表适当的意见，审计项目经理应当将分散的审计结果加以汇总和评价，综合评价后，再逐级交给部门经理和主任会计师认真复核。

在对审计意见形成最后决定之前，会计师事务所通常要与被审计单位召开沟通会。在会议上，注册会计师可口头报告本次审计所发现的问题，并说明建议被审计单位作必要调整或表外披露的理由。当然，管理层也可以在会上申辩其立场。最后，通常会就需要被审计单位做出的改变达成协议。如达成了协议，注册会计师一般即可签发标准审计报告，否则，注册会计师考虑发表其他类型的审计意见。

五、与治理层沟通

（一）选择与治理层沟通的方式

在一个现代企业中，治理层是指对企业战略方向以及管理层履行经营管理责任负有监督责任的人员或组织，治理层的责任包括对财务报告过程的监督。在某些被审计单位，治理层可能包括管理层成员。管理层是指对企业经营活动的执行负有管理责任的人员或组织，管理层负责编制财务报表，并受到治理层的监督。在某些被审计单位，管理层包括部分或全部的治理层成员。

在终结审计中，注册会计师应当就与财务报表审计相关且根据职业判断认为与治理层责任相关的重大事项，以适当的方式及时与治理层沟通。有效的双向沟通十分重要，这有助于：（1）注册会计师和治理层了解与审计相关事项的背景，并建立建设性的工作关系，在建立这种关系时，注册会计师需要保持独立性和客观性；（2）注册会计师向治理层获取与审计相关的信息，例如，治理层可以帮助注册会计师了解被审计单位及其环境，确定审计证据的适当来源，提供有关具体交易或事项的信息；（3）治理层履行其对财务报告编制过程的监督责任，从而降低财务报表重大错报风险。

沟通的形式可分为口头或书面沟通、详细或简略沟通、正式或非正式沟通。有效的沟通形式不仅包括正式声明和书面报告等正式形式，也包括讨论等非正式形式。对于审计中发现的重大问题，如果根据职业判断认为采用口头形式沟通不适当，注册会计师应当以书面形式与治理层沟通。书面沟通不必包括审计过程中的所有事项。

注册会计师在确定采用何种沟通形式时，除了考虑特定事项的重要程度外，还应当考虑下列因素。

（1）管理层是否已就该事项与治理层沟通。

（2）被审计单位的规模、经营结构、控制环境和法律结构。

（3）如果执行的是特殊目的财务报表审计，注册会计师是否同时审计该被审计单位的通用目的财务报表。

（4）法律法规的规定。

（5）治理层的期望，包括与注册会计师定期会面或沟通的安排。

（6）注册会计师与治理层保持联系和对话的数量。

（7）治理层的成员是否发生重大变化。

（二）与治理层沟通的内容

注册会计师应当直接与治理层沟通以下主要事项。

（1）注册会计师的责任。注册会计师应当向治理层说明，注册会计师的责任是对管理层在治理层监督下编制的财务报表发表审计意见，对财务报表的审计并不能减轻管理层和治理层的责任。

（2）计划的审计范围和时间安排的总体情况，包括识别出的特别风险。在与治理层沟通计划的审计范围和时间时，注册会计师应当保持职业谨慎，以防止具体审计程序易于被治理层（尤其是承担管理责任的治理层）预见等原因损害审计工作的有效性。

（3）审计工作中发现的问题。注册会计师应当就审计工作中发现的问题与治理层直接沟通下列事项。

1）注册会计师对被审计单位会计实务（包括会计政策、会计估计和财务报表披露）重大方面的质量的看法。在适当的情况下，注册会计师应当向治理层解释为何某项在适用的财务报告编制基础下可以接受的重大会计实务，并不一定最适合被审计单位的具体情况。

2）审计工作中遇到的重大困难。

3）已与管理层讨论或需要书面沟通的重大事项，以及注册会计师要求提供的书面声明，除非治理层全部成员参与管理被审计单位。

4）影响审计报告形式和内容的情形（如有）。

5）审计中出现的、根据职业判断认为与监督财务报告编制过程相关的所有其他重大事项。

如果被审计单位是上市实体，注册会计师还应当与治理层沟通注册会计师的独立性，主要包括下列内容。

（1）就审计项目组成员、会计师事务所以及其他相关人员按照法律法规和职业道德规范的规定保持了独立性做出声明。

（2）根据职业判断，注册会计师认为会计师事务所、网络事务所与被审计单位之间存在的可能影响独立性的所有关系和其他事项，其中包括会计师事务所和网络事务所在财务报表涵盖期间为被审计单位和受被审计单位控制的组成部分提供审计、非审计服务的收费总额。这些收费应当分配到适当的业务类型中，以帮助治理层评估这些服务对注册会计师独立性的影响。

（3）为消除对独立性的威胁或将其降至可接受的水平，已经采取的相关防护措施。

六、获取管理层书面声明

（一）获取管理层书面声明的作用

管理层书面声明是指被审计单位管理层向注册会计师提供的书面陈述，用以确认某些事项或支持其他审计证据。这些陈述是在审计过程中，注册会计师与被审计单位管理层就财务报表审计相关的重大事项不断进行沟通而形成的。

注册会计师应当向被审计单位管理层获取适当声明，管理层书面声明有两个基本作用。

1. 进一步明确管理层对财务报表的责任

管理层书面声明表明管理层从以下方面认可对财务报表的责任。

（1）管理层认可其设计和实施内部控制以防止或发现并纠正错报的责任。

（2）管理层认为注册会计师在审计过程中发现的未更正错报，无论是单独还是汇总起来考虑，对财务报表整体均不具有重大影响。未更正错报项目的概要应当包含在书面声明中或附于书面声明后。

2. 管理层书面声明可以作为重要审计证据

如果合理预期不存在其他充分、适当的审计证据，注册会计师应当就对财务报表具有重大影响的事项向管理层获取书面声明。

（二）管理层书面声明的内容

注册会计师应当要求对财务报表承担相应责任并了解相关事项的管理层提供书面声明。

1. 针对管理层责任的书面声明

（1）针对财务报表的编制，注册会计师应当要求管理层提供书面声明，确认其根据审计业务约定条款，履行了按照适用的财务报告框架编制财务报表（包括使其实现公允反映，如适用）的责任。

（2）针对提供的信息和交易的完整性，注册会计师应当要求管理层就下列事项提供书面声明：按照审计业务约定条款，已向注册会计师提供所有相关信息，并允许注册会计师不受限制地接触所有相关信息以及被审计单位内部人员和其他相关人员；所有交易均已记录并反映在财务报表中。

2. 其他书面声明

除审计准则要求的书面声明外，如果注册会计师认为有必要获取一项或多项其他书面声明，以支持与财务报表或者一项或多项具体认定相关的其他审计证据，注册会计师应当要求管理层提供这些书面声明。

3. 书面声明涵盖的日期和期间

书面声明的日期应当尽量接近对财务报表出具审计报告的日期，但不得在审计报告日后。书面声明应当涵盖审计报告针对的所有财务报表和期间。

（三）获取管理层书面声明的程序及其对审计的影响

当管理层书面声明的事项对财务报表具有重大影响时，注册会计师应当实施下列审计程序。

（1）从被审计单位内部或外部获取佐证证据；

（2）评价管理层书面声明是否合理并与获取的其他审计证据（包括其他声明）一致；

（3）考虑做出声明的人员是否熟知所声明的事项。

虽然管理层书面声明是重要证据，但注册会计师不应以管理层书面声明替代预期能够合理获取的其他审计证据。如果管理层的某项书面声明与其他审计证据相矛盾，注册会计师应当调查这种情况。必要时，应重新考虑管理层做出的其他声明的可靠性。

如果管理层拒绝提供注册会计师认为必要的书面声明，注册会计师应当将其视为审计范围受到限制，出具保留意见或无法表示意见的审计报告。

如果注册会计师认为某项书面声明重要，如涉及重大事项的书面声明，或其他可获取的审计证据证明力较弱情况下的声明，而管理层拒绝提供，则注册会计师需要考虑无法获取该声明对审计意见的影响，出具保留意见或无法表示意见的审计报告。在这种情况下，注册会计师应当评价审计过程中获取的管理层其他声明的可靠性，并考虑管理层拒绝提供声明是否可能对审计报告产生其他影响。

七、完成质量控制复核

为了保障审计报告质量，审计工作底稿要经过多级复核，才能支持审计报告的签发。会计师事务所建立的多级复核制度主要包括以下内容。

（一）项目组内复核

1. 审计项目经理现场复核

审计项目经理对审计工作底稿的全面复核通常在审计现场完成，以便及时发现和解决问题，争取审计工作的主动性。

2. 项目合伙人复核

项目负责人是指会计师事务所中负责某项审计业务及其执行，并代表会计师事务所在审计报告上签字的主任会计师或经授权签字的注册会计师。在完成审计外勤工作时，需要项目合伙人对审计工作底稿实施复核，这是对项目经理复核的再监督，也是对重要审计事项的重点把关。

（二）项目质量控制复核

项目质量控制复核是指会计师事务所挑选不参与该业务的人员，在出具报告前，对项目组做出的重大判断和在准备报告时形成的结论做出客观评价的过程。项目质量控制复核与项目组内复核在内容和目的等方面具有一定的相似性，但存在以下主要区别（见表10-5）。

表10-5 不同层次审计工作底稿复核内容对比

项目	复核内容
审计项目经理现场复核	评价已完成的审计工作、所获得的证据和工作底稿编制人员形成的结论。
项目合伙人复核	（1）复查计划确定的重点审计程序是否适当，是否较好实施，是否实现了审计目标； （2）复查重点审计项目的审计证据是否充分、适当； （3）复查审计范围是否充分； （4）复查对建议调整的不符事项和未调整事项的处理是否恰当； （5）复查审计工作底稿中重要的勾稽关系是否正确； （6）检查审计工作中发现的问题及其对财务报表和审计报告的影响，审计项目组对这些问题的处理是否恰当； （7）复核已审财务报表总体上是否合理、可信。
项目质量控制复核	（1）对项目组和会计师事务所独立性做出评价； （2）在决定接受客户和保持客户时识别的风险； （3）识别的特别风险以及采取的应对措施，包括项目组对舞弊风险的评估及采取的应对措施； （4）在确定重要性时的谨慎程度，包括运用的假设和判断； （5）项目组是否已就存在的意见分歧、其他疑难问题或争议事项进行适当咨询，以及咨询得出的结论； （6）项目组在审计中识别的已更正和未更正的错报的重要程度及处理情况； （7）项目组拟与管理层、治理层以及其他方面沟通的事项； （8）所复核的审计工作底稿是否反映了项目组针对重大判断执行的工作，是否支持得出的结论； （9）项目组拟出具的审计报告的适当性。

（1）复核主体不同。项目组内复核是项目组内部进行的复核（包括项目负责人亲自实施的复核），而项目质量控制复核则是会计师事务所指派不参与该业务的人员，独立地对特定审计业务实施的复核。后者的独立性和客观性明显更高。

（2）复核对象不同。对每项审计业务，项目组都应当实施项目组内复核，而会计师事务所只对特定审计业务独立实施项目质量控制复核。

（3）复核要求不同。项目组对每项业务实施的复核比较详细具体。会计师事务所针对特定业务实施的项目质量控制复核应当突出重点，包括客观评价项目组做出的重大判断和在准备审计报告时得出的结论。

项目质量控制复核人应当具备质疑项目合伙人所需的适当的资历（经验、能力等），以便切实履行其复核职责。在执行审计过程中，项目合伙人可以向项目质量复核人咨询，但为了保持项目质量复核的客观性，项目质量复核人不应当由项目合伙人挑选；在复核期间不能以其他方式参与该项目；不能代替项目组进行决策；不存在其他损害复核人客观性的情形。如果审计客户属于公众利益实体，执行其审计业务的关键合伙人任职不能超过 5 年，且在任期结束后 2 年内，不得对该客户的审计业务实施项目质量控制复核。

会计师事务所应当制定政策和程序，要求对特定业务实施项目质量控制复核，以客观评价项目组做出的重大判断以及在准备报告时得出的结论。当审计项目涉及以下方面时，该项目可能需要实施项目质量控制复核。

（1）对被审计单位持续经营能力存有疑虑。

（2）被审计单位是跨国实体。

（3）注册会计师可能发表非无保留意见。

（4）业务性质复杂。

（5）被审计单位首次公开或拟公开发行股票或债券。

（6）被审计单位涉及并购。

（7）所属行业在性质上被认为存在较大风险。

（8）从事某些金融服务。

（9）被审计单位具有公众利益实体的特征，如因规模、复杂性或涉及公众利益的程度而显得十分重要，拥有广泛的利益相关者。

注意，即使在业务开始时认为不需要执行项目质量控制复核，但随着情况的变化，也可能会出现需要执行项目质量控制复核的情形；有时项目组的其他合伙人与属于公众利益实体的审计客户长期存在业务关系，将因密切关系和自身利益产生不利影响，必要时也可能需要实施项目质量控制复核。特殊情况下，如会计师事务所连续两年从某一公众利益实体及其关联实体收取的审计费用，占其从所有客户收取的审计费用的 15%以上，会计师事务所应向客户管理层披露这一事实，并可能在第二年度财务报表发表意见之前，或者在第二年度财务报表发表意见之后，第三年度财务报表发表意见之前，由其他会计师事务所对该业务实施项目质量控制复核，以将不利影响降至可接受水平。

会计师事务所制定实施项目质量控制复核的政策和程序应当包括以下内容。

（1）业务的性质，包括涉及公众利益的范围。

（2）在某项业务或某类业务中已识别的异常情况或风险。

（3）法律法规是否要求实施项目质量控制复核。

会计师事务所的政策和程序应当要求在出具报告前完成项目质量控制复核。如果项目负责人不接受项目质量控制复核人员的建议，并且重大事项未得到满意解决，项目负责人不应当出具报告。只有在按照会计师事务所处理意见分歧的程序解决重大事项后，项目负责人才能出具报告。

审计业务的多级复核形成的工作底稿的参考格式如表10-6所示。

表10-6 业务复核核对表

被审计单位：________	索引号：________
项目：业务复核	财务报表截止日/期间：________
编制：________	复核：________
日期：________	日期：________

一、项目负责经理复核

复核事项	是/否/不适用	备注
1. 是否已复核已完成的审计计划以及导致对审计计划做出重大修改的事项？ 2. 是否已复核重要的财务报表项目？ 3. 是否已复核特殊交易或事项，包括债务重组、关联方交易、非货币性交易、或有事项、期后事项、持续经营能力等？ 4. 是否已复核重要会计政策、会计估计的变更？ 5. 是否已复核重大事项概要？ 6. 是否已复核建议调整事项？ 7. 是否已复核管理层声明书，股东（大）会、董事会相关会议纪要，与客户的沟通记录及重要会谈记录，律师询证函复函？ 8. 是否已复核审计小结？ 9. 是否已复核已审计财务报表和拟出具的审计报告？ 10. 实施上述复核后，是否可以确定下列事项： （1）审计工作底稿提供了充分、适当的记录，作为审计报告的基础？ （2）已按照中国注册会计师审计准则的规定执行了审计工作？ （3）对重大错报风险的评估及采取的应对措施是恰当的，针对存在特别风险的审计领域，设计并实施了针对性的审计程序，且得出了恰当的审计结论？ （4）做出的重大判断恰当合理？ （5）提出的建议调整事项恰当，相关调整分录正确？ （6）未更正错报无论是单独还是汇总起来对财务报表整体均不具有重大影响？ （7）已审计财务报表的编制符合企业会计准则的规定，在所有重大方面公允反映了被审计单位的财务状况、经营成果和现金流量？ （8）拟出具的审计报告措辞恰当，已按照中国注册会计师审计准则的规定发表了恰当的审计意见？		

签字：________ 日期：________

二、项目合伙人复核

复核事项	是/否/不适用	备注
1. 是否已复核已完成的审计计划以及导致对审计计划做出重大修改的事项？ 2. 是否已复核重大事项概要？ 3. 是否已复核存在特别风险的审计领域，以及项目组采取的应对措施？ 4. 是否已复核项目组做出的重大判断？ 5. 是否已复核建议调整事项？ 6. 是否已复核管理层声明书，股东（大）会、董事会相关会议纪要，与客户的沟通记录及重要会谈记录，律师询证函复函？ 7. 是否已复核审计小结？ 8. 是否已复核已审计财务报表和拟出具的审计报告？ 9. 实施上述复核后，是否可以确定： （1）对项目负责经理实施复核的结果满意？ （2）对重大错报风险的评估及采取的应对措施是恰当的，针对存在特别风险的审计领域，设计并实施了有针对性的审计程序，且得出了恰当的审计结论？ （3）项目组做出的重大判断恰当合理？ （4）提出的建议调整事项恰当合理，未更正错报无论是单独还是汇总起来对财务报表整体均不具有重大影响？ （5）已审计财务报表的编制符合企业会计准则的规定，在所有重大方面公允反映了被审计单位的财务状况、经营成果和现金流量？ （6）拟出具的审计报告措辞恰当，已按照中国注册会计师审计准则的规定发表了恰当的审计意见？		

签字：____________________ 日期：__________

三、项目质量控制复核

复核事项	是/否/不适用	备注
（由独立的项目质量控制复核人员进行复核。项目质量控制复核适用于上市公司财务报表审计或会计师事务所规定的其他类型审计业务。）		
1. 项目质量控制复核之前进行的复核是否均已得到满意的执行？ 2. 是否已复核项目组针对本业务对本所独立性做出的评价，并认为该评价是恰当的？ 3. 是否已复核项目组在审计过程中识别的特别风险以及采取的应对措施，包括项目组对舞弊风险的评估及采取的应对措施，认为项目组做出的判断和应对措施是恰当的？ 4. 是否已复核项目组做出的判断，包括关于重要性和特别风险的判断，认为这些判断恰当合理？ 5. 是否确定项目组已就存在的意见分歧、其他疑难问题或争议事项进行适当咨询，且咨询得出的结论是恰当的？ 6. 是否已复核项目组与管理层和治理层沟通的记录以及拟与其沟通的事项，对沟通情况表示满意？ 7. 是否认为所复核的审计工作底稿反映了项目组针对重大判断执行的工作，能够支持得出的结论？ 8. 是否已复核已审计财务报表和拟出具的审计报告，认为已审计财务报表符合企业会计准则的规定，拟出具的审计报告已按照中国注册会计师审计准则的规定发表了恰当的审计意见？		

签字：____________________ 日期：__________

八、召开总结会并编制审计总结

在终结审计阶段，召开项目组会议主要是为了整体了解审计工作及其存在的问题，对整个审计中遇到的问题，尤其是专业意见分歧、重大事项及其解决情况进行汇总讨论，形成专业意见分歧解决表（见表10－7）、重大事项概要汇总表（见表10－8）等。召开总结会主要是就下列事项进行沟通，形成总结会会议纪要（见表10－9）并由双方签字认可。

在此基础上，编制审计总结（见表10－10）。最后，注册会计师一般采用审计工作完成情况核对表（见表10－11）来终结整个审计工作，这不仅可对那些经常容易被忽视的审计方面起到提醒的作用，还有利于检查审计证据的充分性和适当性。

表10－7　专业意见分歧解决表

被审计单位：________	索引号：________
项目：专业意见分歧解决	财务报表截止日/期间：________
编制：________	复核：________
日期：________	日期：________

一、存在专业意见分歧的人员及其职位

姓名	职位

二、专业意见分歧

（注：简述存在专业意见分歧的会计或审计问题。）

____

____

____

三、解决方式

（注：简述为解决意见分歧采取的措施和获取的审计证据，包括查阅的专业文献和向专家咨询的意见等。如必要，记录与管理层或其他人员就该问题进行讨论的情况，包括讨论时间、讨论对象以及对方的回应等。）

____

____

____

四、解决过程

（注：记录最后形成结论的过程。记录对相互矛盾的审计证据或相互矛盾的观点的考虑以及解决过程。）

____

____

____

五、结论

（注：记录最后形成的结论以及形成结论的基础。）

____

____

最终结论批准人：______________　批准日期：________

下列人员不同意最终形成的结论：

姓名	日期
________	________
________	________
________	________
________	________
________	________

表 10-8　重大事项概要汇总表

被审计单位：________	索引号：________
项目：重大事项概要	财务报表截止日/期间：________
编制：________	复核：________
日期：________	日期：________

一、引起特别风险的事项

审计目标	
重大错报风险评估结果及得出评估结果的理由	
总体方案和发现	
采用________方案（综合性或实质性方案），具体审计程序包括： …… 有关具体审计程序的详细内容见审计工作底稿…… 审计发现： ……	
结论：	

二、实施审计程序的结果

1. 修正以前对重大错报风险的评估和针对这些风险拟采取的应对措施

对以前重大错报风险评估结果的修正及原因	
应对修正后的重大错报风险评估结果的措施	
对进一步审计程序的总体方案的重大更改	
对拟实施的进一步审计程序的重大更改	
审计目标	

2. 未更正错报汇总

三、导致难以实施必要审计程序的情形

审计目标	
导致难以实施必要审计程序的情形及其解决方法	

四、可能导致出具非标准审计报告的事项

事项及解决方法

表 10-9　总结会会议纪要

被审计单位：＿＿＿＿	索引号：＿＿＿＿
项目：总结会	财务报表截止日/期间：＿＿＿＿
编制：＿＿＿＿	复核：＿＿＿＿
日期：＿＿＿＿	日期：＿＿＿＿

会议地点：
会议时间：
会议组织者：
参加会议者：
记录员：
会议议题：

表 10-10　审计总结

被审计单位：________	索引号：________
项目：审计总结	财务报表截止日/期间：________
编制：________	复核：________
日期：________	日期：________

一、评估的财务报表层次的重大错报风险及总体应对措施
二、评估的特别风险及应对措施
三、对审计计划做出的修改及原因
四、对被审计单位持续经营能力产生影响的事项及其处理
五、对期后事项的审查情况
六、重大问题处理及与客户交换意见情况
七、审计结论
八、对下年度工作的建议

表 10-11　审计工作完成情况核对表

被审计单位：________	索引号：________
项目：审计工作完成情况	财务报表截止日/期间：________
编制：________	复核：________
日期：________	日期：________

审计工作	是/否/不适用	备注	索引号
1. 是否执行业务承接或保持的相关程序？			
2. 是否签订审计业务约定书？			
3. 是否制定总体审计策略？			
4. 审计计划制定过程中，是否了解被审计单位及其环境并评估重大错报风险，包括舞弊风险？			
5. 是否召开项目组会议？			
6. 审计计划是否经适当人员批准？			
7. 是否与被审计单位就审计计划进行沟通？			
8. 计划的审计程序是否得到较好执行，对计划的修改是否得到记录？			

续表

审计工作	是/否/不适用	备注	索引号
9. 是否已获取所有必要的来自银行、律师、债权人、债务人、持有存货的第三方等外部机构的询证函回函或确认函?			
10. 所有重要实物资产是否均已实施监盘?			
11. 当涉及利用其他审计师的工作时，对其他审计师的工作结果是否满意?			
12. 计划执行的各项审计程序是否全部执行完毕，未能执行的审计程序是否实施了替代审计程序?			
13. 审计范围是否受到限制?			
14. 计划确定的重大错报风险，包括舞弊导致的重大错报风险是否仍旧恰当，是否需要追加审计程序?			
15. 是否恰当应对在审计过程中识别的舞弊导致的重大错报风险?			
16. 是否审查期后事项，并考虑对财务报表的影响?			
17. 是否审查或有事项，并考虑对财务报表的影响?			
18. 是否审查关联方及关联方交易，并考虑对财务报表的影响?			
19. 是否审查对被审计单位持续经营能力具有重大影响的事项?			
20. 是否及时查阅了与已审计财务报表相关的其他信息，并充分考虑了其他信息对已审计财务报表的影响?			
21. 是否已就审计中发现的重大错报及其他对财务报表产生重大影响的重大事项与适当层次的管理层或治理层沟通?			
22. 是否在审计结束时或临近结束时对财务报表进行总体复核?			
23. 是否召开项目组会议，并确定建议调整事项和试算平衡表草表?			
24. 是否编制重大事项概要？是否所有重大事项均已得到满意解决?			
25. 是否与被审计单位召开总结会，就建议调整事项进行沟通，形成总结会会议纪要，并经被审计单位确认?			
26. 是否获取被审计单位对所有调整事项的确认?			
27. 是否累计所有未更正错报，包括错误和推断差异，并评估未更正错报对财务报表的影响?			
28. 未更正错报汇总表是否经被审计单位确认?			
29. 董事会或管理层是否接受已审计财务报表?			
30. 项目负责经理是否已复核工作底稿?			
31. 项目负责合伙人是否已复核工作底稿?			
32. 是否已完成项目质量控制复核（必要时）?			
33. 是否已取得经签署的管理层声明书原件，并确定其签署日期与审计报告日期一致?			
34. 是否完成审计总结?			

第二节　审计报告

一、审计报告与财务报表

审计报告是注册会计师根据审计准则的规定，在实施审计工作的基础上对被审计单位财务报表发表审计意见的书面文件。财务报表，是指整套通用目的财务报表，即按照通用目的编制基础编制的财务报表，包括相关附注。相关附注通常包括重要会计政策和会计估计。适用的财务报告编制基础的规定决定了财务报表的形式和内容，以及整套财务报表的构成。通用目的编制基础，是指旨在满足广大财务报表使用者共同财务信息需求的财务报告编制基础。

治理层对财务报告过程的监督职责主要有：审核或监督企业的重大会计政策，审核或监督企业财务报告和披露程序，审核或监督与财务报告相关的企业内部控制，组织和领导企业内部审计，审核和批准企业的财务报告和相关信息披露，聘任和解聘负责企业外部审计的注册会计师并与其进行沟通等。

在被审计单位治理层的监督下，按照适用的会计准则和相关会计制度的规定编制财务报表是被审计单位管理层的责任。管理层对编制财务报表的责任具体包括：（1）选择适用的会计准则和相关会计制度；（2）选择和运用恰当的会计政策；（3）根据企业的具体情况，做出合理的会计估计。

在治理层的监督下，管理层作为会计工作的行为人，对编制财务报表负有直接责任。注册会计师应当在审计报告中清楚地表达对财务报表的意见，并对出具的审计报告负责。

财务报表的编制和财务报表审计是财务信息生成链条上的不同环节，各司其职，财务报表审计不能减轻被审计单位治理层和管理层的责任。各方面利益人对审计报告与财务报表的责任如图 10－1 所示。

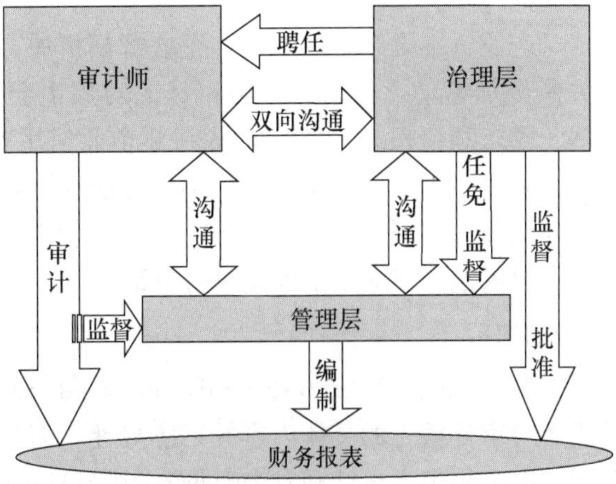

图 10－1　各方面利益人对财务报表和审计报告的责任

尽管审计报告与财务报表是性质不同的两种报告文件，但审计报告与财务报表通常要同时并列呈送委托人或正式对外公布，由于审计报告的鉴证作用，已审计的财务报表会增强其可信性。

实例 10-2（单选题）

下列关于财务报表审计的说法中错误的是（　　）。

A. 审计可以满足财务报表预期使用者的要求

B. 审计的目的是增加财务报表预期使用者对财务报表的信任程度

C. 财务报表审计的基础是注册会计师的独立性和专业性

D. 审计涉及为财务报表预期使用者利用相关信息提供建议

分析：D。审计的目的是改善财务报表的质量或内涵，增强预期使用者对财务报表的信赖程度，即以合理保证的方式提高财务报表的质量，而不涉及为如何利用信息提供建议，故选项D错误。

二、审计报告的沿革

审计报告通过对财务信息的鉴证，不仅保护了信息使用人的利益，也能证明审计质量和审计责任，保护注册会计师。

20世纪初，英国注册会计师将审计实务引入美国，由于缺乏统一的标准和实务，审计报告没有标准用语，内容、格式、审计意见的表达方式全部掌握在注册会计师自己手中，而且由于崇尚实务、轻视理论研究，注册会计师对财务报表的鉴证多依赖会计师个人权威，注册会计师也普遍高估自己，经常出具描述性的长式报告，且在报告中出现“我们证明”“我们保证”“全面而正确”等过于绝对化的用词。其一般格式为：

> 我们审计了××公司截至××年××月××日的会计年度的各类账目以及其他账簿记录。我们认为，随附的资产负债表正确反映了××年××月××日的财务状况，特此证明。

随着金融资本对产业资本更广泛的渗透，企业规模扩展，经济活动日益复杂，企业与银行的利益关系更加密切，注册会计师审计的对象由会计账目扩大到资产负债表，注册会计师基于股东和债权人的需要，从判断企业信用状况角度提出审计意见。注册会计师逐步认识到，过于自信的审计报告不仅可能误导报告使用者，而且会夸大审计的作用，不必要地加大注册会计师的责任。于是，注册会计师开始探索短式的、标准化的审计报告，但人们一直对以下问题进行争论。

（一）审计报告的内容

以莫茨、夏拉夫和塞德勒（Mautz，Sharaf，and Seidler）为代表的学者提出符号论，认为信息使用者对审计报告的具体内容并不感兴趣，而只看其结论，主张审计报告应缩减到只表明“财务报表已审计和发表意见”，甚至只声明“Clean Opinion”。以科恩委员会（Cohen Commission）为代表的一派则主张增加解释性内容，认为审计报告使用者并不熟悉审计功能存在的限制，以及会计责任和审计责任的区分，审计报告不应将大量的审计发现压缩为几个词或几段话。

（二）审计报告的格式

以国际会计师公会（the Association of International Accountants，AIA）为代表的一派主张审计报告应标准化，使不同事务所出具的审计报告具有可比性，使非标准的审计报告更容易区分和辨认，规避审计报告措辞的多样化引起误解的可能性。埃斯蒂斯（Estes）等人认为审计报告的标准化使整个审计报告变成单一的符号，使用者在熟悉报告的措辞后，便不会仔细阅读报告，可能会忽视审计报告中措辞的细微暗示。

伴随着这些争论，审计报告历经四次重大修订。1934 年推出了首份"标准报告"，首次将财务报表作为检查的对象，清晰地提及"测试"这一重要概念，强调审计提出的是意见，将会计准则作为衡量"公允表达"的标准。1948 年标准审计报告的形式基本确立，强调以一般公认会计原则（GAAP）为审计依据。1988 年从解决期望差距入手，强调在审计报告中区分会计责任和审计责任，明确承认审计只是提供合理保证，增加"在所有重大方面"这一术语。2015 年，国际审计与鉴证准则理事会（IAASB）修订发布了新的国际审计报告准则，在改进审计报告模式、增加审计报告要素、丰富审计报告内容等方面做了重大改进。在标准化与个性化之间权衡，确定可以并应该标准化的审计报告要素，例如审计意见的表述、审计责任与会计责任的划分等内容应按标准格式与语言表述，而注册会计师评论段可根据被审计单位的实际情况定制。审计报告通过增加注册会计师的评论段、披露审计过程的信息，增加审计报告的信息含量，鼓励审计报告实现充分披露。

从审计报告沿革中我们不难看到：

（1）审计报告的产生和发展是由审计需求推动的，随着审计需求方由股东和债权人变为社会公众，审计报告更具有公共产品的性质。因此，为了便于会计信息的对比和报告被广泛阅读，政府应当适当干预审计报告的供给，要求规范审计报告格式、内容和表达。

（2）审计报告的格式与内容的变化源自注册会计师职能和社会公众期望的博弈。在修正审计报告被歪曲理解和运用的理论和实践中，审计报告不断完善和发展。注册会计师只有在最大可能满足社会公众利益的前提下，符合自己的职能特征，即审计报告不可能证明或保证被审计单位财务报表绝对正确、真实、可信，但必须向社会公众保证注册会计师谨慎执业，获取的证据可以为其意见的发表提供合理依据，才能不断缩小与公众期望的差距。

（3）为缩小政府部门、监管机构和投资者与注册会计师执业质量的期望差距，降低资本市场的不确定性和信息不对称带来的风险，审计报告改革已成为不可逆转的趋势，这需要处理好两对矛盾：

1）标准化与个性化。标准化的审计报告可以增强审计报告的可比性，降低审计成本，并在一定程度上使注册会计师避免法律诉讼。但千篇一律的审计报告内容与措辞又降低了报告使用者的阅读兴趣，无法满足其个性化的需求，为此，在标准化与个性化之间进行权衡，应该标准化的审计报告要素应按标准格式与语言表述，但注册会计师评论段可根据被审计单位的实际情况定制，以满足审计报告使用者个性化的需求。

2）充分披露与信息超载。审计报告应当通过增加注册会计师的评论段、披露审计过程的信息，增加审计报告的信息含量，鼓励审计报告实现充分披露。但为了避免过多的披露可能导致信息超载，对于报告使用者普遍关注的审计意见段还是需要标准化，并呈现在审计报告最显眼的位置，让所有审计报告使用者一目了然，想进一步了解被审计单位个性化信息的使用者可以逐步向下阅读。

三、对财务报表形成审计意见

在审计报告阶段，注册会计师评价所有获取的审计证据，并根据不同情况对财务报表形成不同审计意见。

（一）评价被审计单位会计实务的质量

企业管理层需要对财务报表中的金额和披露做出大量判断，为此，在考虑被审计单位会计实务的质量时，注册会计师应注意到管理层判断中可能存在的偏向。注册会计师可能认为缺乏中立性产生的累积影响，连同未更正错报的影响，会导致财务报表整体存在重大错报。管理层缺乏中立性可能影响注册会计师对财务报表整体是否存在重大错报的评价。缺乏中立性包括下列迹象。

（1）管理层对注册会计师在审计期间提请其注意的错报进行选择性更正。例如，如果更正某一错报将增加盈利，则对该错报予以更正；反之，如果更正某一错报将减少盈利，则对该错报不予更正。

（2）管理层在做出会计估计时可能存在偏向。在得出单项会计估计是否合理的结论时，可能存在管理层偏向的迹象本身并不构成错报。然而，这些迹象可能影响注册会计师对财务报表整体是否不存在重大错报的评价。

被审计单位会计实务质量的高低主要表现在是否存在重大错报。错报是指某一财务报表项目所报告的金额、分类或列报，与按照适用的财务报告编制基础应当列示的金额、分类或列报之间存在的差异。财务报表的重大错报可能源于：选择的会计政策的恰当性；对所选择的会计政策的运用；财务报表披露的恰当性或充分性。

（二）评价财务报表合法性

在评价财务报表是否按照适用的财务报告编制基础编制时，注册会计师应当考虑下列内容。

（1）选择和运用的会计政策是否符合适用的财务报告编制基础，并适合被审计单位的具体情况。会计政策是被审计单位在会计确认、计量和报告中采用的原则、基础和会计处理方法。注册会计师在考虑被审计单位选用的会计政策是否适当时，应当关注重要事项。重要事项包括重要项目的会计政策和行业惯例、重大和异常交易的会计处理方法、在新领域和缺乏权威性标准或共识的领域采用重要会计政策产生的影响、会计政策的变更等。

评价财务报表是否恰当披露了选择和运用的重要会计政策时，注册会计师考虑的事项包括：适用的财务报告编制基础要求包括的所有与重要会计政策相关的披露是否均已披露；已披露的重要会计政策信息是否相关，从而反映在被审计单位经营及环境的特定情况下，适用的财务报告编制基础所规定的确认、计量和列报标准如何运用于财务报表中的各类交易、账户余额和披露；披露的重要会计政策的明晰性。

在考虑选择的会计政策的恰当性方面，当出现下列情形时，财务报表可能存在重大错报。

1）选择的会计政策与适用的财务报告编制基础不一致。

2）财务报表没有正确描述与资产负债表、利润表、所有者权益变动表或现金流量表中的重大项目相关的会计政策。

3）财务报表（包括相关附注）没有按照公允列报的方式反映交易和事项。

财务报告编制基础通常对会计处理、披露和会计政策变更提出要求。如果被审计单位变更了重大会计政策，且没有遵守这些要求，财务报表可能存在重大错报。

在对所选择的会计政策的运用方面，当出现下列情形时，财务报表可能存在重大错报：

1）管理层没有按照适用的财务报告编制基础的要求一贯运用所选择的会计政策，包括管理层未在不同会计期间或对相似的交易和事项一贯运用所选择的会计政策（运用的一致性）。

2）不当运用所选择的会计政策（如运用中的无意错误）。

（2）管理层做出的会计估计是否合理。会计估计通常是指被审计单位以最近可利用的信息为基础对结果不确定的交易或事项所作的判断。由于会计估计的主观性、复杂性和不确定性，管理层做出的会计估计发生重大错报的可能性较大。因此，注册会计师应当判断管理层做出的会计估计是否合理，确定会计估计的重大错报风险是不是特别风险，是否采取了有效的措施予以应对。

（3）财务报表反映的信息是否具有相关性、可靠性、可比性和可理解性。财务报表反映的信息应当符合信息质量特征，具有相关性、可靠性、可比性和可理解性。注册会计师应当根据《企业会计准则——基本准则》的规定，考虑财务报表反映的信息是否符合信息质量特征。评价财务报表的可理解性可以考虑下列事项：财务报表中的信息是否以清晰、简洁的形式列报；重要的披露的位置是否能够使披露得到适当的突出显示（例如，当认为被审计单位的特定信息对使用者具有价值时），以及披露的交叉索引是否适当，以避免使用者在识别必要信息时遇到重大困难。

（4）财务报表是否做出充分披露，使财务报表使用者能够理解重大交易和事项对被审计单位财务状况、经营成果和现金流量的影响。评价时考虑的事项包括：财务报表中的信息与被审计单位的具体情况相关的程度；披露是否充分，以帮助财务报表的预期使用者理解。

1）由交易或事项导致的被审计单位潜在资产或负债的性质和范围。这些潜在资产或负债并不满足适用的财务报告编制基础的确认标准（或不确认的标准）。

2）交易和事项导致的重大错报风险的性质和范围。

3）对列报金额产生影响的方法、假设和判断及其变化，包括相关敏感性分析。

在财务报表披露的恰当性或充分性方面，当出现下列情形时，财务报表可能存在重大错报。

1）财务报表没有包括适用的财务报告编制基础要求的所有披露。

2）财务报表没有按照适用的财务报告编制基础列报。

3）财务报表没有做出适用的财务报告编制基础特定要求之外的其他必要的披露以实现公允反映。

（5）财务报表使用的术语（包括每一财务报表的标题）是否适当。

（三）评价财务报表公允性应当考虑的内容

在评价财务报表是否做出公允反映时，注册会计师应当考虑下列内容。

（1）经管理层调整的财务报表是否与注册会计师对被审计单位及其环境的了解一致。完成审计工作后，如果财务报表存在重大错报，注册会计师应当要求管理层进行调整。管理层做出调整或拒绝调整后，注册会计师可以确定已审计财务报表是否还存在重大错报，并形成恰当的审计意见。为了进一步确定已审计财务报表是否符合被审计单位的实际情况，注册会计师需对财务报表做出总体复核，并判断是否与其对被审计单位及其环境的了解一致。

（2）财务报表的列报、结构和内容是否合理。企业会计准则和相关会计制度对财务报表的列报、结构和内容做了规定。注册会计师应当根据《企业会计准则第30号——财务报表列报》及其指南，考虑财务报表的列报、结构和内容是否合理。

（3）财务报表是否真实地反映了交易和事项的经济实质。在审计结束或临近结束时，注册会计师实施分析程序有助于验证在审计过程中形成的结论，并形成财务报表是否实现公允反映的整体结论。

评价财务报表是否实现公允反映包括与管理层和治理层就其选择特定列报的原因及考虑的替代方案进行讨论。内容包括：财务报表中的金额汇总或分解的程度，金额或披露的列报是否掩盖了有用的信息，或导致误导性信息；与适当的行业实务的一致性。

（四）无法获取充分、适当的审计证据的情形

下列情形可能导致注册会计师无法获取充分、适当的审计证据（也称为审计范围受到限制）。

1. 超出被审计单位控制的情形

超出被审计单位控制的情形举例如下。

（1）被审计单位的会计记录被毁坏。

（2）重要组成部分的会计记录被政府有关机构无限期地查封。

2. 与注册会计师工作的性质或时间安排相关的情形

与注册会计师工作的性质或时间安排相关的情形举例如下。

（1）被审计单位需要使用权益法对联营企业进行核算，注册会计师无法获取有关联营企业财务信息的充分、适当的审计证据以评价是否恰当运用了权益法。

（2）注册会计师接受审计委托的时间安排，使注册会计师无法实施存货监盘。

（3）注册会计师确定仅实施实质性程序是不充分的，但被审计单位的控制是无效的。

3. 管理层施加限制的情形

管理层对审计范围施加的限制致使注册会计师无法获取充分、适当的审计证据的情形举例如下。

（1）管理层阻止注册会计师实施存货监盘。

（2）管理层阻止注册会计师对特定账户余额实施函证。

如果注册会计师能够通过实施替代程序获取充分、适当的审计证据，则无法实施特定的程序并不构成对审计范围的限制。如果无法实施替代程序，则构成对审计范围的限制。

四、审计报告的基本要素

审计报告应当采用书面形式，包括下列要素。

（一）标题

审计报告的标题应统一规范为“审计报告”。考虑到这一标题为社会公众所接受，我国注册会计师出具的审计报告的标题没有“独立”两个字，但注册会计师在执行财务报表审计业务时，应当遵守独立性的要求。

（二）收件人

审计报告的收件人是指注册会计师按照业务约定书的要求致送审计报告的对象。在某些国家或地区，法律法规或业务约定条款可以指定审计报告致送的对象。审计报告应当载明收件人的全称。

注册会计师应当与委托人在业务约定书中约定致送审计报告的对象，以防止在此问题上发生分歧或审计报告被委托人滥用。针对整套通用目的财务报表出具的审计报告，其致送对象通常为被审计单位的全体股东或治理层。

（三）审计意见段

审计报告的第一部分应当包含审计意见，并以“审计意见”作为标题。

1. 审计意见的内容

审计意见说明财务报表在所有重大方面按照适用的财务报告编制基础的规定编制，公允反映了财务报表旨在反映的事项。

财务报表审计的目标是注册会计师通过执行审计工作，对财务报表的下列方面发表审计意见。

（1）财务报表是否按照适用的会计准则和相关会计制度的规定编制。

（2）财务报表是否在所有重大方面公允反映了被审计单位的财务状况、经营成果和现金流量。

审计意见涵盖由适用的财务报告编制基础所确定的整套财务报表，包括：1）指出被审计单位的名称；2）说明财务报表已经审计；3）指出构成整套财务报表的每一财务报表的名称；4）提及财务报表附注，包括重大会计政策和会计估计；5）指明构成整套财务报表的每一财务报表的日期或涵盖的期间。在某些国家或地区，额外的信息也可能被认为是财务报表的必要组成部分。

如果在审计意见中提及的适用的财务报告框架不是企业会计准则，而是国际财务报告准则、国际公共部门会计准则或者其他国家或地区的财务报告准则，注册会计师应当在审计意见段中指明国际财务报告准则或国际公共部门会计准则，或者财务报告准则所属的国家或地区。

在某些情况下，财务报表可能声明按照两个财务报告编制基础（如某一国家或地区的财务报告编制基础和国际财务报告准则）编制，在这种情况下，这两个编制基础都是适用的财务报告编制基础。在对财务报表形成审计意见时，需要在审计意见中提及这两个编制基础。

（1）如果财务报表分别符合每个编制基础，注册会计师需要发表两个意见：一个意见是，财务报表按照其中一个适用的财务报告编制基础（如×国财务报告编制基础）编制；另一个意见是，财务报表按照另一个适用的财务报告编制基础（如国际财务报告准则）编制。这两个意见可以分别表述，也可以在一个句子中表述（例如，财务报表在所有重大方面按照×国财务报告编制基础和国际财务报告准则的规定编制，公允反映了［……］）。

（2）如果财务报表符合其中一个编制基础（如×国财务报告编制基础）而没有符合另一个编制基础（如国际财务报告准则），注册会计师需要对财务报表按照其中一个编制基础（如×国财务报告编制基础）编制发表无保留意见，而按照《中国注册会计师审计准则第1502号——在审计报告中发表非无保留意见》的规定，对财务报表按照另一个编制基础（如国际财务报告准则）编制发表非无保留意见。

2. 无保留意见和非无保留意见

无保留意见是指注册会计师认为财务报表在所有重大方面按照适用的财务报告编制基础的规定编制并实现公允反映时发表的审计意见。如果对财务报表发表无保留意见，除非法律法规另有规定，审计意见应当使用“我们认为，后附的财务报表在所有重大方面按照［适用的财务报告编制基础（如企业会计准则等）］的规定编制，公允反映了［……］”的措辞。

非无保留意见，是指保留意见、否定意见或无法表示意见。当存在下列情形之一时，注册会计师应当考虑发表非无保留意见。

（1）根据获取的审计证据，得出财务报表整体存在重大错报的结论。

（2）无法获取充分、适当的审计证据，不能得出财务报表整体不存在重大错报的结论。

（四）形成审计意见的基础

形成审计意见的基础部分应当紧接在审计意见部分之后，包括下列方面。

（1）说明注册会计师按照审计准则的规定执行了审计工作。

（2）提及审计报告中用于描述审计准则规定的注册会计师责任的部分。

（3）声明注册会计师按照与审计相关的职业道德要求独立于被审计单位，并履行了职业道德方面的其他责任。声明中应当指明适用的职业道德要求，如中国注册会计师职业道德守则。

（4）说明注册会计师是否相信获取的审计证据是充分、适当的，为发表审计意见提供了基础。

（五）管理层对财务报表的责任段

审计报告的管理层责任段应当说明管理层负责下列方面。

（1）按照适用的财务报告编制基础的规定编制财务报表，使其实现公允反映，并设计、执行和维护必要的内部控制，以使财务报表不存在由于舞弊或错误导致的重大错报。

（2）评估被审计单位的持续经营能力和使用持续经营假设是否适当，并披露与持续经营相关的事项（如适用）。对管理层评估责任的说明应当包括描述在何种情况下使用持续经营假设是适当的。

在审计报告中指明管理层的责任，有利于区分管理层和注册会计师的责任，降低财务报表使用者误解注册会计师责任的可能性。在某些国家和地区，审计报告提及的可能是治理层对财务报表的责任。

（六）注册会计师的责任段

注册会计师对财务报表审计的责任部分应当包括下列内容。

（1）说明注册会计师的目标是对财务报表整体是否不存在由于舞弊或错误导致的重大错报获取合理保证，并出具包含审计意见的审计报告。合理保证是高水平的保证，但并不能保证按照审计准则执行的审计在某一重大错报存在时总能发现。在说明错报可能由于舞弊或错误导致时，注册会计师应当从下列两种做法中选取一种。

1）描述如果合理预期错报单独或汇总起来可能影响财务报表使用者依据财务报表做出的经济决策，则通常认为错报是重大的。

2）根据适用的财务报告编制基础，提供关于重要性的定义或描述。

（2）说明在按照审计准则执行审计工作的过程中，注册会计师运用职业判断，并保持职业怀疑；对于上市实体财务报表审计，指出注册会计师就已遵守与独立性相关的职业道德要求向治理层提供声明，并与治理层沟通可能被合理认为影响注册会计师独立性的所有关系和其他事项，以及相关的防范措施（如适用）。

（3）通过说明注册会计师的责任，对审计工作进行描述。这些责任包括以下方面。

1）识别和评估由于舞弊或错误导致的财务报表重大错报风险，设计和实施审计程序以应对这些风险，并获取充分、适当的审计证据，作为发表审计意见的基础。由于舞弊可能涉及串通、伪造、故意遗漏、虚假陈述或凌驾于内部控制之上，未能发现由于舞弊导致的重大错报的风险高于未能发现由于错误导致的重大错报的风险。

2）了解与审计相关的内部控制，以设计恰当的审计程序，但目的并非对内部控制的有效性发表意见。当注册会计师有责任在财务报表审计的同时对内部控制的有效性发表意见时，应当略去“目的并非对内部控制的有效性发表意见”的表述。

3）评价管理层选用会计政策的恰当性和做出会计估计及相关披露的合理性。

4）对管理层使用持续经营假设的恰当性得出结论。同时，根据获取的审计证据，就可能导致对被审计单位持续经营能力产生重大疑虑的事项或情况是否存在重大不确定性得出结论。如果注册会计师得出结论认为存在重大不确定性，审计准则要求注册会计师在审计报告中提请报表使用者关注财务报表中的相关披露；如果披露不充分，注册会计师应当发表非无保留意见。注册会计师的结论基于截至审计报告日可获得的信息。然而，未来的事项或情况可能导致被审计单位不能持续经营。

5）评价财务报表的总体列报、结构和内容（包括披露），并评价财务报表是否公允反映相关交易和事项。

（4）说明注册会计师与治理层就计划的审计范围、时间安排和重大审计发现等事项进行沟通，包括沟通注册会计师在审计中识别的值得关注的内部控制缺陷。

（5）对于上市实体财务报表审计，以及决定按照《中国注册会计师审计准则第1504号——在审计报告中沟通关键审计事项》的规定沟通关键审计事项的其他情况，说明注册会计师从与治理层沟通过的事项中确定哪些事项对本期财务报表审计最为重要，因而构成关键审计事项。注册会计师应当在审计报告中描述这些事项，除非法律法规禁止公开披露这些事项，或在极少数情形下，注册会计师合理预期在审计报告中沟通某事项造成的负面后果超过在公众利益方面产生的益处，因而确定不应在审计报告中沟通该事项。

注册会计师在集团审计业务中的责任包括以下方面。

（1）注册会计师的责任是就集团中实体或业务活动的财务信息获取充分、适当的审计证据，以对合并财务报表发表审计意见。

（2）注册会计师负责指导、监督和执行集团审计。

（3）注册会计师对审计意见承担全部责任。

（七）按照相关法律法规的要求报告的事项（如适用）

注册会计师可能承担报告其他事项的额外责任，这些责任是对审计准则规定的注册会计师责任的补充。例如，如果注册会计师在财务报表审计中注意到某些事项，可能被要求对这些事项予以报告。此外，注册会计师可能被要求实施额外的规定程序并予以报告，或对特定事项（如会计账簿和记录的适当性、财务报告内部控制或其他信息）发表意见。

在某些情况下，相关法律法规可能要求或允许注册会计师将对这些其他责任的报告作为对财务报表出具的审计报告的一部分。在另外一些情况下，相关法律法规可能要求或允许注册会计师在单独出具的报告中进行报告。

仅当其他报告责任和审计准则规定的报告责任涉及同一事项，并且审计报告的措辞能够将其他报告责任与审计准则规定的责任予以清楚地区分时，才允许将其合并列示。为清楚地区分，可能有必要在审计报告中指出其他报告责任的来源并说明这些责任超出了审计准则规定的责任。否则，在审计报告中将其他报告责任单独作为一部分，并冠以“按照相关法律法规的要求报告的事项”或与其内容相称的其他标题。

（八）注册会计师的签名和盖章

审计报告应当由项目合伙人和另一名负责该项目的注册会计师签名和盖章。注册会计师应当在对上市实体整套通用目的财务报表出具的审计报告中注明项目合伙人，甚至可能决定在审计报告中包含项目合伙人姓名之外的信息，以进一步识别项目合伙人，增加对审计报告使用者的透明度。

（九）报告日期

审计报告应当注明报告日期。审计报告的日期不应早于注册会计师获取充分、适当的审计证据（包括管理层认可对财务报表的责任且已批准财务报表的证据），并在此基础上对财务报表形成审计意见的日期。

注册会计师在确定审计报告日期时，应当考虑以下内容。

（1）应当实施的审计程序已经完成。由于注册会计师的意见针对的是财务报表，而管理层对财务报表负责，所以除非注册会计师已经有证据表明整套财务报表（包括相关附注）得以编制且管理层表示对此负责，否则注册会计师不能得出已经收集到充分、适当的审计证据的结论。

（2）应当提请被审计单位调整的事项已经提出，被审计单位已经做出调整或拒绝做出调整。

（3）构成整套财务报表的所有报表（包括相关附注）已编制完成。

（4）被审计单位的董事会、管理层或类似机构已经认可其对财务报表负责，也就是管理层已经正式签署财务报表。就股份有限公司来说，管理层签署财务报表通常包括：董事长在财务报表上签名并盖章；主管财务的公司负责人（通常是公司总经理）在财务报表上签名并盖章；财务部门负责人在财务报表上签名并盖章；董事会会议已批准财务报表并可以对外公布。

在实务中，注册会计师在正式签署审计报告前，通常把审计报告草稿和已审计财务报表草稿一同提交给管理层。如果管理层批准并签署已审计财务报表，注册会计师即可签署审计报告。具体讲，审计报告日不应当早于财务报表的批准日和管理层声明书日。财务报表的批准日期是经认可的有权机构（如董事会）确定构成整套财务报表的所有报表（包括相关附注）已经编制完成，并声称对此负责的日期。如果审计报告日晚于财务报表的批准日，注册会计师应当获取自管理层声明书日到审计报告日期之间的进一步审计证据，如补充的管理层声明书。

审计报告的日期非常重要。注册会计师对不同时段的资产负债表日后事项有着不同的责任，而审计报告的日期是划分时段的关键时点。

实例 10-3（单选题）

下列有关审计报告日的说法中，错误的是（　　）。

A. 审计报告日不应早于管理层书面声明的日期

B. 审计报告日可以早于管理层签署已审计财务报表的日期

C. 审计报告日应当是注册会计师获取充分、适当的审计证据，并在此基础上对财务报表形成审计意见的日期

D. 在特殊情况下，注册会计师可以出具双重日期的审计报告

分析：B。管理层签署已审计财务报表是注册会计师获取的主要证据，是审计发表意见的对象，审计报告日不能早于管理层签署已审计财务报表的日期。

五、选择审计报告类型的决策

（一）关键审计事项的决策与表述

关键审计事项是指注册会计师根据职业判断认为对本期财务报表审计最为重要的事项。关键审计事项可能涉及注册会计师评估的重大错报风险较高的领域或识别出的特别风险、财务报表中涉及重大管理层判断（包括被认为具有高度估计不确定性的会计估计）的领域、当期重大交易或事项对审计的影响。关键审计事项应当来自“与治理层沟通的事项”，将与治理层沟通的事项作为确定关键审计事项的起点，选出“在执行审计工作时重点关注过的事项”，并在这些重点关注过的事项中选出“最为重要的事项”作为关键审计事项。

但是，值得注意的是，关键审计事项不能替代导致非无保留意见的事项，也不能替代可能导致对被审计单位持续经营能力产生重大疑虑的事项或情况存在重大不确定性的情况。此外，关键审计事项的应对以对财务报表整体进行审计并形成审计意见为背景，注册会计师不对关键审计事项单独发表意见，在审计报告中沟通关键审计事项，也不是注册会计师就单一事项单独发表意见。注册会计师的目标是，确定关键审计事项，并在对财务报表形成审计意见后，以在审计报告中描述关键审计事项的方式沟通这些事项。

1. 关键审计事项决策框架

关键审计事项的决策框架如图10-2所示。

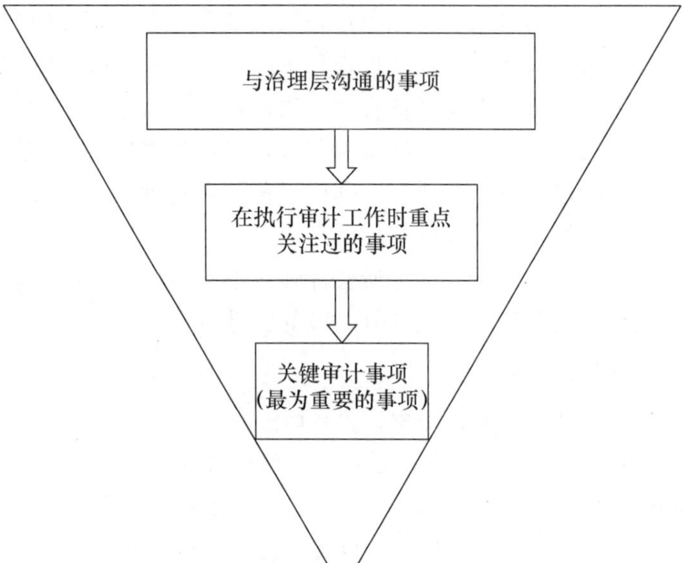

图10-2 关键审计事项决策框架图

（1）以“与治理层沟通的事项”作为起点确定关键审计事项。《中国注册会计师审计准则第 1151 号——与治理层的沟通》要求注册会计师与被审计单位治理层沟通审计过程中的重大发现，包括注册会计师对被审计单位会计实务（包括会计政策、会计估计和财务报表披露）重大方面的质量的看法，以及审计过程中遇到的重大困难等，以便治理层履行其监督财务报告过程的职责，也便于注册会计师履行审计职责。在现行准则规范下，除非注册会计师针对这些事项发表无保留意见，否则这部分沟通事项将不在审计报告中披露。

（2）从“与治理层沟通的事项”中选取在执行审计工作时“重点关注过的事项”。《中国注册会计师审计准则第 1504 号——在审计报告中沟通关键审计事项》规定，在确定哪些事项属于重点关注过的事项时，需要特别考虑以下三个方面。

1）评估的重大错报风险较高的领域或识别出的特别风险。特别风险通常与重大的非常规交易和判断事项有关，通常是注册会计师重点关注过的事项。但须注意的是，并非所有的特别风险都一定是注册会计师重点关注过的。

2）与财务报表中涉及重大管理层判断（包括被认为具有高度估计不确定性的会计估计）的领域相关的重大审计判断。通常情况下，涉及重大管理层判断的领域是注册会计师重点关注过的，一般也会被认定为特别风险。除此之外，对于那些虽然未被认定为特别风险但具有高度估计不确定性的会计估计，注册会计师也需考虑是不是在执行审计工作时重点关注过的事项。这类会计估计通常较为复杂，且高度依赖管理层的判断，某些情况下还可能涉及专家的参与。注册会计师还需特别关注对财务报表有重大影响的会计政策以及会计政策变更，特别是被审计单位所采用的会计实务与行业内其他公司存在重大差异的情况。

3）当期重大交易或事项对审计的影响。这些重大交易或事项往往也是管理层做出复杂判断的领域，这些事项可能会对注册会计师整体审计策略产生重大影响，也很有可能被认定为特别风险，例如关联方交易、在公司正常经营过程之外的重大或异常交易等。因此，注册会计师在确定重点需要关注的事项时需要特别考虑该方面。

（3）从“在执行审计工作时重点关注过的事项”中确定对本期财务报表审计“最为重要的事项”，从而构成关键审计事项。“最为重要的事项”并不意味着只有一项，其数量受被审计单位规模和复杂程度、业务和经营环境的性质，以及审计业务具体事实和情况的影响。注册会计师需要以被审计单位和审计工作为背景，综合考虑就相关事项与治理层沟通的性质和程度、该事项对预期使用者理解财务报表整体的重要程度、与该事项相关的会计政策的复杂程度或主观程度、与该事项相关的错报的性质和重要程度、为应对该事项需要付出的审计努力的性质和程度（包括利用专家的工作、向项目组以外的成员咨询等）、执业人员遇到的困难的性质和严重程度、与该事项相关的控制缺陷的严重程度、该事项是否涉及多项相联系的审计考虑等因素，确定这些事项的相对重要程度，以确定多少以及哪些事项是“最为重要的事项”。

2. 在审计报告中沟通关键审计事项

沟通关键审计事项，旨在通过提高已执行审计工作的透明度增加审计报告的沟通价值。沟通关键审计事项能够为财务报表预期使用者提供额外的信息，帮助其了解注册会计师根据职业判断认为对本期财务报表审计最为重要的事项。沟通关键审计事项还能够帮助财务报表预期使用者了解被审计单位，以及已审计财务报表中涉及重大管理层判断的领域。

注册会计师应当在审计报告中单设一部分，以“关键审计事项”为标题，并在该部分使用恰当的子标题逐项描述关键审计事项。关键审计事项部分包括引言和对关键审计事项的逐项描述。

审计报告中，各关键审计事项的先后顺序由注册会计师做出判断，可以按照各事项的相对重要程度，或者按相关事项在财务报表附注中的披露顺序排列。

（1）关键审计事项部分的引言。关键审计事项部分的引言应当同时说明下列事项。

1）关键审计事项是注册会计师根据职业判断，认为对本期财务报表审计最为重要的事项。

2）关键审计事项的应对以对财务报表整体进行审计并形成审计意见为背景，注册会计师不对关键审计事项单独发表意见。

（2）关键审计事项。在审计报告的关键审计事项部分逐项描述关键审计事项时，注册会计师应当分别索引至财务报表的相关披露（如有），并同时说明下列内容。

1）该事项被认定为审计中最为重要的事项之一，因而被确定为关键审计事项的原因。

2）该事项在审计中是如何应对的，可以包括审计应对措施或审计方法中，与该事项最为相关或与评估的重大错报风险最为相关的方面、对已实施审计程序的简要概述、指出实施审计程序的结果、对该事项做出的主要评论等。

注册会计师在描述关键审计事项时对审计程序的结果的说明，需注意避免被认为是就某个关键审计事项单独发表意见，并避免引起对财务报表整体审计意见的质疑。

另外，在审计报告中沟通关键审计事项不能代替管理层按照适用的财务报告编制基础在财务报表中做出的披露。

（3）不在审计报告中沟通某项关键审计事项的情形。《中国注册会计师审计准则第1504号——在审计报告中沟通关键审计事项》对在特殊情况下不在审计报告中沟通关键审计事项的情形做出规范，比如：

1）法律法规禁止公开披露某事项。

2）在极少数情形下，合理预期在审计报告中沟通某事项造成的负面后果超过在公众利益方面产生的益处。如果被审计单位已公开披露与该事项有关的信息，则本情形不适用。

如果确定不在审计报告中沟通某项关键审计事项，注册会计师应当考虑取得有关法律建议，并考虑从管理层获取关于公开披露该事项为何不适当的书面声明，包括管理层对这种沟通可能带来的负面后果的严重程度的看法。

3. 关键审计事项与审计报告其他要素之间的关系

（1）导致发表非无保留意见的事项和与持续经营相关的重大不确定性优先于关键审计事项。《中国注册会计师审计准则第1504号——在审计报告中沟通关键审计事项》强调，在审计报告中沟通关键审计事项不能代替：

1）注册会计师按照《中国注册会计师审计准则第 1502 号——在审计报告中发表非无保留意见》的规定发表非无保留意见。

2）当可能导致对被审计单位持续经营能力产生重大疑虑的事项或情况存在重大不确定性时，注册会计师按照《中国注册会计师审计准则第 1324 号——持续经营》的规定进行报告。

以上两种情况，就其性质而言都属于关键审计事项。但是，这些事项不得在审计报告的关键审计事项部分进行描述，而应当分别在形成保留（否定）意见的基础部分或与持续经营相关的重大不确定性部分进行描述，并在关键审计事项部分提及形成保留（否定）意见的基础部分或与持续经营相关的重大不确定性部分。

（2）关键审计事项优先于强调事项和其他事项。根据《中国注册会计师审计准则第 1503 号——在审计报告中增加强调事项段和其他事项段》的规定，注册会计师在审计报告中增加强调事项段和其他事项段的前提条件是：当《中国注册会计师审计准则第 1504 号——在审计报告中沟通关键审计事项》适用时，该事项未被确定为在审计报告中沟通的关键审计事项。

如果某事项构成关键审计事项，除上述导致发表非无保留意见的事项和与持续经营相关的重大不确定性之外，应在关键审计事项部分描述，而不得在强调事项段或其他事项段描述。

4. 关键审计事项在审计工作底稿中的记录

注册会计师应当在审计工作底稿中记录下列事项。

（1）注册会计师确定的在执行审计工作时重点关注过的事项，以及针对每一事项，是否将其确定为关键审计事项及理由。

（2）注册会计师确定不存在需要在审计报告中沟通的关键审计事项的理由，或者仅有的需要沟通的关键审计事项属于导致发表非无保留意见的事项和与持续经营相关的重大不确定性（如适用）。

（3）注册会计师确定不在审计报告中沟通某关键审计事项的理由（如适用）。

形成的确定关键审计事项的审计工作底稿如表 10－12 所示。

（二）在审计报告中增加强调事项段

强调事项段，是指审计报告中含有的一个段落，该段落提及已在财务报表中恰当列报或披露的事项，根据注册会计师的职业判断，该事项对财务报表使用者理解财务报表至关重要。

1. 需要增加强调事项段的情形

注册会计师在以下特定情况下在审计报告中增加强调事项段。

（1）法律法规规定的财务报告编制基础是不可接受的，但其是基于法律法规做出的规定。

（2）提醒财务报表使用者关注财务报表按照特殊目的编制基础编制。

表 10-12　确定关键审计事项

被审计单位：________	索引号：________
项目：确定关键审计事项	财务报表截止日/期间：________
编制：________	复核：________
日期：________	日期：________

序号	在执行审计工作时重点关注过的事项	是否与治理层沟通	沟通记录索引号	是否构成关键审计事项	说明该事项作为关键审计事项的理由或不作为关键审计事项的理由	是否在审计报告中沟通	如不沟通，说明不沟通的理由
一、特别风险以及重大错报风险较高的领域							
1							
2							
…							
二、财务报表中涉及重大管理层判断的领域相关的重大审计判断							
（一）具有高度估计不确定性的会计估计							
1							
2							
…							
（二）其他重大管理层判断和重大审计判断							
1							
2							
…							
三、对财务报表或审计工作具有重大影响的本期重大交易或事项							
1							
2							
…							
四、其他与治理层沟通过、需要重点关注的事项							
1							
2							
…							

（3）注册会计师在审计报告日后知悉了某些事实（即期后事项），并且出具了新的或经修改的审计报告。

注册会计师可能认为需要增加强调事项段的情形举例如下。

（1）异常诉讼或监管行动的未来结果存在不确定性。

（2）在财务报表日至审计报告日之间发生的重大期后事项。

（3）在允许的情况下，提前应用对财务报表有重大影响的新会计准则。

（4）存在已经或持续对被审计单位财务状况产生重大影响的特大灾难。

2. 在审计报告中披露强调事项段的注意事项

审计报告增加强调事项段的前提条件是：按照《中国注册会计师审计准则第 1502 号——在审计报告中发表非无保留意见》的规定，该事项不会导致注册会计师发表非无保留意见；当《中国注册会计师审计准则第 1504 号——在审计报告中沟通关键审计事项》适用时，该事项为未被确定为在审计报告中沟通的关键审计事项。

（1）强调事项段不同于关键审计事项。强调事项段用于提及已在财务报表中恰当列报或披露且根据注册会计师的职业判断认为对财务报表使用者理解财务报表至关重要的事项。关键审计事项是注册会计师根据职业判断认为对本期财务报表审计最为重要的事项，选自注册会计师与治理层沟通过的事项。从强调事项段和关键审计事项的定义看，它们的侧重点有所不同，前者侧重于财务报表使用者理解财务报表至关重要，后者侧重于注册会计师认为对本期财务报表审计最为重要。

1）如果注册会计师确定某事项为关键审计事项，同时该事项对财务报表使用者理解财务报表至关重要，即亦符合强调事项段的标准，注册会计师应当在审计报告的关键审计事项部分描述该事项，不得对该事项使用强调事项段。

2）如果注册会计师确定某事项为关键审计事项，同时还确定存在其他的对财务报表使用者理解财务报表至关重要的事项，注册会计师需要在审计报告关键审计事项部分和强调事项部分分别进行描述。

（2）审计报告中包含强调事项段不影响审计意见。强调事项段不能代替下列情形。

1）根据审计业务的具体情况，按照《中国注册会计师审计准则第 1502 号——在审计报告中发表非无保留意见》的规定发表非无保留意见。

2）适用的财务报告编制基础要求管理层在财务报表中做出的披露，或为实现公允列报所需的其他披露。

3）按照《中国注册会计师审计准则第 1324 号——持续经营》的规定，当可能导致对被审计单位持续经营能力产生重大疑虑的事项或情况存在重大不确定性时做出的报告。也就是说，强调事项段不能替代“与持续经营相关的重大不确定性”段落，即当可能导致对被审计单位持续经营能力产生重大疑虑的事项或情况存在重大不确定性时，应按照上述规定的要求增加“与持续经营相关的重大不确定性”段落，而非增加强调事项段。

3. 强调事项段在审计报告中的位置

强调事项段在审计报告中的位置取决于拟沟通信息的性质，以及与按照《中国注册会计师审计准则第 1501 号——对财务报表形成审计意见和出具审计报告》规定的需要报告的其他要素相比较，注册会计师对该信息对财务报表预期使用者的相对重要程度的判断。

（1）当强调事项段与适用的财务报告编制基础相关时，当注册会计师确定法律法规规定的财务报告编制基础不可接受时，注册会计师可能认为有必要将强调事项段紧接在形成审计意见的基础部分之后，以为审计意见提供合适的背景信息。

（2）当审计报告中包含关键审计事项部分时，基于注册会计师对强调事项段中信息的相对重要程度的判断，强调事项段可以紧接在关键审计事项部分之前或之后。注册会计师可以在“强调事项”标题中增加进一步的背景信息，例如“强调事项——期后事项”，以将强调事项段和关键审计事项部分描述的每个事项予以区分。

（三）在审计报告中增加其他事项段

其他事项段，是指审计报告中含有的一个段落，该段落提及未在财务报表中列报或披露的事项，且根据注册会计师的职业判断，该事项与财务报表使用者理解审计工作、注册会计师的责任或审计报告相关。其他事项段不包括法律法规或其他职业准则（如《中国注册会计师职业道德守则》中与信息保密相关的规定）禁止注册会计师提供的信息。其他事项段也不包括要求管理层提供的信息。强调事项是已在财务报表中恰当列报或披露的事项，而其他事项是未在财务报表中列报或披露的事项。执业人员在实务中应分清两者的区别，恰当使用强调事项段和其他事项段。

1. 增加其他事项段的前提条件

在审计报告中增加其他事项段的前提条件是：（1）未被法律法规禁止；（2）当《中国注册会计师审计准则第1504号——在审计报告中沟通关键审计事项》适用时，该事项未被确定为在审计报告中沟通的关键审计事项。

如果某事项不符合关键审计事项的规定，而执业人员认为有必要沟通，根据职业判断认为与财务报表使用者理解审计工作、注册会计师的责任或审计报告相关，则应当增加其他事项段。

2. 其他事项段在审计报告中的位置

其他事项段在审计报告中的位置取决于拟沟通信息的性质，以及与按照《中国注册会计师审计准则第1501号——对财务报表形成审计意见和出具审计报告》规定的需要报告的其他要素相比较，注册会计师对该信息对财务报表预期使用者的相对重要程度的判断。

（1）当审计报告中包含关键审计事项部分，且其他事项段也被认为必要时，注册会计师可以在“其他事项”标题中增加进一步的背景信息，例如“其他事项——审计范围”，以将其他事项段和关键审计事项部分描述的每个事项予以区分。

（2）当增加其他事项段旨在提醒使用者关注与审计报告中提及的其他报告责任相关的事项时，该段落可以置于按照相关法律法规的要求报告的事项部分内。

（3）当其他事项段与注册会计师的责任或使用者理解审计报告相关时，可以单独作为一部分，置于“对财务报表出具的审计报告”和“按照相关法律法规的要求报告的事项”之后。

实例10-4（单选题）

针对下列提及的相关事项，注册会计师认为需要增加强调事项段的是（　　）。

A. 持续经营假设适当但存在重大不确定性，且财务报表对重大不确定性已做出充分披露

B. 提前应用（在允许的情况下）对财务报表有广泛影响的新会计准则

C. 法律法规要求注册会计师继续执行审计业务，注册会计师无法解除审计业务约定

D. 对两套以上财务报表出具审计报告

分析：B。选项A，增加以“与持续经营相关的重大不确定性”为标题的单独段落；选项C和D，注册会计师应该考虑增加其他事项段。

（四）保留/否定意见、保留/无法表示意见的区分

当存在下列情形之一时，注册会计师应当在审计报告中发表非无保留意见（见表 10－13）。

表 10－13　发表非无保留意见

导致发表非无保留意见的事项的性质	这些事项对财务报表产生或可能产生影响的广泛性	
	重大但不具有广泛性	重大且具有广泛性
财务报表存在重大错报	保留意见	否定意见
无法获取充分、适当的审计证据	保留意见	无法表示意见

（1）根据获取的审计证据，得出财务报表整体存在重大错报的结论。

（2）无法获取充分、适当的审计证据，不能得出财务报表整体不存在重大错报的结论。

其中，当存在下列情形之一时，注册会计师应当发表保留意见。

（1）在获取充分、适当的审计证据后，注册会计师认为错报单独或汇总起来对财务报表影响重大，但不具有广泛性。

（2）注册会计师无法获取充分、适当的审计证据以作为形成审计意见的基础，但认为未发现的错报（如存在）对财务报表可能产生的影响重大，但不具有广泛性。

在获取充分、适当的审计证据后，如果认为错报单独或汇总起来对财务报表的影响重大且具有广泛性，注册会计师应当发表否定意见。

如果无法获取充分、适当的审计证据以作为形成审计意见的基础，但认为未发现的错报（如存在）对财务报表可能产生的影响重大且具有广泛性，注册会计师应当发表无法表示意见。在极少数情况下，可能存在多个不确定事项。尽管注册会计师对每个单独的不确定事项获取了充分、适当的审计证据，但由于不确定事项之间可能存在相互影响，以及可能对财务报表产生累积影响，注册会计师不可能对财务报表形成审计意见。在这种情况下，注册会计师应当发表无法表示意见。

由此可见，一项错报金额或审计范围受到限制的影响越具有广泛性，注册会计师出具否定意见或无法表示意见审计报告的可能性就越大。

广泛性是描述错报影响的术语，用以说明错报对财务报表的影响，或者由于无法获取充分、适当的审计证据，未发现的错报（如存在）对财务报表可能产生的影响。根据注册会计师的判断，对财务报表的影响具有广泛性的情形包括下列方面。

（1）不限于对财务报表的特定要素、账户或项目产生影响。

（2）虽然仅对财务报表的特定要素、账户或项目产生影响，但这些要素、账户或项目是或可能是财务报表的主要组成部分。

（3）当与披露相关时，产生的影响对财务报表使用者理解财务报表至关重要。

（五）出具无法表示意见的审计报告

（1）无法表示意见不同于拒绝接受委托。无法表示意见是注册会计师实施了一定审计程序后发表的一种审计报告类型。

（2）无法表示意见也不同于不愿发表意见。无法表示意见向报表使用者传递了财

务报表存在重大的无法查证清楚的事项的信息。

（3）无法表示意见区别于保留意见。虽然审计范围受限可能使注册会计师发表保留意见或无法表示意见，但范围受限是否影响对财务报表整体公允的判断区分了保留意见或无法表示意见。如果注册会计师认定整个财务报表是公允表达的，但由于某种事项的取证受到限制，则发表保留意见；如果范围受限影响财务报表整体公允性，注册会计师应当发表无法表示意见。

（4）无法表示意见区别于否定意见。无法表示意见仅仅适用于注册会计师在审计过程中由于审计范围受到严重限制，无法判断财务报表反映的公允性；但要发表否定意见，注册会计师必须有足够的证据证实被审计单位财务报表不公允。

实例10-5（分析题）

（1）A公司20×8年度未审计财务报表利润为2 000元，审计组发现A公司虚假确认收入2 400元，由于低于A公司20×8年财务报表层次重要性水平2万元，A公司没有予以调整。

（2）B公司存货占资产总额的20%，存货放置在远郊仓库，风沙导致仓库倒塌，尚没有清理完毕，不能估计损失，也无法实施监盘程序。

（3）C公司的某重要子公司20×8年年末处于停产状态，其核心技术人员离职成立新公司，与C公司竞争并占据主要市场份额。管理层拟在三年内自主研发替代性技术，基于该假设计算的未来现金流量现值显示，收购该子公司形成的大额商誉不存在减值。审计组认为技术研发成功的可能性存在重大不确定性，在无保留意见的审计报告中增加了强调事项段以提醒报表使用者关注。

（4）D公司20×8年12月份由于股权变更，高管人员全部更换，审计组无法获取D公司20×8年关于财务报表的管理层声明书。

（5）E公司20×6年、20×7年和20×8年连续三年亏损，且存在80 000万元将要到期的债务，E公司对此影响公司持续经营能力的事项在财务报表中充分披露。

（6）审计组把F公司20×8年年报计划重要性水平确定为100万元，分配到存货的重要性水平为30万元，通过存货计价测试发现存货多计40万元，推断总体误差为70万元。审计组建议调整，F公司没有接受调整建议。

（7）审计组把G公司20×8年年报计划重要性水平确定为300万元，分配到存货的重要性水平为80万元，通过存货计价测试发现存货少计5万元，推断总体误差为40万元，期初查出多计10万元，G公司没有调整。审计组建议调整，G公司没有接受调整建议。

（8）审计组把H公司20×8年年报计划重要性水平确定为100万元，分配到存货的重要性水平为40万元，通过存货计价测试发现存货少计35万元，推断总体误差为80万元，期初查出多计30万元，H公司没有调整。审计组建议调整，H公司没有接受调整建议。

（9）I公司20×8年利润1 000万元，报表中补贴收入为800万元，审计组查证没有问题，予以确认。

（10）20×8年2月，J公司因严重破坏环境被环保部门责令停产并对居民进行赔偿，年末管理层确认了大额预计负债并在财务报表附注中予以披露。审计组将其作为审计中最为重要的事项与治理层进行了沟通，拟在审计报告的关键审计事项部分沟通该事项。同时，审计组认为该事项对财务报表使用者理解财务报表至关重要，拟在审计报告中增加强调事项段予以说明。

(11) K 公司 20×8 年度财务报表附注披露了国内汽车生产商的汽车玻璃销售收入为人民币 10 250 万元，约占 K 集团合并营业收入的 62%。审计项目组实施了以下审计程序：1）了解、评估并测试了 K 集团自审批客户订单至销售交易入账的收入流程以及管理层关键内部控制；2）测试了信息技术一般控制和与收入流程相关的自动控制；3）通过审阅销售合同及与管理层的访谈，了解和评估了甲集团的收入确认政策；4）对国内汽车生产商的销售收入进行抽样测试，核对至相关销售合同中风险及报酬条款和汽车生产商领用并确认接收的单证等支持性文件；5）针对资产负债表日前后确认的销售收入执行抽样测试，核对至领用并确认接收的单证，以评估销售收入是否在恰当的期间确认。根据审计项目组所实施的审计程序，未发现影响合并财务报表的与收入确认截止性相关的重大差异。审计组将该事项在强调事项中予以披露。

(12) L 公司 20×6 年度和 20×7 年度连续亏损，20×8 年度实现净利润 1.4 亿元，其中包括控股股东债务豁免收益 2 亿元。审计组认为该交易不具有商业实质，对 20×8 年度财务报表发表了保留意见。

要求：

如果其他事项都已经解决，单独考虑事项 (1) 至 (12)，请分别指出针对 20×8 年年报可以发表什么类型的审计报告意见，并简述理由。

分析：（请扫描二维码）

六、关于审计报告的特殊事项

（一）关于其他事项或其他报告责任的处理

对通用目的财务报表审计业务出具的审计报告仅用于对财务报表的合法性和公允性发表意见。在某些情况下，如果审计业务委托人要求注册会计师就财务报表审计中发现的某些事项进行详细说明，如销售业务和应收账款管理中存在的问题、存货管理中存在的问题等，注册会计师应当在审计报告之外出具专项报告来履行这种报告责任。如果有关政府监管部门要求注册会计师对被审计单位的其他情况发表意见，如中国证监会要求上市公司聘请注册会计师就其前次募集资金使用情况发表意见，就上市公司与关联方资金往来、对外担保情况发表意见；国家外汇管理局要求外商投资企业报告其外汇收支情况表，并聘请注册会计师对该表编制的合规性发表意见等，注册会计计师为了履行这种报告责任，应当在财务报表审计报告之外出具专项报告，并采用恰当的标题，以使这种专项报告明显区别于审计报告。如“前次募集资金使用情况审核报告”“与关联方资金往来、对外担保情况审核报告”“外汇收支情况表审核报告”等。

国际审计准则（ISA）第700号中提到在某些国家或地区允许注册会计师在审计报告中提及其他报告责任，此时，该其他报告责任应当在审计报告意见段后单列一段叙述。这样做有助于将其他报告责任同注册会计师对财务报表的责任和审计意见明确地区分开来。该段的形式和内容因其他报告责任的性质而异。在我国尚不允许注册会计师这样处理。

（二）关于与财务报表一同列报的补充信息的处理

如果被审计单位将适用的财务报告编制基础未作要求的补充信息与已审计财务报表一同列报，注册会计师应当根据职业判断，评价补充信息是否由于其性质和列报方式而构成财务报表的必要组成部分。如果补充信息构成财务报表的必要组成部分，应当将其涵盖在审计意见中。如果认为适用的财务报告编制基础未作要求的补充信息不构成已审计财务报表的必要组成部分，注册会计师应当评价这些补充信息的列报方式是否充分、清楚地使其与已审计财务报表相区分。如果未能充分、清楚地区分，注册会计师应当要求管理层改变未审计补充信息的列报方式。如果管理层拒绝改变，注册会计师应当指出未审计的补充信息，并在审计报告中说明这些补充信息未审计。

当注册会计师发现财务报表将在包含其他信息的文件中披露时，如果披露的形式允许，应当考虑将已审计财务报表在整个财务报告中的页码表示出来。这样做有助于报告的阅读者明确区分审计意见中未涵盖的其他信息。

如果注册会计师认为被审计单位对未审计附加信息的披露方式不能够将其与已审计财务报表进行足够的区分，就应当在审计报告中表示该信息未经审计。

附加信息未经审计并不能减轻注册会计师阅读该信息并发现与已审计财务报表重大不一致的责任，注册会计师应当确保能够将与财务报表一同披露的，但审计意见并未涵盖的附加信息同已审计财务报表明确区分开，并按照“含有已审计财务报表的文件中的其他信息”来处理。

（三）与管理层和治理层沟通的其他审计结果

注册会计师除了签发附有财务报表的正式审计报告之外，还可以直接与客户的管理层或董事会进行内部交流。内部交流的意见并不向外部各方提供。最常见的三种内部交流形式是：提交给审计委员会正式的报告、作为财务报表审计一部分的内部控制事项的报告、管理建议书。

1. 提交给审计委员会的正式报告

上市公司通常设有审计委员会，负责监督财务报告编制过程。为取得理想效果，审计委员会成员不应担任公司的管理职务，应当由独立董事担任。注册会计师必须直接与客户的审计委员会（或类似机构）交流某些事项。直接与审计委员会交流的典型事项举例如下。

（1）会计师事务所相对于客户管理层是独立的，而且客户管理层对此做出了认定。

（2）编制财务报表所使用的重要会计政策和程序的性质。

（3）管理层进行的重大会计估计。

（4）审计中发现的重大调整事项的性质和解决方案，包括管理层未纠正的非重大差异。

（5）注册会计师对应包括在基本财务报表中的补充信息的责任（如管理层的讨论和分析）。

（6）在会计问题、估计和审计证据范围方面与管理层意见分歧的性质和解决方案。

（7）管理层与其他注册会计师沟通的性质。

（8）在受聘之前与管理层讨论的主要问题，如执行审计业务期间遇到的困难：拖延提供信息、丢失文件和记录、时间不合理、不能接触相关文件和记录、客户员工没有提供预期的帮助。

如果公司受证监会监管，则要求注册会计师不仅讨论会计选择的可接受性，而且还要讨论其质量问题。

交流的主要目的是保证审计委员会了解审计过程中遇到的问题。采用此方式，注册会计师可以直接与审计委员会交流与管理层存在的冲突以及在解决审计问题时遇到的困难。有些国家的监管者（如证监会）要求注册会计师在提出起草的审计报告时与审计委员会讨论盈余质量。同样，如果管理层威胁要解聘注册会计师或为寻求更合意的处理方式而聘用其他会计师事务所，当前的注册会计师可以向审计委员会求助。这种交流可能是口头的或书面的，但是必须记录在工作底稿中。这些交流可能在财务报表发布后进行，但需要及时进行交流。

2. *作为财务报表审计一部分的内部控制事项的报告*

即使注册会计师没有被要求对与财务报表相关的内部控制进行审计（例如私人公司、非营利组织等），注册会计师也有可能遇到需要同客户的审计委员会进行交流并与内部控制有关的事项。更具体地说，注册会计师应该向客户传达审计过程中发现的所有值得报告的事项的性质。值得报告的事项是指注册会计师在审计中发现的被审计单位内部控制中存在的所有重要缺陷和重大缺陷，尽管注册会计师不需要做出计划以揭示所有可能值得报告的事项，但在执行审计程序尤其是进行风险评估和控制测试时，注册会计师可能会发现一些值得报告的事项。

注册会计师可以采用口头或书面的报告形式。如果采用口头交流形式，交流的内容应记录于工作底稿中。不过，准则制定者更倾向于让注册会计师出具一份书面报告。报告应该指出它是基于审计做出的，其中，审计的目的是对财务报告发表意见，而不是为内部控制提供增信。注册会计师应对值得报告的情况进行定义。此外，报告还应说明它只限在组织内部使用。如果注册会计师在审计期间没有注意到值得报告的事项，就不需要签发报告以表明没有发现值得报告的情况。

3. 管理建议书

注册会计师希望提请管理层或董事会关注与内部控制报告或财务报表不直接相关的其他问题。例如，在战略和流程分析过程中，注册会计师通过分析风险、控制和绩效指标可能识别出大量的客户需求，注册会计师常常通过管理建议书的形式与客户交流这些事项。因为注册会计师并没有因管理建议书中的建议获得报酬，提供这些建议不应被看作咨询服务，提供给管理层的这些建议能在某种方式上提高公司的业绩。一般而言，这些问题涉及一些能提高公司运营效率或效果的方法，并且范围很广，从生产经营和行政管理程序一直到战略策略。注册会计师在交流问题时不必采取统一的格式，但管理建议书中应明确指出其目的和使用限制，并表明管理建议书不对所述事项提供任何增信。

思考题

1. 概述终结审计的实务流程。

2. 在实务中，注册会计师如何从核算误差的金额和性质两个方面考虑是否建议被审计单位更正？

3. 什么是项目质量控制复核？项目质量控制复核的内容和适用范围是什么？何时实施项目质量控制复核？

4. 结合审计实践，谈谈注册会计师与治理层进行沟通时可以采用的形式有哪些，确定沟通形式时需要考虑什么因素。

5. 简述注册会计师应当直接与治理层沟通的事项。

6. 什么是管理层声明？在实务中，注册会计师获取的管理层声明有哪些？

7. 当管理层书面声明的事项对财务报表具有重大影响时，注册会计师应当如何处理？

8. 简述治理层和管理层的含义，以及两者对财务报表的责任。

9. 请列举审计报告的四种类型，并分别说明注册会计师出具这四种审计报告的判断标准，以及审计报告中的措辞和段落安排。

10. 审计报告中注册会计师的责任段应当说明哪些主要内容？

11. 如果认为对财务报表的影响是重大的或可能是重大的，当存在什么情形时，注册会计师应当出具非无保留意见的审计报告？

12. 有人认为无法表示意见就是注册会计师没有发表意见或注册会计师不做任何审计程序就发表意见，你赞同这一观点吗？为什么？

13. 简述审计报告中增加带强调事项段和其他事项段的不同情况。

案例分析

2017 年第一份按照新审计报告准则出具的审计报告

问题：

1. 对比瑞华会计师事务所为晨鸣纸业出具的 2015 年和 2016 年的审计报告，分析运用新审计报告准则出具的审计报告的创新与特点。

2. 结合 2017 年第一份按新审计报告准则出具的审计报告，讨论在审计报告中增加关键审计事项的技巧。

3. 结合资本市场中涉及的关键审计事项，讨论注册会计师确定关键审计事项的技巧，审计报告中的关键审计事项向人们传递了什么信息？

行动学习讨论项目

把学生分成若干组（每组最好 10 人以内），要求他们利用头脑风暴的方法，对以下问题提出不同的看法，尽量多地列示在行动学习讨论的白板上。

讨论问题：党的二十大报告指出，“我国发展进入战略机遇和风险挑战并存、不确定难预料因素增多的时期，各种‘黑天鹅’、‘灰犀牛’事件随时可能发生”①。在这样的背景下，结合资本市场历年上市公司年报审计报告，举例说明什么事项会导致注册会计师考虑发表非标准意见的审计报告。

讨论与板书要求：(1) 每个人都要发言，但每次只能一人发言；(2) 追求数量、追求创意；(3) 有人发言时不许质疑、不许批评、不许打断；(4) 板书要按发言人的原话列示。

---

① 习近平．高举中国特色社会主义伟大旗帜 为全面建设社会主义现代化国家而团结奋斗——在中国共产党第二十次全国代表大会上的报告．北京：人民出版社，2022：26.

第 11 章 Chapter 11 集团财务报表审计

素养提升

● 培养专业品德，树立大局观、系统观。“善于通过历史看现实、透过现象看本质……不断提高战略思维、历史思维、辩证思维、系统思维、创新思维、法治思维、底线思维能力”①。

学习目标

● 了解集团财务报表审计涉及的术语
● 掌握集团财务报表审计中的责任设定
● 熟悉集团财务报表审计目标
● 熟悉集团财务报表审计中对审计范围受限的关注
● 掌握集团审计重要性水平
● 掌握集团财务报表审计的风险评估
● 掌握集团财务报表审计的风险应对

第一节 集团财务报表审计概述

一、集团财务报表审计涉及的术语

（一）集团财务报表审计

集团，是指由所有组成部分构成的整体，并且所有组成部分的财务信息包括在集团财务报表中。集团至少拥有一个以上的组成部分。

---

① 习近平．高举中国特色社会主义伟大旗帜 为全面建设社会主义现代化国家而团结奋斗——在中国共产党第二十次全国代表大会上的报告．北京：人民出版社，2022：21.

集团财务报表，是指包括一个以上组成部分财务信息的财务报表。集团财务报表也指没有母公司但处在同一控制下的各组成部分编制的财务信息汇总生成的财务报表。集团财务报表范围大于会计中合并财务报表范围。

针对集团财务报表进行的审计称为集团财务报表审计。在判断审计对象是否为一个集团，其财务报表是否为集团财务报表，是否适用财务报表审计的相关规定时，通常要考虑：(1) 被审计单位是否拥有组成部分；(2) 各组成部分是否有独立的财务信息。

(二) 组成部分与重要组成部分

1. 组成部分

组成部分，是指某一实体或某项业务活动，其财务信息由集团或组成部分管理层编制并应包括在集团财务报表中。

不同集团的组织结构及组成部分不同。由母公司、子公司、合营企业以及按权益法或成本法核算的被投资实体编制财务信息，或由集团本部、分支机构编制财务信息，或以将两者结合的组织结构来组织企业，其母公司、子公司、合营企业以及按权益法或成本法核算的被投资实体，或者集团本部、分支机构可被视为组成部分。而按照职能部门、生产过程、单项产品或劳务（或一组产品或劳务）或地区分部来组织财务报告系统的企业，这些职能部门、生产过程、单项产品或劳务（或一组产品或劳务）或地区可视为组成部分。

集团财务报告系统中可能存在不同层次的组成部分。在这种情况下，在汇总层次上识别组成部分，可能比逐一识别更为合适。

2. 重要组成部分

重要组成部分，是指集团项目组识别出的具有下列特征之一的组成部分：单个组成部分对集团具有财务重大性；单个组成部分的特定性质或情况，可能存在导致集团财务报表发生重大错报的特别风险。

(1) 单个组成部分对集团具有财务重大性。一般情况下，在判断单个组成部分是否对集团具有财务重大性时，集团项目组可以将选定的基准乘以某一百分比。确定基准和应用于该基准的百分比属于职业判断。根据集团的性质和具体情况，适当的基准可能包括集团资产、负债、现金流量、利润总额或营业收入。例如，集团项目组可能认为超过选定基准 15%的组成部分是重要组成部分。然而，适合具体情况的百分比可能高于或低于 15%。

(2) 单个组成部分对集团具有特殊性。当单个组成部分的特定性质或情况，可能存在导致集团财务报表发生重大错报的特别风险时，集团项目组也可能将其识别为重要组成部分。在识别哪些组成部分可能存在导致集团财务报表发生重大错报的特别风险时，需要运用职业判断。集团项目组可以考虑的因素包括但不限于以下内容。

1) 集团中从事特殊行业的组成部分，例如某个工业制造集团中专门从事资金管理和金融服务的财务公司，该组成部分的金融业务可能存在使集团财务报表发生重大错报的特别风险。

2) 当某一单个组成部分的某类交易、账户余额或披露超过集团财务报表整体重要性，或其性质和金额不符合集团项目组的预期时，集团项目组可能需要考虑该组成部分是否存在使集团财务报表发生重大错报的特别风险。

3）当某一单个组成部分从事与集团其他同类组成部分不同的交易时，例如在集团的多家贸易公司中，某一贸易公司因从事出口贸易而拥有大量外币，该公司为了规避外汇风险而从事外汇掉期交易，虽然对集团并不具有财务重大性，但仍可能存在使集团财务报表发生重大错报的特别风险。

4）当某一单个组成部分的财务信息涉及重大会计估计和判断时，例如组成部分管理层对固定资产剩余使用年限的估计变更使得固定资产折旧额发生重大变动，该会计估计变更可能存在使集团财务报表发生重大错报的特别风险。

5）当某一单个组成部分的经营模式、业务流程、计算机信息技术系统、内部控制及关键管理人员发生重大变化时，这些变化可能存在使集团财务报表发生重大错报的特别风险。

6）以前年度审计过程中发现的存在使集团财务报表发生重大错报的特别风险的组成部分。

7）新收购的组成部分。

8）由于被监管部门特别关注而被视为重要的组成部分。

（三）集团项目合伙人、集团项目组与组成部分注册会计师

（1）集团项目合伙人，是指会计师事务所中负责某项集团审计业务及其执行，并代表会计师事务所在对集团财务报表出具的审计报告上签字的合伙人。

（2）集团项目组，是指参与集团审计的，包括集团项目合伙人在内的所有合伙人和员工。集团项目组负责制定集团总体审计策略，与组成部分注册会计师沟通，针对合并过程执行相关工作，并评价根据审计证据得出的结论，作为形成集团财务报表审计意见的基础。

（3）组成部分注册会计师，是指基于集团审计目的，按照集团项目组的要求，对组成部分财务信息执行相关工作的注册会计师。基于集团审计目的，集团项目组成员可能按照集团项目组的工作要求，对组成部分财务信息执行相关工作。在这种情况下，该成员也是组成部分注册会计师。

实例 11-1（多选题）

甲会计师事务所承接了今明集团20×3年度财务报表的审计业务，委派W注册会计师担任集团项目合伙人，集团财务报表审计报告由W注册会计师和Q注册会计师签字。Z注册会计师负责对该项目执行项目质量控制复核。G注册会计师负责审计B集团的重要组成部分C公司。下列各项中，适用《中国注册会计师审计准则第1401号——对集团财务报表审计的特殊考虑》中对集团项目合伙人规定的有（　　）。

A. W注册会计师

B. Q注册会计师

C. Z注册会计师

D. G注册会计师

分析：AB。集团项目合伙人，是指会计师事务所中负责某项集团审计业务及其执行，并代表会计师事务所在对集团财务报表出具的审计报告上签字的合伙人。如果集团项目合伙人以外的其他注册会计师在对集团财务报表出具的审计报告上签字，根

据该准则的规定，该签字注册会计师也属于集团项目合伙人。

二、集团财务报表审计中的责任设定

目前，各国对集团财务报表审计中的责任设定有两种模式。一种模式是，集团项目组对整个集团财务报表审计工作及审计意见负全部责任，这一责任不因利用组成部分注册会计师的工作而减轻。另一种模式是，集团项目组和组成部分注册会计师就各自执行的审计工作分别负责，集团项目组在执行集团财务报表审计时完全基于组成部分注册会计师的工作。为保证审计质量，《中国注册会计师审计准则第 1401 号——对集团财务报表审计的特殊考虑》采用了第一种模式。在这种模式下，尽管组成部分注册会计师基于集团审计目的对组成部分财务信息执行相关工作，并对所有发现的问题、得出的结论或形成的意见负责，集团项目合伙人及其所在的会计师事务所仍对集团审计意见负有责任。

（一）集团项目组对财务报表的审计责任

（1）集团项目组对整个集团财务报表审计工作及审计意见负全部责任，这一责任不因利用组成部分注册会计师的工作而减轻。

（2）集团项目合伙人及其所在的会计师事务所对集团审计意见负有责任。

（3）组成部分注册会计师基于集团审计目的对组成部分财务信息执行相关工作，并对（组成部分财务信息）所有发现的问题、得出的结论或形成的意见负责。

（二）集团项目合伙人对审计质量控制的责任

（1）集团项目合伙人按照职业准则和适用的法律法规的规定，应当确信执行集团审计业务的人员（包括组成部分注册会计师）整体上具备适当的胜任能力和必要素质。

（2）集团项目合伙人应当负责指导、监督和执行集团审计业务。

（3）集团项目合伙人应当确定出具的审计报告是否适合具体情况。

（三）对集团财务报表出具的审计报告不应提及组成部分注册会计师

（1）注册会计师对集团财务报表出具的审计报告不应提及组成部分注册会计师，除非法律法规另有规定。

（2）如果法律法规要求在审计报告中提及组成部分注册会计师，审计报告应当指明，这种提及并不减轻集团项目合伙人及其所在的会计师事务所对集团审计意见承担的责任。

（3）如果未能就组成部分财务信息获取充分、适当的审计证据，导致集团项目组在对集团财务报表出具的审计报告中发表非无保留意见，集团项目组需要在导致非无保留意见的事项段中说明不能获取充分、适当审计证据的原因。除非法律法规要求在审计报告中提及组成部分注册会计师，并且这样做对充分说明情况是必要的，否则不应提及组成部分注册会计师。

三、集团财务报表审计目标

集团财务报表审计目标包括以下内容。

（1）确定是否担任集团审计的注册会计师。

（2）如果担任集团审计的注册会计师，就组成部分注册会计师对组成部分财务信息执行工作的范围、时间安排和发现的问题，与组成部分注册会计师进行清晰的沟通。

（3）针对组成部分财务信息和合并过程，获取充分、适当的审计证据，以对集团财务报表是否在所有重大方面按照适用的财务报告编制基础编制发表审计意见。

第二节 集团财务报表审计的承接和保持

一、初步了解

（一）集团项目合伙人评估承接业务的前提基础

（1）集团项目合伙人应当确定是否能够合理预期能够获取与合并过程和组成部分财务信息相关的充分、适当的审计证据，以作为形成集团审计意见的基础。

（2）集团项目组应当了解集团及其环境、集团组成部分及其环境，以足以识别可能的重要组成部分。

（3）如果组成部分注册会计师对重要组成部分财务信息执行相关工作，集团项目合伙人应当评价集团项目组参与组成部分注册会计师工作的程度是否足以获取充分、适当的审计证据。

（二）新业务的初步了解

集团项目组可以通过下列途径了解集团及其环境、集团组成部分及其环境：（1）集团管理层提供的信息；（2）与集团管理层的沟通；（3）如适用，与前任集团项目组、组成部分管理层或组成部分注册会计师的沟通。

集团项目组需要对下列事项进行了解：（1）集团结构，包括法律意义上的结构和组织结构（即集团财务报告系统是如何组织的）；（2）组成部分中对集团重要的业务活动，包括业务活动在何种行业状况、监管环境以及经济和政治环境下发生；（3）对服务机构的利用，包括共享服务中心；（4）对集团层面控制的描述；（5）合并过程的复杂程度；（6）是集团项目合伙人所在的会计师事务所还是网络以外的组成部分注册会计师对组成部分财务信息执行相关工作，以及集团管理层委托多家会计师事务所的理由；（7）集团项目组是否可以不受限制地接触集团治理层和管理层、组成部分治理层和管理层、组成部分信息和组成部分注册会计师（包括集团项目组需要获取的相关审计工作底稿），以及是否可以对组成部分财务信息执行必要的工作。

（三）连续审计业务的初步了解

集团项目组应当关注以下事项：（1）集团组织结构的变化（如发生收购、处置或重组，或集团财务报告系统的组织方式发生变化）；（2）对集团具有重要影响的组成部分业务活动的变化；（3）集团治理层、管理层或重要组成部分的关键管理人员在构成上的变化；（4）对集团或组成部分管理层诚信和胜任能力的疑虑；（5）集团层面控制的变化；（6）适用的财务报告编制基础的变化。

实例 11－2（多选题）

ABC 会计师事务所连续第三年承接甲集团财务报表的审计业务，下列会影响集团项目组获取充分、适当的审计证据的能力的情形有（　　）。

A. 甲集团参股 10%的不重要组成部分乙公司的财务总监离职

B. 对某一重要组成部分的管理层诚信存在疑虑

C. 甲集团层面控制发生变化

D. 甲集团处置一家子公司

分析：BCD。如果是连续审计业务，集团项目组获取充分、适当的审计证据的能力可能受某些方面重大变化的影响，例如：（1）集团组织结构的变化（如发生收购、处置或重组，或集团财务报告系统的组织方式发生变化）（选项 D）；（2）对集团具有重要影响的组成部分业务活动的变化；（3）集团治理层、管理层或重要组成部分的关键管理人员在构成上的变化（选项 A 中乙公司为不重要组成部分，故选项 A 错误）；（4）对集团或组成部分管理层诚信和胜任能力的疑虑（选项 B）；（5）集团层面控制的变化（选项 C）；（6）适用的财务报告编制基础的变化。

（四）集团只包括不重要组成部分的考虑

集团可能只包括不重要组成部分。在这种情况下，集团项目组如果能够执行下列工作，集团项目合伙人就能够合理预期可以获取充分、适当的审计证据，以作为形成集团审计意见的基础。

（1）对某些组成部分财务信息执行相关工作。

（2）参与组成部分注册会计师对其他组成部分财务信息执行的工作，参与的程度需足以使其获取充分、适当的审计证据。

二、对审计范围受到限制的关注

集团财务报表审计范围受限可能来自集团公司管理层，也可能是集团公司管理层无法克服的情况。

（一）审计范围受到主观限制

如果集团管理层限制集团项目组或组成部分注册会计师接触重要组成部分的信息，集团项目组将无法获取充分、适当的审计证据。如果这类限制与不重要组成部分有关，集团项目组仍有可能获取充分、适当的审计证据，但是受到限制的原因可能影响集团审计意见。例如，可能影响集团管理层对集团项目组的询问所作回复的可靠性，以及集团管理层对集团项目组所作的声明的可靠性。

如果集团项目合伙人认为由于集团管理层施加的限制，集团项目组不能获取充分、适当的审计证据，由此产生的影响可能导致对集团财务报表发表无法表示意见，集团项目合伙人应当视具体情况采取下列措施。

（1）如果是新业务，拒绝接受业务委托；如果是连续审计业务，在法律法规允许的情况下，解除业务约定。

（2）如果法律法规禁止注册会计师拒绝接受业务委托，或者注册会计师不能解除业务约定，则在可能的范围内对集团财务报表实施审计，并对集团财务报表发表无法表示意见。

实例 11－3（多选题）

如果由于集团管理层施加限制，集团项目组不能获取充分、适当的审计证据，导致对集团财务报表发表无法表示意见，集团项目合伙人可能采取的措施有（　　）。

A. 如果是新业务，拒绝接受业务委托

B. 如果是连续审计业务，在法律法规允许的情况下，解除业务约定

C. 如果集团管理层限制集团项目组或组成部分注册会计师接触组成部分的信息，集团项目组将无法获取充分、适当的审计证据

D. 如果法律法规禁止注册会计师拒绝接受业务委托，或者注册会计师不能解除业务约定，则在可能的范围内对集团财务报表实施审计，并发表无法表示意见

分析：ABD。选项C不正确。如果集团管理层限制集团项目组或组成部分注册会计师接触重要组成部分的信息，集团项目组将无法获取充分、适当的审计证据。如果组成部分不是重要组成部分，且集团项目组拥有整套财务报表和审计报告，并能够接触集团管理层拥有的与该组成部分相关的信息，集团项目组可能认为这些信息已构成与该组成部分相关的充分、适当的审计证据。

（二）审计范围受到客观限制

集团项目组接触信息可能受到集团管理层无法克服的情况的限制。例如，受与保密性或数据隐私有关的法律法规的限制，或组成部分注册会计师拒绝集团项目组接触相关审计工作底稿的要求。在这种情况下，集团项目组在承接和保持集团财务报表审计业务时，可以通过了解集团及其环境、集团组成部分及其环境初步识别可能的重要组成部分，并通过与集团管理层讨论预期接触信息可能受限的组成部分。即使接触信息受到限制，集团项目组仍有可能获取充分、适当的审计证据，然而这种可能性随着组成部分对集团重要程度的增加而降低。集团项目组在判断能否获取与组成部分财务信息相关的充分、适当的证据时，应当考虑以下事项。

1. 不重要组成部分

如果信息受限的组成部分不是重要组成部分，尽管集团项目组无法接触组成部分管理层和注册会计师，但集团项目组拥有整套财务报表和审计报告，并能够接触集团管理层拥有的与该组成部分相关的信息，在集团层面实施分析程序，则集团项目组可能认为这些信息已构成与该组成部分相关的充分、适当的审计证据。

2. 重要组成部分

如果某重要组成部分的财务信息预期或已经被组成部分注册会计师审计并发表审计意见，集团项目组可考虑是否将组成部分注册会计师对组成部分发表的审计意见作为审计证据。如果集团项目组决定利用组成部分注册会计师的工作，可采用查阅组成部分注册会计师审计工作底稿等方式。如果集团项目组无法按照审计准则的要求参与组成部分注册会计师的工作，则无法获取与该组成部分相关的充分、适当的审计证据。

三、业务约定条款

集团项目合伙人应当按照《中国注册会计师审计准则第 1111 号——就审计业务约定条款达成一致意见》的规定，就集团审计业务约定条款与管理层或治理层（如适用）达成一致意见。

业务约定条款需要明确适用的财务报告编制基础，还需要明确以下内容。

（1）在法律法规允许的范围内，集团项目组与组成部分注册会计师的沟通应当尽可能不受限制。

（2）组成部分注册会计师与组成部分治理层、组成部分管理层之间进行的重要沟通（包括就值得关注的内部控制缺陷进行的沟通），应当告知集团项目组。

（3）监管机构与组成部分就财务报告事项进行的重要沟通，应当告知集团项目组。

（4）如果集团项目组认为有必要，应当允许集团项目组接触组成部分信息、组成部分治理层、组成部分管理层和组成部分注册会计师（包括集团项目组需要获取的相关审计工作底稿），以及允许集团项目组或其信任的组成部分注册会计师对组成部分财务信息执行相关工作。

在集团项目合伙人接受集团审计业务委托后，下列方面受到的限制将导致无法获取充分、适当的审计证据，从而可能影响集团审计意见。

（1）集团项目组接触组成部分信息、组成部分治理层和管理层，或组成部分注册会计师（包括集团项目组需要获取的相关审计工作底稿）。

（2）拟对组成部分财务信息执行的工作。

在极其特殊的情况下，如果适用的法律法规允许，这些限制可能导致解除业务约定。

第三节　集团审计业务的规划

在了解集团及其环境、集团组成部分及其环境的基础上，集团项目组应当按照《中国注册会计师审计准则第 1201 号——计划审计工作》的规定，制定集团总体审计策略和具体审计计划。集团项目合伙人应当复核集团总体审计策略和具体审计计划，这是其履行集团审计业务指导责任的重要内容。

一、审计策略的选择

（一）重要组成部分和不重要组成部分的划分

为了实现集团财务报表审计的目标，提高审计的效率，在集团财务报表审计中，集团项目组审计师需要采用一定的标准，将组成部分划分为重要组成部分和不重要组成部分，并对不同组成部分实施不同的审计策略。

在选取基准以确定单个组成部分是否对集团具有财务重大性时，实务中通常的做法举例如下。

（1）使用在确定集团财务报表整体重要性时所使用的基准作为衡量的基准。

（2）使用其他的基准作为衡量的基准。例如，集团项目组使用税前利润作为设定集团财务报表整体重要性的基准，但对于亏损的组成部分，选择其他的基准，如营业收入、亏损额绝对值、资产总额等可能更加合适。

（3）使用两个或两个以上的基准来综合衡量。例如，如果某些组成部分收入极高但利润率极低，或者某些组成部分是收益不稳定的新成立主体，集团项目组可以采用两个基准来识别单个组成部分是否具有财务重大性。在这种情况下，集团项目组可对所有组成部分应用两个基准，一个是税前利润，另一个是收入，并将符合任何一个基准的百分比的组成部分识别为重要组成部分。

（4）集团项目组选定的基准可以考虑使用内部交易抵销后的结果。但在实务中可能存在一种情形，当某一组成部分的内部销售交易比重较大时，采用内部交易抵销后的营业收入作为确定财务重大性的基准可能不再恰当，此时选择其他指标，如资产总额等可能更加合适。

（二）集团项目组的不同审计策略

对于组成部分财务信息，集团项目组应当确定由其亲自执行或由组成部分审计师代为执行的相关工作的类型。工作类型包括财务信息审计、特定项目审计、特定审计程序、财务信息审阅、集团层面分析程序（见表11-1）。

表11-1 不同组成部分实施不同的审计策略

<table>
<tr><th colspan="2">组成部分</th><th colspan="2">工作类型</th></tr>
<tr><td rowspan="4">重要组成部分</td><td>具有财务重大性</td><td>使用组成部分重要性对组成部分财务信息实施审计</td><td>财务信息审计</td></tr>
<tr><td rowspan="3">可能存在导致集团财务报表发生重大错报的特别风险</td><td>使用组成部分重要性对组成部分财务信息实施审计</td><td>财务信息审计</td></tr>
<tr><td>针对与可能导致集团财务报表发生重大错报的特别风险相关的一个或多个账户余额、一类或多类交易或披露事项实施审计</td><td>特定项目审计</td></tr>
<tr><td>针对可能导致集团财务报表发生重大错报的特别风险实施特定的审计程序</td><td>特定审计程序</td></tr>
</table>

续表

组成部分	工作类型	
不重要组成部分	在集团层面实施分析程序 在下列两种情形下，需选择某些不重要组成部分执行相关工作： （1）集团项目组在执行完所有相关工作后，认为的不能获取形成集团审计意见所需的充分、适当的审计证据。 （2）集团只包括不重要组成部分，如果仅测试集团层面控制，并对组成部分财务信息实施分析程序，集团项目组通常不太可能获取形成集团审计意见所需的充分、适当的审计证据。 对选择的不重要组成部分（集团项目组应当在一段时间之后更换所选择的组成部分）执行的相关工作有： （1）使用组成部分重要性对组成部分财务信息实施审计。 （2）对一个或多个账户余额、一类或多类交易或披露事项实施审计。 （3）使用组成部分重要性对组成部分财务信息实施审阅。 （4）实施特定程序。	集团分析程序

在审计实务中，越重要的组成部分，集团审计师亲自执行审计的程度越高。错报风险越高，集团审计师参与组成部分审计师工作的程度越高。

当基于集团审计目的，计划要求由组成部分审计师对组成部分财务信息执行相关工作时，集团项目组需要了解组成部分审计师。主要从以下四个方面来了解。

（1）组成部分审计师是否了解并将遵守与集团审计相关的职业道德要求，特别是独立性要求。

（2）组成部分审计师是否具备专业胜任能力。

（3）集团项目组参与组成部分审计师工作的程度是否足以获取充分、适当的审计证据。

（4）组成部分审计师是否处于积极的监管环境中。

如果组成部分审计师不符合与集团审计相关的独立性要求，或集团项目组对组成部分注册会计师职业道德、专业胜任能力和所处的监管环境存有重大疑虑，集团项目组应当就组成部分财务信息亲自获取充分、适当的审计证据，而不应要求组成部分审计师对组成部分财务信息执行相关工作。

如果组成部分审计师对重要组成部分财务信息执行审计，集团项目组应当参与组成部分审计师实施的风险评估程序，以识别导致集团财务报表发生重大错报的特别风险。集团项目组参与的性质、时间安排和范围受其组成部分审计师所了解情况的影响，但至少应当包括以下内容。

（1）与组成部分审计师或组成部分管理层讨论对集团而言重要的组成部分业务活动。

（2）与组成部分审计师讨论由于舞弊或错误导致组成部分财务信息发生重大错报的可能性。

（3）复核组成部分审计师对识别出的导致集团财务报表发生重大错报的特别风险形成的审计工作底稿。

实例 11-4（单选题）

乙公司是甲集团的下属全资子公司，其 20×3 年度财务报表由注册会计师李明审计。注册会计师张方负责审计甲集团 20×3 年度财务报表。注册会计师李明的审计工作并非基于集团审计目的。下列说法中正确的是（　　）。

A. 注册会计师李明是组成部分注册会计师

B. 因为乙公司是甲集团全资子公司，所以注册会计师张方应将其确定为重要组成部分

C. 注册会计师张方可以考虑利用注册会计师李明的工作

D. 注册会计师张方应亲自对乙公司财务报表执行审计工作

分析：C。组成部分注册会计师，是指基于集团审计目的，按照集团项目组的要求，对组成部分财务信息执行相关工作的注册会计师，故选项A不正确。重要组成部分，是指集团项目组识别出的具有下列特征之一的组成部分：（1）单个组成部分对集团具有财务重大性；（2）单个组成部分的特定性质或情况，可能存在导致集团财务报表发生重大错报的特别风险。从题干信息无法判断乙公司是否应确定为重要组成部分（不能因为是全资子公司就确定为重要组成部分），故选项B不正确。如果乙公司不是重要组成部分，可以仅实施集团层面的分析程序，不一定必须执行审计工作，故选项D不正确。

二、重要性水平的确定

为了规范审计计划的编制与执行，保证有计划、有重点地开展审计业务，提高审计质量，在企业集团审计中，重要性水平的确定同样重要。确定重要性水平是集团项目组审计师的责任，在企业集团审计中集团项目组的审计师需要确定三个层次的重要性水平：一是集团财务报表的整体重要性；第二是适用于特定类别的交易、账户余额或披露的一个或多个重要性水平；第三是组成部分重要性。

1. 集团财务报表的整体重要性

在制定集团总体审计策略时，集团项目组应当根据被审计单位的具体环境，如被审计单位的性质、生命周期、行业及经济环境等，选择合适的财务报表要素为基准，确定集团财务报表的整体重要性。

2. 适用于特定类别的交易、账户余额或披露的一个或多个重要性水平

集团项目组应当考虑被审计单位所处行业的关键性披露、重要预期及财务报表使用者重点关注的业务，确定特定类别的交易、账户余额或披露的一个或多个重要性水平。总体要求是低于集团财务报表的整体重要性。

3. 组成部分重要性

（1）如果组成部分审计师对组成部分财务信息实施审计或审阅，集团项目组应当基于集团审计的目的，为这些组成部分确定组成部分重要性。

集团项目组在确定组成部分重要性时，需要运用职业判断，针对汇总风险，即未

发生错报和未更正错报汇总数超过集团财务报表整体重要性的相关风险，可考虑以下因素。

1）组成部分的数量和单个组成部分的规模。组成部分的数量越少，即单个组成部分占集团关键财务指标的比重越高，汇总风险越低，为其设定的重要性越高。组成部分的数量越多，即单个组成部分占集团关键财务指标的比重越低，汇总风险越高，为其设定的重要性越低。

2）对组成部分错报水平的预期。预期多个组成部分未更正和未发现的错报的汇总数超过集团财务报表整体重要性的可能性越大，汇总风险越高，为其设定的重要性越低。

3）组成部分业务处理需要运用会计判断的程度。需要运用会计判断的程度越高，汇总风险越高，为其设定的重要性越低。

4）仅在集团层面实施分析程序的不重要组成部分的比例。该比例越高，汇总风险越高，为其设定的重要性越低。

实务中，为了在法定审计和集团审计中实现同一套审计程序，集团项目组可以与组成部分审计师沟通，将组成部分的重要性按照孰低原则设定为两项审计业务均使用的重要性水平。

（2）为了将未更正和未发现错报的汇总数超过集团财务报表整体重要性的可能性降至适当的低水平，集团项目组应当将组成部分重要性设定为低于集团财务报表整体重要性。

（3）确定组成部分重要性水平时无须按比例分配。

1）针对不同的组成部分确定的重要性可能有所不同；

2）在确定组成部分重要性时，无须采用将集团财务报表整体重要性按比例分配的方式；

3）为不同组成部分确定的重要性的汇总数，有可能高于集团财务报表整体重要性，在制定组成部分总体审计策略时，需要使用组成部分的重要性。

（4）使用的组成部分重要性水平。

1）在审计组成部分财务信息时，组成部分注册会计师（或集团项目组）需要确定组成部分层面实际执行的重要性。这对于将组成部分财务信息中未更正和未发现错报的汇总数超过组成部分重要性的可能性降至适当的低水平是必要的。

2）组成部分注册会计师需要使用组成部分重要性，评估组成部分财务信息的重大错报风险，针对评估的风险设计进一步审计程序，以及评价识别出的未更正错报单独或汇总起来是否重大。

3）如果基于集团审计目的，由组成部分注册会计师对组成部分财务信息执行审计工作，集团项目组应当评价在组成部分层面确定的实际执行的重要性的适当性。

（5）集团项目组需要为计划实施相关审计工作的组成部分设定重要性，不需要对计划仅在集团层面实施分析程序的不重要组成部分设立重要性。

4. 明显微小错报的临界值

审计师需要设定临界值，不能将超过该临界值的错报视为对集团财务报表明显微小的错报。组成部分审计师需要将在组成部分财务信息中识别出的超过临界值的错报通报给集团项目组。

实例 11－5（单选题）

下列关于集团财务报表审计中重要性问题的说法中，不正确的是（　　）。

A. 基于集团审计目的，在组成部分注册会计师对组成部分财务信息执行审计工作的情况下，由组成部分注册会计师为组成部分确定重要性

B. 基于集团审计目的，在组成部分注册会计师对组成部分财务信息执行审计工作的情况下，由组成部分注册会计师为组成部分确定实际执行的重要性

C. 如果基于集团审计目的，由组成部分注册会计师对组成部分财务信息执行审计工作，集团项目组应当评价在组成部分层面确定的实际执行的重要性的适当性

D. 基于集团审计目的，在组成部分注册会计师对组成部分财务信息执行审计工作的情况下，由集团项目组为组成部分确定重要性

分析：A。在组成部分注册会计师对组成部分财务信息执行审计工作的情况下，由集团项目组基于集团审计目的为组成部分确定重要性，故选项A错误，选项D正确。

第四节　集团财务报表审计的风险评估

在集团审计中，审计风险包括组成部分注册会计师可能没有发现组成部分财务信息存在的错报（该错报导致集团财务报表发生重大错报）的风险，以及集团项目组可能没有发现该错报的风险。集团项目组应当：（1）在业务承接或保持阶段获取信息的基础上，进一步了解集团及其环境、集团组成部分及其环境，包括集团层面的控制；（2）了解合并过程，包括集团管理层向组成部分下达的指令。

一、了解集团及其环境、集团组成部分及其环境

集团项目组应当对集团及其环境、集团组成部分及其环境获取充分的了解，以足以：确认或修正最初识别的重要组成部分；评估由于舞弊或错误导致财务报表发生重大错报的风险。

集团项目组可以基于下列信息，在集团层面评估集团财务报表重大错报风险。

（1）在了解集团及其环境、集团组成部分及其环境和合并过程时获取的信息，包括在评价集团层面控制以及与合并过程相关的控制的设计和执行时获取的审计证据；

（2）从组成部分注册会计师获取的信息。

可能表明集团财务报表存在重大错报风险的情况或事项举例如下。

（1）复杂的集团结构，特别是经常发生并购、处置或重组交易；

（2）薄弱的公司治理结构，包括不透明的决策程序；

（3）不存在集团层面的控制或集团层面的控制无效，包括集团管理层在监督组成

部分业务活动和经营成果时不能获取充分的信息；

(4) 组成部分在境外经营，其业务活动可能受到诸多因素的影响，如非正常的政府干预（如贸易和财政政策、对外汇和股利汇出的限制）和汇率波动；

(5) 组成部分业务活动包含较高风险，包括使用长期合约，或使用创新或复杂金融工具进行交易；

(6) 组成部分财务信息是否需要按照适用的财务报告编制基础的规定包括在集团财务报表中存在不确定性，例如，是否存在需要合并的特殊目的实体或非交易性实体；

(7) 异常的关联方关系及其交易；

(8) 以前合并时发生集团内部往来余额不平或调节不一致的情况；

(9) 存在涉及多个组成部分的复杂交易；

(10) 组成部分运用的会计政策与集团不一致；

(11) 组成部分的报告期末与集团不同，可能用以操纵交易的时间安排；

(12) 以前存在未经授权或不完整的合并调整事项；

(13) 集团采用激进的税务筹划政策，或与处于“避税天堂”的实体从事大量现金交易；

(14) 频繁变更负责组成部分财务信息审计的注册会计师。

二、集团管理层下达的指令

为实现财务信息的一致性和可比性，集团管理层通常对组成部分下达指令。这些指令具体说明了对包括在集团财务报表中的组成部分财务信息的要求，通常采用财务报告程序手册和报告文件包的形式。报告文件包通常由标准模板组成，用以提供集团财务报表所需的财务信息，但报告文件包通常不采用按照适用的财务报告编制基础编制和列报的整套财务报表的形式。

集团管理层下达的指令通常包括：

(1) 运用的会计政策；

(2) 适用于集团财务报表的法定和其他披露要求，包括分部的确定和报告、关联方关系及其交易、集团内部交易、未实现内部交易损益以及集团内部往来余额；

(3) 报告的时间要求。

集团项目组对指令的了解包括下列方面。

(1) 就完成报告文件包而言，指令是否清晰、实用；

(2) 指令是否充分说明了适用的财务报告编制基础的特点；

(3) 指令是否规定了为遵守适用的财务报告编制基础的要求而需要充分披露的事项（如关联方关系及其交易和分部信息的披露）；

(4) 指令是否规定了如何确定合并调整事项（如集团内部交易、未实现内部交易损益和集团内部往来余额）；

(5) 指令是否规定了组成部分管理层对财务信息的批准程序。

三、了解组成部分注册会计师

基于集团审计目的，如果计划要求由组成部分注册会计师执行组成部分财务信息的相关工作，集团项目组需要了解组成部分注册会计师。如果集团项目组计划仅在集团层面对某些组成部分实施分析程序，就无须了解这些组成部分注册会计师。如果计划要求组成部分注册会计师执行组成部分财务信息的相关工作，集团项目组应当了解下列事项。

（1）组成部分注册会计师是否了解并将遵守与集团审计相关的职业道德要求，特别是独立性要求。当基于集团审计目的对组成部分财务信息执行相关工作时，组成部分注册会计师需要遵守与集团审计相关的职业道德要求。这些要求与组成部分注册会计师在其所在国家或地区执行法定审计时所需遵守的职业道德要求可能不同，或需要遵守更多的要求。因此，集团项目组需要了解组成部分注册会计师是否了解并将遵守与集团审计相关的职业道德要求，组成部分注册会计师了解和遵守的程度是否足以使其履行在集团审计中承担的责任。

（2）组成部分注册会计师是否具备专业胜任能力。集团项目组对组成部分注册会计师的专业胜任能力的了解可能包括下列方面。

1）组成部分注册会计师是否对适用于集团审计的审计准则和其他职业准则有充分的了解，以足以履行其在集团审计中的责任；

2）组成部分注册会计师是否拥有对特定组成部分财务信息执行相关工作所必需的专门技能（如行业专门知识）；

3）如果相关，组成部分注册会计师是否对适用的财务报告编制基础（集团管理层向组成部分下达的指令，通常说明适用的财务报告编制基础的特征）有充分的了解，以足以履行其在集团审计中的责任。

如果组成部分注册会计师不符合与集团审计相关的独立性要求，或集团项目组对组成部分注册会计师职业道德、专业胜任能力和所处的监管环境存有重大疑虑，集团项目组应当就组成部分财务信息获取充分、适当的审计证据，而不应要求组成部分注册会计师对组成部分财务信息执行相关工作。

如果组成部分注册会计师不符合与集团审计相关的独立性要求，集团项目组不能通过参与组成部分注册会计师的工作、实施追加的风险评估程序或对组成部分财务信息实施进一步审计程序，消除组成部分注册会计师不具有独立性的影响。但是可以消除对组成部分注册会计师专业胜任能力的并非重大的疑虑（如认为其缺乏行业专门知识），或消除组成部分注册会计师未处于积极有效的监管环境中的影响。

（3）集团项目组参与组成部分注册会计师工作的程度是否足以获取充分、适当的审计证据。集团项目组为了解组成部分注册会计师而实施的程序的性质、时间安排和范围，受多项因素的影响。例如，集团项目组以往与组成部分注册会计师交往的经验，对组成部分注册会计师的了解，集团项目组和组成部分注册会计师受共同的政策和程序约束的程度等。这些共同的政策和程序举例如下。

1）集团项目组和组成部分注册会计师是否共享统一的政策和程序（如审计方法）以执行相关工作，是否共享统一的质量控制政策和程序或统一的监控政策和程序；

2）集团项目组和组成部分注册会计师在应遵守的法律法规或法律体系、职业监管、惩戒和外部执业质量检查、教育和培训、职业组织及其准则、语言和文化等方面的一致性或相似性。

这些因素相互影响，但并不相互排斥。例如，组成部分注册会计师甲一贯运用统一的质量控制、监控政策和程序以及统一的审计方法，或与集团项目合伙人处在同一国家或地区；组成部分注册会计师乙并未一贯运用统一的质量控制、监控政策和程序以及统一的审计方法，或在境外执业。集团项目组了解组成部分注册会计师甲所实施程序的范围，可能小于了解组成部分注册会计师乙所实施程序的范围，为了解组成部分注册会计师甲和乙而分别实施的程序的性质也可能是不同的。

集团项目组可以通过多种途径了解组成部分注册会计师。在组成部分注册会计师参与集团审计的第一年，集团项目组可以通过下列途径进行了解。

1）如果集团项目组和组成部分注册会计师来自同一家会计师事务所或在统一的监控政策和程序下进行运营的网络，评价质量监控系统的运行结果；

2）访问组成部分注册会计师并与之讨论组成部分注册会计师职业道德、专业胜任能力和所处的监管环境；

3）要求组成部分注册会计师以书面形式确认组成部分注册会计师职业道德、专业胜任能力和所处的监管环境；

4）要求组成部分注册会计师完成对组成部分注册会计师职业道德、专业胜任能力和所处的监管环境的调查表；

5）与集团项目合伙人所在的会计师事务所的同事进行讨论，或与对组成部分注册会计师有所了解且声誉良好的第三方进行讨论；

6）向组成部分注册会计师所属的职业团体、颁发执业许可的机构或其他第三方进行函证。

在之后的年度，集团项目组对组成部分注册会计师的了解，可以基于其以前与组成部分注册会计师交往的经验。集团项目组可以要求组成部分注册会计师确认组成部分注册会计师职业道德、专业胜任能力和所处的监管环境自上期以来是否发生变化。

（4）组成部分注册会计师是否处于积极的监管环境中。

实例 11－6（单选题）

下列有关了解组成部分注册会计师的说法中，错误的是（　　）。

A. 集团项目组需要了解组成部分注册会计师

B. 在了解组成部分注册会计师后，如果组成部分注册会计师未处于积极有效的监管环境中，集团项目组可以采取措施消除其疑虑或影响

C. 在了解组成部分注册会计师后，如果组成部分注册会计师不符合与集团审计相关的独立性要求，集团项目组无法采取措施消除其疑虑或影响

D. 在了解组成部分注册会计师后，如果对组成部分注册会计师专业胜任能力存

在并非重大疑虑，集团项目组可以采取措施消除其疑虑或影响

分析：A。只有当基于集团审计目的，计划要求由组成部分注册会计师执行组成部分财务信息的相关工作时，集团项目组才需要了解组成部分注册会计师，故选项A错误。

四、评估舞弊风险

（一）舞弊导致的集团财务报表重大错报风险所需的信息

注册会计师需要识别和评估由于舞弊导致财务报表发生重大错报的风险，针对评估的风险设计和实施适当的应对措施。用以识别由于舞弊导致的集团财务报表重大错报风险所需的信息包括但不限于以下内容。

（1）集团管理层对集团财务报表可能存在由于舞弊导致的重大错报风险的评估。

（2）集团管理层对集团舞弊风险的识别和应对过程，包括集团管理层识别出的任何特定舞弊风险，或可能存在舞弊风险的账户余额、某类交易或披露。

（3）是否有特定组成部分可能存在舞弊风险。

（4）集团治理层监督集团管理层识别和应对集团舞弊风险的过程，以及集团管理层为降低集团舞弊风险而建立的控制。

（5）就集团项目组对是否知悉任何影响组成部分或集团的舞弊事实、舞弊嫌疑或舞弊指控的询问，集团治理层、管理层和内部审计人员（如适用，还包括组成部分管理层、组成部分注册会计师和其他人员）做出的答复。

（6）集团项目组成员和组成部分注册会计师对集团财务报表重大错报风险（包括舞弊风险）的讨论。

（二）对重大错报风险的讨论

项目组关键成员需要讨论由于舞弊或错误导致被审计单位财务报表发生重大错报的可能性，并特别强调舞弊导致的风险。在集团审计中，参与讨论的成员还可能包括组成部分注册会计师。集团项目合伙人对参与讨论的项目组成员、讨论的方式、时间和内容的确定，受多项因素（如以前与集团交往的经验）的影响。讨论可以提供下列机会。

（1）分享对组成部分及其环境的了解，包括对集团层面控制的了解。

（2）交流有关组成部分或集团的经营风险的信息。

（3）交流对下列有关舞弊问题的看法。

1）集团财务报表如何以及在何处易于发生由于舞弊或错误导致的重大错报；

2）集团管理层和组成部分管理层如何编制并隐瞒虚假财务报告；

3）组成部分的资产如何被侵占。

（4）识别集团管理层或组成部分管理层可能倾向或有意操纵利润导致虚假财务报告而采取的惯常手段，例如，采用与适用的财务报告编制基础的规定不符的收入确认政策以操纵收入。

（5）考虑已知的对集团产生影响的外部和内部因素。这些因素可能形成集团管理层、组成部分管理层或其他人员实施舞弊的动机或压力，从而为实施舞弊提供机会。这些因素还可能显示能够使集团管理层、组成部分管理层或其他人员将舞弊行为予以合理化的文化或环境。

（6）考虑集团或组成部分管理层可能凌驾于控制之上的风险。

（7）考虑是否基于集团财务报表编制目的而采用统一的会计政策编制组成部分财务信息，如果未采用统一的会计政策，如何识别和调整会计政策差异。

（8）讨论识别出的组成部分的舞弊，或显示组成部分存在舞弊的信息。

（9）分享可能违反法律法规的信息（如有关商业贿赂或不适当的转移定价的信息）。

第五节　集团财务报表审计的风险应对

一、总体要求

（1）注册会计师应当针对评估的财务报表重大错报风险设计和实施恰当的应对措施。

（2）对于组成部分财务信息，集团项目组应当确定由其亲自执行或由组成部分注册会计师代为执行的相关工作的类型。

（3）集团项目组还应当确定参与组成部分注册会计师工作的性质、时间安排和范围。

（4）集团项目组确定对组成部分财务信息拟执行工作的类型以及参与组成部分注册会计师工作的程度，受下列因素影响：1）组成部分的重要程度；2）识别出的导致集团财务报表发生重大错报的特别风险；3）对集团层面控制的设计的评价，以及其是否得到执行的判断；4）集团项目组对组成部分注册会计师的了解。

二、对重要组成部分需执行的工作

就集团而言，对于具有财务重大性的单个组成部分，集团项目组应当运用该组成部分的重要性对组成部分财务信息实施审计。

对由于其特定性质或情况，可能存在导致集团财务报表发生重大错报的特别风险的重要组成部分，集团项目组应当执行下列一项或多项工作。

（1）使用组成部分重要性对组成部分财务信息实施审计。

（2）针对与可能导致集团财务报表发生重大错报的特别风险相关的一个或多个账户余额、一类或多类交易或披露事项实施审计。如果集团项目组要求组成部分注册会计师仅针对一个或多个特定类别的账户余额、一类或多类交易或披露事项实施审计，在与组成部分注册会计师沟通时，集团项目组需要考虑多数财务报表项目是相互关联的这一事实。

（3）针对可能导致集团财务报表发生重大错报的特别风险实施特定审计程序。

集团项目组确定选择多少组成部分、选择哪些组成部分以及对所选择的每个组成部分财务信息执行工作的类型，可能受下列因素的影响。

（1）预期就重要组成部分财务信息获取审计证据的程度；

（2）组成部分是新设立还是收购的；

（3）组成部分是否发生重大变化；

（4）内部审计是否对组成部分执行了工作，以及内部审计工作对集团审计的影响；

（5）组成部分是否运用相同的系统和数据；

（6）集团层次控制运行的有效性；

（7）通过集团层次实施分析程序识别出的异常波动；

（8）与同类其他组成部分相比，某组成部分是否对集团具有财务重大性或可能导致风险；

（9）是否因法律法规或其他原因需要对组成部分执行审计。

选择不为被审计单位预见的同类组成部分，可以增加识别组成部分财务信息重大错报的可能性。组成部分通常定期轮换。

实例 11－7（多选题）

如果决定由集团项目组对存在特别风险的重要组成部分的财务信息执行审计工作，下列程序中应当实施的包括（　　）。

A. 使用组成部分重要性对该组成部分财务信息实施审计

B. 使用组成部分重要性对该组成部分财务信息实施审阅

C. 针对与可能导致集团财务报表发生重大错报的特别风险相关的一个或多个账户余额、一类或多类交易或披露事项实施审计

D. 针对可能导致集团财务报表发生重大错报的特别风险实施特定的审计程序

分析：ACD。对重要组成部分不能仅实施审阅程序，故选项B不正确。

三、对不重要组成部分所需执行的工作

对于不重要组成部分，集团项目组应当在集团层面实施分析程序。

根据业务的具体情况，集团项目组可以将组成部分财务信息在不同层面进行汇总，用以实施分析程序。实施分析程序的结果，可以佐证集团项目组得出的结论，即汇总的不重要组成部分的财务信息不存在特别风险。

对于选择的不重要组成部分，集团项目组可考虑执行以下工作。

（1）使用组成部分重要性对组成部分财务信息实施审计；

（2）对一个或多个账户余额、一类或多类交易或披露事项实施特定项目审计；

（3）使用组成部分重要性对组成部分财务信息实施审阅；

（4）集团项目组应当在一段时间之后更换选择的组成部分，实施特定审计程序。

实例 11－8（多选题）

下列关于对不重要组成部分执行审计程序的说法中，正确的有（　　）。

A. 根据业务的具体情况，集团项目组可以将组成部分财务信息在不同层面进行汇总，用以实施分析程序

B. 选择不为被审计单位预见的同类其他组成部分，可以增加识别组成部分财务信息重大错报的可能性

C. 所选择的组成部分一旦确定，不能轻易更换

D. 集团项目组可以根据具体情况对组成部分财务信息实施审阅，并实施追加程序，作为对审阅程序的补充

分析：ABD。集团项目组应当在一段时间之后更换所选择的组成部分，故选项 C 不正确。

四、针对合并过程执行相关工作

集团财务报表的合并过程包括：（1）通过合并、比例合并、权益法或成本法，在集团财务报表中对组成部分财务信息进行确认、计量、列报与披露；（2）对没有母公司但处在同一控制下的各组成部分编制的财务信息进行汇总。

（一）了解集团层面的控制和合并过程

集团项目组应当了解集团层面的控制和合并过程，包括集团管理层向组成部分下达的指令，亲自测试或要求组成部分注册会计师代为测试集团层面控制。

如果对合并过程执行工作的性质、时间安排和范围基于预期集团层面控制有效运行，或者仅实施实质性程序不能提供认定层次的充分、适当的审计证据，集团项目组应当亲自测试或要求组成部分注册会计师代为测试集团层面控制运行的有效性。

由于集团层面控制是集团管理层设计、执行和维护的与集团财务信息相关的控制，其运行可能在集团层面，也可能在组成部分层面。对集团层面控制进行了解和测试得出设计合理合法、执行有效的评价结果，可以使集团审计更加有效率。当集团层面控制未得到合理设计和有效运行时，组成部分的重大错报未被防止、发现并纠正的风险将会提高，集团项目组可能需要判断初步确定的各个组成部分的测试工作是否需要修改，如：

（1）选择更多数量的组成部分作为重要组成部分。

（2）选择更多数量的组成部分，对其财务信息实施审计。

（3）对一个或多个账户余额、某类交易披露事项实施追加的审计程序。

（4）选择部分不重要组成部分，对其财务信息实施审阅。

（5）对不重要组成部分，在集团层面执行更精确的分析程序。

（二）设计和实施进一步审计程序

集团项目组应当针对合并过程设计和实施进一步审计程序，以应对评估的、由合并过程导致的集团财务报表发生重大错报的风险。设计和实施的进一步审计程序应当

包括评价所有组成部分是否均已包括在集团财务报表中。

（三）评价合并过程

集团项目组应当评价合并调整和重分类事项的适当性、完整性和准确性，并评价是否存在舞弊风险因素或可能存在管理层偏向的迹象。合并过程可能需要对集团财务报表中列报的金额做出调整，这类调整不经过常规交易处理系统，可能不会受到针对其他财务信息的控制的约束。集团项目组对这类调整的适当性、完整性和准确性的评价可能包括以下内容。

（1）评价重大调整是否恰当反映了相关事项和交易。

（2）确定重大调整是否得到集团管理层和组成部分管理层（如适用）的正确计算、处理和授权。

（3）确定重大调整是否有适当的证据支持并得到充分的记录。

（4）检查集团内部交易、未实现内部交易损益以及集团内部往来余额是否核对一致并抵销。

（四）对评价出的不恰当事项的处理

（1）如果组成部分财务信息没有按照集团财务报表采用的会计政策编制，集团项目组应当评价组成部分财务信息是否已得到适当调整，以满足编制和列报集团财务报表的要求。集团项目组应当确定，组成部分注册会计师上报的财务信息是否就是包括在集团财务报表中的财务信息。

（2）如果集团财务报表包括的组成部分财务报表的报告期末不同于集团财务报表，集团项目组应当评价是否已按照适用的财务报告编制基础对这些财务报表做出恰当调整。

实例 11-9（多选题）

下列关于集团财务报表审计中合并过程审计的表述，正确的有（　　）。

A. 集团项目组应当了解集团层面的控制和合并过程，包括集团管理层向组成部分下达的指令

B. 如果对合并过程执行的工作基于预期集团层面控制有效运行，集团项目组应当亲自测试或要求组成部分注册会计师代为测试集团层面控制运行的有效性

C. 集团项目组应当针对合并过程设计和实施进一步审计程序，以应对评估的、由合并过程导致的集团财务报表发生重大错报的风险

D. 集团项目组应当评价合并调整和重分类事项的适当性、充分性和准确性，并评价是否存在舞弊风险因素或可能存在管理层偏向的迹象

分析：ABC。集团项目组应当评价合并调整和重分类事项的适当性、完整性和准确性，并评价是否存在舞弊风险因素或可能存在管理层偏向的迹象，故选项D错误。

五、参与组成部分注册会计师的工作

如果组成部分注册会计师对重要组成部分财务信息执行审计，集团项目组应当参

与组成部分注册会计师实施的风险评估程序，以识别导致集团财务报表发生重大错报的特别风险。集团项目组参与的性质、时间安排和范围受其组成部分注册会计师所了解情况的影响，但至少应当包括以下方面。

（1）与组成部分注册会计师或组成部分管理层讨论对集团而言重要的组成部分业务活动。

（2）与组成部分注册会计师讨论由于舞弊或错误导致组成部分财务信息发生重大错报的可能性。

（3）复核组成部分注册会计师对识别出的导致集团财务报表发生重大错报的特别风险形成的审计工作底稿。

如果在由组成部分注册会计师执行相关工作的组成部分内，识别出导致集团财务报表发生重大错报的特别风险，集团项目组应当评价针对识别出的特别风险拟实施的进一步审计程序的恰当性。根据对组成部分注册会计师的了解，集团项目组应当确定是否有必要参与进一步审计程序。可能影响集团项目组参与组成部分注册会计师工作的因素包括以下方面。

（1）组成部分的重要程度。

（2）识别出的导致集团财务报表发生重大错报的特别风险。

（3）集团项目组对组成部分注册会计师的了解。

如果组成部分是不重要组成部分，集团项目组参与组成部分注册会计师工作的性质、时间安排和范围，将根据集团项目组对组成部分注册会计师的了解而不同。而该组成部分不是重要组成部分这一事实，成为将要考虑的因素。例如，即使某一组成部分未被视为重要组成部分，集团项目组也可能决定参与组成部分注册会计师的风险评估，因为集团项目组对组成部分注册会计师专业胜任能力存在并非重大疑虑（如认为其缺乏行业专门知识），或者组成部分注册会计师未处于积极有效的监管环境中。

集团项目组参与组成部分注册会计师工作的方式，可能取决于集团项目组对组成部分注册会计师的了解。这些方式可能还包括以下内容。

（1）与组成部分管理层或组成部分注册会计师会谈，获取对组成部分及其环境的了解。

（2）复核组成部分注册会计师的总体审计策略和具体审计计划。

（3）实施风险评估程序，识别和评估组成部分层面的重大错报风险。集团项目组可以单独或与组成部分注册会计师共同实施这类程序。

（4）设计和实施进一步审计程序。集团项目组可以单独或与组成部分注册会计师共同设计和实施这类程序。

（5）参加组成部分注册会计师与组成部分管理层的总结会议和其他重要会议。

（6）复核组成部分注册会计师的审计工作底稿的其他相关部分。

六、与组成部分注册会计师的沟通

如果集团项目组与组成部分注册会计师之间未能建立有效的双向沟通关系，则存在集团项目组可能无法获取形成集团审计意见所依据的充分、适当的审计证据的风险。集团项目组清晰、及时地通报工作要求，是集团项目组和组成部分注册会计师之间形成有效的双向沟通关系的基础。

（一）集团项目组向组成部分注册会计师的通报

集团项目组应当及时向组成部分注册会计师通报工作要求。通报的内容应当明确组成部分注册会计师应执行的工作和集团项目组对其工作的利用，以及组成部分注册会计师与集团项目组沟通的形式和内容。

通报的内容还应当包括以下方面。

（1）在组成部分注册会计师知悉集团项目组将利用其工作的前提下，要求组成部分注册会计师确认其将配合集团项目组的工作。

（2）与集团审计相关的职业道德要求，特别是独立性要求。

（3）在对组成部分财务信息实施审计或审阅的情况下，组成部分的重要性和针对特定类别的交易、账户余额或披露采用的一个或多个重要性水平（如适用）以及临界值，超过临界值的错报不能视为对集团财务报表明显微小的错报。

（4）识别出的与组成部分注册会计师工作相关的、由于舞弊或错误导致集团财务报表发生重大错报的特别风险。集团项目组应当要求组成部分注册会计师及时沟通所有识别出的在组成部分内的其他由于舞弊或错误可能导致集团财务报表发生重大错报的特别风险，以及组成部分注册会计师针对这些特别风险采取的应对措施。

（5）集团管理层编制的关联方清单和集团项目组知悉的任何其他关联方。集团项目组应当要求组成部分注册会计师及时沟通集团管理层或集团项目组以前未识别出的关联方。集团项目组应当确定是否需要将新识别的关联方告知其他组成部分注册会计师。

（二）组成部分注册会计师与集团项目组沟通的事项

集团项目组应当要求组成部分注册会计师沟通与得出集团审计结论相关的事项。沟通的内容应当包括以下方面。

（1）组成部分注册会计师是否已遵守与集团审计相关的职业道德要求，包括对独立性和专业胜任能力的要求。

（2）组成部分注册会计师是否已遵守集团项目组的要求。

（3）指出作为组成部分注册会计师出具报告对象的组成部分财务信息。

（4）因违反法律法规而可能导致集团财务报表发生重大错报的信息。

（5）组成部分财务信息中未更正错报的清单（清单不必包括低于集团项目组通报的临界值且明显微小的错报）。

（6）表明可能存在管理层偏向的迹象。

（7）描述识别出的组成部分层面值得关注的内部控制缺陷。

（8）组成部分注册会计师向组成部分治理层已通报或拟通报的其他重大事项，包括涉及组成部分管理层、在组成部分层面内部控制中承担重要职责的员工以及其他人员（在舞弊行为导致组成部分财务信息出现重大错报的情况下）的舞弊或舞弊嫌疑。

（9）可能与集团审计相关或者组成部分注册会计师期望集团项目组加以关注的其他事项，包括在组成部分注册会计师要求组成部分管理层提供的书面声明中指出的例外事项。

（10）组成部分注册会计师的总体发现、得出的结论和形成的意见。

在配合集团项目组时，如果法律法规未予禁止，组成部分注册会计师可以允许集团项目组接触相关审计工作底稿。

实例 11 - 10（多选题）

如果集团财务报表的明显微小错报临界值为 5 000 元，甲组成部分财务报表的明显微小错报临界值为 300 元，则甲组成部分注册会计师需要将在甲组成部分财务信息中识别出的（　　）的错报通报给集团项目组。

A. 5 000 元至 10 000 元

B. 300 元至 5 000 元

C. 300 元以下

D. 10 000 元以上

分析：AD。组成部分注册会计师是基于集团财务报表审计的目的对组成部分财务信息实施相关工作的，需要将在组成部分财务信息中识别出的超过集团财务报表明显微小错报临界值的错报通报给集团项目组。

（三）评价与组成部分注册会计师的沟通

集团项目组应当评价与组成部分注册会计师的沟通。集团项目组应当：

（1）与组成部分注册会计师、组成部分管理层或集团管理层（如适用）讨论在评价过程中发现的重大事项。

（2）确定是否有必要复核组成部分注册会计师审计工作底稿的相关部分。

组成部分注册会计师的审计工作底稿中哪些部分与集团审计相关，可能因具体情况的不同而不同。集团项目组在复核时，通常关注的是与导致集团财务报表发生重大错报的特别风险相关的审计工作底稿。组成部分注册会计师的审计工作底稿按照组成部分注册会计师所在会计师事务所的复核程序进行复核这一事实，可能影响集团项目组的复核范围。

如果认为组成部分注册会计师的工作不充分，集团项目组应当确定需要实施哪些追加的程序，以及这些程序是由组成部分注册会计师还是由集团项目组实施。

实例 11 - 11（单选题）

下列关于评价与组成部分注册会计师的沟通的说法中，不正确的是（　　）。

A. 集团项目组应当与组成部分注册会计师、组成部分管理层或集团管理层（如适用）讨论在评价过程中发现的重大事项

B. 集团项目组应当确定是否有必要复核组成部分注册会计师审计工作底稿的相关部分

C. 组成部分注册会计师的审计工作底稿按照组成部分注册会计师所在会计师事务所的复核程序进行复核这一事实，可能影响集团项目组的复核范围

D. 如果认为组成部分注册会计师的工作不充分，集团项目组应当要求组成部分注册会计师实施追加的审计程序

分析：D。如果认为组成部分注册会计师的工作不充分，集团项目组应当确定需要实施哪些追加的程序，以及这些程序是由组成部分注册会计师实施还是由集团项目组实施，故选项D错误。

七、与集团管理层和集团治理层的沟通

（一）与集团管理层的沟通

集团项目组应当按照《中国注册会计师审计准则第1152号——向治理层和管理层通报内部控制缺陷》的规定，确定哪些识别出的内部控制缺陷需要向集团治理层和集团管理层通报。在确定通报的内容时，集团项目组应当考虑以下方面。

（1）集团项目组识别出的集团层面内部控制缺陷；

（2）集团项目组识别出的组成部分层面内部控制缺陷；

（3）组成部分注册会计师提请集团项目组关注的内部控制缺陷。

《中国注册会计师审计准则第1141号——财务报表审计中与舞弊相关的责任》对注册会计师向管理层和治理层（如果管理层涉嫌舞弊）通报舞弊事项做出了规定。如果集团项目组识别出舞弊或组成部分注册会计师提请集团项目组关注舞弊，或者有关信息表明可能存在舞弊，集团项目组应当及时向适当层级的集团管理层通报，以便管理层告知主要负责防止和发现舞弊事项的人员。

因法律法规要求或其他原因，组成部分注册会计师可能需要对组成部分财务报表发表审计意见。在这种情况下，集团项目组应当要求集团管理层告知组成部分管理层其尚未知悉的、集团项目组注意到的可能对组成部分财务报表产生重要影响的事项。如果集团管理层拒绝向组成部分管理层通报该事项，集团项目组应当与集团治理层进行讨论。如果该事项仍未得到解决，集团项目组在遵守法律法规和职业准则有关保密要求的前提下，应当考虑是否建议组成部分注册会计师在该事项得到解决之前，不对组成部分财务报表出具审计报告。

实例11-12（多选题）

组成部分注册会计师需要对组成部分财务报表发表审计意见，下列说法中正确的有（　　）。

A. 集团项目组应当要求集团管理层告知组成部分管理层其尚未知悉的、集团项目组注意到的可能对组成部分财务报表产生重要影响的事项

B. 如果集团管理层拒绝向组成部分管理层通报相关事项，集团项目组应当与集团治理层进行讨论

C. 如果集团项目组注意到的可能对组成部分财务报表产生重大影响的事项未得到解决，集团项目组应阻止组成部分注册会计师对组成部分财务报表出具审计报告

D. 集团项目组应当要求组成部分管理层告知集团项目组其尚未知悉的、组成部

分注册会计师注意到的可能对组成部分财务报表产生重要影响的事项

分析： AB。如果组成部分注册会计师需要对组成部分财务报表发表审计意见，那么集团项目组应当要求集团管理层告知组成部分管理层其尚未知悉的、集团项目组注意到的可能对组成部分财务报表产生重要影响的事项，故选项 A 正确。如果集团管理层拒绝向组成部分管理层通报该事项，集团项目组应当与集团治理层进行讨论，故选项 B 正确。如果该事项仍未得到解决，集团项目组在遵守法律法规和职业准则有关保密要求的前提下，应当考虑是否建议组成部分注册会计师在该事项得到解决之前，不对组成部分财务报表出具审计报告。

（二）与集团治理层的沟通

集团项目组向集团治理层通报的事项，可能包括组成部分注册会计师提请集团项目组关注，并且集团项目组根据职业判断认为与集团治理层责任相关的重大事项。除《中国注册会计师审计准则第 1151 号——与治理层的沟通》和其他审计准则要求沟通的事项外，集团项目组还应当与集团治理层沟通下列事项。

（1）对组成部分财务信息拟执行工作的类型的概述；

（2）在组成部分注册会计师对重要组成部分财务信息拟执行的工作中，集团项目组计划参与其工作的性质的概述；

（3）对组成部分注册会计师的工作做出的评价，引起集团项目组对其工作质量产生疑虑的情形；

（4）集团审计受到的限制，如集团项目组接触某些信息受到的限制；

（5）涉及集团管理层、组成部分管理层、在集团层面控制中承担重要职责的员工以及其他人员（在舞弊行为导致集团财务报表出现重大错报的情况下）的舞弊或舞弊嫌疑。

八、在集团层面对审计证据评价结果的处理

注册会计师应当获取充分、适当的审计证据，将审计风险降至可接受的低水平，从而得出合理的结论以作为形成审计意见的基础。

（一）已执行的工作仍不能提供充分、适当审计证据时的处理

如果集团财务报表包括的组成部分财务报表的报告期末不同于集团财务报表，集团项目组应当评价是否已按照适用的财务报告编制基础对这些财务报表做出恰当调整。如果集团项目组认为对重要组成部分财务信息执行的工作、对集团层面控制和合并过程执行的工作以及在集团层面实施的分析程序还不能获取形成集团审计意见所依据的充分、适当的审计证据，集团项目组应当选择某些不重要组成部分，并对已选择的组成部分财务信息亲自执行或由代表集团项目组的组成部分注册会计师执行下列一项或多项工作。

（1）使用组成部分重要性对组成部分财务信息实施审计；

（2）对一个或多个账户余额、一类或多类交易或披露实施审计；

（3）使用组成部分重要性对组成部分财务信息实施审阅；

（4）实施特定程序。

集团项目组应当在一段时间之后更换选择的组成部分。

（二）在集团层面识别和汇总错报的处理

实务中，集团项目组根据对各个组成部分的了解及其职业判断，在必要时要求组成部分注册会计师与其沟通所有已更正和未更正的错报。集团项目组累计各个组成部分的错报，编制集团错报汇总表。集团项目组编制集团错报汇总表时应当注意以下方面。

（1）根据组成部分注册会计师的备忘录或所执行工作报告，分析其执行工作的结果，判断是否存在可能影响集团错报汇总表的事项。

（2）判断某一组成部分识别的错报是否适用于其他类似组成部分。如果集团项目组在某一组成部分的错报中识别出某些有规律的系统性错报，由于这些错报也可能发生在其他组成部分，集团项目组可以要求各个组成部分注册会计师关注并报告这类错报，即使这类错报不超过该组成部分的临界值。

（3）判断已识别出的错报是否对未执行审计工作的不重要组成部分产生影响。

集团项目组负责评价汇总未更正错报对集团财务报表的影响，当各个组成部分未更正错报汇总起来超过集团财务报表整体重要性，集团项目组需要根据情况对集团财务报表作进一步的审计调整，并要求集团或组成部分管理层更正错报，使未更正错报单独或汇总起来不对集团财务报表整体产生重大影响，如果企业拒绝更正错报，集团项目组可考虑发表保留或否定意见的审计报告。

实例 11－13（分析题）

项目组审计华兴集团公司 20×6 年度的集团财务报表，20×5 年、20×6 年合并报表利润分别为 50 000 万元和 2 000 万元。集团审计组总体审计策略部分内容摘录如下：

（1）沿用审计华兴公司 20×5 年度财务报表时确定集团财务报表整体重要性的方法，将华兴公司 20×6 年度的合并利润总额作为初步确定集团财务报表整体重要性的基准。

（2）考虑到同时审计的子公司 F 公司 20×6 年年末资产总额在集团中所占比例超过 30%，将 F 公司确定为集团审计的重要组成部分，并将该组成部分重要性设定为与集团财务报表整体重要性相等的金额。

（3）由于集团的 3 家子公司的审计工作由组成部分注册会计师执行，集团项目组对参与组成部分注册会计师工作的考虑如表 11－2 所示。

表 11－2 审计工作底稿（摘录）

组成部分	是否为重要组成部分（是/否）	确定为重要组成部分的原因	拟执行工作的类型	对参与组成部分注册会计师工作的考虑
A公司	是	具有可能导致集团财务报表发生重大错报的特别风险	审计	参与组成部分注册会计师实施的风险评估程序；根据对组成部分注册会计师的了解，拟不再参与进一步审计程序

续表

组成部分	是否为重要组成部分（是/否）	确定为重要组成部分的原因	拟执行工作的类型	对参与组成部分注册会计师工作的考虑
B公司	否		审阅	根据对组成部分注册会计师的了解，拟不参与组成部分注册会计师的工作
C公司	是	具有财务重大性	执行集团报表层面分析程序	不参与组成部分注册会计师实施的风险评估程序

要求：

集团审计组总体审计策略是否适当？请指出不适当的原因及改进建议。

分析：（请扫描二维码）

思考题

1. 理解什么是集团项目合伙人、集团项目组和组成部分注册会计师。
2. 理解集团项目组对财务报表的审计责任。
3. 理解集团项目合伙人对审计质量控制的责任。
4. 理解集团财务报表审计目标。
5. 陈述在集团审计承接和保持中的初步了解程序及其内容。
6. 理解集团审计范围受到限制的含义。
7. 与单体财务报表审计相比，集团财务报表审计业务约定书特有的内容有哪些？
8. 理解集团审计中了解集团及其环境、集团组成部分及其环境的内容。
9. 理解集团管理层下达的指令。
10. 集团审计中如何了解组成部分注册会计师？
11. 如何确定组成部分重要性水平？
12. 简述集团项目组向组成部分注册会计师通报的内容。
13. 简述组成部分注册会计师与集团项目组沟通的事项。
14. 简述集团项目组与集团治理层沟通的事项。
15. 集团项目组是否能在审计报告中提及组成部分注册会计师的工作？如何处理？
16. 甲会计师事务所承接了A集团20×6年度的集团财务报表审计业务，按照审计计划，要求组成部分注册会计师执行组成部分财务信息的相关工作，注册会计师李浩为集团项目组合伙人。在审计过程中，发生以下事项。

(1) 在确定重要组成部分时，W注册会计师按照财务重大性来确定重要组成部分；

（2）注册会计师李浩在了解组成部分注册会计师时，发现某一重要组成部分的注册会计师不符合与集团审计相关的独立性要求，W注册会计师决定通过集团项目组参与组成部分注册会计师的工作来消除这一不利影响；

（3）因为是由组成部分注册会计师执行组成部分财务信息的相关工作，注册会计师李浩决定集团项目组不参与组成部分注册会计师实施的风险评估程序；

（4）为了提高审计程序的不可预见性，对于审计过程中发现的舞弊，注册会计师李浩没有和集团管理层和治理层沟通；

（5）通过对合并过程实施的审计程序以及由集团项目组和组成部分注册会计师对组成部分财务信息执行的工作，李浩认为未能获取充分、适当的审计证据，直接对集团财务报表发表保留意见。

要求：针对上述事项，注册会计师李浩的做法是否合理？如果不合理，请简要说明理由。

案例分析

今明会计师事务所负责审计华兴集团公司20×6年度财务报表，并委派注册会计师李浩担任审计项目合伙人。华兴集团公司属于家电制造行业，共有4家全资子公司，各子公司的相关资料摘录如下：

<table>
<tr><th>公司名称</th><th>主业</th><th>资产总额在集团所占比重</th><th>收入总额在集团所占比重</th><th>利润总额在集团所占比重</th><th>说明</th></tr>
<tr><td>A公司</td><td>彩电</td><td>80%</td><td>50%</td><td>78%</td><td>1</td></tr>
<tr><td>B公司</td><td>冰箱</td><td>5%</td><td>5%</td><td>6%</td><td>2</td></tr>
<tr><td>C公司</td><td>洗衣机</td><td>5%</td><td>40%</td><td>5%</td><td>3</td></tr>
<tr><td>D公司</td><td>集团的出口销售</td><td>5%</td><td>5%</td><td>4%</td><td>4</td></tr>
<tr><td colspan="6">1. A公司业务和财务状况稳定。
2. B公司从事业务刚刚两年，规模较小，财务状况较为稳定。
3. 为拓展业务，C公司为部分主要客户提供特殊退货安排。
4. D公司从事若干远期外汇合同交易，以管理20×6年外汇汇率持续波动的风险。</td></tr>
</table>

问题：

1. 在确定某子公司对集团而言是否具有财务重大性时，注册会计师李浩采用资产总额、收入总额和利润总额为基准。请代注册会计师李浩确定哪些子公司为集团审计中重要组成部分，哪些子公司为不重要组成部分，并简要说明理由。

2. 对于A公司，注册会计师李浩运用该组成部分的重要性对其财务信息实施审计，该组成部分实际执行的重要性由其他会计师事务所自行确定，注册会计师李浩没有对此进行评价。请判断该做法是否恰当，如不恰当，简要说明理由。

3. 经初步了解，负责A公司审计的组成部分注册会计师不符合与集团审计相关的独立性要求。注册会计师李浩拟通过参与该注册会计师对A公司实施的审计工作，消除其不具有独立性的影响。请判断该做法是否恰当，如不恰当，简要说明理由。

4. 对于B公司，注册会计师李浩拟使用集团财务报表的整体重要性对公司财务信息实施审阅。请判断该审计策略是否恰当，如不恰当，简要说明理由。

5. 对于C公司，注册会计师李浩拟要求组成部分注册会计师实施审计，并提交C公司的审计报告。对C公司自20×7年3月10日（C公司财务报表审计报告日）至20×7年3月31日（华兴集团公司财务报表审计报告日）之间发生的、可能需要在华兴集团公司财务报表中调整或披露的期后事项，拟要求组成部分注册会计师通过实施审阅予以识别。请判断该做法是否恰当，如不恰当，简要说明理由。

6. 对于D公司，注册会计师应当实施什么审计策略？

行动学习讨论项目

把学生分成若干组（每组最好10人以内），要求他们利用头脑风暴的方法，对以下问题提出不同的看法，尽量多地列示在行动学习讨论的白板上。

讨论问题：集团财务报表审计与单体财务报表审计相比，特别需要关注的事项有哪些？

讨论与板书要求：(1) 每个人都要发言，但每次只能一人发言；(2) 追求数量、追求创意；(3) 有人发言时不许质疑、不许批评、不许打断；(4) 板书要按发言人的原话列示。

中国人民大学出版社　管理分社

教师教学服务说明

中国人民大学出版社管理分社以出版工商管理和公共管理类精品图书为宗旨。为更好地服务一线教师，我们着力建设了一批数字化、立体化的网络教学资源。教师可以通过以下方式获得免费下载教学资源的权限：

★ 在中国人民大学出版社网站 www.crup.com.cn 进行注册，注册后进入“会员中心”，在左侧点击“我的教师认证”，填写相关信息，提交后等待审核。我们将在一个工作日内为您开通相关资源的下载权限。

★ 如您急需教学资源或需要其他帮助，请加入教师 QQ 群或在工作时间与我们联络。

中国人民大学出版社　管理分社

教师 QQ 群： 648333426(工商管理)　114970332(财会)　648117133(公共管理)
教师群仅限教师加入，入群请备注（学校+姓名）

联系电话： 010-62515735，62515987，62515782，82501048，62514760

电子邮箱： glcbfs@crup.com.cn

通讯地址： 北京市海淀区中关村大街甲 59 号文化大厦 1501 室（100872）

管理书社　　人大社财会　　公共管理与政治学悦读坊